ARABIC COMPUTER DICTIONARY

ARABIC COMPUTER DICTIONARY

Mohamed Farid Ghanayem, Ph.D.
University of Texas, Dallas

Reviewer
Taher Aboulnaga, Ph.D.

International House Publications
Dallas, Texas, U.S.A.

International House Publications
Suite 122, 2711 LBJ Freeway
Dallas, Texas 75234, USA
Tel.: (214) 241-9991/9992/9997
Telex: 730655 MRAINTCO DAL
FAX/Telecopier: (214) 241-0114

International Standard Book Number: 0-937127-00-0
Library of Congress Catalog Card Number: 86-080166

Printed in Singapore

Design and composition
STEPHEN G. BROWN
International Translating & Typesetting Company
Dallas, Texas, U.S.A.

اهداء

الى من ابعدتني الأيام عنهم ،
والدي ووالدتي فريد وصديقة غنايم ،
تعبيرا عن عدم النسيان

MOHAMED F. GHANAYEM, Ph.D.
Author

دكتور محمد فريد غنايم
المؤلف

TAHER ABOULNAGA, Ph.D.
Reviewer

دكتور طاهر ابو النجا
المراجع

MAAN R. AL-UBAIDI
Publisher & Editor-in-Chief

معن رديف العبيدي
الناشر ورئيس التحرير

MANSOUR P. TADROS
Associate Publisher

منصور فيليب تادرس
الناشر المساعد

STEPHEN G. BROWN
Composition & Design;
English, French & German Editor

ستيفن براون
تصميم وصف الاحرف
ومحرر الجزء الانكليزي والالماني والفرنسي

JAVIER E. GALDEANO
Spanish Editor

خابيير غالذيانو إيتشاباريّ
محرر الجزء الاسباني

بسم الله الرحمن الرحيم

مقدمة

أدى الاهتمام الواسع والتطور السريع لاجهزة الكمبيوتر الى ايجاد العديد من الاصطلاحات بعضها لاول مرة والبعض الاخر مقتبس من مصادر مختلفة . واطلقت هذه الاصطلاحات على اجزاء الكمبيوتر وعلى البرامج وطرق كتابتها .

لقد كان من دوافع كتابة هذا القاموس ما عانيته من مشاكل عند بدء تعلمي على استخدام اجهزة الكمبيوتر حيث واجهت مشكلة تلو الاخرى . فكل يوم اواجه اصطلاحًا جديدًا ، والقواميس العربية للغة الانكليزية لم تسعفني في حل تلك المشاكل . حرصت على ان اوسع الشرح قدر المستطاع لكي لا يأخذ التعريف الشكل التقليدي من وضع كلمة او اثنتين لتفسير المعنى ، بل قمت بوضع شرحٍ وافٍ لكثير من الاصطلاحات لكي تعطي صورة متكاملة عن طريقة عمل ما او معنى الاصطلاح .

وقمت بشرح اكثر من ثلاثة ألاف تعريف واصطلاح مستخدمة في علم الكمبيوتر ، بطريقة سهلة وواضحة وبدون فقد لمعناها التقني . عندما يكون فهم الاصطلاح معتمدا على تعريف اخر ، تمت الاشارة لذلك التعريف بمربع صغير ☐ تتلوه الكلمة او الاصطلاح باللغة الانكليزية . بمعنى اخر ، المربع الصغير يقوم بعمل كلمة انظر .

تم ترتيب جميع المصطلحات حسب الاحرف الابجدية مع عدم الاعتبار للتقاطيع بين الكلمات . فمثلا اصطلاح clearing يظهر قبل اصطلاح clear to send كذلك فان الاصطلاح الذي يبدأ برقم تم ترتيبه في موقعه مع الاعتبار لوجود الرقم مكتوبا بالحروف . فمثلا اصطلاح 80 column تم وضعه في موقع وكأنه eighty column .

وتم تزويد المصطلح بشرح متضمنا اكثر المعاني شيوعا ، وفي كثير من الاحيان يتضمن المصطلح العديد من المعاني . في مثل هذه الحالات تم اظهار كل معنى منفصلا عن المعنى الاخر ومزود برقم . وراعيت ان يكون المعنى ذو الوصف العام في المقدمة والمعاني الاخرى فيما بعد .

تتميز المصطلحات المستخدمة في علم الكمبيوتر ، مثلها مثل كثير من العلوم التطبيقية ، بالاختصارات ، ولذلك حرصت على ان يتضمن هذا المرجع اشهر الاختصارات المستخدمة لوصف اجهزة الكمبيوتر او في كتابة البرامج المستخدمة معها . وحاولت ان اجمع كل الاختصارات ذات العلاقة القريبة والبعيدة بعلم الكمبيوتر في ملحق خاص في نهاية القاموس .

من المؤكد ان استخدام اجهزة الكمبيوتر سيزداد مع الوقت وسينتشر استخدامها ليغطي معظم المجالات التطبيقية وفي تسيير الحياة اليومية للافراد . لذلك فانه من المطلوب تطوير فهم مشترك لهذه المصطلحات بين مثل هؤلاء الافراد . وانني اعتقد ان هذا القاموس سيوفر الارضية المطلوبة لمثل هذا الفهم .

زودت هذا القاموس كذلك ببعض الملاحق بالاضافة للملحق المخصص للاختصارات . فهناك ملحق يتضمن التحويلات المشهورة وقمت بترتيبها لكي يكون التحويل من وحدة الى اخرى سهل ولا يحتاج لمجهود كبير وقمت بتقسيمها حسب الاستخدامات في جداول ، منها على سبيل المثال جداول التحويل للوحدات المستخدمة في المساحة والمسافة والقوة والضغط . كذلك هناك ملحق يتضمن اهم الجداول الرقمية والتحويل من النظام العشري الى النظام الثماني والثنائي والشفرات المختلفة .

ان الهدف الرئيسي من وراء هذا القاموس ان يكون مفيدًا لكل المستويات من المبتدئين الى طلبة الجامعات الى العاملين على اجهزة الكمبيوتر او مستخدميها في مكاتبهم او ابحاثهم او مستشفياتهم .

في النهاية اود ان اتقدم بشكري للعديد ممن ساهموا في اظهار هذا الانتاج لحيز الوجود ، اولهم معن رديف العبيدي الذي اعطاني فرصة نقل هذا العمل من مجرد فكرة الى واقع الحياة والذي راجعه مرتين قبل البدء في طباعته . كذلك اتقدم بشكري لستيفن براون من الشركة العالمية للترجمة والطباعة الذي قام بمراجعة المصطلحات باللغة الانكليزية وقام بعملية صف الاحرف وتصميم الكتاب واضعًا خبرة خمسة عشر عامًا في هذا المجال والدكتور طاهر ابو النجا لمراجعته الكتاب وتقديمه بعض الاقتراحات القيمة . كذلك اتقدم بشكري لكل من إيفا بالاتير وباربرا سنايدر وجولي ميرسون لجهودهن في انتاج هذا العمل .

محمد فريد غنايم

دالاس ــ تكساس

الولايات المتحدة الامريكية

Contents

	Page
ARABIC COMPUTER DICTIONARY	1
ACRONYMS & ABBREVIATIONS	599
MATHEMATICAL NOTATIONS	641
UNITS OF MEASURE	645
MISCELLANY	649
NUMERICAL TABLES	655
CONVERSION TABLES	667
HIGH-LEVEL LANGUAGES	677
MINIGLOSSARIES	
ENGLISH–ARABIC	685
FRANÇAIS–ARABE	689
DEUTSCH–ARABISCH	693
ESPAÑOL–ÁRABE	699

A

المعْداد . . . . abacus

أداة تتكون من خرز مشبوك على اسلاك بين قضيبين من الخشب تستخدم في العمليات الحسابية من جمع وطرح عن طريق تحريك هذا الخرز لليمين واليسار. هذه الاداة تم اختراعها في الصين منذ اكثر من ٢٠٠٠ سنة

المعداد

ترك ٠ تخلّى عن . . . . abandon

وقف العملية التي يقوم بها جهاز الكمبيوتر قبل ان تصل للمرحلة النهائية

□ abend; abort

كمبيوتر أيه بي سي . . . . ABC = Atanasoff-Berry Computer

جهاز كمبيوتر اخترعه كل من جون اتاناسوف ومساعده كليفورد بيري سنة ١٩٤٢

التوقف الغير طبيعي للعملية . . . . abend = abnormal end of task

توقف العملية التي يقوم بها جهاز الكمبيوتر قبل ان تنتهي نظرا لوجود خطأ لا يستطيع جهاز الكمبيوتر التعامل معه □ abandon; abort; error; recovery; restart

حالة شاذة . . . . abnormal condition

اي حالة (كونها في برنامج الكمبيوتر او في جهاز الكمبيوتر نفسه) والتي تحتاج للتصحيح قبل ان يقوم جهاز الكمبيوتر باتمام العملية المطلوبة منه

abnormal end of task = abend

abnormal ending = abend

التوقف . . . . abort

وقف عمل برنامج الكمبيوتر وقفل الملف عند نقطة معينة نظرا لوجود خطأ في البرنامج او البيانات قبل ان يصل الى نقطة خروج exit محددة في البرنامج ☐ abandon

عنوان مطلق . . . . absolute address

(١) عنوان لموقع فعلي للبيان المخزن في الذاكرة . العنوان الذي تستطيع وحدة التحكم ترجمته مباشرة ؛ (٢) العلامة التي يعطيها المهندس الى مساحة تخزين محددة ؛ (٣) مجموعة رموز تُعرف موقع تخزين او الة بدون أية تعديلات إضافية

تشفير مطلق . . . . absolute coding

احدى طرق كتابة التعليمات لجهاز الكمبيوتر ، يتم بمقتضاها إستخدام الصيغة المطلقة (الفعلية) من امر عملية التشغيل المطلوب تنفيذها وهي الصيغة التي تفهمها الالة مباشرة وبدون ترجمة ، وبها ايضا يتم استخدام اسلوب العنونة المطلقة

البيانات المطلقة . . . . absolute data

عند استخدام جهاز الكمبيوتر للرسوم البيانية ، فان الجهاز يُظهر النتائج في صورة رسم بياني ذو محورين السيني والصادي

الخطأ المطلق . . . . absolute error

الفرق الحسابي بين القيمة الخطأ والقيمة الصحيحة لنفس المتغير بغض النظر عن كون الفرق موجبًا او سالبًا

absolute programming = absolute coding

absolute term .... الاصطلاح المطلق

اصطلاح لا تتغير قيمته او معناه بتغير موقع البرنامج الذي يحتويه

absolute value .... القيمة المطلقة

قيمة الرقم بدون اعتبار الاشارة كونها موجبة او سالبة

abstract .... ملخص لمجموعة من المعلومات

a.c. = A.C. = alternating current .... التيار المتردد

AC = automatic computer .... جهاز الكمبيوتر الاوتوماتيكي

acceleration time .... وقت الاسراع

الجزء من وقت معالجة العملية التي يقوم بها جهاز الكمبيوتر والذي تزيد فيه سرعة الشريط المغناطيسي او عمود ادارة القرص المغناطيسي لتصل للسرعة المطلوبة للقراءة او الكتابة

acceptance test .... إختبار القبول

اختبار يجرى على الاجهزة والبرامج لمعرفة قدرتها وكفائتها في العمل وعادة ما تقوم به الشركة المنتجه للجهاز لاظهار قدرة اجهزتها او برامجها على العمل

access .... الوصول · التداول

(١) تحديد موقع المعلومات على الذاكرة والحصول عليها واستخدامها في عملية المعالجة ؛ (٢) اصطلاح يطلق على تعريف وتحديد والحصول على المعلومات ونقلها من الذاكرة الثانوية الى الذاكرة الرئيسية لجهاز الكمبيوتر ؛ (٣) بالنسبة للسجلات : ان يُكتب عليها او يُقرأ منها ☐ sequential access; serial access

ذراع ميكانيكي .... access arm

الذراع الذي يُسند ويُحرك رأس القراءة والكتابة الى الممر المناسب على القرص المغناطيسي

طريقة الوصول • طريقة التداول .... access method

اي طريقة من طرق ادارة البيانات متوفرة لمستخدم جهاز الكمبيوتر والتي يستخدمها لنقل المعلومات من الذاكرة الداخلية الى وحدة الداخل والخارج I/O unit

حالة الاسترداد • حالة التداول .... access mode

(١) نوع العملية التي يقوم بها جهاز الكمبيوتر (كتابة او قراءة او حسابات معينة او ...)؛ (٢) نوع الملف المستخدم (متسلسل او متعاقب او ...)

المُسترد. المُداول .... accessor

العملية الميكانيكية التي تنقل خلايا المعلومات بين موقع تخزينها والموقع الذي يمكن منه القراءة او الكتابة

مدة الوصول • مدة التداول .... access time

(١) الوقت المحصور بين لحظة طلب البيانات من الذاكرة ولحظة وصولها الى مستخدم البرنامج (وقت القراءة)؛ (٢) الوقت المحصور بين لحظة طلب تخزين البيانات ولحظة انتهاء التخزين (وقت الكتابة)

☐ transfer rate

المحاسبة .... accounting

العمليات التي تتم بواسطة جهاز الكمبيوتر او من يديره لتسجيل مجموع الوقت الذي استخدم فيه الجهاز او عدد الملفات التي استخدمها مستخدم الجهاز ، وذلك لتحديد تكاليف استخدام جهاز الكمبيوتر

accounting machine . . . . **آلة احصائية (آلة محاسبة)**

آلة تعتمد في بياناتها على البطاقات المثقبة او الاشرطة الورقية لكي تعطي قوائم بالمعلومات مع اجراء عمليات حسابية بسيطة ، ويمكن التحكم في عملياتها عن طريق لوحة اسلاك التحمل panel وتعتبر من الالات الاحصائية التقليدية

account number . . . . **رقم الحساب**

في بعض اجهزة الكمبيوتر ، لكل مستخدم لجهاز الكمبيوتر رقما معينا من خلاله يمكنه التعامل مع الجهاز

accumulator =ACC . . . . **المُجمع**

اي ذاكرة في جهاز الكمبيوتر تتم فيها العمليات الحسابية من جمع وطرح وضرب وقسمة . هذه الذاكرة تخزن رقما وتستقبل رقما اخرا. كذلك فهي تحتفظ بنتائج العمليات الحسابية المُجراة على هذين الرقمين . بمعنى اخر ، هذا الجزء يجمع نتائج العمليات الحسابية التي يقوم بها جهاز الكمبيوتر

accuracy . . . . **درجة الدقة**

(١) درجة الدقة في تقريب الارقام وفي الحساب . مثلا تقريب رقم الى ستة ارقام عشرية اكثر دقة من تقريب رقم الى اربعة ارقام عشرية ؛ (٢) درجة صحة المعلومات

ACIA=asynchronous communications interface adapter . . . . **جهاز توفيق الاتصالات الغير متزامنة**

آلة مهمتها توفير تشكيل بيانات الاتصالات الغير متزامنة والتحكم فيها لربطها مع حركة نقل البيانات الى الجهاز الذي يعتمد على الباص

ACK/NAK=acknowledge character/negative acknowledge character . . . . **عُلم / لم يُعلم**

اشارة يبعثها الجهاز المستقبل للبيانات المنقولة تفيد بوصول البيانات او بعدم وصولها

ACM = Association for Computing Machinery . . . . جمعية صانعي اجهزة الكمبيوتر

acoustic coupler . . . . مقرنة صوتية

آلة تستخدم في توصيل جهاز الطرفية بجهاز الكمبيوتر الرئيسي عن طريق التلفون . تقوم اولا بطلب رقم تلفون معين ثم اعطائه اليك من قبل المسؤولين عن ادارة جهاز الكمبيوتر الرئيسي ، ثم تضع سماعة التلفون على هذا الجهاز فيتم التوصيل بين الطرفية وجهاز الكمبيوتر الرئيسي

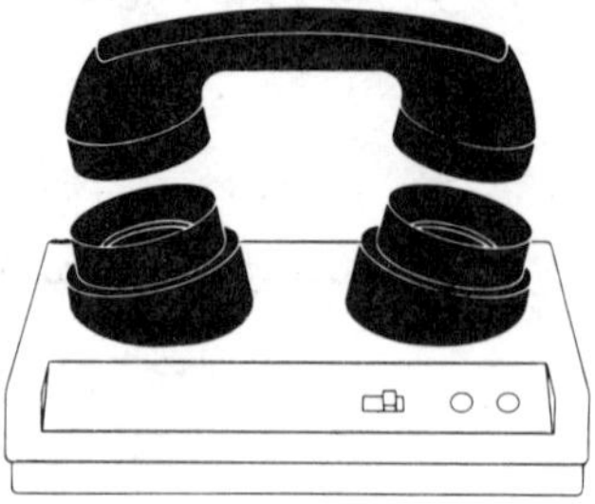

مقرنة صوتية

acoustic memory . . . . الذاكرة ذات التمهيل الصوتي

نوع من الذاكرات يستخدم خط التمهيل الصوتي في عمليات التشغيل

acoustic modem . . . . المحول الصوتي

الجهاز الذي يقوم بمهمة تحويل النبضات الكهربائية (كما في حالة البيانات) الى نبضات صوتية للتلفون وبالعكس . يعتمد على استخدام المقرنة الصوتية

ACPA = Association of Computer Programming Analysts . . . . جمعية محللي برامج الكمبيوتر

acquisition=data acquisition

active . . . . نشيط ٠ فعال

(١) برنامج او بيانات استخدمت ومازالت تستخدم ؛ (٢) يستخدم على مراحل (كاستخدام ملف معين) ؛ (٣) يحتل موقعًا معينًا في المخزن الرئيسي للمعلومات في جهاز الكمبيوتر

النشاط . . . . **activity**

اصطلاح يُطلق عندما يكون سجل من ملف مخزن المعلومات الرئيسي في حالة استخدام او تم الاشارة اليه في جزء اخر من البرنامج

معدل النشاط . . . . **activity rate**

نسبة الاجزاء من ملف مخزن المعلومات الرئيسي التي تم استخدامها الى الاجزاء التي لم تُستخدم بعد

الذاكرة الحقيقية . . . . **actual storage**

اي نوع من الذاكرات التي يمكن مخاطبة المواقع المخزنة عليها

تحويل الاشارة القياسية الى اشارة رقمية . . . . **A/D = Analog to Digital**

ايضاح باشارة تتكون من اجزاء متصلة بالمقارنة باشارة تتكون من اجزاء منفصلة ومميزة . لكي يتمكن جهاز الكمبيوتر من التعامل مع المعلومات بصورتها الاصلية ، فان الجهاز يحول المعلومات من اجزاء مستمرة (كالفولت مثلا) الى اجزاء منفصلة (خانات مثل الارقام والاحرف والعلامات المميزه). الشكل ادناه يوضح كيفية هذا التحويل والتي تمثل في دائرة كهربائية بانها متصلة on او منفصلة off □ analog

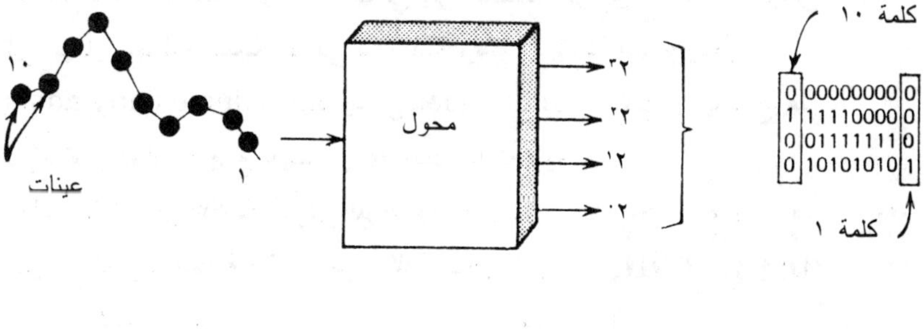

عملية تحويل من اشارات قياسية الى اشارات رقمية

Ada .... **ادى**

لغة من اللغات المستخدمة مع اجهزة الكمبيوتر تم اختراعها تحت اشراف القوات المسلحة الامريكية والان تستخدم في كثير من اجهزة الكمبيوتر في التطبيقات العلمية والصناعية

ADAPSO .... **جمعية منظمات خدمة معالجة البيانات**

= Association of Data Processing Service Organizations

adaptive system .... **اقلمة الجهاز**

قدرة جهاز الكمبيوتر على « التعلم » او التغيير في وضعه او التفاعل مع الاوامر الصادرة اليه

addend .... augend ☐

adder .... **اداة الجمع**

جزء من وحدة الحساب arithmetic unit في جهاز الكمبيوتر لها القدرة على اضافة ما يحتويه سجلين (عادة كلمتين من كلمات الكمبيوتر مكتوبتين بنظام الترقيم الثنائي) . هناك نوعان من ادوات الجمع هذه ، الاول يقوم باضافة جميع الخانات المتماثلة في كلا الرقمين في نفس الوقت ويسمى carry look ahead adder والثاني يقوم باضافة الرقمين مبتدأ من اليمين الى اليسار باضافة الخانة الاولى ثم الثانية وهكذا . وهذا النوع يسمى ripple carry adder واحيانا يسمى serial adder . شكل ١ يوضح هذا النوع من ادوات الجمع حيث ان A_1 تمثل ما تحتويه الخانة الاولى من الكلمة الاولى المراد جمعها و B_1 تمثل ما تحتويه الخانة الاولى من الكلمة الثانية المراد جمعها للكلمة الاولى ، و C_2 تمثل المنقول من نتيجة الجمع للخانة التالية . اداة الجمع الكاملة a full adder يمكنها ادخال ما تحتويه خانتان وحمل رقم

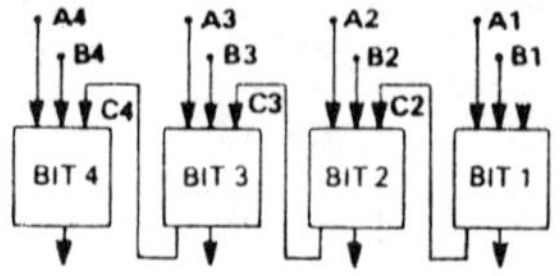

شكل ١

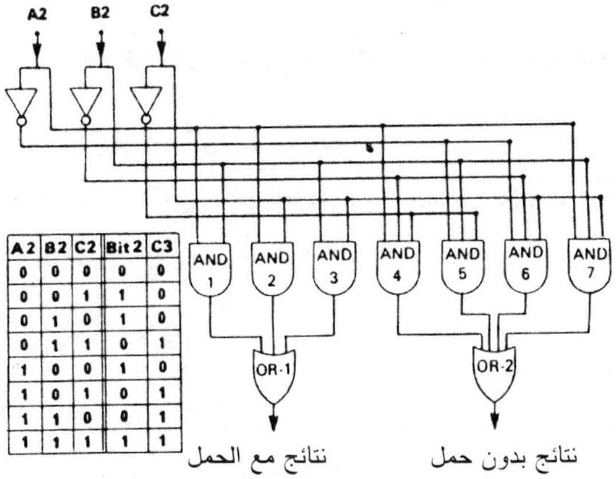

A2	B2	C2	Bit 2	C3
0	0	0	0	0
0	0	1	1	0
0	1	0	1	0
0	1	1	0	1
1	0	0	1	0
1	0	1	0	1
1	1	0	0	1
1	1	1	1	1

شكل ٢

للخانة المجاورة واخراج رقم وهونتيجة الجمع . مثال ذلك ما هو موضح في شكل ٢ . فلو كان ما هو موجود في كل من الخانتين A_2 و B_2 عبارة عن واحد فـــان الناتج سيكون من بوابة «و– ١» AND-1 والناتج منها يعتبر داخل input للبوابة «أو– ١» OR-1 والتي تسبب حمل C_3 الى الخانة التي تتلوها . اما اداة الجمع النصفية a half adder فهي تماما كما في اداة الجمع الكاملة سوى انها لا تملك القدرة على حمل C_3 للخانة المجاورة

☐ parallel adder; serial adder

adding wheel . . . . **العجلات الجامعة**

عجلات ذات اسنان يمكن بواسطتها اتمام العمليات الحسابية ميكانيكيا . مثال ذلك ما استُخدم في ماكينة الجمع التي اخترعها بليز باسكال

address . . . . **العنوان**

عنوان لموضع معين على ذاكرة الكمبيوتر. كل موضع من الذاكرة يحتوي على معلومات مختلفة عن الموضع الاخر. ان الموضع المعين على الذاكرة يمكن تسميته باستخدام الارقام العددية اذا كنت تستخدم لغة خاصة بجهاز الكمبيوتر او با ستخدام الاحرف الابجدية ان كنت تستخدم لغة من اللغات الراقية مثل لغة الفورترن

address modification . . . . **تعديل العنوان**

العملية التي تسبب تغيرًا في جزء معين مما تحتويه الذاكرة الرئيسية عن طريق برنامج مكتوب ومخزن على ذاكرة الكمبيوتر

address register . . . . مُسجل العنوان

مُسجل يحتوي على عنوان الامر الذي تم تنفيذه من مدة قصيرة

addressable unit . . . . وحدة تخزينية ، وحدة معنونة

وحدة البيانات التي يمكن تخزينها او الحصول عليها من ذاكرة جهاز
الكمبيوتر او التخزين الفرعي ، في المرة الواحدة

addressing . . . . العنونة

لفظة تطلق على الاسلوب الذي يتبع في تحديد اماكن البيانات في الذاكرة
الرئيسية او في وسائل التخزين الخارجية

address track . . . . مسار العناوين

مسار معين على وحدات التخزين المغنطة (مثل الاقراص المغناطيسية)
يحتوي على عناوين للبيانات المسجلة على الوحدة حتى يسهل الرجوع اليها

add time . . . . وقت الجمع

الوقت اللازم لجهاز الكمبيوتر لكي ينهي عملية حسابية ولكن بدون حساب
الوقت المطلوب للحصول على الارقام المراد جمعها او الوقت اللازم لوضع
نتيجة الجمع في الذاكرة ثانية

adjustable dimension . . . . البعد الذي يمكن تغييره

بُعد المصفوفة او المتجة والذي يمكن تغييره عند تنفيذ البرنامج

alarm . . . . تحذير

عبارة او صوت جرس القصد منها تنبيه مشغل جهاز الكمبيوتر او مشغل
الطرفية الى حدوث خطأ في البيانات او خطأ في التشغيل

administrative data processing . . . . معالجة بيانات الادارة

معالجة مجموع البيانات التي تتعلق بادارة الاعمال او ادارة منظمة معينة

ADP = automatic data processing

AEDS = Association for Educational Data Systems .... جمعية انظمة معالجة البيانات لاغراض التعليم والثقافة

AFIPS = American Federation of Information Processing Societies .... جمعية اتحاد منظمات معالجة البيانات الامريكية

Aiken, Howard .... هاورد اكين

استاذ في جامعة هارفرد قام على رأس مجموعة من المهندسين بتصميم وبناء اول جهاز كمبيوتر يعمل بالكهرباء automatic sequence controlled calculator

algebra .... علم الجبر

algebraic language .... اللغة الجبرية

لغة تستخدم فيها المعادلات الجبرية لحل المشكلة المطروحة . مثال ذلك لغة الفورترن

ALGOL = Algorithmic Oriented Language .... الغْول

لغة من لغات الكمبيوتر الدولية الشائعة لحل مسائل عددية او حسابية . لقد صممت هذه اللغة لحل مشاكل اللوغاريتمات وهي شائعة في اوروبا اكثر من الولايات المتحدة الامريكية

algorithm .... الخوارزمية (منهاج الحل)

خطة لحل المشكلة المطروحة تتكون من خطوات محددة متتالية . ان جميع برامج الكمبيوتر هي خطط من هذا القبيل . جاء الاسم من اسم عالم الرياضيات العربي الخوارزمي

alignment . . . . **المحاذاة**

(١) عملية ترتيب الاجهزة مع بعضها في تفاعلية متكاملة ؛ (٢) عملية ترتيب مجموعة بيانات مع بعضها وفق عوامل معينة

allocation . . . . **التخصيص**

(١) عملية حجز جزء من ذاكرة الكمبيوتر لمعلومات او تعليمات معينة عند تنفيذ برنامج معين ؛ (٢) عملية حجز وحدة من وحدات الادخال او الاخراج لاستخدام البرنامج المطلوب تنفيذه

allowance . . . . **مخصص**

(١) مجموع الوقت او الملفات المسموح باستخدامها في جهاز الكمبيوتر لرقم الحساب الواحد account number ؛ (٢) الجزء الغير مستخدم من الملفات او من الذاكرة مما هو مخصص لرقم الحساب الواحد

alphanumeric . . . . **ابجدي/عددي**

شفرة تتكون من علامات تحتوي على الاحرف الابجدية والارقام من الصفر الى تسعة وكذلك على بعض العلامات الاخرى كعلامة الاستفهام وعلامات الجمع والطرح والضرب والقسمة وما شابه . يمكن ان توضع نتائج التحليل باستخدام الكمبيوتر في صورة معادلات وجمل او في صورة رسومات بيانية

alternate routing . . . . **مجرى الاتصالات الاحتياطي**

تحديد مجرى اتصالات ثاني لمرور المعلومات ان كان مجرى الاتصالات الاول صعب الحصول عليه

alteration . . . . **تغيير (تعديل)**

تغيير في مسار البرنامج او تغيير في أمر من الاوامر التي يحتويها البرنامج

ALU = arithmetic and logical unit . . . . **وحدة الحساب والمنطق**

الجزء من جهاز الكمبيوتر الذي يقوم بالعمليات الحسابية والمنطقية (تحليلية) ويعتبر هذا الجزء جزءًا اساسيًا في وحدة المعالجة المركزية central processing unit ☐ CPU

AM = amplitude modulation . . . . **تضمين السعة**

ambient temperature . . . . **درجة الحرارة حول جهاز الكمبيوتر**

amendment file . . . . **ملف التعديلات**

ملف يتضمن التغيرات التي ستستخدم لتجديد الملف الرئيسي master file . مثال ذلك ان كان الملف الرئيسي يتضمن سجلات عن البضائع فان هذا الملف يتضمن تفاصيلا عن البضائع الواردة والبضائع الصادرة . نفس detail file و transaction file

amplifier . . . . **المُضخم**

الة او دائرة كهربائية يمكنها زيادة شدة (فولت ، سعة) الاشارات الضعيفة . يتركب المُضخم في ابسط صوره من ترانزستور تصل الاشارات الضعيفة الى قاعدته base وتُؤخذ الاشارات القوية الناتجة منه من المُجمع collector او الباعث emitter

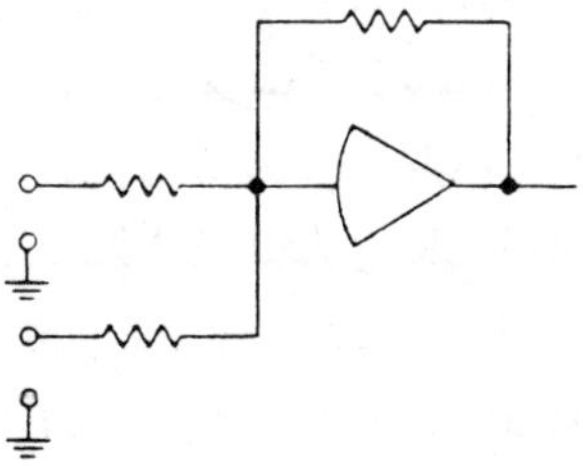

دائرة كهربائية تتضمن مضخم كأحد اجزائها

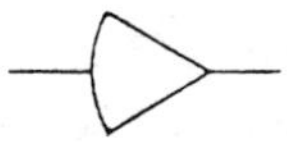

المضخم

ampere . . . . **الامبير**

وحدة التيار الكهربائي

النظير (القياسي) .... analog

تتغير درجات الحرارة والضوء والصوت والضغط تدريجيا . الترمومتر، على سبيل المثال ، يوضح كيف ان درجة الحرارة تنتقل في صورة مستمرة . فالزئبق في الترمومتر لا يقفز مرة واحدة من ٢٠ الى ٢٥ ، بل سيمر بكل من ٢١ و٢٢ و٢٣ و٢٤ . هذا مثال للقراءة المستمرة . مثال اخر هو الساعات العادية والتي يستخدم فيها العقرب للدلالة على الوقت . في هذا النوع من الساعات ، لو كان الوقت ٥،٣٢ ثم بعد مدة من الزمن اصبح الوقت ٥،٥٤ فان العقرب سيمر بكل جزء موضح بين القرائتين ولن يقفز من القراءة الاولى الى القراءة الثانية مرة واحدة . هذا اذا ما قورن بالساعات الحديثة والتي تستخدم الارقام مباشرة لايضاح الوقت والمسماه ديجيتال digital فان الانتقال من قراءة الى اخرى يكون قفزا ومحددا بناء على التصميم . بمعنى اخر ان كان ضبط هذه الساعة تم على ان تظهر الوقت بالساعات والدقائق فقط (اي لن تظهر الثواني)، فان كانت القراءة مثلا ٥،٣٠ فانه بعد نصف دقيقة ستكون القراءة ٥،٣٠ ايضا ، اي ان القراءة ستبقى ٥،٣٠ الى ان تمر الدقيقة وعندها سيقفز العداد للقراءة الجديدة وهي ٥،٣١

جهاز الكمبيوتر النظير (القياسي) .... analog computer

الة حساب اوتوماتيكية تعمل باستخدام متغيرات مستمرة من كميات طبيعية مثل الفولت والتيار الكهربائي ، وهي تستخدم اساسا في حل معادلات تفاضلية . ان المعادلات التي تحكم التغير في الكميات الطبيعية لها نفس التركيب او تركيب مشابه للمعادلات التي هي تحت الاختبار ولذلك فان الحل الناتج نظير للحل المرغوب فيه للمشكله . يتم قياس النتائج بعدادات او مزوُلة او باستخدام مُسجل مرسمة تذبذبات (اوسّيلوُغراف) او أوُسّيلسكوب . هناك نوعان من اجهزة الكمبيوتر النظيرة (القياسية) : (١) مباشر (لهدف خاص) يستخدم لحل المشاكل على الواقع مثل المشاكل في حقل حركة السوائل وانتقال الحرارة . تحل المشكلة في هذه الحالة بمعادلات تفاضلية جزئية partial differential equation ؛ (٢) غير مباشر (هدف عام) لحل مشاكل على شكل معادلات تفاضلية اعتيادية ordinary differential equation . بمعنى اخر فانه يعطي حلولا خاصة لمعادلات تفاضلية خطية او غير خطية ذات عديد من المتغيرات . تتكون اجهزة الكمبيوتر النظيرة الحديثة من عدد كبير من المكونات الصغيرة (مثل ادوات الجمع والطرح الضرب والقسمة والتكامل) المرتبة بطريقة تسمح لما هو داخل وخارج ان

يتلاقى ويتفاعل . كذلك فان اجهزة الكمبيوتر هذه تتضمن مكونات منفصلة مثل صمامات « و » AND وصمامات نطاطة flip-flop ومسجلات الازاحة shift register وعدادات counters

analog data . . . . البيانات النظيرة (القياسية)
تمثيل المعلومات بطريقة طبيعيه ، مثلا الاشارات الكهربائيه على اسلاك التلفون هي من هذا النوع وهي تمثل الصوت الاصلي للشخص المتحدث

analog signal . . . . analog □

analog-to-digital converter . . . . **محول تناظري الى رقمي**
آلة تحويل الاشارات التناظرية (الناتجة عن القياس) الى ارقام يسهل استخدامها في جهاز الكمبيوتر

analog signal . . . . **الاشارات النظيرة** (القياسية)
اشارات كهربائية ذات مدى متصل من الفولت او التيار. مثال ذلك عند استخدام الفولتميتر ذو المؤشر لقياس الفولت

analog-to-digital conversion . . . . A/D □

analogue = analog

analysis (مفرد كلمة *analyses*) . . . . **التحليل**
تحليل مشكلة معينة بانتظام وبخطوات متتابعة □ factor analysis; systems analysis

analyst=systems analyst

analytical . . . . **تحليلي**

analytical engine . . . . **آلة تحليلية**
آلة تحليلية اخترعها سنة ١٨٢٣ الانكليزي تشارلز باباج

اصطلاح « و » .... **AND**

اصطلاح يستخدم في عملية مقارنة المعلومات (خانة بخانة) داخل جهاز الكمبيوتر. هذا الاصطلاح تمثله دائرة كهربائية  تقوم بعملية منطقية (تحليلية) بحيث ان الخارج output صحيح (واحد) ان كان كل الداخل input صحيحا (واحد) والخارج output غير صحيح (صفر) ان كان احد الداخل input غير صحيح (صفر)

الداخل أ	صفر	صفر	واحد	واحد
ب	صفر	واحد	صفر	واحد
الخارج ت	صفر	صفر	صفر	واحد

الداخل أ	خطأ	خطأ	صحيح	صحيح
ب	خطأ	صحيح	خطأ	صحيح
الخارج ت	خطأ	خطأ	خطأ	صحيح

جدول « و »

البوابة « و » .... **AND gate**

دائرة كهربائية في جهاز الكمبيوتر تعطي نتيجة مقدارها واحد ان كانت جميع الارقام الداخلة في الحساب هي واحد ايضا □ AND

الحاشيه .... **annotation**

شرح جانبي على شكل ملاحظات او مذكرات اضافيه

الانود (القطب الموجب) .... **anode**

احد القطبين في الصمام الثنائي والذي تتجه اليه الاليكترونات القادمة من الكاثود

توقعي .... **anticipatory**

اصطلاح يطلق على عملية حسابية تمت قبل ان يكون لها حاجة ، او مجهزة للاستعمال عند الحاجة اليها

الشاكوش .... **anvil**

جزء من الة الطباعة من النوع الضاغط والمرفقة بجهاز الكمبيوتر

aperture .... **فتحة • خانة**

(١) ثقب ؛ (٢) خانة الواحد او مجموعة من خانات الواحد في القناع والتي تسبب ان الرموز في ما هو داخل تظهر في نتائج التحليل output □ mask

APL = A Programming Language .... **ابل**

لغة تستخدم في كتابة برامج الكمبيوتر تم وضعها بواسطة شركة آي بي ام (IBM). عمل هذه اللغة عن طريق توجيه السؤال للجهاز، والجهاز يجيب على السؤال مباشرة (خلق حوار بين مستخدم الجهاز والجهاز نفسه).
توفر هذه اللغة برامجا حسابية كل منها مُتمثل بمواصفات معينة .
هذه الميزة تجعل كتابة البرامج بهذه اللغة اصغر حجما من البرامج المكتوبة بلغات اخرى مثل الفورترن والباسكال

apparent storage .... **المخزن الظاهر**

مخزن للمعلومات في الذاكرة الرئيسية للكمبيوتر والتي يمكن لمستخدم الجهاز ان يستعملها

append .... **يُلحق • يُضيف**

لاضافة المعلومات في نهاية الملف

application .... **تطبيق**

لفظ يطلق على اي مجال يمكن استخدام جهاز الكمبيوتر فيه

application-dedicated terminal (ADT) .... **طرفية خاصة**

اجهزة الكمبيوتر التي تُستخدم لاغراض خاصة ، وعادة ما تكون اجهزة يمكنها التعامل مع برنامج واحد او مجموعة محدودة من البرامج

applications package .... **المجموعة التطبيقية**

مجموعة من البرامج تباع كرزمة متكاملة لمساعدة مُستخدم جهاز الكمبيوتر في حل المشكلة المطروحة وذلك لتوفير الوقت والخبرة المطلوبين لكتابة البرامج

applications programmer=programmer

applied mathematics .... الرياضيات التطبيقية
جزء من علم الرياضيات لحل مشاكل عملية مثل استخدام هذا الفرع في تطبيقات في علم الفيزياء وعلم الكمبيوتر

APT = automatically programmed tools .... أبت
لغة لكتابة البرامج استُخدمت في انظمة التحكم الرقمي . مثل هذه الاجهزة تُستخدم في التحكم الاوتوماتيكي لعمل الماكينات المختلفة

ARC® = Attached Resource Computer ... جهاز الكمبيوتر الملحق بالمصادر
شبكة المنطقة المحلية (علامة مسجلة لشركة ديتابوينت في الولايات المتحدة الامريكية) □ network local area

architecture .... التصميم
تصميم جهاز الكمبيوتر وترتيب اجزاء الجهاز من حاسبات وذاكرات وما شابه ذلك وبطريقة تجعل الجهاز يعمل بالشكل المرغوب فيه

archived file .... ملف الارشيف
الارشيف هو الملف الذي يستعمل لتخزين المعلومات القديمة والتي لا داعي للحصول عليها بسرعة ، ولذلك فان ملفات الارشيف المستخدمة مع جهاز الكمبيوتر من الممكن ان تكون مخزنة بعيدا عن الجسم الرئيسي لجهاز الكمبيوتر. مثال ذلك ان تخزن هذه المعلومات على وسائل ثانوية مثل الاشرطة المغناطيسية او الميكروفيلم او اوراق مقواة . يحتاج الحصول على المعلومات من مثل هذه الادوات لبعض الوقت

area .... المساحة
(١) مجموعة من المواضع المتجاورة على الذاكرة الرئيسية ؛
(٢) جزء من ذاكرة الكمبيوتر محجوز لهدف معين

argument . . . . **معامل . متغير**

(١) قيمة تُستخدم للحصول على المعلومات من جدول معين . مثال ذلك معرفة قيمة الزاوية مطلوب للحصول على قيمة ظلها من جداول معينة ؛ (٢) متغير مستقل : مثلا ان كان س+ص=ل ، فان كل من س وص يعتبران متغيران مستقلان

arithmetic . . . . **الحساب**

(١) فرع من فروع علم الرياضيات يتعامل مع الارقام ذات القيم الموجبة والصفر ؛ (٢) العمليات الحسابية من طرح وجمع وضرب وقسمة او الاجزاء من جهاز الكمبيوتر التي تقوم بهذه العمليات ☐ arithmetic unit

arithmetic check . . . . **اختبار حسابي**

عمليات المراجعة التي تتم على العملية الحسابية

arithmetic expression=expression

arithmetic instruction . . . . **أمر حسابي**

تعليمات تُعطى لجهاز الكمبيوتر لكي يقوم بالعمليات الحسابية مثل الجمع والطرح والضرب والقسمة

arithmetic operator . . . . **المعامل الحسابي**

الرمز الذي يدل على نوع العملية الحسابية المراد القيام بها ، مثل علامة الجمع (+) او الطرح (−) او القسمة (/) او الضرب (*) او رفع القوة ــــ الاس (* *)

arithmetic register . . . . **المُسجل الحسابي**

الموقع الذي تحفظ فيه نتائج العمليات الحسابية مؤقتا اثناء معالجتها

arithmetic shift . . . . **الازاحة الحسابية**

عملية ضرب او قسمة رقم معين بقوة رقم الاساس . رقم ١٣ في النظام العشري (للاساس ١٠) يمكن تمثيله بالنظام الثنائي (للاساس ٢) كما يلي : ١١٠١ . اذا تم نقل ١١٠١ خانتين لليسار، او بمعنى اخر، ضرب الرقم بضعف الاساس ١٠ ، فسيصبح ١١٠١٠٠ وهو نفس الرقم ٥٢ بالنظام العشري ، وهذه القيمة يمكن الحصول عليها عن طريق ضرب رقم ١٣ في ٢٢ اي ١٣ × ٤ . او بمعنى اخر ضرب الرقم بضعف الاساس ٢ . من ناحية اخرى لو تم نقل الرقم العشري ١٣ خانتين لليسار فان النتيجة هي نفسها كما لو ضُرب برقم عشرة مرتين او ١٣٠٠ ☐ binary; decimal system

arithmetic unit . . . . **وحدة الحساب**

الجزء من الحاسب الرئيسي والذي يقوم بالعمليات الحسابية

arrangement . . . . **الترتيب**

ترتيب المعلومات بطريقة معينة

array . . . . **قائمة • ترتيب مواضع التخزين**

في كتابة برامج الكمبيوتر قد تنشأ الحاجة الى حجز عدة مواقع تخزينية متجاورة على الذاكرة لتخزين بيانات لها صفة معينة مثل المبيعات الشهرية لمدة ١٢ شهرا ، فنحتاج الى حجز ١٢ موقعا تخزينيا تسمى قائمة . ويعطى لها اسما معينا ، ويشار الى كل موقع بالقائمة عن طريق استخدام رقمه داخل القائمة ، وهذا الرقم يسمى الرقم السفلي او الدليلي subscript . واتساع او بُعد القائمة يسمى dimension . هناك قائمة ذات بعد واحد one-dimensional array وقائمة ذات بعدين two-dimensional array وهكذا .

وفي علم الرياضيـــات يتم ترتيب البيانـــات بطريقتين : الاولى وهي طريقة المتجه vector والثانية وهي طريقة المصفوفة matrix . الفرق بين المتجه والمصفوفة ان المتجه ذو بُعد واحد والمصفوفة ذو بُعدين او اكثر. يكون ترتيب المعلومات في المتجه في خط افقي او رأسي بحيث تأخذ كل وحدة من هذه المعلومات رقما يدل على موقعها في القائمة ، والقائمة نفسها تأخذ اسما

وعادة ما يكون احد الاحرف الابجدية ، فمثلا المتجه أ يمكن ان يظهر بصورة أ١ أ٢ أ٣ أ٤ .... اما المصفوفة فلها صفوف افقية واعمدة رأسية . كل وحدة من هذه المعلومات تأخذ رقمين الاول يدل على رقم الصف الموجودة فيه والثاني يدل على رقم العمود الموجودة فيه . فمثلا مصفوفة ب يمكن ان يقال انها ذات ابعاد ٣ × ٣ وتظهر كما يلي :

ب١١ ب٢١ ب٣١

ب١٢ ب٢٢ ب٣٢

ب١٣ ب٢٣ ب٣٣

عديد من اللغات المستخدمة في برامج الكمبيوتر لها طريقة معينة لترتيب هذه المعلومات وبعض هذه اللغات يمكنها التعامل مع معلومات مرتبة بثلاث ابعاد او اربعة ابعاد او اكثر من ذلك

artificial intelligence . . . . **الذكاء المصطنع**

اصطلاح يطلق على امكانية الالة ان تتعلم (ان تتذكر الالة نتيجة العملية الحسابية السابقة وان تستطيع تعديل طريقة التحليل لتفادي المشاكل التي مرت بها في المرة السابقة) □ robot; Turing test

ASA = American Standards Association . . . . **الجمعية الامريكية للقياسات**

ASCC = automatic sequence-controlled calculator . . . . **الحاسب الاوتوماتيكي**

ASCII = American Standard Code for Information Interchange . . . . **الشفرة الامريكية القياسية لتبادل المعلومات** (أسكي)

تلفظ كما لو كانت Ask Key . وهي شفرة تتكون من سبعة خانات للوحدة الواحدة وعن طريقها يستطيع جهاز الكمبيوتر تحويل الرموز والارقام والاحرف الموجودة على لوحة المفاتيح (الطرفية) والموصلة بجهاز الكمبيوتر وعددها ١٢٨ في معظم الحالات الى رقمين فقط هما الصفر والواحد لكي يتمكن جهاز الكمبيوتر من التعامل معها □ binary

ascending .... **صاعد ٠ تصاعد**

الزيادة في كمية معينة . فمثلا أ١ + أ٢ + أ٣ فان الاس في حالة زيادة

ASR = automatic send/receive .... **الارسال والاستقبال الاوتوماتيكي**

الالة التلغرافية التي ترسل وتستقبل الرسائل ولوحة المفاتيح والة الطباعة وشريط الورق المستخدم في القراءة وشريط الورق المثقب . مثال ذلك ما هو مستخدم في اجهزة الكمبيوتر المستخدمة في المنازل

assembler .... **المُترجم ٠ المُجمع**

برنامج خاص بجهاز الكمبيوتر يقوم بترجمة الاوامر من لغة التجميع assembly language الى لغة الالة machine language

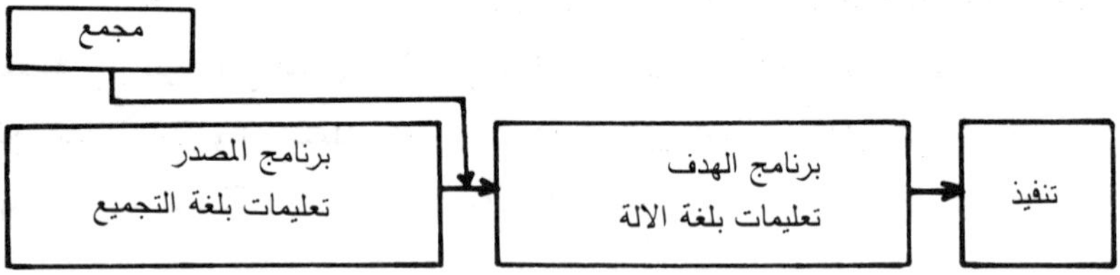

assembly language .... **لغة الترجمة ٠ لغة التجميع**

جهاز الكمبيوتر « يفكر ويتكلم » برموز رقمية تسمى لغة الالة machine language ونظرا لصعوبة فهم هذه اللغة للانسان العادي فانه تم اختراع لغة مبسطة كي تحول او تترجم الرموز الرقمية هذه الى جمل وعبارات يمكن ان يفهمها الانسان بسهولة . تعتبر هذه اللغة ذات مستوى منخفض اذا ما قورنت باللغات ذات المستوى العالي مثل الفورترن ☐ assembler; FORTRAN

assembly program .... **برنامج التجميع**

(١) برنامج التجميع : البرنامج الذي يقوم بترجمة البرامج المكتوبة بلغة التجميع ☐ assembler ؛ (٢) برنامج مكتوب بلغة التجميع ☐ assembly language

assignment . . . . **التخصيص**

وضع قيمة او قيم معينة لمتغير بحيث تُستخدم هذه القيم عند بدء العملية الحسابية داخل الحاسب الالي . مثلا في حالة « س = ١٥ »، ذلك يعني اعطاء المتغير س قيمة مقدارها ١٥

assignment statement . . . . **عبارة التخصيص**

جملة في برنامج تعطي قيمة لمتغير. مثلا في حالة « س=س+١ ». او قيمة لثابت كما في « س = ١ »

associative addressing . . . . **عنونة مترابطة (متتابعة)**

طريقة للعنونة استُخدمت في نظام التخزين المترابط ☐ associative memory

associative law . . . . **قانون ارتباط**

associative memory . . . . **الذاكرة المترابطة**

ذاكرة جهاز الكبيوتر التي تتصف بالوصول الى البيانات فيها عن طريق مقارنة ما تحتويه مواقعها من بيانات بدلا من استخدام عناوين المواقع

asynchronous computer . . . . **جهاز الكمبيوتر الغير متزامن**

تبدأ كل عملية في جهاز الكمبيوتر كنتيجة لاشارة تم انتاجها بانتهاء العملية السابقة لها او بتوفر المعدات المطلوبة لمعالجة العملية التالية .

عكس synchronous computer

asynchronous input . . . . **البيانات الغير متزامنة**

طريقة لنقل البيانات لا تتطلب ان يكون هناك توقيت متزامن بين كل من اداة الارسال والاستقبال كشرط لحل شفرة الرموز. بدلا من ذلك فان كل رمز او كلمة تحاط بخانة بدء وانتهاء واحدة او اكثر لتحديد موقع المعلومات المنقولة

ATOLL = Acceptance Test Or Launch Language . . . . اتوْل

لغة كمبيوتر تم استخدامها لفحص المعدات المختلفة التي استخدمت في رحلة ابولو

attach . . . . أوصل

فعل وصل تخصيص وحدة من وحدات جهاز الكمبيوتر ببرنامج يجري تنفيذه

attached processor. . . . . وحدة تشغيل ملحقة

وحدة تشغيل مركزية قد تلحق بجهاز الكمبيوتر الرئيسي للمساعدة في تشغيل بعض المهام

attenuation . . . . الاضمحلال · الضعف

التناقض في قوة الاشارة الكهربائية ما بين نقطة الارسال ونقطة الاستقبال كنتيجة لمرورها في جهاز التحكم

attribute . . . . صفة مميزة

صفات معينة ، مثلا صفات المعلومات او البيانات ، كطول الملف او طريقة كتابته او اسم الملف او حجمه

audio disk . . . . قرص مغناطيسي صوتي

قرص مغناطيسي لتسجيل الاصوات

audio response device . . . . وحدة الاستجابة الصوتية

الة تصدر اصوات كنتيجة لتعليمات اعطيت لها □ voice output

audio response unit=audio response device

audit .... **التدقيق**

(١) فحص لنتائج العمليات الحسابية والتحقق من انها سليمة ؛

(٢) عملية فحص مدى دقة النتائج الحاصل عليها بواسطة جهاز الكمبيوتر ؛

(٣) عملية فحص كفاءة عمل جهاز الكمبيوتر

audit program .... **برنامج التدقيق**

برنامج يُصمم لفحص نتائج الحسابات الجارية باستخدام جهاز الكمبيوتر للتأكد من صحة عملية الحساب

audit trail .... **طريقة التدقيق**

لائحة بجميع العمليات التي تمت داخل جهاز الكمبيوتر. هذه اللائحه تخزن في ملف حيث يمكن بواسطة هذا الملف معرفة ما يدور داخل الجهاز ووقت معالجة العملية . فمثلا اذا تم استخدام جهاز الكمبيوتر لنقل رسالة معينة الى جهاز اخر فان هذا الملف يوفر معلومات عن وقت ارسال هذه الرسالة وكذلك عن الذين استقبلوا الرسالة ويخبرك ان كانوا قد استلموا الرسالة ام لا

augend .... **المضاف**

الرقم الذي يُضاف الى رقم اخر addend « ٦ + ٣ = ٩ » فان رقم ٦ يسمى المضاف ، ورقم ٣ يسمى المضاف اليه

authors .... **المؤلفون**

الاشخاص الذين يستخدمون مواد التعليمات المسماة تعليمات بمساعدة الكمبيوتر computer-assisted instruction

automatic .... **اوتوماتيكي**

اصطلاح يطلق على عمليات تتم ميكانيكيا او كهربائيا او اليكترونيا وكانت تتم يدويا في السابق

automatic data processing = ADP . . . . **معالجة البيانات اوتوماتيكيا**

العمليات التكنولوجية او الصناعية والتي تتضمن استخدام جهاز الكمبيوتر في اعداد البيانات

automatic field . . . . **حقل اوتوماتيكي**

ميزة من مميزات بعض اجهزة الكمبيوتر حيث يمكنها نقل جزء من المعلومات من ملف الى ملف اخر

automatic file rotation . . . . **تبديل محتوى الملف اوتوماتيكياً**

امكانية الغاء رقم معين من ملف بمجرد حساب وظهور قيمة جديدة لهذا الرقم

automation . . . . **اوتوماتيكياً (ذاتيًا)**

تنفيذ عملية بطريقة اوتوماتيكية وبدون تدخل الانسان

auxiliary . . . . **خارجي**

اصطلاح يطلق على عملية منفصلة ولكنها جزء من عملية اكبر. مثال ذلك عملية فصل الورق في الة الطباعة المرفقة بجهاز الكمبيوتر والتي هي جزء من عملية اكبر وهي عملية الطباعة نفسها

auxiliary equipment . . . . **معدات خارجية**

معدات ليست تحت تحكم وحدة المعالجة المركزية CPU

auxiliary memory = auxiliary storage

auxiliary operation . . . . **عمليات خارجية**

اي عملية تتم في جهاز الكمبيوتر ولكنها ليست تحت تحكم وحدة المعالجة المركزية CPU ، وهي الجزء الرئيسي في جهاز الكمبيوتر. مثال ذلك عملية تثقيب البطاقاتِ المستخدمة مع اجهزة الكمبيوتر

auxiliary storage .... **ذاكرات خارجية**

اي ذاكرة في جهاز الكمبيوتر غير الذاكرة الرئيسية ☐ storage

availability .... **مستفاد به (متوفر)**

نسبة الوقت الذي يكون فيه جهاز الكمبيوتر عاملا او قابلاً للعمل الى مجموع الوقت الكلي والمفروض فيه ان يكون صالحا للعمل

available time .... **وقت الاستفادة**

الوقت الذي يكون فيه جهاز الكمبيوتر معدًا للاستخدام

azerty .... **ازيرتي**

اصطلاح يطلق احيانا على لوحة مفاتيح الطباعة ان كانت مرتبة كما هي مرتبة في الة الطباعة في اوروبا ☐ qwerty

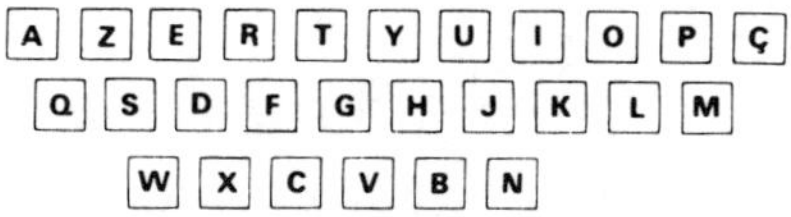

لوحة مفاتيح ازيرتي

B

تشارلز باباج . . . . **Babbage, Charles**

(١٧٩٢ ـ ١٨٧١) مخترع اول الة حاسبة مبرمجة في منتصف القرن التاسع عشر حيث استخدمت فكرة هذا الحاسب في تطوير وصناعة اجهزة الكمبيوتر الحديثة

رموز بكمان . . . . **Bachman notation**

طريقة لتمثيل واظهار المعلومات المعقدة الترتيب

المساندة . . . . **back end**

اصطلاح يستخدم عند اضافة معدات اخرى لجهاز الكمبيوتر لزيادة كفائته

الخلفية ، الثانوية . . . . **background**

(١) اصطلاح يطلق على معالجة عمليات ثانوية عندما لا يكون الكمبيوتر مستخدما في عمليات ذات اهمية اكثر ؛ (٢) في بعض اجهزة الكمبيوتر جزء من الذاكرة الرئيسية المخصص للاعمال ذات الاهمية الثانوية

عملية ثانوية . . . . **background job**

عملية ثانوية يقوم بها جهاز الكمبيوتر عندما لا تكون هناك عمليات اكثر اهمية في موضع التحليل

background noise .... **الضوضاء الخلفية**

ظهور ضوضاء على شبكات الاتصال الكهربائية

background processing .... **المعالجة الخلفية**

معالجةبرنامج ذو اهمية ثانوية عندما لا تكون هناك عمليات اكثر اهمية في وضع المعالجة

background program .... **البرنامج الخلفي**

برنامج يمكن تنفيذه في اي وقت لا يكون جهاز الكمبيوتر مطلوبا لتنفيذ برامج ذات اهمية اكثر

backing store .... **المخزن الاضافي**

ذاكرة اضافية للذاكرة الرئيسية . مثل هذه الذاكرات يمكنها ان تتسع لكمية اكبر من المعلومات ولكنها تحتاج لوقت اطول للحصول عليها . مثال هذا النوع من الذاكرات الاشرطة المغناطيسية

backspace .... **الرجوع خانة واحدة**

(١) في الة الطباعة : تحريك الاداة الحاملة لاحرف الطباعة خانة واحدة لليمين او اليسار (كما في الة الطباعة التي بها احرف الطباعة على شكل كرة الغولف)، او تحريك ورق الطباعة خانة واحدة لليمين او اليسار (كما في الات الطباعة العادية)؛ (٢) في الشريط المغناطيسي : اعادة الشريط للنقطة التي بدأ يقرأ منها

back-strike printer .... impact printer ☐

backup=back up .... **يساند • يحتاط • احتياطي**

(١) يساند : عمل المساندة الاحتياطية التي يتم اللجوء اليها في حالة حدوث طارئ في نظام العمل الرئيسي ؛ (٢) احتياطي : صفة تطلق على المعدات او الاعمال او البرامج او الملفات الجاهزة للاستعمال كاحتياطي في حالة عطل او طارئ في المعدات او الاعمال او البرنامج الاصلي ؛ (٣) يحتاط : القيام باعداد نسخة اضافية من ملفات البيانات المسجلة على الاشرطة او الاقراص المغناطيسية او ما في حجمها توخيا للحيطة في حالة حدوث اضرار عند التشغيل

Backus normal form .... **ترتيب باكوس العادي**

تركيب لغوي كما هو مستخدم في ترتيب الكلمات في لغة الالغول algol وكذلك في اللغات المشابهة لهذه اللغة

Backus Naur form = Backus normal form

badge . . **شارة • علامة مميزة**

بطاقة تستخدم للكشف عن هوية الافراد بواسطة جهاز معين يسمى قاريء البطاقات ☐ badge reader

badge reader .... **قاري الشارات (العلامات المميزة)**

جهاز طرفية يستخدم لقراءة بطاقات التسليف

كيفية استخدام الشارات

band .... **نطاق من الذبذبات**

(١) جزء من ذبذبة ذات اهمية خاصة (مثال ذلك ذبذبات الراديو والذبذبات فوق البنفسجية)؛

(٢) مجموعة من الذبذبات المتلامسة ، كما في موجات الاتصال الكهربائية المحمولة

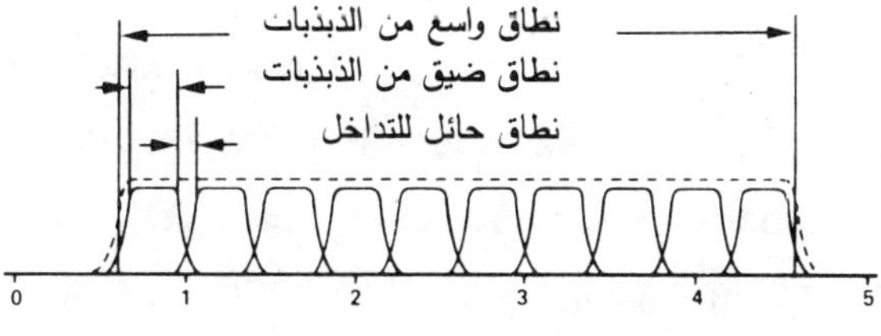

مجموعة ٠ بنك . . . . **bank**

(١) جزء رئيسي من اجزاء الذاكرة عند تقسيم الذاكرات المتسعة الى اجزاء رئيسية يسمى كل منها بنك الذاكرة memory bank ؛ (٢) رصيد البيانات الذي يمكن الرجوع اليه لاستخلاص المعلومات التي تهم المستفيد . تسمى في هذه الحالة بنك البيانات data bank

شفرة القضبان . . . . **bar code**

ترتيب لمجموعة من القضابين والمسافة بينها بحيث يمكن قرائتها بجهاز فحص حساس للرؤية . مثل هذه الشفرة تستخدم في بعض المحلات لتعريف السلع وسعرها ، وبعض الدول تستخدم هذا النظام لتحديد هوية وسائل النقل والمواصلات

الاساس (القاعدة) . . . . **base**

(١) الاساس في نظم الترقيم : وهي الكمية التي يضرب او يقسم الرقم عليها عند تحريكه للخانة المجاورة . ففي نظام الترقيم العشري (للاساس ١٠) اذا نُقل رقم ٣ مثلا خانة لليسار فانه يصبح ٣٠ او ٣ × ١٠ واذا نقل خانة لليمين فانه يصبح ٠،٣ او ٣ ÷ ١٠ ؛ (٢) في نظام اللوغارتمات : القيمة المرفوع لها الرقم . مثلاً في $٣^{٢}$ رقم ٢ هو الاس ☐ floating point; logarithm ؛ (٣) في الصمامات الثنائية bipolar : مساحة التحكم او التوصيلات الكهربائية لمساحة التحكم ؛ (٤) في نظم البيانات : مجموعة ملفات البيانات المتعلقة بنظام معين

عنوان اساسي (قاعدي) . . . . **base address**

عنوان معين specific address متضمن مع عنوان تقريبي relative address لتكوين عنوان مطلق absolute address لموقع محدد على الذاكرة ☐ address; absolute address; relative address; specific address

base register .... **مُسجل اساسي (قاعدي)**

مسجل للاحتفاظ بالارقام الموظفة في تعريف المواقع المستخدمة من ذاكرة الكمبيوتر

BASIC = Beginner's All-purpose Symbolic Instruction Code .... **لغة البيزيك**

لغة من اللغات الراقية وهي بسيطة في فهمها وسهلة في استعمالها حيث تشبه اللغة الانكليزية ، وهي لغة مبسطة مأخوذة عن لغة الفورترن

basic access .... **الوصول الاساسي**

طريقة من طرق استرجاع المعلومات من ذاكرة الكمبيوتر تتم عندما يكون طلب الحصول على المعلومات المنقولة بين قنوات الداخل والخارج input/output channel مذكورا في البرنامج فقط

basic peripherals .... **الاجهزة الخارجية الاساسية**

اصطلاح يطلق احيانا على كل من اجهزة قراءة البطاقات المثقبة والاشرطة الورقية ووحدات الاشرطة المغناطيسية والة الطباعة المرفقة بجهاز الكمبيوتر

batch .... **مجموعة (حزمة)**

مجموعة من السجلات او البرامج التي يتم التعامل معها في اجهزة الكمبيوتر كوحدات مستقلة

batch processing .... **معالجة المجموعات**

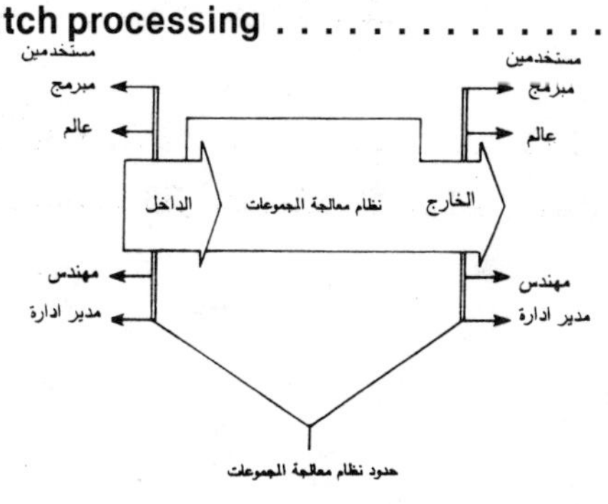

(١) طريقة من طرق عمل جهاز الكمبيوتر عندما يسلم برنامج الكمبيوتر مقدما للشخص المسؤول عن ادارة جهاز الكمبيوتر حيث سيقوم بتزويد هذا البرنامج للجهاز وعادة ما يكون ذلك على شكل بطاقات مثقبة وعلى

اشرطة ورقية . ان كان هناك خطأ في البرنامج فان ذلك يتطلب تصحيح الخطأ اولا ثم اعادة تسليم مجموعة البطاقات مرة ثانية ؛ (٢) طريقة من طرق عمل جهاز الكمبيوتر يتم فيها التعامل مع كل من البرنامج المعد للكمبيوتر والمعلومات التي سيقرأها البرنامج كل على حدة ، وعادة عندما ينتهي التعامل مع الاولى يبدأ التعامل مع الثانية . مثال ذلك تعامل جهاز الكمبيوتر مع ملفات الحسابات للموظفين في الشركات وكشوف الداخل والخارج للمخازن والمستودعات التجارية ؛ (٣) طريقة من طرق التعامل مع المعلومات يقوم فيها جهاز الكمبيوتر بتجميع المعلومات المتقاربة والتعامل معها في خطوة واحدة وبواسطة برنامج واحد ☐ batch; on-line; remote batch processing; transaction processing

batching . . . . **التجميع (التحزيم)**

تجميع البيانات او المعاملات المطلوب معالجتها في مجموعة ثم ادخالها في الحاسب اولا حتى يتسنى للحاسب معالجتها مع بعضها

batch stream . . . . **مجرى المجموعة**

بيان تسلسل العمليات الرئيسية او البرامج المطلوب تنفيذها لمعالجة مجموعة المعاملات او البيانات

baud . . . . **بود**

وحدة قياس لسرعة نقل المعلومات

Baudot code . . . . **شفرة بودو**

شفرة تستخدم لنقل المعلومات بين موقعين بحيث ان كل خمسة خانات تمثل رمزًا واحدًا

BCD = binary-coded decimal

bead . . . . **الخرزه**

جزء صغير من برنامج كُتب لكي يقوم بعملية محددة . يمكن اعداد هذا الجزء منفصلاً ثم يوصل بباقي اجزاء البرنامج □ modular; multithreading; thread

beam accessed . . . . **الاسترجاع باستخدام الاشعة**

اصطلاح يطلق على جهاز تخزين للمعلومات والذي فيه حزمة (ضوئية او اليكترونية او ليزر) تستخدم لقراءة وكتابة المعلومات خانة خانه

beam addressed = beam accessed

bed-in of a computer . . . . **الثقة بجهاز الكمبيوتر**

ان تصل لمستوى معين من الثقة بجهاز الكمبيوتر وذلك للعدد القليل من التوقفات والمشاكل في عمله

bed of nails . . . . **فرشة المسامير**

اصطلاح يطلق على اجهزة الفحص الاوتوماتيكية للدوائر المدمجة integrated circuit وذلك بتشغيلها في اقصى الحالات (كأقصى سرعة او اعطائها اكبر فولت) لكشف مدى تحملها

bel = B . . . . بل

وحدة قياس للصوت (تساوي ١٠ ديسيبل)

benchmark . . . . اختبار قياسي للاداء

(١) اختبار يجري لمعرفة مدى امكانية جهاز الكمبيوتر لاجراء عمليات حسابية معينة وتحت ظروف معينة ؛ (٢) في علم المساحة : علامات معينة تدل على الارتفاع بالنسبة لمستوى سطح البحر وعادة ما تكون العلامة قاعدة خرسانية او شجرة او اي شيء ثابت

تطبيق برنامج الفحص القياسي .... **benchmarking**

استخدام نقطة معروفة لمقارنتها باشياء غير معروفة . مثال ذلك استخدام برنامج معروفة نتائجه لتقدير امكانيات جهاز الكمبيوتر

مجموعة المراجعة القياسة .... **benchmark package**

مجموعة من برامج الكمبيوتر وطرق ترتيب البيانات لاختبار مدى فعالية جهاز الكمبيوتر او البرامج او طرق اعداد البيانات ☐ benchmark

مشكلة المراجعة القياسية .... **benchmark problem**

(١) مشكلة تستخدم لتقدير كفاءة عمل اجهزة الكمبيوتر بمقارنة قدراتها على حل تلك المشكلة ؛ (٢) روتين (برنامج) لتقدير سرعة عمل جهاز الكمبيوتر . احدى الطرق ، استخدام عُشر المدة المطلوبة لاجراء تسعة عمليات جمع وعملية ضرب . تتضمن عملية الجمع او عملية الضرب الوقت المطلوب للحصول على الرقمين المطلوب اجراء العملية الحسابية عليهما من المخزن واجراء العملية الحسابية ثم تخزين النتيجة . كذلك إختيار وتنفيذ الاوامر (خطوات البرنامج) التي ستنفذ تلك العملية الحسابية

☐ benchmark .... **benchmark program**

ثنائي .... **bi-**

صفة الثنائية التي تلحق بالبيان او بطرق التشغيل او الخ ...

انحراف • انحياز .... **bias**

(١) مقدار انحراف مجموعة من القراءات عن قراءة معينة تم اتخاذها كمرجع ؛ (٢) مقدار الفولت المطبق على نقطة معينة في دائرة كهربائية بصفة مستمرة تهدف التحكم او استقرار الدائرة

biased partitioning .... **التقسيم المنحاز**

تقسيم للذاكرة الرئيسية باعطاء مجموعة من البرامج المتقاربة كل منها مساحة مختلفة على الذاكرة

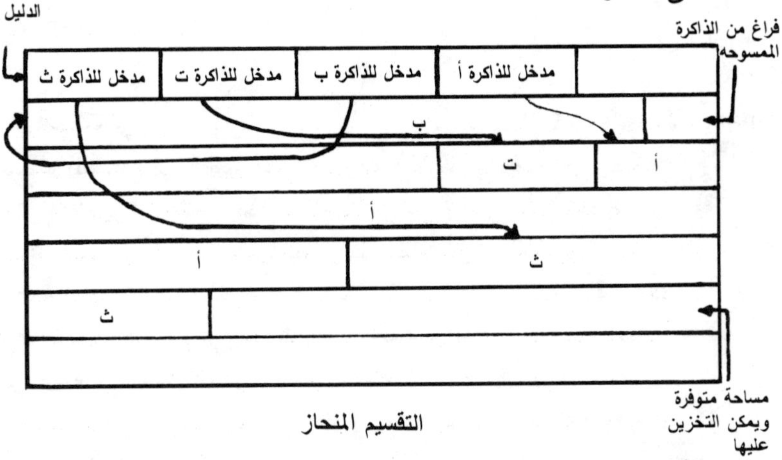

التقسيم المنحاز

bibliography .... **الببليوغرافيا**

(١) فن وصف الكتب والمخطوطات او التعريف بها ؛ (٢) قائمة بمجموعة من الكتب ؛ (٣) قائمة وثائق تتعلق بموضوع واحد او مؤلف واحد ؛ (٤) عملية تصنيف معينة او كاتالوج

bidirectional .... **كلا الاتجاهين**

(١) في الة الطباعة : ان تطبع الاسطر من كلا الاتجاهين من اليمين الى اليسار او من اليسار الى اليمين ؛ (٢) في نقل البيانات : امكانية نقلها في كلا الاتجاهين

bifurcation .... **شعبه**

حالة نتيجتها شيئان اثنان فقط ، صفر وواحد

bill of materials = BOM .... **فاتورة المواد**

مجموعة من البيانات التطبيقية تستخدمها مصانع اجهزة الكمبيوتر بها تفاصيل عن قطع جهاز الكمبيوتر وطريقة فصلها وتركيبها على الجهاز وتكاليفها وما شابه ذلك من معلومات

BINAC = Binary Northrop Automatic Computer . . . . . . جهاز الكمبيوتر الاوتوماتيكي (بايناك)

جهاز كمبيوتر تم بناءه بواسطة شركة ايكرت مانشلي Eckert-Manchly Corporation سنة ١٩٤٩

binary . . . . نظام الترقيم الثنائي

وهو النظام المستخدم في التعبير عن الاحرف والارقام والرموز في اجهزة الكمبيوتر والاجهزة المماثلة . هذا النظام يتكون من رقمين اثنين هما الصفر والواحد . الصفر يعمل نفس عمل الصفر في نظام الترقيم العشري ، حيث يظهر قيمة موقع الارقام الاخرى . في نظام الترقيم الثنائي يكون رقم واحد هو الرقم الوحيد المستخدم في هذا النظام ولا يساوي صفرا ، وقيمته تختلف كليا عن قيمته في النظام العشري . ففي النظام العشري نقل الرقم خانة واحدة لليسار يعني ضرب الرقم في عشرة (فمثلا رقم ٢٠ عند نقله خانة لليسار يصبح ٢٠ × ١٠ = ٢٠٠) . لكن في النظام الثنائي يعني الضرب في اثنين (مثلا رقم ٢ يظهر في النظام الثنائي ١٠ وعند نقله خانة واحدة لليسار يصبح ١٠٠ او ٤ في النظام العشري). في النظام العشري كل موقع يمثل عشرة اضعاف قيمة الموقع الذي على يمينه . فمثلا في رقم ٢٤٥ رقم ٥ يمثل ٥ × ١ ورقم ٤ يمثل ٤٠ او (٤ × ١٠) ورقم ٢ يمثل ٢٠٠ او (٢ × ١٠٠) طبقا لموقع هذه الارقام . في نظام الترقيم الثنائي كل موقع يمثل ضعف قيمة الموقع الذي يقع على يمينه . قيمة كل موقع تتمثل بالتالي :

___ ___ ___ ___ ___ ___ ___ ___
١٢٨ ٦٤ ٣٢ ١٦ ٨ ٤ ٢ ١

وضع رقم صفر في موقع ما يجعله يمثل قيمة الصفر ولكن وضع رقم واحد يعطي قيمته كلها . مثال على ذلك رقم ١٢ في النظام العشري ، هو عبارة عن ٨ + ٤ :

رقم ١٢ في نظام الترقيم الثنائي —— ٠ ١ ١ ٠ ٠ (١٦ ٨ ٤ ٢ ١)

ارقام في النظام العشري	ارقام في النظام الثنائي
١	١
٢	١٠
٣	١١
٤	١٠٠
٧	١١١

١٠	١٠١٠
٢٢	١٠١١٠
٦٥	١٠٠٠٠٠١
١٠٧	١١٠١٠١١

من مميزات النظام الثنائي انه يمكن تمثيله عن طريق الدوائر الكهربائية بالسماح لمرور التيار في الدوائر الكهربائية on او عدم السماح له off

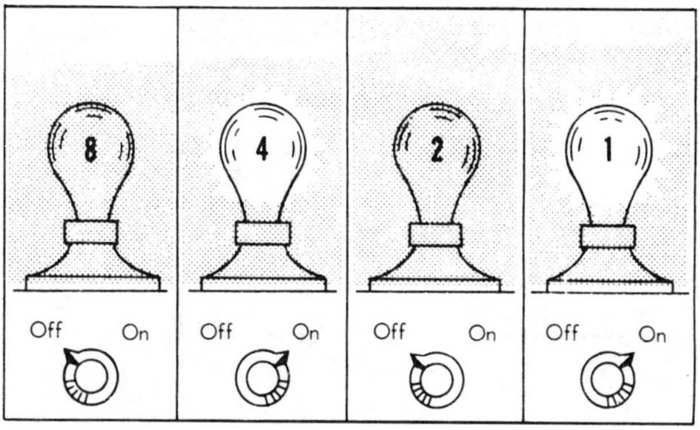

تمثيل البيانات باستخدام دائرة كهربائية موصلة او غير موصلة

الحسابات في النظام الثنائي .... binary arithmetic

اجراء الحسابات باستخدام الارقام حسب نظام الترقيم الثنائي وهي تتم في وحدة الحساب في جهاز الكمبيوتر. طرق الحساب تتبع نفس القواعد كما لو كانت في النظام العشري مع الفرق ان الاول للاساس ٢ والثاني للاساس ١٠ . في كلا الحالتين عند اضافة رقمين وكانت النتيجة تتعدى الارقام المتوفرة في النظام ، يتم نقل ١ للخانة المجاورة . في النظام العشري ٣ + ٤ = ٧ بينما ٩ + ١ = ٠ ويتم نقل ١ للخانة المجاورة لتصبح النتيجة ١٠ . نظراً لان نظام الترقيم الثنائي يتضمن رقمين هما ٠ و ١ ، لذلك اضافة ١ الى ١ يعطي نتيجة تتعدى حدود هذا النظام وتساوي صفرا وينقل واحد للخانة التي بعدها .

قواعد الجمع كما يلي :

٠ + ٠ = ٠

٠ + ١ = ١

١ + ٠ = ١

١ + ١ = ٠ ويحمل ١ للخانة التالية لذلك

مثال لعملية الجمع :

النظام الثنائي	النظام العشري
١١٠١	١٣
١٠١٠ +	١٠ +
١٠١١١	٢٣

كذلك عند طرح رقم كبير من رقم اصغر منه في خانة معينة يتم استلاف من الخانة التالية لها . قواعد الطرح كما يلي :

٠ − ٠ = ٠

١ − ٠ = ١

١ − ١ = ٠

٠ − ١ = ١ مع الاستلاف من الخانة المجاورة لها

مثال لعملية الطرح :

النظام الثنائي	النظام العشري
١١٠١	١٣
١٠١٠ −	١٠ −
٠٠١١	٣

اما عملية الضرب فهي كما في نظام الترقيم العشري . مثال لعملية الضرب :

النظام الثنائي	النظام العشري
١٠١١	١١
١٠٠١ ×	٩ ×
١٠١١	٩٩
٠٠٠٠	
٠٠٠٠	
١٠١١	
١١٠٠٠١١	

عملية القسمة كما في نظام الترقيم العشري . مثال لعملية القسمة :

النظام الثنائي	النظام العشري
١٠١	٥
١٠١١ ⟌ ١١٠١١١	١١ ⟌ ٥٥
١٠١١	٥٥
٠٠١٠١١	٠٠
١٠١١	
٠٠٠٠	

binary cell . . . . **خلية التخزين ثنائية الوضع**

هي الوحدة الاساسية في ذاكرة الكمبيوتر والتي يخزن فيها رقم الصفر او الواحد

binary check digit = check bit

binary chop . . . . binary search □

binary code . . . . **الشفرة الثنائية**

شفرة كل وحدة فيها تتكون من صفر وواحد

binary-coded character . . . . **رمز بالشفرة الثنائية**

نظام تكون فيه خانات النظام العشري او الاحرف الابجدية او الرموز الاخرى ممثلة بترتيب ارقام النظام الثنائي بطريقة وبتتابع خاص لكل منها

binary-coded decimal = BCD . . . . **الترميز العشري الثنائي**

(١) طريقة اظهار الارقام العشرية باستخدام النظام الثنائي حيث ان كل خانة عشرية تظهر في اربع خانات من النظام الثنائي ، بين ٠٠٠٠ (صفر) و١٠٠١ (تسعة). مثلا رقم ٢ سيظهر بشكل ٠٠١٠ ورقم ٦ سيظهر بشكل ٠١١٠ . لاحظ الفرق هنا بين نظام الترقيم الثنائي وهذا النظام . ففي النظام الثنائي سيظهر الرقم ٨٦ كما يلي : ١٠١٠١١٠ وفي هذا النظام BCD رقم ٨٦ سيظهر كما يلي : ٠١١٠ ١٠٠٠ □ EBCDIC; hexadecimal ؛

(٢) شفرة تتكون من ٦ مستويات و٦٤ رمزًا تستخدم في التلغراف وفي بعض اجهزة اعداد المعلومات في الكمبيوتر

binary-coded decimal number . . . . **الرقم بالرمز العشري الثنائي**

رقم يتكون من مجموعة متتالية من الخانات حيث كل مجموعة من اربعة خانات تشكل رقما من النظام الثنائي والتي تمثل وليس شرطا تساوي حسابيا خانة من خانات الرقم بالنظام العشري . مثال ذلك الرقم العشري ٢٦٤ فانه يكون في هذا النظام ٠١٠٠ ٠١١٠ ٠٠١٠

binary-coded notation . . . . **نظام الترميز الثنائي**

استخدام الارقام المستعملة في النظام الثنائي لايضاح رقم في النظام العشري .

مثال ذلك نظام BCD □ binary-coded decimal

binary-coded octal . . . . octal □

binary data . . . . **البيانات الثنائية**

معلومات او بيانات مرتبة حسب النظام الثنائي □ digital data

binary device . . . . **الالات الثنائية**

(١) الة يمكنها اظهار حالتين للعمل . مثال ذلك مفتاح كهربائي يمكنه اظهار ان التيار موصل به on او غير موصل به off ؛ (٢) في علم الكمبيوتر : الجهاز الذي يمكنه ان يقرأ او يكتب الارقام بالنظام الثنائي

binary digit . . . . **الخانة الثنائية**

عبارة عن رقم صفر او واحد

binary notation . . . . **الرموز الثنائية**

نظام ترقيم مبني على اساس استخدام رمزين اثنين

binary number . . . . **الارقام الثنائية**

رقم يتكون من خانات تحتوي على ارقام من نظام الترقيم الثنائي

binary numeral . . . . **الارقام الثنائية**

(١) خانات تحتوي على ارقام نظام الترقيم الثنائي ؛ (٢) رقم مكتوب بنظام الترقيم الثنائي

binary point . . . . **النقطة في نظام الترقيم الثنائي**

النقطة التي تفصل بين الكسور والارقام الصحيحة . مثال ذاك رقم ١١١،٠١٠ الذي يساوي ٧،٢ في نظام الترقيم العشري

binary search .... البحث الثنائي

البحث في مجموعة من البنود او البيانات عن طريقة فصلها الى مجموعتين ، الاولى مرفوضة والثانية مقبولة ، ثم البحث في المجموعة المقبولة بتقسيمها الى مجموعتين احداهما مقبولة والاخرى مرفوضة وهكذا يستمر البحث الى ان يتم الحصول على البند المطلوب

binary storage .... الذاكرة الثنائية

هذا النوع من الذاكرات هو المستخدم في اجهزة الكمبيوتر. تخزن المعلومات على شكل خانات الصفر والواحد . يمكن تمثيل هذه الخانات بايضاح عملي مثل اتجاه المغنطة على الاشرطة المغناطيسية او في الدوائر الكهربائية بمرور التيار on او عدم مروره off

binary symmetric .... التماثل الثنائي

اصطلاح يطلق على الممرات التي يتم تسجيل المعلومات عليها حيث يكون احتمال تغيير الخانات المحتوية على الصفر بالخانات المحتوية على الواحد (يمكن التحكم بذلك يدويا او بواسطة انقطاع التيار الكهربائي) ، تماما كتغيير الخانات المحتوية على الواحد بالخانات المحتوية على الصفر

binary synchronous communications .... الاتصالات الثنائية المتزامنة
= BSC

طريقة من طرق نقل المعلومات حيث يكون هناك توقيت بين محطات ارسال واستقبال هذه المعلومات وحيث يتم فحص واعادة ترتيب هذه المعلومات خلال نقلها

binary system .... نظام الترقيم الثنائي

binary □

binary-to-decimal conversion . . التحويل من النظام الثنائي الى النظام العشري

عملية تحويل الرقم من رقم مكتوب بنظام الترقيم الثنائي لرقم مكتوب بنظام الترقيم العشري

binary-to-hexadecimal conversion . . . . **التحويل من النظام الثنائي الى النظام ذو الاساس ١٦**

عملية تحويل الرقم من رقم مكتوب بنظام الترقيم الثنائي الى رقم مكتوب للاساس ١٦

binary-to-octal conversion . . . . **التحويل من النظام الثنائي الى النظام الثماني**

عملية تحويل الرقم من رقم مكتوب بنظام الترقيم الثنائي الى رقم ذو اساس ٨

binary tree . . . . **قائمة ثنائية متعددة المستويات**

قائمة تستخدم في تحديد اماكن تخزين البيانات ، وقد أطلق عليها ثنائية لان كل بيان في القائمة يحتوي على جزئين ، الجزء الاول يحدد الرابط الايسر ، والجزء الثاني يحدد الرابط الايمن . والرابط هو اتجاه تخزين البيانات في اماكن التخزين يسارًا او يمينًا من المكان المعلوم

bionics . . . . **علم الاليكترونيات الحيوية**

دراسة الكائنات الحية بهدف مقارنتها بتطور اجهزة الكمبيوتر. علم تصميم وبناء ادوات لها قدرة وصفات الاعضاء الطبيعية للانسان . مثال ذلك استخدام الاطراف الصناعية لمن فقد احد اطرافه

bipolar . . . . **الصمام ثنائي القطب**

اكثر الدوائر الكهربائية المدمجة integrated circuit شيوعا ، مصنوعة من طبقات من معدن السليكون تختلف في مواصفاتها الكهربائية . اصل الكلمة انها تتكون من طبقتين ، وذلك لكي يتم تمييزها عن النوع الاخر metal-oxide-semiconductor field-effect transistor (MOSFET) والتي تتكون من طبقة واحدة . ينقسم التيار الكهربائي الى قسمين ويتحرك احدهما تجاه القاعدة base والثاني تجاه المُجمع collector ☐ MOSFET

شفرة خماسية/ثنائية .... **biquinary code**

شفرة تتكون من سبع خانات تستعمل للتعبير عن الارقام العشرية . خانتان منهما للرقمين العشريين خمسة وصفر والخمس خانات الاخرى للارقام صفر وواحد واثنين وثلاثة واربعة

bistable device = binary device

BISYNC = binary synchronous communications (BSC)

البتْ (خانة) .... **BIT = bit = binary digit**

خانة على الذاكرة يمكن التخزين عليها بأحد ارقام نظام الترقيم الثنائي (صفر او واحد)، وهي اصغر وحدة يمكن الكتابة عليها . كذلك تستخدم لوصف ان كانت العبارة صحيحة "true" او غير صحيحة "false" ، او ان كان اللون ابيضا او اسودا او اي وضعين متناقضين . يتعامل جهاز الكمبيوتر مع هذه الحالات على شكل خانات بواسطة تمثيلها وكانها دوائر كهربائية موصلة on او غير موصلة كهربائيا off

كثافة الخانات .... **bit density**

عدد الخانات المكتوب فيها/وحدة المساحة او وحدة الطول

مُعالجة الخانات .... **bit fiddling**

يتعامل جهاز الكمبيوتر مع المعلومات حيث تكون الخانات مجمعة مع بعضها على شكل كلمات . احيانا بعض الكلمات لا تحتاج لنفس العدد من الخانات الممنوحة لكل كلمة على الذاكرة ، وهذا يسبب فقد لمساحات كبيرة من الذاكرة بدون استخدام . لذلك فان هذه العملية تساعد كاتب البرنامج على ضغط الخانات المفقودة نتيجة عدم استخدامها للسبب المذكور سابقا ، وهذا يساعد في زيادة كفاءة استخدام ذاكرة الكمبيوتر

bit rate . . . . **معدل الخانات**

سرعة نقل الارقام المكتوبة بنظام الترقيم الثنائي على خطوط او قنوات الاتصال

bit stream . . . . **مجرى الخانات**

الخانات المكتوبة بنظام الترقيم الثنائي بدون اعتبار لتجميعها تحت رموز معينة

bit twiddler . . . . **مهاويس الكمبيوتر**

الاشخاص المتعصبون للكمبيوتر بحيث انه يسيطر على كل تفكيرهم

BIZMAC = business machine computer . . . . **بيزماك**

جهاز كمبيوتر قديم ذو حجم كبير تم تركيبه في ولاية ميشغان

black box . . . . **الصندوق الاسود**

آلة تعمل كهربائيا او ميكانيكيا تقوم بتبديل الرموز الداخلة لجهاز الكمبيوتر بطريقة متوقعة ولكن بدون ان يعرف مستخدم الجهاز كيف تتم هذه العملية

blank . . . . **غير مستعمل ٠ فارغ**

blank character . . . . **الرمز الفارغ**

رمز يستخدم في خانة معينة عند كتابة البرنامج لاظهار خانة فارغة في نتائج التحليل

blank form . . . . **استمارة فارغة**

نموذج أو إستمارة لم تعبأ بياناتها بعد

blast = blow

block .... **المربع ٠ البلوك. المجموعة**

كما ان الحي يتكون من مجموعة من البلوكات والبلوكات تتكون من مجموعة من المنازل ، فان البلوك على الذاكرة عبارة عن مجموعة من الارقام او الرموز او الكلمات يتم التعامل معها كوحدة واحدة . هذه الوحدات يمكن ان تكون متساوية او مختلفة الطول

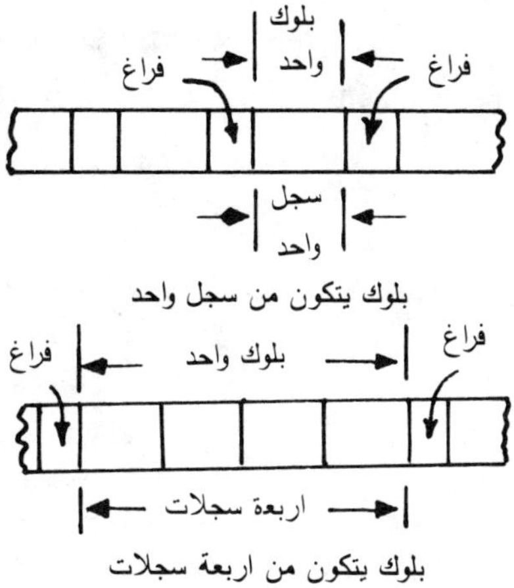

□ input block; output block

block diagram .... **رسم تخطيطي من البلوكات (المربعات)**

اظهار نتائج العمليات الحسابية بالرسم البياني وكذلك اعداد النتائج النهائية

□ flowchart

blocking .... **التجميع . الضم**

عملية تجميع سجلين او اكثر من سجلات البيانات في سجل واحد وذلك لزيادة كفاءة جهاز الكمبيوتر في ادخال واخراج البيانات

blocking factor .... **مُعامل الضم**

عدد عناصر البيانات او السجلات المنطقية التي تتكون منها المجموعة

block length .... **طول البلوك ٠ طول المجموعة ٠ طول المربع**

مقياس للحجم (عدد الحروف) الذي تشغله مجموعة البيانات او السجلات في ذاكرة جهاز الكمبيوتر او في اماكن التخزين

طول البلوك ٠ طول المربع .... block length

مقياس للحجم الذي يشغله البلوك على سطح الذاكرة

الفرز بالمجموعات .... block sorting

طريقة فــرز تستخدم لتقسيم الملف الى مجموعات بحيث تكون المعلومات في كل مجموعة متقاربة

عملية وضع المعلومات على ذاكرة خاصة .... blow

BNF = Backus normal form

لوحة .... board

لوحة مستطيلة الشكل تثبت عليها الدوائر الكهربائية لجهاز الكمبيوتر. مثال ذلك لوحة الدائرة circuit board ، فهي اللوحة المثبتة عليها الدوائر الكهربائية لمعظم اجهزة الكمبيوتر المستخدمة في البيوت هذه الايام

جورج بوول .... Boole, George

رجل المنطق والرياضيات البريطاني الذي استخدم رموزًا رياضية في توضيح مشاكل منطقية . اجهزة الكمبيوتر هذه الايام تقوم بكثير من هذه العمليات

علم الجبر البوولياني . علم الجبر المنطقي .... Boolean algebra

فرع من علم المنطق الرمزي symbolic logic يتكون من رموز مماثلة للرموز المستخدمة في علم الجبر وهي ليست لشرح علاقات رياضية ، ولكن لشرح علاقات منطقية تحليلية . وهذا الاسم جاء من اسم مكتشفها جورج بوول

متغير ذات قيمة بوليانية .... Boolean variable

booting .... **التجهيز الذاتي**

عند توصيل جهاز الكمبيوتر للعمل يقوم ذاتيا بعدة عمليات لاعداد نفسه لاخذ المعلومات او الاوامر من مستخدمه

bootstrap .... **أمر تحميل برنامج بدء تشغيل الكمبيوتر**

مجموعة أوامر يتم تشغيلها عن طريق مفاتيح وبموجبها يبدأ جهاز الكمبيوتر في المعالجة

bootstrap loader .... **مُحمل ذاتي**

طريقة لتزويد جهاز الكمبيوتر بالقسم الاول من التعليمات ثم استخدام هذه التعليمات في الحصول على باقي التعليمات . يتم ذلك يدويا او اوتوماتيكيا

bore .... **قطر داخلي**

قطعة داخل محور بكرة الشريط المغناطيسي

borrow .... **الاستلاف**

وهذا يحدث عند اجراء عملية طرح حسابية يكون فيها الرقم المطروح منه اصغر من الرقم المطروح ، ولذلك يتم الاستلاف من الرقم المجاور له

[1]BOT = beginning of tape .... **بداية الشريط**

[2]BOT = beginning of transfer .... **بداية النقل**

both-way communication .... **الاتصال في كلا الاتجاهين**

عملية اتصال بين محطتين بحيث يتم فيها نقل المعلومات في كلا الاتجاهين

bottleneck . . . . الاختناق

نقاط الاختناق التي قد تتخلل نظام تشغيل البيانات . اكثر نقاط الاختناق شيوعاً هي مرحلة ادخال البيانات لانها تستغرق وقت ومجهود وخاصة اذا كانت البيانات كثيرة وغير مسلسلة

bottom address = base address

bottoming-up technique . . . . طريقة من القاعدة الى اعلى

عند كتابة برنامج ، يتم تقسيمه الى عدة اجزاء صغيرة . اولا يتم كتابة الجزء الرئيسي ويتم اختباره ، ثم يتلوه الجزء الاقل اهمية ويتم اختبار هذا الجزء ايضا ، وهكذا الى ان تتم كتابة كل البرنامج

bottom-of-stack pointer . . . . المؤشر الى قاعدة القائمة

الطلب من جهاز الكمبيوتر الحصول على اخر رقم في قائمة من الارقام

□ stack; top-of-stack pointer

bound . . . . محدد

اول واخر رقم في قائمة من الارقام موجودة في جزء من مخزن المعلومات في جهاز الكمبيوتر □ boundary

boundary . . . . الحدود

(١) اول واخر رقم في قائمة من الارقام موجودة في جزء من مخزن المعلومات في جهاز الكمبيوتر ؛ (٢) نهاية مقطع من مخزن المعلومات في جهاز الكمبيوتر وبداية (عادة) جزء اخر من هذه الذاكرة

BPI = bpi = bits per inch . . . . عدد الخانات/البوصة

يحتوي الشريط المغناطيسي المستخدم مع اجهزة الكمبيوتر عادة على ١٦٠٠ خانة / البوصة

BPMM = bpmm = bits per millimeter . . . . عدد الخانات/مليمتر

مقياس للكثافة

BPS = bps = bits per second . . . . عدد الخانات/الثانية

للدلالة على سرعة النقل

branch . . . . **الفرع**

(١) في برامج الكمبيوتر : خطوة او مجموعة من الخطوات يمكن اتباعها كنتيجة لعملية سابقة ؛ (٢) في الشبكات الكهربائية : وصلة بين نقطتين في دائرة كهربائية

branching . . . . **التفريع**

تعليمات تعطى لجهاز الكمبيوتر ويمكن بها التحكم في عمل الجهاز وذلك بان يقفز من نقطة معينة في البرنامج الى نقطة اخرى ولكي يتم هذا القفز فان ذلك يعتمد على استيفاء مجموعة من الشروط تختلف من حالة الى اخرى . مثلا 100 IF X = 10 GOTO 300 سيقفز جهاز الكمبيوتر للفقرة رقم ٣٠٠ ان كانت قيمة المتغير X تساوي ١٠ ولكن ان كانت قيمة X لا تساوي ١٠ فان الكمبيوتر سيقرأ العبارة التالية بعد عبارة رقم ١٠٠

branch instruction = branching

branchpoint . . . . **نقطة التفريع**

(١) موقع في الرسم التخطيطي الذي يوضح خطوات برنامج الكمبيوتر حيث يتم اتخاذ القرار عند هذا الموقع ؛ (٢) الموقع الذي يمكن ان يتم فيه قفز في البرنامج لخطوة جديدة ليس شرطا ان تكون نفس الخطوة التالية لهذه النقطة في البرنامج □ branching; instruction

breadboard . . . . **دائرة تجريبية**

عبارة عن الخطوة الاولى في عملية تطوير دوائر كهربائية حيث يتم اختبار كل مرحلة من مراحل بناء الدوائر الكهربائية وهذا للتأكد من عمل هذه الدوائر بعد نقلها من وضع التخطيط على الورق الى الواقع العملي وقبل ان تصل الى مرحلة معقدة يصعب معها معرفة موقع الخطأ

break . . . . **التوقف**

(١) وقف عملية نقل او استقبال المعلومات قبل انتهائها ؛ (٢) توقف جهاز الكمبيوتر عن العمل نتيجة مشكلة فيه

breakpoint . . . . **نقطة التوقف**

نقطة في برنامج الكمبيوتر يتم فيها اعتراض على خطوات البرنامج التالية . يمكن ان يتم هذا يدويا او بواسطة جملة معينة تكتب في البرنامج ، عندما يتم مراجعة البرنامج للتأكد من عدم وجود اخطاء ، ثم يعود البرنامج بعدها للعمل من النقطة التي توقف عندها

bridgeware . . . . **برامج واجزاء الوصل**

برامج واجزاء من جهاز الكمبيوتر تستخدم لترجمة الاوامر الصادرة لجهاز كمبيوتر معين الى شكل اخر من المعلومات والاوامر لكي يستطيع جهاز كمبيوتر اخر قرائتها . هذه العملية مهمة نظرا لان اجهزة الكمبيوتر تم تصنيعها بواسطة شركات مختلفة وكل منها يفهم لغة خاصة به

broad band . . . . **نطاق عريض**

في علم الاتصالات : ادوات اتصال يمكنها نقل ذبذبات اكبر كثيرا مما تحتاجه لنقل الاصوات المرتفعة المتعارف عليها في تقسيم الاصوات

broadcast . . . . **يذيع**

في علم الاتصالات : توزيع المعلومات لمجموعة من المحطات في نفس الوقت

brownout proof . . . . **الحماية من تذبذب التيار**

اصطلاح يطلق على اداة وظيفتها حماية جهاز الكمبيوتر من انخفاض الفولت في مصدر الكهرباء الرئيسي وذلك عن طريق قطع التيار كليا او توصيل جهاز الكمبيوتر بمصدر كهربائي احتياطي

brush . . . . **الفرشاة**

الاسلاك الموجودة في اجهزة الكمبيوتر القديمة والتي لها القدرة على اكتشاف مواقع الثقوب وقراءة البطاقات والاشرطة الورقية المثقبة . عندما تمر البطاقة امام هذه الاسلاك تكون الدائرة الكهربائية معزولة الى ان يمر ثقب ، فعندها تتصل الدائرة الكهربائية ويمكن لجهاز الكمبيوتر ان يقرأ هذا الثقب

brute-force approach . . . . مبدأ التخمين

يمكن حل اي مشكلة عن طريق مجموعة من القوانين او المعادلات او عن طريق التخمين والتأكد من صحة هذا التخمين ثم اعادة التخمين وهكذا الى ان نصل الى الحل الاقرب للحل الصحيح . اجهزة الكمبيوتر جيدة في طريقة التخمين حيث ان لها قدرة سريعة على التخمين واعادة التخمين من جديد وبسرعة فائقة

BSC = binary synchronous communications

bubble memory . . . . الذاكرة الفقاعية

نوع من الذاكرات المستخدمة في اجهزة الكمبيوتر والتي تخزن عليها المعلومات على شكل فقاقيع مغناطيسية متناهية في الصغر على قطع الخلايا السليكونية الرقيقة chip . يمكن تخزين كمية كبيرة من المعلومات في مساحة صغيرة جدا عن طريق استخدام الذاكرات الفقاعية . كذلك يمكن باستخدام المجال المغناطيسي تغيير موقع هذه الفقاعات لتغيير ما تحتويه من معلومات

□ magnetic bubble memory

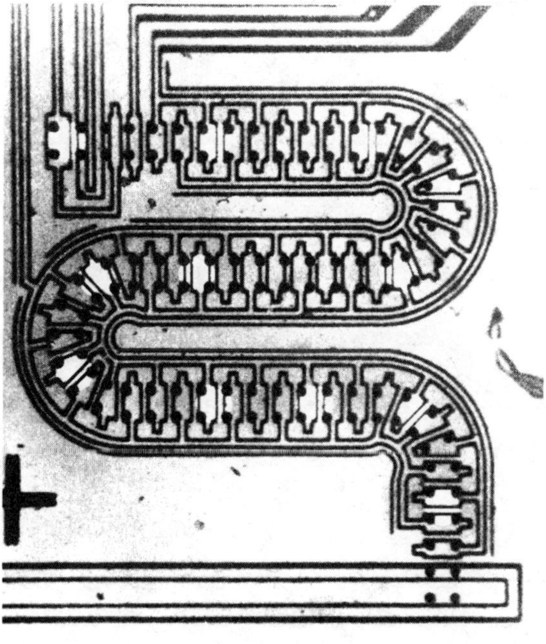

احد انواع الذاكرات الفقاعية

bubble sort .... **الفـــرز الفقاعي**

طريقة معينة يتم استخدامها بواسطة اجهزة الكمبيوتر لفـــرز الاشياء حسب ما هو مطلوب . لو اردنا مثلا ترتيب اربعة طوبات بحيث تكون اكبرها في القاع ، نبدأ اولا بمقارنة الطوبتين الاولتين من القاع (رقم ٣ و ١) ان كانت رقم ٣ اكبر من رقم ١ نتركها ، وان كانت اصغر منها فاننا نعكس وضعها ، كما هو موضح في الشكل الاول . ثم يتلو ذلك مقارنة بين طوبة رقم ٣ وطوبة رقم ٢ ، فان كانت رقم ٣ اكبر من رقم ٢ نتركها ، وان كانت رقم ٣ اصغر من رقم ٢ فاننا نعكس وضعها كما هو موضح في الشكل الثاني ، وهكذا الى ان نصل للترتيب الموضح في الشكل الثالث

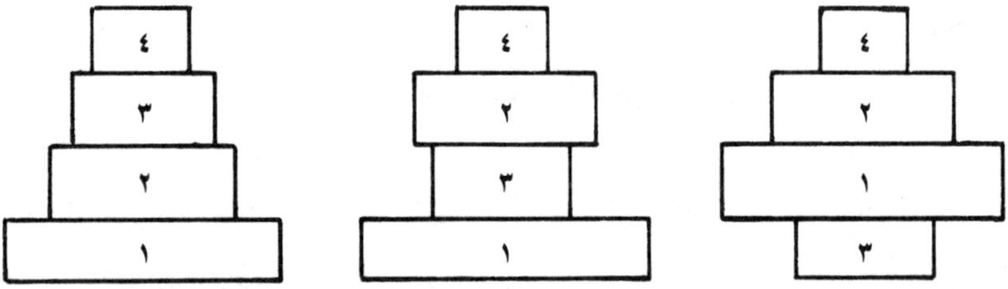

الشكل الثالث　　　الشكل الثاني　　　الشكل الاول

نظرا لان هذه العملية تأخذ وقتا كبيرا فانه يمكن استخدام هذه الطريقة والمسماة الفـــرز الفقاعي اذا كانت هناك مجموعة محدودة من الارقام المراد فرزها . اما اذا كان عندنا مجموعة كبيرة من المعلومات نريد فرزها ، يمكن استخدام طرق اخرى اسرع منها كطريقه الفـــرز بالتقسيم

partition sort □

bucket .... **موقع تجميع**

اصطلاح يطلق على جزء معين من الذاكرة . قد يتكون هذا الجزء من بلوك واحد block او من مجموعة من البلوكات وذلك لتجميع جزء من البيانات بها

bucket brigade device .... **أداة التوصيل المتوالية**

طريقة من طرق تخزين المعلومات وذلك بتحريك المعلومات المخزنة بواسطة نقل الشحنة الكهربائية من المكثف الى المكثف الذي يليه

recirculating memory □

budget .... **ميزانية**

المدة التي يمكن لمستخدم جهاز الكمبيوتر ان يستخدمه فيها خلال ظروف معينة . يحفظ جهاز الكمبيوتر سجلات عن مجموع الوقت الذي تم فيه استخدامه بواسطة برنامج معين او بواسطة الشخص الذي يستخدمه

□ accounting; allowance

buffer .... **مخزن وسيط (مرحلي)**

مساحة من الذاكرة للاستخدام المؤقت ، تستعمل لموازنة السرعات المختلفة لعمل الالة . فمثلا ان كانت هناك محطة ارسال ومحطة استقبال للمعلومات وكانت سرعة المعلومات المرسلة اكبر من سرعة الجهاز الذي يستقبل المعلومات ، يمكن في هذه الحالة وضع هذا الحاجز بين الجهازين لتنظيم عملية الارسال والاستقبال

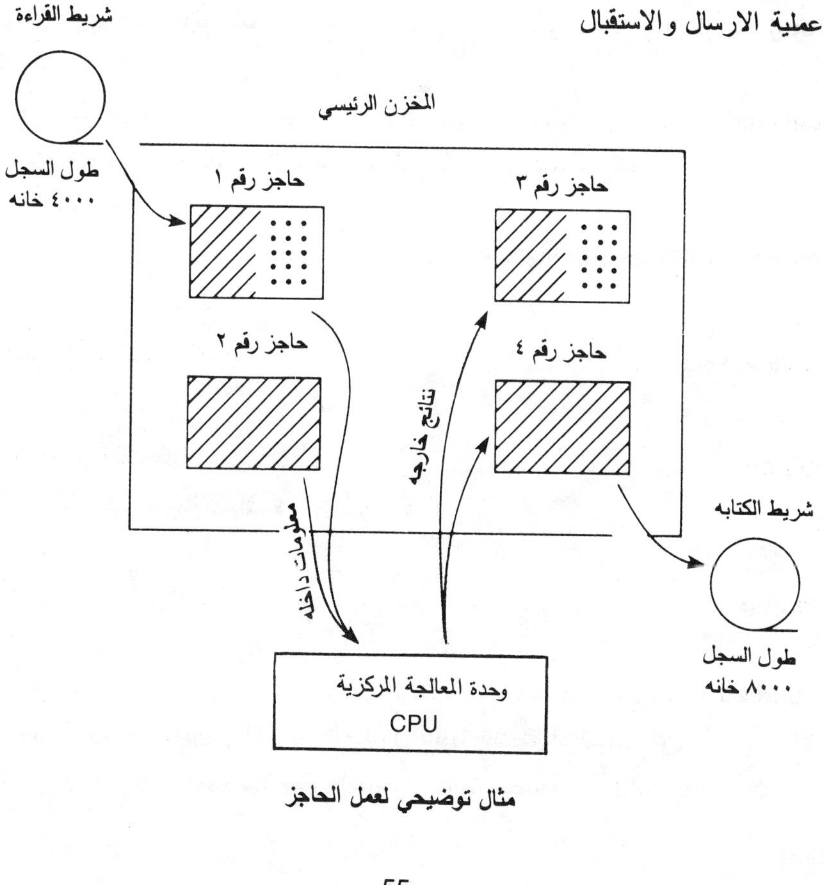

مثال توضيحي لعمل الحاجز

buffering .... **تخزين مرحلي**

(١) عملية تخزين البيانات بصفة انتقالية في اماكن تخزين مؤقتة حتى يتسنى تهيئتها للمعالجة . مثال : عند قراءة محتويات بطاقة مثقبة او قراءة حزمة سجلات من الشريط المغناطيسي ، فان البيانات المقروءة يتم تخزينها أولاً في المخزن المرحلي او الانتقالي لحين معالجتها ؛ (٢) المعدات التي تستخدم في عمليات التخزين الانتقالي

¹bug .... **خطأ ٠ عيب**

خطأ في برنامج الكمبيوتر او في جهاز الكمبيوتر يمنع الجهاز من اتمام عمله بالطريقة الصحيحة □ debug; fault

²bug .... **تحكّم يدوي نصف أوتوماتيكي**

bulk data .... **بيانات كثيرة**

اصطلاح يطلق احيانا على بيانات مخزنة على قرص مغناطيسي كبير

bulk information = bulk data

bulk storage .... **التخزين ذو السعة الكبيرة**

¹bump .... **ذاكرة غير مباشرة**

ذاكرة لا يمكن عنونتها مباشرة

²bump .... **يلغي**

bundled .... **حزمة**

مجموعة برامج الكمبيوتر التي يتم الحصول عليها عند شراء الجهاز من المصنع او موزع الاجهزة ولا يمكن الحصول عليها منفصلة □ unbundle burn = blow

burst . . . . **بروز مفاجئ**

عند نقل المعلومات : مجموعة من الاشارات القصيرة كل منها منفصل عن الاخرى لسبب معين . مثال ذلك الاشارات التي تظهر عند وجود خطأ في البرنامج

burst mode . . . . **طريقة البروز المفاجئ**

طريقة لقراءة او كتابة المعلومات ولا تسمح بحصول اي اعتراض على العملية

bus . . . . **الباص (المسار)**

كما في الباصات العادية لنقل الركاب من موقع الى اخر فان جهاز الكمبيوتر عبارة عن مجموعة من الاسلاك تعمل كقنوات ، والمعلومات تنقل بواسطة واحد او اكثر من هذه الاسلاك لتصل للموضع المطلوب ان تصل اليه . عمل الباصات هو توصيل المعالجة الصغيرة (ميكروبروسيسور) بالذاكرات او بخط التليفون او ما شابه ذلك

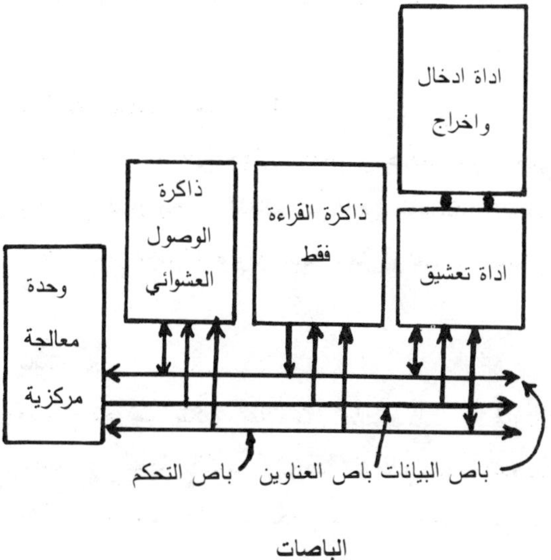

الباصات

Bush, Vannevar . . . . **فانيفار بوش**

اول من ركب جهاز كمبيوتر استخدم فيه معدات اليكترونية بدلا من استخدام ادوات ميكانيكية للقيام بالعمليات المطلوبة منه

business application .... **تطبيقات في مجال ادارة الاعمال**

اجهزة كمبيوتر تستخدم في العمليات الحسابية الجارية اليومية مثل الرواتب والصادر والوارد

business data processing = business application

business programming .... **البرمجة في مجال ادارة الاعمال**

فرع من فروع برامج الكمبيوتر متخصص في حل مشاكل ادارة الاعمال . مثل هذه البرامج عادة ما تحتوي على القليل من العمليات الحسابية ولكن بحجم كبير من المعلومات

bus network .... network, bus ☐

bus-organized .... **منظمة بالباص (حسب المسار)**

اصطلاح يطلق على جهاز الكمبيوتر عندما تكون جميع المعلومات الداخلة والنتائج الخارجة من المعالج المركزي central processor على شكل واحد وبسرعة واحدة وبواسطة باص واحد ☐ bus

byte .... **بايت**

موضع تخزيني يتكون عادة من ثمان خانات ثنائية bits وقد تزيد او تقل حسب نوع جهاز الكمبيوتر وهذا الموضع عادة يستخدم لتخزين حرف بياني . وكلمة الكمبيوتر عادة ما تتكون من عدد محدود من هذه المواضع

byte addressable .... **امكانية العنونة بالبايت**

اجهزة كمبيوتر كل بايت فيها له عنوان خاص وهذا عكس الاجهزة التي فيها الكلمات ذات عنوان خاص

طريقة البايت . . . . byte mode

طريقة للاتصال تكون فيها البايت (المنقولة بواسطة جهاز ما) منفصلة عن بعضها بواسطة بايت اخرى منقولة بواسطة جهاز اخر

C

سي . . . . **C**

لغة راقية ، قامت معامل شركة بـــل بتصميمها للمساعدة في كتابة برامج الكمبيوتر. توفر هذه اللغة العديد من المميزات عند كتابة برامج لحل مشاكل معقدة . يمكنها كذلك تقصير طول البرنامج وزيادة كفائته . تم استخدام هذه اللغة في كتابة نظام التشغيل المعروف بأسم Unix

موصل الاسلاك . . . . **cable connector**

وسيلة لتوصيل الاسلاك الكهربائية السميكة . تتكون من ذكر وأنثى . أحد أنواع الاسلاك التي يمكن توصيلها بهذه الاداة هو نوع آر اس ٢٣٢ RS-232

الانثى

الذكر

موصل الاسلاك

الذاكرة السريعة . . . . **cache memory**

نوع من الذاكرات عالية السرعة ، تستخدم في وحدة الداخل والخارج I/O unit من اجهزة الكمبيوتر او مع أجزاء برنامج الكمبيوتر التي تحتاج لسرعة عالية ☐ slave storage

CAD = computer-aided design

CAF = content addressable filestore

¹CAI = computer analog input

²CAI = computer-assisted instruction

¹CAL = computer-aided learning

²CAL = computer-augmented learning

calculating .... الحساب

اجراء عملية حسابية

calculating punch .... الحاسب مُستخدم البطاقات المثقبة

الة تقوم بعمليات حسابية على بيانات مسجلة على بطاقات مثقبة

calculator .... الحاسبة اليدوية

تعمل ميكانيكيا او كهربائيا وتستخدم في اجراء عمليات حسابية . الفرق بين هذا الجهاز وجهاز الكمبيوتر هو ان الحاسبة اليدوية تتطلب تدخل القائم على تشغيلها على العكس من جهاز الكمبيوتر الذي لا يحتاج لهذا النوع من التدخل . كذلك جهاز الكمبيوتر يقوم بكثير من العمليات الحسابية او التحليلية في حين ان الحاسبة اليدوية لها مقدرة محدودة للقيام بمثل هذه العمليات

calculating punch; hand calculator □

call .... أمر المناداة

اصطلاح يستخدم لنقل نقطة تحكم (في البرنامج الذي يستخدم المعالج المركزي CP) الى جزء اخر مستقل من البرنامج (روتين) بحيث يعود جهاز الكمبيوتر الى البرنامج الرئيسي بعد انتهاء هذا الجزء من عمله . يُستبدل هذا الاصطلاح في بعض اللغات المستخدمة في اجهزة الكمبيوتر باصطلاح اخر مثل perform او DO

called routine .... call □

calling sequence .... **المناداة المتسلسلة**

مجموعة من الاوامر مطلوبة لكي تنقل جهاز الكمبيوتر ليقرأ جزءاً اخراً مستقلاً من البرنامج والمسمى روتين ثانوي subroutine

[1]**CAM = computer-aided manufacturing**

[2]**CAM = content addressable memory**

Cambridge ring .... **حلقة كامبريدج**

طريقة لتوصيل أجهزة الكمبيوتر والاجهزة الاخرى المتصلة بها في الشبكات المحلية local area network

camp-on = clamp-on .... **الحجز**

طريقة لحجز استخدام التلفون ان كان هناك اكثر من مستخدم له واعطاء اشارة بعد الانتهاء من استعماله

CAN = CANCL = cancel .... **أمر الالغاء**

اصطلاح يستخدم لالغاء الاوامر الصادرة الى جهاز الكمبيوتر. قد تكون هذه الاوامر كلمة او مجموعة من الجمل تبعا لنوع الجهاز

cancel .... CAN □

canister .... **الوعاء**

وعاء معدني (عادة يستخدم لتخزين الاشرطة المغناطيسية المستخدمة مع جهاز الكمبيوتر)

canned programs .... البرامج المعلبة

كما في معلبات الاغذية المحفوظة حيث تكون محتوياتها جاهزة للاكل ، فان البرامج المعلبة هي برامج معدة وجاهزة للاستخدام ويمكن للشخص شراؤها جاهزة بدلا من ان يقوم هو باعدادها . مثال ذلك جميع الالعاب التي يمكن ان تلعبها على اجهزة التلفزيون باستخدام اشرطة جاهزة . البرامج المعلبة يمكنها القيام بعمليات محددة فقط

canned routine = canned programs

canonical form .... الصيغة المقننة

capability .... المقدرة

(١) القدرة على القيام بعمل معين ؛ (٢) قدرة الالة على العمل بصورة مستقلة كل الوقت او جزء منه

capacitance .... قدرة

مقياس للقدرة على تخزين شحنة كهربائية

capacitor .... المكثف

جزء من دائرة كهربائية تُخزن شحنة كهربائية . مثال ذلك تخزين الكهرباء على رقائق الالومنيوم المعزولة

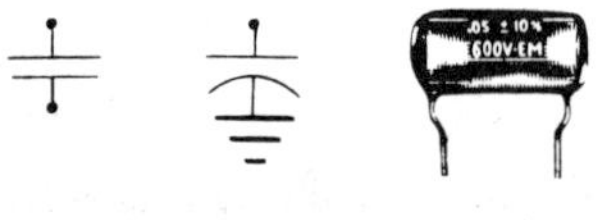

مكثف

capacity .... السعة . القدرة

القدرة على التخزين ☐ capacitance; capacity, storage

capacity activated transducer .... محول الطاقة

الة ذات حساسية معينة تعمل عن طريق تغيير في القدرة على تخزين الشحنة الكهربائية . مثال ذلك مفتاح الكهرباء الذي يعمل باللمس

capstan .... **عمود الادارة**

عمود الادارة الموصل بوحدة الشريط المغناطيسي لاعطاء حركة ذات سرعة ثابتة

CAR = content of address register

card .... **البطاقة**

بطاقة الكمبيوتر مصنعة من الورق المقوى وذات شكل وحجم واحد وتثقب او يُعلم عليها لكي تكون حساسة بطريقة معينة . الابعاد المتعارف عليها لهذه البطاقات هي ٧⅜ بوصة (١٨،٧ سم) طولا و ٣،٢٥ بوصة (٨،٣ سم) عرضا وتحتوي على ٨٠ عمود رأسي و١٢ صف افقي

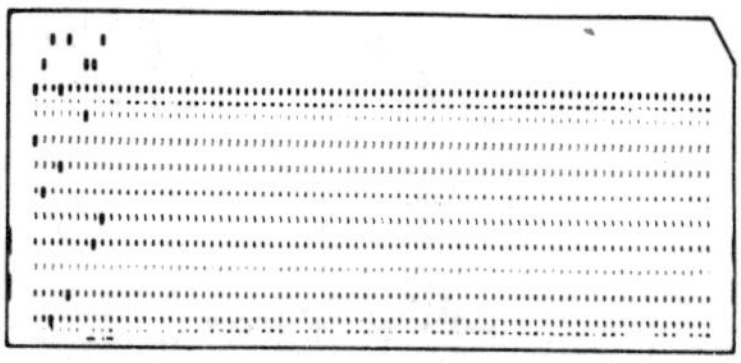

□ card Hollerith; ninety-six column card; punched card

card, binary .... **البطاقات المثقبة**

البطاقات المثقبة التي تحتوي على ارقام وكلمات ورموز مكتوبة بطريقة الترقيم الثنائي في صورة صفوف واعمدة

card cage .... **صندوق البطاقات**

الصناديق التي توضع في داخلها اجهزة الكمبيوتر الصغيرة وهي عادة قوية

card code .... **شفرة البطاقات**

مجموعات الثقوب على البطاقة والتي تمثل رموزًا معينة

□ Hollerith code

card column .... **عمود على البطاقة**

عمود رأسي لمواقع التثقيب على البطاقة

card copier = card reproducer

card cycle . . . . **دورة البطاقة**

الوقت المطلوب لقراءة او تثقيب البطاقة

card deck . . . **مجموعة البطاقات**

مجموعة من البطاقات

المثقبة

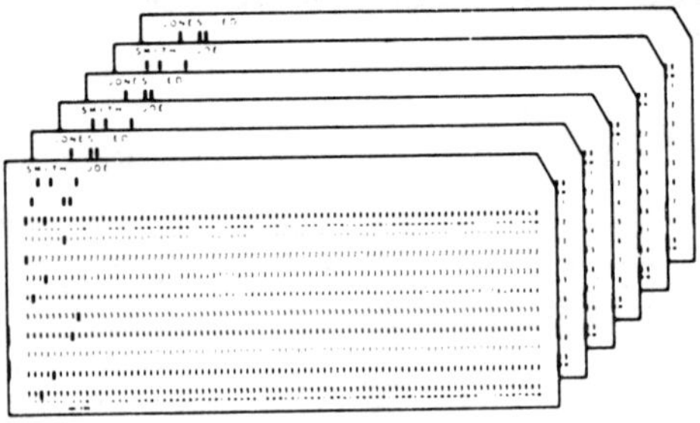

مجموعة البطاقات

card feed . . . . **تزويد البطاقات**

العملية الميكانيكية التي تُحرك البطاقات واحدة بعد الاخرى في ماكينة قراءة البطاقات

card field . . . . **حقل على البطاقة**

مجموعة الاعمدة على البطاقات المثقبة والتي تحتوي على وحدة واحدة من المعلومات

card hopper . . . . **جيب تغذية البطاقات**

مكان في الة قراءة البطاقات توضع فيه البطاقات المراد قرائتها

card image . . . . **صورة البطاقة**

(١) عملية نقل المعلومات الموجودة على البطاقات في صورة ثقوب الى المادة المغناطيسية المغطية للاشرطة المستخدمة كمخزن لهذه المعلومات عن طريق تمثيل الخانة التي بها ثقب باحد الرقمين المستخدمين في نظام الترقيم الثنائي (صفر او واحد) والخانة التي لا ثقب فيها تمثل بالرقم الثاني ؛

(٢) في لغة الالة : عملية اعادة كتابة المعلومات الموجودة على البطاقات

card jam . . . . **حشر البطاقة**

بطاقات مثقبة وموضوعة بطريقة خطا او مثنية مما يؤدي الى توقف حركة البطاقات في المجرى الموجود في ماكينة التثقيب او ماكينة قراءة البطاقات

card pack = card deck

card path . . . . **مجرى البطاقات**

مجرى البطاقات في ماكينة التثقيب او ماكينة قراءة البطاقات

card punch . . . . **ماكينة تثقيب البطاقات**

ماكينة تستقبل المعلومات من ذاكرة الكمبيوتر وتقوم بتثقيب البطاقات لتحمل هذه المعلومات . يوجد اسم اخر لهذه الماكينة هو key punch

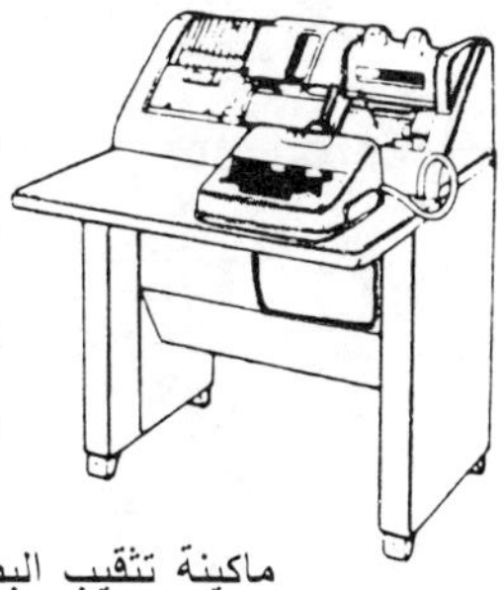

ماكينة تثقيب البطاقات

card punching . . . . key punch ☐

card rate . . . . **معدل البطاقات**

معدل البطاقات التي تُقرأ او تُثقب في وحدة الزمن (عادة دقيقة)

card random access memory = CRAM

card reader . . . . . . **قارئ البطاقات**

جزء من جهاز الكمبيوتر متخصص في قراءة البطاقات المثقبة ، وهو جزء من وحدة الداخل input unit . تحتوي هذه الالة

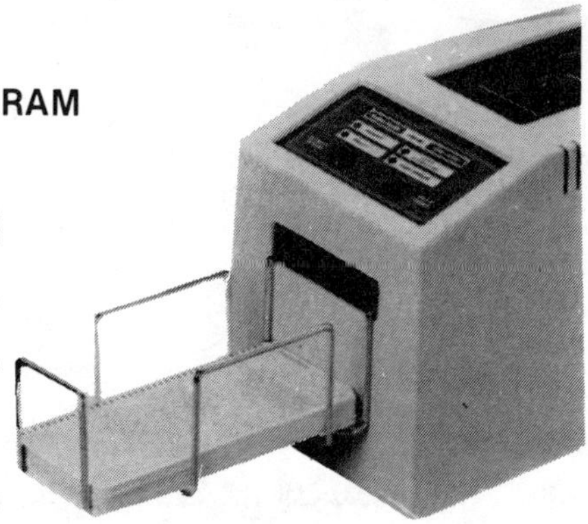

قاريء البطاقات

على بكرة تنقل البطاقة بين مصدر ضوئي ومجموعة من الخلايا الضوئية بحيث تكون هناك خلية ضوئية لكل صف من صفوف البطاقات . فالعمود الذي يحتوي على ثقب يعمل على توصيل الدائرة الكهربائية وهذه الاشارة تنتقل الى الذاكرة ناقلة ما تمثله من حرف او رقم او رمز

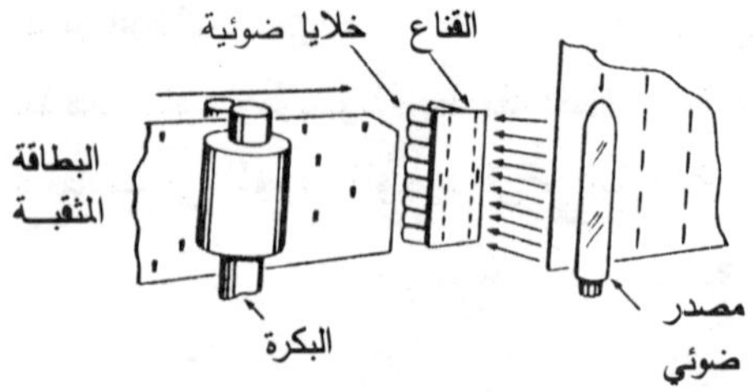

التركيب الداخلي لقاريء البطاقات

card reproducer .... **آلة اعادة التثقيب**

الالة التي يمكنها قراءة الثقوب في البطاقات وكذلك تثقيب بطاقات جديدة لتحمل نفس المعلومات وفي نفس الوقت □ reproducing punch

card row .... **صف على البطاقة**

احد الخطوط الافقية لمواقع التثقيب على البطاقات □ card column; punched card

card sorter .... **الة فرز البطاقات**

آلة تفصل البطاقات ذات الثقوب المتماثلة

card-to-disk conversion .... **التحويل من بطاقة الى قرص**

آلة تنقل المعلومات المخزنة على شكل ثقوب على البطاقات الى القرص المغناطيسي

card-to-tape conversion .... **التحويل من بطاقة الى شريط**

آلة تنقل المعلومات المخزنة على شكل ثقوب على البطاقات الى الشريط المغناطيسي او الشريط الورقي

وعاء البطاقات .... card stacker

الوعاء الذي تجمع فيه البطاقات المثقبة بعد ان تمر خلال ماكينة القراءة او ماكينة التثقيب

فحص البطاقات .... card verification

طريقة للتأكد من دقة تثقيب البطاقات ، وذلك باستخدام ماكينة فحص البطاقات . يقوم الشخص العامل عليها بقراءة البطاقة ثم اعادة التثقيب للتأكد من ان الثقوب الجديدة مطابقة للقديمة

الة مراجعة البطاقات .... card verifier

آلة تستخدم في عملية مراجعة الثقوب على البطاقات حيث تُوضع البطاقات المثقبة في هذه الالة ليتم اعادة تثقيبها مرة اخرى واذا كان التثقيب عليها غير صحيح في المرة الاولى فان الالة سترفض هذه البطاقات

الة مراجعة البطاقات

علامة (^) .... caret

رمز لايضاح موقع الفصل بين الجزء الصحيح والكسور العشرية لرقم

□ radix point

الحاملة .... carriage

عملية تحكم ميكانيكية في الة الطباعة المتصلة بجهاز الكمبيوتر ، بحيث تنتقل لسطر جديد او تترك فراغا او ماشابه ذلك

تحريك الحاملة .... carriage return = CR

(١) طريقة طباعة في الات خاصة متصلة بجهاز الكمبيوتر تسمح بطباعة الحرف على يسار الحرف الذي تم طبعه في الخطوة السابقة (هذا في طباعة اللغة الانكليزية) ؛ (٢) الحركة لبداية السطر الذي يطبع عليه

الحامل . . . . carrier

(١) نوع من الموجات ذات مدى وتردد ثابت وشكل يمكن تغييره بتغيير اي من المدى او التردد ؛ (٢) اصغر جزء يساعد حركة انتقال الاليكترونات في المادة المصنوعة منها شبه الموصلات semiconductors.فهي ثقب في مادة السليكون ان كانت من نوع بي P او اليكترون حر في مادة السليكون ان كانت من النوع أن N ☐ semiconductor ؛

(٣) عبارة عن الجزء الذي يتحرك افقياً ويحمل الكرة التي عليها الاحرف في الات الطباعة التي بها الاحرف مركبة على كرة تشبه كرة الغولف

الحمل . . . . carry

كما في عمليات الجمع يتم نقل ما يزيد عن ما هو مسموح به من خانة الى الخانة الاعلى المجاورة فمثلا :

٥

٧ +

٢ وينقل ١ للخانة المجاورة

خرطوشة (الشريط المغلف من نوع كارتردج) . . . . cartridge

ملف محفوظ في غلاف مقفل وعادة يكون هذا الملف شريط مغناطيسي يحتوي على برنامج معين كما في اشرطة العاب الفيديو. مثل هذه البرامج تكون سهلة الاستخدام ولا تحدث ضوضاء ولا يمكن تغيير ما تحتويه من برامج ☐ magnetic tape cartridge

التحكّم التسلسلي . تحكم متعاقب . . . . cascade control

جهاز تحكم اوتوماتيكي ، كل خطوة فيه تغذي وتتحكم بالخطوة التي تليها

الحمل المتسلسل . . . . cascaded carry

طريقة جمع في نظام الترقيم الثنائي يستخدم كل رقم محمول من عملية الاضافة كمضاف اليه في الخطوة التالية وهكذا الى ان لا يكون هناك اي رقم محمول . يمكن اظهار ذلك بالمثال التالي :

نظام الترقيم الثنائي		النظام العشري
المضاف	٠١١١	٧
المضاف اليه	٠٠١٠	٢
المجموع من غير حمل	٠١٠١	٩
المضاف اليه الجديد	٠١٠٠	
المجموع من غير المحمول	٠٠٠١	
المضاف اليه الجديد	١٠٠٠	
المجموع النهائي	١٠٠١	

لو اعدنا كتابة هذا الرقم في النظام العشري فسيكون ١ + ٢^٣ = ٩

☐ binary arithmetic

شريط الكاسيت .... **cassette**

الاشرطة المغناطيسية المستخدمة لتسجيل الاغاني تشبه الاشرطة التي تستخدم في اجهزة الكمبيوتر ، فهي عبارة عن اشرطة مغطاة بطبقة مغناطيسية ومحفوظة في علبة من مادة البلاستيك

شريط كاسيت

التحقق بالقسمة على ٩ .... **casting out nines**

طريقة لمعرفة ان كان جهاز الكمبيوتر يقرأ الارقام التي تمت تغذيتها له . ففي هذه الطريقة يتم قسمة الرقم على ٩ ويتم فحص ما تبقى من عملية القسمة بعد تكرار عملية القسمة للتأكد من ان المتبقي هو المطلوب . مثلا لو تم تغذية الجهاز برقم ٣١ يتم قسمة الرقم ٣١ على ٩ ثلاث مرات فان كان المتبقي ٤ فذلك يعني ان جهاز الكمبيوتر فعلا كان يقرأ رقم ٣١ . اما اذا كان المتبقي من عملية القسمة غير رقم ٤ فان ذلك يعني ان جهاز الكمبيوتر كان يقرأ رقما غير الرقم ٣١

CAT = capacity activated transducer

CAT=computer-assisted training

catalog . . . . **كاتالوج . فهرس**

(١) قائمة بالمحتويات ؛ (٢) نظام تسجيل للمعلومات بطريقة مرتبة ومسجل معها رقم الملف وعدد الصفحات وموقع تخزين هذه المعلومات او اي معلومات اخرى مشابهة

catalogue = catalog

catena . . . . **سلسلة متصلة**

catenation = concatenation

cathode . . . . **الكاثود**

(١) مصدر للالكترونات او الايونات ؛ (٢) الجزء السالب من لمبة كهربائية او شبه الموصلات □ anode; diode

cathode ray tube = CRT . . . . **انبوبة أشعة الكاثود**

انبوبة مفرغة ذات شاشة مغطاة بطبقة من الفوسفور لاظهار احرف او رموز او اشكال معينة ، وهي تحتوي على وحدة مقاومة تسخن كهربائيا لكي تكون مصدر للاليكترونات (الكاثود) تقع في قاعدة الانبوبة ، وأداة تركيز مغناطيسية focusing magnets لتجميع الاليكترونات في حزمة واحدة رفيعة والواح للانحراف deflector plates للتحكم في حزمة الاليكترونات ، والتي قد تجذب او تعكس الحزمة تبعا للشحنة الاليكتروستاتيكية والتي هي اصلا تتأثر بالتيار القادم للمبه

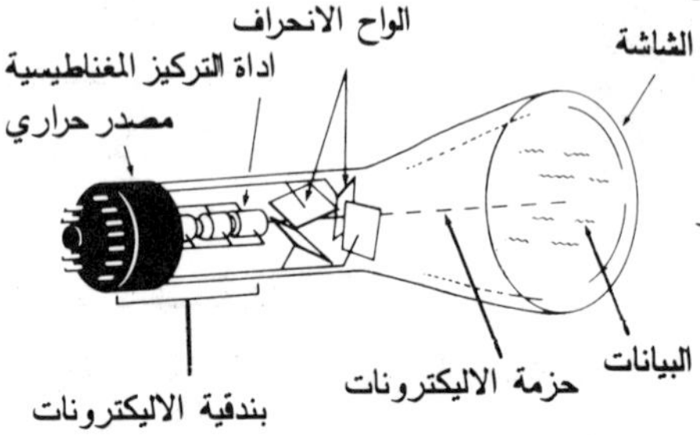

CATV = community antenna television system = cable television . . . . **جهاز التلفزيون الجماعي**

شبكة تلفزيون يمكن مراقبة برامجها مقابل رسم معين

CAW = channel address word

Cayley table = composition table = operation table . . . . . جدول كايلي

طريقة جدولة لوصف مجموعة محددة من البيانات . أول من استخدمها عالم الرياضيات ارثر كايلى في القرن التاسع عشر. مثال لوضع المجموعة $(1, -1, i, -i)$ على شكل جدول كايلى تحت تأثير العامل الثنائى o :

o	1	-1	i	$-i$
1	1	-1	i	$-i$
-1	-1	1	$-i$	i
i	i	$-i$	-1	1
$-i$	$-i$	i	1	-1

مثال لطريقة حساب القيم في الجدول المذكور أعلاه $-1 \; o \; i = -i$

CBASIC . . . . سي – بيزيك

تلفظ وكأنها كلمتان C-BASIC وهو برنامج ترجمة compiler مأخوذ من لغة البيزيك . تم تصميم هذا البرنامج لاستخدامه مع أجهزة المعالجة الصغيرة microprocessor من نوع Z80, 8080

CDR = content of decrement register

cell . . . . خلية التخزين

(١) مخزن لوحدة واحدة من المعلومات وعادة ما تكون حرفا او رقما او كلمة ؛

(٢) في بعض اجهزة الكمبيوتر : وحدة من الذاكرة يتم ملؤها بالمعلومات اوتوماتيكيا ؛

(٣) في بعض اجهزة الكمبيوتر : اي جزء منفصل من الذاكرة

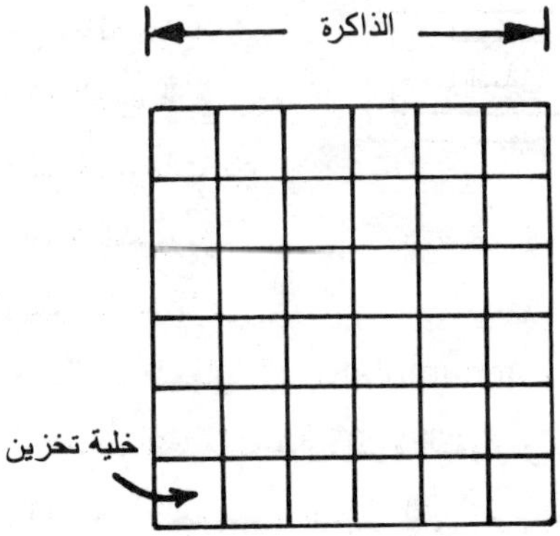

خلايا التخزين

cell boundary .... **الخلايا الحدودية**

بداية او نهاية منطقة تسجيل المعلومات

cellular .... **خلوي**

وحدة او مجموعة من المعلومات مخزنة في خلية واحدة

celsius .... **مئوية**

وحدة بديلة عن وحدة الكلفن (وهي وحدة لدرجات الحرارة في النظام المتري)

centisecond .... **جزء من مائة من الثانية**

central complex .... **أجهزة الكمبيوتر المركزية**

central information file .... **ملف المعلومات المركزي**

الجهاز الرئيسي لتخزين المعلومات

central processing .... central processing unit ☐

central processing unit = CPU .... **وحدة المعالجة المركزية**

هي « العقل المفكر » لجهاز الكمبيوتر وتتكون من ثلاثة اجزاء : (١) الجزء الذي يجمع قطع المعلومات من ذاكرة الكمبيوتر ويخزنها مؤقتا في

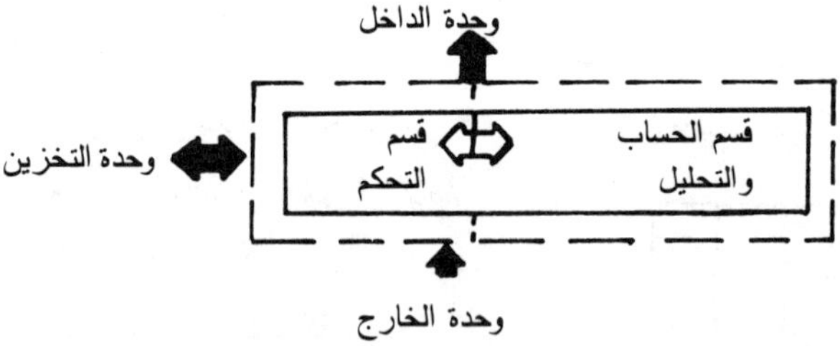

« عقل » الجهاز ☐ accumulator ؛ (٢) وحدة التحكم التي تسترد البرامج والتعليمات من ذاكرة الكمبيوتر وتقوم بتحليل هذه التعليمات ؛ (٣) وحدة الحساب والتحليل التي تقوم بعمل الحسابات من جمع وطرح وضرب وقسمة والتي تقرر اي الكميتين اكبر

تخطيط لعمل وحدة المعالجة المركزية . . . central processing unit schematic

افرض ان الهدف هو الحصول على رقمين من الذاكرة ثم اضافتهما وتخزين النتيجة في موقع جديد على الذاكرة . اجزاء وحدة المعالجة المركزية تتصل مع بعضها عن طريق باصات تقوم بنقل التعليمات والبيانات . اجزاء وحدة المعالجة المركزية لا تقوم بأي عمل من ذاتها ، انما طبقا لبرنامج مخزن في موقع ما على الذاكرة والذي يصدر الاوامر لوحدة المعالجة المركزية لتقوم بهذه المهمات . الوحدات الثلاثة على يسار الشكل تحصل على التعليمات من ذاكرة جهاز الكمبيوتر (بواسطة باص البيانات) وتحولها الى اشارات تقوم بتنشيط اجزاء من وحدة المعالجة المركزية . المسجلات أ ، ب ، ت ، ث ، ج ، ح هي مساحات صغيرة على الذاكرة العشوائية RAM تُستخدم لحفظ البيانات المطلوبة من قبل وحدة المعالجة المركزية . يُرسل عداد البرنامج program counter (بواسطة باص العناوين) ويحدد موقع الامر التالي على الذاكرة الرئيسية والمطلوب من قبل وحدة المعالجة المركزية . يتم تخزين البيانات قبل ان تقوم وحدة الحساب والتحليل باجراء العمليات المطلوبة عليها وبعد الانتهاء من هذه العمليات في أداة الجمع .

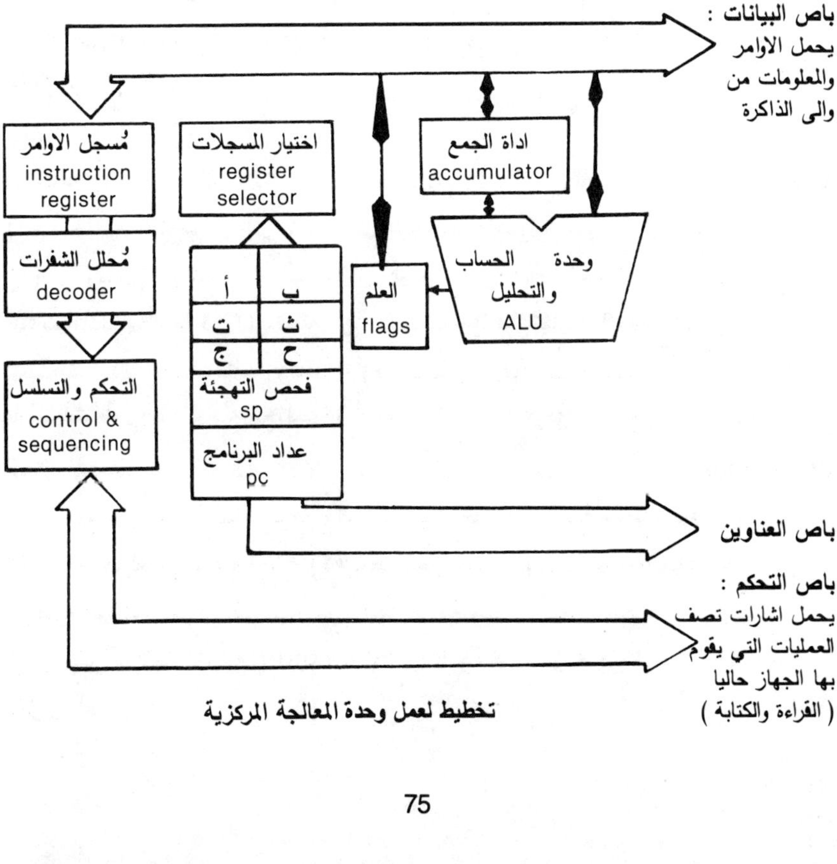

تخطيط لعمل وحدة المعالجة المركزية

CEPT = Conference of European Posts and Telecommunications .... المؤتمر الاوروبي للبريد والاتصالات

certification .... الفحص

عملية فحص كل مجرى من المجاري المُسجلة عليها المعلومات على القرص المغناطيسي □ formatting; initialize; track

chad = chip .... رتوش الورق

الجزء من الورق الذي يزال عند عمل ثقب في البطاقة او في شريط الورق

chadded tape .... شريط من الورق به ثقوب جاهزة

chadless tape .... وصف لشريط الورق المُثقب

شريط من الورق به ثقوب ولكن بقايا الاوراق المزالة من هذه الثقوب مازالت عالقة فيها

chain .... السلسلة

(١) سلسلة من العمليات التي تعتمد كل عملية فيها على العملية السابقة لها ؛ (٢) اي وصل بين شيئين او اكثر، مثل الوصل بين الملفات بحيث توصل كل الملفات المتشابهه معاً ؛ (٣) سلسلة من الاحداث من صفاتها ان الحدث الاول تسبب في بدء الحدث الثاني وهكذا ؛ (٤) سلسلة من حروف الطباعة تزود بها الطابعات السريعة المرفقة مع اجهزة الكمبيوتر

chain field .... الحقل المُسلسل

(١) موقع على ملف يحدد موقع وأداة تخزين معلومات معينة متعلقة بهذا الملف وموجودة في ملف اخر ؛ (٢) حقل كجزء من سجل record يُحدد مواقع وادوات التخزين لبيانات اخرى لها علاقة منطقية بهذا السجل (مرتبطين بعلاقة تحليلية) logical record ولكنها مخزنة في اداة تخزين اخرى

الملفات المُسلسلة . . . . chained files

ملفات للبيانات تتكون من سلسلة من السجلات الموصلة مع بعضها بمؤشرات تقديم وتأخير forward and backward pointers

أقسام مُسلسلة . . . . chained sector

طريقة تخزين تسمح لسجل منطقي (يغطي موضوعًا واحدًا) أن يُخزن على مساحات منتشرة على القرص المغناطيسي . هذا عكس طريقة التخزين التى يتم بها تخزين السجل كله في مساحة واحدة

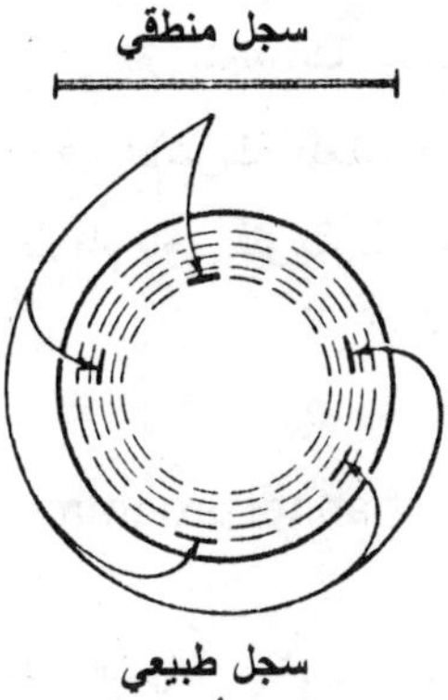

اقسام مُسلسلة

السلسلة . . . . chaining

(١) اذا كان جهاز الكمبيوتر ذو ذاكرة مركزية صغيرة وتمت تغذيته ببرنامج كبير، فان الجهاز يمكنه تقسيم هذا البرنامج الى اقسام مختلفة بحيث يبدأ بالعمل على القسم الاول من البرنامج وينتهي منه قبل ان يبدأ بالعمل على القسم الثاني وهكذا الى ان ينتهي من جميع اجزاء البرنامج ؛

(٢) وصل سلسلة من السجلات او البرامج او العمليات

البحث المتسلسل . . . . chaining search

اسلوب لاسترجاع المعلومات من ملف باستخدام عناوين في السجلات التي تربط كل سجل بالسجل التالي له في السلسلة

طابعة ذات سلسلة . . . . chain printer

آلة الطباعة السريعة المزودة بسلسلة مسجل عليها الحروف التي تستخدم في الطباعة

channel . . . . **القناة**

(١) ما يصل بين جهاز الكمبيوتر (الجسم الرئيسي) وبين الطرفية ؛

(٢) مجرى لنقل التيار الكهربائي بين نقطتين او اكثر.

قد يسمى هذا بعدة اسماء مثل circuit, facility, line, link, path ؛

(٣) في نقل المعلومات : وسائل نقل المعلومات بين موقعين (مثال ذلك خط التلفون) ؛

(٤) في الاشرطة الممغنطة او الاشرطة الورقية : قنوات تسجيل الحروف والارقام وهي قنوات طولية بطول الشريط وكل قناة لها قيمة موضعية

channel address word (CAW) . . . . channel program □

channel adapter . . . . **مُعدل القنوات**

آلة تساعد في التوصيل بين قناتين من قنوات نقل المعلومات ذات معدات مختلفة

channel capacity . . . . **قدرة القناة**

في علم الاتصالات : اصطلاح يستخدم للدلالة على الحد الاقصى لعدد الخانات (كونها احرف او رموز او ارقام)، التي يمكن نقلها عن طريق قناة في مدة ثانية

channel command . . . . channel program □

channel command word . . . . channel program □

channel program . . . . **برنامج القناة**

سلسلة من التعليمات يتم معالجتها بواسطة قناة البيانات data channel وتستخدم لنقل البيانات ذاتيا . يطلق على تعليمات البرنامج اسم أوامر القناة channel command ومواقع تخزينها الرئيسية تسمى كلمات أوامر القناة channel command words . يمكن مناداة برنامج القناه بواسطة أمر

ادخال او اخراج واحد من وحدة التحكم control unit والتي تسمى كلمة قناة العنوان channel address word

character . . . . **رمز**

اي رمز او رقم او حرف تم تخزينه او تعامل معه جهاز الكمبيوتر

character addressable storage device . . . . . . **مخزن يعنون بالرمز**

نوع من الذاكرات المستخدمة في اجهزة الكمبيوتر يكون فيها لكل رمز او حرف او رقم موقعه الخاص مما يمكن من الرجوع الى هذا الرمز او الحرف .

عكس العنونة بالكلمة word addressable □ byte addressable

character fill . . . . **رمز الحشو**

أي رمز ليس من البيانات ، مثل فراغ blank يخزن في موضع تخزيني ليحل محل بيانات غير مرغوب فيها وكانت مخزنة في ذلك الموقع . مثلا : وضع القيمة HE بدلا من القيمة YOU ، فان رمز الحشو هنا فراغ في الخانة الاولى من جهة اليسار .

character code . . . . **شفرة الرموز**

شفرة تمثل كل رمز بمجموعة من الخانات خاصة به مثال ASCII وISO

character density . . . . **كثافة الرموز**

مقياس لعدد الرموز او الاحرف او الارقام التي يمكن تسجيلها في وحدة الطول او المساحة من الذاكرة

character generator . . . . **مولد الرموز**

دائرة كهربائية تقوم بتحويل شفرة ASCII الى الشكل المناسب للمطبعة من نوع المصفوفة المنقطة dot matrix والمطلوبة لتوليد الرمز المناسب على الشاشة

character pitch . . . . **عدد الرموز / البوصه**

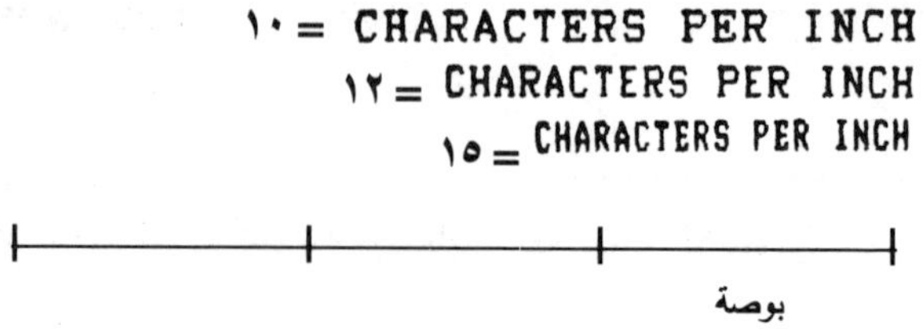

عدد الرموز / البوصة

character reader = optical character reader

character recognition . . . . **تمييز الرموز**

عملية تمييز الاصوات او الرسوم البيانية او اي رموز اخرى بطريقة اوتوماتيكية . تتضمن عمليه التمييز الخطوات التالية : (أ) مسح للرمز ؛ (ب) تغطية الرمز بشبكة من المربعات ؛ (ت) مقارنة الرمز المغطى بمجموعة الرموز المخزنة الى ان يتم الحصول على الرمز المشابه ؛ (ث) تبديل الرمز المشابه بالرمز المغطى □ magnetic ink character recognition; optical character recognition

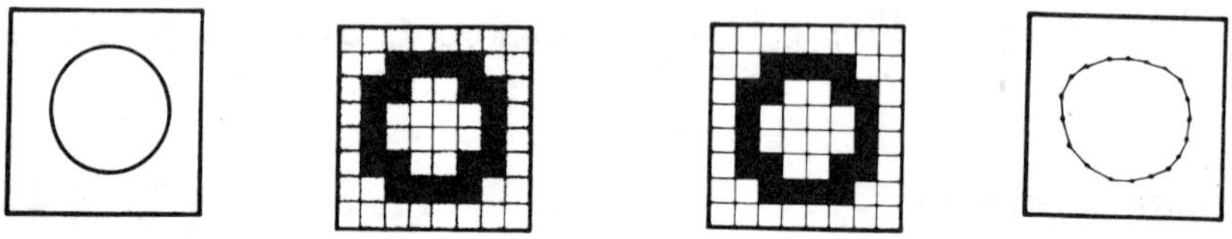

(ث) (ت) (ب) (أ)

تمييز الرموز

character set . . . . **مجموعة الرموز**

مجموعة الاحرف والرموز والارقام التي يتم التعامل بها مع جهاز الكمبيوتر ويتم بها كتابة البرامج . تنقسم الى عدة انواع منها الحروف الابجدية والاعداد والرموز الخاصة special characters وحروف التحكم control characters

character size .... **حجم الرموز**

عدد الخانات التي بها ارقام الصفر والواحد المستعملة في وصف رمز واحد مُخزن على ذاكرة جهاز الكمبيوتر

character string .... **سلسلة الرموز**

سلسلة الرموز والاعداد (من ١ الى ٩) والاحرف (من A الى Z)

charactron .... **كركترون**

نوع خاص من لمبات الكاثود تُظهر الاحرف الابجدية والارقام والرموز الاخرى على شاشتها

chassis .... **الهيكل المعدني**

قاعدة معدنية يتم تركيب اسلاك واجزاء الدائرة الكهربائية عليها

check bit .... **فحص الخانات**

وسيلة لفحص الخانات ☐ parity check

check digit .... **رقم الفحص**

خانة او اكثر متضمنة في وحدة من المعلومات تُحسب قيمتها وفق معادلة معينة بحيث تعطي صورة عن الخانات الاخرى من وحدة المعلومات هذه وبحيث اذا كان قد حدث خطأ في عملية نقل البيانات سيظهر دليل على ذلك

check register .... **مسجل الاختبار**

مسجل (عداد) يُشار اليه في برنامج جهاز الكمبيوتر لاستخدامه في تخزين معلومات مؤقتة لمقارنتها ببيان اخر بغرض الاختبار

check sum .... **فحص نتائج الجمع**

(١) مجموعة من الخانات او الارقام تُستخدم في عملية فحص المهمات التي

قام بها جهاز الكمبيوتر ؛ (٢) طريقة للتأكد من دقة البيانات بجمع جزء من الارقام ومقارنة النتيجة بمجموع تم الحصول عليه سابقا

checkout = debugging

check out = debug

checkpoint . . . . **نقطة الفحص**

الموضع في البرنامج الذي يتم فيه فحص العمليات التي قام بها جهاز الكمبيوتر مستخدما هذا البرنامج . عند نقطة الفحص هذه ، يحتفظ جهاز الكمبيوتر بجميع العمليات التي قام بها حتى هذه النقطة بالتفصيل وفي حالة توقف جهاز الكمبيوتر عن اتمام ما هو مطلوب منه باستخدام هذا البرنامج ، بامكان مستخدم الجهاز الرجوع لهذا الملف لمراجعة البرنامج والعمليات الحسابية كلها كما تمت في الجهاز حتى هذه النقطة لتحديد المشكلة او الخطأ في البرنامج

checkpoint restart . . . . **إعادة بدء نقطة الفحص**

عملية إعادة تنفيذ برنامج من عند اخر نقطة فحص . تتم عن طريق روتين (برنامج) يمكنه ان يقرأ او يخزن المعلومات عن نقاط الفحص من وسيلة تخزين خارجية

check writing machine . . . . **آلة كتابة الشيكات**

Cheshire cat store . . . . **مخزن المعلومات من نوع قطة تشيشير**

المعلومات المخزنة على هذا النوع من الذاكرات ستتلاشى ان لم يتم تزويدها بمعلومات اضافية باستمرار وبانتظام (سميت بذلك نسبة لقصة « مغامرات أليس في بلاد العجائب » للكاتب البريطاني لويس كارول)

Chinese binary code = column binary code

[1]chip = chad

[2]chip . . . . التشب ٠ الخلية السليكونية

دوائر كهربائية مدمجة integrated circuit على شكل مستطيل او مربع ذو ابعاد ٥ مم . هذه الدوائر هي التي تقوم بعملية « التفكير » في اجهزة الكمبيوتر والحاسبات اليدوية وافران الميكروويف والكثير من الاجهزة الكهربائية الحديثة . هذه الدوائر مصنوعة من معدن السليكون الذي له مساحة مسطحة تساوي عُشر بوصة مربعة والاف من الاجزاء الاليكترونية مركبة عليها مكونة ما يعرف بالدوائر المدمجة . كل جزء من الاجزاء الاليكترونية هذه يمثل خانة يمكنها ان تحمل صفرا او واحدا عن طريق تمثيلها بدائرة كهربائية موصلة كهربائيا او غير موصله (كما هو واضح من الشكل المرفق) نظرا لوجود العديد من المكونات في هذه الدائرة ، كل واحدة منها يمكنها التعامل مع الالاف من وحدات المعلومات في الثانية . لحماية هذه الدوائر، تُغلف بطبقة من البلاستيك، فيها موصلات لتوصيلها بأي دائرة كهربائية اخرى

خلية سليكونية تحتوي على منجز صغير

اللمبات المضئية تمثل رقم ١١

chip count . . . . **تعداد التشب**

عدد الدوائر الكهربائية المدمجة المطلوبة لاتمام مهمة معينة ☐ integrated circuit; package count

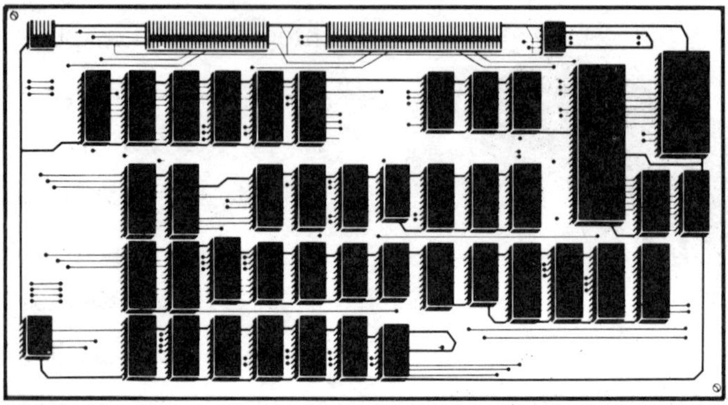

CHPS = characters per second . . . . **رمز / الثانية**

مقياس سرعة

C/M = computer input from microfilm . . . . . **الادخال على شكل ميكروفيلم**

الاجهزة والطريقة المستخدمة لترجمة ما يحتويه الميكروفيلم الى صورة يمكن لجهاز الكمبيوتر التعامل معها ☐ computer output microfilm

churning = thrashing

circuit . . . . **دائرة كهربائية**

مجرى لمرور الاليكترونات (التيار الكهربائي) يتكون من مكثفات واجزاء كهربائية اخرى

CIU = computer interface unit

circuit capacity . . . . **قدرة الدائرة**

عدد قنوات الاتصال التى يمكن لدائرة أن تتعامل معها في نفس الوقت

class . . . . **صنف**

مجموعة لها نفس الصفات او صفات متقاربة

classify . . . . **تصنيف**

ترتيب المعلومات الى اقسام مختلفة طبقا لنظام او طريقة معينة

clean . . . . **نظيف**

(١) بخصوص برامج الكمبيوتر : ان تكون مختبرة وخالية من الاخطاء ؛
(٢) بخصوص الدوائر الكهربائية : سريعة وبدون مشاكل ؛ (٣) اصطلاح
يستخدم في برامج الكمبيوتر لتغيير محتوى المسجل record الى أصفار

clear . . . . **تفريغ ٠ تصفير**

(١) ازالة محتويات موقع تخزين واحلاله باصفار او فراغات ؛
(٢) اصلاح العطل في الاجزاء التي تحتاج ذلك ؛ (٣) اصطلاح يستخدم
في برامج الكمبيوتر لتغيير محتوى المسجل register الى اصفار

clearing . . . . **التفريغ ٠ التصفير**

استبدال المعلومات الموجودة في المُسجل register او مخزن المعلومات او
وحدة التخزين باصفار او فراغات

clear to send . . . . **جاهزة للارسال**

أشارة قياسية في RS-232 استخدمت في سلسلات خط التحكم للدلالة على
توفر البيانات للنقل في أتجاه معين

ساعة لحساب الوقت . . . . **clock**

كما قسم الانسان الساعة الى دقائق وثواني فان وحدة الزمن وهي الثانية مقسمة الى مليون من الوحدات نظرا للسرعة الفائقة التي يمكن ان يعمل فيها جهاز الكمبيوتر. في اجهزة الكمبيوتر الزمنية : دائرة ترسل اشارات على فترات منتظمة لجدولة عمل جهاز الكمبيوتر. تحتاج كل عملية لعدد محدد من الاشارات وتقوم وحدة التحكم بتحديد العملية المطلوبة ومتى تبدأ

الساعة المقارنة . . . . **clock comparator**

تسجيل وقت البداية . . . . **clock-in**

تسجيل الوقت الذي بدأ جهاز الكمبيوتر فيه تشغيل معاملة او عملية ما

تسجيل وقت النهاية . . . . **clock-out**

تسجيل الوقت الذي انتهى فيه جهاز الكمبيوتر من معالجة معاملة او عملية ما

الترتيب المقفل . القائمة المقفلة . . . . **closed array**

الدولاب المقفل . . . . **[1]closed loop**

سلسلة من العمليات ينفذها ويعيد تنفيذها جهاز الكمبيوتر مرة بعد الاخرى الى ان يتدخل مستخدم البرنامج لايقافه

الدوار المقفل . . . . **[2]closed loop**

مجموعة (عنقود) . . . . **cluster**

وصف للاجهزة الطرفية التي يتم ربطها بجهاز الكمبيوتر على شكل مجموعات ، كل مجموعة منها تتكون من وحدتين او اكثر حسب التشكيل المطلوب

CMI=computer managed instruction

CMOS = complementary metal-oxide semiconductor

CMS = conversational monitor system . . . . **جهاز مراقبة المحادثة**

coalesce . . . . **يدمج · يندمج**

COAM = customer-owned and maintained lines . . . . **الاسلاك التي يمتكلها ويصونها الزبون**

coaxial cable . . . . **الكابل ذو الموصلين**

كابل لنقل المعلومات ذو موصل داخلي واخر في الغلاف الخارجي ، شائع الاستعمال في الشبكات المحلية local area network (LAN)

COBOL = Common Business Oriented Language

COBOL environment division . . . . **قسم البيئة في الكوبول**

قسم البيئة يصف جهاز الكمبيوتر الذي ستتم فيه ترجمة برنامج المصدر والجهاز الذي سينفذ برنامج الهدف والعلاقة بين ملفات البيانات وادوات الادخال والاخراج

COBOL procedure division . . . . **قسم الاجراءات في الكوبول**

قسم يصف الاجراءات اللازمة للمعالجة

COBOL processor . . . . **مُعالج الكوبول**

عادة يطلق على البرنامج الذي يحول التعليمات المكتوبة بلغة الكوبول الى لغة الالة الاصلية

COBOL program structure .... **تركيب برامج الكوبول**

يتكون البرنامج المكتوب بلغة الكوبول من ثلاثة اجزاء ، الاول اقسام divisions والثاني مقاطع sectors والثالث فقرات paragraphs .

الاقسام تتكون من مجموعة من المقاطع التي تتكون من فقرات .

الفقرات تتكون من مجموعة من الجمل التي تتضمن تعبيرات معينة

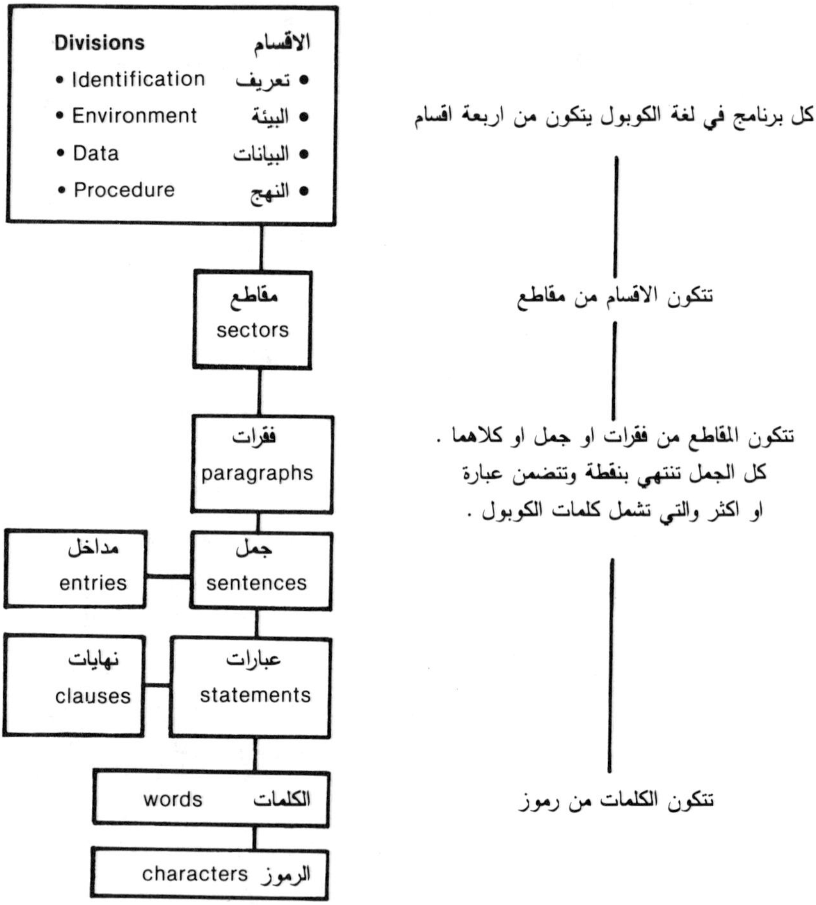

CODASYL=Conference on Data Systems Languages

شفرة .... code

(١) صيغة الامر الذي يذكر في برنامج جهاز الكمبيوتر ويدل على العملية المطلوب تنفيذها ؛ (٢) لفظ مختصر يطلق على بيان او عملية او صفة معينة .

تتعدد صفات تلك الشفرات بتعدد استخدامها ، مثل :

شفرة أبجدية (تتكون من أحرف أبجدية)	alphabetic code
شفرة أبجدية رقمية (تتكون من أحرف أبجدية وأرقام)	alphanumeric code
شفرة المجموعة البيانية	block code
الشفرة المركبة	complex code
الشفرة العشرية	decimal code
الشفرة المجزأة	faceted code
شفرة التسلسل	sequence code
شفرة ذات مستوى احادي	single-level code
شفرة أمر العملية (المطلوب من الكمبيوتر تأديتها)	operation code
الشفرة النسبية	relative code
شفرة هوليريث لتثقيب البطاقات	Hollerith code

المشفر .... coder

الشخص الذي يقوم بتشفير (ترميز) البيانات

تشفير ، ترميز ، كتابة اوامر البرنامج .... coding

(١) تشفير او ترميز: عملية تحديد وتعيين الرموز التي تمثل البيانات المطلوب تشفيرها ؛ (٢) كتابة أوامر البرنامج : عملية كتابة أوامر البرنامج وفق الاصول والمبادئ التي تقتضيها لغة البرمجة ، وعادة تكتب الاوامر بصيغ شفرية (رمزية)

صيغة التشفير ، نموذج التشفير ، نموذج كتابة البرنامج .... coding form

(١) صيغة التشفير : الطريقة او الشكل او الصيغة التي تستخدم في تحديد

الرمز الذي يعين للبيانات المطلوب تشفيرها ؛ (٢) نموذج تشفير : نموذج ورقي ذو تصميم خاص يساعد المُبرمج في كتابة أوامر البرنامج حسب اصول لغة البرمجة

coding sheet = coding form

coefficient . . . . **معامل**

coincidence gate . . . . **بوابة التطابق**

cold start . . . . **التشغيل البارد**

طريقة بداية تشغيل الكمبيوتر التي تتميز بأن الوظائف والبرامج التي كانت معلقة للتنفيذ من قبل ، يتم مسحها وتصبح غير ذات مفعول

collate . . . . **يطابق ويضم**

عملية مطابقة مجموعتين من البطاقات المثقبة او من سجلات البيانات وذلك وفقا لخانة معينة ثم ضمها الى بعض في مجموعة واحدة حسب ترتيب هذا البيان

collator . . . . **آلة المطابقة والضم**

(١) آلة مهمتها مطابقة مجموعتين من البطاقات المثقبة وضمهما مع بعض في مجموعة واحدة وفق ترتيب معين ؛ (٢) برنامج مهمته مطابقة ملفين او اكثر من ملفات البيانات وضمهما الى بعض في ملف واحد وفق ترتيب معين

colossus . . . . **جهاز الكمبيوتر الضخم**

جهاز كمبيوتر بريطاني تم بناءه اثناء الحرب العالمية الثانية لحل الشفرة التي استخدمها الالمان

column . . . . **العمود**

ترتيب خطي/رأسي لمجموعة من الوحدات او المواقع التي تخزن عليها المعلومات . مثلاً الثقوب على عمود من اعمدة بطاقات التثقيب

شفرة العمود الثنائية . . . . column binary code

شفرة تستخدم مع البطاقات المثقبة لترتيب الارقام الثنائية بحيث ان الخانة ذات الرقم الاكبر اهمية تكون في قمة العمود . كل عمود يمكن ان يحتوي على رقم ثنائي يتكون من خانات تصل الى ١٢ خانه

COM = computer output microfilm

أمر . . . . command

الجزء من التعليمات المعطاة لجهاز الكمبيوتر والذى يحدد أى العمليات ستُتبع . مثال ذلك أمر اجمع add ، أو أذهب الى go to

نظام المراقبة والتحكم . . . . command control system

نظم المعلومات التي تستخدم جهاز الكمبيوتر لمراقبة عمليات معينة وتقوم باعطاء الاشارات المناسبة حينما تنشأ مواقف معينة او ظروف سابقة التحديد . مثال ذلك نظام الانذار المبكر

تعليق (عبارة توضيحية) . . . . comment=comment statement

(١) جمل توضيحية يقوم المبرمج بتضمينها في البرنامج للتعليق على بعض اجزاء البرنامج حتى يسهل فهم المقصود منها ؛ (٢) ما يتم طبعة او عرضه مع المعلومات لتوضيحها

المساحة المشتركة . . . . common area

عند تنفيذ برنامج يتكون من أجزاء مستقلة (برامج ثانوية)، عادة ما يتم تخصيص مساحة من الذاكرة يتم فيها تخزين البيانات المشتركة التي تحتاج اليها هذه البرامج عند التنفيذ ، وعادة ما يتم الاشارة الى هذا الجزء المشترك في اول كل برنامج فرعي

قانون تبادلي . . . . commutative law

Common Business Oriented Language = COBOL . . . . **كوبول**

لغة من اللغات المستخدمة في اجهزة الكمبيوتر لادارة الاعمال . هذه اللغة مصممة ليستعملها مدراء الاعمال والعاملين في قسم السكرتارية والاخرين اللذين لا معرفة لهم بعلم الكمبيوتر. انها لغة ذات فائدة في تخزين المعلومات ونقلها من مكان الى اخر، وهي غير صالحة في العمليات الحسابية المعقدة

☐ COBOL program structure

common storage . . . . **المخزن الشائع أو الذاكرة الشائعة**

جزء من الذاكرة المُخزنة فيها البيانات ، أو العوامل التى يمكن لكل البرامج استخدامها

communication channel . . . . **قنوات الاتصال**

المجرى او القناة التي يتم بواسطتها انتقال الرسائل او البيانات

communication link = communication channel

communication satellite . . . . **القمر الصناعي للاتصالات**

تتكون من جهاز استقبال receiver ومضخم amplifier وجهاز ارسال transmitter . تدور حول الكرة الارضية في الفضاء في مدار واحد orbit وذلك لتسهيل الاتصال بين مواقع بعيدة عن بعضها . توجد هذه المحطات على ارتفاع ثابت عن سطح الارض (٢٢,٣٠٠ ميل) لضمان اتمام دورتها حول الارض في ٢٤ ساعة ولتبقى ثابتة فوق بعض المواقع على سطح الارض

compact disk . . . . **القرص المضغوط**

قرص مصنوع من مادة البلاستيك بقطر ٤،٧ بوصة يمكن تسجيل الاصوات عليه ويمكن القراءة منه باستخدام أشعة الليزر

البرامج المتوافقة .... compatible software

قدرة استخدام نفس البرنامج مع أجهزة كمبيوتر مختلفة بدون الحاجة لتعديل البرنامج

توافق ، تماثل ، موائمة .... compatibility

صفة تطلق على برنامج او على آلة او على نظام إذا كان ملائمًا ومتماثلاً وموافقًا للعمليات التي تجري بمعرفة البرنامج او الآلة او النظام الاخر

ترجمة (برامج الكمبيوتر) .... compilation

عملية ترجمة البرامج المكتوبة بلغة المصدر source الى لغة الهدف object التي تفهمها الالة

ترجمْ ونفذْ .... compile-and-go

طريقة لتنفيذ برامج الكمبيوتر تتم فيها عملية الترجمة متبوعة مباشرة بعمليتى التحميل loading والتنفيذ execution

البرنامج المترجم .... compiler

برنامج يقوم بترجمة البرامج المكتوبة بلغةالمصدر(مثل الفورترن) الى لغة الالة machine language والتي يستطيع جهاز الكمبيوتر فهمها . ميزة هذه الطريقة انه عند اتمام الترجمة للمرة الاولى ، من الممكن استخدام البرنامج لاي عدد من المرات بدون الحاجة الى ترجمة مرة ثانية

المتمم .... complement

رقم يتم الحصول عليه عن طريق طرح الرقم من رقم ثابت . مثلاً يكون الرقم متمم العشرة لرقم ٧ هو ٣

شبه الموصلات المتممة .... complementary metal-oxide semiconductor = CMOS

تلفظ كما لو كانت *see-moss* . شبه موصل كهربائي (دائرة مدمجة)

يحتاج قليلاً من الطاقة ، ولذلك يُستعمل في الساعات من نوع ديجيتال وفي السيارات ومحطات الاتصال اللاسلكية والطائرات وفي الحاسبات اليدوية والتي تحتاج لقليل من القوة لتشغيلها

العملية المتممة .... **complementary operation**

في أي من عمليات بوليان (نسبة لعلم الجبر البولياني) : العملية المتممة : هي القيمة السالبة لنتيجة العملية الاولى او العملية الاصلية . في الحساب : تكون على شكل إحلال الصفر محل الواحد او الواحد محل الصفر في القيمة المُجدولة للعملية الاولى او الاصلية

عامل الاتمام .... **complementary operator**

عامل نتيجته هي القيمة السالبة للعامل المستخدم . مثل ليس – أو NOR وكذلك ليس – و NAND

جهاز الاتمام .... **complementer**

جهاز مصمم لعكس الاشارات ، او الحالة ، او في بعض الحالات : تناوب alternate

الشكل المتمم .... **complement form**

تمثيل الصيغة السلبية لرقم كمتمم له . يخزن الرقم السالب عادة في الذاكرة على شكل متمم

المتمم على أن .... **complement on N**

تعبير يستخدم للدلالة على تقدير متمم الجذر

تمثيل متمم الرقم .... **complement representation**

طريقة لاظهار رقم بحيث يمكن طرحه من رقم اخر عن طريق الاضافة .

يمكن ان يتم تمثيل متمم الرقم في النظام الثنائي عن طريق تغيير جميع الخانات التي بها رقم واحد بخانات بها رقم صفر وكل الخانات التي بها رقم

صفر الى خانات بها رقم واحد واضافة واحد في الموقع ذو الاهمية الاقل (اقصى يمين الرقم). فلو كان مطلوبا من جهاز الكمبيوتر ان يطرح ٣ من ٩ يمكن ان تُتمم ٣ اولاً . سيكون رقم ٣ في النظام الثنائي كما يلي ٠٠١١ ، وعند تغيير كل الاصفار بواحد والواحد باصفار، سيصبح الرقم ١١٠٠ ، عند اضافة واحد للخانة ذات الاهمية الاقل سيصبح الرقم ١١٠١ .
عند اضافة الارقام المتممة ، لن تحمل الدائرة الكهربائية التي تقوم بذلك اي رقم من الخانة ذات الاهمية الاكبر. مثال لعملية الطرح :

الطرح بالنظام العشري	الطرح عن طريق الحمل	الاضافة بالارقام المتممة
٩	١٠٠١	١٠٠١
٣-	٠٠١١ -	١١٠١+
٦	٠١١٠	١٠١١٠

جهاز الكمبيوتر . . . . **computer**

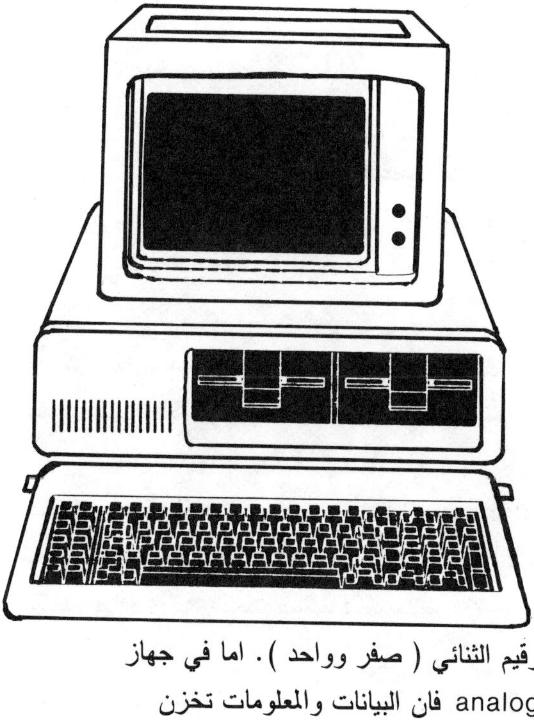

جهاز يقوم بالحسابات وتنظيم المعلومات طبقا لخطوات معينة محددة ومخزنة في ذاكرة الجهاز. يقوم الجهاز بجميع عملياته بدون مساعدة من اي شخص ، ولذلك يمكن الحصول على كثير من المعلومات او التحاليل بتغيير هذه الخطوات والتعليمات . تخزن وتجرى العمليات على البيانات في جهاز الكمبيوتر الرقمي digital computer وهي على شكل خانات من ارقام نظام الترقيم الثنائي (صفر وواحد). اما في جهاز الكمبيوتر النظير analog computer فان البيانات والمعلومات تخزن

وتجرى العمليات عليها وهي على شكل متصل مثل الفولت . لا يوجد في مثل هذا النوع من الاجهزة مخازن للبيانات وان وجدت فهي صغيرة . اما اجهزة الكمبيوتر من النوع المهجن hybrid computer فهي تجمع بين كلا النوعين السابقين . يتكون جهاز الكمبيوتر من الاجزاء التالية :

(١) **وحدة الداخل input** : وهي تتكون من لوحة المفاتيح واشرطة الورق للقراءة او اي اجزاء اخرى يمكن استخدامها لادخال معلومات للجهاز ؛

(٢) **معالج processor** : الجزء من جهاز الكمبيوتر الذي يتعامل مع البيانات الداخلة ؛

(٣) **الذاكرة memory** : وهي المكان الذي تخزن فيه البيانات والتعليمات او البرامج ؛

(٤) **وحدة الخارج output** : الة طباعة او شاشة يمكن عن طريقها اظهار نتائج العمليات التي قام بها الجهاز

computer-aided design = CAD . . . . التصميم بواسطة الكمبيوتر

في عصر الكمبيوتر يستطيع المهندس ان يستخدم الكمبيوتر لوضع تصميم لاي شيء . مثلا يمكن دراسة تأثير الاعصارات والزلازل على الجسور قبل ان يتم بنائها ، او يمكن رؤية شكل ولون الديكور في غرفة ما ، قبل استعماله في تلك الغرفة

computer-aided learning = CAL . . . . التعلم بواسطة الكمبيوتر

استخدام اجهزة الكمبيوتر لمساعدة الطلبة في مذاكرتهم

computer-aided manufacturing = CAM . . . . . التصنيع بواسطة الكمبيوتر

استخدام أجهزة الكمبيوتر للمساعدة في اتخاذ القرارات عند التصنيع أو للمساعدة في وحدات التحكم بماكينات التصنيع

computer analog input = CAI . . . . الداخل المتصل للكمبيوتر

التدريس بواسطة الكمبيوتر . . . . computer-assisted instruction = CAI

استخدام أجهزة الكمبيوتر كوسيلة ايضاح في المدارس

التدريب باستخدام الكمبيوتر . . . . computer-assisted training=CAT

مركز الكمبيوتر . . . . computer center

مكتب يقدم خدمات للكمبيوتر مثل تشغيل جهاز الكمبيوتر والمعدات الموصلة به وكتابة برامج تطبيقية application programs والتقارير والكثير من الخدمات الاخرى للعديد من الناس

شفرة الكمبيوتر . . . . computer code

تعتبر الارقام الثنائية (صفر وواحد) هي الكلمات التى يمكن لجهاز الكمبيوتر أن يفهمها . في بعض الحالات يتم التعبير عن البيانات في صورة اخرى غير الارقام الثنائية . اي صورة تكون عليها البيانات غير الارقام الثنائية تعتبر شفرة . أكثر الشفرات شيوعا ASCII وBCD تستخدم شفرة ASCII في نقل البيانات ، وتستخدم شفرة BCD في اظهار البيانات

كفاءة جهاز الكمبيوتر . . . . computer efficiency

رسومات الكمبيوتر . . . . computer graphics

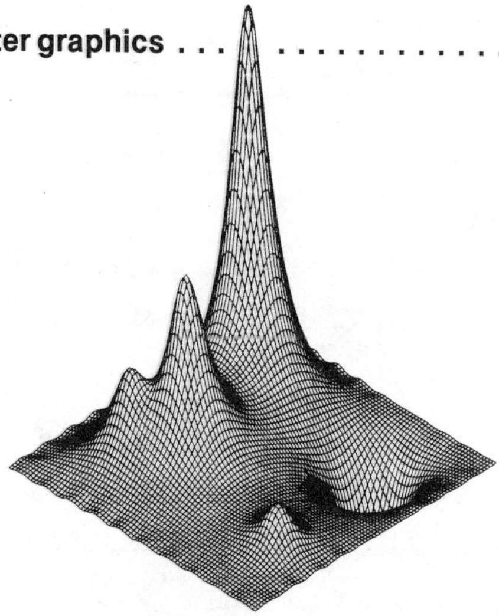

صـــــــور ورسومات يقوم جهاز الكمبيوتر باظهارها على الشاشة او مطبوعة على ورق او اي وسيلة اخرى

computer interface unit = CIU . . . . **وحدة توصل بجهاز الكمبيوتر**

من الممكن توصيل جهاز الكمبيوتر بالعديد من الادوات ، بعضها مهم ولابد ان تتواجد مع الجهاز (مثل لوحة المفاتيح keyboard والشاشة screen) والبعض الاخر يقوم بمهمات ثانوية او مهمات محددة فقط (مثل ميكروفون لوحدة الخطابة او عصاة المرح joystick)

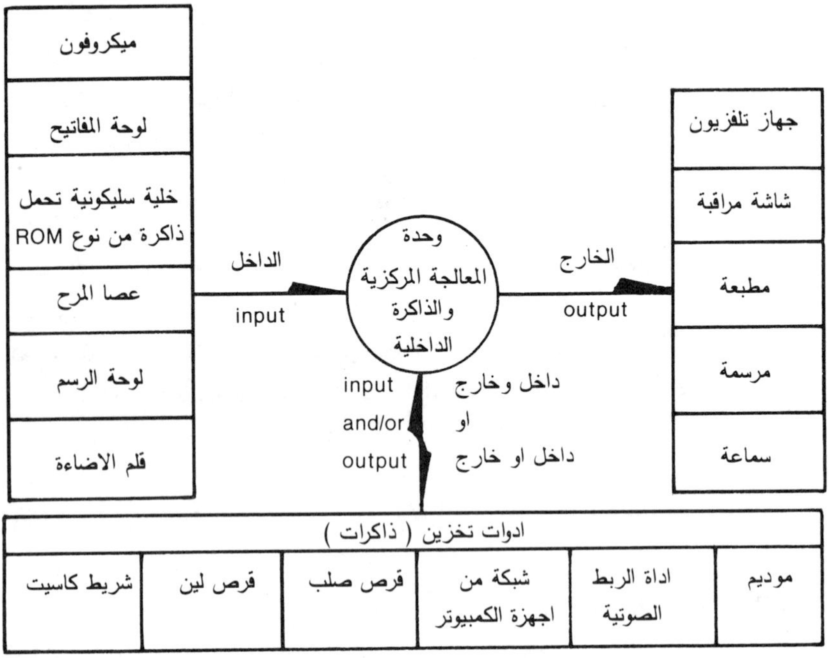

computer-managed instruction =CMI . . . . **إدارة التدريس باستخدام الكمبيوتر**

computer network . . . . **شبكة اجهزة الكمبيوتر**

مجموعة من اجهزة الكمبيوتر الموصلة مع بعضها ☐ network

computer operator . . . . **مُشغل جهاز الكمبيوتر**

الشخص المسؤول عن ادارة جهاز الكمبيوتر. عادة له خبرة في مجال ادارة الجهاز والمعدات المتصلة به ، كذلك يقوم بعمليات اخرى بجانب ذلك مثل وضع البطاقات المثقبة في ماكينة قراءة البطاقات وتوزيع الخارج output

المطبوع على الورق على اصحابه من مستخدمي الجهاز ووضع القرص المغناطيسي في الموضع الذي يمكن القراءة منه او الكتابة عليه

computer output microfilm = COM . . . . **وضع المخرجات على ميكروفيلم**

كتابة نتائج العمليات التي يقوم بها جهاز الكمبيوتر على ميكروفيلم ، وهذه اسرع وارخص من استخدام الورق

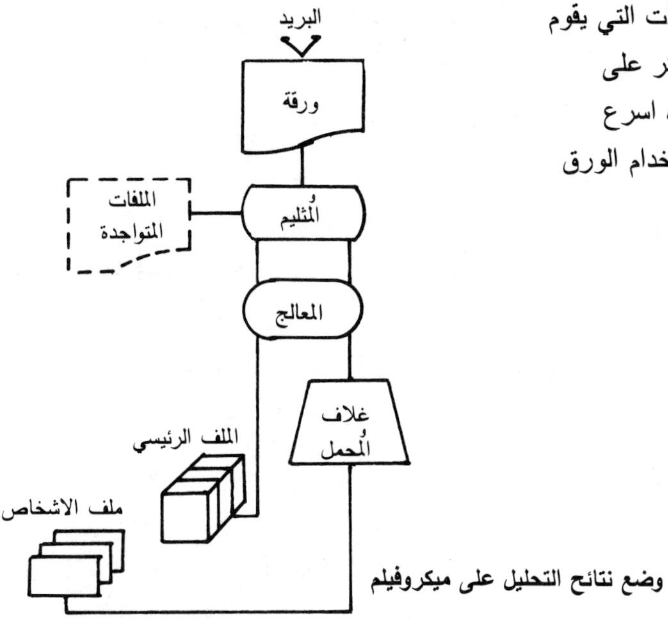

computer security . . . . **امن وسلامة جهاز الكمبيوتر ومحتوياته**

مهمة حماية جهاز الكمبيوتر والمعدات المرفقة به والمعلومات المخزنة فيه من التلاعب فيها او الحصول عليها بطريقة غير شرعية

computer system . . . . **نظام الكمبيوتر**

جهاز الكمبيوتر الذي له القدرة على تقبل البيانات في أشكال مختلفة وتحويلها الى صورة مناسبة عن طريق عمليات حسابية أو تحليلية ، وذلك لاظهارها كنتائج أو اعدادها لعمليات اضافية

computer utility . . . . تقديم الخدمات باستخدام اجهزة الكمبيوتر

خدمة تُقدم عن طريق تسهيل استخدام اجهزة الكمبيوتر والبرامج والبيانات المتوفرة . كذلك يمكن لمستخدم الجهاز الحصول على برامجه والتي خزنها في وحدة المعالجة المركزية CPU مباشرة . يمكن لاي مستخدم للجهاز الحصول على بعض البرامج والبيانات ، الا ان هناك برامجا وبيانات لا يمكن لاي شخص الحصول عليها الا بتصريح مسبق

concatenate . . . . يُسلسل

وصل او دمج سلسلتين من الرموز معا او وصل نهاية ملف مع بداية ملف اخر

concentrator . . . . جهاز تجميع وتركيز البيانات

concentric . . . . متحد المركز والاتجاه

من صفات قنوات التسجيل على الاقراص المغناطيسية

concordance . . . . الفهرس الابجدي

قائمة مرتبة حسب الاحرف الابجدية لكلمات وعبارات استُخدمت في وثائق معينة ويظهر بجانبها رقم الصفحة التي ظهرت فيها

concurrent processing . . . . الانجاز المتزامن

القيام بعمليتين او اكثر للمعالجة خلال فترة زمنية محددة باستخدام جهاز واحد . عكس simultaneous processing

condensed . . . . مُكثف ، مُركز

تركيز كمية من البيانات في مساحة صغيرة

conditional branch instruction . . . . أمر تفريع

أمر يتضمن اختبار يُجرى على البيانات ويزود الامر التالي بعناوين متعددة لكي يستخدم العنوان المناسب منها لنتائج الاختبار

conditional transfer .... **النقل المشروط**

أمر قد يُسبب نقل المعالجة من سلسلة من التعليمات بناء على نتائج عملية معينة الى سلسلة اخرى من التعليمات

Conference on Data Systems Languages=CODASYL .... **مؤتمر اللغات لانظمة البيانات**

مؤتمر تم تشكيله سنة ١٩٥٩ بايعاز من وزارة الدفاع الامريكية لمناقشة مواصفات لغات تجارية تستخدم في البرمجة ، عندها نبعت فكرة مواصفات لغة الكوبول

configuration .... **المكونات ٠ التكوين ٠ التشكيل**

التكوين او التشكيل للمعدات والاجزاء التي يتكون منها نظام الكمبيوتر ككل

configurative .... **ذو خاصية شكل معين**

مشكل بشكل معين

conjunction .... AND □

connector .... **وصلة ٠ موصل**

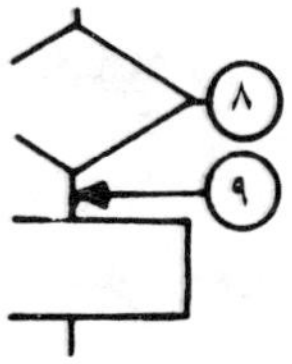

(١) رمز من الرموز المستعملة في الرسوم التوضيحية لخطوات برنامج الكمبيوتر flowchart . هناك نوعان للموصلات ، الاول الموصل الخارجى outconnecter (رقم ٨ في الشكل الموضح) ، والثانى الموصل الداخلى inconnector (رقم ٩ في الشكل الموضح) ؛ (٢) مجرى توصيل كهربائي أو آلة توصيل كهربائية

console .... **وحدة تشغيل الكمبيوتر**

النهاية الطرفية المخصصة للقائم بالعمل على جهاز الكمبيوتر وعن طريقها يتحكم في النواحي التشغيلية للجهاز والطرفية مزودة بشاشة لعرض المعلومات وقد تزود بطابعة لطباعة حالة التشغيل

consolidation . . . . **الادماج ، التجميع**

العملية التي يتم فيها تجميع اجزاء البرنامج مع بعضها لتكوين برنامج متكامل

constant . . . . **عامل ثابت**

بيان او معامل ثابت القيمة . عكس متغير variable

constraint . . . . **القيد**

مجموعة الشروط او الحدود التي تفرض على عملية معينة او تشترط في بيان معين

construct . . . . **يجتزئ ، أجزاء**

content addressable filestore = CAF . . **الملف المخزن ذو المحتويات المعنونة**

قرص يستخدم في تنظيم وتسهيل الحصول على الملفات الكبيرة . يوزع الملف على قرص مغناطيسي بحيث يمكن لرؤوس القراءة ان تقرأها في نفس الوقت عند انتقالها من اسطوانة الى اسطوانة اخرى اثناء البحث عن عنوان ما .
مثال ذلك ملف يتضمن جميع محتويات دليل التلفونات لمدينة ما . في هذه الحالة كل مشترك يمثل سجلا record . هذا النظام مبني على استخدام اجهزة الكمبيوتر الصغيرة (ميكروكمبيوتر) والتي تعمل مساعدة لجهاز الكمبيوتر الرئيسي

content-addressed memory . . . . **الذاكرة المعرفة بما تحتويه**

(١) نوع من الذاكرات يتم الحصول على البيانات المخزنة فيها عن طريق مقارنة ما تحتوية مواقع التخزين (بدلا من الرجوع الى عناوين تلك المواقع).
من الممكن استخدام هذا النوع من الذاكرات في الذاكرة الرئيسية والذاكرة المسودة او في اي من الذاكرات التي تتطلب البحث السريع ؛ (٢) الذاكرة التي بها اسماء مواقع التخزين معرفة بما تحتويه بدلا من ان تعرف عن طريق ترتيبها على الذاكرة

contention system .... **نظام المنافسة**

طريقة المحاولة والخطأ لنقل البيانات باستخدام شبكة الاتصال المحلية local area network (LAN) . يحدث النقل لو كانت قناة الاتصال غير مشغولة ، أما لو كانت قناة الاتصال مشغولة ، فعلى محطة الارسال الانتظار ومحاولة الاتصال مرة ثانية . يوفر هذا النظام امكانية استخدامه بواسطة العديد من الاشخاص ومن غير الحاجة لاستخدام جهاز تحكم

content of address register = CAR .... **محتوى قمة القائمة**

العملية في لغة LISP والتي تعطي (عند تطبيقها على قائمة من البيانات) ما هو موجود على قمة هذه القائمة □ content of decrement register

content of decrement register = CDR .... **محتوى قاع القائمة**

العملية في لغة LISP والتي تعطي (عند تطبيقها على قائمة من البيانات) ما هو موجود في قاع القائمة □ content of address register

contiguous .... **متجاور ، متلاصق**

لفظ يطلق على اماكن تخزين البيان ، على اساس ان تكون متلاصقة بعضها ببعض مع عدم تجزئة البيان بين عدة اماكن تخزينية . عكس غير متلاصقة noncontiguous

control card .... **بطاقة التحكم**

مجموعة من البطاقات المثقبة تحتوي على بيانات مطلوبة لتطبيقات معينة مثل تشغيل نظام عمل (سلسلة من البطاقات لتوجيه وتشغيل نظام معالجة جزء معين من برنامج)

control character .... **رمز التحكم**

(١) الرمز الذى يبدأ خطوة من خطوات التحكم ولكن لا يتم طبعها في النتائج output . مثال ذلك خط التزويد ؛ (٢) الاداة التي تفصل جهازًا

خارجيًا أو المطبعة الموصلة بجهاز الكمبيوتر ؛ (٣) في بعض الحالات تستخدم رموز التحكم مع رموز اخرى وذلك لتحديد أمر خاص

control console=console

control memory .... **ذاكرة التحكم**

(١) جزء من الذاكرة الرئيسية محجوز للاشراف على عمل جهاز الكمبيوتر ؛

(٢) موقع محجوز ؛ (٣) في الاداة الذكيه intelligent device : الذاكرة المحجوزة لبرنامج التحكم

control panel .... **لوحة المراقبة والتحكم**

لوحة المفاتيح والاشارات الموجودة بوحدة المعالجة المركزية او بالالات الملحقة ويكون الغرض منها توجيه الجهاز الى اداء العمليات المختلفة

control point .... **نقطة التحكم**

موقع في الدائرة الكهربائية للمعالج المركزي central processor والذي عنده تسبب النبضات المعطاة نقل خانة أو أكثر داخل المُسجل register أو من مُسجل الى مُسجل أخر

control processor .... **مُعالج التحكم**

(١)المُعالج المركزي CP ؛ (٢) في الاجهزة التي بها العديد من المعالجات : المعالج الذى يحتفظ بالبرامج التي تستخدم في اتخاذ القرارات والتي تتحكم بالمعالجات الاخرى

control program .... **برنامج التحكم**

(١) برنامج للتوقيت أو الاشراف على معالجة البرامج الاخرى ؛

(٢) في الاداة الذكية intelligent device (مثل الغسالات الاوتوماتيكية ، واشارات المرور الضوئية) : محتوى ذاكرات القراءة فقط ROM والذي يستخدم للتحكم بعمل هذه الادوات

Control Program/Microcomputers = CP/M

control read-only memory . . . . **ذاكرات القراءة فقط التي**
= CROM **يمكن التحكم بها**

ذاكرة في المعالجات الصغيرة (ميكروبروسيسور) تحتوي على برنامج أو أكثر من برامج التحكم

control statement . . . . **عبارة تحكم**

العبارة او الجملة او الامر الذي يرد في البرنامج ويكون الغرض منه التحكم في مسار البرنامج

control structure . . . . **تشكيلات التحكم**

يتكون تشكيل التحكم او تركيب برنامج التحكم من واحد او اكثر من الانواع التالية : (١) **تتابع** sequence : عمليات تتابع واحدة بعد الاخرى بدون اي شروط (شكل ١)؛ (٢) **الاختيار** selection : اختيار بين عمليتين بناء على شروط موضوعة مسبقا (شكل ٢)؛ (٣) **تكرار** iteration : لتكرار المعالجة حسب الشروط الموضوعة (شكل ٣)

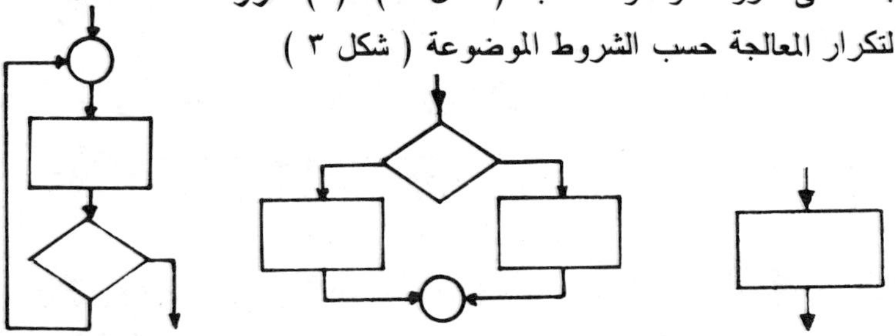

شكل ٣   شكل ٢   شكل ١

control unit = CU . . . . **وحدة التحكم**

الجزء من وحدة المعالجة المركزية والمسؤول عن ترتيب وترجمة ومعالجة التعليمات

conversational . . . . interactive □

conversational mode . . . . **طريقة الحوار**

طريقة لعمل جهاز الكمبيوتر بخلق حوار بين الجهاز ومستخدمه

conversion . . . . **تحويل**

(١) تحويل البرنامج المكتوب بلغة ما الى لغة اخرى ؛ (٢) تحويل نظام المعلومات من النظام اليدوي الى النظام الالي ؛ (٣) تحويل البيانات المسجلة على وسائط معينة او مسجلة بشكل ما الى وسائط اخرى او تسجيلها بشكل اخر ؛ (٤) تحويل نظام الكمبيوتر من نوع معين من الالات الى نوع اخر، او من نوع معين من نظم التشغيل الى نوع اخر ؛ (٥) تحويل الارقام من نظام رقمي معين الى نظام رقمي اخر ؛ (٦) تحويل الاشارات الكهربائية من نظام الى اخر ؛ (٧) تحويل الاشارات الكهربائية من وحدات القياس الى نظام رقمي وبالعكس

converter . . . . **محول**

analog to digital; digital to analog □

co-processor . . . . **جهاز المعالجة المساعد**

جهاز معالجة اضافي ومنفصل عن جهاز الكمبيوتر الرئيسي يقوم بمعالجة العمليات التي تحتاج لوقت طويل ، مثل حسابات النقطة العائمة floating point

copy . . . . **نسخ ٠ ينسخ**

نسخ صورة من البيان او صورة من ملف البيانات من مكان الى اخر

CORAL 66 . . . . **كورال ٦٦**

لغة للاستخدام العام general use مبنية على لغة الالغول ٦٠

ALGOL 60 □

core . . . . **الحلقة**

قطعة من مادة مغناطيسية على شكل حلقة تستخدم لتخزين خانة واحدة بما

فيها من معلومات . عن طريق سلسلة من هذه القطع يمكن تخزين اكثر من ٣٢,٠٠٠ كلمة (٨ أحرف للكلمة الواحدة) في مساحة اقل من ١٥ سم .
هذه الوسيلة للتخزين هي من طرق تخزين المعلومات القديمة وان كانت مازالت تستخدم حتى اليوم

تفريغ الحلقة .... **core dump**

مسح او نقل ما تحتويه الذاكرة الحلقية المستخدمة مع جهاز الكمبيوتر

الذاكرة الحلقية .... **core memory**

نوع من الذاكرات تمثل فيها الخانات بتوجيه المغنطة في حلقات اوكسيد الحديد الصغيرة . يعادل حجم هذه الذاكرات رأس الدبوس . يوجد عادة اربعة اسلاك تمر في مركز الحلقة كما هو موضح في شكل ١ . عند كتابة رقم ١ في خانة ، فان تياراً يمر في الاسلاك X وY في الاتجاه الموضح في الشكل . يتولد مجالا مغناطيسيا نتيجة مرور التيار ويكون من القوة بدرجة انه يوجه جزئيات المادة المصنعة منها الذاكرة وتعمل وكأنها اكثر من مغناطيس ذو سمك رقيق جداً والمغنطة في اتجاه واحد (السلك الذي يمر فيه التيار دائمًا محاطاً بحقل مغناطيسي . قوة التيار ومواصفات الحلقة تم اختيارهم بحيث انه عندما يمر التيار في سلك واحد لن يضع الحلقات في الوضع الذي يمكنه ان يمر منها ، ولذلك فان ضبط الحلقات يتم فقط عندما يتقاطع سلكان يحملان تياراً كهربائيًا) . لقراءة حلقة معينة فان تياراً كهربائيًا يمر في الاسلاك في الاتجاه المضاد (شكل ٢) ، يمكن اعتبار ذلك كتابة رقم الصفر في تلك الخانة . لو كانت الحلقة مُخزن عليها الصفر، فلن يحدث أي تغيير وستبقى جزئيات المادة في نفس الاتجاه . اما اذا كان مُخزن عليها واحد ، فان اشارة القراءة ستسبب عكس اتجاه الجزئيات لتصبح كما هو موضح في شكل ٢ . عند انعكاس اتجاه الجزئيات ، فان الحلقة تعمل كما لو كانت مولدا صغيرا وستستحث تياراً ذو فولت صغير في جميع الاسلاك التي تمر في مركز هذه الحلقة . السلك الوحيد الذي له القدرة على اكتشاف هذا

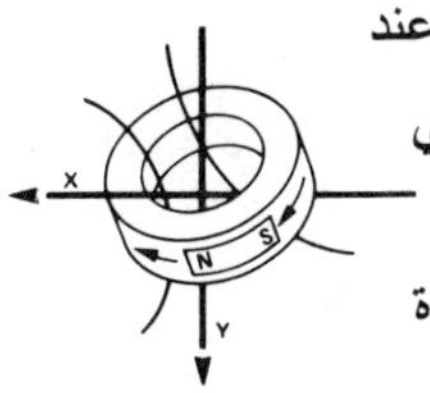

شكل ١

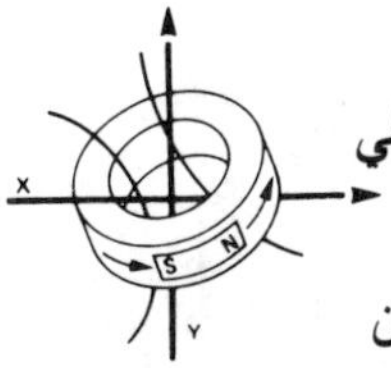

شكل ٢

الفولت هو سلك القراءة read wire الذي يمر في مركز جميع الحلقات المكونة للذاكرة . يحمل هذا السلك تلك الاشارة (الفولت) الى مضخم القراءة read amplifier الذي يضخمه ليرسله بعد ذلك الى وحدة التحكم التي تسجل هذه الخانة في احد المسجلات register . كنتيجة لقراءة خانة الواحد الموجودة على الحلقة ، يتم تفريغ محتوى هذه الحلقة (تصبح ذات محتوى صفر). لهذا السبب فان القراءة من الذاكرات الحلقية تسمى قراءة تدميرية او تفريغية destructive read . نظراً لان الذاكرة تعتبر مفيدة ان كان من الممكن القراءة منها اكثر من مرة واحدة ، فانه من المفيد اعادة خانة الواحد مرة ثانية للحلقة وذلك باعادة كتابتها من جديد . لوكانت الحلقة تحتوي على الصفر، فانه عند قرائتها سيتم تغييرها الى الواحد . يمكن الحماية من ذلك عن طريق سلك المنع inhibit wire ، وذلك بارسال تيار في هذا السلك في اتجاه معاكس لاتجاه الحقل المغنا طيسي المتولد نتيجة مرور التيار في الاسلاك X و Y.

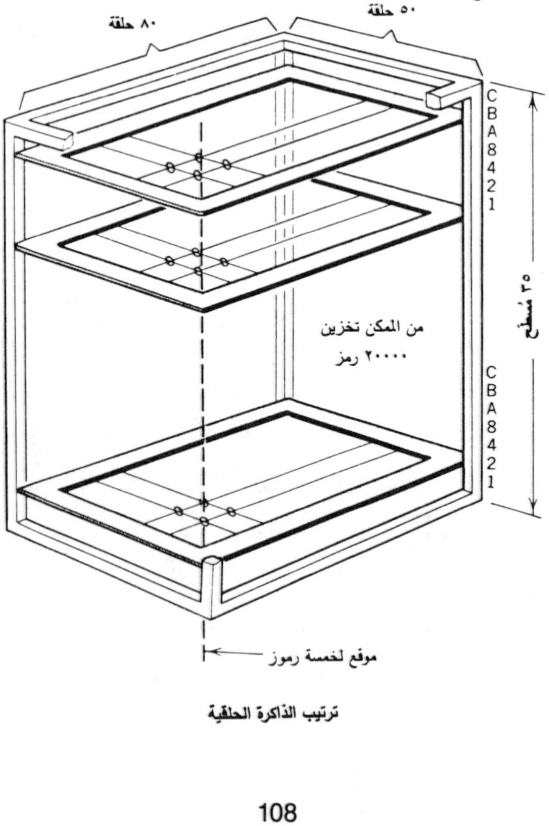

ترتيب الذاكرة الحلقية

المخزن الحلقي . . . . core storage

(١) اي مخزن او ذاكرة تستخدم أوكسيد الحديد كخلية تسجيل ؛

(٢) في بعض الاحيان يطلق على الذاكرة الرئيسية . نفس core memory

الصيانة التصحيحية . . . . corrective maintenance

تحديد موقع الخلل واصلاحه بعد حدوثه

فقد محتويات الذاكرة . . . . corruption

فقد للمعلومات بطريقة غير مقصودة نتيجة توقف جهاز الكمبيوتر لانقطاع التيار او نتيجة عطل ما في الجهاز او لخطأ في البرنامج الذي يتعامل مع هذه المعلومات

بطاقات / الدقيقة . . . . CPM=cards per minute

مقياس يستخدم لقياس السرعات التالية في الدقيقة : (١) سرعة قراءة البطاقات المثقبة بمعرفة جهاز القراءة ؛ (٢) سرعة تثقيب البطاقات بمعرفة جهاز التثقيب ؛ (٣) سرعة مشغل آلة التثقيب في تثقيب البطاقات

CPM = critical path method

برنامج التحكم باجهزة الكمبيوتر الصغيرة ٨٠ . . . . CP/M-80

نظام عمل يصلح مع أجهزة الكمبيوتر الصغيرة (ميكروكمبيوتر) أنتجته شركة ديجيتال للابحاث .Digital Research Inc ليستخدم مع أجهزة المعالجة الصغيرة (ميكروبروسيسور) من نوع 8080 وZILOG التي بها الكلمات ذات حجم ثمان خانات . يعتبر نظام العمل هذا وسيلة مقبولة لتأكيد ان برنامجًا كُتب للاستخدام مع جهاز كمبيوتر معين ، من المكن ان يعمل بصورة مقبولة مع جهاز اخر. بمعنى اخر، نظام العمل هذا يوفر توصيل مناسب بين البرامج والاجهزة

CP/M-86 .... برنامج عمل للتحكم في اجهزة الكمبيوتر الصغيرة ٨٦

نظام عمل يصلح مع أجهزة الكمبيوتر الصغيرة (ميكروكمبيوتر) انتجته شركة ديجيتال للابحاث .Digital Research Inc ليستخدم مع أجهزة المعالجة الصغيرة (ميكروبروسيسور) من نوع 8080 و8086 التي بها الكلمات ذات حجم ١٦ خانة . تم انتاج هذه البرامج بتعديلات في البرنامج من نوع سي بي/ام ــ ٨٠ CP/M-80

cps = characters per second .... عدد الرموز/الثانية

(سرعة النقل)

CPU = central processing unit

CPU time .... زمن المعالجة المركزية

الوقت المطلوب لمعالجة عملية واحدة

CRAM=card random access memory .... ذاكرة الوصول العشوائي

لما هو مخزن على البطاقة

وسيلة تخزين خارج جهاز الكمبيوتر تستخدم بطاقات ممغنطة يمكنها تخزين المعلومات على شكل حقول مغناطيسية

crash .... عطل

عطل في جهاز الكمبيوتر نتيجة خطأ في تشغيل الجهاز او خطأ في البرنامج الذي يتعامل معه . مثلا العطل في الرأس الذي يقرأ المعلومات من القرص المغناطيسي عن طريق لمسه لسطح القرص

CRC = cyclic redundancy check

creation .... إنشاء

يقصد به انشاء ملف البيانات لاول مرة ، او انشاء سجل بياني جديد يضاف الى ملف البيانات ، او انشاء الصورة او الخريطة البيانية (الرسوم التوضيحية)

crippled mode . . . . **العمل الناقص**

عندما يحدث عطل لجزء من جهاز الكمبيوتر ولكن يبقى الجهاز عاملا ولكن بكفاءة اقل من المعدل الطبيعي □ graceful degradation

critical path method = CPM . . . . **طريقة المر الحرج**

طريقة لتعريف المشروع من خلال مكوناته . تسمح هذة الطريقة ، بترقيم مكونات المشروع واظهار تداخلاتها بعزل المكونات الحرجة والتي قد تسبب تأخير معالجة البرنامج ككل ، وتقع مثل هذه المكونات على المر الحرج .

يتم تقسيم المشروع الى عمليات يحدد كل منها المدة الزمنية والمصادر المطلوبة لمعالجتها . توصل هذه العمليات بخطوط على رسم بياني مظهرًا فيه اعتماد كل عملية على العملية السابقة لها والمدة الزمنية المطلوبة للانتهاء منها .

يعرف المر الحرج بانه المر الذي يتطلب اقصى مدة

تدل الارقام على الزمن المطلوب لانهاء المرحلة .

Ⓐ نقطة تفريع

المر الحرج في هذا الشكل هو ABCD

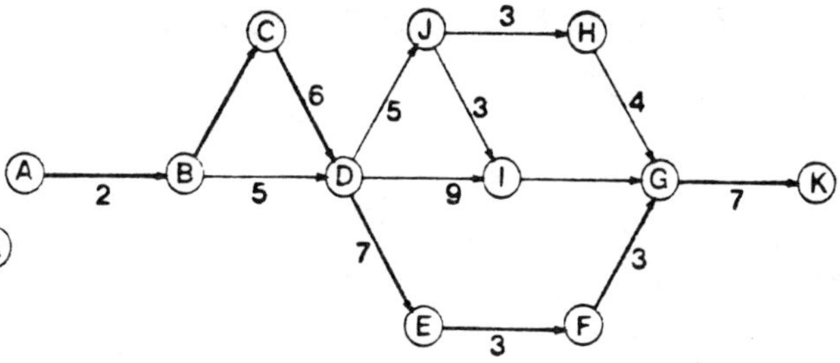

المر الحرج

CROM = control read-only memory

cross-reference . . . . **الاحالة (المرجع)**

يقصد به الطريقة او البيان او الاسلوب الذي يستخدم كمرجع الى بيان او نقطة اخرى . مثال اسم البيان الذي يستخدم في برنامج ما وبيان المواقع التي يستخدم فيها هذا البيان

cross-reference table .... جداول الاحالة (المرجع)

الجداول التي يتم طبعها بجهاز الكمبيوتر وتشير الى ارقام الاحالة التي يشملها البرنامج ورقم او اسم البيان وارقام المواقع التي يستخدم فيها هذا البيان واحيانا يسمى reference listing

CRT = cathode ray tube

crufty .... تصميم سيء او معقد

cryogenic memory .... الذاكرة الباردة

ذاكرة تعمل على درجات حرارة منخفضة (حوالي ـ ٢٦٨ درجة مئوية)

cryogenics .... التبريد

دراسة واستخدام الاجهزة التي توظف خواص المواد عند درجة حرارة قريبة من الصفر المطلق

CTS = clean to send

CU = control unit

cue .... call ☐

current loop .... دورة التيار

نقل متسلسل ، عن طريق سلكين يصلان كل من جهاز الارسال وجهاز الاستقبال . يكون المنقول صفرًا عند عدم مرور التيار ، وواحدًا عند مرور التيار

current mode logic = CML . . . . ECL □

cursor . . . . **المنزلقة (مؤشر الشاشة)**

علامة تظهر على شاشة الطرفية ، لتوضح الموقع الذي يُقرأ منه او يُكتب عليه . وفي العاب الفيديو ، الرمز الذي يمكن التحكم فيه عن طريق المقبض ، مثلا باك مان Pac-Man

cursor control key . . . . **مفتاح التحكم في المؤشر**

مجموعة مفاتيح تم تصميمها ، لنقل موقع المؤشر cursor على شاشة الطرفية

cursor positioning . . . . **موقع المؤشر**

وصف حركة المؤشر الى أعلى وأسفل ، ولليمين واليسار

curve follower . . . . **متتبع الرسومات البيانية**

آلة يمكنها قراءة البيانات الممثلة برسومات بيانية

cushion of air . . . . **وسادة من الهواء**

الفراغ الذي يترك ما بين رأس القراءة والكتابة الخاصة بالقرص المغناطيسي حتى لا يلامس سطح القرص عند القراءة او الكتابة

cybercrud . . . . **المضايقة**

استخدام جهاز الكمبيوتر لارباك الناس بدلا من مساعدتهم

cybernetics . . . . **علم التحكم الاوتوماتي**

دراسة نظرية اجهزة التحكم . يهتم القائمون على هذه الدراسات بمقارنة ميكانيكية الجهاز العصبي للحيوانات باجهزة الكمبيوتر واجهزة ميكانيكية وكهربائية اخرى

cycle . . . . **الدورة**

عند تزويد جهاز الكمبيوتر ببرنامج معين يتعامل الجهاز معه من خلال دورة ذات ثلاث مراحل :

(١) وضع البرنامج في جهاز الكمبيوتر fetch ؛

(٢) ترجمة هذه التعليمات الى لغة الالة decode ؛

(٣) القيام بالعمليات الاساسية المطلوب القيام بها process

cycle shift . . . . **دورة النقل**

نقل المعلومات بطريقة تكون فيها الخانات الساقطة من جانب معين من الكلمة ستعود لتظهر في الناحية الثانية لها . مثلا الرقم ٨٧٢٣٧٥٤ لوتم نقله خانتين فانه سيصبح ٢٣٧٥٤٨٧

cycle time . . . . **زمن الدورة**

الحد الادنى للوقت المطلوب من وضع المعلومات في جهاز الكمبيوتر الى وقت تخزينها في الذاكرة

cyclic code . . . . Gray code □

cyclic redundancy check = CRC . . . . **دورة الفحص المطول**

طريقة لفحص خانات البيانات المنقولة على شبكات الاتصال للتأكد من صحتها باجراء عملية حسابية على هذه البيانات في محطة الارسال وتكرارها في محطة الاستقبال للمقارنة بين نتائج العمليتين

الاسطوانة .... cylinder

مجموعة مسارات تسجيل البيانات tracks على وسائط التخزين المباشر والتي تقف عليها رؤوس القراءة والكتابة في وقت واحد ويمكن الوصول اليها مرة واحدة دون تحريك الرؤوس

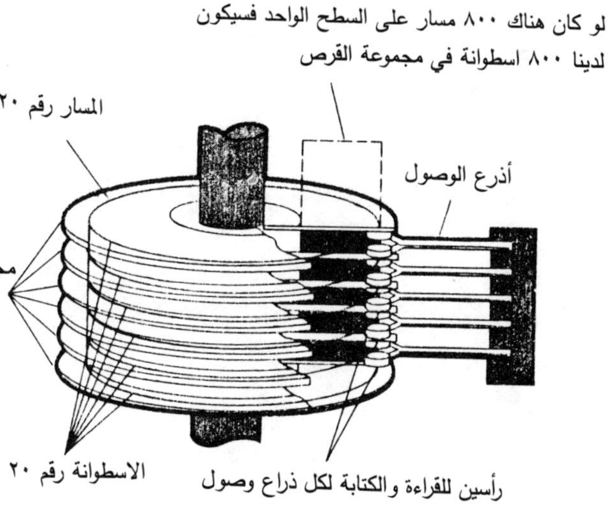

عند تنظيم البيانات باستخدام الاسطوانات : فللوصول الى تلك البيانات يجب معرفة كل من رقم الاسطوانة ورقم السطح ورقم السجل . تُكَوِن كل المسارات التي لها نفس الرقم في مجموعة من الاقراص إسطوانة لها نفس الرقم . بمعنى ان الاسطونة يمكن تخيلها بانها ذات وضع رأسي تمر من خلال كل الاقراص

D

D/A = digital to analog

daisy chain . . . . السلسلة المركبة

توصيل الدوائر الكهربائية التي تتكون منها الذاكرات المستخدمة في اجهزة الكمبيوتر مع بعضها بحيث يتم نقل الاشارات من دائرة الى اخرى على التوالي

daisy wheel . . . . عجلة ديزي

أحد أنواع ماكينات الطباعة على شكل عجلة متصلة بها زوائد (كما هو موضح في الشكل)، مثبت في طرف كل منها رمزاً . عند الطباعة يطرق الحرف مطرقة ، فيطبعه على الورق باستخدام شريط الكربون . هذا النوع من المطابع يعطي نتائج طباعة جيدة اذا ما قورنت بماكينة الطباعة ذات المصفوفة المنقطة dot matrix

عجلة ديزي

DASD = direct access storage device

البيانات · المعلومات .... **data**

اية معلومات او بيانات عدا البرامج التي تم معالجتها والحصول عليها او مطلوب معالجتها بواسطة اجهزة الكمبيوتر. عملية المعالجة هذه تتضمن ما يقوم به جهاز الكمبيوتر من تصنيف او تجميع او تخزين او اجراء حسابات معينة عليها ☐ datum

الحصول على البيانات .... **data acquisition**

عادة يطلق على العملية الاتوماتيكية التي تقوم بها بعض الاجهزة المساعدة لجهاز الكمبيوتر في تحصيل البيانات . مثال : المقاييس والموازين الالية التي تقوم بتسجيل ما يتم وزنه او قياسه ☐ data capture

مدير شئون البيانات .... **data administrator**

الشخص المسؤول عن البيانات التي عالجها جهاز الكمبيوتر

البيان التجميعي .... **data aggregate**

البيان الذي يتكون من عدة عناصر بيانية اخرى ، وله اسم يمكن اطلاقه عليه . مثال : بيان «التاريخ» الذي يتكون من بيانات «اليوم» و«الشهر» و«السنة» ☐ group field

بنك البيانات .... **data bank**

قاعدة بيانات او ملف بيانات يشمل بيانات او معلومات تتعلق بموضوع معين يمكن للمستفيدين الرجوع اليه للحصول على ما يريدونه من معلومات . ويقوم المستفيدون منه بالرجوع الى بنك المعلومات باستخدام النهايات الطرفية المتصلة بجهاز الكمبيوتر حيث يوجد بنك المعلومات . وهناك العديد من بنوك البيانات يتم تسويقها بشكل تجاري مقابل اشتراكات يدفعها المشتركون ☐ data base

والخطوة الثانية تحويلها الى شكل يمكن للالة ان تقرأه

قاعدة البيانات .... **data base**

مجموعة البيانات المتوفرة لجهاز الكمبيوتر او التي استُخدمت او تم الحصول عليها كنتيجة لعمليات قام بها جهاز الكمبيوتر. عادة ما تكون في ملفات

منسقة مع بعضها البعض بطريقة منطقية . يتم تخزين هذه البيانات في اجهزة الكمبيوتر الكبيرة في ملفات على الاشرطة المغناطيسية او الاقراص المغناطيسية . اما في اجهزة الكمبيوتر الصغيرة ، مثل هذه البيانات تُخزن في مواقع التخزين المتوفرة بين كل من البرنامج والبيانات . تعتمد طريقة التخزين على ان تكون الكلمات المفاتيح keywords لهذه البيانات من السهل الوصول اليها وبالتالي يمكن الحصول على السجلات واعادتها الى الذاكرة بسهولة . يتكون الملف من سجلات وهي بالتالي مقسمة الى حقول

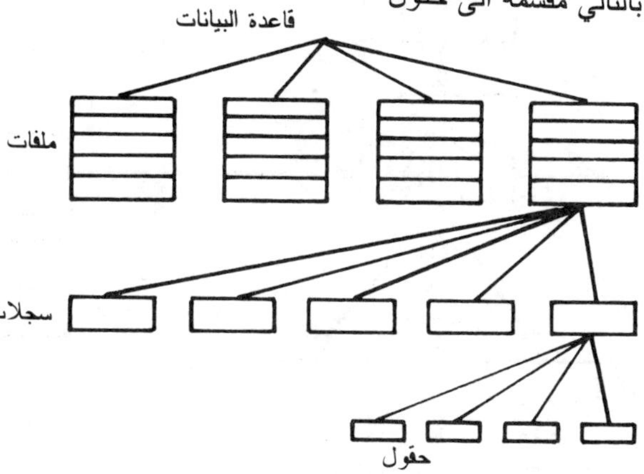

قاعدة البيانات

مدير شئون قاعدة البيانات . . . . **data base administrator**

الشخص المسؤول عن ادارة البيانات والذي يهتم بأمنها وتطويرها خوفا من المساس بها

ادارة قاعدة البيانات . . . . **data base management**

طريقة تنطيم ادارة البيانات من حيث تخزينها وتحديثها ووضعها في ملفات

نظام ادارة قاعدة البيانات . . . . . **data base management system = DBMS**

البرامج المكتوبة والتي تستخدم في اجهزة الكمبيوتر لادارة تخزين وتحديث وتسهيل الحصول على البيانات

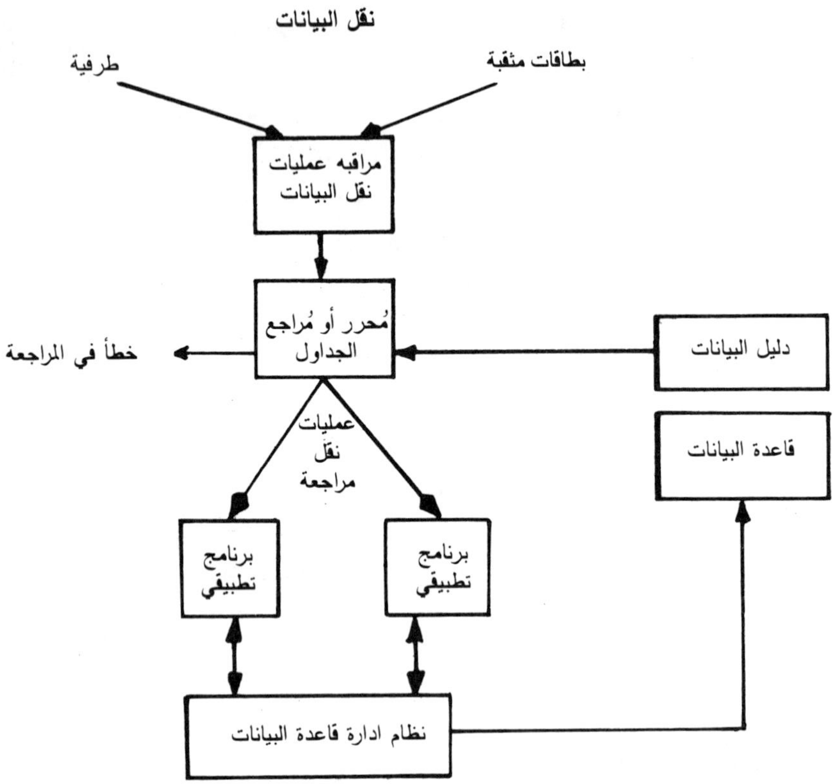

كيفية عمل نظام ادارة قاعدة البيانات

data bus . . . . **باص البيانات**

الباصات التي تصل بين وحدة المعالجة المركزية والذاكرات ووحدات الداخل والخارج input/output بهدف تبادل البيانات ☐ bus; central processing unit; input/output

data byte . . . . **كلمة البيانات**

وحدة البيانات والتي تتكون من ثمان خانات مخزنة على شكل ارقام نظام الترقيم الثنائي (صفر وواحد) والتي تستخدمها وحدة المعالجة الصغيره (ميكروبروسيسور) في العمليات الحسابية او التحليلية او تخزينها على الذاكرة

data capturing .... تجميع البيانات

تجميع المعلومات او البيانات ليتعامل معها جهاز الكمبيوتر، وهي الخطوة الاولى في عملية معالجة البيانات

data cell .... خلية البيانات

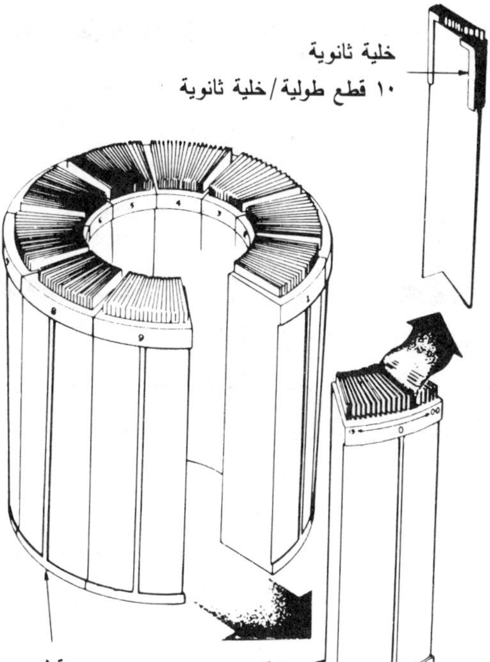

(١) في بعض الاجهزه : وحدة تخزين يمكن تغييرها . مثال ذلك الاسطح المغناطيسية التي تم تطويرها بواسطة شركة آي بي ام وهي وحدة تخزين مباشرة تخزن عليها البيانات المرتبة على شكل خلايا خطوط ممغنطة ؛

(٢) اصغر وحدة بيانات والتي لا يمكن تقسيمها اكثر من ذلك

data circuit terminating equipment = DCE ...... معدات انهاء البيانات

وحدة من جهاز توصيل البيانات data communication system والتي تقوم ببعض او بكل عمليات التوصيل interfacing بين معدات طرفية البيانات DTE والتلفون المستخدم كخط لنقل البيانات . الموديم مثال لهذه المعدات

data collection .... تجميع البيانات

(١) عملية تجميع البيانات لادخالها في جهاز المعالجة DPS ؛

(٢) عملية احضار البيانات من موقع واحد او مجموعة من المواقع الى موقع مركزي

data communication = DC . . . . **نقل البيانات**

عملية نقل البيانات بين موقعين بعيدين عن بعضهما . من شخص الى برنامج او من برنامج الى برنامج اخر

data communication equipment = DCE . . . **معدات نقل او توصيل البيانات**

data communication network . . . . . . network, data communication □

data compression . . . . **ضغط البيانات**

(١) تنظيم استخدام مساحة على الذاكرة عن طريق تقليل المسافات الفاصلة بين السجلات ومسح البيانات الغير ضرورية والمساحات الفارغة ؛

(٢) طريقة لفحص البيانات لتقليل الزمن والجهد المطلوبين للفحص

data conversion = DC . . . . **تغيير وسيلة تخزين البيانات**

عملية تغيير وسيلة تخزين البيانات . مثلا من بطاقات مثقبة الى اشرطة مغناطيسية

data definition language=data description language

data description language = DDL . . . . **لغة وصف البيانات**

لغة لوصف العلاقة بين البيانات التي تعامل معها جهاز الكمبيوتر خاصة اللغة المُعرفة بواسطة CODASYL . الهدف منها هو وصف قاعدة البيانات كما كانت في البداية ثم كيف اصبحت عند استخدامها لاهداف معينة

data base □

data division . . . . **قسم توصيف البيانات**

احد اقسام برنامج الكمبيوتر المكتوبة بلغة الكوبول ، مهمته ان يضع تعريف للبيانات التي يستخدمها البرنامج

تدقيق (مراجعة وتنقيح) البيانات .... data editing

عملية فحص البيانات الداخلة لجهاز الكمبيوتر للتأكد من انها منظمة ومتتابعة

□ edit

مُدخل البيانات .... data entry operator

الشخص المسؤول عن ادخال البيانات لجهاز الكمبيوتر مستخدما اي من طرق الادخال ، مثل البطاقات المثقبة او لوحة المفاتيح او الطرفية او الاشرطة الورقية او الاشرطة المغناطيسية او اي وسيلة تخزين اخرى

ملف البيانات .... data file

طريقة لتنظيم البيانات على القرص المغناطيسي . مثلا ترتيب المعلومات عن الزبائن بتخصيص سجل لكل زبون

شكل البيانات .... data format

طريقة اظهار وترتيب البيانات في الذاكرة او عند معالجتها او عند عرض النتائج

استقلال البيانات .... data independence

خاصية تفيد بأن البيانات مستقلة عن البرامج التي تقوم بمعالجتها ، بمعنى ان بيان ما لا يرتبط ببرنامج ما وانه متاح لأي برنامج يحتاجه

درجة دقة البيانات .... data integrity

وحدة البيانات .... data item

(١) وحدة بيانات من الممكن الوصول اليها باستخدام اسمها . الوحدة التي يمكن مناداتها منفردة اثناء المعالجة ؛ (٢) أي وحدة منفصلة من البيانات ، مثل سجل او حقل

data library .... **مكتبة البيانات**

(١) المكتبة ؛ (٢) مجموعة من الملفات تتضمن بيانات متقاربة

data link .... **وصل البيانات**

الاجهزة التي تسمح بنقل البيانات بين نقطتين متباعدتين (اسلاك او كابلات او ميكروويف والادوات الاخرى المرفقة معها)

data management .... **ادارة البيانات**

تخزين واسترجاع البيانات من على الذاكرة وحمايتها من التلاعب او الاستيلاء عليها

data manipulation language .... **لغة معاملة البيانات**

لغة لمعاملة البيانات (استرجاع البيانات من الذاكرة وتخزينها وتحديثها).
هذه اللغة مُعرفة بواسطة CODASYL واللغة المستخدمة هي لغة الكوبول

data medium .... **وسائل تخزين البيانات**

المادة التي تصنع منها وسائل تخزين البيانات مثل البطاقات المثقبة او الاشرطة الورقية او المغناطيسية (جمع كلمة : media)

data module .... **القطعة المتكاملة**

القطعة المتكاملة

أداة تخزين تتكون من قرصين او اربعة اقراص مغناطيسية ومعها رؤوس القراءة والكتابة وعمود ادارة القرص . كل ذلك مغلف بغلاف من البلاستيك للحماية .
النوع ذو القرصين له القدرة على تخزين ٣٥ ميجابايت (٣٥ مليون خانة)، اما النوع ذو الاربعة اقراص فله القدرة على تخزين ٧٠ ميجابايت (٧٠ مليون خانة). من مميزات هذا النوع انه يوفر مسافة صغيرة بين رأس التسجيل والشريط (٢٠ ميكرو بوصة) وغلاف رقيق

للقرص (٤٠ ميكرو بوصة) وكثافة تسجيل عالية (٥٦٣٦ حرف / البوصة)

إسم البيانات .... **data name**

الاسم الذي يطلق على متغير معين . مثلا قيمة ط (π) في حساب المثلثات هي ٣،١٤١٥٩

شبكة نقل البيانات .... **data network**

اصل البيانات .... **data origination**

عملية ترجمة البيانات من صورتها الاصلية الى صورة يفهمها جهاز الكمبيوتر

ديتافون® .... **Data-Phone®**

علامة مسجلة لشركة التلفونات في الولايات المتحدة الامريكية تستخدمها مع المعلومات المنقولة باستخدام اجهزة الاتصالات مثل التلفونات

اعداد البيانات .... **data preparation**

عملية تنظيم وتجهيز وتخزين البيانات في صورة يمكن ادخالها لجهاز الكمبيوتر

معالجة البيانات .... **data processing = DP**

(١) اجراء عملية او اكثر على البيانات للوصول لهدف معين ؛ (٢) ما يقوم به جهاز الكمبيوتر ؛ (٣) العمليات التي تقوم بها معدات معالجة البيانات

مركز معالجة البيانات .... **data processing center**

المكان الموجود فيه جهاز الكمبيوتر المجهز بمعدات لاستقبال البيانات وتنظيمها ومعالجتها طبقا لتعليمات معدة بواسطة شخص معين واظهار نتائج هذه العمليات

data processing manager .... **مدير معالجة البيانات**

المسؤول عن ادارة معدات معالجة البيانات بما في ذلك ادارة جهاز الكمبيوتر. اهم جزء في عمله هو تطوير انظمة التشغيل والمحافظة عليها لتبقى عاملة

data processing system .... **نظام معالجة البيانات**

شبكة من الاشخاص والاجهزة والبرامج المستخدمة في استقبال البيانات واعدادها واجراء العمليات الحسابية او التحليلية عليها ثم اظهار النتائج

data processor .... **معالج البيانات**

اي جهاز مزود بذاكرة مبرمجة يقوم بعمليات حسابية او تحليلية على البيانات ، مثل جهاز الكمبيوتر او الحاسب اليدوي

data rate .... **معدل البيانات**

(١) في نقل البيانات : معدل البيانات المنقولة على خطوط الاتصال في وحدة الزمن . عادة يتم التعبير عن ذلك بخانة / الثانية ؛ (٢) عدد الكلمات او البايت المنقولة / وحدة الزمن بين اجزاء جهاز الكمبيوتر

data recording .... **تسجيل البيانات**

عملية تسجيل البيانات في أجهزة التسجيل . يطلق ذلك على أجهزة التخزين المغناطيسية (مثل القرص او الشريط المغناطيسي)

data redundancy .... **تكرار البيانات**

عندما تتكرر وتتعدد البيانات المتشابهة

data reduction .... **اختصار البيانات**

عملية تصنيف وتجميع البيانات ووضعها في صورة مركزة ومبسطة

data representation .... **تمثيل البيانات**

الصورة التي تكون عليها البيانات والتي يمكن للالة قرائتها . مثل شفرة هوليريث على البطاقات المثقبة

data security . . . . **أمن البيانات**

حماية البيانات من أي اشخاص غير مسموح لهم بالحصول عليها

computer security; disk library; tape library □

data selector . . . . **مُنتخب البيانات**

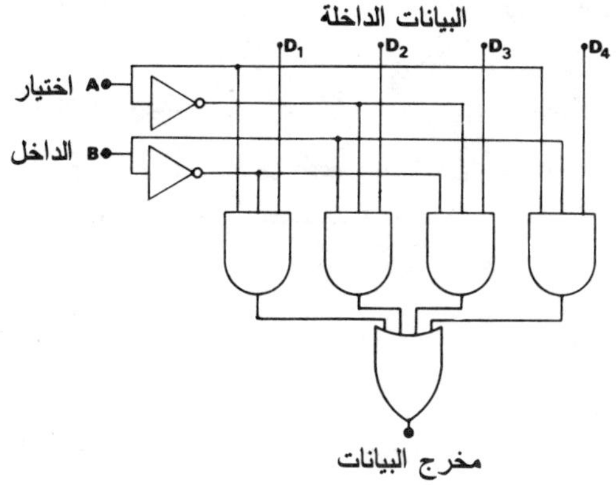

دائرة كهربائية بها موضعين للدخول اليها واي منهما يمكن ان يُختار كموضع للخروج . تتكون من بوابات « و » AND تساوي عدد الداخل بالاضافة الى بوابة خروج « أو » OR ومنتخب من نوع select matrix . كما هو موضح في الشكل ، ان كان انتخاب A منخفض (صفر) و B عالي (واحد) فان الداخل D_2 سيمر من خلال الدائرة ويصبح خارجا output

data set . . . . **موديم • مجموعة البيانات • ملف بيان موجز**

(١) □modem ؛ (٢) مجموعة بيانات تكون فيما بينها ملفا متكاملا ، وفي نفس الوقت يمكن تجزئة هذا الملف الى اجزاء منطقية ؛ (٣) جهاز التلفون المتصل بالموديم ؛ (٤) مجموعة من وحدات البيانات المتقاربة □ partitioned data set

data set control block . . . . **مربع (بلوك) التحكم في مجموعة البيانات**

مربع (بلوك) يتضمن اسم ووصف وموقع مجموعة بيانات مخزنة على القرص

data set label . . . . **طابع مجموعة البيانات**

طابع مكتوب عليه بعض صفات مجموعة البيانات مثل اسمها وحجمها وشروط قرائتها او كتابتها وحدود تخزينها

data sheet . . . . **نموذج البيانات**

نموذج خاص لترتيب البيانات التي ادخلت باستخدام المثقبة keypunching
coding form □

data sink . . . . **حوض البيانات**

اي اداة لها القدرة على استقبال الاشارات التي تتضمن البيانات

data storage device . . . . **اداة تخزين البيانات**

ادوات تستخدم في تخزين كمية كبيرة من البيانات . مثل الاشرطة المغناطيسية والاقراص المغناطيسية

data stream . . . . **مجرى البيانات**

data structure . . . . **تركيب البيانات**

وحدة من البيانات تم ترتيبها بطريقة بحيث يمكن استرجاعها . مثال ذلك ترتيبها في ملف او على شكل شبكة او شجرة

data terminal equipment = terminal equipment

data transmission . . . . **نقل البيانات**

ارسال البيانات بين جهازين منفصلين عن بعضهما باستخدام احدى قنوات التوصيل □ data communication

data type . . . . **نوع البيانات**

تحديد نوع البيانات التي يتعامل معها البرنامج ويتم تعريف نوع البيانات لجهاز الكمبيوتر بعبارة النوع type statement او عن طريق استخدام اشارات معينة حسب لغة البرمجة . وانواع البيانات هي : أبجدية alphabetic ورقمية صحيحة integer ورقمية كسرية real ورقمية ابجدية alphanumeric وذات دقة مضاعفة double precision ومركبة complex وبيانات منطقية logical

dating routine . . . . **روتين تحديد التاريخ**

datum (مفرد كلمة *data*) . . . . **بيان**

(١) وحدة بيانات واحدة او كلمة من كلمات الكمبيوتر ؛

(٢) نقطة بداية او نقطة الاساس ☐ data

DBMS = data base management system

[1] DC = data communication

[2] DC = data conversion

[3] DC = direct current

[1] DCE = data circuit terminating equipment

[2] DCE = data communication equipment

DDL = data description language

DDP = distributed data processing

dead halt . . . . **التوقف المميت**

حالة توقف لجهاز الكمبيوتر لا يمكنه أن يعود بعدها للنقطة في البرنامج ، التي توقف عندها

deadly embrace . . . . **الصراع المميت**

عندما تتنافس عمليتان لاستخدام نفس الجزء من جهاز الكمبيوتر في نفس الوقت

تفتيت . . . . **deblocking**

(١) بعد ان يتم قراءة مجموعة من السجلات ، يتم تقسيم هذه المجموعة الى سجلات منفردة عن بعضها حتى يتم معالجة كل سجل على حدة ؛ (٢) تفتيت مجموعة من البيانات الى المفردات التي تتكون منها المجموعة

اكتشاف الاخطاء . . . . **debug**

(١) بالنسبة لبرامج الكمبيوتر : اكتشاف وتحديد موقع الاخطاء وازالتها ؛ (٢) بالنسبة لجهاز الكمبيوتر نفسه : تحديد موقع العطل (عادة عطل ثانوي) واصلاحه □ bug; debugging aid; test data

ادوات اكتشاف الاخطاء . . . . **debugging aids**

روتين ثانوي (اجزاء مستقلة من برنامج كمبيوتر) subroutine تكتب كجزء من البرنامج الكلي ، يمكنها المساعدة في تحديد موقع الخطأ في البرنامج الكلي (هذه الاخطاء ناتجة عن توظيف عبارة قد تكون غريبة عن اللغة المكتوب بها البرنامج او ان عملها لا يتناسب مع المنطق التحليلي المُتبع في البرنامج)

عشرة . . . . **decade**

مجموعة تتكون من ١٠ مواقع للتخزين . وهي اصغر وحدة من البيانات يمكن استعادتها من ذاكرة الكمبيوتر

زمن التضاؤل . . . . **decay time**

مدة تخفيض السرعة . . . . **deceleration time**

(١) بالنسبة للشريط المغناطيسي : الوقت المطلوب لتخفيض سرعة الشريط المغناطيسي من السرعة التي يكون عليها عند البحث عن موقع معين على الذاكرة الى السرعة التي يمكن لرأس القراءة والكتابة ان يقرأ او يكتب بها على هذا الشريط ؛ (٢) بالنسبة للقرص المغناطيسي : الوقت المطلوب لتوقف الابرة spindle بعد فصل التيار الكهربائي عنها

decibel = dB . . . . **ديسيبل**

مقياس للطاقة بين مستويين احدهما قراءة قياسيه (مثالية) والاخرى القراءة الفعلية . وحدة قياسية لتقدير توهين (تخفيف) الاشارات الممثلة للبيانات على خط الاتصال وكذلك لقياس الضوضاء الناتجة عن الطائرات بالمقارنة للضوضاء في الوسط المحيط . المعادلة المستخدمة في ذلك :

$$dB = \log_{10} (P_1 / P_2)$$

حيث ان : P_1 = القراءة الفعلية

P_2 = القراءة القياسية

decimal . . . . **عشري**

وصف للارقام في النظام العشري (للاساس ١٠)

decimal digit . . . . **خانة عشرية**

ي رقم من صفر الى تسعة

decimal notation . . . . **علامات عشرية**

اي رموز او شفرة تستخدم الارقام من صفر الى تسعة

decimal number . . . . **رقم في النظام العشري**

رقم يتكون من اكثر من خانة واحدة والرقم الكلي هو مجموع هذه الخانات . قيمة كل خانه مرفوعة للاساس ١٠

decimal point . . . . **النقطة العشرية**

هي النقطة التي تفصل بين الاجزاء الصحيحة والكسور في الرقم العشري . فمثلا في رقم ٤١،٢٣ الفاصلة بين ٢ و١

decimal system .... نظام الترقيم العشري

يتكون من عشرة ارقام (٠ ، ١ ، ٢ ، ٣ ، ٤ ، ٥ ، ٦ ، ٧ ، ٨ ، ٩)
قيمة كل رقم تتوقف على الخانة المتواجد بها حيث ان قيمة كل موقع تمثل عشرة اضعاف قيمة الموقع الذي على يمينه

١	٢	٣	٤	← رقم الخانه
١	١٠	١٠٠	١٠٠٠	

decimal-to-binary conversion . . التحويل من النظام العشري الى النظام الثنائي

عملية تحويل الرقم من النظام العشري (للاساس ١٠) الى ارقام في النظام الثنائي (للاساس ٢) . المثال التالي يوضح ذلك :

تحويل رقم ١٢٣ من النظام العشري الى النظام الثنائي :

١٢٣ ÷ ٢ = ٦١ + (١)
٦١ ÷ ٢ = ٣٠ + (١)
٣٠ ÷ ٢ = ١٥ + (٠)
١٥ ÷ ٢ = ٧ + (١)
٧ ÷ ٢ = ٣ + (١)
٣ ÷ ٢ = ١ + (١)
١ ÷ ٢ = ٠ + (١)

فيكون الرقم في النظام الثنائي : ١١١١٠١١

decimal-to-hexadecimal conversion .... التحويل من النظام العشري الى النظام ذو الاساس ١٦

عملية تحويل الرقم من نظام الترقيم العشري (للاساس ١٠) الى ارقام في نظام الترقيم ذو الاساس ١٦ . مثال على ذلك :

تحويل الرقم ١٢٣٤٥ الى هذا النظام :

١٢٣٤٥ ÷ ١٦ = ٧٧١ + (٩)
٧٧١ ÷ ١٦ = ٤٨ + (٣)
٤٨ ÷ ١٦ = ٣ + (٠)
٣ ÷ ١٦ = ٠ + (٣)

فيكون الرقم في النظام ذو الاساس ١٦ : ٣٠٣٩

decision .... القرار

العملية التي يقوم بها جهاز الكمبيوتر والتي تحدد ان كانت هناك علاقة بين

المعلومات في الذاكرة وبين المعلومات في مركز التسجيل في جهاز الكمبيوتر
ثم اتخاذه القرار في الخطوة التالية بعد ذلك

أوامر لاتخاذ القرار .... decision instruction

أوامر في برنامج الكمبيوتر تؤثر على الخطوة التالية التي سيتبعها جهاز
الكمبيوتر. مثال ذلك أوامر بالقفز عند توفر ظروف معينة

نظام المساعدة في اتخاذ القرارات .... decision support system=DSS

نظام معلومات يتم تصميمه وتشغيله بطريقة تساعد على سرعة عرض
المعلومات بشكل يساعد الادارة على اتخاذ القرارات

رمز للدلالة على اتخاذ قرار .... decision symbol

شكل مُعين يستخدم في الرسم التخطيطي لخطوات البرنامج flowchart ،
يدل على اتخاذ قرار في هذا الموقع الذي يوجد فيه اكثر من احتمال ولابد
من اختيار احدها ☐ flowchart

جدول القرار .... decision table

قائمة بجميع الظروف المتعلقة بمشكلة معينة وطرق حلها . في بعض
الحالات تستخدم هذه القوائم بدلا من الرسم التخطيطي الذي يوضح خطوات
البرنامج flowchart . انها تستخدم طرق تحليل ميكانيكية للمشكلة
المطروحة وقد تكون في حالات معينة اسرع من استخدام الرسم التخطيطي

شجرة القرار .... decision tree

مجموعة من الاحتمالات التي يمكن اتباعها بناء على نتائج اختبارات تجري
عند انتهاء كل خطوة

تعريف .... declare

اصطلاح يستخدم في برامج التجميع assembler لتعريف رموز المتغيرات

deck . . . . **مجموعة البطاقات**

مجموعة من البطاقات المثقبة المتضمنة برنامج متكامل او ملف للبيانات

card deck □

declaration statement . . . . **عبارة إعلانية**

جزء من برنامج الكمبيوتر يشرح نوعية المعلومات المستخدمة في ذلك البرنامج

decode . . . . **حلْ الشفرة**

ترجمة او شرح معنى رموز معينة ، او تغيير البيانات لصورتها النهائية .

مثال ذلك تغيير الداخل من شفرة هوليريث الى شفرة إبسديك EBCDIC

decoder . . . . **مُحلل الشفرات**

(١) الالة التي تشرح رموز معينة ؛ (٢) مجموعة من المفاتيح التي تختار

واحد او اكثر من قنوات الخارج output channel طبقا للاشارات الداخلة

input signals

decollator . . . . **آلة الفصل**

آلة تستخدم في فصل نسخ التقارير المطبوعة عن بعضها

decrement . . . . **التناقص**

تناقص قيمة متغير معين

dedicated computer . . . . **جهاز الكمبيوتر المخصص**

جهاز كمبيوتر محجوز استخدامه للقيام بمهمة محددة

default option . . . . **الاختيار نتيجة الاهمال**

افتراض يتم بواسطة جهاز الكمبيوتر او البرنامج المترجم عندما لا يعطي

مستخدم الجهاز تعليمات للخطوة التالية او عندما لا تكون هناك تعليمات

في البرنامج نفسه

default value . . . . **القيمة المهملة**

قيمة يفرضها جهاز الكمبيوتر لمتغير ما ، عندما لا يعطي البرنامج أو مستخدم الكمبيوتر قيمة لهذا المتغير

defect . . . . **خلل • عطل**

خلل في جهاز الكمبيوتر عند استلامه من المصنع او تم اكتشافه بعد تصنيعه مباشرة

deferred entry . . . . **الدخول المؤجل**

الدخول الى الروتين الثانوي subroutine كنتيجة لتأخير في الخروج exit من البرنامج الذي مررّ أمر الذهاب اليه . بمعنى اخر، دخول تابع لخروج مؤجل

deferred exit . . . . **الخروج المؤجل**

تمرير نقطة تحكم control في برنامج الكمبيوتر للانتقال لمجموعة اخرى من التعليمات او الى روتين ثانوي كنتيجة لحدث خارج عن جهاز الكمبيوتر وليس لتسلسل منطقي مُتبع في الجهاز (في فترة زمنية غير متوقعة)

deferred processing . . . . **المعالجة المؤجلة**

deferred restart . . . . **البدء المؤجل**

اعادة اعطاء البرنامج مرة ثانية لجهاز الكمبيوتر عن طريق اعادة تزويد الجهاز بالبرنامج يدويا

deflection . . . . **انحراف**

توجه الاشعة فيانبوبة أشعة الكاثود لموقع اخر غير مركز الشاشة

deflector plate . . . . **لوح الانحراف**

لوح معدني فيانبوبة أشعة الكاثودCRT سهل شحنه بطريقة يمكن التحكم بها

ويمكنه جذب او رد الالكترونات ☐ cathode ray tube

deflection yoke . . . . **مقرن حارف**

الحلقة حول رقبة انبوبة الكتابة التي تحتوي على الملفات الحارفة
deflecting coils

degausser . . . . **مُزيل المغنطة**

الة تستخدم لمسح المعلومات من على الشريط او القرص المغناطيسي

degradation testing . . . . **اختبار التّحمّل**

تقدير كفاءة عمل جهاز الكمبيوتر والحد الاقصى الذي يمكن أن يتحمله

DEL = delete

delay . . . . **تأخير**

(١) ان تسبب تأخير ظهور او حدوث عمل ما ؛ (٢) المدة بين حدثين

delay destruction . . . . **التحطيم المتأخر**

يطلق عليها كذلك تأخير التطوير او تأخير الحالة . تحطيم ناتج عن سرعات غير متماثلة (غير موحدة) للموجات المكونة لاشارة اثناء انتقال تلك الاشارة

delay differential . . . . **الفرق في التأخير**

الفرق بين التأخيرات القصوى والدنيا في الذبذبة التي تحدث عند ارسال الموجات

delay digit . . . . **خانة التأخير**

وحدة منطقية تؤخر الاشارة الداخلة بخانة واحدة

delay line . . . . **خط التأخير**

الة لها القدرة على تأخير نبضات الطاقة بين الداخل والخارج ، مستخدمة خواص المواد وادوات ميكانيكية معينة . مثال ذلك عنصر الزئبق والذي يمكنه توسيع الانماط الصوتيه مقاسة لوحدة الزمن

delay line memory = delay line storage

delay line storage . . . . **ذاكرات خط التأخير**

ذاكرات تستخدم طريقة التخزين عن طريق تأخير حركة الاشارات التي تمثل الخانات وذلك بتمريرها في مواد لها مثل هذه الخواص مثل

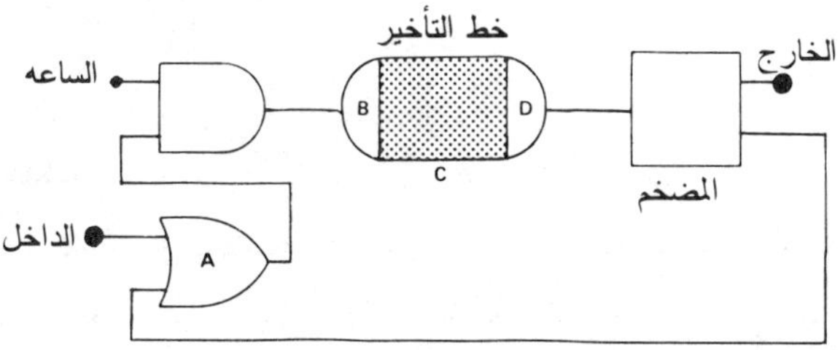

ذاكرات خط التأخير

معدن الزئبق ، اذا ما قورنت بسرعة الاشارات الكهربائية والتي تتحرك بشكل منتظم . تتحول فيها الاشارات الكهربائية الى نبضات صوتية (موجات ضغط) وتتحرك بسرعة بطيئة خلال مادة وسيطة مثل الزئبق . مثال ذلك ، الشكل المبسط الموضح اعلاه ، إذ ان ادخال المعلومات يتم عند بوابة « أو » OR عند نقطة A ويتم توقيتها باستخدام نبضات ساعة عند بوابة « و » AND . تُزود هذه المعلومات لمحول الطاقة B والذي يحولها الى اصوات لتنقل خلال مادة الزئبق C ومن ثم الى محول الطاقة D الذي يحولها الى اشارات كهربائية ، ومن هناك الى مُضخم الاشارات amplifier . انتشر استخدام هذا النوع من الذاكرات مع وحدة الايضاح المرئية VDU الا انه تم استبدالها الان بادوات ارخص واسرع

delay loop stores . . . . **التخزين باستخدام لولب التأخير**

طريقة لتخزين المعلومات عن طريق نقل الخانات بواسطة عملية نقل دوراني loop

delay operating . . . . **التشغيل المتأخر**

وقت الكمبيوتر المفقود نتيجة خطأ قام به العامل على جهاز الكمبيوتر

delay propagation . . . . **الاتساع المتأخر**

الوقت المطلوب لانتقال اشارة من نقطة الى نقطة اخرى على دائرة كهربائية

delay time . . . . **وقت التأخير**

الوقت بين حدثين

delete . . . . **الحذف ، الالغاء**

(١) الازالة او الحذف ؛ (٢) نقل وحدة من البيانات من اداة تخزين وكتابتها على أداة تخزين اخرى ؛ (٣) رمز للتحكم بامكانه حذف السطر المستخدم في نفس اللحظة (الذي تم ادخاله او نقله او تثقيبه في تلك اللحظة) □ CAN

deletion record . . . . **سجل التأخير**

سجل جديد لتخزين البيانات ليحل محل سجل موجود في الملف الرئيسي

delimiter . . . . **مُحددْ**

رمز على شكل فاصلة او فراغ يستخدم لفصل اسماء المتغيرات عن بعضها البعض او لفصل سلسلة من الرموز عن سلسلة اخرى كما في حالة فصل مجموعتين من المعلومات عن بعضهما

demodulation . . . . **اعادة التعديل**

في علم الاتصالات : عملية استرداد الاشارات الاصلية من موجات الحمل المعدلة modulated carrier wave . تجعل هذه الطريقة اشارات الاتصال منسجمة مع الاشارات المستخدمة في الطرفية

مُعدل الموجات . . . . **demodulator**

الة تستقبل الاشارات القادمة على خطوط الاتصال وتحولها الى نبضات كهربائية والتي بادخالها في جهاز الكمبيوتر يمكن لوحدة المعالجة المركزية التعامل معها

المقام . . . . **denominator**

مثلا ٣ ÷ ٧ ، ٧ هو المقام و٣ هو البسط numerator

الكثافة . . . . **density**

عدد الوحدات المخزنة / وحدة الطول او المساحة او الحجم

استنباط . . . . **derivation**

استنتاج قيمة معينة من البيانات المدخلة

يستنبط . . . . **derive**

يستنبط قيمة معينة من البيانات الموجودة لتفريغ بعض محتويات الذاكرة الرئيسية في اللحظة التي يصدر فيها امر التفريغ

الجزء الهابط . . . . **descenders.**

أجزاء الاحرف التي تقع تحت خط الكتابة (كما هو موضح في الشكل في أحرف g و p او ح وم). بعض الات الطباعة الملحقة بجهاز الكمبيوتر من نوع المصفوفة المنقطة dot matrix printer لا يمكنها طبع هذه الاجزاء من الاحرف

الفرز التنازلي . . . . **descending sort**

فــرز تنازلي مبني على مقارنة الترتيب النهائي للسجلات عن طريق استخدام تعبير « اقل من » او « يساوي »

descriptor .... **الوصف**

(١) كلمة تساعد في تقسيم او ترتيب البيانات ؛ (٢) محتوى موقع على الذاكرة إستُخدم في تعديل العنوان ، خاصة في نظام التخزين الواقعي . قد يكون جزءاً من صفحة او جدول او كاتالوج او دليل يتكون من عنوان وفي بعض الاحيان الاخرى من بعض المعلومات الاضافية . يسمى في بعض الاجهزة المؤشر pointer ☐ virtual storage

designation .... **تمييز**

تمييز البطاقات المثقبة او سجلات البيانات

designator .... **مميز**

الحرف او الرقم او العلامة التي تعين لتمييز البطاقة المثقبة او السجل البياني

design automation .... **التصميم الاوتوماتيكي**

استخدام اجهزة الكمبيوتر في تصميم وانتاج شبكات كهربائية واجهزة كمبيوتر جديدة

desk checking .... **الفحص المكتبي**

خطوات لفحص برنامج الكمبيوتر يدوياً بأخذ مجموعة من البيانات وتجربتها مع البرنامج لاكتشاف ان كان هناك خطأ في المنطق التحليلي للبرنامج قبل تزويده لجهاز الكمبيوتر

destructive read .... **القراءة الماسحة**

عملية مسح المعلومات من موقع معين على الذاكرة عند قرائتها . هذا ما يحدث عند القراءة من الذاكرة الحلقية ☐ core memory

عكس nondestructive read

detail file .... **الملف التفصيلي**

ملف يحتوي على معلومات انتقالية . مثلا سجلات عن اشخاص خلال فترة معينة . تعطي معنى transaction file . عكس الملف الرئيسي

master file ☐ amendment file

detection circuit . . . . **دائرة اكتشاف الخطأ**

دائرة من دوائر جهاز الكمبيوتر مهمتها اكتشاف الخطأ الذي يقع عند نقل البيان من دائرة الى اخرى داخل جهاز الكمبيوتر (اخطاء الالة)

development system software . . . . **برامج تطوير الانظمة**

برامج معينة تستخدم اثناء دورات تطوير البرامج . مثل هذه البرامج تتضمن البرنامج المُجمع assembler والبرنامج المُراجع editor والبرنامج المُترجم compiler . هناك كذلك برامج كبيرة مكتوبة بلغة البيزيك وبلغة بي . أل . واحد PL-1 ولغة الفورترن استخدمت اولاً لتطوير برامج مكتوبة باللغات الراقية هذه ثم لترجمة التعليمات الى شفرة الجهاز التي يمكن من خلالها التحكم في عملية المعالجة . من عيوب هذه اللغات أنها تنتج الكثير من الشفرات أكثر مما هو مطلوب

device . . . . **آلة · جهاز**

(١) الة ميكانيكية او كهربائية تقوم بعمل معين . مثلاً دائرة مدمجة IC أو الطابعة ؛ (٢) ادوات تقوم بعمليات مستقلة وبدون مساعدة من ادوات اخرى مثل الموديم او المُثقبة ؛ (٣) اجزاء من الدائرة الكهربائية او اجزاء موصلة في دائرة كهربائية مثل الترانزستورات والصمامات الثنائية

device adaptor . . . . **أداة التهيئة (التكييف)**

وحدة توصيل او دائرة تحول البيانات من والى الصورة التي كانت تستخدم فيها مع الاجهزة الخارجية الموصلة بجهاز الكمبيوتر ، مثل الادوات التي تحول سن خانات متسلسلة الى خانات متوازية او العكس

device code . . . . **شفرة الالة**

الشفرة التي تتكون من ثمان خانات تستخدم مع الات خاصة من ادوات الادخال او الاخراج

device dependent .... **معتمد على الالة**

اصطلاح يطلق على البرامج التي تتطلب الات خاصة موصلة بجهاز الكمبيوتر

device independent .... **مستقل عن الالة**

القدرة على التحكم في عمليات الادخال والاخراج بغض النظر عن صفات الالات المستخدمة في ادخال المعلومات او اخراج النتائج

Diablo 630 .... **ديابلو ٦٣٠**

شركة تمتلكها شركة زيروكس تصنع أجهزة كمبيوتر والات الطباعة من نوع ديزي . قدرة المطابع هذه ٣٢ــ٤٠ رمز في الثانية ☐ daisy wheel

Dialog .... **ديالوج**

خدمة في مجال تبادل المعلومات المتعلقة بادارة الاعمال . تقدم شركة لوكهيد .Lockheed Corp هذه الخدمة ولها أكثر من ٢٠٠ فرع في قاعدة البيانات data base تغطي حوالي ٥٥ مليون سجل

diagnostic routine .... **الروتين التشخيصي**

برامج كمبيوتر يمكن بها تحديد موقع الخلل في جهاز الكمبيوتر او في الوحدات المتصلة به

diagnostics .... **التشخيص**

رسائل معينة يعطيها جهاز الكمبيوتر لاظهار خطأ في الاوامر الصادرة اليه . هناك اجهزة كمبيوتر تعطي مثل هذه الاشارات لتحديد موقع الخلل في الجهاز وفي بعض الاحيان تقوم هذه البرامج بقيادة جهاز الكمبيوتر لاصلاح تلك الاخطاء

diagram .... **رسم تخطيطي**

مجموعة متتالية من الخطوات في برنامج الكمبيوتر

dial up . . . . **ادارة قرص التلفون**

عملية التوصيل بين الطرفية وبين جهاز الكمبيوتر الرئيسي عن طريق التلفون . يقوم مستخدم الطرفية بادارة رقم معين على التلفون ثم يضع سماعة التلفون على الموصل الصوتي acoustic coupler وعندها تصبح الطرفية متصلة بجهاز الكمبيوتر ، وبالتالي من الممكن استقبال وارسال المعلومات والبرامج من والى الجهاز الرئيسي

dichotomizing search . . . . binary search □

die . . . . **حجم مكعبي صغير**

(١) خلية سليكونية chip ؛ (٢) خلية سليكونية صغيرة الحجم تحتوي على دائرة كهربائية صغيرة تم تركيبها على خلية سليكونية اكبر كخطوة أولية في انتاج الادوات الكهربائية مثل الترانزستورات

difference engine . . . . **آلة الفرق**

الة تم تصميمها بواسطة تشارلز باباج سنة ١٨٢٢ تقوم بالحسابات ميكانيكيا باستخدام طريقة الفرق difference الا ان هذه الالة لم ترى النور لعدم توفر الامكانيات الهندسية لتصنيعها

differential analyzer . . . . **حاسبة للمعادلات التفاضلية**

الة تعمل ميكانيكيا وليس كهربائيا تم بناؤها سنة ١٩٣٠ تستطيع ان تقوم بحسابات على المعادلات التفاضلية

digit . . . . **خانة رقمية**

احد الرموز المستخدمة في الترقيم وهو يمثل خانة واحدة . مثلا من رقم صفر الى رقم تسعه في نظام الترقيم العشري او الصفر والواحد في نظام الترقيم الثنائي

digit punch . . . . **تثقيب في مساحة الارقام**

مساحة التثقيب على البطاقات في اي صف من ١ الى ٩

digital . . . . **رقمي**

اشارات كل خانة فيها منفصلة عن الخانة التالية لها .

عكس analog حيث ان الخانات متصلة مع بعضها البعض ☐ analog

digital computer . . . . **جهاز الكمبيوتر الرقمي**

جهاز كمبيوتر يمكنه تخزين ونقل ومعالجة البيانات (كونها ارقام او رموز او احرف او كلمات) وهي على شكل نظام الترقيم الثنائي (ان توضع جميع الصور التي عليها البيانات في صورة صفر او واحد) . معظم اجهزة الكمبيوتر هذه الايام من هذا النوع ☐ A/D; computer

digital data . . . . **البيانات الرقمية**

اظهار البيانات في صورة خانات منفصلة وليست في خانات متصلة

digital plotter . . . . plotter ☐

digital recording . . . . **التسجيل الرقمي**

طريقة لتسجيل المعلومات كنقاط منفصلة على مسطح مغناطيسي مثل الشريط أو القرص المغناطيسي

digital signal . . . . digital ☐

digital sorting . . . . **الفـرز الرقمي**

فـرز الملفات اولاً طبقاً للخانة ذات الاهمية الاقل ، وهذا الى ان يتم الوصول الى الخانة ذات الاهمية الاكبر

digital-to-analog converter . . . **التحويل من النظام المنفصل الى النظام المتصل**

الة تعمل ميكانيكيا او كهربائيا تقوم بتحويل الخانات (كونها ارقام او احرف او رموز) من صورة منفصلة الى صورة متصلة . عكس A/D ☐ A/D

digitize .... **يُرقم**

تحويل القياسات الى صورة من الخانات المنفصلة وهذا يتم مباشرة في اجهزة الكمبيوتر بتحويل الاشارات الكهربائية الى ارقام نظام الترقيم الثنائي (صفر او واحد) □ A/D

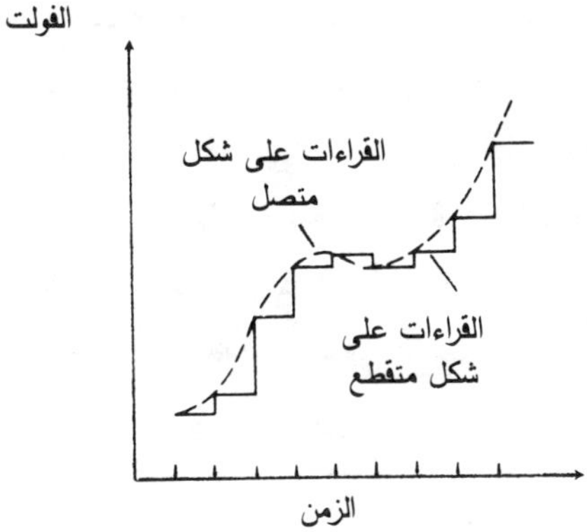

DIL = dual in-line pin

DILIC = dual in-line pin integrated circuit .... chip □

dimension .... **البعد**

عدد ابعاد وطريقة ترتيب وحدات البيانات . ففي المُتجة vector وحدات البيانات ذات بعد واحد اما في المصفوفة matrix ، فوحدات البيانات ذات بعدين او اكثر □ array

diode .... **الصمام الثنائي**

شبه موصل semiconductor يسمح بمرور التيار في اتجاه واحد . يسمى القطب الذي تنطلق منه الاليكترونات الكاثود ، والقطب الذي تتجه اليه الاليكترونات بالانود . عند استخدامه كموصل كهربائي ، يوصل الانود بجزء موجب من الدائرة اكبر من الكاثود ، وعند استخدامه للحد من التيار (لمنع التيار من المرور في اتجاه معين) يتم عكس الحالة الاولى

diode clamping .... **الحد باستخدام صمام ثنائي**

استخدام صمام ثنائي للحد من الفولت في بعض نقاط الدائرة الكهربائية

DIP = dual in-line package

dip switch .... **محول بالازرار**

direct access . . . . **الوصول المباشر**

عند البحث عن اغنية معينة على شريط الكاسيت نبدأ الشريط من البداية ونبحث عن هذه الاغنية الى ان نصلها . اما في الاسطوانات التي تكون فيها كل اغنية مستقلة على الاسطوانة بحيث يمكن تمييز موقعها عن الاخريات ، فيمكننا سماع الاغنية المطلوبة مباشرة بتحريك الابرة الى موقع هذه الاغنية بدون المرور بسماع بداية الاسطوانة الى ان نصل لهذه الاغنية . اجهزة الكمبيوتر تعمل تماما كما في الاسطوانة حيث يمكننا الحصول على الجزء المطلوب من المعلومات من دون الرجوع الى بداية الشريط

direct access device . . . . **آلة الوصول المباشر**

أداة تخزين خارجية تساعد في عملية الوصول المباشر لما هو مخزن عليها . مثال ذلك القرص او الاسطوانة المغناطيسية

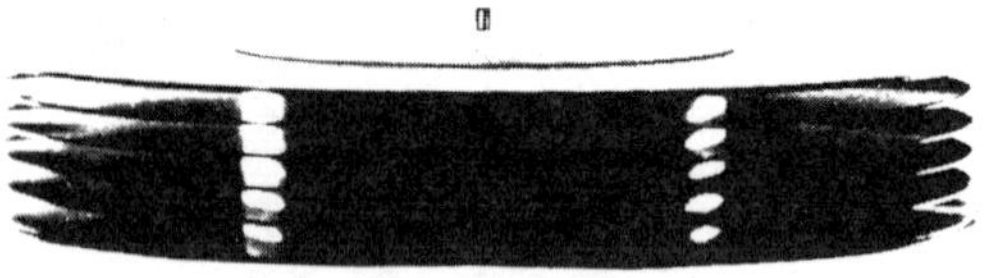

آلة الوصول المباشر

direct access storage device = direct access device

direct address . . . . **العنوان المباشر**

عنوان لموقع معين على الذاكرة يمكن لجهاز الكمبيوتر فهمه مباشرة بدون ان يقوم بترجمته او تحليله

direct current = DC . . . . **التيار المتصل**

تيار في اتجاه واحد كما هو الحال في التيار الناتج من بطارية

direct file . . . . **ملف مباشر**

(١) ملف عشوائي ؛ (٢) ملف ترتيب تسلسلي عشوائي

direct insert subroutine = open subroutine

direct instruction . . . . **أمر مباشر**

أوامر تكون فيها وحدات البيانات الاساسية المُجرى عليها المعالجة operands على شكل عناوين مباشره او مطلقة

direct memory access = DMA . . . . **الوصول المباشر للذاكرة**

طريقة لتنظيم الداخل والخارج يمكن بواسطتها نقل المعلومات مباشرة بين الذاكرة الرئيسية وأدوات التخزين الاضافية ، أو بين وحدة الداخل والخارج input/output unit والذاكرة بدون تدخل وحدة المعالجة المركزية . تفضل هذه الطريقة للاستخدام مع أدوات التخزين السريعة مثل الشريط المغناطيسي

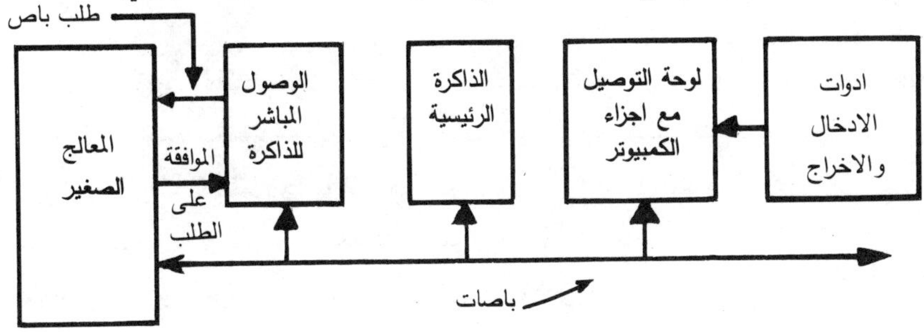

الوصول المباشر للذاكرة

direct numerical control = DNC . . . . **التحكم الرقمي المباشر**

عملية التحكم بالات معينة مثل المخارط او المثقبات الميكانيكية عن طريق اعطاء جهاز الكمبيوتر التعليمات عند نقاط متباعدة على طول خط الانتاج بدلا من اعطائها بصفة مستمرة وفي كل نقطة من نقاط خط الانتاج

APT; numerical control □

directive . . . . **توجية • ارشاد**

(١) الاوامر العامة التي تكتب في البرنامج ويكون الغرض منها تنبيه الجهاز الى مراعاة امور معينة عند تنفيذ البرنامج ؛ (٢) التوجيهات التي تصدر عن الادارة للعاملين فيها

directory .... **الدليل**

مساحة محجوزة على القرص المغناطيسي لتخزين معلومات لوصف ملفات البرامج والبيانات المخزنة على هذا القرص . يمكن لمستخدم الجهاز الحصول على المعلومات القديمة عن طريق اعطاء امر خاص للجهاز مثل catalog أو DIR اما المعلومات الاحدث المسجلة في الدليل فيستخدمها جهاز الكمبيوتر نفسه للبحث عن معلومات مخزنة على هذا القرص

disc = disk

disk .... magnetic disk □

disk access .... **الوصول للقرص المغناطيسي**

عادة يكون وضع مجموعة الاقراص المغناطيسية وتحركها بشكل افقي . يتم الوصول لمرات التسجيل عليها بواسطة أذرع وصول (تداول) تتحرك للممر المطلوب على القرص . يقصد بالوصول العشوائي للمعلومات المخزنة عليها أن رؤوس القراءة والكتابة المثبتة على تلك الاذرع تتحرك للممرات المحددة والمسجل عليها ويتم نقل البيانات المخزنة فيها تسلسليا

disk based .... **اجهزة كمبيوتر تستخدم الاقراص المغناطيسية**

اصطلاح يطلق على اجهزة الكمبيوتر التي تستخدم ذاكرات على شكل اقراص مغناطيسية فقط

disk cartridge .... **خرطوشة القرص المغناطيسي (المغلف)**

قرص مغناطيسي يوجد داخل صندوق من البلاستيك وعند تشغيله يوضع على ماكينة ادارة القرص . يوجد نوعان شائعان من هذه الاقراص وهما مصنعان بواسطة شركة اي بي ام . الاول رقم ٢٣١٥ والثاني رقم ٥٤٤٠ وكلاهما ذو ابعاد ١٤ بوصة قطرا ويتم التسجيل عليهما بمعدل ١٠٠ او ٢٠٠ ممر track في البوصة وبكثافة ١١٠٠ او ٢٢٠٠ خانة في البوصة (bpi). رقم ٢٣١٥ يدور بسرعة ١٥٠٠ لفة / الدقيقة ، اما رقم ٥٤٤٠ فيدور بسرعة ٢٤٠٠ لفة / الدقيقة

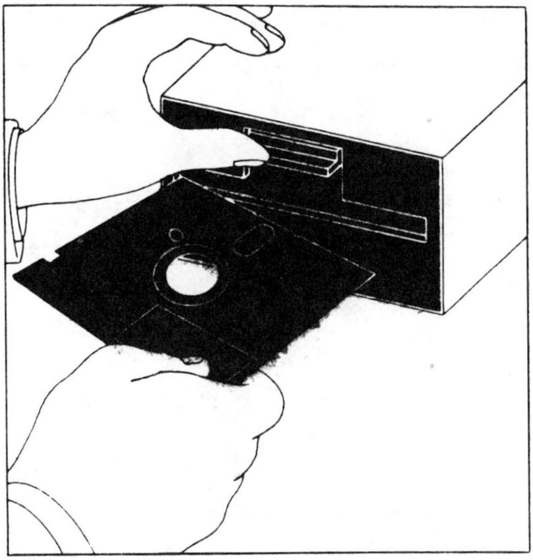

أداة . . . . disk drive
ادارة القرص
جهاز يقوم بتحريك القرص المغناطيسي للقراءة منه او الكتابة عليه . هناك انواع يمكنها التعامل مع قرصين وتسمى أداة الادارة المزدوجه dual disk drive وانواع تتعامل مع ثلاثة اقراص

ديسكيت (القرص الصغير) . . . . diskette
نوع من الاقراص اللينة floppy الصغيرة والتي تستخدم مع اجهزة الكمبيوتر الصغيرة المستعملة في المنازل . هناك حجمان لهذا النوع من الاقراص ، الاول بقطر ٢٠٠ مم (٧ بوصة) والثاني بقطر ١٢٥ مم (٥ بوصة) ويسمى احياناً القرص اللين الصغير minifloppy disk . تُغلف هذه الاقراص بعلبة للحماية

ملف القرص . . . . disk file
أي ملف مخزن على قرص مغناطيسي

مكتبة الاقراص المغناطيسية . . . . disk library
غرفة يتم فيها تخزين الاقراص المغناطيسية تحت حراسة وظروف بيئية (حرارة ورطوبة وتأثيرات اخرى) محددة لحمايتها

نظام تشغيل القرص . . . . disk operating system = DOS
(١) عمل تم تخزينه من قرص مغناطيسي ؛

(٢) نظام التشغيل الاساسي لجهاز الكمبيوتر الذي يعتمد على استخدام الاقراص المغناطيسية لتخزين برامج التشغيل الاساسية بدلا من الذاكرة الرئيسية وذلك عند عمل الجهاز

مجموعة الاقراص .... **disk pack**

مجموعة من الاقراص المغناطيسية (٢ ـ ٢٠ قرص) يمكن تبديلها كوحدة واحدة ، وهذا هو الحجم المتعارف عليه في نظام تبادل الاقراص

disk storage = magnetic disk storage

جهاز القرص .... **disk system**

جميع المعدات المطلوبة للتخزين على القرص المغناطيسي وتتضمن القرص نفسه ، وعمود أدارة القرص ورأس القراءة والكتابة والمعدات الاليكترونية المرفقة معهم

رفع • ازاحة .... **dismount**

فك وازاحة وسائط تخزين البيانات (شريط او اسطوانة او قرص او...) من الوحدة المخصصة للقراءة والكتابة . عكس mount

اولوية المعالجة .... **dispatching priority**

رقم يُعطى للمهمات . يستخدم لتقدير اولوية استخدام المعالج المركزي CP ان كان هناك اكثر من مهمة مطلوبة منه

توزيع معالجة البيانات .... **dispersed data processing**

تزويد جهاز الكمبيوتر الرئيسي باجهزة طرفية يمكن بواسطتها ادخال البيانات او الحصول على النتائج ، وتستخدم في معاملة البيانات المحلية المتوفرة لديها بدون الحاجة لجهاز الكمبيوتر الرئيسي وفائدة ذلك هي توفير وقت الجهاز الرئيسي لعمليات ذات اهمية اكبر

dispersed intelligence . . . . **الذكاء الموزع**

شبكة من اجهزة الكمبيوتر تتكون من جهاز كمبيوتر مركزي واحد ومجموعة من الاجهزة الصغيرة ذات الامكانيات المحددة ويتحكم الكمبيوتر المركزي بهذه الشبكة

displacement . . . . **الإزاحة**

الفرق بين قيمتين احدهما هي القاعدة او المرجع . مثلاً ، العنوان التقريبي relative address هو الازاحة عن العنوان الاساسي base address

display . . . . **العرض**

وحدة الاخراج output unit تستخدم للتخزين المؤقت وعرض النتائج في جداول أو رسومات بيانية وذلك لفحصها بالنظر. مثال لهذه الادوات انبوبة أشعة الكاثود CRT والصمام الثنائى المشع للضوء LED

display category . . . . **تصنيف الاظهار على الشاشة**

مجموعة او نوع او درجة او ترتيب البيانات او المعلومات المعدة للاظهار على شاشة انبوبة اشعة الكاثود

displayable character . . . . **رمز قابل للاظهار على الشاشة**

المقصود هنا هو مجموعة الرموز التي يمكن التعامل بها على شاشة عرض الطرفية . فبعض الرموز تظهر على الشاشة والبعض الاخر لا يظهر على الشاشة وخاصة اذا كانت من الرموز الخاصة في التحكم في الطرفية

display screen . . . . **شاشة العرض**

display unit . . . . **وحدة العرض**

الالة التي تستخدم في اظهار المعلومات على شكل رسوم معينة ☐ display

distributed data processing = dispersed data processing

distributed intelligence = dispersed intelligence

dividend . . . . **البسط**

المقسوم في عملية القسمة : فمثلا في ٣ ÷ ٤ رقم ٣ هو المقسوم (البسط)
ورقم ٤ هو المقسوم عليه (المقام) divisor

divisor . . . . dividend ☐

DMA = direct memory access

DNA = direct numerical control

documentation . . . . **التوثيق**

اعداد الوثائق اثناء تحليل الانظمة والبرمجة باظهار طرق التحليل المتبعة
والبرامج المستخدمة واي تغيرات قد حصلت

document retrieval . . . . **إسترجاع الوثائق**

طلب الحصول على البيانات من وحدة التخزين وربما اجراء العمليات
الحسابية او التحليلية عليها واعداد النتائج النهائية

DO loop . . . . دورة تكرار إعمل

أمر يُستخدم مع البرامج المكتوبة بلغة الفورترن ويسبب وجوده في البرنامج
اعادةمعالجةهذا الجزء مرات ومرات مع تغير قيمة العامل الى أن يتم
الوصول الى حالة معينة عندها ينتقل الجهاز الى الخطوة التالية في البرنامج

doping . . . . **معالجة ٠ غش**

عملية ادخال عناصر غير نقية في الوحدات المصنعة من عنصر السليكون
المبلور خلال عملية تصنيع شبه الموصلات semiconductors

DOS = disk operating system

dot matrix .... طابعة المصفوفة المنقطة

طابعة تستخدم المصفوفة المنقطة لكتابة الاحرف أو الارقام أو الرموز. تعطي هذه الطريقة طباعة ذات كفاءة أقل من طرق الطباعة الاخرى الا أنها أسرع وأرخص

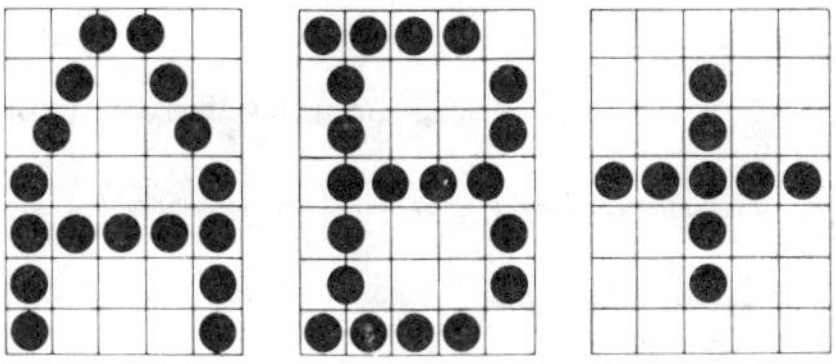

احرف وارقام بالمطبعة المصفوفة

double-dabble .... إعادة إلى وضع سابق

عملية تحويل الارقام من نظام الترقيم الثنائي الى النظام العشري

double precision .... الدقة المضاعفة

استعمال كلمتي كمبيوتر لتمثيل رقم واحد لزيادة الدقة

double precision arithmetic .... الحسابات ذات الدقة المضاعفة

طريقة حساب تدقق مرتين باستخدام ضعف عدد الخانات لتمثيل كل رقم

double punch .... التثقيب المضاعف

وجود اكثر من ثقب في احد اعمدة بطاقة التثقيب

double-sided disk .... القرص ذو الوجهين

قرص مغناطيسي يمكن التخزين على كلا وجهيه

down .... عطل عن العمل

عندما لا يكون جهاز الكمبيوتر عاملا عمدا او عفويا

downtime .... مدة العطل

المدة التي لا يعمل فيها جهاز الكمبيوتر نتيجة عطل او تقصير في الجهاز

DP = data processing

DPMA = Data Processing . . . . جمعية إدارة معالجة البيانات
Management Association

DPMA certificate . . . . شهادة جمعية ادارة معالجة البيانات

شهادة تعطيها جمعية ادارة معالجة البيانات للدلالة على كفاءة الشخص في هذا المجال بعد اجتياز اختبار معين تديره سنوياً هذه الجمعية

drain . . . . المصرف

احد الاجزاء الثلاثة التي يتكون منها الترانزستور احادي القطب field-effect transistor وهو الجزء الموجب المصنع من عنصر السليكون . الاجزاء الاخرى : المصدر source والصمام gate . ان كانت الشحنة الكهربائية المحمولة موجبة ، يمر التيار من المصدر الى المصرف

☐ field-effect transistor

drift . . . . انتقال تدريجي

تغير في الناتج عن الدوائر الكهربائية تدريجيا لاسباب كثيرة منها تغير في الفولت والظروف المحيطة

driver . . . . السائق

الاوامر في برنامج معين يتبعها جهاز الكمبيوتر لاعادة ترتيب مجموعة من البيانات لنقلها من او الى الة خارج جهاز الكمبيوتر. ان المتطلبات الميكانيكية والكهربائية لالة معينة تختلف عن متطلباتها لالة اخرى ووظيفة هذه البرامج هي توحيد شكل البيانات عند نقلها من هذه المعدات الى وحدة الانجاز المركزي CPU

drop-in . . . . زيادة غير متوقعة

تسجيل معلومات غير مرغوب فيها اثناء نقل البيانات الى وحدة التسجيل . قد يكون ذلك بسبب عطل او عيب في السطح المسجل عليه

drop-out . . . . **تناقص**

بالنسبة لنقل المعلومات : فقد الاشارات للحظة قصيرة . عادة ما يكون ذلك بسبب ضوضاء او عطل في الجهاز

drum = magnetic drum

drum printer . . . . **الطابعة الاسطوانية**

الة الطباعة التي تثبت فيها احرف الطباعة على جزء اسطواني الشكل . احد الانواع التي تطبع السطر بكامله مرة واحدة

drum sorting . . . . **الفرز باستخدام اسطوانات**

برنامج للفــرز يستخدم اسطوانات مغناطيسية لتسجيل البيانات خلال عملية الفــرز

drum storage = magnetic drum storage

dry run . . . . **تنفيذ جاف** (تجربة التنفيذ)

بعد ان تتم كتابة برنامج الكمبيوتر من المفضل ان يتم فحص العمليات الحسابية عن طريق تجربة ارقام معينة وفحص خطوات البرنامج والحصول على نتائج لمقارنتها والتأكد من صحة المنطق التحليلي للبرنامج

DSK = Dvorak Simplified Keyboard . . . . Dvorak keyboard ☐

DSS=decision support system

dual disk drive . . . . **جهاز ادارة القرص المزدوج**

جهاز لتشغيل القرص المغناطيسي مزود بوحدتين للادارة ورأسين للقراءة والكتابة ، وهذا يساعد في سرعة التخزين وفي النقل من القرص الاول الى القرص الثاني

dual in-line package = DIP . . . . **السطح او الجزء الذي يستخدم لتثبيت الخلايا السليكونية عليه**

☐ chip

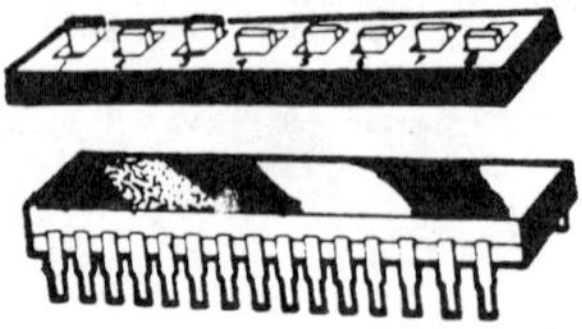

dual in-line pin = DIL . . . . **توصيلات كهربائية بها اسنان في صفين متوازيين**

dual in-line pin integrated circuit = DILIC . . . . chip ☐

dumb . . . . **أعجم**

طرفية لا تحتوي على مُعالج صغير (ميكروبروسيسور). لا يستطيع أن يقوم بأي عمليات تحليلية او حسابية بدون مساعدة أو توصيل مع جهاز كمبيوتر

dummy argument . . . . **المتغير الصوري**

متغيرات ليس لها قيمة عددية ، تستخدم في عمليات التحليل

dummy instruction . . . . **التعليمات الصورية**

(١) تعليمات او عناوين زائفة توضع ضمن قائمة من الاوامر بهدف اخر غير الهدف المطلوب من البرنامج ان يعالجه؛ (٢) أمر يُعرف كملاحظات وبالتالي لايتم تنفيذه

dummy routine . . . . **الروتين الصوري**

مجموعة من الخطوات المبرمجة توضع في البرنامج ليس لهدف معين

dump . . . . **يفرغ • ينسخ**

كتابة محتوى مواقع معينة على الذاكرة الداخلية (الذاكرة الرئيسية ووحدة التحكم ومسجلات الحساب) في ذاكرة اضافية مساعدة للذاكرة الداخلية . عند استخدامها كخطوة من خطوات اكتشاف الاخطاء ، فانها تستخدم كأمر

listing ويعطي نسخة مطبوعة لما تحتويه هذه المواقع . التفريغ على الصورة الثنائية binary dump : يتم التفريغ فيه على نفس صورة التخزين وهي ارقام ثنائية (صفر وواحد). التفريغ الحلقي core dump : يقصد به تفريغ محتوى الذاكرة الرئيسية كونها ذاكرة حلقية او شبه موصلات . اما التفريغ الحركي dynamic dump فيتم تحت تأثير أمر من برنامج تطبيقي application program اثناء انجازه . **نقطة الافراغ** dump point **هي** الموقع في البرنامج الذي تم عنده التفريغ . اما التفريغ المؤجل post-mortem dump فيتم في نهاية معالجة البرنامج للفحص او لاكتشاف الاخطاء . التفريغ الاختياري selective dump فهو تفريغ لمحتوى مسجلات محددة او مواقع محددة على الذاكرة الرئيسية . اما التفريغ اللحظي snapshot dump فهو تفريغ يتم كنتيجة لامر من مُشغل الجهاز او من برنامج اشرافي supervisory program بدلاً من برنامج تطبيقي application program

dump and restart . . . . إنسخ (أفرغ) واستأنف العمل

طريقة يمكن بها اعادة تشغيل جهاز الكمبيوتر بعد توقف مفاجئ نتيجة خطأ في البرنامج او لتوقف في احد اجزاء الجهاز. يمكن للجهاز بهذه الطريقة الرجوع لنفس النقطة التي توقف عندها ولا داعي للعودة لبداية البرنامج ثانية . من الممكن ان يتم هذا ، لان جهاز الكمبيوتر يخزن مرحلة التقدم التي حدثت في معالجة البرنامج والبيانات الناتجة عن التحليل في الذاكرة الداخلية ثم ينسخها في ادوات تخزين خارجية مثل الاشرطة او الاقراص المغناطيسية . عند اعادة التشغيل بعد مثل هذا التوقف المفاجئ ، تزود المخازن الخارجية ، الذاكرة الرئيسية بتلك السجلات ليبدأ الجهاز من النقطة التي توقف عندما

dumping . . . . النسخ • التفريغ

نسخ كل او جزء من محتوى الذاكرة ، عادة من الذاكرة الداخلية الى ذاكرة خارجية او الى المطبعة الخطية

dump point . . . . dump □

duplex . . . . **مزدوج العمل**

الة اتصال أو دائرة كهربائية يمكنها نقل المعلومات في كلا الاتجاهين في نفس الوقت . مثال على ذلك الهاتف . الدائرة المزدوجة العمل الكاملة full duplex بها اربعة اسلاك او مضاعفاتها ☐ full duplex; half duplex; simplex

duplex channel . . . . **قناة مزدوجة العمل**

قناة يمكنها نقل المعلومات في كلا الاتجاهين في نفس الوقت
☐ full duplex; half duplex; simplex

duplexing . . . . **المضاعفة**

استخدام أعداد مزدوجة من اجهزة الكمبيوتر او الادوات المساعدة المرفقة به او الدوائر الكهربائية للاستعمال عند توقف احد الاجزاء ، لضمان عمل الجهاز بصفة مستمرة

duplicate . . . . **ينسخ • نسخة**

عملية نسخ تكون فيها نتائج التحليل مسجلة بنفس الشكل الذي دخلت فيه البيانات . مثلا ان كانت المعلومات الداخلة على بطاقة مثقبة ستكون النتائج على بطاقة مثقبة ايضا . عكس copy

duplication check . . . . **فحص بالنسخ**

فحص للبيانات باجراء العمليات الحسابية او التحليلية مرتين للحصول على نفس النتائج . قد يتم ذلك باستخدام جهازين في نفس الوقت او جهازًا واحدًا على فترتين زمنيتين متباعدتين

Dvorak keyboard . . . . **لوحة دفوراك**

لوحة مفاتيح للطباعة

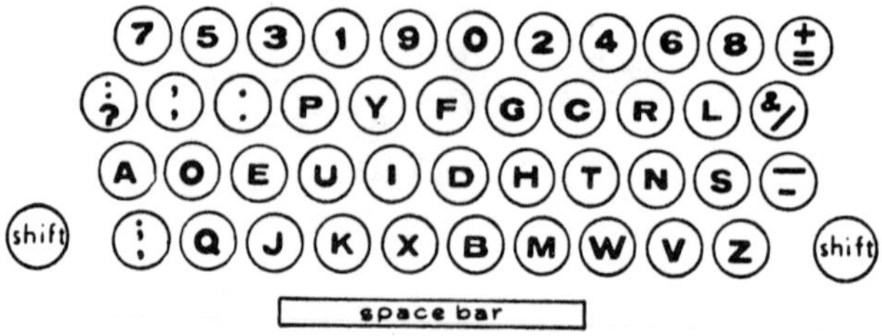

dynamic address translation . . . . **الترجمة الفورية للعنوان**

خاصية تغيير عنوان جزء البرنامج او البيان في الذاكرة ليشير الى جزء البرنامج او البيان المراد تشغيله

dynamic dump . . . . dump □

dynamic error . . . . **خطأ متحرك**

خطأ في اشارة متغيرة الوقت كنتيجة لعدم قيام محول الطاقة transducer بعمله بالكفاءة المطلوبة

dynamic memory . . . . **ذاكرة متحركة**

ذاكرة تتكون خلايا التخزين فيها من ترانزستورات من نوع MOS ومكثف مدمج integral capacitor . لكي تحتفظ هذه الذاكرات بما تحتويه ، يجب استمرار تزويدها بالمعلومات او تكرار تجديدها على فترات منتظمة

dynamic operation . . . . **العمليات المتحركة**

مثل المعاملات الحسابية (ADD, DIVIDE, MULTIPLY, SUBTRACT) والمعاملات التي تظهر العلاقة بين متغيرين (EQUAL TO, GREATER THAN) او معاملات تحليلية منطقية (AND, NAND, OR)

dynamic RAM . . . . **ذاكرات الوصول العشوائي المتحركة**

احد انواع الذاكرات المتحركة ذات قدره تخزين ١٦,٠٠٠ خانه في ١٢٨ صف و١٢٨ عمود . هذا النوع من الذاكرات رخيص الا انها بطيئة (١٠٠ ـ ٤٠٠ نانو الثانية) وتحتاج لدائرة خارجية لتجديدها باستمرار (كل ٢ ميلي الثانية)

dynamic relocation . . . . **إنتقال فعال**

انتقال بعض اجزاء او جميع الاجزاء المستخدمة في برنامج من مواقع على

الذاكرة لموقع اخر مع تغيير في العنوان للموقع الجديد لكي يمكن اتمام العمليات الحسابية على الموقع الجديد

dynamic scheduling . . . . جدولة متحركة

عملية تقسيم العمل المطلوب من جهاز الكمبيوتر بواسطة نفس الجهاز خطوة خطوة ومعالجةهذه الخطوات مرتبط بالظروف المحيطة

dynamic storage = dynamic memory

dynamic storage allocation . . . . التوزيع المتحرك لمواقع التخزين

توزيع مواقع التخزين على الذاكرة الرئيسية على البرامج طبقاً للتغير في حاجتها لهذه المواقع اثناء المعالجة

E

EAM = electrical accounting machine

EAROM = electrically alterable read-only memory

earth = ground

EBCDIC = extended binary-coded decimal interchange code

[1]ECC = error checking and correction . . . . . . فحص الاخطاء وتصحيحها

[2]ECC = error-correcting code . . . . شفرة تصحيح الاخطاء

ECL = emitter-coupled logic

echo check . . . . فحص الصدى

فحص البيانات المنقولة باعادة ارسالها (من محطة الاستقبال) الى محطة الارسال لمقارنتها بصورتها الاصلية

Eckert, J. Presper . . . . جي . بريسبر ايكيرت

قام بتصميم وتركيب جهاز انياك ENIAC بمساعدة جي موشلي سنة ١٩٤٦

□ electronic numerical integrator and calculator

ECOM = electronic computer-oriented mail

edge-punched card . . . . **حافة البطاقات المثقبة**

بطاقات تُسجل عليها البيانات بتثقيبها على طول حافة واحدة وبشكل مشابه لطريقة تثقيب الاشرطة الورقية

edit . . . . **يحرر ٠ يدقق (يراجع وينقح)**

(١) فحص المعلومات للتأكد من صحتها ؛ (٢) باستخدام البرامج : تغيير البيانات بالاضافة او المسح حسب الحاجة

editing . . . . data editing ☐

editor . . . . **المُحرر**

(١) اي برنامج يقوم بفحص البيانات المُدخلة وفق معايير التدقيق المقصودة وتصحيحها اذا امكن ؛ (٢) برنامج مهمته مراجعة النصوص التي تم ادخالها بواسطة التيرمنال

EDP = electronic data processing

EDPS = electronic data processing system

EDSAC = electronic delayed-storage automatic computer

EDVAC = electronic discrete-variable automatic computer

EEROM = electrically erasable read-only memory

effective address . . . . **العنوان الفعلي**

العنوان الموجود على الذاكرة والذي يريد ان يصل اليه جهاز الكمبيوتر.
في بعض الانظمة ، على جهاز الكمبيوتر اجراء بعض الحسابات على اسماء المواقع على الذاكرة لكي يحصل على العنوان المطلوب

EFT = electronic fund transfer

EFTS = electronic fund transfer system

8-bit microcomputer .... **ميكروكمبيوتر (صغير) ذو الثمانية خانات**
جهاز كمبيوتر يستخدم وحدة معالجة مركزية ذات كلمة بحجم ثمان خانات
microcomputer architecture □

8-bit microprocessor .... **ميكروبروسيسور (معالج صغير) ذو ٨ خانات**
معالج صغير به مسجلات ذات ثمان خانات ويتعامل مع بيانات على شكل كلمات ذات ثمان خانات

eight-level code .... **شفرة الثمانية**
شفرة مثل شفرة ابسديك EBCDIC والتي فيها كل رمز يمثل بمجموعة من ثمان خانات

8/16-bit microcomputer .... **ميكروكمبيوتر (صغير) ذو ١٦/٨ خانة**
جهاز كمبيوتر يستخدم وحدة معالجة مركزية ذات كلمة بحجم ١٦ خانة ولكنه يرسل او ينقل بيانات باستخدام باص خارجي ذو ثمانية خطوط . يزيد كبر حجم الكلمة كمية الذاكرة التي يمكن عنونتها □ microcomputer architecture

eighty-column card .... **بطاقة ذات الثمانين عمودًا**
بطاقات التثقيب العادية والتي بها ٨٠ عمود رأسي

elapsed time .... **الفترة المستغرقة**
الفترة الزمنية المطلوبة لمعالجة عملية معينة

electrical accounting machine = EAM .... **آلة المحاسبة الكهربائية**
الة تستخدم دوائر اليكترونية للقيام بعمليات حسابية . يستعمل هذا التعبير الان للدلالة على جهاز الكمبيوتر المسمى جهاز الكمبيوتر ذي الادخال المرئي
visible record computer □

electrical impulse .... **النبضة الكهربائية**

الاشارات القادمة من قارئ البطاقات او الشريط المغناطيسي او اي الة مشابهة والتي يتم تحويلها الى الشفرة التي يستخدمها جهاز الكمبيوتر والتي ترسل الى الذاكرة لمعالجتها او تخزينها

electrically alterable read-only memory .... **ذاكرات القراءة**
= EAROM **التي يمكن تغيير محتواها**

احد انواع ذاكرات القراءة فقط ROM التي تحتفظ بما تحتويه عند انقطاع التيار الكهربائي عنها وكذلك من الممكن تغيير محتواها كما في ذاكرات الوصول العشوائي RAM

electrically erasable read-only memory .... **ذاكرات القراءة فقط**
= EEROM **والتي يمكن مسحها اليكترونياً**

نوع من الذاكرات يمكن مسح محتواها كهربائيا في مدة ثانية واحده . من الممكن مسح محتواها وبرمجتها من جديد اكثر من مليون مره . احد أنواع هذه الذاكرات يمكن ان يتضمن ٥١٢ كلمة كمبيوتر وكل كلمة تتكون من خانتين

electronically programmable .... **المبرمجة اليكترونياً**

الذاكرات المبرمجة للقراءة فقط او اي جهاز يمكن ادخال ارقام الصفر والواحد اليه الكترونيا وهذا يتم باستخدام اداة تسمى PROM programmer

electricity .... **الكهرباء**

تدفق الاليكترونات ، قد يكون هذا التدفق غير منظم وعندها تسمى الكهرباء الساكنة static electricity وقد تكون الاليكترونات محكومة بان تمر خلال اسلاك والتي تعمل كموصلات في الدوائر الكهربائية

electrode .... **الالكترود**

(١) اصطلاح يطلق احيانا على المرقم stylus الذي هو جزء من المطبعة الحرارية thermal matrix printer ؛ (٢) موصل كهربائي يوصل التيار بين مادتين مختلفتين في قدرتيهما على توصيل التيار الكهربائي

كهرومغناطيسي . . . . electromagnetic

(١) تعمل بالقوة الكهرومغناطيسية ؛ (٢) نقل الموجات (موجات الراديو او الضوء) باستخدام حقول كهربائية ومغناطيسية

خط التأخير الكهرومغناطيسي . . . . electromagnetic delay line

خط تأخير يعتمد عمله على توقيت انتشار الموجات الكهرومغناطيسية خلال مُوسعات capacitance ومُحثات inductance مُوزعة او مُجمعة

□ delay line

التوصيل الكهرومغناطيسي . . . . electromagnetic interface

حقول مغناطيسية تتولد بالحث نتيجة عدم انتظام في البيانات المرسلة عبر الاسلاك

ريلاي كهرومغناطيسي . . . . electromagnetic relay

مفتاح كهرومغناطيسي به العديد من نقاط الوصل التي تعمل بتيار كهربائي يمر في ملف . يستخدم في الدوائر الكهربائية كعداد ثنائي ميكانيكي

كهروميكانيكي . . . . electromechanical

اصطلاح يطلق احيانا على الادوات التي تستخدم الكهرباء لتحريك اجزائها . مثال ذلك الموتور وعمود ادارة القرص المغناطيسي

جهاز كهروميكانيكي . . . . electromechanical device

جهاز يجمع في عمله بين الكهرباء والميكانيكا . تعمل وحدة المعالجة المركزية في مثل هذه الاجهزة بالكهرباء في حين ان معظم ادوات الوصول العشوائي تعمل ميكانيكيا . لذلك يطلق على الجهاز كهروميكانيكي

طابعة كهروميكانيكية . . . . electromechanical printer

طابعة لها القدرة على طبع الرموز على الورق بتحويل الاشارات الكهربائية الى حركة ميكانيكية (من خلال موتور مثلا)

electron . . . . **الاليكترون**

اصغر عنصر لانتقال الكهرباء ويحمل شحنة سالبة ويدور في مدارات حول الذرة

electron beam . . . . **حزمة الاليكترونات**

حزمة من الاليكترونات يتم توليدها من قطب الكاثود عند تسخينه

electron beam accessed memory . . . . **الذاكرة الاليكترونية**

ذاكرة يتم قراءة وكتابة البيانات عليها باستخدام حزمة من الاليكترونات

electron beam recording . . . . **التسجيل بحزمة من الاليكترونات**

طريقة لتسجيل البيانات على ميكروفيلم باستخدام حزمة الاليكترونات التي تكتب مباشرة على الفيلم

electronic computer-oriented mail = ECOM . . . . **البريد بالكمبيوتر**

جهاز كمبيوتر تحت الاختبار يساعد في عملية توزيع البريد حيث سيكون العمل فيه كالتالي : (١) يأخذ الفرد رسالة الى مكتب البريد ؛
(٢) يقوم المسؤول هناك بتغذية الرسالة الى جهاز الكمبيوتر ؛
(٣) تنقل الرسالة عن طريق وسائل الاتصال الى مكتب البريد في الجهة المراد ارسال الرسالة اليها ؛
(٤) الرسالة المطبوعة من جهاز الاستقبال تسلم للشخص المرسلة اليه

electronic data processing = EDP . . . . **معالجة البيانات اليكترونياً**

معالجة البيانات بواسطة جهاز الكمبيوتر او اي اجهزة كهربائية

electronic data processing system . . . . **جهاز معالجة البيانات اليكترونيا**

اصطلاح عام يطلق لوصف اجهزة اعداد المعلومات بواسطة الات تستخدم دوائر اليكترونية تتحرك بسرعة الاليكترونات وهذا لتميزها عن المعدات الكهربائية الميكانيكية

electronic delayed-storage automatic computer = EDSAC .... **الكمبيوتر ذو التخزين بالتأخير الاليكتروني**

اول جهاز كمبيوتر يستخدم البرامج المخزنة تم تصنيعه في بريطانيا سنة ١٩٤٩

electronic discrete-variable automatic computer = EDVAC .... **إدفاك**

اول جهاز كمبيوتر من ضمن اجزائه وحدة تستخدم البرامج المسجلة .
وهو اول جهاز تم تركيبه في الولايات المتحدة الامريكية في جامعة بنسلفانيا سنة ١٩٤٩

electronic funds transfer .... **نقل الارصدة اليكترونياً**

عملية تبادل (تحويل) الاموال بواسطة اجهزة الكمبيوتر

electronic funds transfer system = EFTS ... **نظام نقل الارصدة اليكترونياً**

نظام لنقل الارصدة من موقع لموقع اخر بدون استخدام شيكات او ماشابه ذلك ولكن باستخدام اجهزة اليكترونية

electronic numerical integrator and computer = ENIAC ...... **إنياك**

كمبيوتر بدائي تم تصميمه وتنفيذه بواسطة جي ايكيرت وجي موشلي في كلية الهندسة بجامعة بنسلفانيا سنة ١٩٤٦ . يتكون من ١٨,٠٠٠ لمبة مفرغة و٧,٠٠٠ مقاومة كهربائية و١٠,٠٠٠ مكثف كهربائي ويزن ٣٠ طنا

electronics .... **علم الاليكترونات**

فرع من علم الفيزياء يهتم بطبيعة وكيفية التحكم بحركة الاليكترونات في المواد المختلفة

electron tube .... **انبوبة الاليكترون**

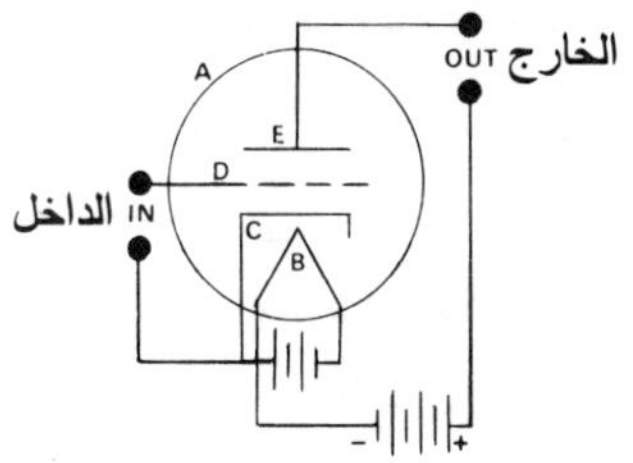

تعمل عن طريق التحكم بتدفق الاليكترونات في مكان مفرغ من الهواء . كما هو موضح في الشكل فعند تسخين السلك الرقيق B تتدفق الاليكترونات في اتجاه الكاثود C الذي يجمع هذه الاليكترونات ويوجهها تجاه اللوح E ، فلو كانت الشبكة D سالبة الشحنة بالمقارنة للكاثود ،

فان هذه الاليكترونات ترتد والقليل منها يصل للوح E . اما اذا كانت الشبكة موجبة بالمقارنة بالكاثود فان الاليكترونات تصل للوح E والتيار يصل لكل الدائرة

الذاكرة الكهروضوئية .... electro-optical memory

الحقل الكهرومغناطيسي .... **electrostatic field**

عملية الجذب بين قطبين كل منهما ذو شحنة مختلفة (احدهما سالب والاخر موجب) او عملية التنافر بين قطبين كلاهما يحمل نفس الشحنة

الذاكرة الكهرومغناطيسية .... **electrostatic memory**

نوع من الذاكرات القديمة التي تكون فيها الخانات التي تُمثل البيانات على شكل شحنات كهروستاتيكية على شاشة انبوبة الكاثود . بوجود لوحة في مقدمة الشاشة ، يمكنها اكتشاف الفروق الصغيرة في الفولت عن طريق تحديد ان كانت الاشعة موجهة الى موقع ذي شحنة او موقع بدون شحنة وبذلك يمكن قراءة هذه الخانات . يكلف هذا النوع من الذاكرات القليل اذا ما قورنت بذاكرات خط التأخير delay line storage ، الا ان المعلومات المخزنة فيها لابد من تجديدها باستمرار (اعادة كتابتها) وتُفقد عند انقطاع التيار الكهربائي عنها

الطابعة الكهرومغناطيسية .... electrostatic printer

طابعة ملحقة بجهاز الكمبيوتر تشبه تماما الة التصوير المستخدمة في المكاتب لعمل النسخ . توجد اسطوانة مغلفة بطبقة من معدن السلينيوم يتم شحنها بشحنة كهرومغناطيسية في الظلمة ثم تُعرّض لما هو موجود على انبوبة أشعة الكاثود من حروف وارقام ورموز. تقل قدرة عنصر السلينيوم في المحافظة على الشحنة بتعرضه للضوء . اما المناطق المشحونة فهي المناطق التي عليها الكتابة . تُغطى هذه الاسطوانة بحبر مخلوط بمادة الراتنج الذي يلتصق بالاسطوانة في المناطق المشحونة (المكتوب عليها) ويسقط الحبر عن المناطق الغير مشحونة (الغير مكتوب عليها). عند ذلك تأتي الورقة حول الاسطوانة لينتقل الحبر للورقة ويتم تسخينها بعد ذلك لزيادة التصاق الحبر بها

electrostatic storage . . . . electrostatic memory □

element . . . . **عنصر · جزء**

احد عناصر البيانات وهو يُكون الوحدة في المُتجه vector او المصفوفة matrix

elements of a microcomputer . . . **اجزاء الميكروكمبيوتر (الكمبيوتر الصغير)**

(١) الميكروبروسيسور microprocessor او المعالج الصغير : يوجد في وحدة المعالجة المركزية CPU ؛ (٢) الذاكرة التي تخزن عليها البرامج program storage . منها على سبيل المثال ذاكرات القراءة فقط ROM ؛ (٣) وحدة تخزين المعلومات او البيانات . مثال ذلك الذاكرة من نوع RAM ؛ (٤) دوائر الداخل والخارج input/output circuitry

eleven punch . . . . **التثقيب الحادي عشر**

ثقوب في الصف الثاني من القمة في بطاقات التثقيب

embedded command . . . . **أمر الادخال · أمر الطمر**

عندمعالجةالكلمات word processing : رمز أو اكثر يتم ادخالها في البرنامج ولا يتم طبعها وانما تستخدم لاعطاء اوامر للمطبعة او لبرنامج معالجة الكلمات للقيام بمهمة محددة مثل أمر زحزحة المطبعة نصف فراغ half space

emitter . . . . **مُرسل**

الة تستخدم عادة مع الة تثقيب البطاقات لاعطاء نبضات منتظمة ومتزامنة

emitter, character . . . . **رمز المُرسل**

الة ميكانيكية تعمل بالكهرباء تستخدم لانتاج وقذف مجموعات من النبضات (في شفرة خاصه) التي تمثل رموزا معينة

دائرة تحليلية مُرسلة . . . . **emitter-coupled logic = ECL**

دائرة كهربائية تقوم بعمليات تحليلية (منطقية) وهي فائقة السرعة

مُرسل النبضات . . . . **emitter pulse**

بالنسبة لماكينة تثقيب البطاقات : احدى مجموعات النبضات التي تستخدم لتمييز وتعريف صف معين من بين اعمدة البطاقات

المحاكاة . . . . **emulation**

قدرة جهاز كمبيوتر على فهم وتنفيذ تعليمات وضعت لجهاز اخر . بمعنى ان يقبل كل من الجهاز الاصلي والجهاز المُقلِد نفس البيانات وينفذان نفس البرنامج

المُحاكي . . . . **emulator**

نوع من البرامج تُكتب لتستخدم مع جهاز معين (أ) ثم تستخدم مع جهاز اخر (ب) بدون احداث أي تغيير فيه او اضافة أية معدات للجهاز (ب)

التشفير . . . . **encode**

عملية برمجة وتحويل البيانات لرموز وشفرة معينة . عكس decode

المُشفر . . . . **encoder**

الة تقوم بتحويل البيانات من شفرة الى شفرة اخرى

علامة النهاية . . . . **end mark**

اشارة تدل على انتهاء البيانات

نهاية العنوان . . . . **end of address = EOA**

رمز تحكم يستخدم في بعض الاجهزة للدلالة على ان اخر رمز للعنوان قد تم نقله وان الرمز التالي لذلك هو رمز من الرسالة نفسها وليس من العنوان

نهاية المجموعة (البلوك) . . . . end of block = EOB

رمز تحكم يستخدم في بعض الاجهزة للدلالة على ان اخر رمز في البلوك قد تم نقله □ block

نهاية الملف . . . . end of file = EOF

علامة تدل على انتهاء او انهاء الملف ، وهي تدل على ان جميع مواقع التسجيل على الملف قد تم استخدامها □ end of tape marker

نهاية المهمة . . . . end of job = EOJ

نهاية العمل المطلوب ، او نهاية المهمة المطلوبة

نهاية الرسالة . . . . end of message = EOM

رمز تحكم للدلالة على نهاية الرسالة المنقولة

علامة نهاية الشريط . . . . end of tape marker

علامة على الشريط المغناطيسي تدل على انتهاء المساحة المسموح بالتسجيل عليها

نهاية النقل . . . . end of transmission = EOT

اشارة للدلالة على نهاية نقل الرسالة

نهاية النص . . . . end of text = ETX

رمز للتحكم في نقل البيانات للدلالة لمحطة الاستقبال بان الرمز الاخير هو اخر رمز في الرسالة المنقوله

إقرار بنهاية النص . . . . end of text/acknowledge = ETX/ACK

تعبير يستخدم مع الرسائل المنقولة للدلالة على صحة البيانات المنقولة

END statement . . . . **النهاية**

عبارة توضع في نهاية البرنامج للدلالة على انتهائه . البرامج المكتوبة بلغة الفورترن يجب ان تنتهي بهذه العبارة

engineering units . . . . **الوحدات الهندسية**

وحدات قياس ، مثال ذلك وحدات الحرارة

ENIAC = electronic numerical integrator and computer

entry . . . . **ادخال • مُدخل • مَدْخل**

(١) ادخال : عملية ادخال البيانات في جهاز الكمبيوتر data entry ؛

(٢) مدخل : البيان او السجل الذي يتم ادخاله input

entry point . . . . **نقطة الادخال**

اي موقع في التعليمات المعطاة لجهاز الكمبيوتر والذي يمكن عنده التحكم بهذه التعليمات بواسطة برنامج او تعليمات اخرى

environment . . . . **البيئة**

(١) الهيئة والطريقة والتركيبة المعينة التي يعمل بها جهاز الكمبيوتر ؛

(٢) طريقة تشغيل النظام

environment division . . . . **القسم البيئي**

احد اقسام برنامج الكمبيوتر المكتوب بلغة الكوبول . مهمته ان يوضح نوعية نظام الكمبيوتر الذي يتم تشغيل البرنامج في ظله

EOA = end of address

EOB = end of block

EOF = end of file

EOJ = end of job

EOM = end of message

EPROM = erasable programmable read-only memory

EPROM programmer = erasable programmable read-only memory programmer

equality = EQ . . . . **مُساواة (=)**

relational operator □

equalizer . . . . **المساوي**

موديم او الة اخرى مصممة لتعادل المستوى الغير مرغوب لقوة الاشارات الكهربائية

equation . . . . **المعادلة**

تعبير حســـــابي لتمثيل علاقة بين مجموعة من المتغيرات

equal to (EQ) . . . . relational operator □

equipment . . . . **معدات**

جزء من جهاز الكمبيوتر □ hardware; peripheral equipment

equivalence . . . . **مُساواة**

(١) الربط المنطقي بين عبارتين او معادلتين أ وب بحيث ان الناتج عنهما صحيح ان كان الداخل أ وب صحيحان او كلاهما غير صحيح (كما هو موضح في الجدول)

الداخل أ	صحيح	صحيح	خطأ	خطأ
ب	صحيح	خطأ	صحيح	خطأ
الخارج ت	صحيح	خطأ	خطأ	صحيح

جدول المساواة

(٢) عبارة المساواة التي ترد في البرنامج ويكون الغرض منها اشراك متغيرين او اكثر في موقع تخزين واحد بمعنى انه يمكن استعمال الموقع التخزيني الواحد لأكثر من بيان باسماء مختلفة

erasable programmable read-only memory = EPROM . . . . . . **ذاكرة القراءة المبرمجة القابلة للمسح**

احدى احدث انواع الذاكرات ، يمكن كتابة البرنامج عليها بواسطة مستخدم جهاز الكمبيوتر وكذلك يمكن مسحها من الذاكرة بتعريضها للاشعة فوق البنفسجية وكتابة برنامج جديد عليها . عند كتابة البرنامج الجديد عليها ، تعمل عمل الذاكرة للقراءة فقط ROM ولا يمكن الكتابة عليها من جديد

erasable read-only memory = electrically alterable read-only memory

erasable storage . . . . **المخازن التي يمكن مسح محتواها**

ذاكرة يمكن مسح ما هو مكتوب عليها ثم اعادة الكتابة عليها ثانية . مثال ذلك الاشرطة المغناطيسية ، في حين ان بطاقات التثقيب لا يمكن اعادة استخدامها

erase . . . . **مسح**

مسح ما هو مسجل على سطح الذاكرة ، ونظرا لان المعلومات تكتب في صورة صفر وواحد فان مسح الذاكرة يعني تحويل جميع الخانات الى اصفار

EROM = erasable read-only memory

error . . . . **الخطأ**

(١) في العلوم : الفرق بين القيمة الحقيقية والقيمة المحسوبة ؛ (٢) في جهاز الكمبيوتر او اجهزة معالجة البيانات : اي خطوة او عملية او نتيجة خاطئة . في حقل اجهزة الكمبيوتر فان كثير من التعبيرات تستخدم في هذا المجال : الاولى machine malfunction وهي خطأ الالة ، والثانية incorrect program وهي خطأ في البرنامج والثالثة human error وهي خطأ من الشخص الذي يعمل على الجهاز. عادة يتم التمييز بين هذه الاخطاء كما يلي :

error وهو الناتج عن خطأ في التقريب المستخدم في العمليات الحسابية .
mistake وهو الناتج عن عطل في احد اجزاء جهاز الكمبيوتر او عمل هذا الجزء بصورة غير طبيعية

تحليل الاخطاء .... error analysis

(١) فرع من فروع الرياضيات التحليلية يهتم بدراسة الاخطاء في التحليل الرياضي ؛ (٢) عند استخدام هذا التعبير في التحليلات الرقمية ، فانه يصف السلوك المختلف للاخطاء في الطرق الرقمية (اللوغارتمات). تنتج معظم اللوغارتمات عن سلسلة من التقريبات . ان اقترب هذا التسلسل الى الحل الصحيح للمشكلة ، فان اللوغارتمات تكون متقاربة convergent . نظرًا لان معظم اللوغارتمات يتم ايقافها قبل ان تصل لمرحلة التقارب ، فأنه يجب تقدير حجم الخطأ بعد عدد من الخطوات . يكون تقدير الخطأ باستخدام المعادلات التقاربية asymptotic equation . يُستخدم مثل هذا التقدير في طريقة الخطوة خطوة لحل المعادلات التفاضلية العادية ordinary differential equation

شفرة تصحيح الاخطاء .... error-correcting code = ECC

(١) شفرة او طريقة يقبل فيها كل اصطلاح عندما يطابق مواصفات معينة من التعليمات . اذا حصل خطأ معين في اصطلاح مقبول فان هذا الخطأ يمكن اصلاحه ؛ (٢) شفرة او طريقة يمكن بها اكتشاف ان كانت احدى قيم المعلومات قد حصل فيها خطأ بزيادة او نقص عدد الخانات المخصصة لكل وحدة من هذه المعلومات

تصحيح الاخطاء .... error correction

الجهاز الذي يحدد الاخطاء الناتجة عن اجهزة نقل المعلومات او اي جهاز اخر والتي يمكنه تصليحها

شفرة كشف الاخطاء .... error-detecting code

شفرة يمكن بها اختبار ان كانت كل جملة في البرنامج تتبع مواصفات معينة

واذا وجدت جملة لا تنطبق عليها المواصفات ، ستظهر اشارة لتدل على هذا الخطأ

ملف الاخطاء . . . . **error file**

ملف يتم تكوينه اثناءمعالجة البيانات لحجز الاخطاء التي اكتشفها جهاز الكمبيوتر. عادة ما يكون ذلك من ضمن تقرير الاخطاء في التحليل النهائي الذي يظهر في نهاية ما يخرج من الجهاز

رسالة الاخطاء . . . . **error message**

(١) جملة يطبعها جهاز الكمبيوتر تدل على ان هناك خطأ في البرنامج او تقصير في الجهاز ؛ (٢) رسالة قصيرة تُبعث من محطة الاستقبال الى محطة الارسال للدلالة على ان هناك خطأ تم اكتشافه في الرسالة او مجموعة البيانات المرسلة تطلب إعادة ارسال هذا الجزء مرة ثانية

معدل الاخطاء . . . . **error rate**

في علم الاتصالات : مقياس لكفاءة عمل الدائرة الكهربائية او الاجزاء الاخرى وهو عبارة عن عدد الخانات او الرموز الخطأ في وحدة البيانات المنقولة (هذه الوحدة تساوي مليون خانة او مائه الف رمز)

ESC = escape

فرار . . . . **escape = ESC**

(١) رمز للتحكم في نقل البيانات للدلالة على ان خانة او اكثر من الخانات التالية ليس لها تفسير صحيح طبقاً للشفرة ؛ (٢) رمز يستخدم في الطرفية او جهاز الكمبيوتر العائل مع رمز اخر للقيام بمهمة معينة ، مثل تحريك مؤشر الشاشة cursor

etched circuit .... دائرة كهربائية محفورة

دائرة محفورة نتيجة تفاعل كيماوي

evaluate .... التقييم

البحث عن قيمة المتغير

event .... الحدث · شيء قد حدث

عملية محددة او مهمة معينة يقوم جهاز الكمبيوتر بتنفيذها كجزء من تنفيذ البرنامج . مثلا مهمة قراءة سجل بياني من ملف البيانات

exception principle system .... نظام مبدأ الاستثناء

نظام يوضح النتائج التي تختلف عن النتائج المصممة او المخالفة للمواصفات المحددة

exception reporting .... سجل الاستثناء

سجل يحتوي على نتائج ذات مواصفات محددة مثل تغيرات اوقيم لا تتفق مع المواصفات الحالية او قيم تعدت الحدود الموضوعة

excess-three code = XS3 .... شفرة الثلاثة الاضافية

شفرة نقل تستخدم لتسهيل اضافة الارقام العشرية بواسطة طرق الحساب الثنائية . كل خانة في الرقم العشري يضاف عليها رقم ٣ ثم تحول الى رقم ثنائي يتكون من اربعة خانات . مثال على تحويل الارقام العشرية الى هذه الشفرة :

الرقم العشري decimal	النظام الثنائي binary	شفرة الثلاثة الاضافية XS3
٠	٠٠٠٠	٠٠١١
١	٠٠٠١	٠١٠٠
٣	٠٠١١	٠١١٠
٧	٠١١١	١٠١٠
١٣	١١٠١	٠١٠٠ ٠١١٠
٢٠	١٠١٠٠	٠١٠١ ٠٠١١

exchange buffering .... **التبادل بمناطق الحجز**

وسيلة تستخدم لتوصيل المعلومات على شكل سلسلة لتقليل نقل المعلومات في الذاكرة الداخلية

exchange sort = bubble sort

exclusive NOR = XNOR .... **« أو – لا » المقتصرة**

اصطلاح يستخدم لعمليات تحليلية (منطقية) ناتجها output صحيح

(واحد) ان كان كلا الداخلين input صحيحًا (واحدًا) او كلاهما غير صحيح (صفر) وناتجها غير صحيح (صفر) ان كان احد العوامل الداخلة صحيح (واحد) والاخر غير صحيح (صفر)

جدول «او / لا» المقتصرة

الداخل أ	واحد	واحد	صفر	صفر
ب	واحد	صفر	واحد	صفر
الخارج ت	واحد	صفر	صفر	واحد

الداخل أ	صحيح	صحيح	خطأ	خطأ
ب	صحيح	خطأ	صحيح	خطأ
الخارج ت	صحيح	خطأ	خطأ	صحيح

exclusive OR = XOR .... **« أو » المقتصرة**

اصطلاح للمقارنة في عملية بين متغيرين تكون النتيجة فيها صحيحة

(واحد) ان كان احد المتغيرين في المقارنة صحيح (واحد) والعامل الاخر غير صحيح (صفر) وتكون النتيجة غير صحيحة (صفر) ان كانت المتغيرات كلها صحيحة (واحد) او كلها غير صحيحة (صفر)

جدول «او» المقتصرة

الداخل أ	واحد	واحد	صفر	صفر
ب	واحد	صفر	واحد	صفر
الخارج ت	صفر	واحد	واحد	صفر

الداخل أ	صحيح	صحيح	خطأ	خطأ
ب	صحيح	خطأ	صحيح	خطأ
الخارج ت	خطأ	صحيح	صحيح	خطأ

executable .... **قابل للتنفيذ**

(١) برنامج من الممكن تنفيذه او استخدامه بواسطة جهاز الكمبيوتر بدون الحاجة لترجمته . عكسnonexecutable ؛ (٢) جملة من جمل البرنامج قابلة للتنفيذ بواسطة جهاز الكمبيوتر . عكس غير قابل للتنفيذ nonexecutable statement

نفّذْ .... execute

ان يقوم جهاز الكمبيوتر باجراء العمليات المطلوبة منه كما جاءت في البرنامج . يتم اصدار الامر هذا عن طريق مفتاح معين

تنفيذ .... execution

ان يقوم جهاز الكمبيوتر باجراء جميع العمليات المطلوبة منه والمذكورة في البرنامج . انها تماما ككلمة run

دورة التنفيذ .... execution cycle

المدة التي يتم فيها تنفيذ الامر او التعليمة الواردة بالبرنامج وتخزين النتيجة المترتبة على تنفيذ الامر. تحتوي الدورة على مرحلتين اساسيتين ، مرحلة استقبال الامر ومرحلة التنفيذ

مدة التنفيذ .... execution time

الزمن الذي يستغرقه طلب البيانات من وحدة التحكم ومعالجتها في وحدة الحساب والتحليل . مثلا ، الوقت المطلوب لحل الشفرة وتنفيذ الامر

البرنامج التنفيذي .... executive program

البرنامج الرئيسي الذي يتحكم في تنفيذ البرامج الاخرى

متواجد .... exist

ان تتواجد في الذاكرة الرئيسية . يمكن ان يطلق ذلك على برنامج (في الانظمة المتعددة البرامج) اوعلى وحدة البيانات او الشفرة

مدة التواجد .... existence time

الوقت الذي يتواجد فيه البرنامج في الذاكرة الرئيسية

المخرج .... exit

(١) المكان في البرنامج الذي يتوقف عنده تنفيذ مجموعة من الاوامر كنتيجة طبيعية للمعالجة؛ (٢) ايقاف تنفيذ سلسلة من الاوامر وانتقال التنفيذ لسلسلة اخرى

expansion board = expansion card

expansion card . . . . **لوحة التوسيع**

لوحة تضاف للجهاز لتثبيت مزيد من الدوائر الكهربائية المركبة على الخلية السليكونية chip لزيادة كفاءة الجهاز

exponent . . . . **ألاس**

مثلا في ١٠^٦ فان رقم ٦ هو الاس

exponential smoothing . . . . **تسوية أسّية**

احدى الوسائل المستخدمة في التنبؤ بنتائج عملية معينة

expression . . . . **تعبير ٠ تركيب**

يتم التعبير عن العمليات الحسابية والمنطقية في البرنامج بجمل او عبارات ، والجملة او العبارة تشمل على الحدود والمعاملات المطلوب معالجتها وهي ما يطلق عليه بالتعبير او التركيب . ففي المثال « أ = ب + ت » يعتبر الجزء « ب + ت » تعبيرًا حسابيًا arithmetic expression وفي المثال "IF A·EQ·B OR A·NE·D THEN STOP" يعتبر الجزء "A·EQ·B OR A·NE·D" تعبيرًا منطقيًا logical expression . والتعبير الحسابي قد يشمل على قيم حسابية صحيحة فقط ، وفي هذه الحالة يسمى integer expression او قد يشمل على قيم حسابية كسرية فقط ، وفي هذه الحالة يسمى real expression او قد يشمل على خليط من القيم الحسابية الصحيحة والكسرية وفي هذه الحالة يسمى mixed mode expression

extended binary-coded decimal interchange code = EBCDIC **النظام الثنائي العشري الموسع (ابسيديك)**

شفرة تخزين داخلية بموجبها تستخدم ثمان خانات للتعبير عن الرمز . استعملت اساسا مع اجهزة الكمبيوتر من انتاج اي بي ام ٣٦٠ – ٣٧٠

ملف البيانات الخارجي .... **external data file**

البيانات التي تخزن منفصلة عن البرنامج الذي وضع لتحليل هذه البيانات

الطابع الخارجي .... **external label**

طابع او ورقة تلصق على الغلاف الخارجي للشريط او المادة المستخدمة في التخزين يكتب عليها اسم الملف ورقمه او اي معلومات تتصل بما يتضمنه الملف

المرجع الخارجي .... **external reference**

الاشارة في برنامج معين الى رمز تم تعريفه في برنامج اخر

external memory = external storage

الفرز الخارجي .... **external sort**

الفـــرز الذي فيه الوحدات المصنفة مكتوبة على مواقع تخزين مختلفة وحسب التسلسل الجديد كما تم تعريفها □ bubble sort; internal sort

المخزن الخارجي .... **external storage**

اي مخزن ما عدا المخزن الرئيسي او المخزن داخل وحدة المعالجة المركزية CPU □ auxiliary storage

إستخلص ٠ إستخرج .... **extract**

(١) عملية ازالة بعض المعلومات من ذاكرة الكمبيوتر كما تقرر بواسطة المرشح filter او القناع mask ؛ (٢) عملية نسخ جزء من مجموعة من الرموز التي تطابق مواصفات معينة

أمر استخلاص .... **extract instruction**

أمر يطلب تكوين تعبير expression جديد من مجموعة من التعبيرات

F

الصياغة من نوع أف . . . . **F format**

تعبير يستخدم في بعض أجهزة الكمبيوتر ويطلق على سجلات ذات طول ثابت تستعمل لاغراض محددة

اللغة الكاذبة . . . . **fabricated language**

لغة كاذبة تتكون من أحرف وأرقام ورموز، وهي تختلف عن لغة جهاز الكمبيوتر الداخلية □ assembly language; high-level language

الوجه . . . . **face**

اصطلاح يستخدم لوصف الرسم البياني ، مثلا الرسم بخطوط سوداء واضحة وسميكة boldface

جهاز ارسال الصور . . . . **facsimile = FAX**

عملية نقل المعلومات أو الصور أو الاشكال عن طريق التلفون أو أي وسيلة اتصال اخرى . تقسم الصورة الى أجزاء صغيرة جدا تُنقل على شكل اشارات وموجات كهربائية بواسطة خط التلفون ويتم تجميعها مرة ثانية على الطرف الاخر من خط الاتصال

العامل . . . . **factor**

في عمليات الضرب الحسابية : أي من الارقام المضروبة أو المضروب فيها ، مثلا في أ = ٥ × س فكل من ٥ وس يعتبران عامل

تحليل العوامل . . . . **factor analysis**

طريقة حسابية لدراسة التداخل بين مجموعة من العوامل لتحديد أهميتها

يخفت · يتضاءل . . . . **fade**

حينما تخفت او تتضاءل الاشارات الكهربائية

نظام التوقف المحدود . . . . **fail-safe system**

(١) الجهاز الذي يستمر في اعطاء معلومات وبيانات على الرغم من عطل أحد أجزائه وتوقفها عن العمل ؛ (٢) أجهزة كمبيوتر مصممة على أن تتوقف ذاتياً ان حدث خطأ أو تقصير في الجهاز وبدون حدوث أي خلل أو ضرر للمعلومات التي بداخلها

التنبؤ بالعطل . . . . **failure prediction**

صيانة جهاز الكمبيوتر بتحديد الاجزاء التي على وشك التوقف ثم تغييرها قبل أن تتعطل أثناء العمل

عائلة من اجهزة الكمبيوتر . . . . **family of computers**

سلسلة من وحدات المعالجة المركزية CPU ذات تصميم واحد ولكنها تعمل بسرعات مختلفة . تساعد هذه الفلسفة مستخدم الجهاز ليبدأ أولاً بوحدات ذات سرعات محدودة ثم يرقى الى وحدات أسرع عندما يزداد العمل المطلوب معالجته

FAM = fast-access memory

FAMOS = floating gate

عدد الداخل . . . . **fan-in**

عدد الاشارات الداخلة لوحدة منطقية رقمية digital logical element

عدد الخارج . . . . **fan-out**

عدد الدوائر او الصمامات التي يمكنها استقبال اشارات الداخل input signal من وحدة الخارج output

fast-access memory = FAM .... **ذاكرات الوصول السريع**

احياناً يطلق عليها الذاكرات الثانوية ، وهي ذاكرات لها سرعة تقع بين سرعة الذاكرة الرئيسية وسرعة القرص ذو الرأس الثابت (بين ٥ ميكروثانية ــ ١٠ ميلي ثانية)

fast-access storage = fast-access memory

fatal error .... **خطأ قاتل**

توقف مفاجيء عن اتمام تنفيذ البرنامج نتيجة خطأ أو أي مشكلة أخرى . لو كان الخطأ غير قاتل nonfatal ، فان البرنامج سيستمر في العمل الى أن يحصل على نتيجة على الرغم من أن النتيجة ستكون خطأ

father file .... **الملف الاب**

عند نسخ ملف من ملف ثاني ، يسمى الملف المنسوخ منه ملف الاب

fault .... **عطل وظيفي**

حالة تسبب عدم قيام جهاز الكمبيوتر او احد الادوات الموصلة به بان تعمل بالكفاءة المتوقعة . مثال على هذه الحالات انقطاع في سلك كهربائي او تماس في احد الدوائر. يختلف الخطأ الوظيفي عن الخطأ error والذي يسببه خطأ في البرنامج

fault time = down time

fault tolerant .... **القدرة على تحمل العطل**

جهاز او برنامج له القدرة على تصحيح عمله على الرغم من حدوث عطل في بعض اجزائه

FAX = facsimile

FCC = Federal Communications Commission

FD = full duplex

FDC = floppy disk controller

FDX = full-duplex transmission . . . . full duplex □

feasibility study . . . . **دراسة امكانيات النجاح**

دراسة امكانية نجاح المشروع او العملية وهي تتضمن جميع الحلول الممكنة والخطوات التي يمكن أن تتبع للوصول لمثل هذه الحلول

Federal Communications Commission . . . . . . **وكالة الاتصالات الفدرالية**

feedback . . . . **التزويد الاسترجاعي**

(١) رد فعل الجهاز او نظام التشغيل لما هو داخل اليه input ؛ (٢) استخدام الخارج output كداخل لنفس خطوة المعالجة او لعمليةمعالجة اخرى

feed holes . . . . **ثقوب التزويد**

الثقوب الموجودة على جانب الشريط والتي تساعد في تثبيت الشريط على البكرة عند الدوران

ferromagnetic material . . . . **مادة سريعة المغنطة**

مادة تصنع منها الدوائر الكهربائية في جهاز الكمبيوتر والتي تستخدم في تخزين البيانات

FET = field-effect transistor

fetch . . . . **يستخرج ، يجلب**

(١) إحضار بيانات او امر من موقع تخزين على الذاكرة الرئيسية الى وحدة المعالجة المركزية ؛ (٢) جلب البيانات من وسائل تخزين ثانوية الى الذاكرة الرئيسية

Fibonacci series .... متوالية فيبوناتشي

سلسلة من الارقام كل رقم فيها يساوي مجموع الرقمين السابقين له في السلسلة . بمعنى اخر $X = X_{i-1} + X_{i-2}$. لو كانت $X_0 = ٠$ و $X_1 = ١$ فستكون السلسلة ٠ ، ١ ، ١ ، ٢ ، ٣ ، ٥ ، ٨ ، ١٣ ، ٢١ ، ٣٤ ، ٥٥ ...

field .... الحقل

مساحة كجزء من سجل تستخدم لتخزين كمية معينة من المعلومات . مثلا لو كانت المدرسة تحتفظ في جهاز الكمبيوتر بمعلومات عن كل طالب في سجل خاص به فهذا هو السجل ، وأجزاء المعلومات داخل هذا السجل مثل الاسم أو العمر أو أي شيء من هذا القبيل هي الحقول. تسمى مجموعة السجلات التي يتم التعامل معها كوحدة واحدة الملف ☐ record

field-effect transistor = FET .... ترانزستور احادي القطب

ترانزستور يتحكم بالتوصيل الكهربائي كليا أو جزئيا بواسطة مجال كهروستاتيكي . أحد الانواع المشهورة من هذه الترانزستورات هو النوع المستخدم في أجهزة الكمبيوتر الصغيرة والمسمى ترانزستورات احادية القطب تتكون من شبه موصلات مصنعة من اوكسيد المعادن

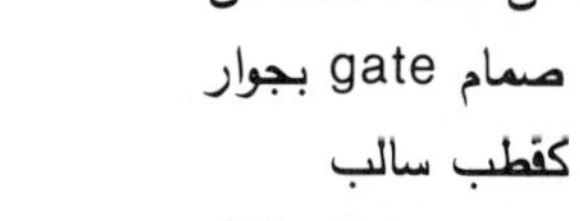

metallic-oxide semiconductor . تتكون مثل هذه الترانزستورات من (١) مادة substrate من معدن السليكون المُعامل ، و (٢) مصدر source ، و (٣) مصرف drain من معدن سليكون مخالف للنوع المستخدم في المادة (من نوع إن N ان كانت المادة من نوع بي P)، و (٤) قناة بين المصدر والمصرف ، و (٥) صمام gate بجوار القناة . يعمل المصدر كقطب موجب (كاثود) والمصرف كقطب سالب (انود) . يعمل الصمام كموصل وهو مفصول عن القناة باستخدام طبقة رقيقة جدًا (١٠٠٠ انجستروم) من ثاني اوكسيد السليكون (الزجاج) .

الترانزستورات الاحادية unipolar transistor هي ترانزستورات يتم التوصيل فيها خلال مادة من نوع واحد من السليكون

field-programmable logic array device = FPLA . . . . **اداة تسلسل منطقي من الممكن برمجتها**

اداة تسلسل منطقي يمكنها برمجة التوصيلات الداخلية لكل من صمامات « و » AND وصمام « أو » OR بتمرير تيار ذو قوة عالية في حين أن PLA لا يمكن الكتابة عليها وانما تأتي من المُصنع وعليها برنامج معين لا يمكن تغييره ☐ programmable logic array

FIFO = first in, first out

file . . . . **الملف**

جهاز الكمبيوتر يخزن المعلومات في ملفات ، كل ملف يتكون من مجموعة من السجلات يتم التعامل معها كوحدة واحدة . تخرن مثل هذه الملفات على ادوات تخزين غير الذاكرة الرئيسية مثل الشريط او القرص المغناطيسي

file conversion . . . . **تحويل الملف**

تغيير في الوسط المخزن عليه الملف . مثلا نقل تخزين الملف من شريط الى قرص مغناطيسي

file gap . . . . **فراغ الملف**

فراغ في نهاية الملف يعطي الجهاز ايعازًا بان الملف قد انتهى

file label . . . . **طابع الملف**

الطابع الذي يكتب عليه اسم الملف

file layout . . . . **تخطيط الملف**

عملية ترتيب المعلومات في الملف

file maintenance . . . . **صيانة الملف**

تغيير ما تحتويه الملفات من اضافة أو مسح أو ما شابه لتحديث ما تحتويه من معلومات

file organization .... **ترتيب الملفات**

طريقة ترتيب الملفات على سطح التخزين

file processing .... **معالجة الملف**

عملية تجديد المعلومات في الملفات الرئيسية والتي تتم بصورة منتظمة لادخال المعلومات الحديثة

file protection ring .... **حلقة حماية الملف**

يتم التخزين عادة على أشرطة مغناطيسية . توجد حلقة على عجلات هذه الاشرطة تمنع مسح هذه الاشرطة أو الكتابة عليها لحمايتها

file storage .... **تخزين الملف**

أدوات تستخدم لحفظ كميات كبيرة من المعلومات في جهاز الكمبيوتر .

مثال ذلك وحدة القرص المغناطيسي ووحدة الشريط المغناطيسي

filter .... **المُرشح**

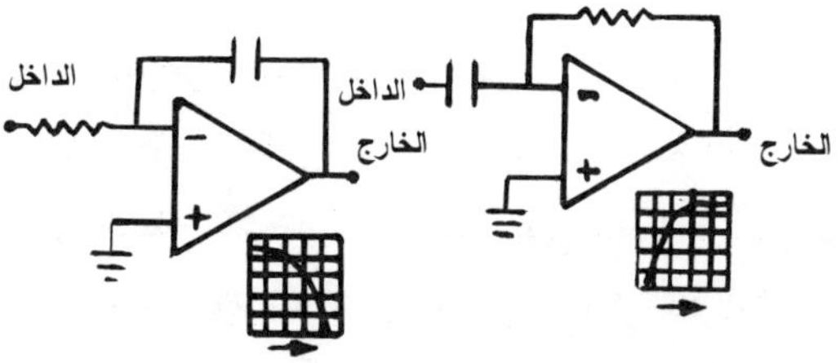

دائرة كهربائية تحتوي على مقاومات ومكثفات مجهزة تقوم بتعديل بعض الذبذبات دون الاخرى وذلك لمنع بعض هذه الذبذبات من أن تظهر في ما هو خارج من الجهاز ☐ mask

firmware .... **برنامج على ذاكرة القراءة**

برامج أو بيانات تعطى لجهاز الكمبيوتر وتخزن على ذاكرات مبرمجة للقراءة فقط PROM . تتصف مثل هذه الذاكرات بعدم امكانية تغيير محتواها ولا تتأثر عند انقطاع التيار الكهربائي عنها

first generation . . . . **الجيل الاول**

هي أول أجهزة كمبيوتر تم تصنيعها . منها جهاز يونيفاك UNIVAC سنة ١٩٥١ . كانت تستخدم فيها انابيب مفرغة vacuum tubes

first in, first out = FIFO . . . . **أول من دخل ، أول من خرج**

طريقة للتعامل مع البيانات المخزنة في جهاز الكمبيوتر. أن أول معلومات وضعت في الجهاز هي أول معلومات يمكن الحصول عليها

fixed area = FX . . . . **مساحة ثابتة**

الجزء من الذاكرة الداخلية المخصص لمعلومات أو برامج معينة

fixed disk unit . . . . **وحدة القرص الثابت**

قرص مغناطيسي لا يمكن نزعه عن اداة دورانه

fixed format . . . . **الصياغة الثابتة**

طريقة ترتيب البيانات عند ادخالها في جهاز الكمبيوتر بموجبها تكون اشكال البيانات وترتيبها ثابت ما بين سجل واخر. عكس الصياغة الحرة

fixed head disk unit . . . . **وحدة القرص ذات الرأس الثابت**

وسيلة تخزين تتكون من قرص أو مجموعة أقراص مغطاة بطبقة مغناطيسية على السطح . تخزن المعلومات على هذه الاقراص على شكل بقع مغناطيسية في ممرات دورانيه حول القرص . يمكن القراءة منها أو الكتابة عليها باستخدام رؤوس خاصة ولكل ممر

fixed-length record . . . . **السجل ذو الطول الثابت**

سجل يحتوي على نفس العدد من الكلمات او مواقع التسجيل . عكس السجل ذو الطول المتغير

fixed-length record file . . . . **ملف ذو سجلات بطول ثابت**

ملف للبيانات ، كل سجل فيه له نفس الطول

fixed point . . . . **النقطة الثابتة**

في نظام ترقيم معين ، كل رقم يُمثل بواسطة مجموعة من الخانات وموقع النقطة التي تفصل بين الكسور والارقام الصحيحة يفهم ضمنيا من الطريقة التي تستخدم بها الارقام . عكس floating point

fixed-point arithmetic . . . . **حسابات النقطة الثابتة**

أجراء الحسابات باعتبار أن موقع النقطة التي تفصل بين الارقام الصحيحة والكسور هو موقع ثابت . أي أن جهاز الكمبيوتر يعتبر موقع هذه النقطة هو نفس الخانة دائما . هذه الطريقة تُسهل العمليات الحسابية في أجهزة الكمبيوتر

fixed size record . . . . **سجل ذات حجم ثابت**

سجل يحتوي على نفس العدد من الكلمات أو الخانات أو مواقع التسجيل

fixed storage . . . . **المخازن الثابتة**

نوع من الذاكرات التي لا يمكن تغيير محتواها باعطاء أوامر لجهاز الكمبيوتر مثال ذلك ذاكرات القراءة فقط ROM

fixed word . . . . **الكلمة الثابتة**

اصطلاح يطلق على جهاز الكمبيوتر او اي اداة ذكية تكون فيها كلمة الكمبيوتر computer word ذات طول ثابت يتم تحديده بواسطة مصمم الجهاز ☐ word

fixed word length . . . . **الكلمة ذات الطول الثابت**

fixed word-length computer . . . . **جهاز الكمبيوتر ذو الكلمة ذات الطول الثابت**

جهاز كمبيوتر كل كلمة فيه ذات طول ثابت (نفس عدد الخانات). تم تصميم

المسجلات ومواقع التخزين بحيث ان كل منها له نفس العدد من الخانات . تتم عنونة أجهزة الكمبيوتر من هذا النوع باستخدام الكلمات

flag .... دليل ، إشارة ، عَلَم

دليل او اشارة تستخدم لهدف محدد في كل من البرامج او اجزاء جهاز الكمبيوتر. تستخدم الاشارة في البرامج للدلالة على اجزاء اخرى من البرنامج لحالة محددة . فمن الممكن استخدام هذه الاشارات في مواقع مختلفة في البرنامج لاختبار حالة معينة . قد يسبب وجود العلم في اجزاء جهاز الكمبيوتر وقوع احداث محددة في اوقات تم تحديدها سابقاً. وعند تخزين البيان ، قد يتكون العلم من حرف او حرفين يستخدم للدلالة على خصائص معينة

flatbed plotter .... المرسمة السطحية

آلة متصلة بجهاز الكمبيوتر لرسم الرسوم البيانية متصل بها قلم يتحرك على كلا المحورين لايضاح نتائج تحليل البيانات في صورة رسم بياني . هذا يختلف عن المرسمة الاسطوانية حيث ان الاقلام تتحرك في اتجاه واحد والورقة في الاتجاه الاخر

flat file .... ملف سطحي

(١) ترتيب البيانات في صورة مصفوفة ذات بعدين □ array ؛

(٢) ترتيب الملف بطريقة لا يكون فيها البحث عن البيانات بتنظيم خاص

flat screen display .... شاشة العرض المسطحة

شاشة عرض رقيقة بالمقارنة لطولها وعرضها . يطلق هذا الوصف على ادوات مثل البلازما الغازية gas plasma والصمام الثنائي المشع للضوء -light emitting diode

flexible disk .... **القرص اللين**

قرص مغناطيسي مصنوع من البلاستيك تخزن عليه البيانات والبرامج . يقسم القرص الى ممرات tracks . قطر هذا القرص ٥،٢٥ و٨ بوصة (١٣،٣ سم و٢٠،٣ سم) ومغلف بطبقة من البلاستيك ذات ابعاد ٨ × ٨ بوصة وذلك للحماية عند القراءة منه او الكتابة عليه . توجد في القرص فتحات ونتوءات لتناسب عمل اداة ادارة القرص disk drive

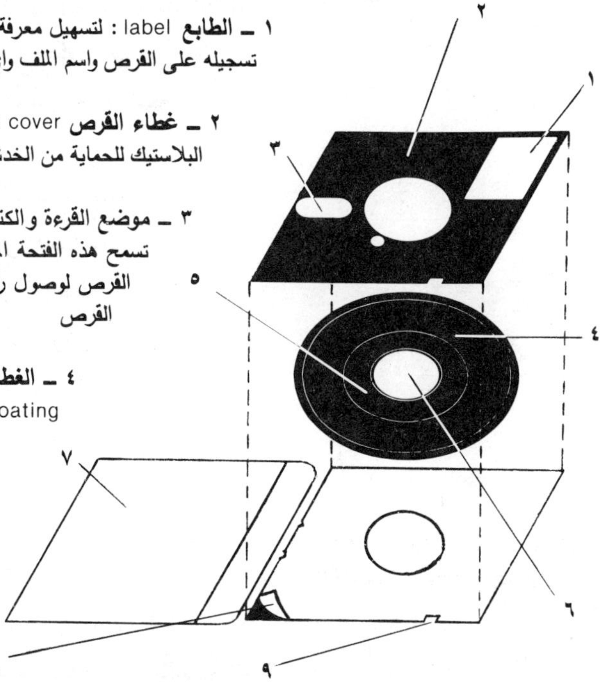

١ ـ **الطابع** label : لتسهيل معرفة القرص ، يكتب عليه ما تم تسجيله على القرص واسم الملف واي معلومات توضيحية اخرى

٢ ـ **غطاء القرص** disk cover : غلاف مربع من البلاستيك للحماية من الخدش او التراب او اللمس المباشر

٣ ـ **موضع القرءة والكتابة** read/write slot : تسمح هذه الفتحة المستطيلة الشكل في غطاء القرص لوصول رأس القراءة والكتابة لسطح القرص

٤ ـ **الغطاء المغناطيسي** magnetic coating : يصنع القرص من مادة البلاستيك ويغطى من الجهتين بطبقة من اوكسيد الحديد التي يمكن مغنطتها

٥ ـ **فتحة المرجع** index hole : يستخدم جهاز ادارة القرص هذه الفتحة كدليل او كنقطة بداية عند القراءة من القرص . يسمى القرص ذو الفتحة الواحدة باللين والقرص ذو عدة فتحات (١٠ او ١٦) بالصلب

٦ ـ **فتحة المحور** hub hole : يعمل مركز القرص كمحور يدور حوله

٧ ـ **غلاف الحماية** protective sleeve : يتم حفظ القرص اللين في غلاف من الورق للحماية

٨ ـ **الحشوة** lining : يتم تزييت الناحية الداخلية للغطاء ويجب ان تكون ناعمة جدا لتقليل الاحتكاك

٩ ـ **نتوء الحماية من الكتابة** write protect notch : يعطي هذا النتوء فكرة عن امكانية الكتابة على القرص ام لا . فالنتوء المكشوف في القرص (١٣،٣ سم قطرا) يعني امكانية الكتابة على القرص ، اما عند تغطية النتوء فان ذلك يمنع التسجيل على القرص وبالتالي يحميه من التلاعب او تغيير محتواه . العكس صحيح في القرص ذي ٢٠،٣ سم قطرا

flexowriter . . . . **الفليكسوريتر**

نوع من المطابع المتصلة بجهاز الكمبيوتر والتي تنقل المعلومات مكتوبة على شريط من الورق . استخدمت مع كثير من أجهزة الكمبيوتر القديمة كأداة للداخل والخارج input/output

flip-flop . . . . (دائرة كهربائية قلابة) **نطاط**

دائرة كهربائية لا يمكن أن تكون في أكثر من حالة في نفس الوقت اما موصلة كهربائياً on أو غير موصلة off . لذلك تحتوي على خانة واحدة ممثلة بنظام الترقيم الثنائي ، ان كانت موصلة (واحد) وان كانت غير موصلة (صفر). احد انواع هذه الدوائر مايسمى بدائرة R-S flip-flop (شكل ١) وكجزء من دائرة كهربائية (شكل ٢)

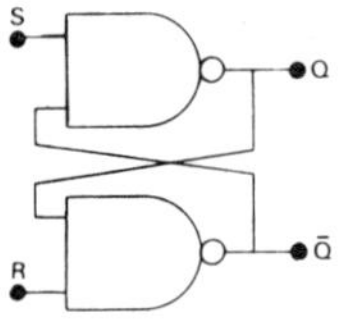

شكل ١

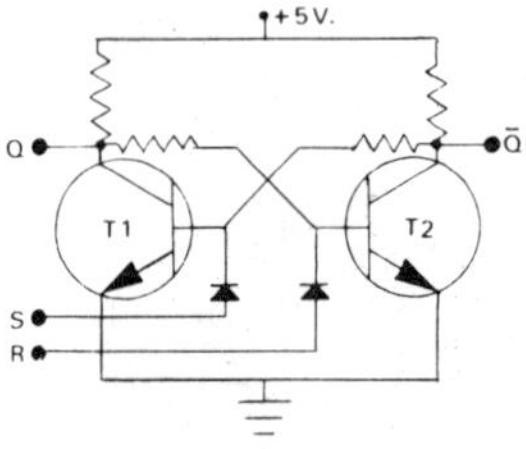

شكل ٢

floating gate avalanche-injection metal-oxide semiconductor = FAMOS . . . . **فيموس**

نوع من أنواع الذاكرات المبرمجة للقراءة فقط ROM تكون فيها خلايا التخزين مماثلة للترانزستورات احادية القطب field effect transistor . الصمام المصنوع من عنصر السليكون محاط بالزجاج بين المصدر source والمصرف drain . لتخزين رقم واحد في خانة ، يُعطى فولت عالي للمصرف مع حفظ المصدر ليكون في فولت منخفض ، وهذا يسبب تدفق الاليكترونات . بعض هذه الاليكترونات سيُحجز بواسطة الصمام gate محدثا شحنة استاتيكية والتي ستخفض حدود الفولت ولذلك عند اعطاء اشارة القراءة ذات الفولت الصحيح فانه يتم التوصيل . يتخلص الصمام عند تعريضه للاشعة فوق البنفسجية UV من الشحنة وهذا يسمح باعادة البرمجة من جديد ☐ programmable read-only memory

floating-point arithmetic . . . . حسابات العلامة العشرية العائمة

طريقة حساب يمكن فيها تغيير موضع النقطة التي تفصل بين الكسور والاعداد الصحيحة . لا يمكن للعديد من اجهزة الكمبيوتر والحاسبات اليدويه التعامل مع الارقام ذات خانات عديدة وانما مع أرقام ذات عدد محدود من الخانات . لحل هذه المشكلة تتعامل أجهزة الكمبيوتر مع مثل هذه الارقام باستخدام طريقة علمية معينة حيث يمكن كتابة رقم مثل 900 بشكل أخر 0.9 مضروب في 1000 . رقم 1000 عبارة عن 10 × 10 × 10 أو 10 مضروبة بنفسها ثلاث مرات (عادة ما تكتب على شكل E3). حرف E مأخوذ من كلمة exponent . يمكن كتابة رقم 900 كما يلى : 0.9E3 . من ذلك نجد أنه يمكن تقسيم الرقم الى قسمين حسب هذه الطريقة ، القسم الاول وهو الكسر 0.9 وعادة يسمى mantissa والقسم الاخر وهو الاس E3 . كذلك فان رقم 0.0000123 يصبح 04 – 123E . نظرا لان موقع النقطة العشرية يتغير عندما تتغير قيمة الاس ، هذه الطريقة الحسابية تسمى طريقة الترقيم المتغيرة أو العائمة

floating-point number . . . . floating-point arithmetic ☐

floating point routine . . . . برنامج العلامة العشرية المتحركة

مجموعة من الاوامر تُعطى لجهاز الكمبيوتر لكي يقوم باجراء عمليات حسابية باستخدام حسابات العلامة العشرية المتحركة floating-point arithmetic. عادة ما تستخدم هذه البرامج عندما لا يكون جهاز الكمبيوتر معدا للتعامل مع مثل هذه الارقام

floppy disk = flexible disk

floppy disk drive . . . . جهاز تشغيل القرص اللين

آلة توصل بجهاز الكمبيوتر ويمكن بواسطتها تخزين المعلومات على القرص اللين . يدور القرص داخل هذه الالة بسرعة عالية لكي يتمكن رأس التسجيل أو القراءة من التسجيل على هذا الشريط أو القراءة منه

flow .... تسلسل الخطوات

الحركة بين نقطتين على شكل متتالي او حدوث الوقائع في تسلسل متتابع

flow analysis .... تحليل الخطوات

عملية تصنيف تستخدم لمعرفة العلاقة بين أجزاء البرنامج الواحد

flowchart .... خريطة خطوات العمل

الرسم التوضيحي الذي يُظهر توالي العمليات التي سيقوم بها جهاز الكمبيوتر لحل المشكلة المعطاة . يرسم كاتب البرنامج قبل ان يبدأ في كتابة برنامجه باللغة التي يريدها رسمًا تخطيطيا للبرنامج للتأكد من التسلسل المنطقي في حل المشكله . يتضمن الرسم التوضيحي أشكالاً مختلفة وخطوطاً تصل بين هذه الاشكال . مثلا : افرض انه مطلوب كتابة برنامج لعمل القهوة .
سيكون الرسم التخطيطي كما يلي :

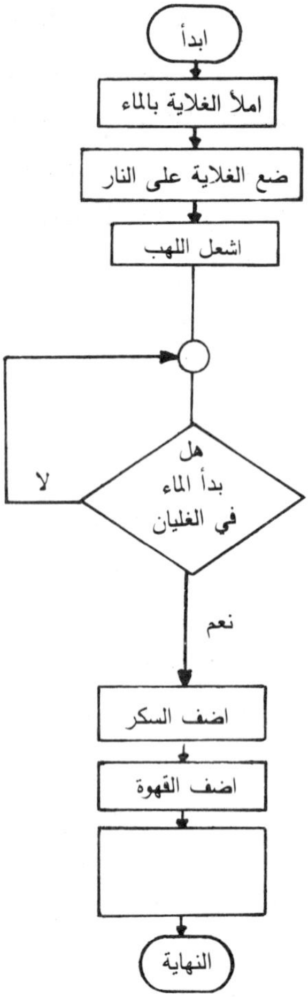

ويتم اعداد خريطة سير العمليات لاغراض مختلفة . مثلا يمكن رسم خريطة سير العمليات بالنسبة لنظام جهاز الكمبيوتر او نظام معلومات وهي تسمى خريطة سير عمليات النظام وهناك خريطة سير العمليات داخل البرنامج المراد كتابته وهي تسمى program flowchart وهناك خريطة سير العمليات الخاصة باجراءات يدوية وهي تسمى manual procedure flowchart

رمز الرسم التخطيطي .... flowchart symbol

الاشكال المستخدمة في الرسم التوضيحي للتعبير عن العمليات المختلفة التي يتضمنها البرنامج

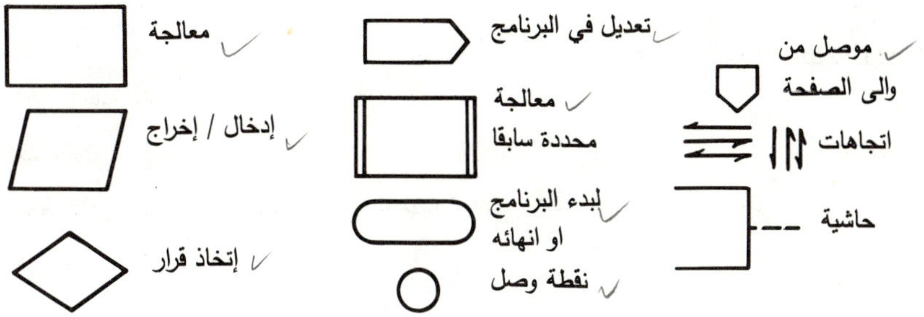

رموز الرسم التخطيطي للبرامج

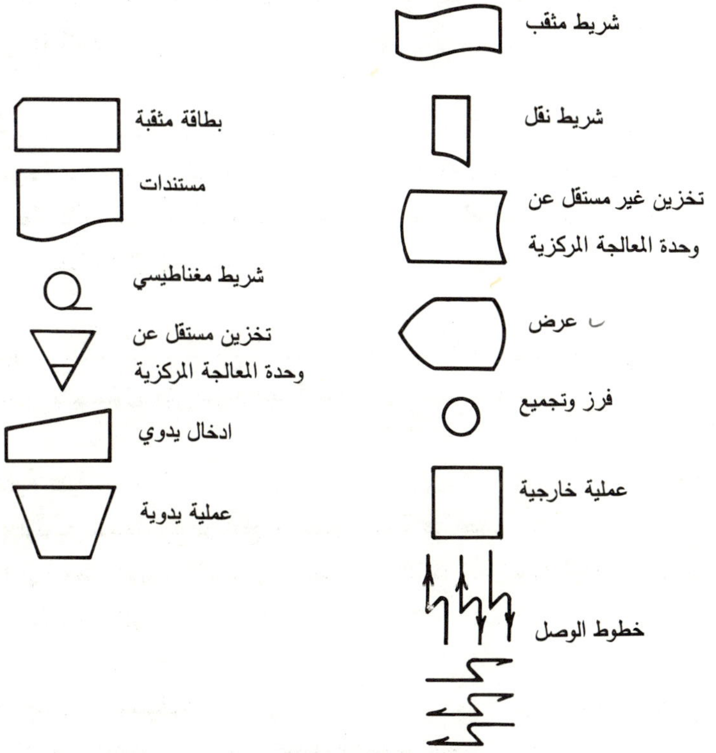

رموز الرسم التخطيطي للاجهزة

flowchart template . . . . **مسطرة الرسومات التخطيطية**

المسطرة التي تتضمن أشكالا عديدة محفورة فيها والتي تُستخدم في الرسوم التوضيحية لبرامج الكمبيوتر

flow diagram = flowchart

flowline . . . . **خط التدفق**

الخط الذي يصل بين عمليتين من العمليات التي يقوم بها جهاز الكمبيوتر على الرسم التوضيحي

FLOW-MATIC . . . . **فلو – ماتيك**

أول لغة اوتوماتيكية تم اختراعها للاستعمال مع جهاز الكمبيوتر يونيفاك الثاني UNIVAC II

font . . . . **طقم**

مجموعة من الرموز ذات حجم واحد وطريقة كتابة واحدة . ففي آلات الطباعة المثبتة فيها احرف الطباعة على شكل كرة الغولف ، كل كرة تمثل حجماً واحدًا وشكل كتابة واحد

forecast . . . . **التنبؤ**

التخمين بالحصول على نتائج معينة بناءً على معطيات محددة

foreground . . . . **اسبقية عليا**

(١) اولوية التعامل مع برنامج أو عملية معينة في جهاز الكمبيوتر ؛
(٢) في بعض أجهزة الكمبيوتر : الجزء من الذاكرة الرئيسية المخصص للعمليات ذات الاولوية

foreground processing . . . . **المعالجة ذات الاسبقية**

في الاجهزة المتعددة البرامج : عملية معالجة البرامج ذات الاولوية على حساب البرامج ذات الاهمية الثانوية

البرنامج ذو الاسبقية . . . . foreground program

البرنامج ذو الاولوية العالية والذيتتم معالجته قبل البرامج الاخرى في اجهزة الكمبيوتر التي يمكنها التعامل مع اكثر من برنامج في نفس الوقت .
عكس background program

نموذج ، استمارة ، شكل . . . . form

(١) طريقة اظهار نتائج التحليل ؛ (٢) الورقة المكتوب عليها بحيث تُملأ الخانات الفارغة عند استخدامها . مثال ذلك الفواتير حيث توجد خانات فارغة لكل وحدة من المعلومات . يتم الكتابة في هذه الخانات عند استخدام هذه الفواتير

خطأ تغذية النموذج . . . . form check

خطأ ينتج عن عملية تغذية الجهاز بالنماذج (كما في حالة جهاز الطباعة او جهاز قراءة المستندات). مثل وجود تقطع في ورقة النموذج او انحشار في الجهاز

اللغة الاساسية . . . . formal language

نظام يتكون من مجموعة من الرموز والاحكام والُمعرفة جيدا لتكوين كلمات أو تعبيرات معينة ولكن بدون اعطاء معنى ثابت ومستديم لهذه الكلمات أو التعبيرات

المنطق الاساسي. . . . . formal logic

دراسة شكل وبناء مشكلة جدلية بدون النظر لمعنى المصطلحات المستخدمة في وصف هذه المشكلة

شكل الصياغة . . . . format

الطريقة التي ترتب بها البيانات ، مثل عدد الخانات لكل وحدة من وحدات البيانات

الصياغة . . . . formatting

تسجيل معلومات خاصة على قرص بواسطة جهاز الكمبيوتر لتعريف

المرات tracks على سطح القرص . تختار معظم مصانع اجهزة الكمبيوتر طريقة خاصة بهم لترتيب المعلومات المخزنة بحيث تُعتبر سرًا ، وبالتالي من الصعب استخدام قرص تم اعداده لجهاز محدد للعمل في جهاز اخر

formula (*formulas, formulae* مفرد كلمة) . . . . **معادلة . صيغة**

معادلات ثابتة وضعت لوصف شيء معين مثل مساحة الدائرة = ط نق٢ ، وكذلك محيط الدائرة = ٢ ط نق

FORTH . . . . **فورث**

لغة راقية لكتابة البرامج تُسهل على المبرمج كتابة برامج فعالة باستخدام عبارات بسيطة . من مميزات هذه اللغة ، السرعة ورخص تكاليف استخدامها

FORTRAN = Formula Translation system . . . . **فورترن**

لغة من لغات الكمبيوتر الراقية تستخدم غالبا في التطبيقات العلمية لحل المشاكل المعقدة . هناك لغة مبسطة ومأخوذة عن هذه اللغة تسمى لغة البيزيك BASIC . تعتبر هذه اللغة احدى اقدم اللغات واكثرها شعبية . تحتاج البرامج المكتوبة بهده اللغة برنامجاً مجمعاً compiler بدلاً من البرنامج المترجم interpreter

fortuitous . . . . **تصادفي**

اصطلاح يطلق على أحداث عشوائية تحصل بدون تخطيط

forward channel . . . . **قناة الارسال**

قنوات اتصال تستخدم لنقل المعلومات

FPLA = field-programmable logic array device

four-address instructions . . . . الاوامر ذات العناوين الاربعة

اوامر، تتكون العناوين فيها من اربعة اجزاء ، الاول والثاني عنوانين للرقمين المراد اجراء العملية الحسابية عليهما ، والثالث عنوان لموقع تخزين النتيجة والعنوان الرابع لموقع الامر التالي المرادمعالجته بعد ذلك

fragmentation . . . . الانتشار

اصطلاح لوصف الوضع الذي تكون فيه اجزاء صغيرة ومتفرقة من الذاكرة الرئيسية الناتجة عن تخزين البيانات أو البرامج في مواقع متفرقه على الذاكرة تاركة أجزاء صغيرة في كل سجل لا تتسع لتسجيل معلومات متكاملة عليها . الحل لهذه المشكلة هو تجميع هذه الاجزاء الصغيرة معا لتكوين مساحة تسجيل كبيرة بدرجة يمكن تخزين برنامج أو وحدة من المعلومات عليها

frame . . . . الاطار

مجموعة من مواقع الخانات موزعة على الشريط المغناطيسي أو شريط الورق بحيث تكون موازية لحركة هذا الشريط . العديد من هذه الموقع يمكن تجميعها في اطار واحد عن طريق استخدام العديد من هذه المواقع بعرض الشريط

free format . . . . الصياغة الحرة

لا توجد شروط محددة لطريقة ترتيب البيانات عند ادخالها لجهاز الكمبيوتر

عكس الصياغة الثابتة fixed format

free-form language . . . . اللغة الطليقة

لغة برمجة تكون الجمل المستخدمة فيها مقبولة من البرنامج المُجمع compiler بغض النظر ان كانت مرتبة بنفس طريقة ترتيب شفرة المصدر source code ام لا . مثال لهذه اللغات ، لغة PL/1

frequency . . . . التردد ٠ التكرار

(١) عدد المرات التي تتكرر فيها الاشارات في وحدة الزمن □ Hertz; MHz ؛
(٢) عدد المرات التي يتكرر فيها البيان ؛ (٣) في مجال الاحصاء : تدل على جدول تكرار احصائي

التغذية بالاحتكاك .... friction feed

في المطبعة : طريقة حركة الورق بين عجلات الطباعة

ودي . سهل .... friendly

سهل الاستخدام ولا يحتاج لخبرة سابقة

أداة جمع تامة .... full adder

دائرة كمبيوتر يمكنها اضافة ثلاثة أرقام أحدها محمول من عملية اضافة سابقة □ adder

مزدوج الارسال والاستقبال .... full duplex = FD

نقل المعلومات في اتجاهين في نفس الوقت وتكون كل عملية نقل مستقلة عن الاخرى □ duplex

عرض صفحة كاملة .... full-page display

جهاز طرفية له القدرة على اظهار ما تحتويه صفحة كاملة ذات ابعاد ٨،٥ × ١١ بوصة (١١ سم × ٢٨ سم و٥٥ سطر كل منهم به ٨٠ رمز)

دالة · اجراء · وظيفة .... function

(١) في تطبيقات الجبر والرياضيات : دالة ، بمعنى تعريف التعبير الرياضي او الحسابي الذي ينتج عنه قيمة معينة . مثل دالة القيمة المطلقة او دالة الجذر التربيعي ؛ (٢) في كتابة برامج جهاز الكمبيوتر : دالة ، بمعنى مجموعة التعليمات التي تكتب في البرامج ويكون الغرض منها حساب قيمة الدالة وفقا لاصول الجبر والرياضيات . تكتب هذه التعليمات باحدى طريقتين : اما طريقة اعداد برنامج فرعي مستقل لحساب الدالة ويتم استدعائه كلما كان هناك حاجة له في البرنامج الرئيسي ويسمى البرنامج الفرعي للدالة function subprogram والطريقة الاخرى تضمين البرنامج عبارة تشمل التعبير الرياضي لحساب القيمة المطلوبة ، وفي هذه الحالة تسمى هذه العبارة

عبارة الدالة function statement ؛ (٣) اجراء : مجموعة خطوات يتم اداوءها لاتمام معاملة معينة ، سواء كانت هذه الخطوات تتم بمعرفة الجهاز او تتم يدويا او الاثنين ؛ (٤) وظيفة : الوظيفة المعينة لالة ما او جهاز ما او برنامج او شخص ما

functional analysis . . . . **التحليل الوظيفي**

المهام التي يقوم بها محلل نظام المعلومات بغرض التعرف على الاجراءات والوظائف المطلوب القيام بها استجابة لمتطلبات النظام

functional design . . . . **التصميم الوظيفي**

(١) التوضيحات التي تظهر العلاقة بين اجزاء الجهاز والمهمات التي تقوم بها هذه الاجزاء ؛ (٢) تصميم نظام المعلومات بالشكل الذي يوضح كيفية اداء الوظائف المطلوب استخدام الجهاز لتأديتها

functional units of a computer . . . . **اجزاء جهاز الكمبيوتر**

يتكون جهاز الكمبيوتر من خمس وحدات : (١) وحدة الحساب arithmetic unit **؛ (٢) وحدة التخزين** storage unit **؛ (٣) وحدة التحكم** control unit **؛ (٤) وحدة الداخل** input unit **؛ (٥) وحدة الخارج** output unit

function flowchart . . . . logic diagram □

function key . . . . **مفتاح العمليات**

(١) مفاتيح مضافة على لوحة المفاتيح في جهاز الكمبيوتر يمكن بواسطتها التحكم بكثير من العمليات او اضافة عمليات لعمل الجهاز ؛ (٢) مجموعة مفاتيح على لوحة مفاتيح الطرفية لها دلالة خاصة بالنسبة للبرنامج تحت التنفيذ ، وعادة كل مفتاح يشير الى وظيفة معينة مطلوب اداؤها من البرنامج

الصمامة الكهربائية . . . . **fuse**

جزء صغير لحماية الدائرة أو الدوائر الكهربائية من التذبذب في التيار وعادة ما تتكون من سلك قصير من مادة تنصهر بسهولة اذا ما حدث تذبذب في التيار

FX = fixed area

G

G = giga . . . . gigahertz □

gain . . . . **كسب**

زيادة او توسيع اشارة عندما تمر من خلال جهاز التحكم . عكس attenuation

game theory . . . . **نظرية الالعاب**

فرع من علم الرياضيات يهتم باشياء كثيرة من ضمنها علم الاحتمالات

gang punch . . . . **التثقيب المتعدد (نسخ)**

تثقيب مجموعة من بطاقات التثقيب بنفس الثقوب او بنفس البيانات ، وذلك بان تقوم ماكينة التثقيب بقراءة البيانات من اول بطاقة وتثقيب ثاني بطاقة بنفس البيانات ثم قراءة البيانات من ثاني بطاقة وتثقيب البطاقة الثالثة وهكذا الى ان تنتهي كل البطاقات في المجموعة

gap . . . . interblock gap □

garbage . . . . **القمامة**

(١) اصطلاح يستخدم لوصف نتائج خاطئة تم الحصول عليها من جهاز الكمبيوتر اما نتيجة تقصير في الجهاز نفسه او نتيجة خطأ في البرنامج ؛

(٢) معلومات وبيانات غير مرغوب فيها ومخزنة في ذاكرة جهاز الكمبيوتر ؛

(٣) تزويد جهاز الكمبيوتر بمعلومات خطأ □ GIGO

garbage collection .... جمع القمامة

استخدام برنامج معين للبحث في الذاكرات عن المساحات التي تحتوي على معلومات غير مرغوب فيها والتخلص منها لكي تصبح هذه المساحات فارغة وجاهزة لتخزين معلومات جديدة فيها

gate .... صمام (بوابة)

دائرة كهربائية تدخلها عدة عوامل او متغيرات وتخرج منها نتيجة واحدة ، ولا يتم التعامل مع الخارج حتى يستوفي الداخل شروطا معينة . في اجهزة الكمبيوتر تسمى مثل هذه الدوائر بالدوائر المنطقية لانها تعطي نتائج طبقاً لمنطق معين تبعا لما هو داخل اليها □ AND; OR; XOR

gauss .... جاوس (غاوس)

وحدة قياس كثافة الحقل المغناطيسي

gauss elimination .... اختصارات جاوس (غاوس)

طريقة لحل المعادلات الجبرية

GE = greater than or equal to .... relational operator □

general purpose .... هدف عام

امكانية تطبيق شيء على عدد كبير ومختلف من الاستعمالات وبدون اي تعديلات اساسية . عكس special purpose

general purpose computer .... اجهزة الكمبيوتر ذات الهدف العام

جهاز الكمبيوتر المصمم لحل مشاكل ذات خواص مختلفة ومتعددة مثال ذلك جهاز الكمبيوتر من نوع digital computer

general purpose interface bus = GPIB .... باص التعشيق ذو الهدف العام

يطلق هذا الاسم على باصات من نوع IEEE 488

Hewlitt-Packard interface bus □

general purpose program = general purpose routine

general purpose register . . . . المسجل ذو الهدف العام

المسجل الذي يستعمل في اجراء عمليات حسابية او عمليات تحليلية او ترتيب معلومات او ما شابه ذلك

general register . . . . مسجل عام

مسجل يستخدم في العمليات الحسابية على الارقام الثنائية

generalized routine . . . . روتين (برنامج) شائع

مجموعة من التعليمات تعطى لجهاز الكمبيوتر بهدف معالجة مدى كبير من المهمات الخاصة في اطار التعليمات المعطاة

generate . . . . يولد · ينشئ

(١) انتاج بيانات ومعلومات جديدة من المعلومات المعطاة لجهاز الكمبيوتر ؛
(٢) استخدام مولد لاعداد برنامج لغة الالة ليتناسب مع مواصفات معينة ؛
(٣) إنشاء ملف بيانات من البيانات المدخلة

generation *(of computers)* **. . . . . توليد**

اصطلاح يطلق على التطور الذي حدث في تصنيع اجهزة الكمبيوتر فمن الجيل الاول لاجهزة الكمبيوتر التي استخدمت فيها الانابيب المفرغة vacuum tubes الى الجيل الثاني الذي استخدمت فيه الترانزستورات الى الجيل الثالث والذي استخدمت فيه الدوائر الكهربائية المدمجة IC

generator . . . . برنامج مولد

برنامج يعطي تعليمات لبرنامج اخر لكي يقوم بمهمات معينة

geocoding . . . . تشفير جغرافي

تمثيل بياني للمعلومات المختصة بجغرافية منطقة

geometric solution . . . . **الحل التخطيطي (المرسوم)**

احدى طرق حل المسائل باستخدام الرسوموالبيانات والمعادلات الخطية

get . . . . **احصل على**

أمر يستخدم في برامج الكمبيوتر للحصول على السجلات من ملف الداخل

gibberish total . . . . **المجموع الرطني (التمتمة)**

يقسم جهاز الكمبيوتر ويجمع عدد المعلومات التي يتعامل معها . مثلا اذا كانت الشركة تحتفظ لكل موظف ببطاقة تكتب عليها جميع المعلومات عن هذا الموظف ، فان جهاز الكمبيوتر يصنف ويحسب مجموع هذه المعلومات

giga = G = bega . . . . **مليون كيلو**

بادئة معناها بليون (١٠^٩)

gigahertz = GHz = begahertz . . . . kilomegahertz □

kilomegahertz . . . . **مليون كيلوهرتز (بليون دورة)**

١٠^٩ دورة / الثانية

GIGO = garbage in, garbage out . . . . **قمامة داخلة ، قمامة خارجة**

(الوعاء ينضح بما به)

العلاقة بين البيانات الداخلة input والنتائج الخارجة output . فان كان ما هو داخل معلومات خطأ garbage in ، ستكون النتائج التي يتم الحصول عليها خطأ ايضا garbage out

glitch . . . . **فساد**

تماوج مفاجيء في دائرة كهربائية يسبب مشاكل للالات الاليكترونية او اخطاء في نتائج اجهزة الكمبيوتر

متغير عام .... global variable
(١) المتغير الذي له نفس القيمة بغض النظر عن البرنامج الذي استخدم فيه ؛
(٢) المتغير الذي يُشار اليه في البرنامج الرئيسي وجميع البرامج الثانوية
وهذا يختلف عن المتغير المحلي الذي قد يُشار اليه في موقع واحد فقط

جودة التوفيق / الملائمة الدائمة .... goodness-of-fit

GP = general purpose

GPIB = general purpose interface bus

مُعدل التعشيق ذو الهدف العام .... GPIB interface adapter
نوع من المُعدلات المخزنة فيها البيانات ، أو العوامل التى يمكن لكل البرامج
استخدامها

تعطل لطيف (تدريجي) .... graceful degradation
تقوم الشركات المصنعة لاجهزة الكمبيوتر بتصميم الجهاز بحيث ان حدث
عطل في جزء ما من الجهاز، لا يتوقف الجهاز كليا ولكن يعمل بكفاءة اقل
من المعتاد

الخروج السهل (اللطيف) .... graceful exit
قدرة مستخدم جهاز الكمبيوتر على الخروج من البرنامج بدون الحاجة الى
فصل التيار الكهربائي عن الجهاز turn off

غرام (جرام) .... gram
وحدة قياس الوزن المترية ، وهي تساوي جزء من الالف من الكيلوغرام
(الكيلوجرام)

الخطأ القواعدي .... grammatical mistake
(١) مخالفة قوانين استخدام لغة من اللغات المستخدمة في كتابة البرامج ؛
(٢) خطأ لغوي

grandfather file .... الملف الجد

في حالة نسخ معلومات من ملف ما الى ملف جديد ثم نسخ ملف ثالث من الملف الجديد ، فان الملف الاول هو الملف الجد والملف الثاني هو الملف الاب والملف الثالث هو الملف الابن

graph .... رسم توضيحي

graphic character .... حرف الرسم

graphic display program .... برنامج عرض الرسومات

برنامج يعرض البيانات او النتائج على شكل رسومات على شاشة العرض

graphic processor .... منجز الرسومات

وحدة معالجة تسمح باخراج النتائج على شكل رسومات بيانية

graphics .... رسوم بيانية

اظهار نتائج تحليل البيانات الداخلة للكمبيوتر على شكل رسومات واشكال بيانية

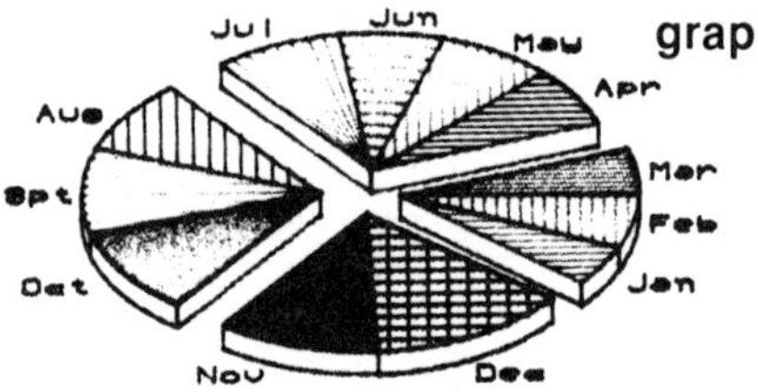

graphics digitizer .... مُرقم الرسومات

آلة يمكنها تحويل الرسومات البيانية الى قيم عددية لاجراء الحسابات والتحليلات عليها

graphics tablet .... لوحة الرسومات

اثناء الرسم على سطح خاص باستخدام قلم معين stylus ، يظهر هذا الرسم على شاشة جهاز الكمبيوتر ومن الممكن تخزينه وحفظه على قرص وكذلك طبعه بمطبعة الرسومات البيانية المرفقة مع جهاز الكمبيوتر

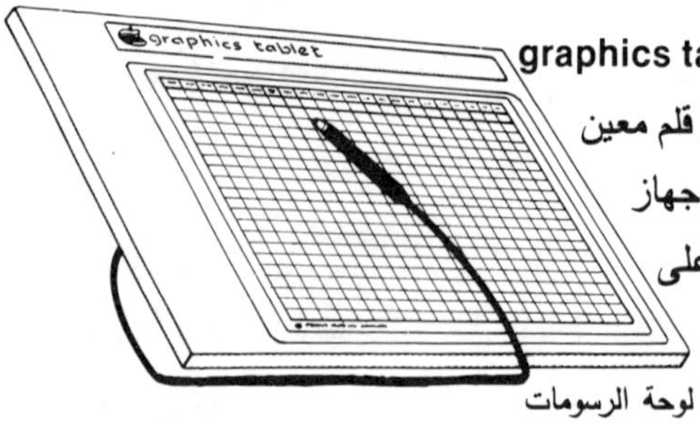

لوحة الرسومات

graunch . . . . **خطأ غير مخطط له**

Gray code . . . . **شفرة غراي**

طريقة ترقيم ثنائية يختلف فيها كل رقم ثنائي عن الرقم السابق له في سلسلة من الارقام في موقع لخانة واحدة فقط . تستخدم هذه الشفرة مع الادوات الحساسة للرؤية عند تحويل قيم على شكل متصل analog الى قيم على شكل منفصل digital

ارقام ثنائية	ارقام حسب شفرة غراي
٠٠٠٠	٠٠٠٠
٠٠٠١	٠٠٠١
٠٠١٠	٠٠١١
٠٠١١	٠٠١٠
٠١٠٠	٠١١٠
٠١٠١	٠١١١

greater than (GT) . . . . relational operator □

greater than or equal to (GE) . . . . relational operator □

grid . . . . **شبكة ٠ مصفوفة**

مجموعتان من العناصر. المجموعة الاولى متوازية والمجموعة الثانية متقاطعة . هذا هو التركيب الاساسي للذاكرات التي يمكن عنونتها

ground . . . . **ارضي**

توصيل الدوائر الكهربائية بالارض (في حالة التيار المتردد) ، لضمان احتراق الفيوز عند حصول اي تماس كهربائي للحماية من الحريق

group data item=group field

group field . . . . **حقل مُجمع**

حقل البيان الذي يمكن مناداته باسمه ، وفي نفس الوقت يمكن تقسيمه الى حقول فرعية كل منها له اسمه ايضاً . مثال : التاريخ ينقسم الى اليوم والشهر والسنة . فكلمة التاريخ تشير الى اسم حقل مُجمع يضم ثلاثة حقول فرعية هي

اليوم والشهر والسنة وتسمى حقولا فرعية elementary fields لانها ليست
مقسمة بدورها

group indicator = group mark

group mark .... علامة المجموعة
اي دليل يستخدم للاستدلال على نهاية الكلمة او نهاية وحدة المعلومات

grouping .... وضع في مجموعات
ترتيب المعلومات والبيانات في مجموعات متقاربة لها صفات متماثلة

GT = greater than .... relational operator ☐

guide edge .... حافة قيادية
حافة تقود الشريط الورقي او المغناطيسي اثناء التلقيم

gulp .... جرعة
مجموعة من الخانات كل منها يتكون من عدد من كلمات الكمبيوتر او البايت
byte (حيث ان كل بايت تتكون من ٨ خانات او بت bit) ☐ bit; byte

H

وحدة الجمع النصفية . . . . **half-adder**

(١) عملية جمع رقمين من غير حمل (بدون اظهار الباقي) ؛

(٢) اداة تجمع رقمين أ ، ب ويخرج منها رقمان ت ، ث كنتيجة للجمع

مثلا

الداخل input			الخارج output	
أ	+	ب	ت	ث
٠	+	٠	٠	٠
٠	+	١	١	٠
١	+	٠	١	٠
١	+	١	٠	١

تعديل نصفي . . . . **half-adjust**

طريقة لتقريب القيم الحسابية مبنية على مبدأ جبر الكسور

مزدوج نصفي . . . . **half-duplex**

خط من خطوط الاتصالات (خط التلغراف) الذي يسمح بنقل المعلومات في كلا الاتجاهين ولكن ليس في نفس الوقت

نصف كلمة . . . . **halfword**

سلسلة من الخانات او الرموز المتتالية التي تتضمن نصف كلمة كمبيوتر (اربع خانات قد يكون بها ارقام او احرف او رموز) ويمكن مخاطبتها على الذاكرة كوحدة واحدة □ word

توقف .... halt

(١) توقف عن انجاز سلسلة من التعليمات ؛ (٢) نقطة او موضع في البرنامج توقف عندها الجهاز عن المعالجة

أمر توقف .... halt instruction

تعليمات لجهاز الكمبيوتر توقف عملية تنفيذ خطوات برنامج معين

شفرة هامنغ (هامنج) .... Hamming code

شفرة تصحيح المعلومات عند نقلها بين جهازين . يمكنها اكتشاف وتصحيح الاخطاء ان كانت في خانة واحدة ، واكتشاف الاخطاء فقط ان كانت في اكثر من خانة (في معظم الاحيان لا تستطيع اصلاحها). مثال على هذه الشفرة : افترض اننا نريد رمز يتكون من سبعة خانات وهو ١١٠١٠١٠

(١) احفظ اول وثاني خانة للشفرة وبعدها ارسم هيكل توزيع الرقم

□□.□...□...

(٢) وزع الارقام على الخانات ما عدا الخانات المحجوزة للشفرة

□□٠□١٠١□١١٠

(٣) لاحظ موقع الخانات التي بها رقم ١ ثم اضف ارقام المواقع بالنظام الثنائي مستخدما نظام الاضافة بدون النقل modulo-2 (الخانات التي بها ارقام ١ هي الخانات ذات الارقام ٥ و٧ و١٠ و١١)

الخانة ٥ = ٠١٠١

الخانة ٧ = ٠١١١

الخانة ١٠ = ١٠١٠

الخانة ١١ = ١٠١١

المجموع ٠٠١١ (لمعرفة كيف تجمع الارقام في النظام الثنائي □ binary arithmetic)

(٤) اضف نتيجة المجموع هذه للخانات المحجوزة في الرقم الموجود في خطوة ٢

١١٠٠١٠١٠٠١١

(٥) بما ان هذه الشفرة مصممة لاكتشاف وتصحيح الاخطاء عند نقل المعلومات من جهاز الى جهاز اخر، فان الجهاز المنقولة اليه المعلومات تتم فيه اضافة الخانات التي تحتوي على ارقام ١ وهي خانات رقم ١ و٢ و٥ و٧ و١٠ و١١ بالطريقة التي لا نقل فيها modulo-2 كما يلي :

الخانة	الرقم
١	٠٠٠١
٢	٠٠١٠
٥	٠١٠١
٧	٠١١١
١٠	١٠١٠
١١	١٠١١
المجموع	٠٠٠٠

نظرا لان نتيجة الجمع هي الصفر فان جهاز الكمبيوتر سينقل هذه الرموز.
لو فرضنا ان الخانة رقم ١٠ والتي تحتوي على ١ قد حدث خطأ بها عند نقلها وتم نقلها على انها صفر فان نتيجة الجمع ستكون كما يلي :

الخانة	الرقم	
١	٠٠٠١	
٢	٠٠١٠	
٥	٠١٠١	
٧	٠١١١	
١١	١٠١١	
المجموع	١٠١٠	= عشرة حسب النظام العشري

ليس صفرا وهذه النتيجة توعز لجهاز الكمبيوتر بان يغير ما هو مكتوب في الخانة رقم ١٠ من صفر الى واحد . كذلك الحال بالنسبة الى اي خانة اخرى

modulo-2 □

الحاسبة اليدوية . . . . **hand calculator**

آلة حاسبة صغيرة تقوم بعمليات حسابية معينة تختلف حسب كفاءة هذه الالة حيث توجد انواع عديدة ذات كفاءات مختلفة

مُصرف الامور . . . . **handler**

برنامج كمبيوتر يقوم بعملية واحدة وهي التحكم بوحدة الداخل والخارج I/O او وحدة التخزين او اي من ملفات المعلومات او وسائل الاعتراض

جهاز التثقيب اليدوي . . . . **hand punch**

جهاز يعمل يدوياً لتثقيب البطاقات والاشرطة الورقية

التعارف . . . . **handshaking**

عند نقل معلومات من جهاز كمبيوتر الى جهاز اخر، يجب التأكد من قابلية الجهاز المستقبل لمثل هذه المعلومات ولذلك يتم تبادل سلسله من الرموز والاشارات بين الجهازين

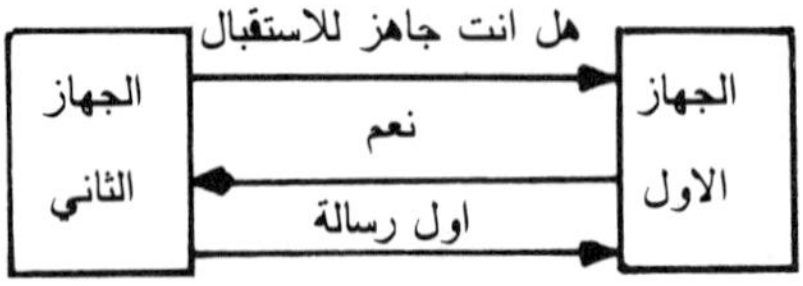

التعارف

توقف مفاجيء . . . . **hang-up**

توقف جهاز الكمبيوتر عن تنفيذ برنامج بسبب لا يعود للبرنامج .
هذا التوقف الغير مرغوب فيه في الجهاز قد يكون نتيجة استخدام شفرة غير مناسبة او بسبب استخدام أوامر غير متعارف عليها او لا تصلح مع هذا الجهاز بالذات

نسخة مطبوعة . . . . **hard copy**

الورق المطبوع الذي تخرج عليه نتائج تحليل المعلومات

حلقة صلبة . . . . **hard core**

اصطلاح يطلق على مواقع على الذاكرة الرئيسية المشغولة دائما بالبرامج والتعليمات

قرص صلب . . . . **hard disk**

عادة ما يصنع من معدن الالومنيوم بقطر ٥،٢٥ و٨ و١٤ بوصة . على الرغم من ان الاقراص الصلبة غالية الثمن ، اذا ما قورنت بالاقراص اللينة ، الا انه يمكن تخزين كمية اكبر من المعلومات عليها وتعمل بسرعة اكبر. احد الانواع المشهورة المستخدمة مع اجهزة الكمبيوتر الصغيرة ما يسمى بقرص وينشستر Winchester disk . بعكس القرص المرن floppy disk

خرطوشة (علبة) . . . . . hard disk cartridge
القرص الصلب

خرطوشة (علبة) تحتوي على
قرص صلب يمكن وضعها او رفعها
من جهاز ادارة القرص الصلب

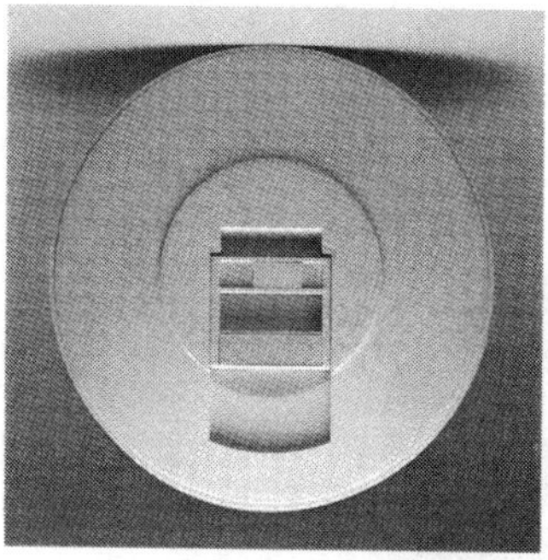

خرطوشة القرص الصلب

اسطوانة . . . . hard disk cylinder
القرص الصلب

وصف لنفس الممر track على جميع الاقراص المكونة لمجموعة الاقراص الصلبة hard disk pack : يتم وضع او رفع هذه المجموعة كوحدة واحدة .

يمكن لرؤوس القراءة والكتابة المثبتة على اذرع التوصيل ان تتحرك افقيا بين الاقراص . لكل ذراع رأسين للقراءة والكتابة احدهما لخدمة السطح السفلي للقرص الاول والرأس الثاني لخدمة السطح العلوي من القرص التالي له وهكذا

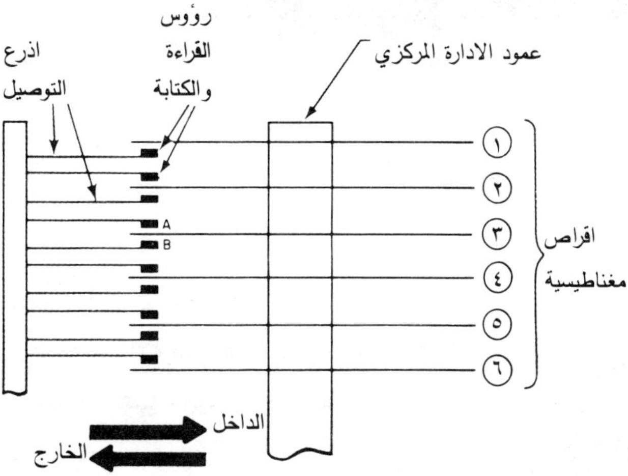

مجموعة اقراص مغناطيسية في مرحلة العمل

اداة ادارة القرص الصلب . . . . hard disk drive

توجد الاقراص الصلبة في غلاف محكم ومغلق بصفة دائمة . مثل هذه الاداة توفر قدرة اكبر للتخزين وسرعة اعلى للوصول للمعلومات المخزنة اذا ما قورنت بالقرص اللين

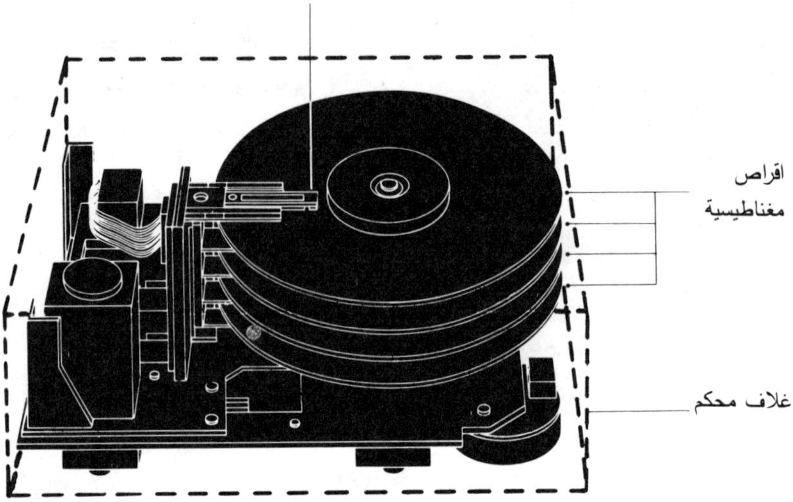

أداة ادارة الاقراص الصلبة

مجموعة الاقراص الصلبة .... **hard disk pack**

مجموعة من الاقراص التي يتم وضعها او نقلها من على عمود ادارة القرص كوحدة واحدة

مجموعة الاقراص الصلبة

خطأ صعب التصحيح .... **hard error**

يقصد به خطأ في النتائج او في البيانات المنقولة نتيجة عطل او توقف في احد اجزاء جهاز الكمبيوتر. مثلاً القراءة من موضع غير الموضع المضبوط وبالتالي فالمعلومات المقروءة خطأ وكذلك نتائج التحليل التي تعتمد على هذه القراءات ستكون خاطئة ايضًا. يؤدي هذا الخطأ الى توقف تنفيذ البرنامج

قطاع صلب ٠ قطاع دائم .... hard sectored

القرص المغناطيسي اللين
مقسم لقطاعات عن
طريق ثقوب للدلالة على
هذه القطاعات . بهذه الطريقة يمكن
معرفة موقع المعلومات على القرص
بدون حاجة الى سجل تعريف القطاعات .
عكس القطاع المرن □ soft sector

قطاع صلب

اجزاء جهاز الكمبيوتر . . . hardware

الادوات والمعدات
المستخدمة في جهاز
الكمبيوتر مثل الدوائر
الكهربائية والاشرطة
المغناطيسية . عكس
البرامج او مجموعة
الاوامر المعطاة لجهاز
الكمبيوتر software

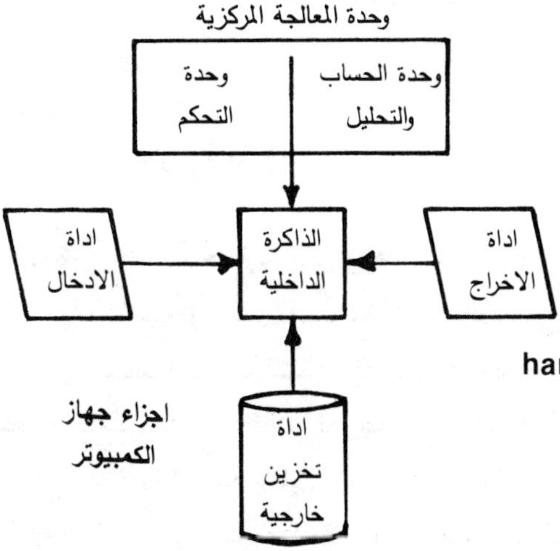

اجزاء جهاز الكمبيوتر

عنوان . . . . . hardware address
مكونات جهاز الكمبيوتر

رقم ثابت (تم تحديده
بواسطة صانع جهاز
الكمبيوتر) لتعريف مواقع على الذاكرة الرئيسية . يسمى في بعض الاحيان
عنوان مطلق

فحص بالاجهزة .... hardware check

(١) فحص يتم بواسطة دوائر كهربائية لكشف الاخطاء داخل مكونات جهاز

الكمبيوتر مثل فحص التكافؤ □ parity ؛ (٢) عطل في احدى مكونات جهاز الكمبيوتر يسبب توقف العملية التي يقوم بها

توافق الاجهزة . . . . **hardware compatible**

صفة لوحدات الاجهزة التي يمكن استخدامها مع بعضها رغم اختلافها في الصنع او الطراز

عملية يقوم بها جهاز الكمبيوتر . . . . **hardware operation**

عملية تتم بواسطة احدى الدوائر الكهربائية وليس بواسطة برنامج او مجموعة تعليمات معطاة لجهاز الكمبيوتر

إمكانيات اجزاء الكمبيوتر . . . . **hardware resources**

الاجزاء التي تنجز البيانات اوتوماتيكيا وبكفاءة عالية ، مثل وحدة المعالجة المركزية CPU والذاكرة الداخلية ووحدة الداخل والخارج I/O

هارتلي . . . . **Hartley**

وحدة قياس لمحتوى المعلومات

الحشوة • عملية حسابية اختبارية . . . . **hash**

(١) جهاز الكمبيوتر يتقبل حجمًا معينًا للبلوكات التي بها المعلومات . في حالة كون حجم البلوكات اصغر من الحجم المطلوب ، يُخزن جهاز الكمبيوتر هذه الوحدات ويكمل الخانات الفارغة بمعلومات لا قيمة لها كالحشوة □ block ؛ (٢) نتائج تحليل المعلومات بواسطة جهاز الكمبيوتر والتي ليس لها قيمة معنوية او حسابية ؛ (٣) اجراء عملية حسابية بارقام لا اهمية لها

hash address . . . . **hashing** □

hashed random file = random file

عملية التحشية . . . . **hash function**

الحسابات او طريقة حساب المرجع الحشوي

□ **hashing** . . . . **hash index**

التحشية . . . . **hashing**

(١) طريقة تُجرى فيها عمليات حسابية على مفتاح سجل وتكون النتيجة عنوان حشوي hash address او مرجع حشوي hash index لموقع ما . بمعنى اخر فان النتيجة هي رقم الممر الذي سيخزن فيه هذا السجل ؛

(٢) أي طريقة تنقل حقل او اكثر من سجل الى حقل اخر مزدحم

مجموع حشوي . . . . **hash total**

مجموع يتم الحصول عليه باضافة قيم حقل معين ومقارنته بمجموع تم الحصول عليه سابقا وبنفس الطريقة بهدف الفحص للتأكد من عدم وجود اخطاء . عادة ما يتم اجراء المجموع الحشوي على قيم في حقول لم تستخدم في عمليات حسابية مثل ارقام الموظفين في سجل يتضمن معلومات عن موظفين في شركة ما

HASP = Houston Automatic Spooling Processor

الرأس . . . . **head**

جهاز كهرومغناطيسي يُستخدم للقراءة والكتابة او مسح معلومات عن اسطح ممغنطة تماما كما في اجهزة التسجيل المستخدمة في المنازل

تحطم الرأس . . . . **head crash**

في اجهزة ادارة الاقراص المغناطيسية : تلامس رأس القراءة والكتابة مع سطح القرص المغناطيسي مسببًا تلفًا لهذا السطح

صدارة . . . . **header**

الجزء الاعلى من الرسالة والذي يحتوي على المعلومات المطلوبة لتحديد الجهة المرسلة اليها

header card . . . . **بطاقة الصدارة**

البطاقة التي تحتوي على معلومات عن البطاقات التي تتلوها

head gap . . . . **فراغ الرأس**

المسافة بين رأس التسجيل وبين سطح المادة الممغنطة

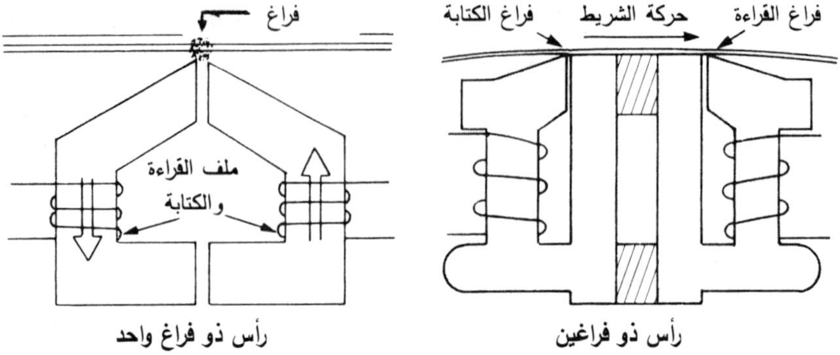

heat sink . . . . **بالوعة حرارية**

جزء من شبه الموصلات semiconductors مصمم لتخزين الحرارة الُمولدة خلال عمل جهاز الكمبيوتر

Hertz . . . . **هرتز (دورة)**

مقياس للتردد يساوي دورة / الثانية

heuristic . . . . تجريبي

حل مشكلة معينة عن طريق اختبار نتائج الخطوة الاولى للعمل قبل القيام بالخطوة التالية وبالتالي يمكن للجهاز تفادي الاخطاء في طريقة حل المشكلة . مثال ذلك جهاز الكمبيوتر الموصل بلعبة الشطرنج والذي يمكنه تحسين طريقة لعبه للحماية من تكرار الخطأ □ artificial intelligence

heuristic method . . . . **طريقة تجريبية**

احدى طرق حل المشاكل تعتمد على المحاولة والخطأ . عكس algorithm

Hewlitt-Packard interface bus . . . . **باص التعشيق من انتاج**
= HPIB **هيوليت – باكرد**

احدى الوصلات العديدة لتوصيل اجزاء اجهزة الكمبيوتر . تسمى في بعض الاحيان باص التعشيق ذو الهدف العام general purpose interface bus

HEX = hexadecimal

نظام الترقيم ذو الاساس ١٦ (هيكساديسميل) . . . . hexadecimal

في هذا النظام ، الارقام من صفر الى تسعة هي نفسها كما في النظام العشري ولكنها تأخذ احرفاً ابجدية بعد الرقم ٩

الرقم للاساس ١٠	الرقم للاساس ٢	الرقم للاساس ١٦
٠	٠٠٠٠	٠
١	٠٠٠١	١
٢	٠٠١٠	٢
٣	٠٠١١	٣
٤	٠١٠٠	٤
٥	٠١٠١	٥
٦	٠١١٠	٦
٧	٠١١١	٧
٨	١٠٠٠	٨
٩	١٠٠١	٩
١٠	١٠١٠	A
١١	١٠١١	B
١٢	١١٠٠	C
١٣	١١٠١	D
١٤	١١١٠	E
١٥	١١١١	F
١٦	١٠٠٠٠	١٠

قيمة كل موقع خانة تزيد ما قيمته ١٦ مرة عن الخانة التي على يمينها .

مثال ذلك : رقم الخانة ـــــ ١/١ ١٦/٢ ٢٥٦/٣ ٤٠٩٦/٤

لتحويل الرقم من رقم للاساس ١٠ لرقم ذو اساس ١٦ نتبع التالي :

افترض ان رقم ١٢٣٤٥ هو المطلوب تحويله للاساس ١٦

١٢٣٤٥ ÷ ١٦ = ٧٧١ + (٩)

٧٧١ ÷ ١٦ = ٤٨ + (٣)

٤٨ ÷ ١٦ = ٣ + (٠)

٣ ÷ ١٦ = ٠ + (٣)

فيكون الرقم للاساس ١٦ هو ٣٠٣٩ ☐ binary; decimal

النقطة في نظام الستة عشر . . . . hexadecimal point

النقطة التي تفصل بين العدد الصحيح والكسور في الارقام ذات الاساس ١٦ .

مثلا في رقم 2A.7BC النقطة تفصل بين حرف A ورقم 7

HI address byte .... **كلمة (بايت) العنوان**

الخانات الثمانية المهمة في الذاكرة ذات العنوان ذو ١٦ خانة المستخدمة مع الميكروبروسيسور (المعالج الصغير) رقم ٨٠٨٠ . عادة مايشار اليها H او HI

hidden line .... **الخط الخفي**

عند رسم اجسام برسومات ذات ثلاثة ابعاد ، هو الخط (او الحافة) الذي سيختفي عن الرؤية نتيجة للمادة المكونة لهذا الجسم ، ولكي لا يظهر جهاز الكمبيوتر هذه الخطوط (او الحواف) في الايضاح التخطيطي ، يجب اضافة روتينات اضافية للبرنامج لازالة هذه الخطوط

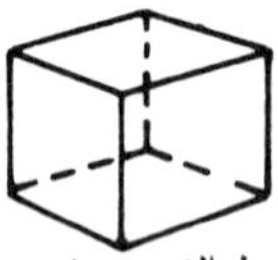

الخطوط الغير مرغوب فيها تظهر على شكل خطوط مقطعة

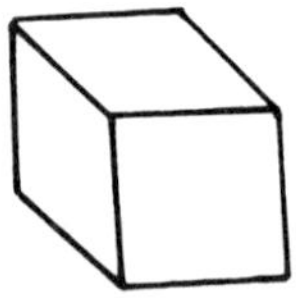

اختفاء الخطوط الغير مرغوب فيها

hierarchy .... **ترتيب في سلسلة هرمية**

hierarchy of input, processing and output=HIPO

hierarchy plus input-processing-output = HIPO .... **هيبو**

لفظة اختصارية تطلق على طريقة معالجة البيانات بحيث يتم توضيح الخطوات او العمليات التي تمت على البيانات منذ ادخالها في الذاكرة ثم معالجتها واخراج النتائج منها

high delimiter .... **حد عال**

high-level language .... **لغة كمبيوتر عالية**

لغات البرمجة التي تتصف بانها ذات مستوى عام . بمعنى انها ليست خاصة بجهاز كمبيوتر معين وتهتم اساسا بحل المشكلة المطروحة وترتفع فوق مستوى الاختلافات بين اجهزة الكمبيوتر ويقل فيها استخدام الرموز. مثال ذلك لغات الفورترن والكوبول والبيزيك

القيمة الكبرى .... high order

صفة تُعطى للخانة من الرقم ذات القيمة الكبرى . مثلاً في رقم ١٢٣٥٧ فان رقم ١ هو القيمة الكبرى حيث تساوي ١٠٠٠٠ . عكس low order عادة يطلق على الحرف الذي يبدأ من اليسار

العمود ذو القيمة الكبرى .... high order column

وهو العمود الموجود في اقصى يسار البطاقة

high order language (HOL) = high-level language

دقة عالية في توضيح الرسوم .... high resolution

وصف للتفاصيل الدقيقة والواضحة للرسومات والتخطيطات والحروف التي يمكن اظهارها على شاشة جهاز الكمبيوتر. تعتمد دقة هذه التحاليل على عدد الوحدات الصغيرة المكونة للصورة . كلما زاد العدد كلما زادت دقة الصورة

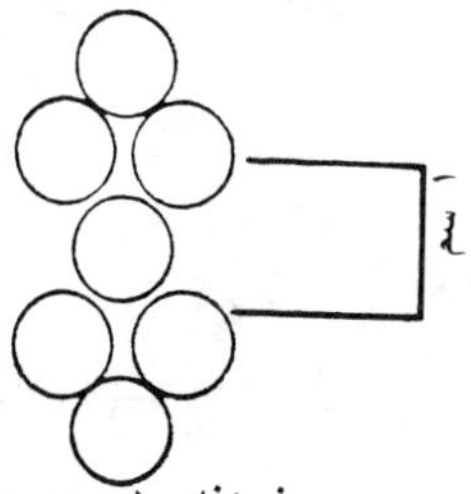

رسم ذو تفاصيل محدودة

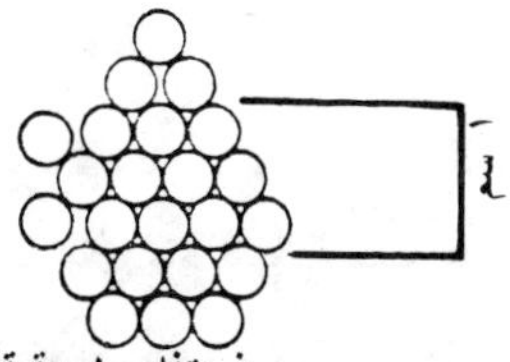

رسم ذو تفاصيل دقيقة

طابعة سريعة .... high-speed printer

□ line printer

خطوط النقل السريعة . . . . high-speed trunk=HST

الخطوط التلفونية التي تتميز بسرعتها العالية حيث يمكن استخدامها في نقل البيانات من طرفيات عديدة الى جهاز الكمبيوتر

القيمة الكبرى . . . . high-value

اكبر قيمة يمكن تخزينها في موضع تخزيني . تستعمل احيانا في لغة الكوبول للافادة عن الغاء سجل من سجلات البيانات ، حيث يتعرف جهاز الكمبيوتر عن ان السجل منطقيا تم إلغاءه وذلك من خلال وجود هذه القيمة في خانة مفتاح السجل . عكس low-value

highway = bus

HIPO=hierarchy of input, processing and output

اصابة . . . . hit

(١) في برنامج : الحصول على قيمتين من ضمن البيانات باستخدام قيمة واحدة . مثل فحص ملف للعثور على سجل يتضمن مفتاح معين ؛ (٢) عطل في جهاز الكمبيوتر

نسبة الصواب . . . . hit ratio

نسبة عدد المرات التي يتم فيها البحث عن قيمة من البيانات ويتم الحصول عليها الى العدد الكلي للمحاولات

HITS = Hobbyist's Interchange Tape Standard

HLL = high-level language

Hobbyist's Interchange Tape Standard .... **الطريقة القياسية لتبادل الاشرطة**
= HITS

شكل لتسجيل البيانات باستخدام شريط الكاسيت . تسمح طريقة التسجيل هذه بتغييرات داخلية بين البرامج واشرطة الكاسيت

HOL = high-order language

hold .... **حجز**

حفظ البيانات بعد ارسال نسخة منها الى موقع اخر

holding time .... **زمن الاحتجاز**

في علم الاتصالات : الوقت الذي تعمل فيه قناة الاتصال لنقل الرسالة

hold instruction .... **أمر الاحتجاز**

أمر يسبب حجز المعلومات في مساحة تخزينها الاصلية حتى ولو تم نسخها في موقع اخر نتيجة أمر بالنقل

hole pattern .... **نمط من الثقوب**

Hollerith, Herman .... **هيرمان هوليريث (١٨٦٠ – ١٩٢٩)**

في اواخر سنة ١٨٠٠ قام هوليريث باختراع الة لتسجيل نتائج احصاء السكان في الولايات المتحدة الامريكية ، كانت هذه الالة تعمل كهربائيا وهي اول الة يمكنها استقبال معلومات على بطاقات مثقبة . كل بطاقة تحمل ٢٤٠ خانة

Hollerith card .... **بطاقات هوليريث**

بطاقات تثقيب تحتوي على ٨٠ عمود . كل عمود مقسم من القمة الى القاعدة الى ١٢ موقع تثقيب . أبعادها $٧\frac{٣}{٨}$ بوصة × $٣\frac{١}{٤}$ بوصة (١٨,٧ سم × ٨,٣ سم).
سميت بذلك الاسم تقديراً للدكتور هيرمان هوليريث مخترع الطريقة التي تستخدم فيها هذه البطاقات

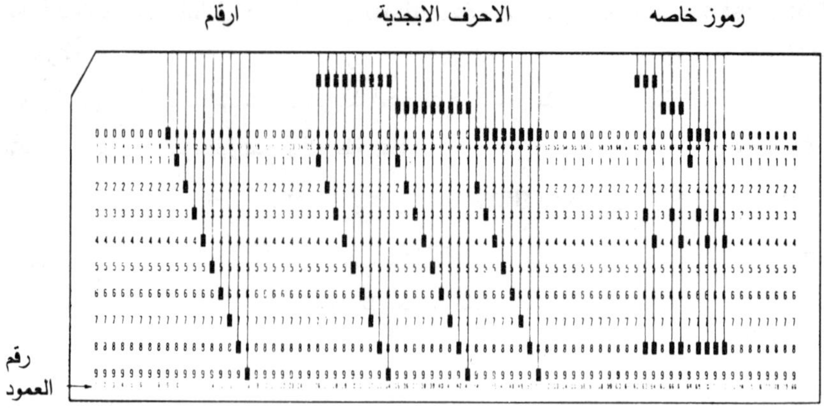

بطاقة هوليريث

شفرة هوليريث . . . . **Hollerith code**

شفرة معينة استخدمت لتمثيل الارقام والاحرف على بطاقات التثقيب . كل عمود في البطاقة يمثل رمزا معينا . كل خانة عشرية او حرف او رمز يمثل بواسطة ثقب او ثقبين او ثلاثة ثقوب في صفوف

ذاكرة مكتوبة بالكامل . . . . **holographic storage**

استخدام اشعة الليزر لعمل تشبيه لذاكرة الكمبيوتر □ laser

البيت . . . . **home**

أمر في البرنامج او مفتاح في لوحة المفاتيح المتصلة بالطرفية تحرك مؤشر الشاشة cursor لموقع البداية على الشاشة

انتاج منزلي . . . . **home-brew**

وصف لجهاز الكمبيوتر المصنع بواسطة الهواة والذي انطلقت منه فكرة تصنيع اجهزة الكمبيوتر الشخصية والمنزلية

جهاز الكمبيوتر المنزلي . . . . **home computer**

اجهزة الكمبيوتر التي تستخدم في البيوت وعادة ما تكون ذات كفاءة محدودة وهي تحتوي على ميكروبروسيسور

hopper . . . . card hopper ☐

horizontal scrolling . . . . **زحزحة افقية**

قدرة الجهاز على زحزحة اسطر من بلوكات البيانات او المعلومات افقيا بهدف زيادة عدد الرموز الممكن اظهارها على الشاشة في نفس السطر

host . . . . **الكمبيوتر المضيف**

كناية عن جهاز الكمبيوتر المركزي المخصص لاستقبال البيانات من وحدات الاتصال البعيدة او اي اجهزة كمبيوتر فرعية اخرى . عكس remote

hostile environment . . . . **بيئة معادية**

تنفيذ برنامج في جهاز كمبيوتر غير الجهاز المصمم للاستعمال معه

host system=host

housekeeping . . . . **اجراءات تحضيرية**

يقوم جهاز الكمبيوتر باعادة الاشرطة الى بدايتها وكذلك يمسح الذاكرات التي تحتوي على معلومات غير مطلوبة ويوفر مواقع لتخزين المعلومات لكي يبقى الجهاز يعمل بدون مشاكل

housekeeping operation . . . . **تدابير تحضيرية**

العملية التي تسهل معالجة و معاملة البيانات ولكنها لا تؤثر على محتوى البيانات

housekeeping routine . . . . **روتين تحضيري**

البرنامج او الاوامر التي تقوم بعمليات تحضيرية لها علاقة بمعالجة البيانات

HPIB = Hewlett-Packard interface bus

HSP = high-speed printer

HST=high-speed trunk

hub hole . . . . **فتحة المحور**

فتحة في مركز القرص المغناطيسي □ flexible disk

human engineering . . . . **الهندسة البشرية**

النظرية والتطبيق في التصميم لخدمة الناس . على عكس التصميم لخدمة الالة

hybrid computer . . . . **جهاز الكمبيوتر الهجين**

اجهزة كمبيوتر تستخدم طريقة اظهار المعلومات المتصلة analog وكذلك المنفصلة digital □ computer

hybrid representation . . . . **التمثيل الهجين**

ايضاح او اظهار البيانات والنتائج في صورة متصلة analog ومنفصلة digital معًا خلال المراحل المختلفة لحل المشكلة المطروحة

hybrids . . . . **هجين**

دوائر كهربائية تتكون من دوائر اصغر متصلة مع بعضها ومثبتة على لوحة واحدة

hypertape . . . . **شريط ممغنط عريض**

وحدة الشريط المغناطيسي والتي تستخدم اشرطة مغناطيسية داخل غلاف مغلق بدلا من الاشرطة الموجودة على بكرة

hysteresis . . . . **التخلّف**

التواني في رد الفعل عندما يحدث تغيير في القوة المؤثرة

Hz = Hertz . . . . **هرتز**

وحدة قياس تساوي لفة / الثانية

I

I . . . . آي

رمز يستخدم للتعبير عن التيار الكهربائى □ ampere

[1]IA = interchange address

[2]IA = International Alphabet

IA-1 = International Alphabet Number 1

IA-2 = International Alphabet Number 2

IA-5 = International Alphabet Number 5

IAM = intermediate access memory

IBM = International Business Machines . . . . آي بي ام

من أكبر الشركات التي تصنع أجهزة الكمبيوتر في العالم

IC = instruction counter

IC = integrated circuit

ICES = Integrated Civil Engineering System

ICI = intelligent communications interface

ICM=intelligent communication multiplexor

ICP = independent control point

identification .... **تعريف**

الاسم الذي يطلق على وحدة البيانات (اسم لحقل او ملف او سجل ... الخ .)

identification division .... **قسم التعريف**

الجزء من البرامج المكتوب بلغة الكوبول والذي يحتوي على اسم البرنامج وأي معلومات توضيحية أخرى

identifier .... **رمز التعريف (المُعرف)**

رمز يستخدم كتعريف أو كاسم يطلق على وحدة من البيانات

idle character .... **رمز التعطل**

في علم الاتصالات : رموز تحكم تستخدم في توقيت نقل البيانات او للدلالة على ان الجهاز يعمل

idle time .... **الوقت الضائع**

الوقت الذي يكون فيه جهاز الكمبيوتر جاهزا للعمل ولكن لا يقوم بأي عملية

IDP = integrated data processing

IEEE = Institute of Electrical and Electronics Engineers .... **معهد مهندسي الكهرباء والإليكترونات**

آي تربل إي – ٤٨٨ . . . . IEEE-488

وحدة تعشيق لتوصيل معدات واجهزه تستخدم في المعامل بجهاز الكمبيوتر اما للتحكم في عمل هذه الاجهزة او لجمع وتخزين البيانات والقراءات من هذه الاجهزة

التبعية . . . . IF-THEN-ELSE

أمر في برنامج يحدد مجموعة من الاوامر ليتم اتباعها في حالة معينة . مثلاً في الامر : IF X = 10 فان X = 10 هي الحالة المعينة التي ستحدد الخطوة التالية

الاتحاد العالمي لجمعيات معالجة البيانات . . . . IFIPS = International Federation of Information Processing Societies

I^2L = IIL = integrated injection logic

رمز غير مسموح به . . . . illegal character

رمز أو مجموعة من الرموز لا يتقبلها جهاز الكمبيوتر

عملية غير مسموح بها . . . . illegal operation

العملية التي لا يستطيع جهاز الكمبيوتر القيام بها

صورة . . . . image

تخزين نفس البرنامج أو البيانات في أداة تسجيل أخرى

الوصول الفوري . . . . immediate access

إمكانية الكمبيوتر في الوصول الى البيانات المخزنة على وسائل التخزين المباشر باستخدام عنوان مباشر للبيان بدون ترجمة او تحليل له

المخزن ذو الوصول العاجل . . . . immediate access storage

(١) random access storage = RAM ؛ (٢) direct access storage ؛ (٣) قد يستخدم نفس الاسم لوصف كل من (١) و(٢) معاً

immediate address . . . . **العنوان العاجل**

أمر يحتوي عنوانه على الكمية الحسابية المطلوب استخدامها في الحساب وليس عنوان تخزينها . مثلاً في add 10 to total – 3 ، رقم ١٠ هو العنوان وهو نفسه الكميه المراد اضافتها . يسمى هذا النوع من العنونة ، عنوان ذو مستوى صفر وذلك لتفريقه عن العنوان ذو المستوى الواحد والذي يكون فيه العنوان متضمناً مكان تخزين الكمية الحسابية وليس قيمة هذه الكمية

immediate mode . . . . **المنوال السريع**

طريقة تنفيذ البرنامج بترجمة وتنفيذ العبارات واحدة بعد الاخرى

□ interpreter

impact printer . . . . **الطابعة الضاغطة**

طابعة تستخدم الضغط الميكانيكي على الاحرف وشريط مادة الكربون أو الحبر ليطبع على الورق □ line printer . عكس nonimpact

impedance . . . . **إعاقة**

خاصية إعاقة التيار في خطوط الاتصال

implementation . . . . **التطبيق . التنفيذ**

(١) عملية تركيب جهاز كمبيوتر في موقع معين للعمل ويتضمن هذا اختيار المعدات ان كان هناك اختيار وتركيبها وتدريب العاملين عليها ووضع سياسة لعمل الجهاز وصيانته ؛ (٢) تعديل لغة من اللغات المستخدمة في كتابة برامج الكمبيوتر لكي تستخدم في جهاز معين . مثال ذلك انتاج لغة مأخوذة عن لغة الفورترن مع جهاز الكمبيوتر نوع اكس واي زي XYZ ؛ (٣) بدء استعمال الكمبيوتر في الغرض المخصص من اجله

IMS = information management system

inches per second = IPS . . . . **بوصة / الثانية**

incidental time . . . . **الزمن العرضي (الثانوي)**

الزمن الذي يتم فيه استعمال جهاز الكمبيوتر للقيام بمهمات غير المهمات الرئيسية من تحليل او تفسير (مثل فترة تدريب الافراد على استخدامه)

inclusive OR = OR gate

increment .... الزيادة

قيمة تضاف أو تطرح من قيمة متغير معين

incremental bar printer .... طابعة مزودة بعمود للحروف

increment plotter .... plotter □

independent control point = ICP .... نقطة تحكم مستقلة

نقطة تحكم تسبب تحرك خانتين bits او اكثر داخل مسجل register او بين مسجلات عديدة عند تزويدها بنبضة كهربائية . نقطة التحكم التي تُوصل باكثر من صمام واحد من نوع « و » AND

index (*indexes, indices* مفرد كلمة) .... الفهرس

قائمة بأسماء مواقع البيانات تحفظ في الذاكرة بترتيب معين ويمكن مخاطبتها للحصول على موقع البيانات المطلوبة من الذاكرة

indexed address .... عنوان فهرسي

عنوان يتم تعديله باستخدام محتوى مسجل الفهرس قبل او اثناء تنفيذ الامر المُعطى لجهاز الكمبيوتر

indexed sequential access method = ISAM .... طريقة الوصول بالفهرس المتسلسل

طريقة لترتيب البيانات في أداة التخزين المباشر. يتم عمل فهرس او دليل لمسجلات البيانات المخزنة ، للدلالة على موقع تخزينها . وبالتالي يمكن الحصول على اي من هذه البيانات بالرجوع اولاً لذلك الفهرس او الدليل لمعرفة موقعها على أداة التخزين

index hole .... flexible disk □

indexed sequential file . . . . **ملف تتابعي مُفهرس**

ملف البيانات الذي يتم إنشاؤه وفقا لطريقة الوصول بالفهرس المتسلسل . يتم الرجوع الى بيانات الملف بطريقتين : الطريقة الاولى تسلسلية ، بمعنى قراءة السجلات إبتداء من السجل الاول ، والطريقة الثانية هي الرجوع الى الفهرس لمعرفة عنوان السجل المطلوب اليه ☐ indexed sequential access method

index indicator . . . . **مؤشر الفهرس**

مؤشر يرافق كل وحدة من البيانات ويدل على وجود او عدم وجود فهرس لتلك الوحدة

index register . . . . **مسجل الفهرس**

مسجل يمكن اضافة او طرح محتواه من العنوان قبل او اثناء تنفيذ الامر المعطى لجهاز الكمبيوتر ☐ address; register

index tables . . . . **جداول الفهرسة**

عند إنشاء ملف بياني على طريقة الفهرسة ، يتم في نفس الوقت إنشاء جداول الفهرسة الخاصة بهذا الملف والتي تساعد في تحديد عناوين السجلات المخزونة في هذا الملف

indicator . . . . **مؤشر**

مؤشر يسجل حالة عمل جهاز الكمبيوتر ويظهرها في صورة ضوئية او مرئية ؛ بيان يمثل دلالة معينة

indirect address . . . . **عنوان غير مباشر**

العنوان هو إسم لموقع يحتوي على بيانات معينة على الذاكرة ولذلك فمن هذا الاسم يمكن مباشرة الاستدلال على الموقع . في العنوان الغير مباشر ، هذا العنوان يدل على موقع على الذاكرة يحتوي على عنوان آخر والعنوان الثاني يعطي موقع البيانات المطلوبة . يسمى كذلك multilevel address

induce . . . . **يحث**

إنتاج شحنه كهربائية أو تيار كهربائي أو فولت بالحث . الشحنة في

الترانزستور احادي القطب FET تولد شحنة مساوية لها في القناة

الحث .... **induction**

عملية إنتاج شحنه كهربائية او فولت او حقل مغناطيسي باستخدام جسم له خواص كهربائية ومغناطيسية في جسم اخر مجاور للجسم الاول ولكنه غير متصل معه مباشرة

المؤثر .... **inductor**

الدائرة الكهربائية او جزء الجهاز الذي ينتج التيار المؤثر

التحكم في المعالجة الصناعية .... **industrial process control**

تطبيقات المعالجة في مجال الصناعة عديدة ومتنوعة وتعتمد على درجة التحكم المطلوبة لكل عملية انتاجية . من الامثلة على ذلك : انتاج المعادن والاسمنت والتحكم بالعوامل البيئية المختلفة وانتاج الكيماويات والادوية

عدم التساوي .... **inequality**

إقتراح بان العلاقة بين بيانين من البيانات او بين معادلتين حسابيتين ليست التساوي وانما احداهما اكبر او اصغر من الاخرى . تستخدم في البرنامج لتحديد الخطوة التالية . مثلا في العبارة : IF A·LT·B THEN B=C

التكرار اللانهائي .... **infinite loop**

تكرار يستمر تنفيذه بصفة مستمرة نتيجة خطأ في كتابة البرنامج الى ان يتدخل مُشغل جهاز الكمبيوتر ويوقف تنفيذه او ان ينتهي الوقت المسموح به للبرنامج

الرموز الواسطة (بين شيئين) .... **infix notation**

الطريقة العادية لكتابة المعادلات الرياضية حيث تكون إشارة العامل الرياضي بين العوامل المُجرى عليها العملية . مثلا : عند جمع المتغير **س** مع المتغير **ص** ، ستكون المعادلة **س + ص** □ Polish notation

INFO = information

information . . . . **معلومات**

خلاصة نتائج تحليل البيانات التي قام بها جهاز الكمبيوتر

information life span . . . . **عمر البيانات**

نتائج تحليل البيانات لا تبقى صالحة وحديثة الى الابد بل ان قيمتها تقل بمرور الوقت . فهذه النتائج تمر بثلاث مراحل من عمرها : (١) نتائج أو معلومات حديثة dynamic information وهي تخزن في الذاكرة الرئيسية لجهاز الكمبيوتر لكي يكون من السهل على مستخدم الجهاز الحصول عليها بسرعة ؛ (٢) نتائج أو معلومات شبه حديثة semidynamic information معلومات ليست جديدة ولكن يتم استخدامها من وقت لاخر، عادة تخزن مثل هذه المعلومات على أدوات تخزين ثانوية مثل الاشرطة أو الاقراص المغناطيسية ؛ (٣) معلومات قديمة static information عادة ما تخزن مثل هذه المعلومات على ورق أو ميكروفيلم

information management system = IMS . . . . **نظام إدارة المعلومات**

نظام مصمم لتنظيم وتصفيف وتحديد موقع تخزين المعلومات واسترجاعها عند الحاجة

information network . . . . **شبكات المعلومات**

عملية التوصيل بواسطة أجهزة الاتصال بين مجموعة من مصادر المعلومات موجودة في مواقع متباعدة لتسهيل تبادلها بين مجموعة كبيرة من الافراد

information processing . . . . **تنفيذ البيانات**

جميع العمليات التي يقوم بها جهاز الكمبيوتر، مثل تقسيم البيانات وتصنيفها واجراء العمليات الحسابية عليها وتخزينها . نفس data processing

information processing center = data processing center

information retrieval . . . . **إسترجاع المعلومات**

(١) الطريقة المستخدمة في الحصول على معلومات من مواقع تخزينها ؛
(٢) فرع من علم الكمبيوتر متخصص في ايجاد طرق لتسهيل عملية التصنيف والبحث في كمية كبيرة من المعلومات وان تكون هذه المعلومات المُختارة جاهزة للاستعمال

information science . . . . **علم المعلومات**

دراسة ايجاد وتطوير واستخدام وتبادل المعلومات

information separator = IS . . . . **فاصل المعلومات**

مؤشر يستعمل للفصل بين وحدات المعلومات او بين حقول المعلومات داخل السجل

information storage and retrieval = information retrieval

information system . . . . **نظام المعلومات**

نظام أو طريقة ايجاد وايصال المعلومات لمن يريد استخدامها

information theory . . . . **نظرية المعلومات**

نظرية دراسة كيف يمكن نقل المعلومات والرسائل بدقة وبدون تعرضها لمغالطات أو تشويش من وسائل الاتصال المستخدمة في نقلها

information utility . . . . computer utility ☐

information word . . . . **كلمة معلومات**

الكلمة التي تتضمن معلومات لجهاز الكمبيوتر بالمقارنة الى كلمة تتضمن أمر

inhibit . . . . **منع عملية معينة**

تمهيد (وضع قيمة مبدئية) .... initialization

(١) العملية التي تتم في بداية البرنامج والتي يتم بها وضع القيم المبدئية لجميع المتغيرات لوصف الحالة المطلوبة ؛ (٢) وضع قيم مبدئية للقرص المغناطيسي عند استخدامه لاول مرة . ولا يتم هذا التمهيد مرة اخرى الا اذا تم مسح جميع الملفات المخزنة عليه وعندها يحتاج ذلك القرص لتمهيد جديد

يبدأ .... initialize

وضع قيمة مناسبة مبدئية لمتغير قبل أن تبدأ العمليات الحسابية عليه

محمل البرنامج المبدئي (الممهد) .... initial program loader = IPL

برنامج خدمات يقوم بجلب برامج التشغيل من وسائل التخزين الثانوية الى ذاكرة الكمبيوتر تمهيدا للتشغيل الاساسي للجهاز

مطبعة قاذفة للحبر .... ink jet printer

تتم الطباعة فيها بقذف بقع صغيرة جداً من الحبر على الورق لرسم الحرف على شكل بقع صغيرة متراصة . مميزات هذا النوع من المطابع ، السرعة وعدم اصدار اي صوت اثناء التشغيل ونوعية احسن في الطباعة اذا ما قورنت بمطابع المصفوفة المنقطة

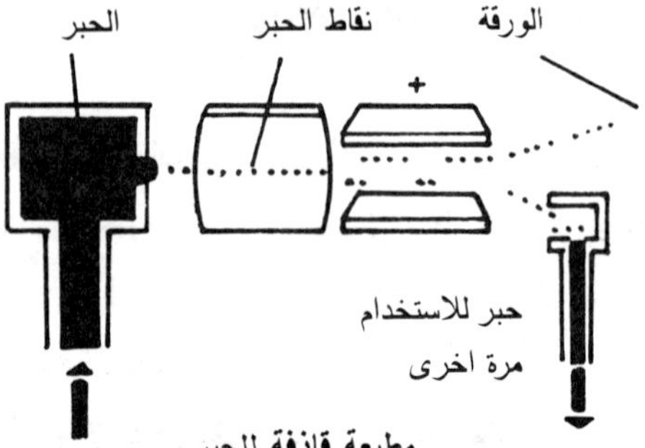

مطبعة قاذفة للحبر

تشفير مكرر .... in-line coding

طريقة كتابة مجموعة معينة من اوامر البرنامج بحيث يتم تكرار هذه المجموعة في كل مكان بالبرنامج تنشأ الحاجة اليها . وعادة ما تكون هذه المجموعة صغيرة وتتعلق بعمليات حسابية

المعالجة الانية .... in-line processing

عملية معالجة البيانات بطريقة انية بحيث يتم معالجة البيان بمجرد وروده للحاسب وبدون انتظار او سابق ترتيب او تصنيف

in-line subroutine . . . . **روتين ثانوي مكرّر**

مجموعة اوامر يتكرر تنفيذها وتدرج مباشرة مع البرنامج الرئيسي في كل موقع يتم الحاجة اليها فيه

input . . . . مدخلات . **إدخال** · **الداخل**

ادخال البيانات من اداة تخزين خارج جهاز الكمبيوتر الى الذاكرة الداخلية .
عكس الخارج output

input area . . . . **مكان المدخلات**

مساحة على الذاكرة الداخلية محجوزة للبيانات الداخلة المنقولة من وحدة تسجيل خارج جهاز الكمبيوتر او من اداة ادخال . عكس output area

input buffer . . . . **المخزن الوسيط للمدخلات**

مخزن مؤقت للبيانات الداخلة الى جهاز الكمبيوتر ☐ buffer

input data . . . . **بيانات مدخلة (مدخلات)**

بيانات سيتم معالجتها . عكس البيانات الخارجة output data

input device . . . . **أداة الادخال**

الالات المستخدمة لادخال البيانات من مستخدم جهاز الكمبيوتر الى وحدة المعالجة المركزية CPU . امثلة على ذلك قاريء البطاقات والة الطباعة وما شابه ذلك

input job stream . . . . job stream ☐

input/output = I/O . . . . **الادخال والاخراج**

الطرق والوسائل والالات المستخدمة لتسهيل الاتصال بين جهاز الكمبيوتر ومستخدمه

input/output bound = input/output bounded

input/output bounded . . . . حدود الادخال والاخراج

وصف للحالة التي تكون فيها سرعة تنفيذ البرنامج او الحسابات محددة بقدرة ادوات الادخال والاخراج لان عمليات التشغيل اقل اهمية من عمليات الادخال والاخراج

input/output channel . . . . قناة الادخال والاخراج

قنوات تستخدم في نقل البيانات الداخلة الى أو البيانات الخارجة من جهاز الكمبيوتر ☐ multiplexor channel; selector channel

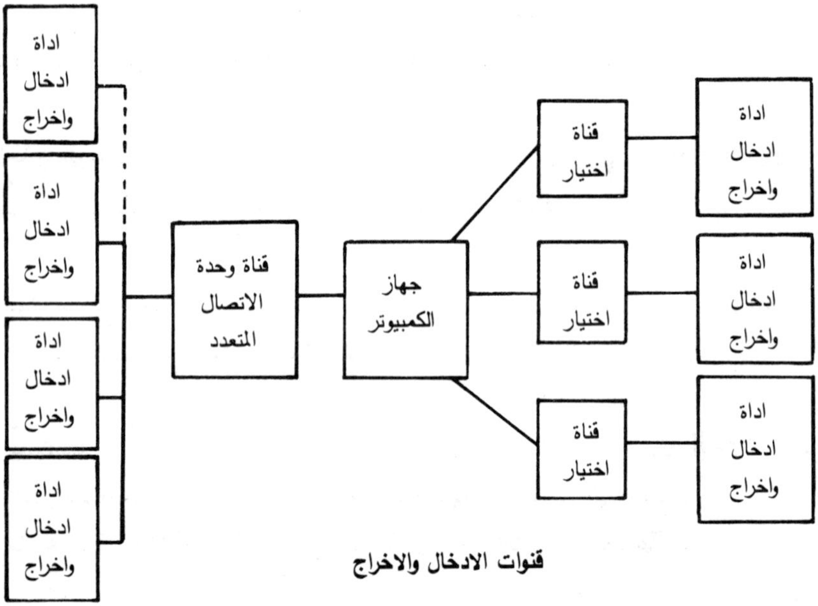

قنوات الادخال والاخراج

input/output control system = IOCS . . . . . جهاز التحكم في الداخل والخارج

مجموعة برامج معطاة لجهاز الكمبيوتر لوصف كيفية التعامل مع البيانات الداخلة والنتائج الخارجة

input/output control unit . . . . وحدة التحكم في الداخل والخارج

احد الاجزاء الرئيسية لجهاز الكمبيوتر مهمته مراقبة اجهزة الادخال والاخراج

أداة الادخال والاخراج .... input/output device

ادوات تحصل على المعلومات من مستخدم جهاز الكمبيوتر وتزودها لوحدة المعالجة المركزية CPU وتنقل البيانات من ذاكرة الكمبيوتر الداخلية الى بعض الذاكرات أو وحدات الاخراج ☐ input device; output device; peripheral equipment

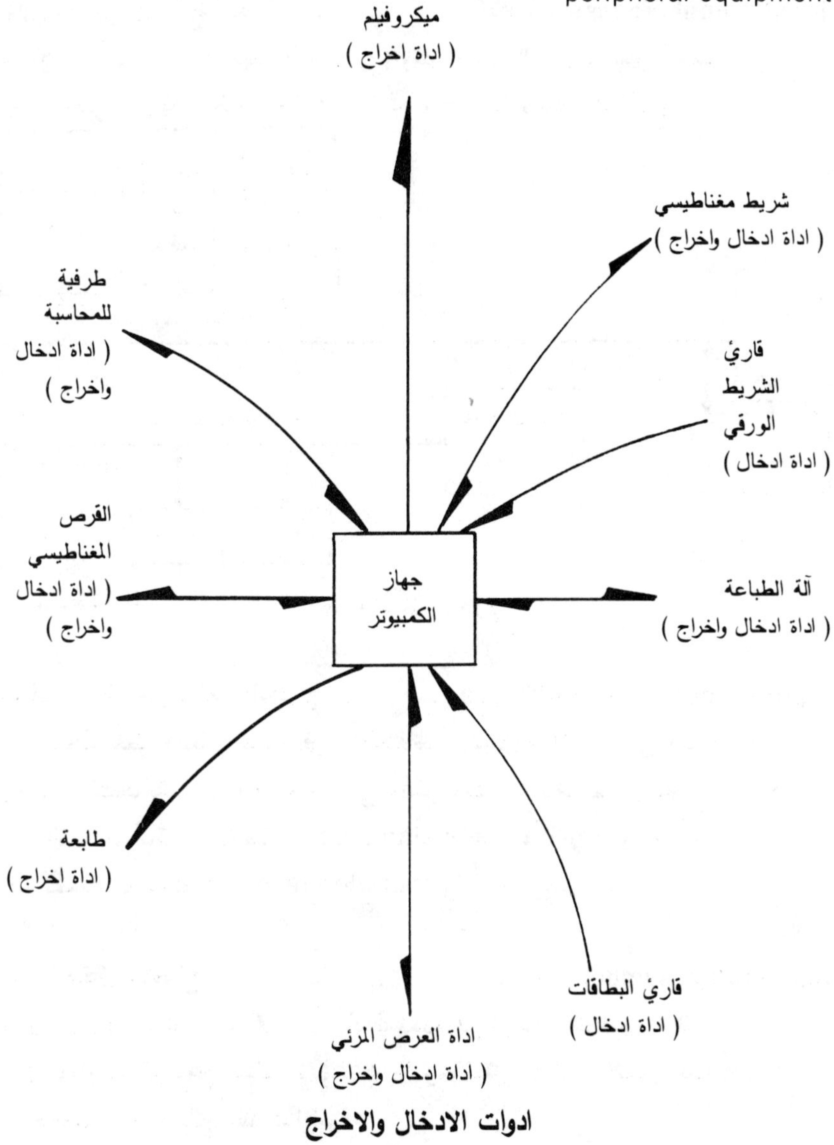

ادوات الادخال والاخراج

input/output multiplexor = IOM . . . وحدة الاتصال المتعدد للادخال والاخراج

آلة (او جزء من آلة) تقوم بتوصيلات متعددة والتي تسمح بالنقل من والى العديد من الادوات الاخرى في نفس الوقت □ multiplexing

input/output processor = IOP . . . . معالج الداخل والخارج

مُعالج خارجي (خارج جهاز الكمبيوتر) وظيفته نقل الداخل والخارج فقط ، وهذا يعطي الحرية لوحدة المعالجة المركزية CPU لتقوم بمهمات اخرى

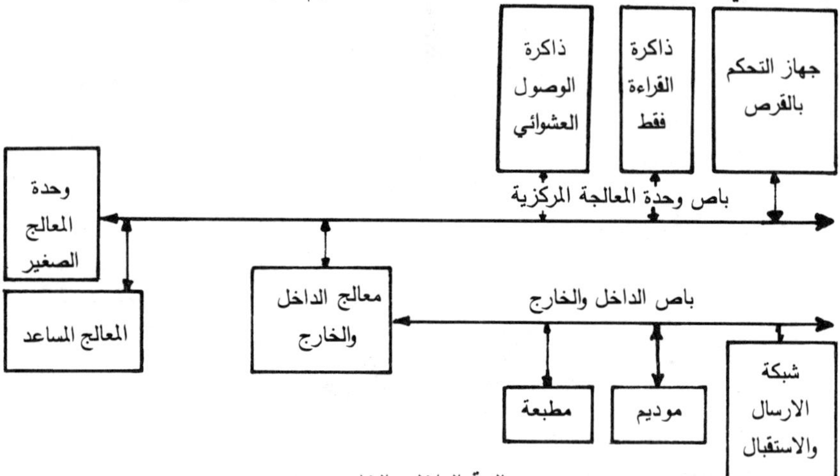

معالجة الداخل والخارج

input/output queue = IOQ . . . . منظم الانتظار من الداخل والخارج

اداة لتنظيم خط الانتظار حيث تقوم بالاحتفاظ بالرسائل الداخلة والتي تنتظر المعالجة وكذلك بالرسائل الخارجة والتي تنتظر خطا من خطوط الارسال .
جاء الاسم من نظرية الانتظار queueing theory وهي فرع من فروع علم بحوث العمليات operation research

input/output symbol . . . . رمز الادخال والاخراج

شكل متوازي مستطيلات ▱ يستخدم في الرسوم التوضيحية التي تمثل خطوات البرنامج المتتالية flowchart وهو يعني عمليات ادخال بيانات أو الحصول على نتائج عند هذا الموقع

input/output unit = input/output device

input stream . . . . **مجرى الداخل**

سلسلة من تعليمات التحكم والبيانات المزودة لجهاز الكمبيوتر عن وحدة الادخال

inquiry . . . . **استعلام**

طلب الحصول على بيانات من الذاكرة

inquiry display terminal . . . . **طرفية العرض الاستعلامي**

اداة عرض مرئي تتكون من لوحة مفاتيح وشاشة عرض يمكن توجيه السؤال عن طريق لوحة المفاتيح وعندها تظهر الاجابة على شاشة العرض

inquiry station . . . . **محطة الاستعلام**

الالة التي يتم طلب البيانات منها

insert . . . . **أدرج • أحُشر • مُدرج**

(١) أمر ادراج البيان في مكان معين بين مجموعة البيانات . عادة يستخدم في عمليات إدخال البيانات من خلال الطرفية عند الحاجة الى حشر كلمة او حرف في وسط مجموعة من الحروف ؛ (٢) البيان الذي يتم إدراجه

insertion . . . . **عملية الإدراج • الحشر**

insertion method . . . . shifting □

insertion mode . . . . **اسلوب الحشر • اسلوب الادراج**

الوضع الذي تكون علية حالة الطرفية لادخال البيان بطريقة الحشر

installation . . . . **تركيب**

تركيب وتجهيز جهاز الكمبيوتر والمعدات المساعدة واعداد كل ما يتطلبه من مصدر للطاقة وتوصيلات كهربائية (للحماية من التغيرات والتقلبات في التيار) واجهزة تكييف الهواء في الموقع المراد تركيب الجهاز فيه

installation time .... **وقت التركيب**

المدة الزمنية المطلوبة لتركيب واختبار جهاز الكمبيوتر والمعدات المرفقة معه

instruction .... **الامر**

التعليمات المعطاة لجهاز الكمبيوتر لكي يبدأ في عملية معينة مثل طباعة نتائج التحليل أو جمع رقمين معا ، أو أي عملية أخرى . برنامج الكمبيوتر هو عبارة عن سلسلة من التعليمات تهدف مجتمعة لحل مشكلة معينة .
تعليمات المبرمج (تسمى كذلك تعليمات لغة المصدر) هي التعليمات المكتوبة بلغة البرمجة . عند كتابة التعليمات بلغة عالية فانه يفضل استخدام كلمة عبارة statement بدلا من كلمة أمر

instruction address register .... **مسجل عنوان الامر**

مسجل يحتفظ بعناوين الاوامر (اسماء المواقع المخزنة بها) لتسهيل استخراجها من الذاكرة عند الحاجة اليها اثناء تنفيذ البرنامج

instructional computing .... **التعليم بالكمبيوتر**

عملية تعليم وتدريب الافراد على تشغيل جهاز الكمبيوتر

instructional constant .... **ثابت التعليمات**

نمط من التعليمات الكاذبة ☐ dummy instruction

[1]**instruction code = instruction set**

[2]**instruction code = operation code**

instruction counter = IC .... **عداد الاوامر**

عداد للدلالة على موقع الامر التالي المراد ترجمته

instruction cycle .... **دورة الامر**

الوقت المطلوب لتنفيذ امر في برنامج ، يتضمن ذلك الوقت المطلوب لجلب وحل (ترجمة) الشفرة وتنفيذها

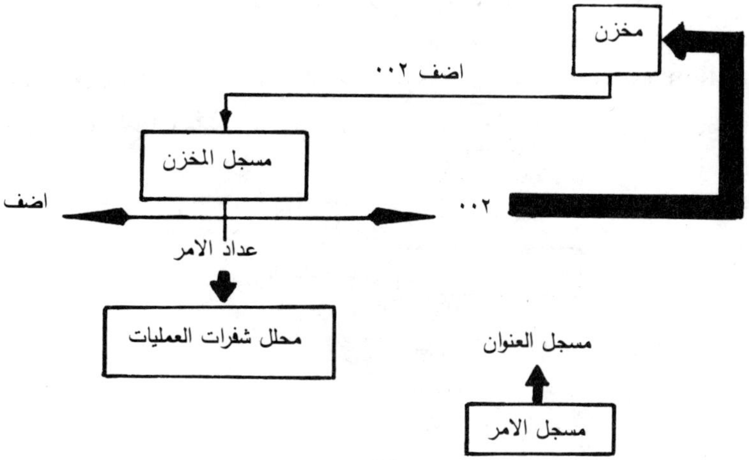

دورة الامر

صيغة (ترتيب) الامر .... **instruction format**

طريقة ترتيب التعليمات المعطاة لجهاز الكمبيوتر

شفرة العملية	عنوان
٥	١٢

(١) امر بسيط ذو عنوان واحد

شفرة العملية	اختيار كلمة جزئية	مسجل النهاية	مسجل الفهرس	الزيادة في سجل الفهرس	عنونة غير مباشرة	عنوان
٦	٤	٤	٤	١	١	١٦

(٢) امر معقد ذو عنوان واحد

شفرة العملية	مسجل يحتوي على وحدة بيانات	مسجل الفهرس	مسجل عنوان القاعدة	عنوان وحدة البيانات التالية
٨	٤	٤	٤	١٦

(٣) امر معقد له عنوانان يستخدمان مسجلات وذاكرة

شكل (ترتيب) الامر

instruction per second = IPS . . . . امر / الثانية

instruction register . . . . مسجل الامر
مسجل يحتوي امرًا للتنفيذ

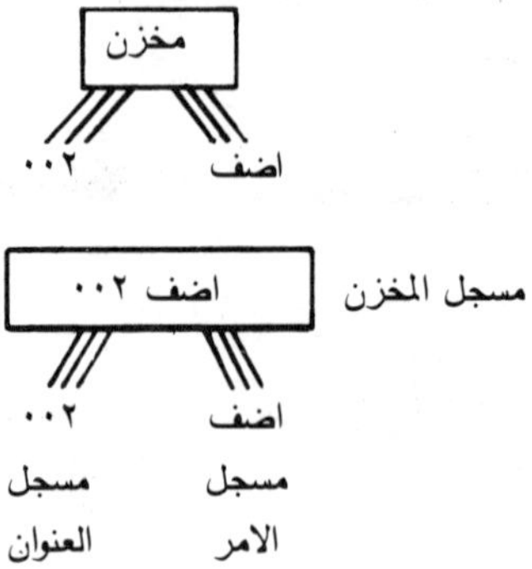

ايضاح لمسجل الامر

instruction register, control . . . . التحكم في مُسجل الامر
مسجل معين يحتوي على عنوان الامر التالي والجاهز للتنفيذ

instruction repertoire=instruction set

instruction repertory=instruction repertoire

instruction scheduler . . . . مُجدوِل التعليمات
إصطلاح يستخدم احيانا لوصف وحدة التحكم او الجزء من وحدة التحكم الذي يقوم بحل شفرة التعليمات وكذلك بتخزين النتائج

instruction set . . . . مجموعة التعليمات (الاوامر)
(١) وسيلة لوصف امكانيات وحدة المعالجة المركزية CPU وعادة ما تكون على شكل قائمة بجميع الاوامر التي يمكن لوحدة المعالجة المركزية تنفيذها ؛
(٢) التعليمات المتوفرة للاستعمال في لغة برمجة معينة . مجموعة من الرموز تمثل جميع العمليات التي من الممكن تنفيذها في حدود امكانيات اللغة .
نفس instruction repertoire

instruction time = I-time . . . . زمن الامر

الوقت المطلوب لجذب التعليمات من الذاكرة الداخلية بواسطة وحدة التحكم وترجمة هذه التعليمات

instruction word . . . . كلمة الامر

كلمة كمبيوتر تحتوي على أمر □ word

INT = interrupt

integer . . . . عدد صحيح

رقم صحيح بدون كسور، قد يكون موجبًا او سالبًا او صفرًا

integer expression=expression

integrated circuit . . . . الدائرة المدمجة

دوائر كهربائية صلبة ، مصنعة اجزائها (ترانزستورات ودايود وموصلات ومكثفات ومقاومات) على قطع صغيرة جدًا عادة تتكون من معدن السليكون . قد تحتوي هذه الدوائر على عدد محدود او عدد كبير من هذه الاجزاء قد يصل الى الالاف . □ large-scale integration; medium-scale integration; small-scale integration

Integrated Civil Engineering System . . . . نظام الهندسة المدنية المدمج = ICES

نظام تم تطويره لمساعدة المهندسين المدنيين في حل المشاكل الهندسية وهو يتكون من أجهزة ولغات هندسية عديدة

integrated data processing = IDP . . . . معالجة متكاملة للبيانات

عملية معالجة بيانات بواسطة جهاز يقوم بالتنسيق بين عمليات لم يكن بينها تنسيق ، بهدف تحسين كفاءة العمل

integrated injection logic = I²L . . . . دائرة منطقية مدمجة ومحشورة

دائرة كهربائية منطقية (تقوم بعمل تحليلي) تتميز بأنها مضغوطة لدرجة كبيرة جدًا وتبديد قليل جدًا في الطاقة (حوالي ٠،٠٥ ملي واط / لكل صمام) وامتداد متوسط (٢٠ بليون من الثانية). تستخدم مثل هذه الدوائر في الساعات اليدوية الاليكترونية وفي كثير من الاستخدامات الاخرى

integrated management information system .... نظام معلومات الإدارة المدمج
= IMIS

نظام يقوم بتجميع ومعالجة البيانات وتحديد قنوات تدفق المعلومات بين مراكز المعلومات ومراكز اتخاذ القرارات

integrated modem .... الموديم المدمج

integration .... التكامل ٠ الادماج

(١) تكامل اجزاء البرنامج مع بعضها وجعلها برنامجًا متكاملاً ؛

(٢) تكامل اجزاء نظام الكمبيوتر مع بعضها وجعلها نظاما متكاملاً ؛

(٣) ادماج بيانات مع بعضها لانشاء بيانات متكاملة

integrator .... الدامج ٠ جهاز تكاملي

(١) الدامج : صفة تطلق على الشخص او الهيئة التي تقوم بعملية تكامل أجزاء الكمبيوتر او اجزاء البرنامج او اجزاء النظام مع بعضها ؛

(٢) جهاز او اجزاء من جهاز الكمبيوتر يسمح بادخال قيمتين متغيرتين لاخراج قيمة تكاملية بين المتغير الاول والمتغير الثاني

intelligent communications interface .... التعشيق الذكي للاتصالات
= ICI

intelligent communication multiplexor ..... وحدة الاتصال الذكي المتعدد
=ICM

multiplexor □

intelligent terminal .... الطرفية الذكية ٠ التيرمنال الذكي

وحدة إدخال وإخراج مبنية فيها او موصلة معها اجزاء لها القدرة على القيام بعمليات المعالجة

intensified field .... حقل مشع

حقل من حقول البيانات التي تعرض على شاشة الطرفية ويتميز بأنه حقل ذو ضوء مشع أكثر من غيره من حقول البيانات المعروضة على الشاشة

كثافة ٠ شدة .... intensity

(١) كثافة : كثافة صورة على الورق أنتجت لتستخدم مع ادوات التعرف على الرموز المرئية ؛ (٢) شدة : كمية الضوء المشعة من الجسم المضيئ (مثل شاشة التلفزيون)

تعامل مباشر (تبادل ٠ تفاعل) .... interaction

عملية التعامل التي تقع بين المُشّغل والالة وخلالها يعطي المشّغل أوامره للجهاز ويقوم الجهاز بالرد على المُشّغل بشكل فوري

جلسة التعامل المباشر .... interaction session

جلسة التعامل المباشر بين المستفيد وجهاز الكمبيوتر وتبدأ من بداية الاتصال بالجهاز عبر الطرفية log on وتنتهي بانهاء الاتصال مع الجهاز log off

مدة التعامل المباشر .... interaction time

في بعض اجهزة الكمبيوتر ، الوقت المطلوب لكي يتقبل الكمبيوتر سطرًا من البيانات الداخلة عن طريق وحدة الادخال التي بها العديد من الطرفيات

تبادلي (مباشر) .... interactive

اصطلاح يطلق على جهاز كمبيوتر يتم فيه حوار بينه وبين مستخدم الجهاز . عكس المعالجة المنفصلة batch processing

البرنامج المترجم المباشر .... interactive compiler

برنامج مترجم يقوم بترجمة العبارة بمجرد وصولها لجهاز الكمبيوتر الى لغة الالة

التصحيح المباشر .... interactive debugging

برنامج لتصحيح الاخطاء مباشرة . تتضمن مثل هذه البرامج أوامر مثل إعرض display وخزّن store ونفذ execute

المعالجة التبادلية (المباشرة) .... interactive processing

احد انواع المعالجة الانية real time والذي يتضمن حوارا مستمرا بين جهاز الكمبيوتر ومستخدمه وهذا يعني ان بامكان مستخدم الجهاز تعديل البيانات المخزنة او الاوامر المعطاة □ conversational mode; real time

نظام المعالجة التبادلية (المباشرة) .... interactive system

نظام يمكن لمستخدمه أو للالة التي تديره أن تدير حوارًا مباشرًا مع البرنامج العامل

فجوة بين البلوكات (الكتل) .... interblock gap

المسافة على الشريط أو القرص المغناطيسي بين نهاية بلوك وبداية آخر تتراوح هذه المسافة بين ٠،١٢٥ – ٠،٧٥ بوصة في نهاية القرص المغناطيسي وبين ٠،٤ – ٠،٧٥ بوصة في نهاية الشريط المغناطيسي . نفس interrecord gap وrecord gap □ block

تبادل .... interchange

سلسلة من الرسائل المتقاربة المنقولة بين جهاز كمبيوتر و الطرفية

قابلية الاستبدال .... interchangeable

عنوان متبادل .... interchange address = IA

مجموعة من الرموز التي تعرف موقع التبادل في شبكات البيانات

تعشيق .... interface

(١) آلة أو برنامج لوصل جزئين من اجزاء جهاز الكمبيوتر أو لوصل جهازين معا ؛ (٢) توصيل جزئين أو اكثر من اجزاء جهاز الكمبيوتر معا ليصبح بامكانها نقل أو استقبال المعلومات . امثلة على ادوات التعشيق كل من وصلة آي تربل إي – ٤٤٨ IEEE-448 وأر أس ٢٣٢ RS-232

تداخل .... interference

اشارات غير مرغوب فيها والتي تفسد الاشارات المطلوبة

مشابكة . . . . **interlacing**

تحديد عناوين متتابعة لمواقع منفصلة على الاقراص او الاسطوانات المغناطيسية وذلك لتقليل الوقت المطلوب للبحث عن هذه المواقع

إنجاز متداخل . . . . **interleaving**

طريقة لكتابة برامج الكمبيوتر تُدمج فيها اجزاء من برنامج ما مع برنامج آخر وذلك لمعالجة أجزاء البرنامج الثاني في حالة تأخير معالجة البرنامج الاول لاي سبب

يشابك . . . . **interlock**

تسهيلات للحماية وللوقاية من ان يؤثر عمل احدى الادوات على الادوات الاخرى . مثلا لن يدور عمود ادارة القرص المغناطيسي حتى يتم قفل الغطاء عليه

مفتاح التشابك . . . . **interlock switch**

دائرة كهربائية تنفصل أتوماتيكياً عند حدوث تماس كهربائي أو تغيير في التيار

ذاكرة الوصول الوسطي . . . . **intermediate access memory = IAM**

ذاكرة ذات زمن توصيل (يمكن الوصول لمحتواها) في مده تتراوح بين المدة المطلوبة للذاكرة الرئيسية (المصنعة من شبه الموصلات) وبين الذاكرات المساندة (مثل الاشرطة المغناطيسية او الاسطوانة المغناطيسية) . يطلق هذا الاصطلاح على الذاكرات التي يتراوح زمن الوصول لمحتواها ما بين ٥ ميكرو من الثانية و١٥ ميللي من الثانية

لغة وسطية . . . . **intermediate language**

لغة لكتابة البرامج تجمع بين لغة الالة واللغات الراقية

نتائج وسطية . . . . **intermediate result**

خلال تنفيذ عمليات حسابية معقدة ، النتائج التي تم الحصول عليها من عملية حسابية معينة والتي تستخدم كبداية لعملية حسابية تالية لها

intermediate text language = ITL . . . . لغة النصوص الوسطية

لغة وسط بين اللغات البشرية (الانجليزية أو العربية مثلاً) وبين لغة البرمجة

intermittent errors . . . . أخطاء متقطعة

أخطاء تحدث بصورة متقطعة غير منتظمة ويصعب تكرارها

internal clocking . . . . توقيت داخلي

internal memory . . . . الذاكرة الداخلية

وهي ذاكرة تحت تحكم وحدة المعالجة المركزية CPU . تستخدم هذه الذاكرة لتخزين البرنامج أثناء عملية تنفيذه وكذلك البيانات أثناء اجراء التحليل عليها .

نفس immediate access storage; internal storage; main storage; primary storage

internal sorting . . . . فرز داخلي

تتابع سجلين أو أكثر داخل وحدة المعالجة المركزية CPU . تعتبر المرحلة الاولى في برنامج تصنيف ذو مراحل عديدة

internal storage = internal memory

International Alphabet Number 1 . . . . الاحرف الابجدية الدولية رقم ١
= IA-1

نفس شفرة بودو ☐ Baudot code

International Alphabet Number 2 . . . . الاحرف الابجدية الدولية رقم ٢
= IA-2

نفس شفرة التلغراف ذات الخمس خانات

International Alphabet Number 5 . . . . الاحرف الابجدية الدولية رقم ٥
= IA-5

شفرة تستخدم في الاتصالات ذات سبع خانات

interpreter . . . . **المترجم**

تماما كما تتم ترجمة خطاب مباشرة على الهواء جملة بعد جملة او فقرة بعد فقرة ، فان المترجم في جهاز الكمبيوتر يقوم بترجمة البرامج المكتوبة بواسطة مستخدم جهاز الكمبيوتر (مثل الفورترن والبيزيك والكوبول) الى سلسلة من التعليمات العملية التي يقوم الجهاز بتنفيذها مباشرة حيث تتم ترجمة عبارة بعد عبارة وفي كل مرة يستخدم فيها البرنامج او تتكرر جملة فيه ، يجب اعادة الترجمة من جديد مما يقلل من كفاءة عمل جهاز الكمبيوتر عن طريق زيادة الوقت الضائع في هذه العمليات . هذا على العكس فيما لو تم استخدام البرنامج المترجم compiler والذي يتم فيه ترجمة كل البرنامج اولاً قبل ان يتم تنفيذه □ compiler

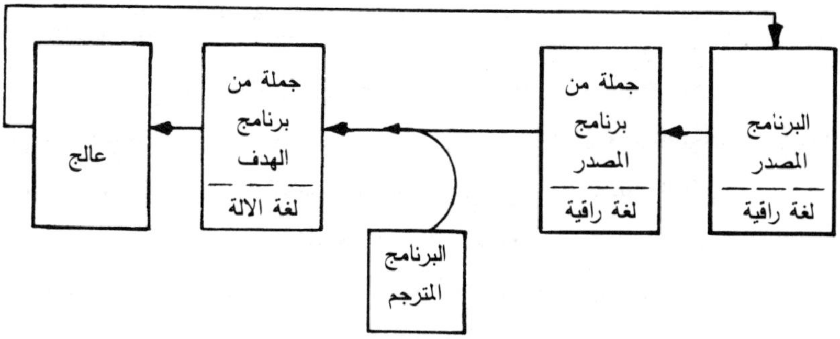

عمل البرنامج المترجم

interpretive program . . . . interpreter □

interrecord gap = interblock gap

interrogation . . . . **استجواب**

(١) عملية تعريف وتحديد موقع جزء من البيانات المطلوبة ؛

(٢) طلب تعريف اسم المحطة ان كان هناك اتصال بين أكثر من محطة أو مركز للبيانات

intra-office network . . . . network □

مقاطعة .... **interrupt = INT**

التوقف المفاجئ لجهاز الكمبيوتر أثناء تنفيذه برنامجًا عن طريق ارسال اشارة خاصة للجهاز عندها يوقف جهاز الكمبيوتر عملية التنفيذ عند النقطة التي تم عندها ارسال الاشارة لكي يقوم بتنفيذ أي تعليمات تعطى له .

وبمجرد انتهاء المقاطعة ، يعود جهاز الكمبيوتر لنفس النقطة التي توقف عندها في البرنامج الاول لاتمام تنفيذ هذا البرنامج . ان حدثت أكثر من مقاطعة لجهاز الكمبيوتر، يستحسن أن يقوم مستخدم الجهاز بترتيب الاولويات لهذه المقاطعة حسب أهميتها

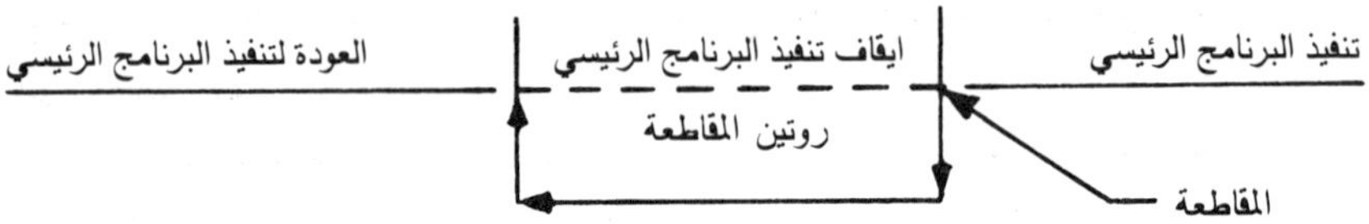

المقاطعة

النقل بالمقاطعة .... **interrupt-driven transfer**

مقاطعة تسمح للعديد من المعالجات بالاستمرار في عملها ومن غير انتظار للاداة الناقلة للبيانات لكي تكون جاهزة . عندما تصبح هذه الاداة جاهزة ، فهي تقاطع تنفيذ البرنامج الموجود في وضع التنفيذ مسببة تنفيذ البيانات الداخلة اولا ، وعند انتهائها يعود المنجز من جديد للموقع الذي توقف عنده

إدارة المخزون .... **inventory management**

اصطلاح يطلق على ادارة وحفظ دفاتر البضائع بما في ذلك تسجيل الداخل والخارج والكميات المطلوب تخزينها

غير صالح .... **invalid**

صفة للبيان او العبارة او الصيغة التي تخالف الشروط

صورة (فيديو) معكوسة .... **inverse video**

اظهار الخلفية مضاءة وترك الصورة مظلمة على شاشة انبوبة أشعة الكاثود

عملية تحويل أية قيمة الى عكسها .... **invert**

inverted file . . . . **الملف المعكوس**

ملف يتم ترتيبه خصيصا لتسهيل تحديد موقع السجلات باستخدام مفاتيح خاصة مثل رموز معينة بدلا من مفاتيح السجلات

inverter . . . . **العاكس**

(١) كذلك تُعرف بصمام «لا» NOT . دائرة منطقية يكون الناتج منها دائما عكس ما هو داخل . مثلا لو كان الداخل هو الرقم صفر، فان الخارج منها سيكون واحدًا وان كان الداخل واحدًا فان الخارج سيكون صفرًا. مثل هذه الدائرة تعمل على النقيض ؛

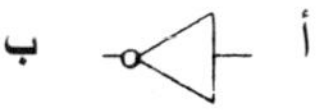

الداخل أ	صفر	واحد
الخارج ب	واحد	صفر

(٢) آلة تستخدم لتحويل التيار المستمر DC الى تيار متردد AC

investigation . . . . **إستقصاء / فحص**

invigilator . . . . **متحكم التسلسل**

invitation to send = ITS . . . . **الدعوة للارسال**

رموز تحكم في النقل ، وهي جزء من الات الطباعة التلفونية في محطات الارسال والاستقبال الالية ASR تُستعمل لحث الجهاز المرسل على ان يبدأ في الارسال

invoice . . . . **الفاتورة**

قائمة تتضمن أسعار الخدمات والتكاليف الاجمالية التي يزودها صاحب المحل لمشتري هذه الخدمات

invoke . . . . **يسبب**

أن يسبب حدوث شيً مثال ذلك أن يسبب اظهار شيً ما من الذاكرة الرئيسية

I/O = input/output

I/O bound = input/output bounded

I/O control system = IOCS . . . . **نظام التحكم في الداخل والخارج**
مجموعة من التعليمات تعطى لجهاز الكمبيوتر بهدف التحكم والبدء بعمليات الادخال والاخراج

IOCS = I/O control system

IOM = I/O multiplexor

IOP = I/O processor

IOQ = I/O queue

IOR = inclusive OR

[1]IPL = information processing language

[2]IPL = initial program loader

[1]IPS = inches per second

[2]IPS = instructions per second

IPSS = International Packet Switched Service

IRG = interrecord gap . . . . interblock gap □

irrational number . . . . **رقم غير منطقي**
الرقم الذي لا يمكن تكوينه بقسمة رقم صحيح على رقم آخر

IS = information separator

ISAM = indexed sequential access method

ISO = International Standards Organization . . . . المؤسسة الدولية للقياسات (جنيف – سويسرا)

ISR = information storage and retrieval

isolate . . . . يعزل

(١) تحديد الجزء من جهاز الكمبيوتر الذي فيه عطل ؛

(٢) فصل دائرتين كهربائيتين عن بعضهما

isolation test routine = ITR . . . . روتين الاختبار والعزل

برنامج للفحص والتشخيص

item . . . . فقرة

مجموعة من الرموز المتقاربة والتي يتم التعامل معها كوحدة واحدة . مثلا يتكون السجل الواحد من مجموعة متقاربة من الوحدات والملف يتكون من مجموعة من السجلات

iterate . . . . يكرر

اعادة نفس خطوات المعالجة ذاتيا بواسطة برنامج التحكم الى ان يتم الوصول الى نقطة توقف تم تحديدها سابقا او الى ان يتم الوصول الى نقطة تفريع

iteration . . . . التكرار

تكرار تنفيذ عملية لعدة مرات او تنفيذ مجموعة من التعليمات عدة مرات

iterative routine . . . . روتين تكراري

(١) عملية دورانية : بتكرار خطواتها عدة مرات

(٢) مجموعة من التعليمات تتضمن عملية دورانية ☐ loop

iterative solution . . . . حل تكراري
نفس طريقة الحل بالمحاولة والخطأ بان يفرض الشخص حلا ثم يختبر مدى صحة هذا الحل ومنه يفرض حلا اخرا اقرب للصحة من الحل الاول ، وهكذا حتى تثبت قيمة الاجابة مهما تكرر استعمالها ، وعندها تؤخذ القيمة الاخيرة المفروضة على انها الحل المطلوب

I-time = instruction time

ITL = intermediate text language

ITR = isolation test routine

ITS = invitation to send

ITT = International Telephone and Telegraph . . . . الدولية للتلفون والتلغراف (إنديانا – أمريكا)

ITU = International Telecommunications Union . . . . . إتحاد الاتصالات اللاسلكية الدولي (جنيف – سويسرا)

J

المقْبس .... jack

آلة توصل بها الاسلاك الكهربائية ويمكن تركيب مفتاح كهربائي عليها

جوزيف – ماري جاكار .... Jacquard, Joseph-Marie

(١٧٥٢ ـ ١٨٣٤) في سنة ١٨٠١ قام بانتاج ماكينة نسيج تستخدم بطاقات ذات ثقوب للتحكم في عملية النسج . بعد ٨٥ سنة من ذلك وفي سنة ١٨٨٦ قام هيرمان هوليريث باستخدام نظرية البطاقات المثقبة للتحكم في الالة التي استخدمها في تخزين المعلومات الاحصائية عن الولايات المتحدة الامريكية

انحشار بطاقة او شريط .... jam

رطنة .... jargon

طريقة كلامية متعلقة بطريقة حياة معينة او عمل معين وكثيرا ما تستعمل لوصف تعبيرات جهاز الكمبيوتر الفنية المعقدة

JCL = job control language

مهمة .... job

مجموعة من المهمات الخاصة تكون مع بعضها عملاً يقوم به جهاز الكمبيوتر. بمعنى اخر برنامج او مجموعة من البرامج المتقاربة والبيانات ، يعاملها جهاز الكمبيوتر كوحدة واحدة

job control language = JCL . . . . لغة ضبط المهمة

اللغة المستخدمة في بطاقات التحكم والتي تمثل لغة ضبط المهمة مع مجموعة البطاقات التي بها برنامج المصدر. تعطي هذه البطاقات معلومات عن كيفية استخدام جهاز الكمبيوتر وما هو رقم الحساب الذي يمكن استخدامه مع الجهاز □ control card

job queue . . . . صف المهمة

المهمات المعدة للمعالجة والتي تنتظر تعيين مصادر معالجتها

job stream . . . . مجرى المهمات

قد يتكون الداخل لجهاز الكمبيوتر من واحد او اكثر من المهمات . يطلق على ذلك مجرى المهمات

job-to-job transition . . . . الانتقال من مهمة الى اخرى

عملية تحديد موقع البرنامج والملفات التي لها علاقة بالبرنامج واعداد جهاز الكبيوتر لانجازِ المهمة المطلوبة منه

JOVIAL = Jules Own Version . . . . جوفيال
of the International Algorithmic Language

لغة برامج لحل مشاكل علمية ومشاكل تحكم . تستخدم هذه اللغة كثيرا في سلاح الجو الامريكي

عصا المرح

joy stick . . . . عصا المرح

كما ان الرافعة تتحرك في كل اتجاه ، بامكان عصا المرح تحريك الصورة على الشاشة

jump . . . . قفز

عملية القفز داخل سلسلة من اوامر المعالجة المتتالية من سلسلة اخرى . نفس branch او transfer □ conditional transfer; unconditional transfer

jumper .... **القافز**

وسيلة توصيل بين نقطتين في دائرة كهربائية

justification .... **تنحية**

عملية ضبط وترتيب او تحريك الخانات لليمين او اليسار لكي تأخذ شكلاً معيناً

justify .... **ينحي**

صف قيمة البيان في المكان المخصص لها بطريقة معينة.

صف الرموز بطريقة معينة . مثلا (الصف على اليسار) left justify يعني وضع اول رمز وعادة اكثرها اهمية في موقع اقصى اليسار. اما (الصف على اليمين) right justify يعني اخر رمز (وعادة اقلها اهمية) في اقصى اليمين

الصف على اليمين	١	١	٠	١	٠	٠	٠
الصف على اليسار	٠	٠	٠	١	١	٠	١

☐ normalize

juxtaposition .... **تلاحم**

وضع الفقرات بجوار بعضها البعض

K

ك . . . . **K**

(١) اختصار لكلمة كيلو وهي ذات قيمة ١٠٠٠ . مثلاً كيلوغرام = ١٠٠٠ غرام : (٢) في الكمبيوتر هي مقياس لحجم ذاكرة الكمبيوتر فكل ك او K تساوي ١٠٢٤ بايتز (٢' ١٠) ، وكل بايت تتكون من ٨ خانات والمسماة بت . فاذا كانت الذاكرة ٨ ك معنى ذلك ان الذاكرة يمكنها تخزين ٨١٩٢ بايتز واذا كانت ١٦ ك معنى ذلك ان الذاكرة يمكنها تخزين ١٦٣٨٤ بايتز

□ bit; byte ؛ (٣) □ Kelvin

خريطة كارنو . . . . **Karnaugh map**

جدول يشرح منطق الدوائر المعقدة نسبيا (مثل اختيار البيانات) . مثال ذلك ما هو موضح في الشكل ، ان كانت الاشارة أ عالية (واحد) وب منخفضة (صفر) فان الداخل ت١ سيمر وسيكون هو النتيجة

أ / ب	صفر	واحد
صفر	ت٣	ت١
واحد	ت٢	ت٤

kB = kilobyte

kbyte = kilobyte

كيلو/الثانية . . . . **kc = kilo/second**

وحدة قياس لسرعة انتقال المعلومات وتعني ١٠٠٠ رمز/الثانية

كلفن .... **Kelvin**

(١) اسم لوحدة الكيلوواط ساعة ؛ (٢) وحدة قياس حرارية بالنظام المتري :

$K = T°C + 273$

المفتاح .... **key**

خانة او مجموعة من الخانات تستخدم كعنوان او اسم يساعد جهاز الكمبيوتر في تحديد موقع مجموعة من البيانات (ملف) مخزنة على ذاكرة الكمبيوتر. ليس هناك شرطا ان يكون هذا المفتاح متصلاً بالملف ؛

(٢) مفتاح بلوحة المفاتيح

لوحة المفاتيح .... **keyboard**

لوحة بها مجموعة من المفاتيح كجزء من الطرفية او الة التثقيب لادخال البيانات او البرامج . تتضمن المفاتيح الموجودة في هذه الالة الاحرف الابجدية والارقام ورموز اخرى

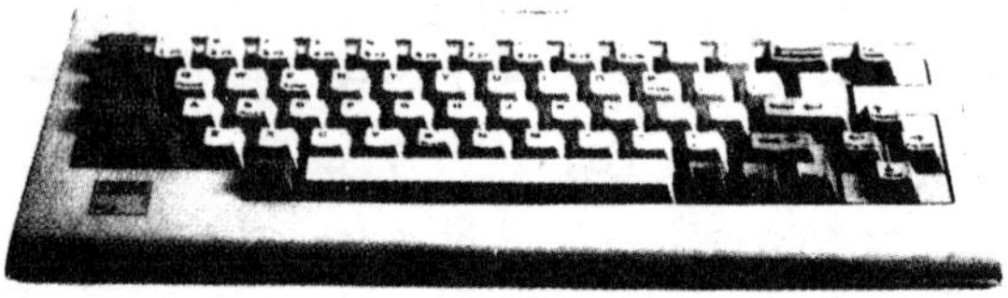

لوحة المفاتيح

بالاضافة لمفاتيح خاصة لعمل جهاز الكمبيوتر مثل وقف تنفيذ البرامج او مسح الذاكرة

معالج لوحة المفاتيح .... **keyboard processor**

لوحة مفاتيح مرفق معها مُعالج processor ليقوم بتحديد موقع المفتاح الفعال وليتجه الى شفرة الرمز المطلوب في الذاكرة (ذاكرات القراءة فقط ROM) ولوضع الشفرة المناسبة على باص البيانات

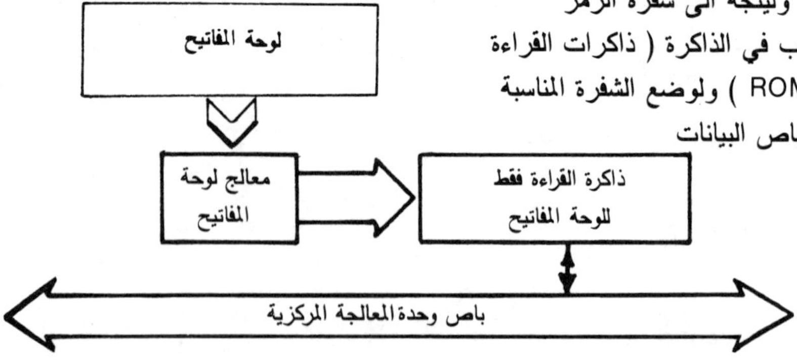

معالج لوحة المفاتيح

لوحة المفاتيح لذاكرات القراءة فقط.................. keyboard ROM

توضع ذاكرة للقراءة فقط صغيرة مع لوحة المفاتيح تتضمن جدول بشفرات رموز معينة يستخدمها منجز لوحة المفاتيح وذلك لتوجيه الشفرة المناسبة لباص البيانات

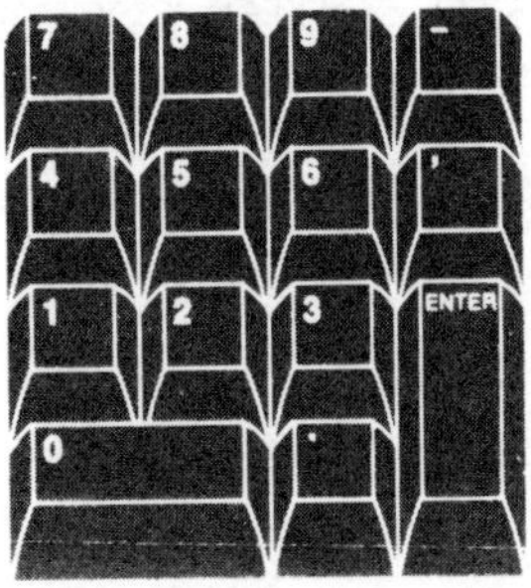

لوحة مفاتيح خاصة.............. keypad

مجموعة صغيرة من المفاتيح تقوم بعمليات محددة مثال ذلك المفاتيح الرقمية في يمين لوحة المفاتيح

مفتاح التثقيب.............................. keypunch

آلة بها احرف الطباعة يمكنها تثقيب البطاقات المستخدمة في ادخال البيانات لجهاز الكمبيوتر

التثقيب بالمفاتيح.................... keypunching

عملية تسجيل البيانات على البطاقات بتثقيبها

محطات المفاتيح.......................... keystations

عدد اجهزة التيرمنال المستخدمة في ادخال البيانات في الانظمة التي يمكن لاكثر من شخص استعمالها في نفس الوقت

ضرب المفتاح.......................... keystroke

عملية الضغط على المفاتيح الموجودة في لوحة المفاتيح

آلة التحقق............................ key-verifier

استخدام الة تثقيب البطاقات والمعروفة بالمُحقق والتي بها لوحة مفاتيح للتأكد من ان الثقوب على البطاقات تحمل البيانات المطلوبة وان التثقيب كان صحيحا □ verifier machine

keyword .... **كلمة مفتاح**

(١) الكلمة الرئيسية في العنوان والتي تدل على محتوى الوثيقة ؛
(٢) جُمل رئيسية تستخدم في اللغات التي تكتب بها البرامج . أمثلة لهذه الجُمل GOTO وINPUT وLET المستخدمة في لغة البيزيك

kilo .... **كيلو**

□ K

kilobaud .... **١٠٠٠ بود**

مقياس لسرعة نقل البيانات عبر خطوط الاتصال

kilobit .... **كيلوبت**

□ K; bit

kilobyte .... **كيلوبايت**

عادة تكتب على انها **ك** K . **وهي تستخدم لوصف حجم الذاكرة**

□ K; byte

kilocycle .... **كيلوسايكل**

□ kilohertz

kilohertz .... **كيلوهرتز**

١٠٠٠ دورة/الثانية

kilomegacycle .... kilomegahertz □

kilomegahertz .... **بليون دورة/الثانية**

10^9 دورة/الثانية

kips = kilo instructions/second . . . . كبْس

وحدة قياس لسرعة جهاز الكمبيوتر في انجاز العمليات تساوي ١٠٠٠ عملية/ الثانية . اجهزة الكمبيوتر الصغيرة مثل تلك المستخدمة في المنازل home computer يمكنهامعالجة ٥٠٠ كبس/الثانية او ٥٠٠,٠٠٠ عملية/الثانية . اما اجهزة الكمبيوتر الكبيرة بامكانهامعالجة ٣,٠٠٠ كبس او ٣,٠٠٠,٠٠٠ عملية في الثانية

kludge . . . . غير جدير بالثقة

كما في محاولة تصليح باب مكسور بوضع قطع من الخشب ذات الوان مختلفة هنا وهناك ، فان الباب لن يكون قويا ولن يكون شكله مرضيا ، كذلك من يتعامل مع جهاز الكمبيوتر قد يمر بنفس الشيء . مثلا في حالة وجود اخطاء كثيرة في برنامج ما ومحاولة اصلاح هذه الاخطاء بكثير من الرقع ، ستكون كتابة برنامج جديد اسهل من محاولة اصلاح هذا البرنامج

KSR = keyboard send/receive . . . . آلة التلكس

آلة طباعة يمكن بواسطتها ارسال او استقبال معلومات من طرف اخر

KTR = keyboard typing reperforator . . . . الثاقب

L

العلامة ، الطابع .... **label**

(١) تعريف أو إسم يطلق على أمر أو عبارة أو سجل أو رسالة أو ملف ؛

(٢) قطعة من الورق تلصق على علبة الشريط أو البكرة ؛

(٣) □ flexible disk

بطاقة مثقبة تمامًا .... **laced card**

بطاقة مثقبة بها العديد من الثقوب الاضافية في بعض الاعمدة أو كلها

تخلف .... **lag**

(١) بالنسبة لحدث ما : وقوعه بعد حدث أخر ؛ (٢) الوقت الذي يفصل بين حدثين

LAN = local area network .... network, local area □

اللغة .... **language**

مجموعة من الاصوات أو الرموز أو الاصوات والرموز مجتمعة تستخدم طبقا لقواعد معينة لتسهيل التخاطب بين الافراد أو بين الافراد والالة .
تستخدم اللغات الطبيعية natural languages للمخاطبة بين الافراد ، وقواعد هذه اللغات وكلماتها تتطور مع الزمن . وتكون اللغات الصناعية على عكس ذلك اذ ان قواعدها وكلماتها توضع عند خلق هذه اللغات ، وتبقى

ثابتة طبقا للقواعد الاساسية التي وضعت على اساسها . أما اللغات ذات العلاقة بالمفاهيم conceptual languages فهي لغات طبيعية أو اصطناعية للتعبير عن مفهوم معين ، أو تداخل بين علاقات في مجالات مختلفة مثل الفيزياء أو الطب . لغات البرمجة programming languages هي لغات اصطناعية وُضعت بواسطة أشخاص لاعطاء تعليمات للالة . بالنسبة لجهاز كمبيوتر معين : عادة ما يطلق على لغة البرمجة إسم لغة المصدر source language وهي اللغة التي تُكتب بها البرامج للتحكم في عمل جهاز الكمبيوتر. قد تكون لغة المصدر لغة راقية high-level language أو لغة ذات مستوى منخفض low-level language . يستخدم تعبير « لغة راقية » نتيجة أن أمرا بسيطا مكتوب بهذه اللغة ، يسبب إنجاز سلسلة من الخطوات المتتابعة . وهذا على عكس اللغات ذات المستوى المنخفض والتي تتطلب شرح كل خطوة لجهاز الكمبيوتر بطريقة مفصلة . يطلق على اللغات ذات المستوى المنخفض لبعض موديلات أجهزة الكمبيوتر إسم لغة التجميع assembly language أو assembler . صممت لغات التجميع على أساس توفير الاستخدام الافضل للذاكرات ولجهاز الكمبيوتر ، وكثمن للجهد المبذول في كتابة البرامج الراقية . قد يطلق على اللغات ذات المستوى المنخفض إسم لغات موجهة للكمبيوتر computer-oriented language . توصف اللغات الراقية غالبا على انها لغات للمشاكل problem-oriented languages أو لغات اجرائية procedure-oriented language . تصمم لغات المشاكل لحل مشكلة معينة أو نوع معين من المشاكل ، ومثل هذه البرامج تحتاج لتوضيحات اضافية بجانب ألامر الُمعطى ، وهي مصممة ليستخدمها اشخاص ذوي خبرة محدودة في مجال كتابة البرامج . لغات البرامج الشائعة مثل الفورترن والكوبول هي من نوع اللغات الاجرائية والتي تقوم بعمل معين . مثلا لغة الكوبول صُممت لحل مشاكل إدارة الاعمال ، ولغة الفورترن لحل المشاكل العملية . اللغات ذات الهدف العام general purpose languages هي لغات ذات مرونة وامكانيات عديدة ويمكن إستخدامها في العديد من التطبيقات . مثال لهذا النوع من اللغات ،لغة بي أل ـ ١ PL-1 . تتم ترجمة التعليمات في كل من اللغات الراقية واللغات ذات المستوى المنخفض بواسطة مُعالج ألالة machine processors الى شفرات خاصة يطلق عليها أحياناً لغة الالة machine language

[1]language processor = assembler

[2]language processor = compiler

[3]language processor = interpreter

[4]language processor = linkage editor

[5]language processor = precompiler

[6]language processor = source converter

[7]language processor = translator

language statement .... **جملة لغوية**

جُملة في لغة المصدر source language تؤثر على طريقة ترجمة البرنامج أو تنفيذه . مثل هذه الجملة قد تكون امرًا لتنفيذ عملية معينة أو ربما تكون معلومات مطلوب توصيلها لبرنامج المعالجة نفسه

language subset .... **جزء ثانوي من اللغة**

جزء من لغة يمكن استخدامه مستقلا عن باقي أجزاء هذه اللغة

language translation .... **ترجمة اللغة**

تحويل العبارات من لغة الى اخرى . مثل التحويل من لغة الفورترن الى لغة البيزيك

language translator .... **مترجم اللغة**

برنامج يستخدم لتحويل جُمل من لغة الى لغة اخرى من غير احداث تغيير رئيسي في المعنى ☐ assembler; compiler

large-scale integration = LSI .... تكامل على مستوى كبير

دائرة كهربائية مدمجة IC تحتوي على عدد كبير (يصل لحوالي ٢٠،٠٠٠ شبه موصل semiconductor)، مثل الترانزستورات والصمامات الثنائية ، مثبتة على قطعة صغيرة من معدن السليكون والمسماة الخلية السليكونية chip . من صفات هذه الدوائر أنها صغيرة الحجم الا انها بطيئة في العمل اذا ما قورنت بالصمامات ثنائية القطب

laser = light amplification by stimulated emission of radiation .... أشعة الليزر

أشعة ناتجة من ذرات ذات طاقة عالية □ holographic storage

laser halographic memory .... الذاكرة بأشعة الليزر

laser printer .... المطبعة العاملة بأشعة الليزر

ماكينات طباعة تستخدم أشعة الليزر وتشبه في عملها ماكينات النسخ (زيروكس). يستخدم هذا النوع من المطابع في كثير من أجهزة الكمبيوتر لسرعتها ولانها ذات صفات طباعة جيدة بالاضافة الى ان تكاليفها ليست عالية اذا ما قورنت بأدوات الطباعة الاخرى

last in, first out = LIFO .... آخر من دخل ، أول من خرج

تلفظ وكأنها كلمة واحدة « ليفو ». طريقة أو آلة تعمل حسب نظرية أن آخر ما أُدخل على الذاكرة هو أول ما يتم الحصول عليه عند طلب ما في الذاكرة

latency .... الانتظار (وقت الانتظار)

الوقت بين إنتهاء ترجمة العنوان وبين بداية النقل من موقع العنوان المخاطب . يشمل هذا الوقت أي تأخير مرتبط في الوصول لاجهزة التسجيل مثل الاقراص والاسطوانات المغناطيسية

law .... قانون

القوانين التي تحكم عمل دوائر الكمبيوتر ومن اهم هذه القوانين ، قانون التجميع associative law وقانون التبديل commutative law وقانون التوزيع distributive law

layout . . . . **تخطيط (مخطط)**

الترتيب او التنظيم الذي يوضح عناصر الموضوع . مثل شكل وترتيب ملف البيانات ، او سجل البيان ، او نظام المعلومات ، الخ

layout character . . . . **رمز التخطيط**

(١) رمز (مفتاح) يستخدم في التحكم في الة الكتابة ؛ (٢) رمز يوضع بين البيانات المسجلة على شريط ورقي للتحكم في طريقة طبعها

LCD = liquid crystal display

LCM = least common multiple

LDN = logical device name

LE = less than or equal to . . . . relational operator □

leader . . . . **القائد**

(١) الجزء الاول من الشريط الورقي أو المغناطيسي والذي يُسجل عليه ؛
(٢) سجل يسبق مجموعة من السجلات يتضمن معلومات عن البيانات المسجلة فيها او البيانات المشتركة بين هذه السجلات

leading edge . . . . **الحافة القائدة**

حافة بطاقات التثقيب التي تدخل من جهتها لماكينة قراءة البطاقات

leapfrog test . . . . **الاختبار القفزي**

اختبار يجريه جهاز الكمبيوتر لفحص المعلومات المخزنة في المواقع المختلفة سن الذاكرة . يقفز الجهاز من موقع الى آخر حتى ينتهي من اختبار جميع المواقع

leased line . . . . **خط الاتصال الخاص**

الخط التلفوني المخصص للاستعمال الخاص ، وعادة يستخدم في نقل البيانات

least common multiple = LCM . . . . أصغر رقم مشترك

لو كان هنال رقمان أ ، ب فهو أصغر رقم س الذي لو قسم على كل من أ ، ب فلن يتبقى كسور. مثلا لو كان رقم أ = ١٠ وب = ٦ ، فان اصغر رقم مشترك س = ٣٠ وذلك لان ٣٠ ÷ ١٠ = ٣ و٣٠ ÷ ٦ = ٥

least significant bit = LSB . . . . الخانة ذات الاهمية الاقل

في مجموعة من الخانات ، هي الخانة التي تقع في أقصى اليمين . عند نقل الخانات ستكون أول خانة يتم نقلها

least significant character=LSC . . . . الرمز ذو الاهمية الاقل

الرمز الذي يقع في اقصى اليمين من خانة البيان حيث يعتبر اقل الرموز اهمية من حيث قيمة موضعه

least significant digit = LSD . . . . الرقم ذو الاهمية الاقل

الرقم الموجود في الخانة التي تقع في اقصى اليمين . مثلا في رقم ١٢٣٤ ، رقم ٤ هو الرقم ذو الاهمية الاقل

LED = light emitting diode

left justify = justify

left shift . . . . زحزحة الى اليسار

ازاحة الرموز المكونة للكلمة الى اليسار. عند ازاحة رقم عشري خانة واحدة لليسار يعني ضربه في عشرة

leg . . . . الرجْل (الفرع)

الطريق أو الممر الذى سيسلكه جهاز الكمبيوتر في انجاز مهماته بناء على التعليمات المعطاة له ، كونها مخزنة في الجهاز نفسه بصورة دائمة على شكل روتين او في صورة روتين ثانوي

Leibniz, Gottfried Wilhelm . . . . غوتفريد فيلهيلم ليبنتز

(١٦٤٦ ــ ١٧١٦) عالم رياضيات الماني قام باختراع ماكينة حاسبة سنة

١٦٧٢ بامكانها اجراء العمليات الحسابية من جمع وطرح وضرب وقسمة

length .... **الطول**

عدد الرموز أو الخانات ، التي تتكون منها كلمة الكمبيوتر computer word . تتكون الكلمة المتغيرة variable word من العديد من الرموز وتنتهي برمز نهاية معين وتتكون الكلمات الثابتة fixed word من عدد ثابت من الرموز

less than (LT) .... relational operator □

less than or equal to (LE) .... relational operator □

letter quality printer .... **الطابعة الجيدة للرسائل**

وصف للطابعة المرفقة مع جهاز الكمبيوتر. هناك العديد من أنواع الاحرف وطرق الطباعة ، مثل الاحرف المثبتة على كرة أو الاحرف المثبتة على عجلة . يعطي هذا النوع من المطابع نتائج طباعة جيدة اذا ما قورنت بماكينات الطباعة من نوع المصفوفة المنقطة □ daisy wheel; dot matrix printer

level .... **المستوى**

(١) يتم تحديد المستوى بناء على درجة التعقيد أو درجة التفصيل . مثلا لغة من مستوى راقي أو من مستوى منخفض ؛ (٢) موقع في التصنيف أو الترتيب الهرمي

level number .... **رقم المستوى**

رقم يدل على موقع في التصنيف الهرمي

leverage .... **القدرة اللغوية**

عدد الاوامر التي يتم ترجمتها الى لغة الالة لكل أمر مكتوب بلغة المصدر

lexical analysis . . . . **التحليل المعجمي**

عملية التحليل للبرنامج والتي بمقتضاها تتم مراجعة الكلمات المستخدمة في البرنامج ومطابقتها على المسموح به في لغة البرمجة

lexicon . . . . **ليكسيكون ٠ مُعجم ٠ قاموس**

لغة كل بند فيها له تعريفه الخاص

librarian . . . . **امين المكتبة ٠ برنامج المكتبة**

(١) امين المكتبة : الشخص المسئول عن مكتبة الاشرطة والاقراص والاسطوانات المغنطة ؛ (٢) برنامج المكتبة : برنامج مهمته تأدية المهام المتعلقة بالصيانة والتعامل مع مكتبة البرامج المخزنة في جهاز الكمبيوتر

library . . . . **المكتبة**

مجموعة من البرامج أو الروتينات أو الروتينات الثانوية المخزنة في جهاز الكمبيوتر بشكل يجعلها متاحة للاستعمال من قبل المُصرح لهم

library automation . . . . **مكننة تنظيم المكتبات**

إستخدام الكمبيوتر أو أي أجهزة أخرى في ترتيب وتنظيم المكتبات والخدمات التي تقدمها

library partition . . . . **تقسيم المكتبة**

(١) حدود داخل المكتبة ؛ (٢) في بعض الاجهزة : مساحة في الذاكرة الرئيسية تخزن فيها شفرة او بيانات مشتركة

LIFO = last in, first out

light emitting diode = LED . . . . **الصمامات الثنائية الباعثة للضوء**

آلة كهربائية تشع ضوءًا عند مرور التيار الكهربائي فيها . مثل هذه الصمامات يستخدم في الحاسبات اليدوية وغالبا ما تكون بلون أحمر أو أخضر لايضاح الارقام والاحرف . هذا النوع من الصمامات الثنائية شبه

الموصلة تبعث ضوءا عند مرور تيار مستمر DC فيها ، وهي تحتاج لفولت وتيار منخفض جدا ، ألا أن القوة المطلوبة لتشغيلها أكبر مما هو مطلوب لتشغيل LCD . يتطلب في معظم الاحيان سبع صمامات ثنائية من هذا النوع لاظهار الارقام والاحرف الابجدية

صمام ثنائي باعث للضوء

القلم الضوئي . . . . **light pen**

(١) آلة على شكل قلم يمكن الكتابة بها او مسح اي معلومات من على شاشة انبوبة أشعة الكاثود CRT . أحد طرفي هذا القلم موصل بجهاز الكمبيوتر والطرف الثاني مركب فيه جزء حساس للضوء القادم من الشاشة . عند توجيه هذا الجزء للحرف أو الكلمة أو الرسم على الشاشة سيتأثر جهاز الكمبيوتر ويحدد موقع طرف القلم ويقوم باجراء المطلوب على هذا الجزء ؛
(٢) آلة على شكل قلم تمسك باليد وتستخدم في قراءة بيـانات مكتوبة بخط معين (نظام الحروف المرئية) او بشكل معين (التشفير باستخدام الخطوط أو القضابين bar code)

انزال الضوء . . . . **light stability**

مقاومة الصور لتغير الوانها عند تعرضها لمصدر ضوئي مشع ، وهذا يؤثر على كفاءة الاجهزة المميزة للصور OCR

الخط • السطر . . . . **line**

(١) سلسلة من الاحرف أو الرموز التي تظهر في سطر أفقي على الورق المطبوع أو على الشاشة ؛ (٢) في بعض أجهزة الطرفية : كمية البيانات المنقولة لجهاز الكمبيوتروالتي تمت معالجتهافي فترة معينة ؛ (٣) بالنسبة للاتصالات : مادة تُنقل خلالها الخطب والبيانات بين موقعين منفصلين

الخطأ عن الخط المستقيم . . . . **linearity error**

الخطأ الذي يدل على انحراف القيم التي تم الحصول عليها عن الخط المستقيم المستخدم كمرجع reference

linear function . . . . **معادلة الخط المستقيم**

المعادلة التي عند رسمها تعطي خطا مستقيما . ص=أس+ب . حيث ان ص هو العامل المتغير الغير مستقل وس هو العامل المتغير المستقل وقيمة كل من أ وب ثابتة

linearization . . . . **جعلها خطية**

عملية تعديل او ضبط دائرة كهربائية (مثلا في الفولتمتر) لتعطي نتائج تساوي مضاعفات ثابتة للكميات الداخلة

linear programming = LP . . . . **البرمجة الخطية**

(١) طريقة علمية للبحث عن أفضل توليفة من الحلول عند عدم توفر حل واحد أمثل ؛ (٢) إنتاج برامج مصممة لتقدير الحد الادنى والاقصى لعوامل variables ممثلة بمعادلات خطية . يجب أن يكون الحل مستوفيا مجموعة من الشروط

line conditioning . . . . **تحسين حالة الخط**

العملية التي تتبعها شركة تلفونات للمحافظة على الصوت في خدماتها . تتبع شركة أيه . تي . اند تي . AT&T عمليتين لذلك : الاولى ، تسمى سي C والثانية دي D . توجد خمس درجات للنوع سي ودرجتين للنوع دي . يعمل النوع سي على تقليل التأخير في الذبذبات المنقولة ويضبط النوع دي النسبة بين الاشارات المرسلة والضوضاء في الخطوط

line control . . . . **ضبط الخط**

(١) عملية إلاشراف التي تتضمن إختبار ومراقبة الدوائر في الشبكات الكبيرة لنقل البيانات ؛ (٢) الاسلوب المتبع لضبط التبادل ولمراقبة الخطوط والمعدات المرافقة لها في شبكات التلفون او التلغراف

line coordination . . . . **تنسيق الخط**

أختبار لتقدير استعداد الاجهزة في محطتين لارسال واستقبال المعلومات

line drawing . . . . **الرسم بالخطوط**

الرسم المجسم والذي تظهر فيه الصورة على شكل خطوط تحدد الابعاد والشكل العام . يترك فراغا بين الخطوط . عكس continuous image

line feed . . . . **الانتقال للخط التالي**

الحركة الميكانيكية والتحكم والشفرة والمفاتيح المسؤولة عن انتقال الورقة في المطبعة المرفقة بجهاز الكمبيوتر الى السطر التالي أو انتقال المنزلقة على شاشة انبوبة أشعة الكاثود للسطر التالي

line height . . . . **ارتفاع الخط**

أرتفاع الخط المطبوع مُقاسًا بعدد الخطوط المكتوبة بالبوصة الطولية

line printer . . . . **الطابعة الخطية**

آلة طباعة متصلة بجهاز الكمبيوتر تطبع السطر بكاملة مرة واحدة

□ electrostatic printer

line printing . . . . **الطباعة الخطية**

عملية طباعة سطر كامل كوحدة واحدة

line speed . . . . **السرعة الخطية**

الحد الاقصى لنقل الاشارات باستخدام قناة اتصال واحدة . يُعبر عن هذا المعدل بعدد الخانات / الثانية

lines per inch = lpi . . . . **عدد الخطوط / البوصة (مقياس كثافة)**

lines per second = lps . . . . **عدد الخطوط / الثانية (مقياس سرعة)**

line surge .... **التماوج في الخط**

ارتفاع مفاجئ في الفولت قد يسبب تلف المعدات الغير مزودة بأدوات الحماية من مثل هذه التغيرات

line terminal equipment = LTE .... **معدات الطرفية**

معدات لنقل المعلومات DCE . خصوصًا المعدات من غير تلفون

lining .... flexible disk □

link .... **الوصل**

(١) بالنسبة للاتصالات : المادة المستخدمة لنقل المعلومات بين نقطتين منفصلتين . مرادفة للخط line أو الدائرة circuit ؛ (٢) بالنسبة لتنظيم الملفات : استخدام مؤشرات pointers أو جدول لبناء ممر يصل بين سجلات في ملفين مختلفين (هذا عكس السلسلة chaining والتي يتم فيها بناء ممرات توصل بين سجلات مختلفة في نفس الملف). ملف الوصل linked file هو الملف الذي يتضمن سجلات موصلة لملف واحد او اكثر ؛ (٣) بالنسبة للتحكم في المعالجة : أمر يمرر نقاط تحكم وعوامل متغيرة من سلسلة من التعليمات الى سلسلة اخرى أثناء المعالجة

linkage .... **الربط**

الاوامر أو التعليمات التي توصل البرنامج الرئيسي بالاجزاء الاخرى من البرنامج (روتين ثانوي) والتي تكون مستقلة في عملها عن البرنامج الرئيسي □ calling sequence

linkage editor .... **محرر الوصل**

برنامج يقوم بربط البرامج الثانوية بالبرنامج الرئيسي وبضبط عناوين التوصيل

مُحمّل الوصل .... **linkage loader**

برنامج معالجة وظيفته توصيل الاجزاء المختلفة من البرنامج مع بعضها ، ليمكن معالجتها في جهاز الكمبيوتر كبرنامج واحد . يسمى أحيانا link editor

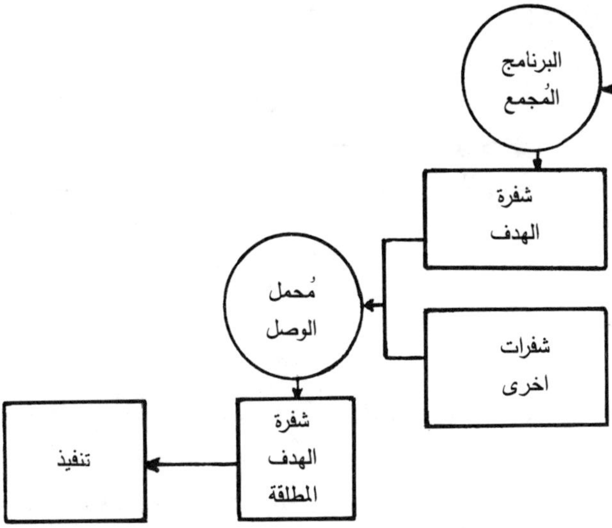

مُحمل الوصل

خانة الوصل .... **link bit**

مسجل يحتوي على خانة واحدة تدل على حدوث فيضان في المعلومات المخزنة في مسجلات اخرى

linked file .... link □

محرّر بالوصل .... **link-edit**

قائمة متصلة .... **linked list**

قائمة بيانات تتصل كل خانة فيها بالخانة المجاورة لها عن طريق مؤشر احادي الاتجاه

liquid crystal display = LCD . . . . الإيضاح بالسائل البلوري

وسيلة ايضاح تستخدم في أجهزة الكمبيوتر والساعات والحاسبات اليدوية لاظهار الارقام والاحرف الابجدية . تتكون وسيلة الايضاح هذه من أجزاء صغيرة تُشكل معا الارقام والاحرف . كل جزء يتكون من سائل شفاف متعدد الخواص محشور بين اليكترودين (قطبين) شفافين .

يسبب وصول التيار الكهربائي للاليكترودين تغيرًا في انعكاس السائل ويصبح هذا الجزء معتما ، وبالتالى يمكن تعتيم اجزاء معينة لتشكل الحرف أو الرقم المراد اظهاره

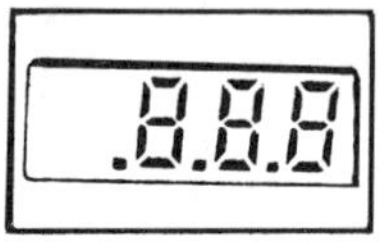

الايضاح بالسائل البلوري

□ light emitting diode

LISP = list processing

list . . . . القائمة

(١) ترتيب المعلومات في صورة قوائم ؛ (٢) أمر يُعطى لجهاز الكمبيوتر ليظهر جميع المعلومات والبرامج الداخلة اليه على الشاشة ؛ (٣) في لغة البيزيك ، أمر يُعطى لجهاز الكمبيوتر ليطبع نسخة من البرنامج على الورق ؛ (٤) ترتيب البيانات في صورة قوائم . هناك العديد من انواع القوائم مثل

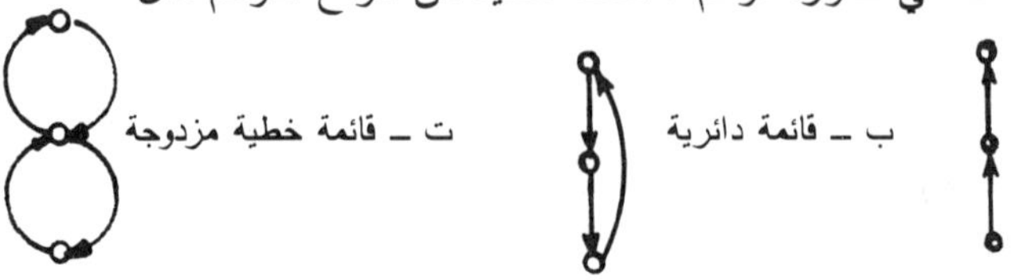

listing . . . . تقويم (اظهار في قوائم)

أي تقرير تطبعه الة طباعة مرفقة بجهاز الكمبيوتر (كونها الة طباعة تطبع حرفا حرفا أو الة طباعة تطبع السطر كله مرة واحدة)

list processing = LISP . . . . معالجة القوائم

تلفظ وكأنها كلمة واحدة « لسب » . لغة من اللغات الراقية تستخدم لترتيب المعلومات بطريقة تساعد في تعريف العلاقة بين أجزا البيانات باستخدام مؤشرات pointers وتشكيلات شجرية tree structure . تستخدم هذه اللغة في انتاج وتطوير اللغات الراقية وفي التعامل مع بيانات مرتبة على شكل قوائم

liveware .... **طاقم المساندة**

اصطلاح هزلي يطلق على الاشخاص العاملين على جهاز الكمبيوتر

LLL = low-level language

LO address byte = low address byte

load .... **تحميل**

(١) توصيلات كهربائية تكون نتيجتها تدفق التيار في الاسلاك ؛
(٢) في تشغيل جهاز الكمبيوتر : وضع الاقراص أو الاشرطة المغناطيسية أو البطاقات المثقبة في موقعها على جهاز الكمبيوتر لتبدأ العمل ؛ (٣) في البرامج : تعبئة البرنامج المطلوب في ذاكرة جهاز الكمبيوتر توطئة لتنفيذه ؛ (٤) حِمْل : كمية العمل المطلوب تأديتها سواء بالنسبة للالة او للفرد

load address .... **عنوان التحميل**

العنوان الذي تبدأ منه عملية تحميل البرامج لذاكرة الكمبيوتر

load-and-go .... **حَملْ ونفذ**

طريقة عمل لجهاز الكمبيوتر يتم فيها كل من تزويده بالبرامج واجرائه العمليات الحسابية أو التحليلية المطلوبة في خطوة واحدة

□ compile-and-go

loader .... **المُحمّل**

برنامج خدمات يقوم بتجهيز البرنامج المرادمعالجته في الذاكرة الرئيسية . هذه هي الخطوة النهائية في عملية ترجمة البرنامج قبل تنفيذه

load factor .... **عامل التحميل**

النسبة بين مساحة التخزين المستعملة و المساحة الكلية المخصصة للتخزين

loading program = loader

load point .... **نقطة التحميل**

بقعة على بداية الشريط المغناطيسي او الورقي . وهي نقطة بداية الشريط التي من الممكن التخزين على الشريط ابتداء منها

load sharing .... **توزيع الحمل**

لستخدام جهازي كمبيوتر أو أكثر عند زيادة العمل المطلوب معالجته وذلك لتقليل الحمل على الجهاز

local area network = LAN .... network, local area □

location .... **الموقع**

موقع على الذاكرة (خلية تخزين)، تخزن عليه المعلومات

storage location □

location counter .... **عداد الموقع**

قيمة تستخدم داخل جزء من البرنامج لعنونة مجموعة متتالية من المواضع ، ويمكن تعديل هذه القيمة باستخدام البرنامج لاعطاء عنوان موضع معين في كل مرة يتم فيها تنفيذ هذا الجزء من البرنامج

lock code .... **كلمة السر**

شفرة تتكون من سلسلة من الارقام والاحرف يزودها القائم بالعمل على توزيع وقت جهاز الكمبيوتر time sharing للحماية ممن يحاول العبث بالبرامج . تعمل هذه الشفرة عمل كلمة السر اذ أنه لا يمكن التغيير في البرنامج الا اذا زُود مُستخدم الجهاز بهذه الكلمة

lockout switch .... **مفتاح الغلق**

مفتاح يدوي يستخدم لحماية البيانات المخزنة على الذاكرة

log .... **سجل الاداء**

سجل يتضمن بيانات عن معدات المعالجة يُحدد فيه كل عمل قامت به والوقت المطلوب للمعالجة واي معلومات اخرى .

اللوغاريتمات .... logarithm

الاس المرفوع له رقم . مثلا ٢^٣ = ٨ ، رقم ٣ هو اللوغاريتم لرقم ٨ وللقاعدة ٢

المسجل .... logger

(١) الشخص الذي يقوم بتسجيل بيان المعاملات في سجل الاداء ؛ (٢) البرنامج الذي يقوم بتسجيل بيان معاملات اداء جهاز الكمبيوتر في السجل الخاص بها

الادخال بالاتصال بالجهاز .... logging-in

عملية الاتصال والتحقق من مستخدم جهاز الكمبيوتر خلال بدء العمل على الجهاز □ conversational mode

log off .... logging-off □

log on .... logging-on □

طلب انهاء الاتصال بجهاز الكمبيوتر .... logging-off

عملية إفادة جهاز الكمبيوتر بانهاء التشغيل وقطع الاتصال بالطرفية

طلب السماح بالاتصال بجهاز الكمبيوتر .... logging-on

عملية الاتصال بجهاز الكمبيوتر عبر الطرفية التي تؤدي الى سماح جهاز الكمبيوتر بتشغيل البيانات عبر الطرفية

المنطق .... logic

(١) علم المنطق ؛ (٢) تقسيم مشكله منطقية الى عمليات محددة يمكن دراستها باستخدام صمامات مثل AND ، OR ، NAND ، NOR ، ودوائر كهربائية بحيث أن المشكلة المنطقية يمكن أن توضع في صورة أسئلة ، والاجوبة تكون في شكل صح وخطأ . يعبر عن ذلك بدائرة كهربائية بأن يكون التيار موصل لها on ان كان الجواب صحيحا أو غير موصل لها off ان كان الجواب خطأ . يعتبر هذا تطبيق للجبر البولياني

logical array . . . . **ترتيب منطقي**

شبه موصلات semiconductors من نوع MOS بها صمامات من نوع AND وOR تستخدم في بعض العمليات المعقدة مثل ترجمة الشفرات

logical comparison . . . . **مقارنة منطقية**

مقارنة قيمتين ببعضهما لتحديد علاقة تساويهما او عدم تساويهما (علاقة منطقية) والصيغة التي توضع فيها القيمتين وما بينهما من علاقة تسمى التعبير المنطقي ، ونتيجة المقارنة إما تكون بالايجاب او بالنفي

logical decision . . . . **القرار المنطقي**

الاختيار بين احتمالين او اكثر بناء على التحليل المنطقي للعوامل التي ادت الى هذا الاختيار

logical device . . . . **الوحدة المنطقية**

عادة يوصل جهاز الكمبيوتر بعدد من وحدات الادخال والاخراج (اكثر من طابعة ، اكثر من وحدة اقراص ، الخ) ومن غير المنطقي عند كتابة برنامج ان يتم الاشارة الى اي منها بالتحديد . ولهذا فانه يتم الاشارة بشكل منطقي (وليس بالتحديد) الى الوحدة المطلوبة للبرنامج . وعند تنفيذ البرنامج يتم افادة جهاز الكمبيوتر باستبدال الاشارة المنطقية للوحدة برقم الوحدة الفعلية التي ستستخدم

logical device name = LDN . . . . **إسم الالة المنطقية**

الاسم الذي يطلق على الادوات الموصلة بجهاز الكمبيوتر والذي يُحدد في البرنامج الموجود في الجهاز نفسه . تتم ترجمة هذا الاسم الى سلسلة من الرموز التي يمكن لجهاز الكمبيوتر ان يفهمها والتي يستخدمها عند الحاجة لهذه الادوات

logical expression=expression

logical file .... الملف المنطقي

سجل record واحد أو مجموعة من السجلات المنطقية ☐ logical record

logical function .... العملية المنطقية

العملية التي يتم تنفيذها باستخدام دائرة منطقية

logical instruction .... التعليمات المنطقية

تعليمات لمعالجة عمليات تُعرف باستخدام صمامات منطقية مثل AND أو OR

logical operation .... عمليات منطقية (تحليلية)

العمليات التي يقوم بها جهاز الكمبيوتر وتتميز بأنها تتضمن اختبارات تحليلية واتخاذ قرارات بناء على نتائج هذه الاختبارات أكثر من أن تكون نتيجة عمليات حسابية معينة

logical operators.......... معاملات منطقية

معاملات تستخدم في كتابة برامج بعض اللغات . امثلة على ذلك : معامل « و » AND ومعامل « أو » OR ومعامل « لا » NOT

logical product.......... نتيجة منطقية

عند تطبيق اصطلاح « و » AND لعدة مرات ، ستكون النتيجة واحدًا ان كانت كل العناصر الداخلة في العملية قيمتها واحد ، والا فانها صفر ☐ AND

logical record .... السجل المنطقي

(١) وحدة معلومات تتضمن مجموعة من الحقول المتقاربة والتي تستخدم في تطبيقات معينة ، الا أن مواقع تخزين هذه المعلومات لا تحتاج الى أن تكون مرتبة طبقًا للمنطق . ويقوم نظام التشغيل بتجميع الأجزاء المتباعدة . قد تخزن المعلومات على أجزاء متباعدة من القرص المغناطيسي ، الا انها كلها تشغل سجلاً منطقيًا واحدًا . وهذا عكس تعريف السجل الذي يشكل وحده واحدة من المادة المغناطيسية والمسمى سجل ملموس physical record ؛ (٢) يُعرف السجل المنطقي بما يحتويه أو طريقة استخدامه بدلا من طريقة اعداده

logical relation .... **علاقات منطقية**

علاقات تستخدم في كتابة برامج بعض اللغات . مثل : يساوي EQ واكبر من GT واكبر من او يساوي GE واصغر من LT واصغر من او يساوي LE

logical sum .... **نتائج الجمع المنطقية**

عند تطبيق اصطلاح « أو » OR لعدة مرات ستكون النتيجة واحدًا ان كان أحد أو كل العناصر الداخلة في العملية قيمتها واحداً ، والنتيجة تساوى صفرًا إذا كانت كل العناصر الداخلة في العملية تساوي صفرًا

logical symbol = logic symbol

logical test .... **الاختبار المنطقي**

تطبيق عمليات تحليلية على بيانات تم ادخالها لجهاز الكمبيوتر أو نتائج تم الحصول عليها أثناء المعالجة لتقرير ان كانت هناك حالة معينة متوفرة . مثل هذه الاختبارات تستخدم عمليات مقارنة ، كمقارنة رقمين لتحديد أي الرقمين أكبر

logical unit number = logical device name

logical value .... **القيمة المنطقية (القيمة البوليانية)**

القيمة التي قد تكون صحيحة أو غير صحيحة بناء على نتيجة قرار منطقي (تحليلي)

logic circuit .... **الدائرة المنطقية**

دائرة كهربائية تقوم بعمليات منطقية (تحليلية)، مثل الدوائر الكهربائية ذات الصمام الثنائي والمستخدمة في بوابات مثل « و» AND و« أو» OR .
هناك العديد من الاختلافات في تصميم هذه الدوائر حسب الغرض منها ونوع الترانزستورات المستخدمة فيها

logic diagram .... **الرسم المنطقي**

رسم بياني يمثل تصميم دوائر منطقية ويستعمل احيانا لتمثيل بعض أجزاء جهاز الكمبيوتر

وحدة منطقية . . . . logic element

آلة تستخدم في تنفيذ عملية منطقية (تحليلية) □ logic gate

البوابة المنطقية. . . . . logic gate

جزء من دائرة كهربائية له القدرة على القيام بعملية تحليلية . مثل صمام « و » AND وصمام « أو » OR

الرمز المنطقي . . . logic symbol

رمز يُعبر عن أحد عناصر دائرة منطقية (تحليلية) يُستخدم في الرسومات التوضيحية للدوائر الكهربائية

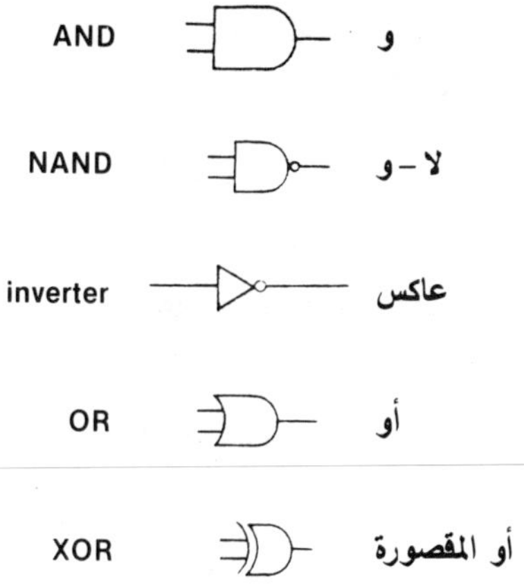

الرموز المنطقية

logic theory = logic

لوغو (لوجو) . . . . LOGO

لغة برمجة ولغة لتعليم كتابة البرامج . مناسبة كثيرا للمراحل الاولى من التعليم . تم تطويرها في معهد ماستشوستس التكنولوجي MIT

look-up . . . . table look-up □

دوران ، تكرار . . . . loop

(١) دوران : في نظم التشغيل ذات التغذية الخلفية : دوران البيانات ، بمعنى استخدام البيان الخارج في تعديل البيان الداخل . يكون الدوران متكاملا ويسمى مغلق closed loop او غير متكامل ويسمى مفتوح open loop ؛

(٢) تكرار : مجموعة تعليمات متتالية يتم تكرار تنفيذها حتى تتحقق حالة معينة . قد تشمل هذه المجموعة مجموعة اخرى بداخلها يتم تكرارها مع كل مرة تتكرر فيها المجموعة الاصلية . تسمى المجموعة الاصلية التكرار الخارجي outside loop والاخرى المجموعة الداخلية inner loop وهذا التكرار يسمى التكرار المعشش nested loop

looping .... **الدوران ؛ التكرار**

تنفيذ نفس الامر أو سلسلة من الاوامر لعدة مرات

low address byte .... **البايت ذو القيمة المخفضة في العنوان**

الثمان خانات ذات الاهمية الاقل في الكلمات ذات ١٦ خانة المستخدمة في عنونة ذاكرات جهاز المعالج الصغير (ميكروبروسيسور) رقم ٨٠٨٠

low-level language = LLL .... **اللغات ذات المستوى المنخفض**

لغات تم تصميمها لتسهيل كتابة برامج فعالة (مثال ذلك ، برنامج يعالج الكثير من العمليات ويتطلب القليل من مساحة التخزين) .

تميز بأنها لغة تفصيلية رمزية يتم تصميمها خصيصا لكل جهاز كمبيوتر بحيث ان كل جهاز قد تكون له لغته الخاصة به

low order .... **القيمة المنخفضة**

الخانة أو مجموعة الخانات في رقم والتي تكون قيمتها ذات الاهمية الاقل .

مثلا في ١٢٣٤ ، رقم ٤ هو الرقم ذو الاهمية الاقل .

نفس least significant digit

low-order column .... **العمود ذو القيمة المنخفضة على البطاقات المثقبة**

العمود على بطاقات التثقيب الذي يقع في أقصى اليمين (ذو أكبر رقم)

[1]LP = linear programming

[2]LP = line printer

lpi = lines per inch

lpm = lines per minute

lps = lines per second

LSB = least significant bit

LSC = least significant character

LSD = least significant digit

LSI = large-scale integration

LT = less than . . . . relational operator □

LTE = line terminal equipment

LUN = logical unit number . . . . logical device name □

M

M = mega

[1]m = merge order

[2]m = milli-

μ = micron .... ميكرون
10^{-6} متر

MA = mA = milliamp = milliampere .... المليمبير (10^{-3} أمبير)

MAC = multiaccess computing = multiple access computing

machine address = absolute address

[1]machine check .... فحص الالة

[2]machine check = machine error

machine check interruption .... مقاطعة بسبب خطأ الالة

machine code .... شفرة الالة

أوامر مكتوبة بلغة الالة يُصمم جهاز الكمبيوتر لفهمها وينتجها البرنامج المترجم compiler او البرنامج المجمع assembler.

machine error . . . . **خطأ الالة**

خطأ في نتائج التحليل سببه عطل في احد اجزاء جهاز الكمبيوتر

machine-independent . . . . **مستقل عن نوع الالة**

(١) اصطلاح يستخدم للدلالة على ان البرنامج قد تم تطويره مع الأخذ بالاعتبار المشكلة المراد حلها وليس قدرات جهاز الكمبيوتر ؛ (٢) امكانية استخدام برنامج مع اجهزة كمبيوتر مصنعة بواسطة شركات مختلفة او مصنعة بواسطة نفس الشركة ولكنها موديلات مختلفة

machine-independent language . . . . **اللغة المستقلة عن نوع الالة**

لغة برامج يمكن استخدامها مع اي جهاز كمبيوتر مزود ببرنامج الترجمة المناسب . من الناحية النظرية ، يمكن اعتبار جميع اللغات الراقية مثالا لهذا النوع ، الا انها في الحقيقة تحتاج في بعض الاحيان لتعديلات ليصبح بالامكان استخدامها على معدات انتجتها مصانع مختلفة . لغة التجميع assembly ليست لغة مستقلة عن نوع الالة وتعليماتها مصممة للقيام بمهمة معالجة محددة

machine instruction . . . . **أمر الالة**

تعليمات يمكن لجهاز الكمبيوتر ملاحظتها وتنفيذها مباشرة ☐ instruction

machine interruption . . . . **مقاطعة الالة**

إيقاف البرنامج الذي يجري تنفيذه في غير الموضع الطبيعي لايقافه ، وذلك بسبب خطأ اكتشفته الالة عند تنفيذ البرنامج ، او بسبب إعطاء أمر الالة بايقاف البرنامج الذي يجري تنفيذه

machine language . . . . **لغة الالة**

لغة تتكون من الارقام المستخدمة في نظام الترقيم الثنائي ليتمكن جهاز

الكمبيوتر من فهمها مباشرة وبدون ترجمة . نظرا لان مثل هذه اللغة يصعب على مستخدم جهاز الكمبيوتر فهمها فان مخترعي هذه الاجهزة قاموا باختراع لغات اخرى مثل لغات الفورترن والكوبول التي يتم فيها اعطاء الاوامر والتعليمات لجهاز الكمبيوتر في صورة جمل وكلمات يمكن لمستخدمي الجهاز فهمها ولكن لا يمكن للجهاز فهمها لذلك تتطلب مثل هذه اللغات ترجمة الى لغة الالة

machine learning . . . . **تعلم الالة**

قابلية الجهاز على تحسين عمله عن طريق الاستفادة من الاخطاء التي حدثت في الخطوات السابقة ☐ artificial intelligence; heuristic

machine operator . . . . computer operator ☐

machine oriented language . . . . **لغة معدة للالة**

لغة لكتابة البرامج لها صفات لغة الالة وتهتم بكيفية تنفيذ الالة للعملية بخلاف لغات البرمجة التي تهتم اساسا بحل المشكلة او التي تهتم بخطوات الحل

language ☐

machine-readable information . . . . **معلومات يمكن للالة قرائتها**

معلومات تم تسجيلها على اي سطح يمكن للالة التأثر بها او قرائتها .
مثل المعلومات المخزنة على ذاكرة القراءة فقط والاشرطة المغناطيسية .
نفس machine sensible

machine run . . . . **دورة تشغيل الالة**

(١) طريقة من طرق تشغيل جهاز الكمبيوتر تسمح للشخص المسؤول عن ادارة الجهاز بتغذية البرامج للجهاز وعند انتهاء هذه الخطوة يقوم جهاز الكمبيوتر بجميع العمليات التالية لذلك وبدون تدخل من اي شخص الا اذا حدث خطأ ؛ (٢) عملية معالجة برنامج واحد او اكثر ولكنها تشكل مع بعضها عملًا واحدًا

machine sensible = machine-readable information

ماكرو (موسع) .... **macro**

(١) في لغة البرمجة : امر اذا استخدم في برنامج سبب توليد سلسلة من الاوامر لتقوم بمهمة محددة مثل فتح وقفل الملفات وقراءة السجلات . قد يستخدم اصطلاح الامر الماكرو (الموسع) macro instruction بدل اصطلاح الماكرو وهو امر بلغة المصدر يعادل عدد من الاوامر بلغة الالة ، او امر بلغة الالة يتكون من مجموعة من الاوامر الصغيرة micro . تسمى عملية انتاج سلسلة من التعليمات بلغة المصدر من الماكرو « انتاج الماكرو » macro generator وتتم بواسطة برنامج (جزء من البرنامج المُجمع assembler) يسمى « مولد الماكرو » macro generator او « منجز الماكرو » macro processor . يؤخذ تسلسل الاوامر الناتج عن توسيع الماكرو من « تعريف الماكرو » macro definition والذي هو النسخة الاصلية من التسلسل . يستخدم « جدول تعريف الماكرو » macro definition table (في بعض الانظمة يسمى مكتبة الماكرو macro library) لاحتواء العديد من اوامر الماكرو وتعريفاتها المتوفرة لاجهزة كمبيوتر خاصة . يطلق اصطلاح « نموذج الماكرو » macro prototype على كل من الماكرو وتعريفه والشكل او الترتيب المقبول لكتابة تعليمات الماكرو. اما عن الماكرو المعرف من قبل مستخدمه user-defined macro ، فهو الماكرو المعد لتلبية اغراض معينة بدلا من ان يكون معرفا بواسطة لغة ما . يطلق اصطلاح « لغة الماكرو » macro language على لغة توظف في انتاج تسهيلات الماكرو لاي من لغات البرمجة او على لغة تستخدم الماكرو كثيرا ؛ (٢) MACRO : لغة التجميع assembly لجهاز الكمبيوتر من انتاج شركة معدات ديجيتال

الرسم التوضيحي الماكرو (الموسع) .... **macro chart**

رسم توضيحي للبرنامج تظهر فيه الخطوات الرئيسية للبرنامج (الخطوط العامة للبرنامج من غير تفصيل)

macro expansion = macro generation

macro generation .... macro □

امر ماكرو (موسع) .... macro instruction

(١) مجموعة من الاوامر المعروفة مهمتها سابقا والمصممة للقيام بعمليات محددة ؛ (٢) امر بلغة المصدر يساوي عددًا محدودًا من الاوامر بلغة الالة . مثلا لو فرضنا ان كاتب البرنامج يود زيادة قيمة المتغير « X » بمقدار واحد في مواقع عديدة من برنامجه المكتوب بلغة التجميع assembly . افرض كذلك ان هذه العملية تتطلب كتابة ثلاثة اوامر كما يلي :

```
load X
add 1
store X
```

يعتبر تكرار هذه الاوامر في مواقع عديدة من البرنامج اضاعة لوقت الشخص المبرمج . من الممكن اختيار اسم واحد للثلاثة اوامر السابقة (مثلا Y)، يوضع هذا الاسم في كل موقع في البرنامج مطلوب فيه زيادة قيمة المتغير « X » بمقدار واحد . سيقوم معرف الماكرو macro definition بتعريف « Y » في كل مرة يظهر فيها هذا المتغير. كذلك قد يكون هناك اكثر من ماكرو معرف في البرنامج . عند ذلك يأتي دور مُعالج الماكرو الذي يقوم بمسح (مراجعة) البرنامج كله مستبدلا كل « Y » بمعناها الاول وهو مجموع الاوامر السابق ذكرها . تقلل هذه الطريقة من طول البرنامج الا انها تتطلب برنامج ماكرو خاص مكتوب بلغة التجميع لكي يصبح بالامكان استخدامه مع شفرة الالة . يشترك اكثر من برنامج في استخدام الماكرو. الفرق بين الماكرو والروتين الثانوي ان الماكرو عندما يقوم بعملية الترجمة ، يتم ادماج كلمة شفرة الماكرو في البرنامج ، ولذلك عند تنفيذ البرنامج لا يتم انتقال التحكم الى مواقع اخرى على الذاكرة . اما بخصوص الروتين الثانوي ، فهو يستخدم كلمة المناداة call التي يجب تنفيذها لكي يصبح بالامكان الانتقال لموقع اخر على الذاكرة ؛ (٣) فيمعالجة الكلمات ، من الممكن ان يكون الماكرو كلمة او جملة تُطلب كلما تمت الحاجة الى كلمة الشفرة

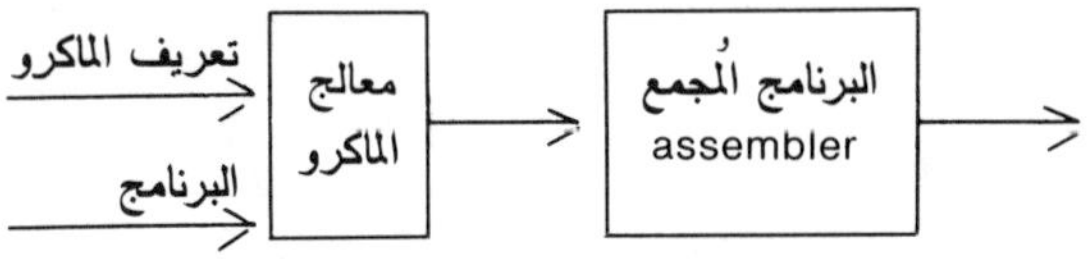

macro language .... macro □

macro library .... macro □

macro processor . . . . macro □

macro prototype . . . . macro □

macro, user-defined . . . . macro □

mag = magnetic . . . . **مغناطيسي**

magnet . . . . **المغناطيس**

يُصنع من معدن الحديد وتكون فيه الذرات متجهة في نفس الاتجاه . احد الطرفين يسمى القطب الشمالي والاخر يسمى القطب الجنوبي . عند مغنطة هذه القطعة ، تصبح الذرات متجاورة كثيرا . تسمى المسافة بين الذرات الفراغ الهوائي air gap . تسمى القوة الغير مرئية والتي تحيط المغناطيس والتي تمر من خلال الفراغ الهوائي المجال المغناطيسي او الحقل المغناطيسي او التدفق المغناطيسي magnetic flux

magnetic bubble memory = MBM . . . . **ذاكرة الفقاعة الممغنطة**

ذاكرات يتم تخزين المعلومات عليها على شكل فقاعات مغناطيسية متناهية في الصغر يمكنها ان تتحرك على المجال المغناطيسي الموجود على الدائرة الكهربائية المكونة للخلية السليكونية chip . هذا النوع من الذاكرات له قدرة عالية جدا على تخزين كمية كبيرة من المعلومات في مساحة محدودة جدا . من المتوقع ان يصبح هذا النوع من الذاكرات واسع الانتشار وخاصة في اجهزة الكمبيوتر الصغيرة

magnetic card . . . . **البطاقة الممغنطة**

بطاقات مصنوعة من مادة البلاستيك المغطاة بطبقة من مادة يمكن مغنطتها وتخزين المعلومات عليها وهي تشبه الاشرطة المغناطيسية من حيث المواد المصنعة منها ، الا انها ذات سمك اكبر. البطاقات المغناطيسية وسيلة تخزين رخيصة □ CRAM; data cell

magnetic cell .... **الخلية الممغنطة**

خلية تخزين على سطح وسيلة تخزين مغناطيسية . تتضمن هذه الخلية كل من الحلقة المغناطيسية magnetic core والفقاعة المغناطيسية bubble والطول المطلوب من ممر التخزين لخانة واحدة على القرص او الشريط المغناطيسي

magnetic character .... **الرمز الممغنط**

مجموعة من الرموز المستخدمة في الشيكات والفواتير النقدية وما شابه ذلك والتي تسمح لالة القراءة المخصصة لذلك بقراءة هذه الرموز اوتوماتيكيا

□ magnetic ink character recognition

magnetic coating .... flexible disk □

magnetic core .... **الحلقة الممغنطة**

قطعة صغيرة جدا على شكل حلقة مصنوعة من مادة يمكن مغنطتها ويمكنها تخزين رقم واحد من ارقام النظام الثنائي (صفر او واحد)
وهي المكون الاساسي لبعض الذاكرات

magnetic core plane .... **لوح الحلقات الممغنطة**

شبكة من الحلقات الممغنطة ، كل واحدة منها تمثل موقع تخزين . كل عدد معين من هذه الشبكات يمثل وحدة تخزين فقاعية

magnetic core storage .... **تخزين بالحلقات الممغنطة**

نظام تخزين يتم فيه تمثيل البيانات بارقام نظام الترقيم الثنائي (صفر وواحد) عن طريق التحكم بتدفق المجال المغناطيسي في الحلقات المغناطيسية

magnetic disk .... **القرص المغناطيسي**

قرص يشبه الاسطوانة التي تسجل عليها الاغاني . هذه الاقراص مصنعة من مواد مقواة ومغطاة بطبقة من مادة مغناطيسية يمكن تخزين المعلومات عليها باستخدام رأس القراءة والكتابة . احد الانواع الشائعة من هذه الاقراص هو القرص المصنع من معدن الالومنيوم بقطر ١٤ بوصة والمغطى من كلا

الجانبين بطبقة سمكها ٥٠ – ٧٠ ميكروبوصة من مادة اوكسيد الحديد . يسمى هذا القرص بالقرص الصلب hard او rigid . كثير من اجهزة الكمبيوتر الصغيرة تستخدم اقراص صلبة ذات قطر ٨ او ٥،٢٥ بوصة ؛ ولكن هذه الاجهزة غالبا ما تستخدم اقراص لينة flexible من نوع مايلر Mylar باقطار ٨ او ٥،٢٥ بوصة . تعتمد قدرة هذه الاقراص في التخزين على حجم القرص وطريقة التخزين وكثافة ممرات التخزين

magnetic disk layout . . . . توزيع القرص المغناطيسي

توزيع تخطيطي للمناطق المختلفة على القرص المغناطيسي

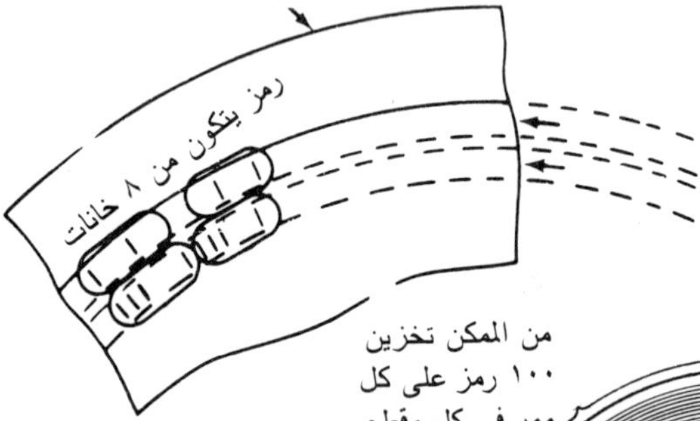

صورة مكبرة لمقطع على القرص المغناطيسي

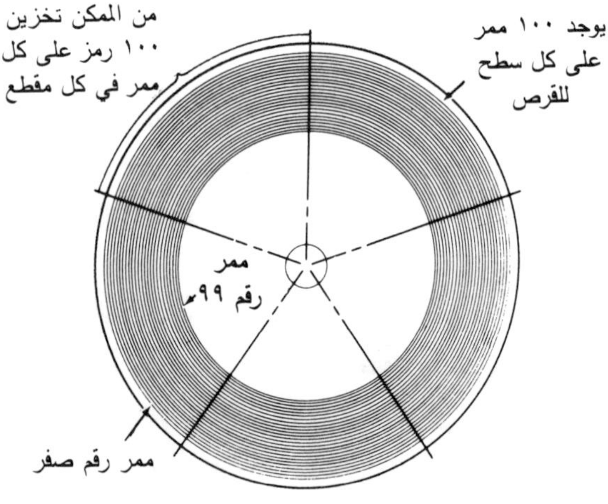

توزيع القرص المغناطيسي

magnetic disk recording . . . . التسجيل على قرص مغناطيسي

تخزين البيانات على شكل بقع مغناطيسية على ممرات التسجيل . تسجل البيانات خانة تلو الاخرى وكل ثمان خانات تمثل كلمة او بايت

magnetic drum . . . . **الاسطوانة المغناطيسية**

اداة للتخزين تتكون من اسطوانة مبطنة بمادة يمكن مغنطتها . يمكن تخزين المعلومات المعدة على شكل ارقام نظام الترقيم الثنائي (صفر وواحد) فى مجاري التخزين على الاسطوانة ☐ direct access

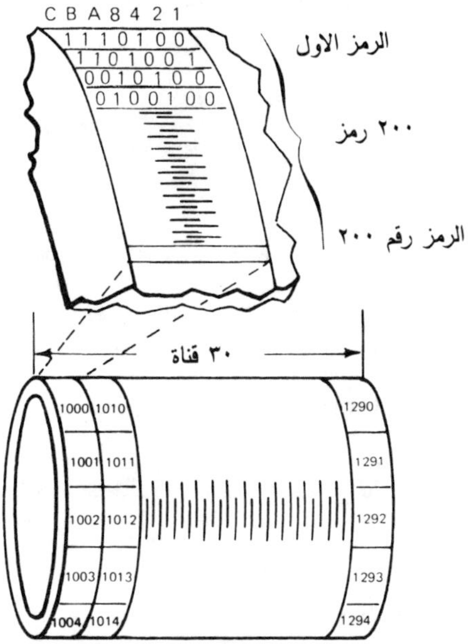

الاسطوانة المغناطيسية

magnetic field . . . . **المجال المغناطيسي**

يقصد به التأثير الموجود حول المغناطيس ☐ magnet

magnetic-film storage . . . . **فيلم التخزين المغناطيسي**

فيلم رقيق عرضه ٣٥ مم ممغنط ويستخدم مع الذاكرات الداخلية السريعة

magnetic flux . . . . magnet ☐

magnetic head . . . . **الرأس المغناطيسي**

الة صغيرة يمكن بواسطتها القراءة والكتابة من على الاسطح الممغنطة (الاشرطة المغناطيسية مثلا) . يتكون الرأس من ملف يمكن تغيير اتجاه التيار فيه كلما تحرك السطح المغناطيسي امام هذا الملف . تغيير اتجاه التيار في الملف يغير اتجاه التدفق المغناطيسي flux في الفراغ الهوائي air gap في الرأس وهذا يغير اتجاه المغنطة في جزيئات اوكسيد الحديد الموجودة على سطح الشريط المغناطيسي لتمثل نمط توزيع الخانات المماثل للتعليمات المعطاة ☐ head

magnetic ink . . . . **الحبر الممغنط**

حبر يحتوي على جزيئات من مادة مغناطيسية يمكن اكتشاف مواقعها عن طريق الة حاسبة مغناطيسيا

magnetic ink character recognition . . . **التعرف على المكتوب بالحبر الممغنط**
= MICR

طريقة تستخدم لاكتشاف الحروف المكتوبة بالحبر المحتوي على جزيئات مغناطيسية

magnetic resonance . . . . **الرنين المغناطيسي**

اصطلاح يطلق على الظاهرة التي تكون فيها حركة الجزيئات مقرونة صوتيا بحقل مغناطيسي خارجي

magnetic storage . . . . **المخزن المغناطيسي**

استخدام الخواص المغناطيسية للاسطح التي يمكن مغنطتها مثل الاشرطة والاقراص المغناطيسية لتخزين البيانات

magnetic tape . . . . **الشريط المغناطيسي**

شريط مصنوع من مادة البلاستيك المغطاة بطبقة من مادة يمكن مغنطتها . يعتبر الشريط المغناطيسي من الوسائل الشائعة للتخزين . تركيب هذه

الاشرطة يختلف من شريط الى اخر ولكن اكثرها شيوعا هو الشريط المغطى بطبقة من اوكسيد الحديد بسمك جزء من عشرة الاف من البوصة موجودة على جانب واحد . سمك هذه الاشرطة هو جزء من الف من البوصة وبعرض نصف بوصة . عادة ما يتم التسجيل على هذه الاشرطة على سبع او ثمان ممرات . اكثر الطرق شيوعا للتسجيل على هذه الاشرطة هي طريقة NRZI و PE . في طريقة NRZI كثافة التسجيل هي ٢٠٠ و ٥٥٦ و ٨٠٠ خانة/البوصة في الاشرطة ذات السبع قنوات و ٨٠٠ خانة/البوصة للاشرطة ذات التسع قنوات . اما طريقة PE فهي ٨٠٠ او ١٦٠٠ خانة/البوصة □ non-return-to-zero inverted; phase encoding

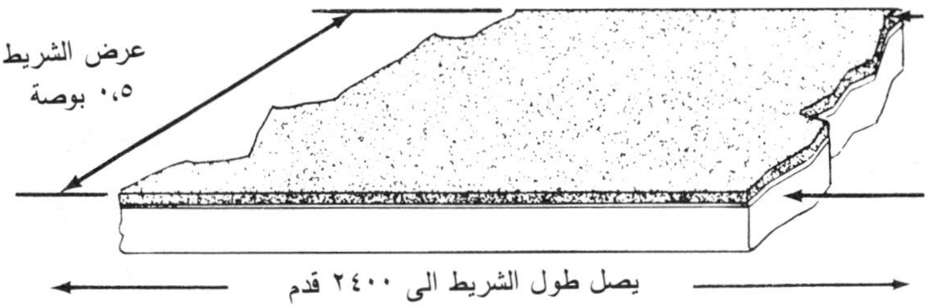

تركيب الشريط المغناطيسي

خرطوشة الشريط المغناطيسي . . . . **magnetic tape cartridge**

شريط مغناطيسي داخل خرطوشة من البلاستيك ومعه حزام من المطاط للمساعدة في لف الشريط . هناك موديلان لذلك ؛ الاول ٣٠٠ ــ أيه 300-A طوله ٣٠٠ قدم وعرضه ٠،٢٥ بوصة ويمكن تخزين ٣ ملايين كلمة كمبيوتر عليه بكثافة ١٦٠٠ خانة/البوصة والثاني ١٠٠ ــ أيه 100-A قدم وعرضه ٠،١٥ بوصة ويمكن تخزين ٠،٧ مليون كلمة كمبيوتر عليه

شريط الكاسيت . . . . **magnetic tape cassette**

شريط للتسجيل ممغنط ومحفوظ داخل غلاف من مادة البلاستيك

شفرة الشريط المغناطيسي . . . . **magnetic tape code**

نظام تشفير يستخدم لتسجيل اشكال وتوزيعات مغناطيسية على الشريط المغناطيسي والتي تمثل البيانات من ارقام واحرف ورموز

magnetic tape deck . . . . magnetic tape unit □

magnetic tape density . . . . **كثافة الشريط المغناطيسي**

عدد الرموز التي يمكن تسجيلها على بوصة طولية واحدة من الشريط المغناطيسي . اكثر الكثافات شيوعا هي ١٦٠٠ رمزا/البوصة

magnetic tape drive . . . . **عمود ادارة الشريط المغناطيسي**

عمود ادارة الشريط وتحركه من امام رأس التسجيل □ magnetic tape unit

magnetic tape handler . . . . magnetic tape unit □

magnetic tape reel . . . . **بكرة الشريط المغناطيسي**

البكرة التي يُلف عليها الشريط المغناطيسي ، وعادة ما يكون الشريط نصف بوصة عرضا و٢٤٠٠ قدما طولا

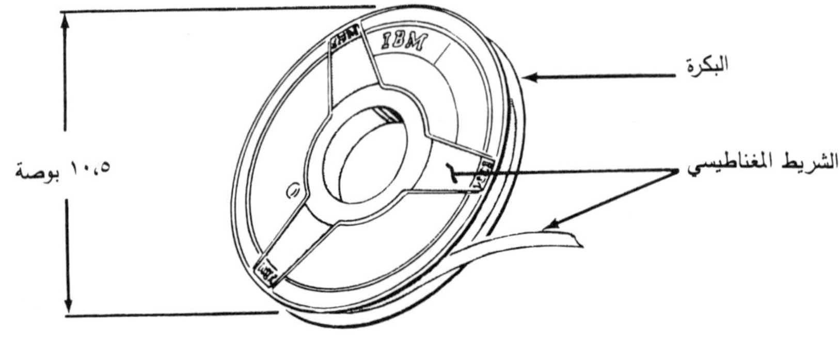

بكرة الشريط المغناطيسي

magnetic tape sorting . . . . **فرز الشريط المغناطيسي**

برنامج فـــرز يستخدم الاشرطة المغناطيسية كمخازن خارجية اثناء عملية فـــرز البيانات

magnetic tape system .... **نظام الشريط المغناطيسي**

يتضمن ذلك كل من عمود الادارة والاشرطة ودوائر التحكم . نظرا لان طريقة الوصول الى ما هو مخزن على هذه الاشرطة يتبع طريقة التسلسل (بمعنى اخر يجب البدء من اول الشريط في كل مرة مطلوب فيها البحث عن موقع على الشريط) ؛ لذلك يعتبر الشريط المغناطيسي وسيلة مناسبة لتخزين اجزاء كبيرة ومنفصلة من البيانات والتي لا توجد حاجة للوصول اليها او استخدامها بصفة متكررة

magnetic tape transport .... magnetic tape unit □

magnetic tape unit .... **وحدة الشريط المغناطيسي**

تتكون وحدة الشريط المغناطيسي من عمود ادارة الشريط المغناطيسي ورأس التسجيل وأية ادوات تحكم اخرى . هي الجزء من جهاز الكمبيوتر الذي يقرأ ويكتب على الشريط المغناطيسي . كما هو واضح في الشكل ؛ يتم وضع بكرة الشريط A في هذه الوحدة من قبلْ الشخص المسؤول عن ادارة جهاز الكمبيوتر. لفهم عمل هذه الوحدة ؛ نفترض ان هناك بيانات نريد اجراء حسابات عليها وانجازها وهي موجودة على الشريط المغناطيسي الملفوف على البكرة A . هذا الشريط سيمر خلال المستودع B ثم الى عمود الادارة C المتخصص في اعادة الشريط عن طريق الحركة العكسية ثم الى رأس القراءة والكتابة المغناطيسي D ثم الى عمود الادارة E ثم الى المستودع F واخيرا الى البكرة G . يستطيع عمود الادارة تحريك الشريط بسرعتين الاولى سريعة عند البحث عن بيانات مسجلة على هذا الشريط كونها حركة للامام او للخلف وهذه السرعة هي ٤٠ قدم/الثانية والسرعة الثانية بطيئة عند القراءة او الكتابة على الشريط وهذه السرعة هي ١٠ قدم/الثانية . عمل المستودعين B وF هو حماية الشريط من التلف او القطع عند الحركة بسرعة او ببطء عن طريق شد طرفي الشريط بواسطة مضختين مفرغتين للهواء عند النقاط I وH . يتم التحكم في حركة بكرة الشريط عن طريق دوائر كهربائية او صمام ثنائي يمرر التيار الكهربائي في اتجاه واحد فقط

وهذا الصمام موجود في كل من الموقعين J و K والتي تتحسس حزمة من الضوء تمر خلال المستودع . وكما هو واضح من الشكل ؛ الشريط في المستودع B لا يغطي الاشعة الصادرة من الدائرة J ونتيجة لذلك فان البكرة A ستستمر في تزويد المستودع بالشريط الى ان يتم تغطية حزمة الاشعة . في المستودع F حزمة الاشعة محجوزة بواسطة الشريط ولذلك ستستمر البكرة G في الدوران لتلف الشريط الى ان تستطيع حزمة الاشعة في الدائرة K من ان تمر بدون حجز. عند ذلك تتوقف البكرة G عن الحركة

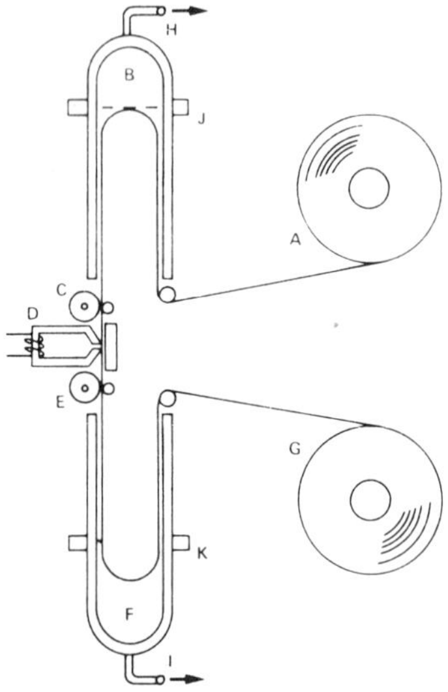

وحدة الشريط المغناطيسي

magnetic thin film . . . . thin film □

magnetostrictive effect . . . . **التأثير المغناطيسي**

التأثير على المواد بواسطة مجال مغناطيسي . فكما انه من الممكن ثني قطعة من السلك يدويا ؛ وثنيها كذلك بالتسخين ؛ فانه يمكن احداث اجهاد على بعض المواد عن طريق المجال المغناطيسي . هناك علاقة طردية بين هذا الاجهاد ومربع المجال المغناطيسي . هذا التأثير كثيرا ما يستخدم في تحويل الاشارات الكهربائية الى موجات صوتية

magnitude .... **القيمة المطلقة لرقم . الحجم**

mag tape .... **شريط مغناطيسي**

اختصار لكلمة magnetic tape

mail box .... **صندوق البريد**

مجموعة من المواقع على ذاكرات الوصول العشوائي RAM
تخصص لتخزين بيانات عن مكونات وحدات تشغيل جهاز الكمبيوتر

mail merge .... **دمج المراسلات**

طريقة لدمج (اضافة) اسماء وعناوين من سجل في ملف الى سجل مشابه في ملف اخر بهدف تنظيم وتسهيل المراسلات . من الممكن اطلاق نفس الاسم على البرنامج الذي يقوم بهذه المهمة

main control = macro chart

main frame .... **اطار رئيسي**

اصطلاح يطلق على المكونات الرئيسية لجهاز الكمبيوتر وعادة تحتوي على وحدة المعالجة المركزية ووحدات التحكم الاخرى . بعكس الوحدات المساعدة . ويقتصر هذا اللفظ عادة على انظمة الكمبيوتر التي قد تتعدد فيها الوحدات المساعدة والاجهزة المتصلة عن بعد

main memory = main storage

main storage .... **المخزن الرئيسي**

الذاكرة الداخلية لجهاز الكمبيوتر. يمكن الوصول للذاكرة الرئيسية بسرعة اكبر بكثير من الوصول للذاكرات الثانوية والتي تُحفظ عادة خارج جهاز الكمبيوتر. كذلك يمكن الوصول لمحتواها مباشرة

maintainability . . . . **إمكانية الصيانة**

خاصية تحديد موضع العطل وعزله واصلاحه

maintenance . . . . **الصيانة**

تتضمن العمليات التالية : فحص وضبط واصلاح وتبديل اي اجزاء لكي يعمل جهاز الكمبيوتر بطريقة طبيعية

malfunction . . . . **عطل وظيفي**

توقف او عطل في عمل وحدة المعالجة المركزية CPU او اي وحدة مرافقة لها . عكس خطأ error او mistake الذي يعني التوقف الناتج عن خطأ في البرنامج المراد معالجته

management . . . . **الادارة**

جهاز الادارة الذي يتكون من الافراد المسئولين عن تصميم وتنظيم والتحكم بالعمليات الانتاجية او الوظيفية

management information system = MIS . . . . **نظام معلومات الإدارة**

يتضمن هذا النظام مجموعة الملفات المصممة لتزويد اعضاء جهاز الادارة بالمعلومات الضرورية لتخطيط وتنظيم وتوجيه العمل

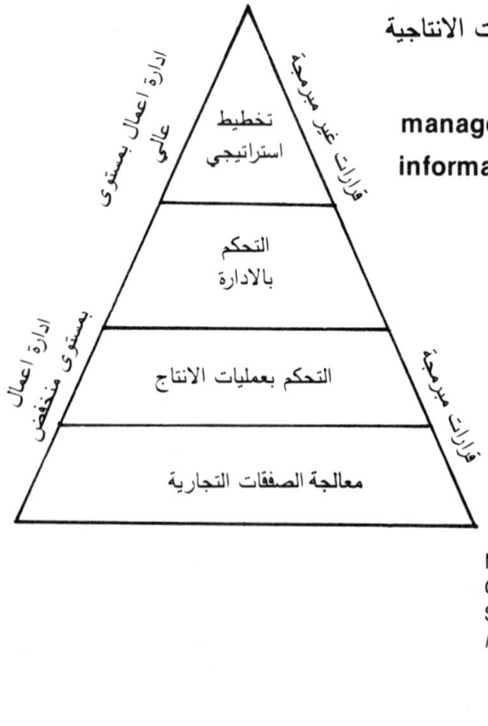

نظام معلومات الادارة (كما عرضها جوردن بي ديفيد في كتابه :
Management Information System: Conceptual Foundations, Structure, and Development. *N.Y., McGraw-Hill, 1974*)

manipulation . . . . **معالجة**

عملية تغيير او ترتيب البيانات او طريقة كتابتها لتسهيل معالجتها او للوصول الى حل للمشكلة المطروحة

mantissa . . . . floating-point number ☐

manual . . . . **يدوي • كتاب التعليمات**

(١) صفة تطلق على الوظائف التي تتم يدويا ؛ (٢) كتاب تعليمات الصيانة او التشغيل لالة من الالات او لوظيفة من الوظائف

manual operation . . . . **عملية يدوية**

عملية معالجة البيانات عن طريق جهاز يعمل يدويا

manufacturer's software . . . . **برامج المُصنع**

مجموعة من البرامج التي تساعد مستخدم جهاز الكمبيوتر والتي يزودها المصنع الذي صنع الجهاز ☐ system programs

map . . . . **خريطة**

قائمة تحتوي على المواقع الموجودة على الذاكرة وهي تشمل الاجزاء المختلفة من البرنامج

mapping . . . . **تخطيط**

(١) نقل مجموعة من المعلومات لمجموعة اخرى ؛ (٢) وضع العلاقة بين مجموعتين من المعلومات

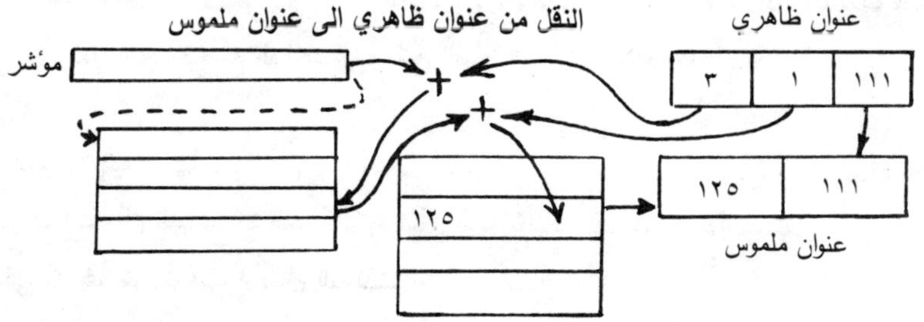

الحافة (الهامش) . . . . margin

فحص هامشي . . . . marginal checking
طريقة صيانة لجهاز الكمبيوتر تتطلب تشغيل الجهاز على درجات (فولت او حرارة او رطوبة ... الخ) اعلى او اقل من الدرجات المفروض ان يعمل عليها لفحص مدى تحمل الجهاز لمثل هذه التغيرات

□ marginal checking . . . . marginal test

بطاقة مقطوعة الحافة . . . . margin-notched card

بطاقة مثقوبة الحافة . . . . margin-punched card

علامة . . . . mark
(١) رمز يستخدم كعلامة لبداية او نهاية وحدة او حقل او ملف او سجل او مجموعة (مربع) البيانات ؛ (٢) علامة نهاية الشريط ؛ (٣) تمثيل البيانات في صورة يمكن قرائتها او معرفتها باستخدام اجهزة الرموز المرئية optical character recognition بحيث ان لا تكون رمزًا . مثلا خط بقلم الرصاص في المربع المخصص لذلك على ورق مجهز لذلك ؛ (٤) في اجهزة التلغراف : نبضة (عادة + ٨٠ فولت) تمثل حالة الواحد (عكس حالة الصفر) ؛
(٥) في الاشرطة الورقية : ثقب يدل على وجود بيان

حالة العلامة . . . . mark condition
في نقل البيانات : وضع الواحد او وضع التيار في دائرة كهربائية

علامة لا قيمة لها . . . . mark idle
في قنوات نقل البيانات : الحالة التي تنقل فيها خانات الواحد بصفة مستمرة على الرغم من توقف ارسال البيانات

mark matching . . . . optical character recognition □

Mark I . . . . **مارك ١**

هو اول جهاز كمبيوتر يعمل اوتوماتيكيا تم تركيبه في جامعة هارفرد بمساعدة مالية من شركة آي بي أم IBM سنة ١٩٤٣ وبامكانه القيام بعشرات العمليات الحسابية في الثانية . مارك ١ له اسم اخر وهو ASCC وهو اختصار للحاسب الاوتوماتيكي automatic sequence-controlled calculator

Markovian . . . . **ماركوفيان**

نظرية حسابية في علم الاحتمالات يكون كل حدث فيها معتمدا على الحدث السابق له

mark scanning . . . . **مسح العلامات**

هناك كثير من الامتحانات هذه الايام تتم الاجابة عليها عن طريق التأشير على ورق خاص باستخدام اقلام الرصاص حيث توضع العلامة على الاجابة الصحيحة . جهاز الكمبيوتر له القدرة على قراءة هذه الاشارات وعند تغذية الجهاز بهذه الاوراق يقوم برصد هذه العلامات وترجمتها لكي تُنقل للذاكرة الداخلية او لذاكرة خارج جهاز الكمبيوتر

mark sense . . . . **تحسس العلامات**

الة يمكنها ان تقرأ بيانات مُعلم عليها بواسطة قلم رصاص وبواسطتها يمكن لمستخدم جهاز الكمبيوتر ان يُدخل برنامجه او البيانات التي لديه لذاكرة الكمبيوتر

maser = microwave amplification by stimulated emission of radiation

القناع .... mask

(١) عند تصنيع الدوائر المدمجة IC : مسطرة قالب template تستخدم في تعريف مساحات محددة على الخلايا السليكونية chip . تستخدم الاقنعة في خطوات تصنيع الخلايا السليكونية التالية : توزيع واكسدة وتعدين تلك الخلايا ؛ (٢) مجموعة من الخانات تستخدم لحذف او اختيار اجزاء من الكلمات . هناك نوعان من الاقنعة : (أ) قناع مفتوح : باستثناء بعض البقع المقفلة التي تسمح بنفاذ البيانات وبالتالي لا تظهر في النتائج :

مثلا	البيانات	ADDITION
	القناع	AAA
	البيانات الناتجة	ADD

(ب) قناع مقفل : باستثناء بعض الثغرات التي تسمح بنفاذ البيانات واخراجها في النتائج :

مثلا	البيانات	ADDITION
	القناع	BBBBB
	البيانات الناتجة	ADD

لاحظ هنا ان كل من A و B تمثلان القناع . وجود A يعني وجود ثغرة تسمح بمرور البيانات وان B تعني ان الثغرة مقفلة ؛ (٢) عند تصنيع شبه الموصلات semiconductors : انتاج اوراق فوتوغرافية خاصة stencil تستخدم اثناء انتاج شبه الموصلات للتحكم في مواقع التوصيلات المعدنية على الدوائر الكهربائية الصغيرة المكونة للخلية السليكونية chip

ذاكرة القراءة فقط المقنعة .... masked ROM

ذاكرة يمكن القراءة منها فقط ويمكن انتاجها باستخدام قناع خاص وبالحفر

البرمجة بالقناع .... mask programmable

نوع معين من الدوائر المدمجة IC تستعمل في تصنيع ذاكرات القراءة فقط ROM وتصنع على شكل خانات مكتوب في جميعها رقم واحد

مخزن كبير .... mass storage

اي مخزن يمكن لوحدة المعالجة المركزية استخدامه مباشرة وعادة ما يكون قرصا مغناطيسيا سعته اكثر من ٢٠٠,٠٠٠,٠٠٠ بايت

master card . . . . البطاقة الرئيسية

عند استخدام البطاقات المثقبة لادخال البيانات لجهاز الكمبيوتر. يكتب على هذه البطاقة معلومات عن البطاقات الاخرى . يمكن لهذه البطاقة ان تكون في بداية او نهاية مجموعة البطاقات التي تمثل بمجموعها البرنامج . تعمل هذه البطاقة عمل الفهرس في الكتاب

master clock . . . . ساعة رئيسية

الساعة التي تستخدم في توقيت نبضات جهاز الكمبيوتر

master file . . . . الملف الرئيسي

الملف الذي يحتوي على معلومات دائمة يتم تجديدها من حين لاخر.
عكس detail file

master/slave computer system . . . . نظام كمبيوتر رئيس/تابع

في هذا النوع من الاجهزة ، يتحكم جهاز كمبيوتر كبير بعدد من اجهزة الكمبيوتر الصغيرة . تحت امرة الجهاز الكبير، يمكن للاجهزة الصغيرة القيام بعمليات منفصلة عما يقوم به الجهاز الرئيسي

match . . . . يطابق

فحص لهوية وحدتين من وحدات البيانات . عكس hit

matching . . . . مطابقة

عملية مقارنة البيانات مع بعضها لاكتشاف مدى تطابقها

match-merging . . . . دمج المتشابه

دمج البطاقات او الملفات المتشابهة (المتساوية) مع بعضها . مثلا في حالة استخدام هذا النظام في إعداد رواتب الموظفين وكانت اسماوءهم في ملف وتفاصيل الرواتب في ملف اخر، تتم هذه العملية باستخدام جهاز تجميع البيانات collator □ merge

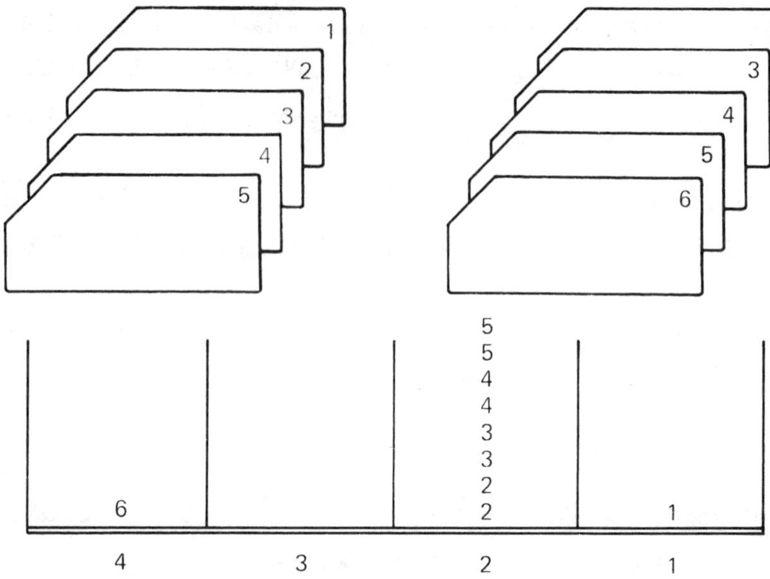

دمج المتشابه

المنطق الرياضي .... **mathematical logic**

(١) استخدام رموز رياضية لتمثيل لغة ما . يمكن تغيير هذه الرموز طبقا للقواعد الرياضية لتحديد ان كانت العبارة او العبارات المراد اختبارها صحيحة true ام غير صحيحة false ؛ (٢) نظام لحل مشكلة غير رقمية باستخدام مجموعة من الرموز السهلة الفهم لتمثيل حالة وعلاقة منطقية (تحليلية) □ logic

الموديل الرياضي .... **mathematical model**

يتكون الموديل من مجموعة من المعادلات والارقام والرموز لتمثيل مشكلة معينة

علم الرياضيات .... **mathematics**

matrix . . . . المصفوفة

array □

matrix notation . . . . **رموز المصفوفة**

طريقة للتعبير عن مجموعة من المعادلات الخطية في صورة ص = أس + ب

matrix printer . . . . الطابعة ذات المصفوفة

الة طباعة تطبع الاحرف او الارقام على شكل نقاط تأخذ نمطا معينا .
تكون المساحة التي تتم الطباعة عليها على شكل شبكة ٥ × ٧ او ٧ × ٩ .
هناك نوعان من المطابع على شكل مصفوفة : الاول يسمى المطبعة الضاغطة ؛ تعمل بمطارق صغيرة تكون الاحرف مرسومة على قمتها وتطبع عند ضغط هذه المطارق على شريط عليه حبر. الثاني يسمى المطبعة الغير ضاغطة ؛ تستعمل رشاشا للحبر او نبضات من الضوء او الحرارة على الورق الحساس . سرعة الطباعة تختلف من ٤٥ ـ ٥٣٠ حرف في الثانية

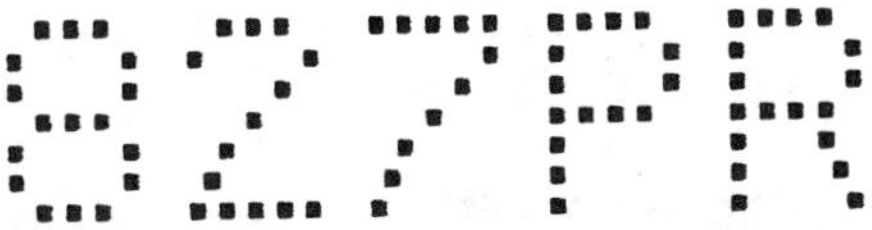

Mb = megabit

MB = megabyte

MBM = magnetic bubble memory

Mc = megacycle . . . . megahertz □

μc = microcomputer

mechanical data processing . . . . **معالجة البيانات اليا**

طريقة لمعالجة البيانات باستعمال ادوات ميكانيكية (عادة غير مبرمجة وصغيرة وبسيطة الاستخدام)

mechanical translation . . . . **الترجمة الالية**

ترجمة تستخدم في انتاجها اجهزة الكمبيوتر

media . . . . **اوساط**

المواد المصنعة منها الاسطح التي تسجل عليها المعلومات . مثال ذلك الاشرطة الورقية والمغناطيسية

media eraser . . . . **ماسح الاسطح**

اداة كهربائية مغناطيسية يمكنها مسح ما هو مسجل على الاسطح المغناطيسية مثل الاقراص والاشرطة والاسطوانات

medium . . . . **مفرد لكلمة** media

medium-scale integration = MSI . . . . **الدمج على السطح**

(١) تجميع عدد من الدوائر بحدود ١٠٠ دائرة كهربائية وتوصيلها في دائرة مدمجة IC وتثبيت هذه الدائرة على الخلية السليكونية chip وهي الجزء الاساسي لصناعة شبه الموصلات ؛ (٢) وصف لكافة الدوائر المدمجة في مساحة ما □ chip; integrated circuit; semiconductor

mega = M . . . . **المليون**

megabit = Mb . . . . **مليون خانة**

megabyte = MB . . . . **مليون بايت**

megacycle (Mc) = megahertz (MHz)

مليون دورة/ الثانية . . . . **megahertz = MHz**

مليون كلمة كمبيوتر . . . . **megaword**

لوحة المفاتيح الغشائية . . . . **membrane keyboard**

نوع من لوحات المفاتيح يتكون من لوح بلاستيك شبه لين ومكتوبة او مرسومة عليه اوضاع المفاتيح المختلفة

الذاكرة . . . . **memory**

تتكون الذاكرة الداخلية وهي الذاكرة الرئيسية في جهاز الكمبيوتر من صفوف من الدوائر الكهربائية المدمجة IC على خلية سليكونية chip . تخزن فيها البيانات على شكل صفر وواحد . الخانة التي بها بيانات تحمل رقم ١ والخانة الفارغة من البيانات فيها رقم صفر. اما الذاكرات الخارجية فهي متعددة الاشكال والانواع منها الاشرطة والاقراص المغناطيسية . يطلق على الذاكرة اسم اخر وهو مخزن storage . وتختلف الذاكرات عن بعضها باختلاف المادة والاسلوب الذي تبنى به ، فهناك الذاكرة ذات الحلقات المغناطيسية magnetic core والذاكرة المصنوعة من رقائق الافلام thin film memory والذاكرة المصنوعة من اشباه الموصلات semiconductor memory والذاكرة الكهروبصرية electro-optical memory وذاكرة اشعة الليزر laser holographic memory وذاكرة الفقاعات المغناطيسية magnetic bubble memory والذاكرات ذات الخلايا الضوئية photodigital memory

مسجل محتويات الذاكرة . . . . **memory buffer register**
(مسجل وسيط في الذاكرة)

مسجل تمر عن طريقه جميع البيانات الداخلة والخارجة من والى ذاكرة جهاز الكمبيوتر. يقوم بمهمة وحدة التخزين الوسيطة بين ذاكرة الجهاز والوحدات المساعدة المرفقة به

باص الذاكرة .... **memory bus**

عادة ما يتم الاتصال بين وحدة المعالجة المركزية وادوات الادخال والاخراج عن طريق دوائر كهربائية تعمل عمل الباصات في المواصلات

قدرة الذاكرة .... **memory capacity**

عدد وحدات التسجيل التي يمكن استخدامها لتخزين البيانات

خلية الذاكرة .... **memory cell**

وحدة تخزين في الذاكرة الرئيسية لها القدرة على إحتواء خانة واحدة

ذاكرة في خلية سليكونية .... **memory chip**

ذاكرة مثبتة على خلية سليكونية . هناك عدة انواع من هذه الذاكرات منها RAM وROM و PROM ☐ chip

دورة الذاكرة .... **memory cycle**

(١) خطوات قراءة البيانات او كتابتها في الذاكرة الرئيسية ؛ (٢) الوقت المطلوب لقراءة او كتابة البيانات في الذاكرة الرئيسية : يقدر مثل هذا الوقت بنانو الثانية او ميكرو الثانية

مسجل بيانات الذاكرة .... **memory data register**

(١) مسجل غير معنون في وحدة المعالجة المركزية CPU تخزن فيه البيانات المنقولة بين وحدة المعالجة المركزية والذاكرة الرئيسية ؛ (٢) مسجل ذو ٤ــ ٨ــ ١٢ــ او ١٦ خانة يتضمن اخر كلمة في البيانات المقروءة من أو المكتوبة في موقع الذاكرة والمعنون بما يحتويه مسجل عنوان الذاكرة

معتمد على الذاكرة .... **memory dependent**

تصميم برنامج بحيث يجب أن يُخزن في مواقع تخزين معينة في الذاكرة الرئيسية حتى يصبح بالامكان تنفيذه بالطريقة الصحيحة

تفريغ الذاكرة . . . . **memory dump**

تفريغ الذاكرة كليا او جزئيا وطبع محتوياتها على الورق او تخزينها في وسيلة تخزين اخرى

حارس الذاكرة . . . . **memory guard**

قد يكون ذلك بواسطة الة او برنامج لحماية مواقع معينة على الذاكرة خوفا من ان يتم تعديل محتوياتها

تداخل الذاكرة . . . . **memory interleaving**

تستخدم هذه الطريقة في أجهزة الكمبيوتر حيث تسمح بتداخل الوصول الى جزئين او اكثر من اجزاء الذاكرة في نفس الوقت . تزيد هذه الطريقة من سرعة النقل بين وحدة المعالجة المركزية CPU والذاكرة الرئيسية . مثلا : لو كانت العناوين ذات الارقام الفردية مخزنة في جزء من الذاكرة والعناوين ذات الارقام الزوجية مخزنة في جزء اخر من الذاكرة فانه من الممكن الوصول لهذين الموقعين في نفس الوقت بحيث يتم نقل ما هو مخزن بشكل تسلسلي (أي النقل من الرقم الفردي مرة والرقم الزوجي مرة وهكذا)

إدارة الذاكرة . . . . **memory management**

نظام قد يشمل كل من البرامج واجهزة التحكم وتحديد المواقع المختلفة على الذاكرة . الغرض منه هو الاستخدام الامثل للذاكرة مع البرامج التي تم تنفيذها

خريطة الذاكرة . . . . **memory map**

رسم لتوضيح ذاكرة الكمبيوتر والاجزاء المستخدمة منها

الادخال والاخراج المترابط في الذاكرة . . . . **memory-mapped I/O**

طريقة يتم فيها وضع العناوين في ادوات خارجية ولكنها تظهر للمعالج وكأنها مواقع على الذاكرة . بامكان المعالج ان يستقبل او يرسل البيانات الى الادوات الخارجية باستخدام نفس الاوامر التي يستخدمها للوصول للذاكرة . من مميزات هذه الطريقة ان تعليمات او اوامر المعالج يمكنها ان تعمل في كلا الحالتين . من عيوب هذه الطريقة انها تحدد (تقلل) عدد المواقع على الذاكرة المستخدمة في تخزين البرامج والبيانات

تصفيح الذاكرة . . . . memory paging

طريقة يمكن بها للبرامج استخدام حجم من الذاكرة اكبر من الحجم المقرر له وذلك بتقسيمها الى اقسام متساوية (صفحات) وكلما كانت هناك حاجة لمثل هذه الصفحات ؛ يمكن الحصول عليها من الذاكرات المساعدة لتوضع في الذاكرة الرئيسية ثم تعود ثانية للذاكرات المساعدة بعد الانتهاء من استعمالها

ذاكرة مستديمة . . . . memory-permanent

ذاكرة يمكنها الاحتفاظ بما هو مخزن عليها عند انقطاع التيار الكهربائي عنها وعودته ثانية

ميناء الذاكرة . . . . memory port

يوجد في الذاكرة الرئيسية لاجهزة الكمبيوتر الصغيرة (ذات الامكانيات المحدودة) ميناء واحد او وصلة منطقية واحدة تنقل البيانات تحت تحكم وحدة المعالجة المركزية CPU . اما في الاجهزة الاكثر تعقيدا ، فالميناء على الذاكرة يتصل بباص يمكن بواسطته للعديد من وحدات المعالجة المركزية وادوات الادخال والاخراج الوصول لهذا الميناء . نظرا لان الممر الذي يصل بين وحدة المعالجة المركزية ذو سرعة عالية ، فمن الممكن اضافة ميناء آخر للذاكرة

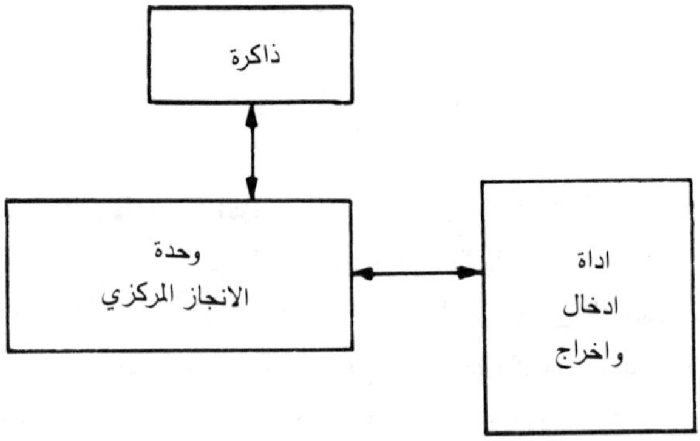

(أ) ميناء واحد

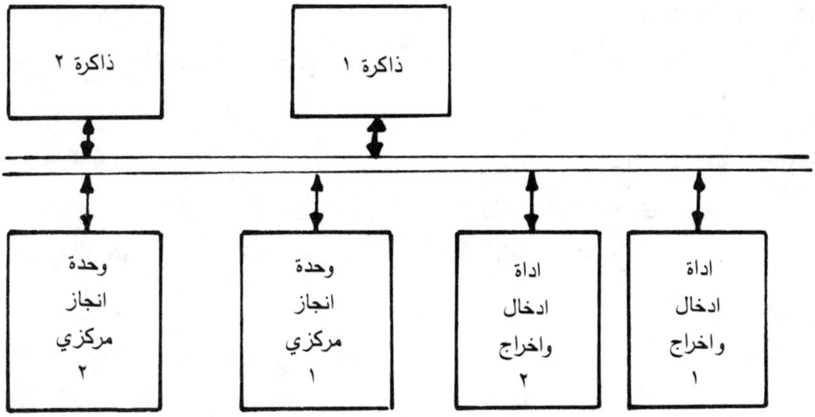

(ب) ميناء واحد وباصات للوصل

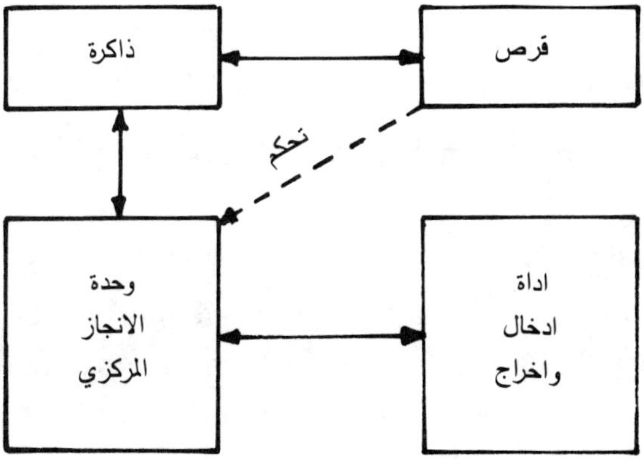

(ت) ميناءان

memory protect = memory guard

memory storage .... مخزن الذاكرة

هذا النوع من المسجلات يوجد في الذاكرة الرئيسية لجهاز الكمبيوتر فقط

memory swapping .... مبادلة ذاكرية

عملية تبادل البرامج بين كل من الذاكرة الرئيسية والوحدات الاخرى المرفقة بجهاز الكمبيوتر للمساعدة في الوصول للاستعمال الامثل للذاكرة

menu .... قائمة اختيار

تماما كقائمة الطعام في المطاعم التي توفر للزبون حرية الاختيار، تتكون قائمة الاختيار من اسماء العمليات التي يسمح بها البرنامج خلال تنفيذه بالكمبيوتر .
قد تكون هذه الاسماء حروفا او ارقاما على لوحة المفاتيح التي هي امامك .
عند ضغطك على المفتاح الخاص بذلك فان الجهاز سيقوم بالعمل الى ان تنتهي العمليات التي يتضمنها الامر

mercury delay line .... خط التأخير الزئبقي

خط اعاقة زئبقي يستخدم خواص الزئبق في اعاقة الموجات الصوتية

memory register........................... مسجل الذاكرة

مسجل في ذاكرة الكمبيوتر. يختلف هذا المسجل عن مسجل في اي جزء اخر من أجزاء جهاز الكمبيوتر

memory workspace.................... مساحة العمل في الذاكرة

مساحة من الذاكرة المطلوبة بواسطة برنامج لتخزينه وما يتطلبه من مساحة اضافية لتخزين العمليات التي يقوم بها ، اذا ما قورنت بالمساحة المطلوبة لتخزين البرنامج فقط

ذاكرة زئبقية . . . . **mercury memory**

ذاكرة تستخدم خواص الزئبق كقدرته على اعاقة الموجاب الصوتية

يدمج . . . . **merge**

امر يعطى لجهاز الكمبيوتر لكي يدمج جزئين من ملفين مختلفين معا بدون احداث اي خلل او تغيير لاي من الجزئين ☐ match-merging

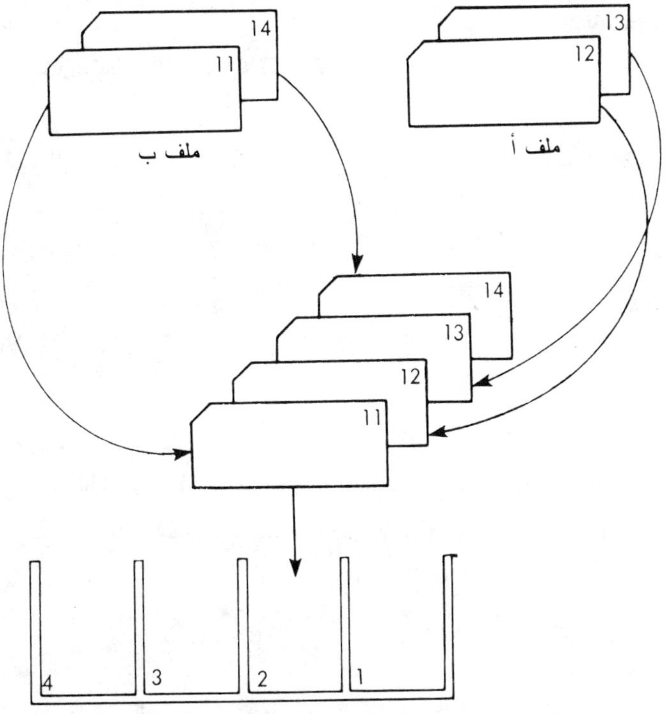

دمج ملفي أ و ب

ترتيب بالدمج . . . . **merge order = m**

الرسالة . . . . **message**

مجموعة من الرموز لها معنى معين يتم التعامل معها دائما كوحدة واحدة

message exchange . . . . **تبادل الرسائل**

الرسالة والرد عليها

message header . . . . **عنوان الرسالة**

اول جزء من الرسالة والذي يتضمن الجهة المرسلة اليها والوقت ومصدر الرسالة وما الى ذلك من معلومات

message queuing . . . . **صف الرسائل**

صف من الرسائل تنتظر المعالجة او النقل لموقع جديد

message retrieval . . . . **إسترجاع الرسائل**

القدرة على استرجاع الرسائل بعد مدة من دخولها جهاز المعلومات

message source . . . . **مصدر الرسائل**

المكان او الاجهزة المستخدمة في ارسال الرسائل

message switching . . . . **تحويل الرسائل**

طريقة تحويل الرسائل عن طريق استقبال الرسائل ثم تخزينها الى ان تتوفر الدائرة الكهربائية المناسبة لنقلها ، عندها يتم نقل الرسالة لهذه الدائرة ومنها الى وجهتها النهائية

message text . . . . **محتوى الرسالة**

الاجزاء المهمة من الرسالة والتي تتضن الهدف من ارسالها وليس العنوان او الاجزاء الاخرى التي تحتوي على مقدمات وما شابه ذلك من عبارات

message header ☐

metacompiler . . . . **مترجم المترجم**

برنامج لترجمة اللغات يستخدم اساسا لكتابة برامج الترجمة وهي البرامج التي تترجم من اللغات الرفيعة الى لغة الالة والعكس

metadata . . . . **بيانات توصيف البيانات**

مجموعة البيانات الوصفية التي تصف البيانات الفعلية

meta language . . . . **لغة الوصف**

اللغة التي تستخدم في وصف لغة اخرى (قد تصف نفسها او لغة اخرى)

metal-oxide semiconductor = MOS . . . . **موس**

شبه الموصلات المصنعة من اوكسيد المعادن : نوع خاص من الدوائر الكهربائية المدمجة IC تتضمن عددا كبيرا من الاجزاء الاليكترونية بالمقارنة بالدوائر الكهربائية العادية . يقوم حقل كهربائي مولد في صمامات مفصولة عن المواد الفعالة المكونة لشبه الموصلات بالتحكم في انتقال التيار. يطلق اسم شبه الموصلات المصنعة من اوكسيد المعادن على كلا النوعين CCD وBEAMOS . شبه الموصلات من نوع أن N او أن – موس NMOS يوصل التيار الكهربائي عن طريق سليكون من نوع أن ، اما شبه الموصلات من نوع بي P او بي – موس PMOS فتوصل التيار الكهربائي عن طريق سليكون من نوع بي . اما شبه الموصلات من نوع سي – موس CMOS فتوصل التبار الكهربائي من خلال كلا النوعين أن وبي

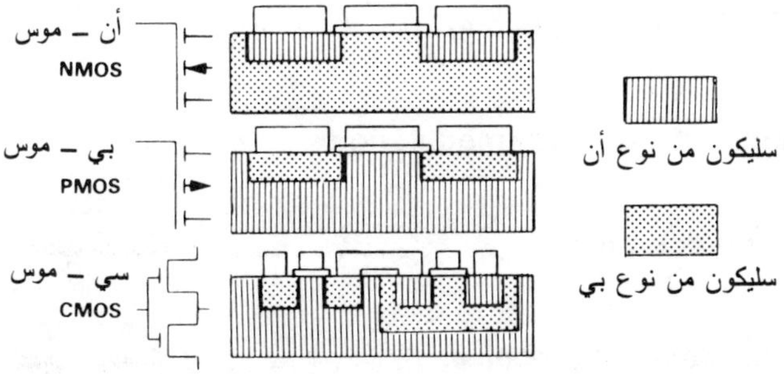

رسم توضيحي لتركيب الانواع المختلفة لشبه الموصلات المصنعة من اكاسيد المعادن

metal-oxide-semiconductor field-effect transistor . . . . . . **موس – فيت**
= MOSFET

صمامات احادية القطب في ترانزستورات مصنعة من اوكسيد المعادن . احد انواع الصمامات الاحادية القطب توجد بها طبقة عازلة من ثاني اوكسيد السليكون تفصل بين البوابة (الصمام) وبين المصرف والمصدر

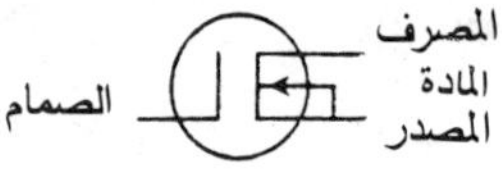

أن – موس

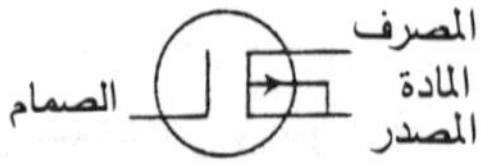

بي – موس

meter . . . . **المتر**

(١) المتر (١٠٠ سم)؛ (٢) جهاز يستخدم للقياس . هناك اجهزة عديدة منها لقياس الحرارة او الضغط او السرعة او ما شابه ذلك

metric system . . . . **النظام المتري**

وهو عادة ما يعرف باسم Système International d'Unités (SI) وهو يتكون من سبع وحدات منها الكيلوغرام والمتر والثانية والامبير

metric ton . . . . **طن متري**

وحدة وزن تساوي ١٠٠٠ كيلوغرام

MF = multifrequency signalling

MFM = modified frequency modulation

[1]MFR = manufacturer . . . . **صانع – صاحب المصنع**

[2]MFR = multifrequency receiver . . . . **مستقبل متعدد الذبذبات**

MH = message handler

[1]MHD = movable-head disk

[2]MHD = multiple-head disk

MHZ = MHz = megahertz

MICR = magnetic ink character recognition

micro .... **ميكرو (صغير)**

وحدة تساوي جزءا (واحد) من مليون

micro-based minicomputer .... **جهاز كمبيوتر ميني على ميكرو**

جهاز كمبيوتر مصغر (ميني كمبيوتر) تكون فيه وحدة المعالجة المركزية CPU على شكل مُعالج صغير (ميكروبروسيسور)

micro chart .... **الرسم التوضيحي الدقيق**

رسم توضيحي للبرنامج تظهر فيه خطوات البرنامج بالتفصيل

microchip .... **خلية سليكونية صغيرة**

دائرة مدمجة IC تتكون من سطح مُصنّع من معدن السليكون مثبتة عليه اجزاء الدائرة المدمجة IC . من الامثلة على ذلك الميكروبروسيسور

micro-code .... **الشفرة الميكرو (الصغيرة)**

(١) تعليمات تُحفظ في ذاكرة القراءة فقط ROM (في وحدة التحكم) وتُقرأ وكأنها نبضات ترسل للصمامات المنطقية التي لها علاقة بالمسجلات لتسبب نقل ما تحتويه الخانات بين المسجلات او في داخل المسجل الواحد . انظر register و logical gate و micro instruction و microprogram ؛

(٢) اوامر صغيرة ينظر اليها مجتمعة : تكوين تعليمات لجهاز الكمبيوتر عن طريق تجميع تعليمات بدائية لتكوين تعليمات ذات مستوى اعلى مثل عمليات الجمع والطرح

micro-code memory .... **ذاكرة الشفرة الميكرو (الصغيرة)**

ذاكرة تستخدم لحفظ الشفرة الميكرو. مثل ذاكرة القراءة فقط ROM (احيانا ذاكرة القراءة فقط المبرمجة PROM) التي تتضمن توزيع الخانات المخصصة للتحكم

منجز الشفرة الميكرو (الصغيرة) .... **micro-code processor**
(وحدة الحساب ووحدة التحكم) : جزء من جهاز الكمبيوتر او اي اداة ذكية تستخدم الشفرة الميكرو لتحريك ما تتضمنه الخانات

ميكروكمبيوتر (كمبيوتر صغير) .... **microcomputer**
تستخدم هذه الاجهزة المعالجات الصغيرة (ميكروبروسيسور) كوحدات معالجة مركزية . لا يستخدم اجهزة الكمبيوتر هذه اكثر من شخص واحد في نفس الوقت ، عادة ما تستخدم بها اقراص لينة او اشرطة الكاسيت او اقراص ونشستر ذات ٥،٢٥ بوصة قطرا كذاكرات ومتوسط عدد خلايا التخزين على الذاكرة هو ١٠٠,٠٠٠ خلية واللغات المستخدمة مع هذه الاجهزة هي الباسكال والبيزيك ولغة التجميع □ assembler

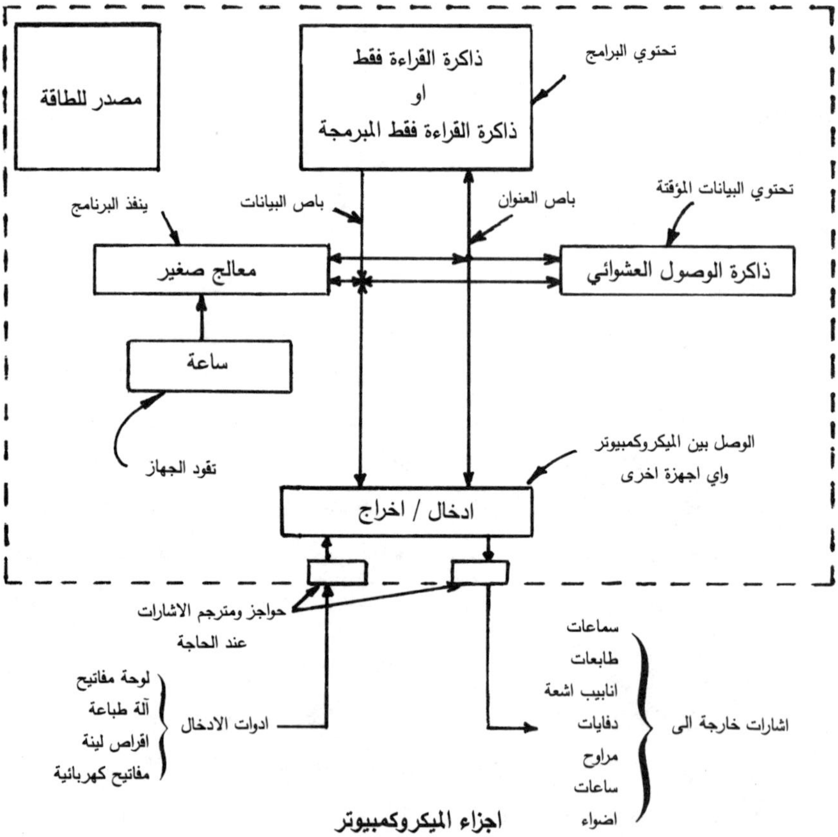

اجزاء الميكروكمبيوتر

إستخدامات اجهزة الكمبيوتر الصغيرة . . . . microcomputer application

تستخدم مثل هذه الاجهزة في ادارة الاعمال وفي المصانع وفي المنازل وفي الالعاب الاليكترونية وفي تنظيم الاشارات الضوئية والعمليات الاخرى الغير معقدة

بناء الميكروكمبيوتر (الصغير) . . . . microcomputer architecture

يعرف بناء الميكروكمبيوتر بعدد الخانات (٨ او ١٦ او ٣٢ او... الخ) وهذا يدل على حجم البيانات التي يمكنه التعامل معها في خطوة تنفيذ واحدة (قراءة او كتابة او تحريك او... الخ) وعدد خلايا الذاكرة التي يمكن تخزين البيانات فيها . زيادة عدد الخانات التي يعرف بها الميكروكمبيوتر تدل على سرعة الجهاز في تنفيذ المهمات المطلوبة منه

خلية ميكروكمبيوتر . . . . microcomputer chip

ميكروكمبيوتر (كمبيوتر صغير) مثبت على خلية سليكونية . يختلف هذا عن المعالج الصغير (الميكروبروسيسور) بانه لا يشمل وحدة المعالجة المركزية CPU على نفس الخلية السليكونية فقط ، بل ذاكرة القراءة فقط ROM وذاكرة الوصول العشوائي RAM ودوائر الادخال والاخراج I/O

اجزاء جهاز الكمبيوتر الصغير . . . . microcomputer components

يتكون الميكروكمبيوتر من الاجزاء التالية : ميكروبروسيسور وذاكرة (قد تكون من ذاكرات القراءة فقط ROM او ذاكرات مبرمجة للقراءة فقط PROM او الذاكرات المبرمجة للقراءة فقط والتي يمكن مسحها EPROM او ذاكرة يمكن تغيير محتوياتها مثل ذاكرة الوصول العشوائي RAM) ومن وحدة الادخال والاخراج I/O

اجزاء الكمبيوتر الصغير

microcomputer storage . . . . **مخازن اجهزة الكمبيوتر الصغيرة**

هناك العديد من هذه المخازن ، منها ذاكرات القراءة فقط ROM وذاكرات مبرمجة للقراءة فقط PROM والذاكرات المبرمجة والتي يمكن مسحها EPROM والذاكرات التي يمكن تغيير محتوياتها مثل ذاكرة الوصول العشوائي RAM

microcomputer system = microcomputer components

microelectronics . . . . **المعدات الكهربائية الصغيرة**

المجال الذي يتعلق بانتاج الدوائر الكهربائية الصغيرة . مثلا الدوائر المدمجة IC والافلام الرقيقة

microfarad = μF . . . . **ميكروفاراد**

وحدة لقياس قدرة المكثف وتساوي جزء من المليون من الفاراد

microfiche . . . . **ميكروفيش**

قطعة من فيلم فوتوغرافي ذات ابعاد ١٤٨مم × ١٥٠مم . مثل هذه القطع يمكن ان تحتوي على ٢٠٨ وحدة معلومات مرتبة في ١٣ صف و١٦ عمود

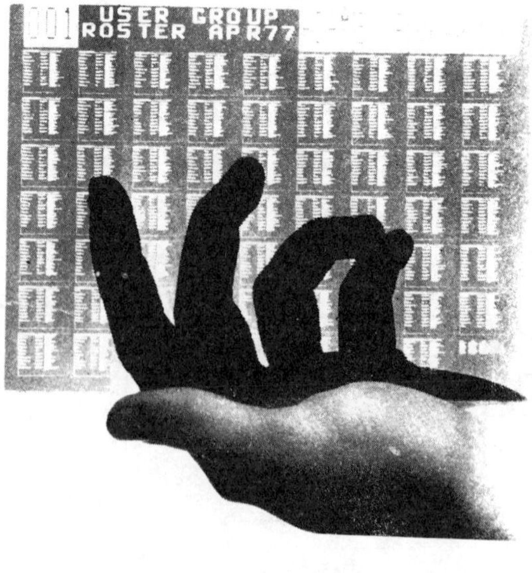

ميكروفيش

ميكروفيلم . . . . **microfilm**

فيلم فوتوغرافي للتسجيل مع تصغير ما تم تسجيله عليه

التوزيع على الميكروفيلم . . . . **microfilm form**

الطول الذي تشغله وحدة واحدة من المعلومات على سطح الميكروفيلم

اداة قراءة الميكروفيلم . . . . **microfilm reader**

آلة لاظهار صورة ما يحتويه الميكروفيلم

قرص لين وصغير . . . . **microfloppy disk**

قرص لين قطره ٣ – ٣،٥ بوصة . عكس القرص المصغر (ماكرو) والذي قطره ٥،٢٥ بوصة والقرص اللين الذي قطره ثمان بوصات

التصوير المجهري . . . . **micrographics**

اسلوب يتضمن انتاج وحفظ واستخدام الميكروفيلم او الميكروفيش في تسجيل وتصوير الوثائق

أمر بسيط (ميكرو) . . . . **microinstruction**

(١) امر بسيط يمثل خطوة واحدة من خطوات التنفيذ ؛ (٢) مجموعة من الحروف (الخانات) الموزعة والمخزنة بطريقة معينة في الذاكرة التي يوجد فيها البرنامج الصغير microprogram وهي جزء من البرنامج الصغير تحدد بعض الخطوات التفصيلية المطلوبة لتنفيذ الامر في ذلك البرنامج . تعتبر اوامر الميكرو المضغوطة packed microinstruction (وتسمى كذلك اوامر الميكرو الرأسية vertical microinstruction) سلسلة قصيرة (عدد محدود من الخانات والعنوان الذي يتلوها) تتم ترجمتها بواسطة محلل شفرة الاوامر الصغيرة ليعطي اوامر غير مضغوطة unpacked microinstruction (تسمى كذلك اوامر ميكرو افقية horizontal microinstruction) بعدد غير محدود من مواقع الخانات يساوي عدد نقاط التحكم . عموما ، يمكن القول ان اوامر الميكرو الافقية تحتوي على خانات اكثر او اعرض اذا ما قورنت باوامر الميكرو الرأسية والتي تحتوي على عدد خانات اقل وتحتاج لتحليل اقل للشفرات

micrologic . . . . **منطق الميكرو**

استخدام برنامج مسجل بصفة دائمة لترجمة تعليمات في برنامج صغير (ميكرو)

micron = μ . . . . **ميكرون**

يساوي جزء (واحد) من مليون من المتر

microprocessor = MPU . . . . **المعالج الصغير او الميكروبروسيسور**

وحدةالمعالجة المركزيةCPU صغيرة الحجم . يحتوي هذا الجزء على دوائر كهربائية مركبة على لوحة مصنوعة من معدن السليكون والمسماة الخلية السليكونية chip. يعتبر هذا الجزء « العقل المفكر » لكل اجهزة الكمبيوتر الصغيرة . يتكون الميكروبروسيسور عموما من الاجزاء التالية :
(١) وحدة المعالجة المركزية CPU ؛ (٢) ذاكرة للقراءة فقط ROM ؛
(٣) ذاكرة الوصول العشوائي RAM ؛ (٤) ساعة clock . تقوم الساعة بارسال نبضات لتحديد عمل جميع الاجزاء . تعتمد وظيفة وحدة الادخال ووحدة الاخراج على طبيعة المهمة المطلوب تنفيذها . مثلا يتم الادخال باستخدام لوحة المفاتيح وتظهر النتائج على شاشة الاظهار المرئي VDU .
تكون خطوات تنفيذ امر واحد كما يلي : (١) تُرسل اشارة الى ذاكرة القراءة فقط ROM لتُحدد الموقع على تلك الذاكرة (عنوان) الذي يحتوي على الامر المطلوب تنفيذه ؛ (٢) تقوم وحدة المعالجة المركزية CPU بقراءة وحل شفرة ذلك الامر ؛ (٣) تقوم وحدة المعالجة المركزية بتنفيذ ذلك الامر باستخدام موقع تخزين على ذاكرة الوصول العشوائي RAM لتوليد البيانات خلال تلك الفترة . يوجد داخل وحدة المعالجة المركزية مجموعة من المسجلات لتخزين المعلومات اثناء تنفيذها للامر. يسمى احد هذه المسجلات عداد البرنامج والذي يقوم بحساب عدد الاوامر التي تم تنفيذها من ذلك البرنامج باضافة واحد لمجموع عدد الاوامر التي تم تنفيذها عند الانتهاء من تنفيذ الامر. وهناك مسجل اخر هو مسجل الامر الذي يحتوي الامر اثناء قيام وحدة المعالجة المركزية بحل شفرته . اما مسجل التجميع accumulator

فيحتوي على الارقام التي تم تنفيذها (البيانات التي استخدمت في العمليات الحسابية والنتائج التي تم الحصول عليها) ومن هناك الى ذاكرة الوصول العشوائي او من خلالها الى ادوات الاخراج output units

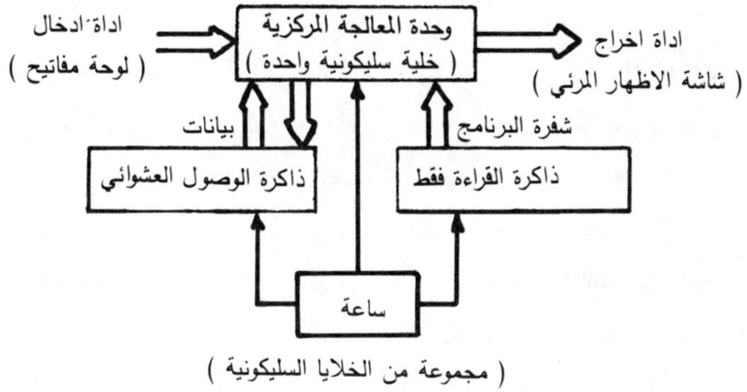

تركيب الميكروبروسيسور

تصنيف المعالجات الصغيرة . . . . microprocessor classification

يوجد على الاقل أربعة أنواع من المعالجات الصغيرة ، حاسبات calculators وضابطة controllers ومعالجات بيانات data processors واجهزة كمبيوتر ذات غرض عام general purpose computers . يستخدم النوعين الاولين في بعض الحالات لتصنيع وحدات المعالجة المركزية

البرنامج المترجم على شكل معالج صغير . . . . microprocessor compiler

برنامج يترجم البرنامج من لغة المصدر الى لغة الالة . مثل هذه البرامج من الممكن استخدامها مع اجهزة كمبيوتر كبيرة او متوسطة الحجم

برنامج صغير (ميكرو) . . . . microprogram

سلسلة من التعليمات مكتوبة بالميكرو ومخزنة في وحدة التحكم في وحدة المعالجة الصغيرة . عند تنفيذ هذه التعليمات فهي ستقوم بنفس عمل مجموعة من تعليمات الميكرو. لا يمكن لمستخدم جهاز الكمبيوتر الوصول لهذه التعليمات ☐ microprogramming

microprogrammed computer . . . . **كمبيوتر ذو برامج صغيرة**

اي جهاز كمبيوتر يمكن تغيير التعليمات التي تعطى له حسب الحاجة عن طريق تغيير ذاكرة القراءة فقط ROM او اي نوع اخر من الذاكرات

microprogramming . . . . **برمجة دقيقة (ميكرو)**

(١) طريقة لتشغيل العضو الذي يتحكم في حركات جهاز الكمبيوتر بتقسيم التعليمات الى العديد من الخطوات الصغيرة والتي يتكون منها البرنامج الصغير ؛ (٢) طريقة لضبط عمل وحدة التحكم بوصف الخطوات التي ستقوم بها هذه الوحدة بالتفصيل والتي لا تظهر وكأنها اوامر (نظرا للتفصيل الدقيق). طريقة تصميم وبناء وحدة التحكم هذه تحتاج لذاكرة اضافية عادة تسمى مخزن البرنامج الميكرو microprogram store وتحتوي هذه الذاكرة على سلسلة من التعليمات الميكرو microinstruction . مطلوب مجموعة من اوامر الميكرو لتنفيذ امر واحد بلغة الالة . لذلك فان مخزن البرنامج الميكرو يجب ان يكون سريعا ودورته الزمنية قصيرة اذا ما قورنت بالذاكرات العادية

microsecond = μs = μsec . . . . **ميكرو الثانية**

وحدة زمنية تساوي جزءا من المليون من الثانية . هناك اجهزة كمبيوتر لها القدرة على معالجة عمليات في زمن اقل من ميكرو الثانية

microwatt = μW . . . . **ميكروواط**

$١٠^{-٦}$ واط

microwave . . . . **ميكروويف**

(موجات مغناطيسية كهربائية صغيرة) اجهزة الراديو والتلفزيون تستقبل الصوت والصورة المنقولين على شكل موجات مغناطيسية كهربائية . مثل هذه الموجات لها ذبذبات اكثر من ٨٩٠ مليون لفة/الثانية . تستخدم هذه الموجات في الافران المسماة افران الميكروويف

microwave amplification by stimulated emission of radiation = maser . . . . أشعة الميزر

آلة لتكبير وتضخيم الموجات اللاسلكية وهذه الالة كثيرا ما تستخدم لتضخيم الموجات الضعيفة التي ترسل من والى اجهزة الاتصال القمرية

milli . . . . ملي

وحدة قياس تساوي جزءا من ألف

millimicrosecond . . . . مليميكروثانية

جزء من ألف مليون من الثانية ، عادة تسمى نانو الثانية

million flux reversals/second = MFRS . . . . . مليون تدفق منعكس / الثانية

MIMD = multiple instruction stream, multiple data stream

minicomputer . . . . ميني كمبيوتر (الكمبيوتر المصغر)

اجهزة كمبيوتر صغيرة ورخيصة يقع حجمها بين اجهزة الكمبيوتر الكبيرة واجهزة الكمبيوتر الصغيرة والمسماة ميكرو كمبيوتر. يمكن لاكثر من شخص العمل في نفس الوقت على جهاز الميني كمبيوتر وعدد خلايا ذاكراته يتراوح بين ١٦,٠٠٠ بايت و٢,٠٠٠,٠٠٠ بايت ، وطول الكلمات يمكن ان يكون ٨ او ١٦ او ٣٢ او ٤٨ بت (خانة). يتم تخزين المعلومات على اقراص مغناطيسية صلبة وليس على اقراص لينة كما هو الحال في الميكرو كمبيوتر

minidisk = diskette

minuend . . . . المطروح منه

في عمليات الطرح الحسابية . مثال ذلك ١٠ – ٤ = ٦ رقم ١٠ يسمى المطروح منه ورقم ٤ يسمى المطروح subtracted ورقم ٦ هو الفرق difference

MIPS = million instructions processed per second . . . . مليون أمر تم تنفيذهم / الثانية

MIS = management information system

MISD = multiple instruction stream, single data stream

misfed . . . . خطأ في التغذية

قد ينتج عن عيب في البطاقة او خطأ في الالة

mistake . . . . الغلطة

خطأ في النتائج مصدره خطأ ارتكبه مستخدم جهاز الكمبيوتر. قد يكون هذا الخطأ في تثقيب البطاقة او وضع معادلة خاطئة او ما شابه ذلك من اخطاء . عكس الاخطاء والتي يسببها عطل احد اجزاء جهاز الكمبيوتر

□ error; fault; malfunction

mixed mode expression=expression

mixed number . . . . الرقم المختلط

الرقم الذي يتضمن اعدادًا صحيحة وكسورًا عشرية

mnemonic language . . . . لغة الاختزال

لغة لكتابة البرامج تعتمد على رموز سهلة التذكر ويمكن كتابة لغة الالة منها باستخدام جهاز الكمبيوتر

mnemonic symbol . . . . رمز الاختزال

(١) جملة تطلق على شيء يستخدم لمساعدة التذكر . مثال ذلك كلمة او اسم سهل على مستخدم جهاز الكمبيوتر ان يتذكره . كذلك يطلق على وحدات من لغات البرمجة (تفريع ان لم تكن صفرا BNZ) وعلى العناوين الرمزية ؛

(٢) كلمة من السهل تذكرها لتمثل كلمة اخرى او معنى من الصعب تذكره ؛

(٣) طريقة للتعبير عن لغة التجميع assembly

منوال · اسلوب · وضع .... **mode**

(١) طريقة التعامل مع جهاز الكمبيوتر. مثال ذلك الشخص الذي يستخدم الطرفية ، يخلق بينه وبين جهاز الكمبيوتر حوارًا متصلًا في حين من يستخدم البطاقات المثقبة تكون طريقة اتصاله مع جهاز الكمبيوتر متقطعة ؛ (٢) وضع استعمال مجموعة الحروف على الطرفية ، بمعنى استعمال مجموعة الحروف العربية Arabic mode او اللاتينية Latin mode او الحروف المختلطة override mode ؛ (٣) وضع ادخال البيانات على الطرفية ، بمعنى ان جهاز الكمبيوتر في وضع استعداد لتقبل ما يكتب system available mode او وضع عدم الادخال input inhibited mode ، أو لوحة المفاتيح في وضع إدراج الحروف بين ما تم ادخاله insert mode ، أو أن لوحة المفاتيح على الحروف العلوية shift mode

وضع (اسلوب) التعديل .... **mode, alter**

حالة برنامج تسمح بتغيير او تجديد البيانات المخزنة في الذاكرة

طريقة البروز المفاجئ .... **mode, burst**

اسلوب اتصال بين المعالج ووحدات الادخال والاخراج . عندما تدل الاشارة القادمة من وحدات الادخال والاخراج خلال قناة الارسال والاستقبال المتعدد على حالة البروز المفاجئ ، فان وحدات الاستقبال ستستمر في جلب الخانات حتى تنتهي

وضع (اسلوب) البايت .... **mode, byte**

اسلوب اتصال تبادلي بين المعالج ووحدات الادخال والاخراج يسمح لقناة الارسال والاستقبال المتعدد باستقبال بيانات من وحدات ذات سرعات بطيئة في نفس وقت ارسالها

نموذج (موديل) .... **model**

مجموعة من المعادلات التي تشكل مع بعضها عملًا واحدًا (نموذجا)

□ mathematical model

model symbol .... **رمز النموذج (الموديل)**

الرموز التي لا تتضمن أية معلومات . مثل المربعات او الدوائر. يجب ان يحتوي النموذج (الموديل) النهائي شرحا مفصلا عن عمل كل رمز

modem = modulator/demodulator .... **الموديم (معدّل/كاشف)**

الة مساعدة للتوصيل بين اجهزة كمبيوتر موجودة في اماكن متباعدة يتم الاتصال بينها عن طريق التليفون . يوصل الموديم بخط التليفون وبعدها يوصل بنفس الطريقة بجهاز الكمبيوتر. وظيفة الموديم هي ترجمة الاشارات المتقطعة digital signals من جهاز الكمبيوتر الاول (موجات حاملة) الى اشارات متصلة analog signals لكي يتم نقلها عن طريق التليفون . يجب ان يكون هناك موديم اخر عند جهاز الكمبيوتر الثاني ليقوم بتحويل الاشارات المتصلة الى اشارات متقطعة ثانية ليتسنى لجهاز الكمبيوتر قبولها والتعامل معها . يقوم الموديم بتعديل (تضمين) وكشف (استخلاص) الموجات الحاملة ليصبح بالامكان نقل البيانات على خطوط التليفون . اشهر طرق التعديل هي المسماة frequency-shift keying (FSK) وكذلك differential phase shift keying (DPSK)

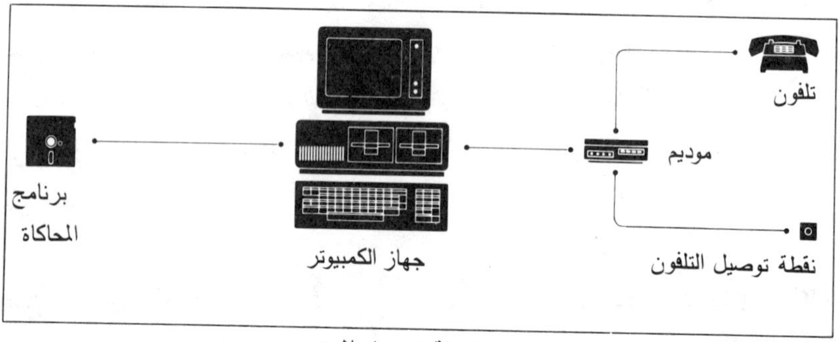

طريقة توصيل الموديم

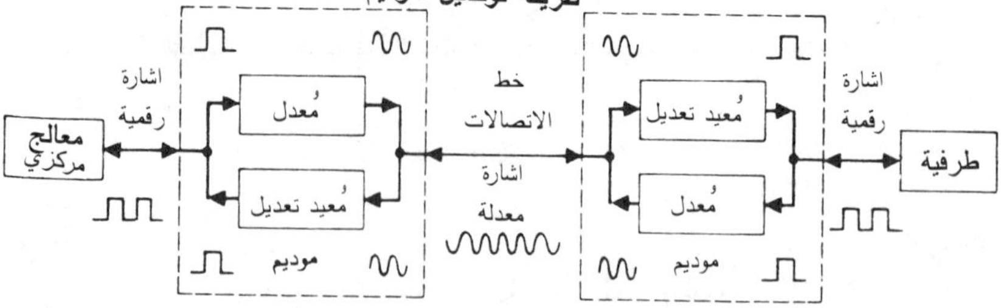

توصيلات باستخدام الموديم

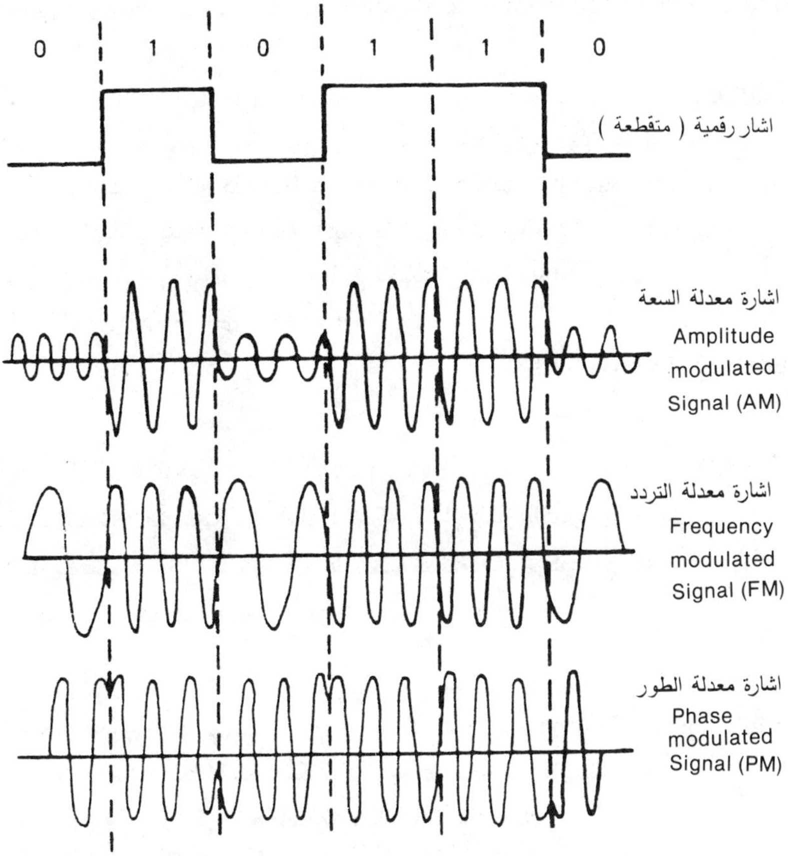

طرق تعديل الموجات

إستخدام الموديم في الاتصالات .... modem communications

استخدام الموديم في الاتصال بين اجهزة الكمبيوتر او بين اجهزة الكمبيوتر واي ادوات اخرى موصلة بها . مثلا تدفق البيانات من جهاز الكمبيوتر الى الموديم الذي يقوم بتحويل الاشارات المتقطعة (الرقمية) digital الى اشارات صوتية وعبر خطوط التليفون الى موديم اخر الذي يحول الاشارات الصوتية الى اشارات متقطعة ليتسنى لجهاز الكمبيوتر فهمها

موديم ذو توصيل مباشر .... modem, direct connect

نوع من اجهزة الموديم يمكن توصيلها كهربائيا بجهاز التلفون مباشرة بدون الحاجة لاستخدام المقارن الصوتي acoustic coupler

modified frequency modulation = MFM . . . . **تضمين التردد لمعدل**

modify . . . . **يُعدل**

(١) تعديل في عمل جهاز الكمبيوتر عن طريق تغيير في التعليمات المعطاة للجهاز ، بحيث ان نتائج هذه التعليمات لن تكون كالمعتاد . مثل هذه التعديلات قد تكون تعديلات دائمة او مؤقتة ينتهي مفعولها بانتهاء العملية التي يقوم بها جهاز الكمبيوتر (٢) تعديل في برنامج الكمبيوتر طبقا لعوامل معينة ؛ (٣) تعديل في البيانات التي تم معالجتها

modular = macro chart

modularity . . . . **قابلية التجزيء والتركيب**

اسلوب البرمجة التركيبية ، او اسلوب تشكيل نظام جهاز الكمبيوتر. بمعنى انه يتم تصميم الاجزاء المختلفة كل على حدة ثم تدمج او تركب مع بعضها وفقا للغرض المطلوب

modular programming . . . . **البرمجة التركيبية**

طريقة معينة يمكن بها تقسيم المشكلة الى اجزاء صغيرة . كل جزء يقوم باداء عملية معينة ويمكن التعامل معه وكأنه برنامج مستقل ويمكن بناء البرنامج الشامل من مجموعة من هذه الاجزاء

modulation . . . . **تعديل**

(١) عملية او طريقة تغيير الموجات الحاملة carrier waves . من هذه الطرق تعديل سعة الموجه amplitude modulation وفيها يتم تغيير في ارتفاع الموجات ، وطريقة تعديل تردد الذبذبة frequency modulation وفيها يتم تغيير في تردد الذبذبات ؛ (٢) □ modem

modulator = modem

module . . . . **قطعة متكاملة**

تركيب (بناء) من الممكن استخدامه لعمل شيء اكبر. ففي البرامج من

الممكن اعتبار الروتين الثانوي على انه قطعة متكاملة ، وفي اجزاء الكمبيوتر أية الة يمكن استخدامها مع الات اخرى لتكوين الة او جهاز اكبر

بقية . . . . **modulo**

الكسر الناتج من عملية القسمة الحسابية مثلا في حالة قسمة ٣٢ ÷ ٣ ، الكسر الناتج عن القسمة يساوي ٢

الاضافة بدون حمل . . . . **modulo-2 addition**

عملية الاضافة باستخدام ارقام نظام الترقيم الثنائي وبدون حمل . مثال ذلك

١١٠٠١١
١٠٠١٠٠ +

———

٠١٠١١١

نفس عمل صمام « او ــ المقصورة » XOR

الرقيب . . . . **monitor**

(١) فحص عملية معينة اثناء معالجتها ؛ (٢) برنامج التحكم
(٣) وحدة العرض المرئي التي تعرض البيانات او المعلومات الصادرة عن جهاز الكمبيوتر ؛ (٤) اصطلاح يطلق احيانا على روتين (برنامج) نظام العمل الذي يقوم بعمليات ملموسة ، مثلا نقل البيانات او المعلومات بين معدات خارجية او البرنامج الذي يقوم بعمليات الادخال او الاخراج ؛ (٥) وحدة عرض ليس لها القدرة على التفاعل . مثلا : شاشة عرض في نظام الدوائر التلفزيونية المغلقة

برنامج مراقبة . . . . **monitor program**

(١) برنامج مصمم للدلالة على حالة تقدم عمل اجزاء جهاز الكمبيوتر ؛
(٢) برنامج يعطي القدرة لمشغل جهاز الكمبيوتر على توجيه الجهاز للقيام بعمليات محددة وعلى فترات منتظمة مثل عمليات التحميل او الفرز او فحص موقع في الذاكرة

وحدة المراقبة . . . . **monitor unit**

آلة لها القدرة على فحص عمل الاجهزة الاخرى

monolithic .... احادي

غير مقسم او يتكون من وحدة واحده

monolithic integrated circuit .... دوائر مدمجة غير مقسمة

اشهر انواع الدوائر الكهربائية المدمجة IC والتي تكون فيها المادة المركبة عليها الدائرة من معدن فعال مثل السليكون المصنعة منه شبه الموصلات

monoprogramming .... خاصية تنفيذ البرنامج الواحد

نظام لتشغيل جهاز الكمبيوتر يتميز بخاصية تنفيذ برنامج واحد في نفس ألوقت حتى ينتهي البرنامج تماما ثم يبدأ في تنفيذ برنامج اخر. عكس خاصية التشغيل المتعدد البرامج multiprogramming

monostable device........................ جهاز ذو وضع واحد

Monte Carlo .... مونتي كارلو

طريقة من طرق الحل تعتمد على افتراض حل ومحاولة تقريب هذا الحل للوصول الى الحن الاقرب للصحيح عن طريق تكرار العملية وتكرار الافتراض . تصلح هذه الطريقة في حالة وجود عدد كبير من المتغيرات تتحكم في المشكلة المراد حلها

MOS = metal-oxide semiconductor

MOSFET = metal-oxide-semicondutor field-effect transistor

most significant digit .... الخانة ذات الاهمية الكبرى

الخانة من الرقم ذات القيمةالكبرى. في الرقم ١٢٣٠ رقم ١ هو ذو القيمة الكبرى وهي دائما الخانة الموجودة في اقصى اليسار

mother board . . . . **اللوح الام**

دائرة كهربائية كبيرة مثبتة على سطح عازل وموصلة بها دوائر اخرى

Motorola . . . . **موتورولا**

شركة لتصنيع المعدات الكهربائية قامت بتصنيع المنجزات الصغيرة ذات الارقام ٦٨٠٠ و ٦٨٠٩ وأم ٦٨٠٠

mount . . . . **تحميل**

وضع وتركيب وسائط التخزين (شريط ، اسطوانة ... الخ) في الوحدة المخصصة للقراءة والكتابة . نفس load . عكس dismount

mouse . . . . **الفأر**

صندوق صغير يوصل بجهاز الكمبيوتر عن طريق سلك كهربائي . عندما يحرك مستخدم الجهاز الفأر على سطح مستوي مثل سطح المكتب ، يتحرك طبقا لذلك مؤشرا على الشاشة . من الممكن اختبار المهمة او العملية التالية بان يحرك مستخدم الجهاز المؤشر على الشاشة عن طريق تحريك الفأر، ثم ضغط مفتاح خاص على الفأر لتبليغ جهاز الكمبيوتر بان تلك هي الخطوة المطلوبة

الفأر

movable-head disk unit . . . . magnetic disk □

move . . . . **تحريك**

ان تقرأ المعلومات من موقع معين على الذاكرة وكتابتها على موقع اخر

moveable = movable

moving-head printer . . . . **طابعة ذات رأس متحرك**

آلة طباعة يتحرك فيها رأس الطباعة على طول خط الطباعة

MPU = microprocessor unit . . . . microprocessor □

μp = microprocessor

μs = microsecond

μsec = microsecond

MS-DOS . . . . **أم أس – دوس**

نظام تشغيل ذو ١٦ خانة انتجته شركة ميكروسوفت ليستخدم مع اجهزة الكمبيوتر الصغيرة التي بها معالجات من نوع ٨٠٨٨ و٨٠٨٦

MSI = medium-scale integration

MTBF = mean time between failures . . . **متوسط المدة بين عطلين لاي جهاز**

multi . . . . **متعدد**

اكثر من واحد او متعدد

حسابات ذات الوصول المتعدد . . . . multiaccess computing

طريقة لاستخدام جهاز الكمبيوتر تسمح لمستخدم الجهاز انْ يتحكم في العمليات التي يقوم بها الجهاز من خلال الطرفية وذلك بان يقوم الجهاز بمعالجة كل عبارة تعطى له ، وبالتالي يقرر مستخدم الجهاز الخطوة التالية بناء على نتائج الخطوة الاولى . تستخدم هذه الطريقة كثيرا عند كتابة واختبار البرامج الطويلة . ليس هناك اي فرق بين كل من الوصول المتعدد وبين معالجة المعاملة (التناقل) transaction processing سوى ان الاول يستخدم طرفية محلية والثاني يستخدم طرفية موصلة بشبكات او خطوط الاتصال . في كثير من الحالات يطلق على كلاهما متصل on-line

امر متعدد العناوين . . . . multiaddress instruction

امر يتضمن رمز عملية او اكثر من عنوان لموقع التخزين على الذاكرة

نظام يتكون من اكثر من كمبيوتر . . . . multicomputer system

(١) جهاز كمبيوتر يتضمن وحدتين او اكثر من وحدات المعالجة المركزية CPU ؛ (٢) تركيب جهازين او اكثر من اجهزة الكمبيوتر يمكن لكل منها ان يعمل مستقلا او ان يشترك في العمل لمعالجة مهمة واحدة ؛ (٣) نظام كمبيوتر يتكون من جهاز رئيسي واحد والعديد من الاجهزة الصغيرة للقيام بمهمات خاصة

فرز ملفات متعددة . . . . multifile sorting

فرز مجموعة من الملفات اوتوماتيكيا بناء على عوامل خاصة لكل ملف وبدون تدخل من القائم على تشغيل جهاز الكمبيوتر

الاشارات متعددة التردد . . . . multifrequency signalling = MF

عملية متعددة المهمات . . . . multijob operation

اصطلاح يستخدم لوصف عملية تنفيذ اكثر من برنامج في وقت واحد بحيث ان كل برنامج او عمل متكامل يستخدم جزءًا معيناً من جهاز الكمبيوتر وجميع هذه البرامج تشترك في استخدام وحدة المعالجة المركزية

multilevel addressing .... **عنونة متعددة المستويات**

مخاطبة وحدات البيانات التي هي ذات بعدين او اكثر مثل المصفوفة matrix والتي تكون فيها وحدات البيانات معرفة برقمين ؛ الاول للدلالة على رقم الصف الموجودة فيه والثاني على رقم العمود الموجودة فيه ☐ array

multilingual .... **متعدد اللغات**

جهاز كمبيوتر بامكانه المعالجة بعدة لغات

multipass sort .... **تصنيف عديد**

برنامج تصنيفي مصمم لتصنيف كمية من البيانات اكثر مما تتحمله الذاكرة الرئيسية لجهاز الكمبيوتر

multiple access .... **وصول متعدد**

قدرة جهاز الكمبيوتر على الارسال والاستقبال من اكثر من موقع واحد

multiple address message .... **رسالة ذات عناوين متعددة**

رسالة مطلوب توصيلها الى اكثر من موقع واحد

multiple instruction stream, multiple data stream = MIMD .... **تعليمات عديدة وبيانات عديدة**

معالجة متوازية تتم باستخدام أكثر من جهاز كمبيوتر لها القدرة على المشاركة في العمل المطلوب منها ☐ multiple instruction stream single data stream; single instruction stream multiple data stream; single instruction stream single data stream

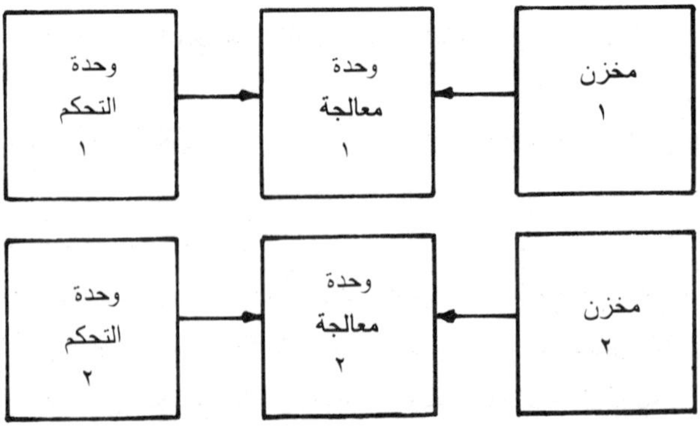

تعليمات عديدة
وبيانات عديدة

multiple instruction stream, single data stream = MISD . . . . **تعليمات عديدة وبيانات أحادية**

معالجة متوازية تتم بواسطة وحدتين أو أكثر من وحدات التحكم على ممر بيانات واحد ☐ multiple instruction stream multiple data stream; single instruction stream multiple data stream; single instruction stream single data stream

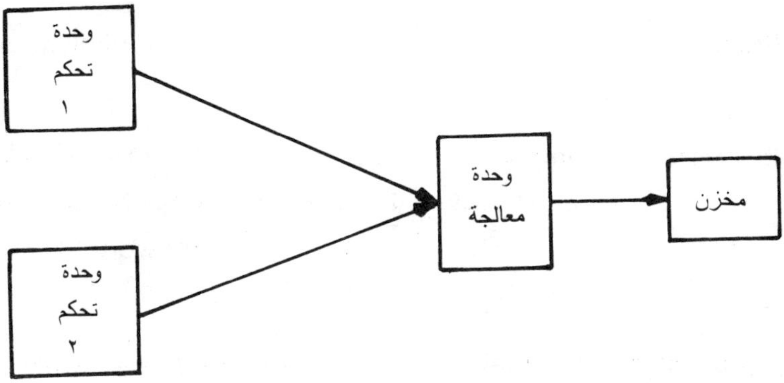

multiple punching . . . . **تثقيب متعدد**

تثقيب البطاقة باكثر من ثقب في العمود الواحد

multiplexer = multiplexor

multiplexing . . . . **اتصال متعدد**

نقل رسالتين او اكثر بواسطة قناة اتصال واحدة وفي نفس الوقت

multiplexor . . . . **وحدة الاتصال المتعدد**

آلة تستخدم لنقل اكثر من رسالتين عن طريق قناة واحدة وفي نفس الوقت

multiplexor channel . . . . **قناة الاتصال المتعدد**

قناة الداخل والخارج I/O من نوع خاص يمكنها نقل البيانات بين جهاز الكمبيوتر وعدة اجهزة اخرى في نفس الوقت

multiplicand . . . . multiplication □

multiplication . . . . **عملية الضرب الحسابية**

مثلا في ٥ × ٣ = ١٥ ، رقم ٥ هو الرقم المضروب multiplier ورقم ٣ هو الرقم المضروب فيه multiplicand

multiplier . . . . multiplication □

multiprecision arithmetic . . . . **حسابات بالغة الدقة**

طريقة حسابية يتم فيها تمثيل كل رقم عن طريق كلمتين او اكثر من كلمات الكمبيوتر □ computer word

multiprocessing computer . . . . **جهاز كمبيوتر متعدد وحدات المعالجة**

اي جهاز كمبيوتر توجد فيه اكثر من وحدة معالجة مركزية

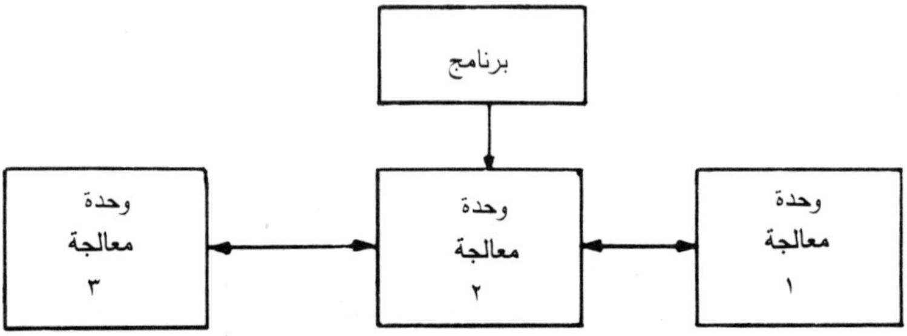

جهاز كمبيوتر متعدد المُعالجة

multipass sort . . . . **فرز متعدد**

فرز يستخدم فيه ذاكرة خارجية لتخزين مجموعات وسطية من البيانات المصنفة عندما تكون المجموعة كلها كبيرة الحجم بحيث لا يمكن تخزينها على الذاكرة الرئيسية . نفس external sort

خاصية التشغيل المتعدد البرامج .... **multiprogramming**

نظام تشغيل جهاز الكمبيوتر الذي يعتمد على تنفيذ اكثر من برنامج في نفس الوقت ، ويوجد كل برنامج في قسم من الذاكرة وبالتالي فان الذاكرة مقسمة الى مجموعة من هذه الاقسام . عدد وحجم هذه الاقسام يختلف لزيادة كفاءة معالجة البيانات . عكس خاصية تنفيذ البرنامج الواحد monoprogramming

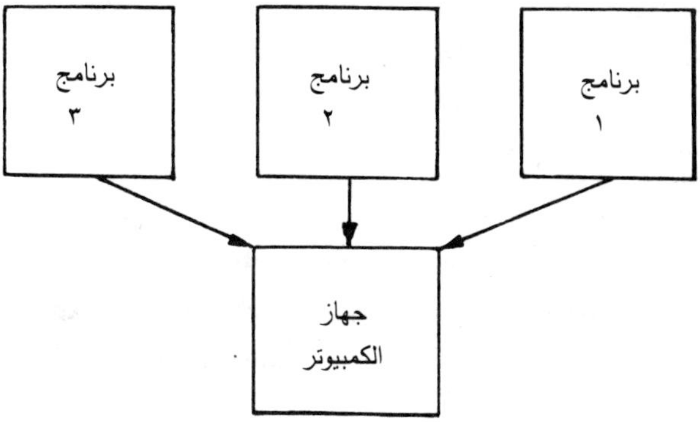

برمجة متعددة

برمجة عديدة لمهمات عديدة .... **multiprogramming with a variable number of tasks = MVT**

برنامج تحكم تم وضعه بواسطة شركة آي بي أم IBM يقوم بالاشراف على معالجة وتحديد مواقع البرامج الاخرى على الذاكرة المركزية

ملف بيانات مسجل على اكثر من شريط .... **multi-reel file**

تعدد محطات التشغيل .... **multistation**

اكثر من مستخدم .... **multi-user**

اجهزة كمبيوتر كبيرة من الممكن لاكثر من شخص استخدامها في نفس الوقت . يتعامل جهاز الكمبيوتر مع مستخدميه حسب الاولوية او بالتسلسل ، الا ان السرعة التي يتناول بها الاوامر فائقة لدرجة انه يبدو وكأن كل شخص له وحدة معالجة خاصة به

multivibrator . . . . **جهاز ذبذبات متعددة**

Murray code . . . . **شفرة موري**

شفرة شركة التلغرافات وسترن يونيون

MUX = multiplexor

μW = microwatt

Mylar . . . . **مايلر**

إسم يطلق على فيلم بوليستر من انتاج شركة ديوبوونت Du Pont . يستخدم هذا الفيلم في صناعة الاشرطة والاقراص المغناطيسية بتغطيتها بطبقة رقيقة من مادة مغناطيسية مثل اوكسيد الحديد

N

أن . . . . N (n)

رمز يطلق على متغير قيمته مجهولة

الاسم . . . . name

الاسم الذي يطلق على البرامج او وحدات التحكم او مواقع البيانات على الذاكرة وعادة يكون هذا الاسم حرفًا او رقمًا او رمزًا

صمّام «لا – و» . . . . NAND = NOT-AND

صمام كهربائي يقوم بعملية منطقية (تحليلية) ويكون الخارج منها صحيحا (واحدا) ان كان كل او اي من العاملين الداخلين اليه غير صحيحين (صفر). عكس AND

الداخل	أ	صفر	صفر	واحد	واحد
	ب	صفر	واحد	صفر	واحد
الخارج	ت	واحد	واحد	واحد	صفر

عمل صمام «لا–و»

الداخل	أ	صحيح	صحيح	خطأ	خطأ
	ب	صحيح	خطأ	صحيح	خطأ
الخارج	ت	خطأ	صحيح	صحيح	صحيح

الجدول الصحيح (الصدق) لصمام «لا–و»

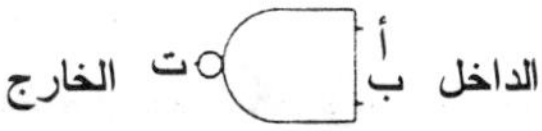

صمام «لا–و»

nano .... نانو

بادئة معناها جزء من بليون (١٠^-٩)

nanometer = NM

nanosecond = NS

narrative .... تعليق

جملة تكتب في البرنامج بهدف التوضيح او الشرح ولكنها ليست امرًا

narrow band .... ذبذبات ذات نطاق ضيق

National Bureau of Standards = NBS .... المكتب الوطني للمقاسات

National Cash Register Co. = NCR .... شركة ناشنال كاش ريجستر

مركزها الرئيسي في ولاية اوهايو، الولايات المتحدة الامريكية

National Electronic Autocoding .... لغة البرمجة نيت ٣
Technique 3=NEAT 3

لغة من لغات كتابة برامج الكمبيوتر الرمزية قامت بابتكارها شركة أن . سي . آر .
وتناسب اجهزتها

native compiler .... مترجم محلي

برنامج مترجم يعطي شفرة من الممكن استخدامها مع معالجات محددة فقط او
معالجات من انتاج شركة واحدة

native language .... لغة محلية

لغة من لغات الكمبيوتر تستخدم فقط مع جهاز كمبيوتر من موديل معين او
مجموعة اجهزة من انتاج شركة واحدة . مثلا لغة GCOS هي لغة محلية

تستخدم مع جهاز من انتاج شركة هوني ويل Honeywell رقم ٦٠

natural language . . . . لغة طبيعية
اللغات التي يستخدمها البشر مثل اللغتين العربية والانكليزية

Naval Electronics Laboratory International . . . . نيلياك
Algorithmic Compiler = NELIAC
لغة من اللغات الراقية تستخدم في حل المشاكل العلمية

NBS = National Bureau of Standards

NC = numerical control

[1]NCC = National Computer Conference . . . . . . المؤتمر الوطني للكمبيوتر

[2]NCC = National Computing Center . . . . المركز الوطني للكمبيوتر
(مانشستر بريطانيا)

N-channel MOS . . . . شبه موصل من النوع أن
شبه موصل semiconductor احادي القطب تكون فيه قناة التوصيل
مصنعة من معدن السليكون من نوع أن N وسرعتها اكبر من النوع
بي P الا انها ذات كثافة اقل

NDR = non-destructive read

NE = not equal to . . . . relational operator ☐

NEAT 3=National Electronic Autocoding Technique 3

NEG = negative . . . . سالب

negate . . . . ينفي

كلمة للتعبير عن اصطلاح النفي NOT الذي يستخدم في كتابة البرامج

NOT □

negation. . . . . نفي

(١) تغيير قيم الارقام من قيم سالبة الى قيم موجبة او من قيم موجبة الى قيم سالبة ؛ (٢) في الارقام الثنائية : تغيير محتوى كل الخانات التي بها صفر الى واحد والخانات التي بها واحد الى صفر ؛ (٣) لا NOT

negative acknowledgment . . . . اعتراف سالب

جملة تظهر عند نقل البيانات بين محطتين يرسلها مستقبل الرسالة الى مرسل الرسالة للدلالة على ان هناك خطأ تم اكتشافه في الرسالة ولطلب اعادة ارسال الرسالة من جديد

negative first variable . . . . المتغير الاول سالب

عملية منطقية (تحليلية) نتائجها صحيحة (واحد) ان كان العامل الداخل اولا غير صحيح (صفر) ونتائجها خاطئة (صفر) ان كان العامل الداخل اولا صحيح (واحد)

negative recording. . . . . التسجيل السلبي

تمثيل حالة البيان (الصفر او الواحد) في الذاكرة عن طريق تمرير التيار الكهربائي على دوائر الذاكرة في اتجاه عقرب الساعة (لتسجيل الواحد) وتسمى هذه الطريقة التسجيل الايجابي positive recording او بعكس اتجاه عقرب الساعة (لتسجيل الصفر) وتسمى التسجيل السلبي

negative second variable . . . . المتغير الثاني سالب

عملية منطقية (تحليلية) يعتبر الخارج منها صحيحا (واحدا) ان كان

العامل الثاني الداخل اليها غير صحيح (صفر) ويعتبر الخارج خطأ ان كان العامل الثاني الداخل صحيحا (واحدا)

negative true logic .... **منطق عكس الصحيح**

نظام (دوائر) منطقي (تحليلي) يمثل فيه الفولت العالي برقم صفر والفولت المنخفض برقم واحد . هذا عكس التمثيل المنطقي العادي المتعارف عليه والذي يتم فيه تمثيل الفولت العالي برقم واحد والفولت المنخفض برقم صفر

neither-nor-operation .... NOR □

NELIAC = Naval Electronics Laboratory International Algorithmic Compiler

nesting .... **تعشيش (تداخل)**

(١) ادخال (دمج) برنامج يعتبر مستقلا بذاته داخل برنامج اكبر ولكن من نفس النوع . مثلا الروتين الثانوي يمكن الحاقه ببرنامج او بمجموعة من التعليمات المستقلة التي تغذى لجهاز الكمبيوتر والمسماة الروتين

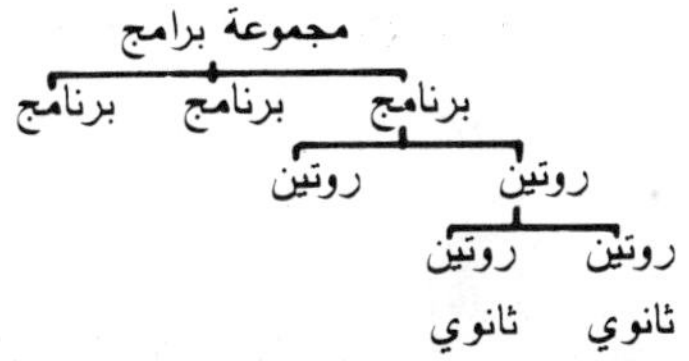

(٢) عملية تكرار مجموعة من الاوامر داخل تكرار مجموعة اخرى من الاوامر □ loop

nesting store .... **مخزن تعشيش**

اداة تخزين تحتوي على عدد من المواقع يستقبل احدها البيانات من الادوات المساعدة او يرسلها الى تلك الادوات بشرط نقل البيانات بعد ذلك الى موقع اخر وهكذا تتحرك البيانات من موقع الى اخر

التكرار المعشش . . . . **nest loop**

سلسلة من التعليمات التي يعاد معالجتها والتي هي داخل سلسلة اخرى من التعليمات ☐ loop

الشبكة . . . . **network**

(١) شبكة البيانات : ترتيب مجموعة من الخطوط والمعدات واساليب التحكم التي تمثل مع بعضها خدمات الاتصال لمنطقة جغرافية معينة ؛ (٢) ترتيب لوحدات موزعة ولكن يوجد بينها علاقة ما وتحت تحكم معين . مثلا : شبكة التلفونات ؛ (٣) شبكة : ترتيب البيانات بطريقة تسمح بالوصول اليها عن طريق العديد من الممرات paths ؛ (٤) اصطلاح يستخدم احيانا لوصف دوائر كهربائية او اليكترونية معقدة ؛ (٥) اصطلاح يطلق على اجزاء متماثلة في دائرة كهربائية

عنوان الشبكة . . . . **network address**

مجموعة رموز تشير الى محطة بيانات في شبكة البيانات

تحليل الشبكة . . . . **network analysis**

استخدام نماذج (موديلات) رياضية لدراسة دوائر كهربائية

باص الشبكة . . . . **network, bus**

تستخدم شبكة المنطقة المحلية اسلاكا وكابلات للتوصيل بين المحطات المختلفة المستخدمة فيها . قد توصل كل الاجهزة في محطة واحدة باسلاك صغيرة والمحطة بذاتها توصل بالكابل عن طريق نقطة التفريع او نقطة التحكم والتي تقوم كذلك بمراقبة حركة البيانات في الشبكة . تمر الاشارات من امام المحطة ويمكنها ان تتفرع في اتجاهين . من مميزات باصات الشبكات انه اذا تعطلت محطة في الشبكة فان ذلك لن يسبب عطل جميع اجزاء الشبكة . كذلك من السهل اضافة محطات جديدة على الشبكة . اسم الباص المستخدم في الشبكات هو ايثيرنيت Ethernet

باص الشبكة

توصيل البيانات بالشبكات .... **network, data communications**

خدمة لتوزيع البيانات الى المناطق المختلفة . يتم ضغط البيانات (تصغيرها) وترسل في صورة مجرى مستمر من نقطة الى اخرى . عند وصول هذه البيانات لمحطتها النهائية ، يتم توجيهها للطرفية المرسلة اليه

شبكة المنطقة المحلية .... **network, local area = LAN**

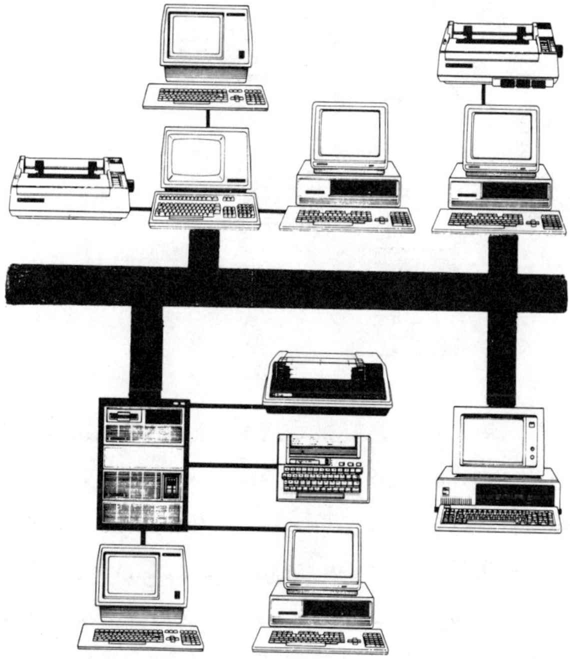

شبكة المنطقة المحلية

طريقة لترتيب وعمل مجموعة من اجهزة الكمبيوتر والطرفية في منطقة واحدة بان تشترك كلها في استخدام مصادر البيانات او البرامج او ان تشترك في استخدام جهاز واحد . تقلل هذه الطريقة من التكاليف بتقسيم ثمن المعدات والمصادر المشتركة على المستخدمين لها . وهي ايضا تقلل من تكرار نفس العمليات . هناك العديد من الشبكات او طرق التوصيل بين الاجهزة المختلفة

network bus; □ network ring; network star

الشبكة الحلقية . . . . **network, ring**

طريقة لتوصيل شبكة المنطقة المحلية ، تمر فيها الاشارات خلال نقطة التقاء node التي توصل الاجهزة والطرفيات في المنطقة الواحدة وليس من امامها كما هو الحال في باص الشبكة . توصل كل محطة بالكابل عن طريق نقطة تحكم والتي تراجع الرسائل في الشبكة . ان كانت الرسالة موجهة للمحطة ، ستحتفظ بها نقطة التحكم وتعدهاللمعالجة، وان كانت الرسالة لمحطة اخرى ، سترسلها نقطة التحكم الى المحطة التالية . عطل احدى المحطات سيعطل كل الشبكة

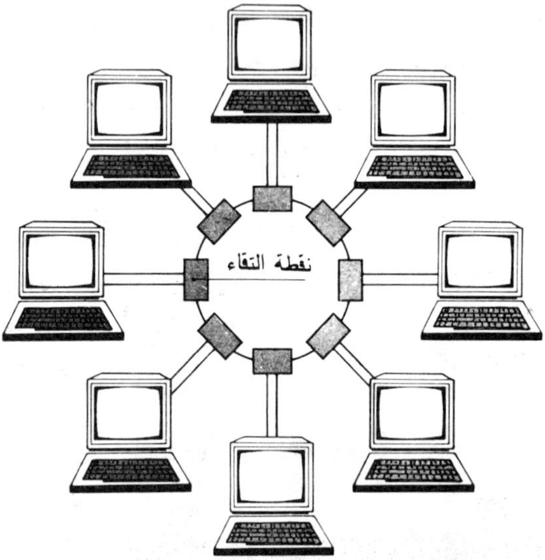

الشبكة الحلقية

الشبكة النجمة . . . . **network, star**

طريقة لتوصيل شبكة المنطقة المحلية ، كل محطة تتفرع من نقطة التقاء مركزية . تمر الرسالة من محطة الارسال الى محطة الاستقبال بعد ان تمر خلال نقطة التحكم . من مميزات هذه الطريقة ان الوصلات من نوع بابكس PABX والمتواجدة في المكاتب هي موصلة ومرتبة على شكل نجمة وبالتالي من الممكن استخدامها ولن يكون هناك حاجة لوضع شبكة مستقلة . الا ان من عيوبها ان حدوث عطل في نقطة التحكم يعني توقف الشبكة عن العمل

الشبكة النجمة

طريقة نيوتن – رافسون .... **Newton-Raphson**

طريقة للحل باسلوب التكرار. اي تكرار الفرض من جديد الى ان يتم الوصول للحل الصحيح

مسجل العنوان التالي .... **next instruction register = NIR**

(١) مسجل العنوان الذي يتممعالجته ؛ (٢) مسجل العنوان التالي والذي يجب تنفيذه

نبل .... **nibble**

وحدة لقياس المعلومات او البيانات وهي تساوي ٤ خانات (بت) او نصف بايت □ bit; byte

متمم التسعة .... **nines complement**

رقم يستخدم لتمثيل الجزء السالب من القيمة المعطاة . يتم الحصول على ذلك الرقم بطرح القيمة المعطاة من رقم جميع خاناته تحتوي على رقم ٩ .

مثلا رقم ٥٣٢ هو متمم التسعة لرقم ٤٦٧

ninety column card . . . . بطاقة ذات تسعين عمودًا

بطاقات كانت تستخدم مع جهاز يونيفاك وهي تحتوي على ٩٠ عمود

ninety-six column card . . . . بطاقة ذات ستة وتسعين عمودًا

بطاقات تستخدم مع بعض الاجهزة الخاصة وهي تحتوي على ١٨ صفا و٩٦
عمودا مما يسمح بتثقيب ثلاثة رموز في نفس العمود

NM = nm = nanometer . . . . نانومتر

جزء من البليون من المتر

NMOS = N-channel MOS

no-address instruction . . . . أمر بلا عنوان

امر يختص بعملية من الممكن تنفيذها بدون الرجوع الى موقع على الذاكرة

node . . . . تفريعة ، عقدة

عند تركيب شبكة اتصالات الكمبيوتر يتم توجيه خطوط نقل البيانات بنظام
التفريع بمعنى ان النقل يصل من نقطة الى اخرى node ثم يتفرع الى نقطة
ثالثة وهكذا

noise . . . . ضوضاء

تماما كما ان الضوضاء هي صورة من صور الازعاج ، فان الضوضاء في
الكمبيوتر والتي تتمثل في تغير في الفولت او التيار او الذبذبات تسبب
مشاكلا عديدة منها ان يتم تنفيذ البرنامج بطريقة خاطئة او التوقف الكلي عن
التنفيذ

nonconjunction = NAND

nondestructive read = NDR . . . . قراءة غير ماسحة

طريقة قراءة من الذاكرة تترك البيانات بعد قرائتها في حالة يمكن قرائتها مرة ثانية بدون اي مشكلة . مثال ذلك ذاكرات شبه الموصلات semiconductor وهذا النوع هو عكس الذاكرات الحلقية core والتي تمسح البيانات بعد قرائتها بعكس القراءة الماسحة destructive read

nondisjunction = NOR

nonequivalence = exclusive OR

nonerasable storage . . . . مخزن لا يمكن مسح محتواه

مخزن للبيانات (ذاكرة) تكون فيه البيانات مسجلة بصورة دائمة ولا يمكن مسحها او تغييرها اثناء قرائتها . مثال ذلك البطاقات المثقبة والاشرطة الورقية المثقبة او ذاكرات القراءة فقط ROM

nonidentity . . . . غير محدد الهوية

عملية منطقية (تحليلية) يقوم بها جهاز الكمبيوتر للمقارنة بين متغيرين بحيث ان الخارج منها صحيح (واحد) ان كان كلا العاملين الداخلين اليها مختلفين ... اي احدهما صحيح (واحد) والاخر غير صحيح (صفر)، ويكون الخارج غير صحيح (صفر)، ان كان كلا العاملين الداخلين اليها صحيحين (واحد) او كلاهما غير صحيح (صفر)

الداخل	أ	واحد	صفر	واحد	صفر
	ب	صفر	واحد	واحد	صفر
الخارج	ت	واحد	واحد	صفر	صفر

nonimpact printer . . . . الطابعة الغير ضاغطة

آلة الطباعة التي تستخدم أي اسلوب اخر غير اسلوب الضغط الميكانيكي على

احرف الطباعة فوق شريط الكربون حتى يتم طباعة الحرف على الورق . عكس impact printer . وهذا النوع من الطابعات غالبًا يعتمد على استخدام الوسائل الكيماوية او الاليكتروستاتيكية في عملية الطباعة

غير خطية . . . . nonlinear

(١) بالنسبة للدوائر الكهربائية ، يكون الخارج منها غير متناسب مع الداخل ؛

(٢) بالنسبة لعلم الرياضيات ، عملية لا يمكن لنتائجها ان توضع على شكل خط مستقيم

البرمجة الغير خطية . . . . nonlinear programming

انتاج برامج مصممة لتقدير الحد الاقصى والحد الادنى لمعادلات ممثلة باصطلاحات غير خطية

الرمز الغير رقمي . . . . nonnumber character

أي رمز مسموح به ويستخدم مع الكمبيوتر ما عدا الارقام

ليس رقماً . . . . nonnumeric

متغير ليس رقما ولا يحتوي على رقم

معالجة البيانات الغير رقمية . . . . nonnumerical data processing

تم تجهيز وتطوير لغات خاصة بمعاملة الرموز واستخدمت اساسا كوسيلة بحث وليس لانتاج البرامج . اثبتت هذه اللغات اهميتها في تطوير برامج الترجمة compiler وفي تمثيل المشاكل الانسانية لحلها . كذلك فان مثل هذه اللغات استخدمت في مجالات الاثباتات الرياضية وفي مطابقة الاشكال وفي فحص وتجربة لغات البرامج الجديدة

خطأ لا يمكن اصلاحه . . . . nonrecoverable error

(١) الخطأ الذي يسبب فقد للبيانات او لجزء منها . مثل الخطأ الذي يسبب

الكتابة على قرص مغناطيسي مكتوب عليه من قبل ؛ (٢) خطأ صلب: خطأ
(في القراءة من الذاكرة المساعدة) والذي لا يمكن تصحيحه اوتوماتيكيا (اليا)

غير مقيم .... **nonresidence**
برنامج مخزن في موقع غير الذاكرة الرئيسية

بطيء · عديم الاستجابة .... **nonresponsive**
صفة تطلق على نظام الكمبيوتر الذي يتصف بانه بطيء في الاستجابة على طلبات التشغيل او منعدم الاستجابة . عكس responsive

nonreturn-to-reference = nonreturn-to-zero

نظام عدم العودة الى الصفر .... **nonreturn-to-zero = NRZ**
طريقة لنقل البيانات بحيث ان الدائرة الكهربائية تنقل البيانات كلما كانت قادرة على ذلك كما ان الفولت في احد القطبين يمثل خانة الواحد والفولت في القطب الاخر يمثل خانة الصفر. بناء على ذلك فان الاشارة السالبة تمثل خانة الواحد والاشارة الموجبة تمثل خانة الصفر. انها الطريقة العادية لنقل البيانات بين جهاز الكمبيوتر واي جهاز خارجي ، وهذه الطريقة تستخدم ايضا في التسجيل على الاسطح المغناطيسية

نظام عدم العودة الى الصفر المعكوس .... **nonreturn-to-zero inverted = NRZI**
طريقة للتسجيل على الاسطح المغناطيسية يتم فيها عكس اتجاه التيار في الملف الموجود في رأس القراءة والكتابة لكي يكتب الخانات التي تحتوي على رقم الواحد ويترك التيار بدون عكس اتجاهه عند كتابة خانة الصفر

جهاز كمبيوتر غير متسلسل .... **nonsequential computer**
جهاز كمبيوتر يتطلب توجيهه لموقع كل تعليمة من التعليمات المعطاة اليه

nonvolatile memory . . . . **ذاكرات غير متطايرة**

ذاكرة يمكنها الاحتفاظ بما تحتويه عند انقطاع التيار الكهربائي عنها . كذلك من الممكن اطلاق هذا الاسم على الذاكرات المتطايرة المزودة ببطاريات يتم التوصيل بها اوتوماتيكيا عند انقطاع التيار الكهربائي عنها

nonvolatile storage = nonvolatile memory

no-op = nop = no-operation . . . . **أمر واهي**

تعليمات مكتوبة لجهاز الكمبيوتر ولكن لا تأثير لها على الخطوات التي يقوم بها الجهاز عند تنفيذه للبرنامج . عادة تستخدم لتوفير فراغ في البرنامج للاضافة في المستقبل

no-operation = no-op

nop = no-op

NOR = NOT-OR . . . . **صمّام «أو ـ لا»**

دائرة كهربائية تقوم بعملية منطقية (تحليلية) للمقارنة بين متغيرين ويكون الخارج منها صحيحا (واحدًا) ان كان كل الداخل اليها غير صحيح (صفر) ، والخارج منها غير صحيح (صفر) ان كان اي من الداخل اليها صحيحًا (واحدًا)

صمام «او ـ لا» الداخل

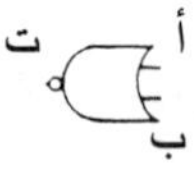

الخارج

الداخل أ	صفر	صفر	واحد	واحد
ب	صفر	واحد	صفر	واحد
الخارج ت	واحد	صفر	صفر	صفر

جدول صمام (بوابة) «او ـ لا»

الداخل أ	صحيح	صحيح	خطأ	خطأ
ب	صحيح	خطأ	صحيح	خطأ
الخارج ت	خطأ	خطأ	خطأ	صحيح

لجدول الصحيح لعمل «او ـ لا»

التوزيع الطبيعي .... **normal distribution**
التوزيع الطبيعي لمجموعة من العينات العشوائية . يعتبر التوزيع طبيعيا ان كانت ٦٧٪ من العينات تقع في حدود درجة انحراف واحدة عن القيمة المركزية و٩٥٪ تقع في حدود درجتي انحراف عن القيمة المركزية و٩٩،٧٪ تقع في حدود ثلاث درجات انحراف عن القيمة المركزية

«لا» .... **NOT**
(١) جملة تستخدم في برامج الكمبيوتر وهي تمثل دائرة كهربائية
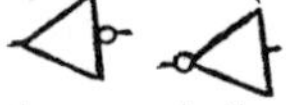
تقوم بعملية منطقية (تحليلية) للمقارنة بين متغيرين بحيث ان الخارج منها صحيح (واحد) ان كان الداخل اليها غير صحيح (صفر) او الخارج منها غير صحيح (صفر) ان كان الداخل اليها صحيحا (واحد)، كذلك ان كانت العبارة X صحيحة فان العبارة NOTX غير صحيحة ، وان كانت العبارة X غير صحيحة فان العبارة NOTX صحيحة ؛
(٢) عملية منطقية (تحليلية) احادية ، نتائجها صحيحة (واحد) ان كان الداخل (عامل واحد) غير صحيح (صفر) ونتائجها غير صحيحة (صفر) ان كان الداخل (عامل واحد) صحيح (واحد)

NOT-AND = NAND

مرشح على شكل ثلمة .... **notch filter**
مرشح كهربائي مصمم لاضعاف (توهين) نطاق الذبذبات الضيق ، وذلك لاعطاء الفرصة لمثل هذه الذبذبات لكي تستخدم في عمليات التحكم (كما هو الحال في الاجزاء المستخدمة في جهاز التليفون)

☐ relational operator .... **not equal to (NE)**

NOT-OR = NOR

أن . بي . أن .... **NPN**
ترانزستور ذو قطبين يكون فيه الباعث emitter والمجمع collector مصنعين من معدن السليكون من نوع ان N والقاعدة base مصنوعة من معدن السليكون من نوع بي P

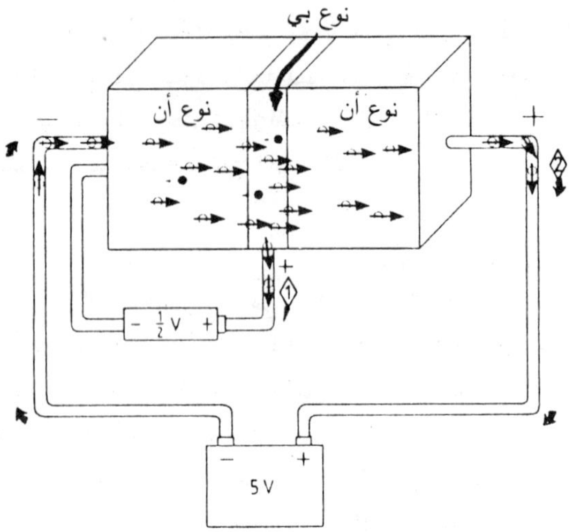

صمام ثنائي من نوع أن ـ بي ـ أن

NRZ = nonreturn-to-zero

NRZI = nonreturn-to-zero inverted

NS = ns = nanosecond . . . . نانو الثانية

جزء من البليون من الثانية ١٠^-٩ . هناك اجهزة كمبيوتر يمكنها اجراء عمليات حسابية او تحليلية في اقل من هذا الوقت وبالتالي فان مثل هذه الاجهزة يمكنها اجراء عدد من العمليات الحسابية او المنطقية يتعدى البليون عملية في الثانية

nucleus . . . . النواة

(١) الجزء الذي تعتمد عليه الاجزاء الاخرى ؛ (٢) جزء من البرنامج الذي يجب ان يتواجد في الذاكرة الداخلية

null . . . . فارغ

اصطلاح يدل على غياب الاشارات او القيم من موقع معين على الذاكرة

null instruction .... **أمر فارغ**

امر في برنامج ليس له اهمية خلال معالجة البرنامج ، ولكنه قد يؤدي مهمات ترجع الى تركيب البرنامج نفسه مثل تقسيم البرنامج الى اقسام عديدة او حجز موقع معين على الذاكرة لتخزين امر اخر فيه عند الحاجة

number .... **الرقم**

رمز او مجموعة من الرموز تمثل قيمة لمتغير معين

number base .... **الاساس**

في النظام العشري يساوي ١٠ وفي النظام الثنائي يساوي ٢

number crunching .... **طحن الارقام**

امكانية جهاز الكمبيوتر او البرنامج في التعامل مع عدد كبير من البيانات والقيام بالكثير من العمليات الحسابية من طرح وضرب وقسمة وما شابه ذلك في مدة محددة

number system, base .... **اسس نظم الترقيم**

تختلف نظم الترقيم حسب اسسها . يوضع الاساس تحت الرقم . مثلا 10010_2, $5E_{16}$, 1985_{10} . مقارنة بين بعض انظمة البرقيم :

النظام العشري	النظام الثنائي	النظام الثماني	نظام الستة عشر
1	0001	1	1
2	0010	2	2
3	0011	3	3
4	0100	4	4
5	0101	5	5
6	0110	6	6
7	0111	7	7
8	1000	10	8
9	1001	11	9
10	1010	12	A
11	1011	13	B
12	1100	14	C
13	1101	15	D
14	1110	16	E
15	1111	17	F
16	10000	20	10

رمز رقمي .... **numeral**

رمز يستخدم للتعبير عن رقم معين ، فقد يكون هذا الرمز احرفا او ارقاما او اشياء اخرى متعارف عليها مثلا في حالة التعبير عن رقم ٥ فقد يكون خمسة او ٥ او V او ١٠١ ، حيث ان الاولى بالاحرف الابجدية والثانية بالارقام العشرية والثالثة بالاحرف اللاتينية والرابعة بطريقة الترقيم الثنائي

☐ binary

نظام الترقيم .... **numeral system**

يمكن استخدام عدة انظمة ترقيم منها النظام العشري والنظام الثنائي والنظام الثماني ☐ binary; decimal; hexadecimal

البسط في عملية القسمة .... **numerator**

التحليل العددي .... **numerical analysis**

فرع من علم الرياضيات متخصص في دراسة الطرق التي يمكن استخدامها للحصول على حل لمسائل حسابية وكذلك للاخطاء المتوقعة في مثل هذه الحلول

وحدة التحكم الرقمية .... **numerical control = NC**

التحكم في الماكينات المستخدمة في التصنيع (مثال ذلك قطع الحديد واللحام) بطريقة اوتوماتيكية بتزويد هذه الماكينات بشفرة تتكون من ارقام معينة . تعطى مثل هذه التعليمات لجهاز الكمبيوتر الذي يتحكم بهذه الماكينات على شكل برامج كمبيوتر لتقوم وحدة التحكم الرقمية بقراءة البرامج وترجمة البيانات الداخلة الى تحكم في حركة الالة

الشريط العددي .... **numerical tape**

ورق مثقب او شريط من البلاستيك يستخدم في وحدة التحكم الرقمية لادخال الاوامر في الالات التي يمكن ضبط عملها بجهاز كمبيوتر كالمخارط الالية

numeric data . . . . بيانات رقمية

البيانات التي تتكون من ارقام فقط وقد تحتوي على اشارة السالب او الموجب

numeric processor chip . . . . الخلية السليكونية ذات المعالج الرقمي

معالج مصمم ليتعامل مع الحسابات الدقيقة جدا ولتقييم المعادلات العلمية

numeric punch . . . . التثقيب الرقمي

التثقيب في بطاقات التثقيب في اي صف من الصفوف التسعة الاولى

NV = nonvolatile

O

الاطاعة . . . . obey

عندما يستجيب جهاز الكمبيوتر للاوامر الصادرة اليه

شفرة الهدف . . . . object code

ما ينتج عن ترجمة البرنامج المكتوب باحدى اللغات الراقية بواسطة البرنامج المترجم compiler . هذه هي الشفرة التي يفهمها جهاز الكمبيوتر

جهاز الكمبيوتر الهدف (جهاز التنفيذ) . . . . object computer

جهاز الكمبيوتر المستخدم في تنفيذ التعليمات الناتجة من المترجم compiler

مجموعة البطاقات الهدف . . . . object deck

مجموعة من البطاقات المثقبة والتي تتضمن البرنامج الاصلي للغة الآلة

اللغة الهدف . . . . object language

ما ينتج عن عملية الترجمة التي يقوم بها البرنامج المترجم compiler .
كل من لغة الآلة واللغة الهدف هما تعبيران لنفس الشيء

البرمجة بلغة الهدف . . . . object language programming

البرمجة بلغة الآلة ويمكن معالجتها بواسطة اجهزة كمبيوتر خاصة

برنامج الهدف .... **object program**

(١) البرنامج المُترجم الى لغة الآلة ويمكن معالجته بجهاز الكمبيوتر مباشرة ؛

(٢) البرنامج المكتوب بلغة الهدف

وقت التنفيذ .... **object time = execution time**

الهدف .... **objective**

النهاية أو الهدف المراد الوصول اليه

[1]OCL = operation control language

[2]OCL = operator control language

OCP = order code processor

OCR = optical character recognition

ثُماني .... **octal**

نظام الترقيم الثماني (للاساس ٨). الارقام في هذا النظام من صفر الى سبعة كما هي في نظام الترقيم العشري (للاساس ١٠)، وهي تحتل الخانة الاولى ، اما الخانة الثانية فقيمتها ٨ والخانة الثالثة ٦٤ وهكذا

١	٨	٦٤	٥١٢	٤٠٩٦
الخانة الاولى	الخانة الثانية	الخانة الثالثة	الخانة الرابعة	الخانة الخامسة

مقارنة بين الارقام في كل من النظام العشري والثنائي والثماني

النظام العشري	النظام الثنائي	النظام الثماني
٠	٠٠٠٠	٠٠٠٠
١	٠٠٠١	٠٠٠١
٤	٠١٠٠	٠٠٠٤
٧	٠١١١	٠٠٠٧
٨	١٠٠٠	٠٠١٠
٩	١٠٠١	٠٠١١
١٤	١١١٠	٠٠١٦
٢٥	١١٠٠١	٠٠٣١
١٧٣	١٠١٠١١٠١	٠٢٥٥

لتحويل الرقم ١٧٣ من النظام العشري الى رقم في النظام الثماني ، نتبع التالي :

١٧٣/٨ = ٢١ + (٥)
٢١/٨ = ٢ + (٥)
٢/٨ = ٠ + (٢)

اذن الرقم في النظام الثماني هو ٢٥٥

ولتحويل الرقم من النظام الثنائي الى رقم في النظام الثماني تؤخذ كل ثلاثة ارقام على حدة وتحول لما تساويه . مثلا ١٠١ ١٠١ ١٠

٥ ٥ ٢

رقم ثماني .... **octal number**

رقم يتكون من خانة او اكثر ممثلة بنظام الترقيم الثماني (للاساس ٨). كل خانة تحتوي على رقم من الارقام الثمانية من صفر الى سبعة

النقطة الثمانية .... **octal point**

النقطة في الرقم المكتوب بالنظام الثماني والتي تفصل بين الجزء الصحيح والكسر. مثلا في الرقم ٤٣,١٥ هي الفاصلة التي تفصل بين الرقم ٣ والكسر ١

تحويل الرقم من النظام الثماني الى النظام العشري .... **octal to decimal conversion**

مثال لتحويل الرقم الثماني ٣٦٣٤

(١) اضرب الخانة ذات الاهمية الاكبر (٣) بثمانية ٣ × ٨ = ٢٤

(٢) اضف ثاني خانة في الاهمية (٦) لحاصل الضرب الناتج من الخطوة الاولى (٢٤) ٢٤ + ٦ = ٣٠

(٣) اضرب ناتج عملية الجمع في الخطوة الثانية (٣٠) بثمانية ٣٠ × ٨ = ٢٤٠

(٤) اضف الخانة التالية في الاهمية في الرقم الثماني (٣) لحاصل الضرب في الخطوة ٣ ، وهكذا الى ان تصل الى الخطوة التي تضيف فيها الرقم ذو الاهمية الاقل في الرقم الثماني الى حاصل الضرب

٢٤٠ + ٣ = ٢٤٣
٢٤٣ × ٨ = ١٩٤٤
١٩٤٤ + ٤ = ١٩٤٨

فيكون الرقم العشري ١٩٤٨ هو المساوي للرقم الثماني ٣٦٣٤

octet . . . . **ثمانية**

رمز يتكون من ثمان خانات . نفس معنى بايت

odd-parity check . . . . parity □

Oe = oersted

OEM = original equipment manufacturer

oersted = Oe . . . . **أورستيد**

وحدة قياس شدة المجال المغناطيسي

off . . . . **منفصل ، مقطوع (التيار الكهربائي)**

off bit . . . . **خانة فارغة**

اصطلاح يصف احيانا خانة الصفر المستخدمة كمؤشر او علم

off-line . . . . **خارج الخط (منفصل)**

الاشخاص الذين لا يعملون او الاجزاء من جهاز الكمبيوتر التي لا تعمل تحت تصرف وحدة المعالجة المركزية CPU ، مثل الاشرطة او البطاقات الورقية

off-line storage . . . . **مخزن خارج الخط (منفصل)**

اداة تخزين ليست تحت تصرف وحدة المعالجة المركزية CPU ، مثل البطاقات المثقبة

offset . . . . **الانحراف**

الفرق بين القيمة او الحالة المرغوب فيها لمتغير ما وبين القيمة الحقيقية لهذا المتغير

Okidata® . . . . **آوكي داتا**

علامة مسجلة لانتاج الطابعات المرفقة بالكمبيوتر

OLRT = on-line real time operation

on . . . . **موصل كهربائيا • متصل**

one-address . . . . **عنوان واحد**

جهاز كمبيوتر يوظف عنوانا واحدا في الامر المعطى له . او بمعنى اخر كل امر يصف بصورة واضحة عملية واحدة وعنوان لموقع تخزين واحد . مثلا في الامر add Y ، الحرف Y يمثل العنوان في هذا الامر

one-address instruction . . . . **أمر ذو عنوان واحد**

امر يتكون من عملية واحدة وعنوان واحد . مثلا في الامر add X ، فان ذلك يعني اضف ما يحتويه العنوان X لمحتوى المُجمع accumulator

one bit . . . . **خانة واحدة**

الوحدة الاساسية في الذاكرة الثنائية وعملية النقل □ zero bit

ones complement . . . . **المتمم للواحد**

رقم يستخدم لتمثيل القيم السالبة . يتم الحصول على المتمم للواحد لرقم ثنائي باستبدال كل رقم واحد برقم صفر وكل رقم صفر برقم واحد . مثال ذلك الرقم الثنائي ١٠٠٠١٠١٠١ ، فان الرقم المتمم للواحد لهذا الرقم هو ٠١١١٠١٠١٠

one-chip computer . . . . **جهاز كمبيوتر ذو خلية سليكونية واحدة**

جهاز كمبيوتر يتضمن كل من الاجزاء التالية المثبتة على خلية سليكونية واحدة :

(١) ذاكرة الوصول العشوائي RAM
(٢) ذاكرة القراءة فقط ROM
(٣) وحدة المعالجة المركزية CPU
(٤) وحدة الداخل والخارج I/O

ثابت واحد .... **one-constant**

عملية اخراج خانات بها رقم واحد بصفة مستمرة . العملية المنطقية نتائجها صحيحة (واحد) دائما بغض النظر ان كان الداخل صحيح (واحد) او غير صحيح (صفر)

بيانات ذات بعد واحد .... **one-dimensional array**

طريقة لترتيب البيانات ذات البعد الواحد . قد يكون هذا على شكل صف او عمود ☐ array

واحد مقابل واحد .... **one for one**

جملة تستخدم لوصف برنامج الترجمة compiler والذي يعطي امرًا واحدًا مكتوبًا بلغة الالة لكل جملة مكتوبة باحدى اللغات الراقية (برنامج المصدر)

عنوان ذو مستوى واحد .... **one-level address**

نفس عنوان مباشر

عنونة ذات مستوى واحد .... **one-level addressing**

(١) عنونة موقع تخزين لبيانات ذات بعد واحد ؛ (٢) العنونة المباشرة : العنونة التي لا تحتاج مرجع او جدول لتحديد موقعها على الذاكرة

مخزن ذو مستوى واحد .... **one-level storage**

(١) الذاكرة التي يمكن الوصول اليها بدون الحاجة الى تحديد موقعها ، وهي الذاكرات التي يُحدد موقعها بواسطة نظام التشغيل operating system ؛
(٢) الذاكرة المساعدة للذاكرة الرئيسية والتي يمكن الوصول اليها بأمر واحد

شفرة واحدة من عشرة . . . . one-out-of-ten code
طريقة لتمثيل كل خانة عشرية بعشرة خانات ثنائية ولكن احدى هذه الخانات بها رقم الواحد فقط

على الخط (متصل) . . . . on-line
اصطلاح يطلق على المعدات او الاجهزة او الاشخاص الذين لهم اتصال مباشر ويخضعون بشكل دائم لوحدة المعالجة المركزية CPU

ملف على الخط (متصل) . . . . on-line file
ملف موجود في اداة تخزين تعمل تحت تصرف وحدة المعالجة المركزية CPU ويمكن الوصول الى البيانات المخزنة فيها مباشرة

محلل مشاكل على الخط (متصل) . . . . on-line problem solving
وصف احدى الطرق المستخدمة لتشغيل جهاز الكمبيوتر وفيها يمكن لمجموعة من الاشخاص ان يستخدموا عددا من اجهزة الطرفيات المتصلة هاتفيا بجهاز الكمبيوتر الرئيسي ، وفي مثل هذه الحالة يدير مستخدم الطرفية حوارا بينه وبين البرنامج المخزن في وحدة المعالجة المركزية CPU الموجودة في جهاز الكمبيوتر الرئيسي

معالجة فورية (متصلة) . . . . on-line processing
عملية معالجة للبيانات تتضمن الادخال المباشر للبيانات لجهاز الكمبيوتر او النقل المباشر لنتائج التحليل

العمل الفوري . . . . on-line real time operation = OLRT
عمل جهاز الكمبيوتر بطريقة يتم فيها تنفيذ الاوامر الصادرة اليه في نفس وقت استلامه لها وبدون تأخير وبنفس الترتيب

مخزن على الخط (متصل) . . . . on-line storage
اداة التخزين الخاضعة لتصرف وحدة المعالجة المركزية CPU من خلال قنوات الادخال والاخراج I/O والتي يمكن القراءة منها او الكتابة عليها بدون تدخل القائم على تشغيل جهاز الكمبيوتر

op = operation

op-code = operation code

open . . . . مفتوح

(١) بالنسبة لملف : تحديد موقعه على الذاكرة المساعدة وقراءة اسمه من على الطابع label الذي يحدد اسمه وذلك للتأكد من انه الملف المطلوب ؛

(٢) بالنسبة لدائرة كهربائية : انقطاع في الدائرة يمنع تدفق التيار الكهربائي فيها

open box . . . . الصندوق المفتوح

اصطلاح يطلق احيانا على البرامج للدلالة على ان مستخدمها يفهم تركيبها واسلوب عملها

open circuit . . . . دائرة مفتوحة

دائرة لا يمر بها التيار الكهربائي نتيجة انقطاع في احد اجزائها

open ended . . . . مفتوح النهاية

صفة تطلق على البرنامج او على نظام الكمبيوتر الذي يمكن التوسع فيه بالاضافة عليه

open shop . . . . المركز المفتوح

نظام ادارة مركز الكمبيوتر بشكل يسمح للشخص العادي ذو الخبرة المحدودة القيام بتشغيله وكتابة وتطوير واختبار البرامج بدون مساعدة او اشراف الاختصاصيين بذلك

open subroutine . . . . روتين ثانوي مفتوح

الروتين الثانوي الذي يمكن دمجه مع التعليمات المعطاة لجهاز الكمبيوتر في اي موقع تتطلب الحاجة تواجده فيها . عكس closed subroutine

operand . . . . **المعامل ٠ طرف العملية**

(١) الجزء من البيانات او المعلومات التي تم معالجتها. تعرف مثل هذه البيانات بعنوان يحدد في الامر المعطى للجهاز. مثلا عند وضع الجملة : اضف عبارة رقم ١٠ الى عبارة رقم ١٠٠ فان كل من ١٠ و١٠٠ يمثلان العنوانين لهذين الجزئين من البيانات . كذلك في المعادلة س + ص = ت ، كل من س وص يمثلان الجزء من البيانات المجرى عليها الحساب operand وعلامة الجمع (+) تمثل العامل operator وت تمثل النتيجة ؛ (٢) وحدة البيانات او موقع على الذاكرة تم اجراء العملية الحسابية او التحليلية عليه

operating ratio . . . . availability ☐

operating system . . . . **نظام التشغيل الاساسي**

(١) مجموعة من البرامج المنظمة والتي تتحكم بتشغيل جهاز الكمبيوتر لتضمن تشغيلا سليما وبدون مشاكل . مثل هذه البرامج تنظم مرور البيانات لجهاز الكمبيوتر وتتحكم بمنع جهاز الكمبيوتر من القيام بالكثير من العمليات في نفس الوقت وذلك بأن تضمن بقاء بعض الفراغات على الذاكرة لتخزين نتائج البرامج التي يقوم جهاز الكمبيوتر بمعالجتها ؛ (٢) الحلقة التي تصل بين البرامج التطبيقية والاجزاء المختلفة لجهاز الكمبيوتر ويجب تزويد الجهاز بهذه البرامج قبل ان يزود بالبرامج التطبيقية . من برامج التشغيل الشائعة مايسمى سي بي/أم CP/M

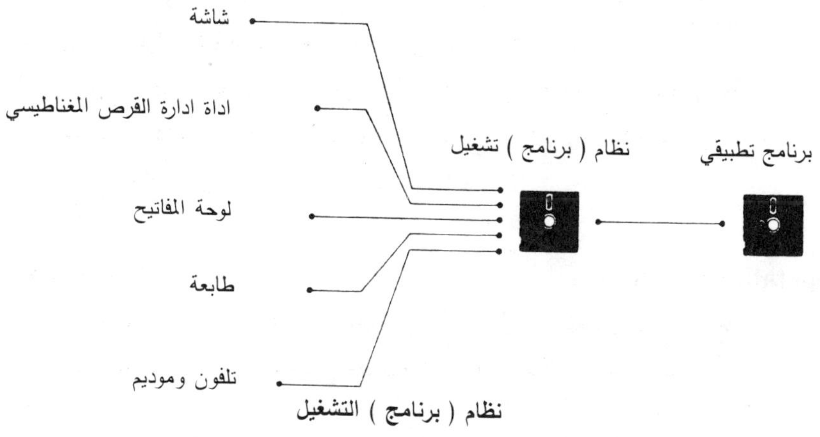

العملية .... operation

(١) كل عملية يقوم بها جهاز الكمبيوتر كنتيجة لامر يعطى له ؛
(٢) القيام بعمليات حسابية او تحليلية لمعالجة مجموعة من البيانات

مركز العمليات.......................... operation center

المكان الموجود فيه كل من جهاز الكمبيوتر والاشخاص القائمين على تشغيله .
نفس معنى مركز معالجة البيانات

شفرة العملية .... operation code

(١) الشفرة او الرمز الذي يعبر عن عملية معينة . مثلاً في الامر اضف عبارة رقم ١٠ الى عبارة رقم ٢٠ ، تعبير اضف add يمثل شفرة العملية ؛
(٢) امر بلغة التجميع assembly language

لغة التحكم بالعملية .... operation control language = OCL

دورة العمليات .... operation cycle

سلسلة العمليات التي تقوم بها وحدة المعالجة المركزية CPU لكل امر من الاوامر المعطاة اليها . مثل هذه السلسلة او الدورة تتضمن : (١) استرجاع الامر من الذاكرة ؛ (٢) وضع الامر في وحدة المعالجة المركزية ؛
(٣) اضافة رقم واحد لعداد البرنامج لحفظ وتسجيل رقم العمليات والتعليمات التي تم معالجتها؛ (٤) ترجمة هذا الامر من اللغة المكتوبة بها الى لغة الالة التي يستطيع جهاز الكمبيوتر فهمها ؛ (٥) البحث عن أية معلومات اخرى قد يحتاجها جهاز الكمبيوتر عند بدء معالجة هذا الامر ؛ (٦) القيام بتنفيذ ما هو مطلوب في هذا الامر ؛ (٧) الاعداد لبدء دورة جديدة

بحوث العمليات .... operation research

فرع متخصص في حساب عمليات معقدة وبكفاءة عالية . يتضمن هذا الفرع العديد من المواضيع ، منها البرامج الخطية LP والاحتمالات والشبكات network

operator .... **العامل**

(١) الشخص المسؤول عن تشغيل الآلة ؛ (٢) □ operand

operator control language = OCL .... **لغة التحكم بالعامل**

مجموعة من التعليمات والقواعد تساعد القائم بالعمل على جهاز الكمبيوتر لتوجيه الجهاز للقيام بمهمات معينة او تغيير او الغاءمعالجة عمليات معينة

optical character reader = OCR............... **قارئ الرموز المرئية**

احد انواع الادوات المستخدمة في ادخال البيانات او البرامج والتي يمكنها استقبال المعلومات المطبوعة بطريقة يمكن تمييزها عن طريق شكلها

optical character reading = optical character recognition

optical character recognition = OCR .... **تمييز الرموز المرئية**

اداة ادخال لجهاز الكمبيوتر يمكنها تمييز الرموز المطبوعة باستخدام الحاسة الكهروضوئية . تستخدم احدى الطرق المبسطة ، قالبًا من الصمامات الثنائية الضوئية . يسقط الحرف المراد معرفته من على الوثيقة باستخدام عدد من العدسات . يتم توصيل الصمامات الثنائية الضوئية والتي تستقبل كمية كبيرة من الضوء (المنعكس من الورقة البيضاء)، اما الصمامات الثنائية الضوئية التي تستقبل ضوءا قليلا (منعكس من الحبر المكتوب به الحرف) تبقى غير موصلة كهربائيا off . بعد ذلك يتم مسح (فحص دقيق) القالب ويُقرأ في خلية التخزين ويُقارن شكل الحرف باشكال الاحرف المخزنة في ذاكرات القراءة فقط لتقدير ايهم يشابه الحرف المراد معرفته

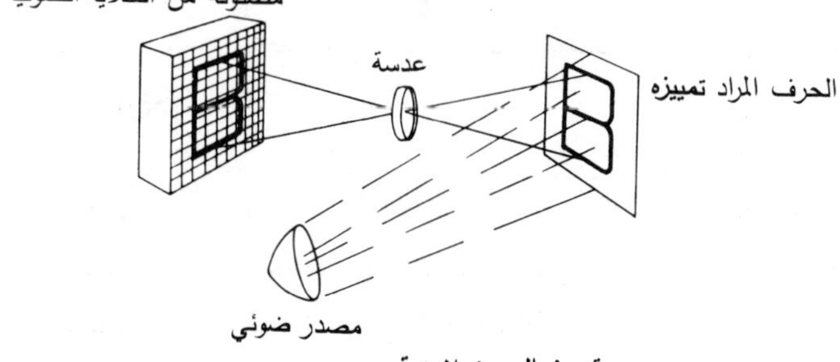

تمييز الرموز المرئية

optical disk .... القرص المرئي

اسطوانة لتخزين البيانات بواسطة اشعة الليزر على شكل مساحات مضاءة ومظلمة متناهية في الصغر. يمكن قراءة هذه البيانات عن طريق حزمة ضوئية وليس هناك اتصال مباشر بين الاسطوانة واي جزء من الالة وكنتيجة لذلك ، يمكن استخدام هذه الاسطوانة الى ما لا نهاية . الا أن أحد عيوبها أنه لا يمكن مسح البيانات عنها

optical fiber .... الخيط المرئي

خيط من الزجاج العالي الشفافية يمكنه حمل مجرى مستمر من الاشارات الضوئية الثنائية ويمكنه نقل حجم كبير من المعلومات بالاضافة الى انه لا يتأثر بالتدخلات الكهربائية التي قد تتلف الاسلاك الكهربائية العادية . اصبحت هذه الخيوط من اهم وسائل الاتصال بين اجهزة الكمبيوتر

optical reader = optical character reader

optical scanner = optical character reader

optical scanning = optical character recognition

optical wand .... العصا البصرية

آلة تستخدم لقراءة الشفرة القضبانية (العمودية)

optimize .... البحث عن افضل الحلول (الحل الامثل)

عملية اختيار عناوين لمواقع على الذاكرة بهدف تصغير او تكبير بعض الصفات المطلوبة

optimum programming .... البرمجة المثلى

برمجة تهدف الى تنظيم كفاءة جهاز الكمبيوتر في احد المجالات . مثلا كتابة برنامج للحصول على الحد الاقصى لاستخدام المساحات المتوفرة على الذاكرة او لتقصير الوقت المطلوب لمعالجة العمليات

علم الاليكترونات البصرية .... **optoelectronics**

احد فروع العلوم التطبيقية التي تهتم بتطوير وانتاج واختبار الاشارات المرئية optical signals والتي تمثل كميات كهربائية . احد الفروع التي من الممكن ان يطبق هذا العلم فيها ، هو الاتصالات communication . من الممكن انتقال الاشارات الكهربائية خلال الاسلاك المعروفة بأسم optical fiber حيث يمكن لدائرتين كهربائيتين تبادل الاشارات على الرغم من انهما غير موصلتين الا بالوصلات المرئية

البوابة (الصمام) المنطقية «أو» .... **OR gate**

بوابة منطقية (تحليلية) نتائجها خطأ (صفر) ان كانت كل (اثنان او اكثر) العوامل الداخلة خطأ (صفر) وتكون النتائج صحيحة (واحد) ان كان واحد او اكثر من العوامل الداخلة صحيح (واحد)

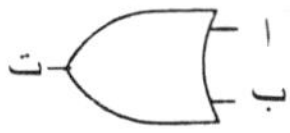

الداخل أ	صفر	صفر	واحد	واحد
ب	صفر	واحد	صفر	واحد
الخارج ت	صفر	واحد	واحد	واحد

جدول لبوابة (صمام) «أو» يتضمن عاملان داخلان «أ» و «ب» وعامل خارج «ت»

الداخل أ	خطأ	خطأ	صحيح	صحيح
ب	خطأ	صحيح	خطأ	صحيح
الخارج ت	خطأ	صحيح	صحيح	صحيح

جدول الصدق لعاملان داخلان «أ» و«ب» لبوابة (صمام) «أو» وعامل خارج «ت»

دائرة «أو» .... **OR circuit**

دائرة كهربائية تقوم بتنفيذ عملية منطقية (تحليلية) باستخدام بوابة (صمام) «أو» OR

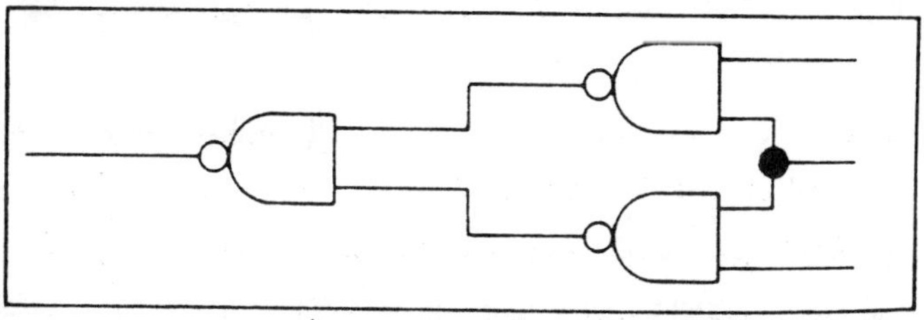

دائرة كهربائية متضمنة دائرة « أو »

order . . . . **أمر · ترتيب**

(١) أمر: أمر يوجه الى شخص بخصوص عمل مطلوب تأديته ؛

(٢) ترتيب : تنظيم البيانات او السجلات وفقا لطريقة معينة

order code processor = OCP . . . . **معالج شفرة الاوامر**

يقوم معالج شفرة الاوامر بترجمة شفرة التعليمات من البرنامج الذي وضعه مستخدم الجهاز والقيام بالعمليات الحسابية او التحليلية المطلوبة منه . يعتبر المعالج المركزي للاجهزة التي بها العديد من المعالجات للقيام بالمهمات المختلفة

origin . . . . **عنوان اساسي · اصلي**

base address; tree □

original equipment manufacturer = OEM . . . . . . **مُصنع المعدات الاصلي**

اصطلاح يطلقه المُصنع الاساسي على الشركات التي تشتري اجهزة الكمبيوتر لتستخدمها كجزء من المعدات التي تبيعها . مثلا تقوم شركة بوينغ بشراء جهاز كمبيوتر من انتاج شركة اخرى وتركبه على طائراتها لتبيع الطائرات بما عليها من اجهزة

OS = operating system

oscillate . . . . **التذبذب**

(١) تبدل في قيمة متغير بصورة مستمرة ؛ (٢) الحركة بين موقعين او بين وحدتين

oscillography . . . . **أوسيلوغرافي (رسم التذبذبات)**

اظهار الاشارات الكهربائية على شاشة انبوبة أشعة الكاثود CRT

oscilloscope . . . . **أوسيلسكوب (مرسمة تذبذبات)**

آلة تستخدم لاظهار رسوم بيانية ، المحور السيني فيها يمثل قيمة الفولت والمحور الصادي يمثل الزمن . تظهر مثل هذه الرسوم البيانية على شاشة انبوبة اشعة الكاثود CRT . يستخدم القائمون على اصلاح اجهزة الكمبيوتر مثل هذه الاجهزة

output . . . . **الخارج · المخرجات**

(١) الجزء من البيانات الذي يخرج من الذاكرة الداخلية الى اي وسيلة تخزين خارجية او اي وسيلة اخرى ؛ (٢) نتائج عمليات المعالجة التي قام بها جهاز الكمبيوتر. عكس الداخل input

output area . . . . **مساحة الخارج**

الجزء من الذاكرة المحجوز لتخزين نتائج العمليات التي قام بها جهاز الكمبيوتر

output block . . . . **منطقة الاخراج · مجموعة المخرجات**

(١) جزء من الذاكرة الداخلية محجوز اساسا لاستقبال ومعالجة البيانات المراد نقلها خارج الجهاز؛ (٢) عدد من المخرجات تُضم مع بعضها في مجموعة واحدة

output bound = output bounded

output bounded . . . . **مرتبط بالخارج**

اصطلاح يطلق على البرامج التي تولد الكثير من البيانات المخرجة وتحتاج الى القليل من البيانات الداخلة او قليل من عمليات المعالجة

output buffer . . . . **مخزن مؤقت للخارج**

مخزن للبيانات يستخدم لحفظ الجاهز منها للنقل لمكان آخر

output data . . . . output □

output device . . . . **آلة الخارج (الاخراج)**

اداة تُخرج البيانات من جهاز الكمبيوتر وتظهرها بالشكل الذي يرغبه مستخدم الجهاز. مثال لهذه الاجهزة كل من الطابعة و الطرفية

output limited = output bounded

الفائض . . . . **overflow**

لكل شيء قدرة معينة . مثلا لو كانت المساحة التي تظهر عليها الارقام في الحاسب اليدوي تتكون من عشر خانات والرقم الذي نريد اجراء العملية الحسابية عليه او نتيجة العملية الحسابية قيمتها تتكون من اكثر من عشر خانات ، فان هذا يسمى فائض والحاسب اليدوي لن يظهر اي رقم بل تظهر اشارات ضوئية تدل على ان هناك فائض في الارقام . كذلك عند تخزين اي معلومات على الذاكرة ، ان كان حجم هذه المعلومات اكبر من حجم المساحة المحددة للتخزين ستكون نتيجة ذلك الفائض ايضا

مساحة الفائض . . . . **overflow area**

الموقع على القرص المغناطيسي والذي تكتب عليه المعلومات التي كان من المقرر ان تكون في مكان اخر ولكن نظرا للفائض في الارقام لم يتم ذلك

التداخل . . . . **overlapping**

القيام بعملية معينة بواسطة جهاز الكمبيوتر في نفس وقت معالجة عملية اخرى . مثلا تزويد جهاز الكمبيوتر ببعض القيم اثناء قيام جهاز الكمبيوتر باجراء عمليات حسابية

منطقة الاحلال . . . . **overlay area**

تلك المساحة من الذاكرة الرئيسية لجهاز الكمبيوتر التي يتم تخصيصها لاحلال اجزاء البرامج محل بعضها عند التنفيذ

احلال . . . . **overlaying**

طريقة لعمل جهاز الكمبيوتر عند تخزين برنامج ذو حجم اكبر من الجزء المسموح له على الذاكرة الداخلية . يخزن جزءا من البرنامج والذي لم تتسع له الذاكرة الداخلية على ذاكرة خارجية ، وعند الحاجة لذلك الجزء ، يتم نقله من الذاكرة الخارجية

البرمجة بطريقة الاحلال . . . . **overlay programming**

اسلوب من اساليب كتابة البرامج حيث يتم تقسيم البرنامج الى سلسلة من

اجزاء شبه متكاملة ، وعند التنفيذ يتم تنفيذ كل جزء على حدة بحيث يتم احلال الجزء المراد تنفيذه في نفس المكان بالذاكرة الذي كان يشغله الجزء السابق . اسلوب من اساليب تكييف برنامج كبير في مساحة ذاكرة محدودة

التثقيب الزائد .... **overpunching**

اضافة ثقوب على البطاقات المثقبة سابقا

كتابة فوقية .... **overwrite**

بالنسبة لبيانات في موقع التخزين : كتابة بيانات جديدة على نفس الموقع وبالتالي مسح البيانات القديمة المخزنة

P

[1]P = permutation

[2]P = positive

[3]P = power

[4]P = program

p = pico

PABX = private automatic branch exchange

pacing . . . . **المجاراة**

عند نقل البيانات ، جهاز فيه آلة الاستقبال تتحكم في سرعة نقل البيانات لمنع فيضانها وتدفقها . مثلا عند تثقيب الشريط الورقي ، تُرسل اشارة من الجهاز المستقبل الى الجهاز المرسل للدلالة على أن التثقيب قد انتهى لتبدأ في ارسال البيانات التالية لذلك

pack . . . . **تخزين مكثف ٠ مجموعة (حزمة)**

(١) تقليل مساحات تخزين البيانات وذلك بتغيير طريقة تشفير البيانات او استبعاد الفراغات والرموز الغير ضرورية ؛ (٢) حزمة او مجموعة من الاقراص الممغنطة

package .... **مجموعة (حزمة)**

مجموعة من البرامج تتعلق بموضوع ما ، او ترتبط مع بعضها وفق منطق ما

packed decimal .... **تخزين مكثف للارقام**

طريقة تخزين معينة للارقام يتم بموجبها تخزين رقمين في الوحدة الثمانية للتخزين (بايت)

packed density .... recording density □

packed method .... **طريقة التخزين المكثف**

طريقة من طرق تخزين البيانات يتم بموجبها تخزين حرفين او رمزين في الوحدة الثمانية للتخزين (بايت) □ packed decimal

packet .... **مجموعة صغيرة**

نقل البيانات على شكل بلوك قصير ذو طول ثابت . كل مجموعة تتضمن جُمل للتحكم بالبيانات مثل العناوين بالاضافة للبيانات المنقولة

packet switching network .... **شبكة تحويل حزم البيانات**

طريقة لنقل البيانات بتقسيمها الى احجام ثابتة وتحويلها من موقع الى اخر وفق اولويات تلك الاجزاء وامكانيات شبكة النقل

packing density .... **كثافة التخزين**

عدد وحدات البيانات المتواجدة في المساحة الطولية من الذاكرة

padding .... **الحشوة**

طريقة لملئ بلوك ذو طول معين على الذاكرة برموز أو كلمات أو وحدات أو سجلات معينة

paddle = cursor

page .... **الصفحة**

(١) جزء من البيانات او البرنامج عادة ما يكون ذو طول ثابت وله عنوان ثابت ولكن يمكن ان يتواجد في اي موقع على الذاكرة الداخلية لجهاز الكمبيوتر ☐ vertical storage ؛ (٢) جزء من الذاكرة مرتب لهدف معين ؛ (٣) لمخاطبة الذاكرة او ارسال صفحة من البيانات للذاكرة؛ (٤) شاشة لمبة اشعة الكاثود CRT مملوءة بالبيانات

page frame .... **اطار الصفحة**

موقع على الذاكرة الحقيقية للكمبيوتر يمكن تخزين صفحة واحدة من البيانات او البرامج فيه

page printer .... **طابعة الصفحات**

آلة تحدد ابعاد الورقة المراد الطبع عليها وتوزع الكلمات على الورقة قبل ان تبدأ الطبع

paging .... **التصفيح**

(١) طريقة لزيادة قدرة الذاكرة الداخلية لجهاز الكمبيوتر على التخزين بتقسيم البرامج لاجزاء ثابتة الحجم(صفحة) والاجزاء التي لا حاجة لها في تلك الفترة يتم تخزينها في ذاكرات خارجية ؛ (٢) عملية تحريك الصفحات بين الذاكرات الرئيسية والثانوية

PAM = pulse amplitude modulation

panel .... **لوحة**

مجموعة من وحدات الاختبار او التحكم (مفاتيح كهربائية او طرفية او ما شابه ذلك) مثبتة على لوحة عازلة

paper feed .... **تزويد الورق**

(١) الحركة الرأسية للورق في الطابعة المرفقة بجهاز الكمبيوتر ؛
(٢) الاجزاء الكهربائية والميكانيكية التي تحرك الورق في الطابعة

الشريط الورقي .... paper tape

شريط متصل من الورق ذو ابعاد معينة يستخدم كسطح للتسجيل عليه عن طريق تثقيب هذا الشريط عرضيا . تستخدم هذه المادة لتسجيل البيانات الداخلة او لتسجيل نتائج العمليات التي قام بها جهاز الكمبيوتر. العرض الطبيعي لمثل هذه الاشرطة يختلف ، فمنها $\frac{11}{16}$ بوصة (خمسة ممرات) و $\frac{7}{8}$ بوصة (ست ممرات) وواحد بوصة (ثمان ممرات). مميزات اسطح التخزين هذه ، انها رخيصة وسهلة الاستعمال ، الا انها سريعة التلف ولا يمكن مسحها

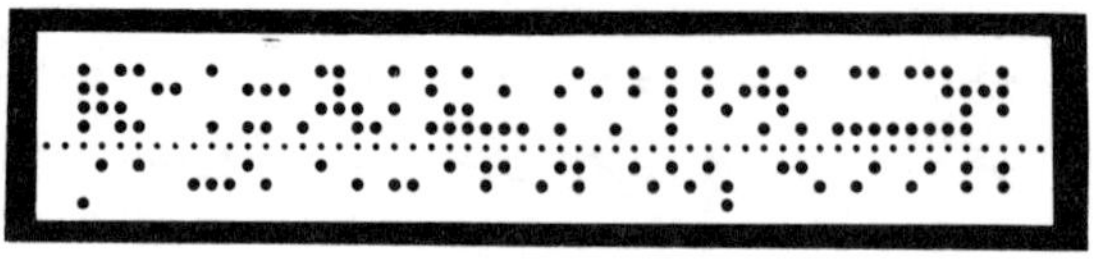

الشريط الورقي

شفرة الشريط الورقي .... paper tape code

شفرة لتفسير معنى الثقوب على الاشرطة الورقية وتحويلها الى كلمات وجمل سهل فهمها . امثلة لهذه الشفرات مايلي : ASCII و BCD و IA-2

جهاز اخراج الشريط الورقي .... paper tape output device

تأتي البيانات الخارجة لهذه الالة من جهاز الكمبيوتر. يوضع الشريط الورقي الغير مثقب في الجهاز وعندها يقوم بتثقيب البيانات على الشريط . تجمع بعض وحدات الشريط الورقي كل من عمليات الادخال والاخراج معا

تثقيب الشريط الورقي .... paper tape punch

آلة اخراج تقوم بترجمة شفرة الكمبيوتر الى شفرة خارجية على شريط الورق . السرعة القصوى لمثل هذه الآلة حوالي ٥٠ رمز/الدقيقة

☐ ASR; KSR; paper tape; paper tape reader

قارئ الشريط الورقي .... paper tape reader

جزء من اداة الادخال يترجم الثقوب من على الاشرطة والبطاقات الورقية الى لغة الالة

لفّاف الشريط الورقي .... paper tape winder
بكرة تدور باليد او بواسطة موتور تستقبل وتلف الشريط الورقي الناتج من جهاز التثقيب او جهاز قراءة الشريط الورقي

رمي (قذف) الورق .... paper throw
حركة الورق في الطابعة . توصف بعدد الخطوط (عادة تكون اكثر من خط) التي تتحركها الورقة بدون ان يطبع عليها شئ . نفس form skip; overflow; paper feed; paper skip; paper slew; throw; vertical tabulation

مدقق الشريط الورقي.................. paper tape verifier
آلة تقوم باعادة تثقيب الاشرطة الورقية لتحديد موقع الاخطاء في البيانات قبل وضعها في جهاز الكمبيوتر

متوازي .... parallel
(١) في العمليات المستقلة : تتم معا او في نفس الوقت : نقل البيانات ومعالجتها معا او نقل رسالة بنقل اجزاء كاملة منها مرة واحدة ، وهذا يختلف عن النقل حرفا حرفا ؛ (٢) متزامن : تنفيذ متوازي ، نقل خانات البيانات متوازية ؛ (٣) القدرة على القيام بعمليتين او اكثر في نفس الوقت : الجمع المتوازي والمعالجة المتوازية ؛ (٤) نسخ : التسجيل المتوازي والخط المتوازي ؛ (٥) تناولها في نفس الوقت بواسطة جهازين منفصلين

الوصول المتوازي.................. parallel access
(١) الوصول المتزامن الى جميع الخانات على الذاكرة . اي ان الوقت المطلوب للوصول لحرف ما يساوي الوقت المطلوب للوصول لاي حرف اخر ونفس الشيء للكلمة والرمز ؛ (٢) عملية الحصول على بيانات من الذاكرة او تخزينها على الذاكرة بطريقة يكون الوقت المطلوب للقيام بهذه العمليات متساوي لكل كلمة من هذه البيانات

parallel adder .... **أداة الجمع المتوازي**

الة تستخدم في عملية الجمع بحيث تنقل خانة الرقم الاول في نفس الوقت الذي تنقل فيه الخانة المقابلة من الرقم الثاني وهكذا . عكس serial adder □

parallel computer .... **جهاز الكمبيوتر المتوازي**

جهاز كمبيوتر تتوفر فيه وحدات تحكم متعددة وله القدرة على القيام بأكثر من عملية حسابية او تحليلية في نفس الوقت

parallel operation .... **العمليات المتوازية**

تنفيذ اكثر من عملية ، عادة ما تكون من نفس النوع وفي نفس الوقت باستخدام اجزاء متشابهة من جهاز الكمبيوتر. عكس serial operation

parallel printer .... **الطابعة المتوازية**

طباعة السطر بالكامل مرة واحدة وليس حرفا حرفا

parallel processing .... **المعالجة المتوازية**

(١)معالجة عملية بتقسيم التعليمات او البرامج الى مجموعة من الاجزاء التي يتم معالجتها كلها في نفس الوقت باستخدام العديد من الادوات ذات القدرات المتعددة . عكس serial processing ؛ (٢) جهاز كمبيوتر يمكنه معالجة برنامجين في نفس الوقت باستخدام اكثر من وحدة معالجة مركزية CPU multiprocessing □

parallel reading .... **القراءة المتوازية**

القدرة على قراءة سطر كامل مرة واحدة بدلا من القراءة حرفا حرفا

parallel search storage .... **البحث المتوازي**

يتم البحث عن موقعين او اكثر من مواقع التخزين على الذاكرة في نفس الوقت . يتم البحث عن المواقع بالاستدلال عما تحتويه بدلا من البحث عن العنوان المطلوب

parallel storage .... **التخزين المتوازي**

(١) تخزين كل اجزاء الكلمة مرة واحدة ؛ (٢) وسائل التخزين المتوازي

parallel transmission .... **النقل المتوازي**

(في نقل البيانات) : طريقة لنقل البيانات حيث يتم نقل جميع خانات الكلمة او الرمز مرة واحدة . كل خانة يتم نقلها باستخدام ممر مستقل . هذا النوع من النقل اسرع من النقل المتسلسل الا انه يحتاج لمعدات اكثر .

عكس serial transmission

parameter .... **المتغير · المُعطى**

الرموز المستخدمة في معادلة حسابية . مثلا في معادلة الخط المستقيم ص = أس + ب ، كل من ص وس متغيران . الاول ، ص متغير غير مستقل (مرتبط) وهذا يعني ان قيمته تعتمد على قيمة متغير اخر (في هذه الحالة س) والمتغير س هو المتغير المستقل

parenthesis-free notation .... **رموز من غير اقواس**

كتابة معادلات حسابية بدون استخدام الاقواس ☐ Polish notation; prefix notation

parity .... **التطابق · التماثل**

طريقة لاكتشاف الاخطاء في البيانات المنقولة باضافة خانة (بها صفر او واحد) تبعا لمجموع عدد الخانات التي بها رقم واحد في الرقم او الكلمة المنقولة . ان كان عدد الخانات التي بها رقم واحد (بما فيها خانة التكافؤ) زوجي ، عندها تسمى وحدة البيانات المنقولة التطابق الزوجي even parity وان كان فرديا تسمى تطابق فردي odd parity . تقوم محطة الاستقبال بفحص عدد الخانات في كل رقم او كلمة منقولة للتأكد من عدم وجود اخطاء في النقل . الخانة التي تضاف للارقام تسمى خانة الفحص check bit او خانة التطابق parity bit . من الممكن تطبيق هذه الطريقة على

محتوى بلوك كامل او على محتوى رسالة ، وفي هذه الحالة يتم جمع عدد الخانات التي تحتوي على رقم واحد في كل موقع من مواقع الخانات في الرسالة او البلوك . يسمى تطبيق هذه الطريقة لفحص رسالة او بلوك تطابق البلوك block parity . في احيان اخرى يسمى تطابق رأسي vertical parity . يسمى تطبيق هذه الطريقة على كل رمز على حدة ، التطابق الافقي horizontal parity . تستخدم طريقة التطابق الزوجي في كثير من الاجهزة لفحص البلوك والتطابق الفردي لفحص الرموز. مثال : لتطبيق عملية التطابق على البلوك والرموز لرسالة تحتوي على كلمة تطابق parity مكتوبة بلغة اسك – ٢ ASC-II :

رموز الرسالة	1	2	3	4	5	6	7	8	
	0	0	0	0	1	0	1	1	P
	1	0	0	0	0	0	1	1	A
	0	1	0	0	1	0	1	0	R
موقع الخانات	1	0	0	1	0	0	1	0	I
	0	0	1	0	1	0	1	0	T
رمز فحص	1	0	0	1	1	0	1	1	Y
البلوك BCC	1	1	1	0	0	0	0	1	

رمز فحص البلوك block check character هو المجموع الرأسي لمحتوى كل خانة

parity bit . . . . **خانة التطابق**

الخانة التي تضاف لعمود او صف من الخانات لتجعل مجموع الخانات التي بها رقم واحد زوجيا او فرديا حسب نوع الجهاز المستخدم في الفحص

parity check . . . . parity □

parity error . . . . **خطأ التطابق**

parsing . . . . **تحليل لغوي (إعراب)**

عمل البرنامج المترجم compiler لتعريف اجزاء الاوامر طبقا للغة المكتوب بها البرنامج

ذاكرات الوصول العشوائي الجزئية .... **partial RAM**

ذاكرات الوصول العشوائي التي تكون فيها بعض الخانات لا عمل لها . حوالي نصف الخلايا السليكونية الحديثة chip ذات ٦٤,٠٠٠ خانة لا عمل لها

ملف بياني مجزّا .... **partitioned data set=PDS**

مجموعة البيانات التي تُكّون فيما بينها ملفًا متكاملاً ، وفي نفس الوقت يمكن تجزيء هذا الملف الى اجزاء منطقية □ data set

التقسيم .... **partitioning**

تقسيم بلوك او مربع كبير في الذاكرة الى اقسام صغيرة يسهل التعامل معها

الفرز بالتقسيم .... **partition sort**

احدى طرق الفــرز التي تستخدمها اجهزة الكمبيوتر لتقسيم مجموعة من الوحدات الى اقسام صغيرة . مثال لهذه الطريقة : (١) لو اخذت ٢٠ منزلا كل منها يتكون من عدد معين من الغرف ؛ (٢) قم باختيار منزل من هذه المنازل عشوائيا واحسب عدد الغرف في هذا المنزل . سميه المنزل (أ) ؛ (٣) قسم باقي المنازل الى مجموعتين ، الاولى بها المنازل ذات عدد الغرف الاقل من المنزل (أ) وفي المجموعة الثانية المنازل ذات عدد الغرف الاكثر من المنزل (أ) ؛ (٤) بذلك نكون قد صنفنا المنازل طبقا لعدد الغرف وكعلاقة لمرجع ما وهو المنزل (أ) . هذه الطريقة للتصنيف اسرع من التصنيف الفقاعي □ bubble sort

المبرمج بالحصة .... **parts programmer**

الشخص الذي يكتب البرامج والذي يترجم العمليات التي من المفروض ان تقوم بها الة معينة (مثل مخرطة الحديد) الى معادلات حسابية عندما يكون الهدف ان تعمل هذه الآلة ذاتيا وبتعليمات تصلها من جهاز الكمبيوتر ثم يضعها في صيغة برامج ويزودها لجهاز الكمبيوتر

باسكال .... **Pascal**

لغة من لغات الكمبيوتر التعليمية تستخدم لتعليم الفرد كيفية كتابة البرامج وكيفية تطوير قدراته في هذا المجال . تعتبر هذه اللغة من اللغات السهل تعلمها

Pascal, Blaise .... **بليز باسكال**

(١٦٢٣ ـ ١٦٦٢) عالم رياضيات فرنسي وهو اول من صمم الحاسب الآلي الذي يقوم بعمليات الجمع والطرح الحسابية سنة ١٦٤٢ عن طريق تمثيل الارقام من صفر الى تسعة بأسنان التروس

pass .... **مرور**

(١) عملية كاملة يتضمنها برنامج الكمبيوتر وتتكون من ادخال البيانات ومعالجتهاثم الحصول على النتائج ؛ (٢) بالنسبة للمرشح الكهربائي : ان يسمح المرشح بدخول ذبذبات معينة خلاله وبدون اضعافها ؛ (٣) دورة كاملة يمر بها البرنامج المترجم على البرنامج المطلوب ترجمته

password .... **كلمة السر**

في المعسكرات الحربية ، لن يسمح لاي شخص بدخول المعسكر ان لم يكن على علم سابق بكلمة السر، كذلك فان كل شخص لديه الحق في استخدام جهاز الكمبيوتر له كلمة سر تخصه والجهاز لن يستجيب لطلبات هذا الشخص ان لم يزود جهاز الكمبيوتر بهذه الكلمة

patch .... **الرقعة (تعديل مؤقت)**

كرقع الملابس عند حدوث ثقب فيها ، يمكن ترقيع برنامج الكمبيوتر بمجموعة من التعليمات توضع في المكان الضعيف او الذي فيه خطأ . من الممكن ان يحتوي البرنامج على مجموعة من هذه الرقع في مواقع مختلفة ، الا ان الكثير من هذه الرقع يضعف البرنامج وبالتالي اعادة كتابة البرنامج في مثل هذه الحالة اسهل من الاستمرار في ترقيعه

path .... **الممر**

الممر الذي يحمل البيانات او الاشارات بين موقعين ؛ (١) بالنسبة للاتصالات : يستخدم هذا التعبير للدلالة على الخط line او الدائرة circuit او القناة channel او الوصلة link ؛ (٢) بالنسبة لنقل البيانات : يستخدم التعبير للدلالة على الباص bus او الدائرة circuit او الشارع highway او السلك

cable ؛ (٣) بالنسبة لبرنامج يتضمن تفريعات : احدى مجموعات التعليمات التي تتضمن السلسلة الرئيسية للبرامج وسلسلة تفريعات واحدة او اكثر ؛
(٤) في شبكة البيانات : الوصلة بين موقعي الارسال والاستقبال كما تحدد بواسطة نقطة الالتقاء node التي تمر البيانات خلالها عند انتقالها من موقع الى موقع اخر

pattern recognition .... **تمييز الاشكال**

التمييز والتعريف للاشكال والتسلسل والاشارات او ما شابه ذلك بواسطة اجهزة الكمبيوتر

PAX = private automatic exchange .... **باكس**

private automatic branch exchange ☐

PBX = private branch exchange .... **بي بي اكس**

private automatic branch exchange ☐

[1]PC = personal computer

[2]PC = printed circuit

P-channel field effect transistor .... **ترانزستور احادي القطب من نوع بي**
= P-channel FET

field effect transistor ☐

P-channel metallic-oxide semiconductor .... **بي – سي موس**
= P-CMOS

شبه موصل مصنع من اكاسيد المعادن من نوع بي P . اقدم نوع في شبه الموصلات المصنعة من اكاسيد المعادن وخاصيتها ان التيار الكهربائي يمر بها على شكل شحنات موجبة

PCI/O = program-controlled input/output

P-code .... **شفرة بي**

طريقة لترجمة شفرة المصدر الى شفرة متوسطة intermediate code تسمى شفرة بي ، بواسطة البرنامج المترجم compiler ثم استخدام مترجم لشفرة بي للحصول على الشفرة التي يمكن معالجتها بواسطة جهاز الكمبيوتر.

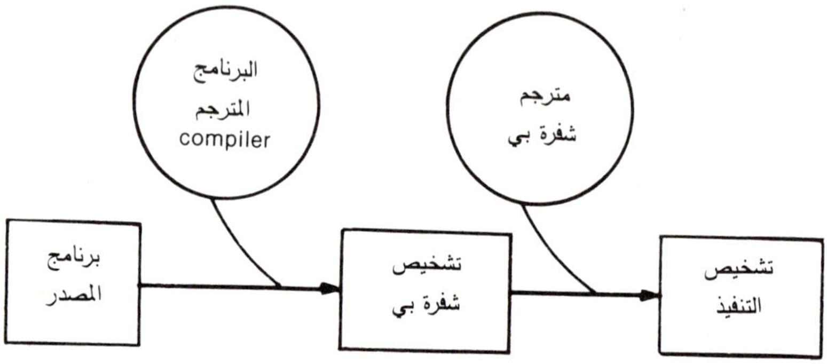

ميزة هذه الطريقة ان كل جهاز كمبيوتر عائل يحتاج الى مترجم شفرة بي الخاصة به بدلا من استخدام برنامج مترجم compiler . من عيوب هذه الطريقة ان تنفيذ البرنامج سيكون بطيئا اذا ما قورن بتنفيذ برنامج تمت ترجمته مرة واحدة الى شفرة الهدف . تستخدم هذه الطريقة كثيرا مع لغة الباسكال

PCS = polynomial check system

PDL = program design language

PDP .... **بي – دي – بي**

علامة مسجلة لاجهزة الكمبيوتر المصنعة بواسطة شركة ديجيتال Digital ومنها انواع عديدة مثل PDP-8 و PDP-10 و PDP-11

PDS = partitioned data set

[1]**PE = parity error**

[2]PE = phase encoding

القمة . انظر .... peek

أمر يستخدم في لغة البيزيك لاظهار ما يحتويه موقع على ذاكرة معينة على شكل ارقام عشرية

جهاز التثقيب .... perforator

آلة تثقيب الاشرطة والبطاقات الورقية المستخدمة كمخازن للبيانات والبرامج

ضعف الاداء .... performance degradation

وصف لكفاءة عمل الجهاز عندما لا تكون في الوضع الامثل ، مثل تنافس برنامجين او اكثر على استخدام نفس التسهيلات من الجهاز مما يقلل من فعالية الاداء

معدات ملحقة .... peripheral equipment

اي معدات يمكن توصيلها بوحدة المعالجة المركزية CPU في جهاز الكمبيوتر. من هذه المعدات وسائل التخزين المختلفة (اشرطة الكاسيت والاقراص المغناطيسية) والات الطباعة والموديم والطرفية ولوحة المفاتيح والمرسم وعادة تكون مهمتها ادخال البيانات او عرض المعلومات

خطأ من جهاز ملحق .... peripheral error

خطأ قد يحدث في احدى الاجهزة الملحقة المتصلة بوحدة المعالجة المركزية

مواضع لوحات الدوائر للاجهزة المُلحقة .... peripheral slots

الفتحات المعينة المزودة بوحدة المعالجة المركزية لجهاز الكمبيوتر الغرض منها تركيب لوحات الدوائر الاليكترونية الخاصة بالاجهزة الملحقة

peripheral storage .... auxiliary storage □

peripheral transfer .... **النقل من والى الوحدات الملحقة**

حركة البيانات بين الذاكرة الرئيسية واي وحدة متصلة بوحدة المعالجة المركزية CPU . مثلا حركة البيانات بين الذاكرة الرئيسية وبين آلة الطباعة

peripheral unit = peripheral equipment

permanent error=hard error

permanent file .... **ملف دائم**

اصطلاح يطلق عادة على اي ملف غير ملف الخربشة

permanent storage .... **أداة تخزين دائم**

السطح المستخدم للتخزين والذي لا يمكن شطب او تغيير ما تم تخزينه عليه او اداة التخزين التي لا يتغير محتواها ان لم يتم التزويد المستمر لها بالبيانات

permutation = P .... **تباديل**

بالنسبة لمجموعة من الوحدات : مجموعة ثانوية (اصغر حجما) لها تعريف مستقل . مثلا المجموعة التبادلية ٥ـ٧ـ٣ هي مجموعة تبادلية للارقام العشرية (من صفر الى عشرة) وهي تختلف عن المجموعة ٧ـ٥ـ٣ او المجموعة ٣ـ٥ـ٧ . المعادلة التي تستخدم في ايجاد عدد التباديل في مجموعة هي :

$$nPr = \frac{n!}{(n-r)!}$$

حيث : n = عدد وحدات المجموعة الثانوية

r = تباديل الرقم المطلوب

افرض ان المجموعة الثانوية تتكون من عشرة ارقام وانه مطلوب ايجاد تباديل رقم ٣

اذن $n = 10$

$r = 3$

$$10P3 = \frac{10!}{(10-3)!}$$

$$= \frac{10\times9\times8\times7\times6\times5\times4\times3\times2\times1}{7\times6\times5\times4\times3\times2\times1}$$

$$= 10\times9\times8 = 720$$

perpendicular recording . . . . **التسجيل العمودي**

طريقة للتسجيل على الاشرطة او الاقراص المغناطيسية عن طريق التسجيل العرضي على الشريط بدلا من التسجيل الطولي وذلك لزيادة كفاءة هذه المعدات

personal computer . . . . **جهاز الكمبيوتر الشخصي**

اجهزة كمبيوتر صغيرة (عادة لا يزيد سعرها عن ١٠٠٠ دولار) وذات كفاءة محدودة

Personal Electronic Transaction Computer = PET . . . . **بيت**

جهاز كمبيوتر شخصي انتجته شركة كومودور

PERT = program evaluation and review technique

PET = Personal Electronic Transaction Computer

petal printer . . . . **الطابعة الزهرية**

اصطلاح يطلق احيانا على الة طباعة توجد الاحرف فيها مثبتة على اطراف القرص وعند الطباعة يتحرك الطرف الذي عليه الحرف نتيجة ضرب مطرقة عليه من الخلف

ph = phase

phase . . . . **الطور**

العلاقة الزمنية بين موجتين لهما نفس التردد . يتم التعبير عن مثل هذه العلاقة بالدرجات

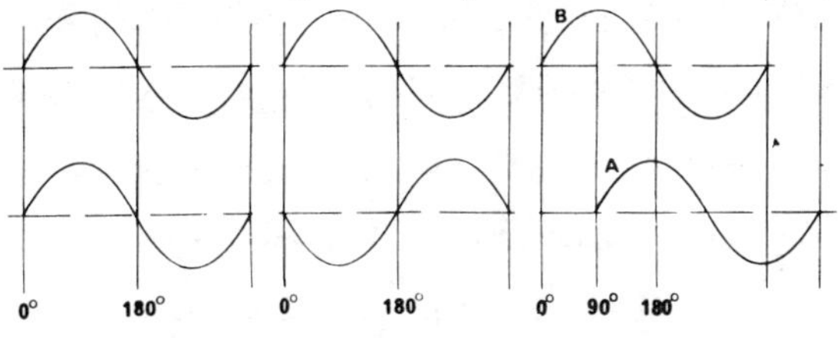

phase encoding = PE . . . . التشفير الطوري

وسيلة تخزين على الاشرطة المغناطيسية بالتحكم في اتجاه المغنطة لتكون في احد الاتجاهين عند تخزين خانة الصفر وفي الاتجاه الاخر (عكس الاول) عند تخزين خانة الواحد . يتم عكس المغنطة عند مركز النبضات . بمعنى اخر، ان الانتقال من الموجب الى السالب يمثل خانة الصفر ومن السالب الى الموجب يمثل خانة الواحد . تستخدم هذه الطريقة للتسجيل على الاشرطة المغناطيسية ذات عرض نصف بوصة وكثافة تخزين ١٦٠٠ رمز/البوصة (٨٠٠ في بعض الاحيان)

phase equalizer . . . . مُعادل الطور

دائرة في جهاز الارسال او الاستقبال مهمتها تقليل تأثير ذبذبات التشويه الداخلة على خط الاتصال

phase modulation encoding = phase encoding

phase shift modulator . . . . جهاز تعديل الازاحة الطورية

طريقة لتعديل الذبذبات يتم فيها نقل البيانات على شكل كميات مختلفة في تغييرات سعة الموجات الحاملة carrier waves . يذهب الخارج output من الُمذبذِب oscillator الى مُعدلين للطور phase modulators الاول مباشر والثاني بعد المرور خلال خط التأخير الذي يؤخر الذبذبة ٩٠ درجة . يُخرج الُمعدل نوعين من الموجات ، النوع الاول كما دخلت والثاني منحرفه ١٨٠ درجة عما دخلت عليه . لذلك توجد اربع موجات مختلفة الطور تمثل الموجات المحمولة . الموجة الاولى كما خرجت من المذبذب ، والثانية متأخرة ٩٠ درجة والثالثة متأخرة ١٨٠ درجة والرابعة متأخرة ٢٧٠ درجة . شكل هذه الموجات موضح في الرسم التالي (شكل ١) الخطوط المتصلة تمثل الموجات كما خرجت من مُعدل الطور الاول ، والخطوط المنقطة تمثل الموجات الخارجة من الُمعدل الثاني . ينقل الجهاز البيانات خانتين خانتين ، من الممكن نقل الخانات كما يلي : (٠٠) (١٠) (٠١) (١١). يتم نقل

الخانة المزدوجة هذه كل ١،٥ دورة (حسب تردد الموجة الحاملة وسرعة النقل). عند حل الشفرة ، نقل الخانة المزدوجة (٠١) بزحزحة الطور ٩٠ درجة ، و(١٠) بزحزحة الطور ٢٧٠ درجة ، و(٠٠) بعدم اجراء اي تغيير على الموجة . شكل ٢ يوضح الازاحة المطلوبة لنقل الكلمة (٠٠١١٠١١٠) بهذه الطريقة

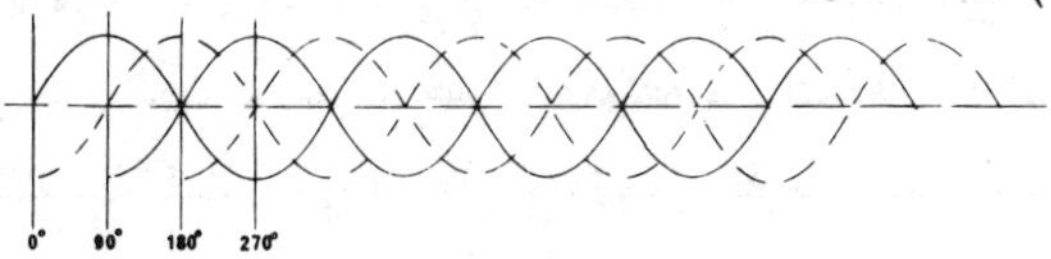

شكل ١

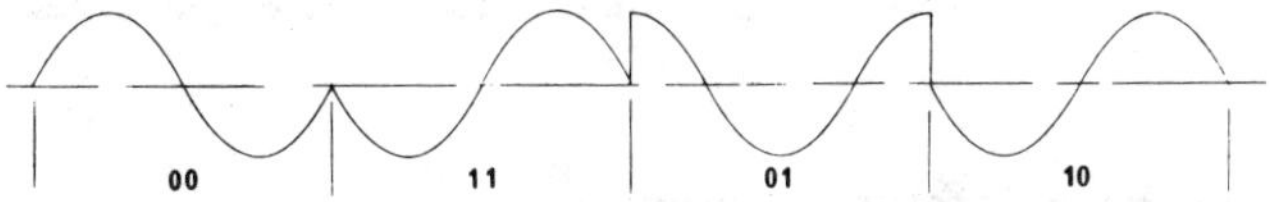

شكل ٢

الفونيمة .... phoneme

احدى وحدات الكلام (الخطابة) الصغرى والتي تميز نطق لفظة عن لفظة اخرى في لغة معينة

البقع الفوسفورية .... phosphor dot

اجزاء دقيقة من معدن الفوسفور على لمبة اشعة الكاثود CRT تستخدم لاظهار الصور الملونة . تتكون هذه البقع من خليط من ثلاثة الوان الاحمر والاخضر والازرق (كما هو موضح في الشكل)

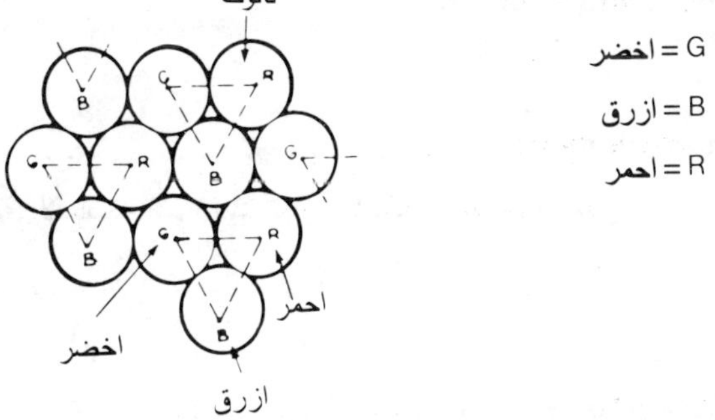

نقاط فوسفورية

photodigital memory .... **ذاكرات ضوئية**

ذاكرات يسجل عليها بأدوات ضوئية مثل استخدام اشعة الليزر للتسجيل على افلام فوتوغرافية

physical record .... **سجل ملموس**

وحدة البيانات الجاهزة للادخال input او المعدة للاخراج output من جهاز الكمبيوتر. قد تكون هذه البيانات مخزنة على مجموعة من البطاقات المثقبة او على بلوك من الشريط المغناطيسي او على سجل من القرص المغناطيسي. من الممكن ان يتكون السجل الملموس من سجل واحد او اكثر من السجلات المنطقية (السجلات التي تربطها علاقة منطقية) □ ;logical record record

PIA = peripheral interphase adaptor

PIC = priority intercept controller

pica .... **بيكا**

وحدة قياس لتقدير حجم الطباعة على الورق تساوي ⅙ بوصة تقريبا

pico = p .... **بيكو · ميكروميكرو**

وحدة تساوي ٠،٠٠٠٠٠٠٠٠٠٠٠١ أو ١٠^-١٢

picosecond = ps

picture element .... **أجزاء الصور**

الاجزاء الصغيرة المستطيلة الاساسية التي عند تجميعها تُكون الصورة على الشاشة

picture phone .... **جهاز التلفون المصور**

جهاز تليفون يمكن لمستخدمه رؤية الشخص على الطرف الاخر من الخط

piezoelectric .... كهربائي اجهادي

قدرة البلورات على تغيير خواصها الكهربائية عند تعرضها للضغط او تغيير ابعادها عند مرور تيار كهربائي خلالها

pin .... الشوكة

(١) في الموصل ذو الدوائر المتعددة : الجزء الذي يصل بين موصلين (يكمل دائرة كهربائية) ؛ (٢) موصل كجزء من دائرة مدمجة IC والتي توصلها بدوائر المطبعة المرفقة بجهاز الكمبيوتر ؛ (٣) اسنان لتحريك الورق على المطبعة

pin-compatible .... متوافق مع الشوكات

دوائر كهربائية مدمجة IC تستخدم نفس الشوكات pins لنفس الاشارات

ping-pong .... كرة الطاولة

طريقة للبرمجة لمعالجة ملفات مخزنة على اكثر من شريط مغناطيسي واحد . عندما تنتهي معالجة احد الملفين ، ينتقل الجهاز للشريط الآخر . وفي هذه الاثناء يتم استبدال الشريط الذي انتهت معالجته بشريط جديد وعند انتهاء الشريط الذي في وضع المعالجة ينتقل الكمبيوتر للشريط الجديد وهكذا يقفز جهاز الكمبيوتر بينها ككرة الطاولة

pin-out .... التوصيلة الداخلية ، رسم الشوكات

(١) التوصيلات الداخلية للدوائر المدمجة IC وشوكاتها ؛ (٢) رسم او جدول يوضح عمل الشوكات المختلفة للدوائر المدمجة

pin-out diagram .... رسم الشوكات

رسم يظهر الاجزاء الداخلية لدائرة مدمجة IC

pipe-line = pipeline

pipeline .... طريقة خط المواسير

(١) طريقة لتشغيل جهاز الكمبيوتر بان يعد الجهاز نفسه لاستقبال التعليمات الجديدة اثناء معالجته لآخر التعليمات التي اعطيت له ؛ (٢) طريقة لتشغيل وعمل جهاز الكمبيوتر بتقسيم العمليات المعقدة والتي تحتاج لوقت طويل عند معالجتها الى اجزاء عديدة بسيطة وسهلة يمكن معالجتها في وقت قصير

PIT = programmable interval timer

pixel = picture element

PL/A = programmable logic array

PLAN = Programming Language Nineteen Hundred

plasma display .... عرض البلازما

الة متصلة بجهاز الكمبيوتر لها شاشة يمكنها اظهار مجموعة من المعلومات او البيانات

PLATO = programmed logic for automatic teaching operations

PL/M = Programming Language for Microprocessor

PL/M plus = Programming Language for Microprocessor plus

PL/1 = Programming Language #1

plot .... الرسم

اظهار البيانات على شكل خريطة او رسم بياني او اي رسم توضيحي

plotter . . . . **آلة الرسم**

آلة متصلة بوحدة الاخراج تقوم باظهار البيانات على شكل رسومات بواسطة اقلام متصلة بها تتحرك ذاتيًا

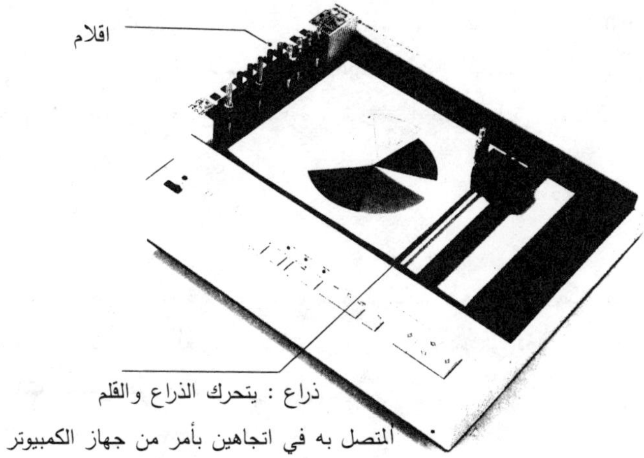

آلة الرسم

plugboard . . . . **لوحة التثبيت**

لوحة بها ثقوب تستخدم لتثبيت أدوات التحكم عليها

PMOS = P-channel metallic-oxide semiconductor

pointer . . . . **المؤشر**

عنوان أو أي دليل لموقع معين على الذاكرة

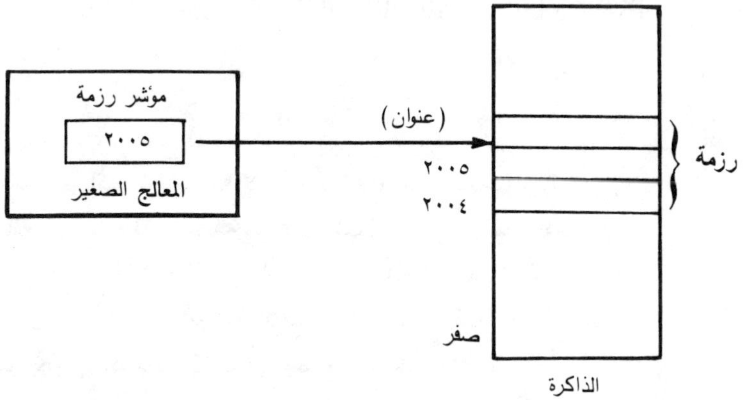

point of failure = POF . . . . نقطة التوقف

الموقع في البرنامج الذي تتوقف عنده المعالجة نتيجة خطأ

point-of-sale terminal = POS . . . . طرفية عند نقطة البيع

طرفية تستخدم في المحلات لتسجيل البيانات عن المبيعات والتي يمكن ادخالها في جهاز الكمبيوتر مباشرة . مثل هذا النوع يطلق عليها اسم الطرفية الذكية

poke . . . . يقحم

(١) موقع على الذاكرة . تحتوي وحدة البيانات المخزنة في هذا الموقع على عنوان لوحدة بيانات اخرى ؛ (٢) أمر يستخدم في لغة البيزيك لتخزين البيانات مباشرة في موقع معين على الذاكرة

POL = procedure-oriented language

Polish notation . . . . الرموز البولندية

رموز منطقية لمجموعة من العمليات الحسابية . وضع هذه الرموز عالم المنطق البولندي جان لوكازيوس سنة ١٩٢٩ . مثلا المعادلة س + ص يمكن وضعها بالرموز البولندية على شكل س ص + وجهاز الكمبيوتر سيفهمها على أنها امر بأن يأخذ س وص ثم يجمعهما ، والمعادلة (س + ص) × (ل + م) تكتب كما يلي س ص + ل م + × . نفس parenthesis-free notation و prefix notation

poll . . . . إستفتاء

(١) في حالة توفر اكثر من محطة لارسال البيانات لجهاز الكمبيوتر الرئيسي : ارسال رسالة مختصرة لكل محطة من هذه المحطات لارسال ما عندها من بيانات ؛ (٢) بالنسبة لبرامج المراقبة او التعليمات المعطاة لجهاز الكمبيوتر : تقدير حالة كل علمْ flag او مُؤشر indicator . مثلا لتقدير اي الادوات المنفصلة عن جهاز الكمبيوتر كانت في وضع الاستخدام ؟ ومتى ؟

flag; indicator □

الاستفتاء ، الاقتراع................................ polling

(١) طريقة لتحديد أي من أدوات الادخال والاخراج والتي تحاول جذب انتباه المُعالج ليقوم بخدمتها ؛ (٢) عملية ترتيب الاستفتاء ما بين الادوات التي من الممكن ان تكون مصدرًا للبيانات حتى يتم العثور على الالة الجاهزة لارسال البيانات □ selecting ؛ (٣) عملية فحص الالات لتقدير حالة عملها من حيث ان كانت جاهزة لارسال البيانات أم لا ومن حيث ان كانت في حالة عمل أم لا

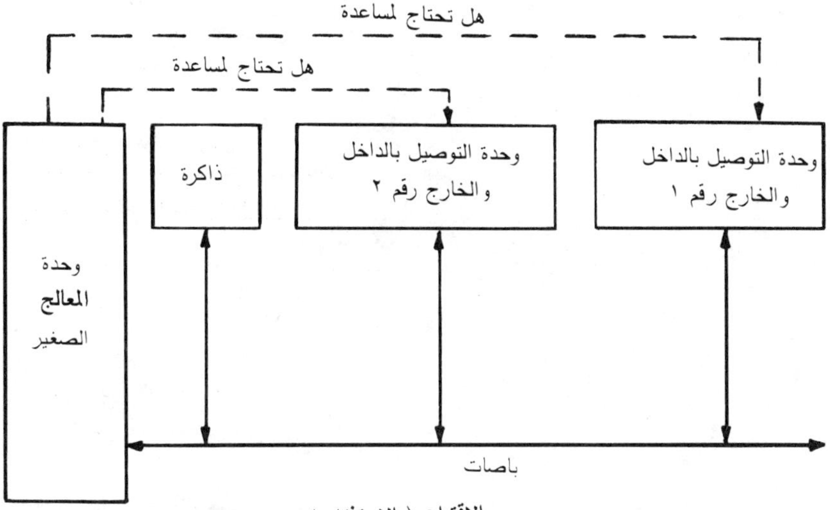

الاقتراع (الاستفتاء)

نظام الفحص كثير الحدود............ polynomial check system = PCS

polynomial code □

الشفرة كثيرة الحدود........................... polynomial code

شفرة لاكتشاف الاخطاء عن طريق اجراء عملية حسابية على البيانات المرسلة في محطة الارسال وتكرارها في محطة الاستقبال وذلك لتحديد ان كان قد حدث اي خطأ في هذه البيانات اثناء نقلها . يتم اختيار رقم ثابت ويسمى مولد كثيرة الحدود generating polynomial ويقسم على المجموع الذي يتم الحصول عليه باضافة خانات البلوك او الرسالة كما لو

كانت ارقاما ثنائية (صفر وواحد). يتم نقل الرسالة او البلوك وفي نهايتها ما يتبقى من عملية القسمة والمسمى رمز الفحص الدوراني cyclic check character . يتم جمع الرسالة او البلوك ورمز الفحص الدوراني في محطة الاستقبال ويقسم على مولد كثيرة الحدود . لو لم يكن هناك اي متبقي نتيجة هذه القسمة ، فسيتم استقبال الرسالة او البلوك على انها صحيحة .

مثال

افرض : مُولد كثيرة الحدود = ١١٠٠

مجموع البيانات = ١٠٠١٠٠١١

(محتوى الرسالة)

ما يتم في محطة الارسال :

اجراء عملية القسمة ١١٠٠

١١٠٠ | ١٠٠١٠٠١١

١١٠٠

٠٠١١٠٠

١١٠٠

باقي عملية القسمة ٠٠٠٠١١

والمسمى رمز الفحص الدوراني

ما يتم في محطة الاستقبال :

يتم اضافة رمز الفحص الدوراني لمجموع البيانات

(اضافة بدون نقل)

١٠٠١٠٠١١

٠٠٠٠١١ +

المجموع ١٠٠١٠٠٠٠

تقسم نتيجة الجمع على مولد كثيرة الحدود

١١٠٠

١١٠٠ | ١٠٠١٠٠٠٠

١١٠٠

٠٠١١٠٠

١١٠٠

٠٠٠٠

نظراً لان المتبقي صفرا ، فهذا يدل على ان عملية النقل كانت سليمة ولم يحدث فيها خطأ وبالتالي يتم استقبال الرسالة او البلوك

ميكروفيلم النسخة المطبوعة . . . . **POM = print out microfilm**

يدفع . . . . **pop**

نقل البيانات بالبدء من قمة القائمة ثم اعداد وحدة البيانات التي تتلوها لتكون جاهزة للنقل

تعليمات الدفع . . . . **pop instruction**

التعليمات المعطاة لجهاز الكمبيوتر والتي تنفذ خطوة الدفع □ pop

PORT=photo-optical recorder/tracker

منفذ (ميناء) . . . . **port**

مأخذ التيار على جهاز الكمبيوتر : يتم توصيل الادوات الخارجية مثل الطرفية والة الطباعة وما شابه بجهاز الكمبيوتر عند هذا المأخذ . بمعنى آخر هو خط التوصيل بين وحدة المعالجة المركزية CPU وأية اجهزة خارج جسم الكمبيوتر

قابلية النقل . . . . **portability**

قابلية استخدام برنامج مع اكثر من جهاز. تعتبر البرامج المكتوبة بلغات راقية من هذا النوع من الناحية النظرية ، الا ان حقيقة الاختلاف بين الاجهزة المصنعة من قبل شركات متعددة تتطلب تعديلا في البرامج عند استخدامها مع تلك الاجهزة

جهاز الكمبيوتر النقال . . . . **portable computer**

جهاز كمبيوتر صغير يمكن حمله من مكان الى آخر بسهولة

POS = point-of-sale terminal

positional notation . . . . **الرموز الموقعية**

طريقة لاعطاء قيم لمتغير ما . تقدر القيمة المعطاة للخانة عن طريق الرمز المستخدم لتمثيل هذه القيمة (فمثلا رقم ٥) وكذلك عن طريق موقع هذا الرمز من الفاصلة العشرية (مثلا ٠،٠٥)

positive . . . . **موجب**

(١) بالنسبة لرقم : اي رقم اكبر من الصفر ؛ (٢) بالنسبة لقطب البطارية : القطب الذي تتجه اليه الاليكترونات القادمة من القطب السالب

positive true logic . . . . **الدائرة المنطقية الحقيقية الموجبة**

نظام لدوائر منطقية يتم فيها تمثيل الخانة التي بها صفر بفولت منخفض والخانة التي بها واحد بفولت مرتفع

post . . . . **يضع (يُدخل)**

ادخال وحدة بيانات في سجل

post-amble . . . . **السلسلة المُلحق**

(١) سلسلة تتوالى فيها الاشياء واحدة بعد الاخرى ؛ (٢) في التسجيل على القرص المغناطيسي : جزء غير مستعمل من المجرى الذي يتم التسجيل عليه في نهاية كل مقطع □ block; sector ؛ (٣) في التسجيل على اشرطة مغناطيسية : مجموعة من الرموز تخزن في نهاية البلوك

postfix . . . . **الرموز المؤخرة**

طريقة لكتابة المعادلات بوضع رمز العملية الحسابية في مؤخرة العوامل (المتغيرات) المجراة عليها العملية . مثلا في المعادلة أ * (ب + ت) تصبح أ ب ت + *

تحليل الحدث بعد وقوعه .... post-mortem

برنامج يوضع في جهاز الكمبيوتر لتحليل كفاءة عمل البرامج الاخرى بعد اتمام معالجتها للتحقق مما حدث وتحديد مواقع الخطأ في تلك البرامج

التفريغ بعد وقوع الحدث .... postmortem dump

طبع ما تحتويه الذاكرة بعد ان ينتهي تنفيذ البرنامج

المعالجة اللاحقة .... postprocessor

(١) اصطلاح يطلق احيانا على برنامج يقوم بالمراحل النهائية لعملية المعالجة مثل البرنامج الذي يقوم بعملية المراجعة editing ؛ (٢) بالنسبة للمحاكاة emulation : البرنامج الذي ينتج الشكل او طريقة الترتيب المطلوبة من قبل جهاز الكمبيوتر العائل

فرضية ٠ مسلَمة .... postulate

الفرضيات التي يُبنى عليها عمل الدوائر الاليكترونية الخاصة بجهاز الكمبيوتر (الدوائر المنطقية) □ law

القوة ٠ الاس .... power

مثلا في رقم ٢^٣ الرقم مرفوع للاس او القوة ٣ وهذا يعني ان قيمة الرقم ٢ مضروبة بنفسها ٣ مرات ؛ (٢) الطاقة : مصدر الطاقة

اقطع التيار .... power down

أمر بقطع التيار عن الجهاز. عكس power up □ booting

power-down = power failure

انقطاع التيار .... power failure

قوي .... powerful

(١) البرامج ذات الكفاءة العالية والتي تغطي مدا واسعا من الاختيارات .

وهي ايضا تعني القابلية على انتاج اوامر معقدة بعدد محدود من التعليمات ؛ (٢) بالنسبة لجهاز الكمبيوتر والادوات المرافقة : ان تكون سريعة وكبيرة ومتعددة الاستعمالات

انقطاع مصدر الطاقة .... **power off**

الوصل بمصدر الطاقة .... **power on**

بطاقة بوارز .... **Power's card**

بطاقات تثبيت ذات ٩٠ عمودا استخدمت مع الاجهزة التي تستخدم البطاقات من نوع يونيفاك ويرجع تصميمها الى جيمس بوارز

شفرة بوارز .... **Power's code**

شفرة لتثقيب البطاقات تم وضعها بواسطة جيمس بوارز

مصدر الطاقة .... **power supply**

جهاز، عادة يكون داخل الكمبيوتر يقوم بتحويل التيار الكهربائي من تيار متردد AC الى تيار مستمر DC والمطلوب لتشغيل الاجزاء المختلفة للجهاز

يزود بالطاقة .... **power up**

booting □

بالغ الدقة .... **precision**

مقياس اكثر دقة من كلمة مضبوط accurate

العملية المُعرفة سابقاً .... **predefined process**

(١) العملية المعرفة باسم معين والتي تم الاشارة اليها في مكان ما من البرنامج ؛ (٢) روتين ثانوي لا يمكن اضافة اي تعليمات اضافية له

رموز المعالجة المعرفة سابقاً .... predefined process symbol

الرموز المستخدمة في الرسومات والتخطيطات لايضاح خطوات البرنامج او التعليمات المعطاة لجهاز الكمبيوتر flowchart

الرموز المُقدّمة .... prefix notation

طريقة لكتابة المعادلات بوضع رمز العملية الحسابية في مقدمة العوامل (المتغيرات) المجراة عليها العملية . مثلا المعادلة (س+ص) ع تصبح +س ص × ع والمعادلة س * (أ+ب) تصبح *س+أ ب . نفس parenthesis-free notation و Polish notation

المعالجة الأولية (التشغيل الأولي) .... preprocessing

المُعالج الاولي .... preprocessor

برنامج يستخدم في المنافسة لتحويل البيانات من الصورة الغير مقبولة الى صورة يقبلها الجهاز المنافس

الوقت الحاضر .... present

وضع قيمة مبدئية لمتغير معين . مثلا وضع قيم التحكم في التكرار (لولب) □ loop

إعداد مسبق .... preset

(١) تأسيس الوضع الاول . مثلا : وضع عدد مرات الدوران في التكرار loop ؛

(٢) مُدخل للصمام النطاط flip-flop الذي يساوي $\bar{Q}$ بالصفر و Q بالواحد مستقلا عن الساعة □ flip-flop

الصيانة الوقائية .... preventive maintenance

تستخدم مع اجهزة الكمبيوتر بهدف المحافظة عليها لضمان عملها المستمر باكتشاف ان كان هناك عطل او احتمال لعطل جزء معين وفصل هذا الجزء لاصلاحه قبل عطله . تتضمن هذه العملية تنظيف وضبط الاجزاء المختلفة لجهاز الكمبيوتر واختبار عمل هذه الاجزاء تحت ظروف العمل الطبيعي وتحت ظروف العمل الشاق

المفتاح الرئيسي . . . . primary key

في بعض طرق تنظيم ملفات البيانات ، يتم التنظيم بطريقة تعتمد على الوصول المباشر الى سجل البيان المطلوب . وهذا الوصول يعتمد على بيان اساسي يستخدم كمفتاح للوصول الى السجل الاساسي

عدد أولي . . . . prime number

العدد الاولي (الاساس) الذي تُشتق منه القيم الرقمية

يطبع · الطبع . . . . print

عمود الطباعة . . . . print bar

رمز التحكم بالطبع . . . . print control character

رمز يتم إرساله الى وحدة الطباعة لافادتها عن كيفية الطباعة مثل عودة الجزء الذي عليه الاحرف لبداية السطر وإدخال الورق لماكينة الطبع وكذلك التحكم في الفراغات على الخط الواحد وحجم ونوع حروف الطباعة

لوحة الدائرة المطبوعة . . . . printed circuit board

لوحة مصنعة من مادة عازلة مثبتة عليها دوائر مدمجة IC ومقاومات ومكثفات واجزاء كهربائية اخرى مطلوبة لعمل هذه الدوائر. هذه الاجزاء متصلة مع بعضها على شكل دائرة كهربائية بتوصيلات معدنية محفورة على سطح اللوح العازل بدلا من استخدام اسلاك كهربائية للتوصيل بين هذه الاجزاء

الطابعة . . . . printer

آلة طباعة خاصة تستخدم في ادخال البرامج او البيانات لجهاز الكمبيوتر وكذلك لاستقبالها . هناك انواع عديدة : آلة الطباعة الضاغطة تطبع الاحرف عن طريق ضرب الحرف على شريط من الكربون لنقل الحبر من على الشريط الى الورق . هناك نوعان للاحرف ، الاول وهو آلة الطباعة

المصفوفة matrix والثاني ذو احرف مجسمة قد تكون من النوع الامامي front strike ومن امثلتها عجلة ديزي او من النوع الخلفي back strike حيث ان مطرقة تكبس الورق والشريط الكربوني على الحرف . من امثلة هذا النوع كل آلات الطباعة السريعة مثل آلة الطباعة البرميلية barrel printer التي توجد الاحرف فيها على اسطوانة دائرية

printout . . . . hard copy □

printwheel . . . . **عجلة الطابعة · القرص الطابع**

daisy wheel □

priority . . . . **الأولوية (الأسبقية)**

نظام تحديد أولويات تشغيل البرامج يتم بمقتضاه تحديد أولوية التنفيذ . بمعنى ان جهاز الكمبيوتر يبدأ في تنفيذ البرنامج ذو الأولوية العليا وعندما ينتهي منه يبدأ في تنفيذ البرنامج الذي يليه في الاولوية . فاذا حدث إدخال برنامج آخر ذات أولوية أعلى فيتوقف الجهاز عن تنفيذ البرنامج ألاقل أولوية موقتا لحين الانتهاء من تنفيذ برنامج الاولوية العليا وبعدها يستكمل تنفيذ البرنامج ألاقل أولوية من عند النقطة التي كان توقف عندها وعادة ما تتعدد مستويات الاولوية □ interrupt; job queue; priority interrupt

priority intercept controller = PIC . . . . **أداة التحكم بالاعتراضات**

نوع خاص من الخلايا السليكونية chip تستخدم في احداث مقاطعات خارجية . تقوم بتحديد اولوية تنفيذ المهمات المطلوبة وبامكانها مقاطعة اي عملية اثناء تنفيذها ان كانت هناك مهمة اخرى ذات اهمية اكبر ومطلوب تنفيذها

print position . . . . **موقع الطبع**

أي من المواضع التي من الممكن الطباعة فيها

priority interrupt .... **المقاطعة حسب الاولوية**

لوحدات او برامج ذات اولوية عالية ان تحصل على الخدمة من وحدة المعالجة المركزية قبل وحدات او برامج ذات الاولوية الثانوية

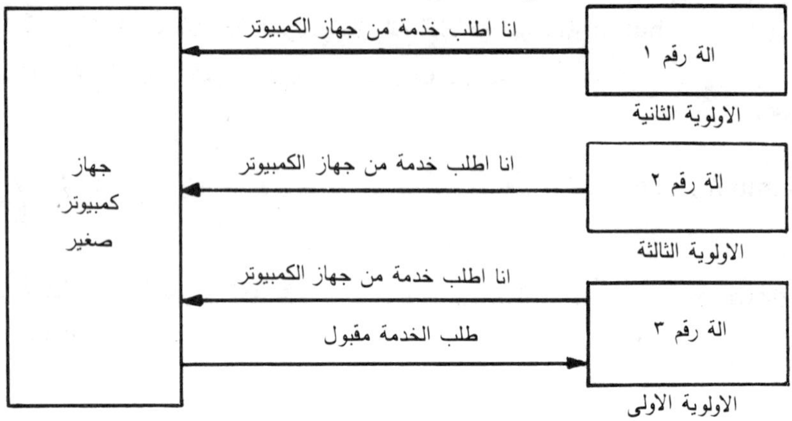

المقاطعة حسب الاولوية

priority processing .... **المُعالجة حسب الاولوية**

عندما يكون مطلوبا من جهاز الكمبيوتر تنفيذ مجموعة من البرامج ، يمكن اعداد الجهاز لتنفيذ هذه البرامج طبقا لاولوية معينة □ job queue

private automatic branch exchange = PABX .... **بابكس**

وصلة تليفونات تقوم بتوصيل الخط الداخلي بالدائرة الخارجية لجهاز التليفونات اوتوماتيكيا

privileged instruction .... **تعليمات مميزة**

تعليمات لجهاز الكمبيوتر لا تكون متوفرة له للاستخدام في حالة معالجة برامج عادية ، ويتم تزويدها بواسطة الاشخاص القائمين على تشغيل الجهاز للقيام بمهمات محددة ولافراد محددين

probability .... **علم الاحتمالات**

علم يجمع بين الاحصاء والرياضيات ، يهتم بدراسة عدد الطرق التي يمكن لحدث ان يتم بها مقسومة على عدد المرات المنتظر حدوثه (حدوث الحدث) فيها

probability model .... **نموذج (موديل) الاحتمالات**

الموديل الذي يستخدم علم الاحتمالات لتحليل البيانات . مثل هذه البيانات تكون قيمتها غير معروفة بالضبط ولكن يعرف عنها كيف تتغير وطبيعة سلوكها

probability theory .... **نظرية الاحتمالات**

probability □

problem .... **المشكلة**

مشكلة من الواقع يراد حلها ، او بيانات متوفرة تدور حول واقع معين يراد تحليله والاستنتاج منه

problem-oriented language = POL .... **لغة حل المشاكل**

المعنى العام لهذا المصطلح هو أية لغة برمجة تستخدم في حل المشاكل . حسب هذا التعريف ، يمكن اعتبار كل من لغة الفورترن والكوبول لغات من هذا النوع على الرغم من ان كلا اللغتين لغات تطبيقية application language . من الامثلة الشائعة للغات حل المشاكل كل من لغة ديانا dynamic analysis (Dyana) ولغة ابت automatically programmed tools (APT) ولغة كوغو coordinate geometry (COGO) . الجدول التالي يوضح مجالات استخدام بعض تلك اللغات :

موضع التطبيق	اسم البرنامج
الاحصاء Statistics	Statistical package for the social sciences = SPSS Statistical Analysis System (SAS) OMNITAB
مساعدة بجهاز الكمبيوتر Computer-assisted instruction	TUTOR PLANIT COURSEWRITER
التشابه Simulation	General-purpose systems simulator = GPSS SIMSCRIPT Continuous system simulation language = CSSL

ادارة قاعدة البيانات database management	Information management system = IMS Generalized information system = GIS TOTAL SYSTEM 2000
برمجة انظمة Systems programming	Automated engineering design = AED Basic language for implementing system software = BLISS For nonnumeric and systems programming = C
تصميم الكمبيوتر Computer design	Computer design language = CDL Computer structure language = CSL

procedure . . . . **النهج · الاجراء · الاداء**

(١) الخطوات العملية لحل مشكلة معينة ؛ (٢) سلسلة قصيرة من التعليمات المتوفرة في جهاز الكمبيوتر يمكن لمستخدم الجهاز استعمالها

procedure division . . . . **قسم الاداء**

قسم من البرنامج المكتوب بلغة الكوبول والذي يتضمن العمليات التي تتم على البيانات المراد معالجتها وادخالها او اخراجها

procedure-oriented language = POL . . . . **اللغة المنهجية**

لغة من اللغات الراقية تستخدم لكتابة البرامج لحل المشاكل بوضع خطوات متسلسلة لهذا الحل . وهي تختلف عن لغة الآلة . مثال لهذه اللغة كل من الكوبول والفورترن والباسكال والبيزيك والالغول

process . . . . **المعالجة · الانجاز · التشغيل · عالج · انجز**

سلسلة متجانسة من العمليات هدفها الحصول على نتيجة معينة

process bound . . . . **مرتبط بالمعالجة**

اصطلاح يطلق على البرامج التي تولد القليل من البيانات الداخلة او النتائج الخارجة ونادرا ما تنتظر وصول البيانات ولذلك فان النتائج لا تحتاج لوقت كبير في وحدة المعالجة المركزية

التحكم بالمعالجة .... process control

استخدام معدات قياس ومراقبة واجهزة كمبيوتر في تنظيم عملية انتاجية مثل التحكم بتصنيع وانتاج السيارات

تبديل المعالجة .... process conversion

تغيير في اسلوب تشغيل جهاز الكمبيوتر

قابل للمعالجة .... processible

شيء من الممكن معالجته باستخدام الكمبيوتر

المعالجة · التشغيل · الانجاز .... processing

ان يقوم جهاز الكمبيوتر بالعمليات المطلوبة منه لتحليل البيانات

منوال (نوع) معالجة الملف .... processing mode of a file

ادخال البيانات او اخراج النتائج او دمج ملفين او ما شابه ذلك

رمز المعالجة .... processing symbol

اشكال معينة كل منها يدل على عملية معالجة. مثلا الشكل المستطيل ▭ يدل على عملية حسابية كالجمع او الطرح او الضرب

المعالج .... processor

قد يكون آلة مثل وحدة المعالجة المركزية CPU او برنامجًا او مجموعة من التعليمات مثل المترجم compiler او لغة الآلة

حاصل الضرب .... product

نتيجة ضرب رقمين . مثلا في حالة ٢ × ٦ = ١٢ ، رقم ١٢ هو حاصل الضرب

الانتاج .... **production**

(١) التصنيع والانتاج ؛ (٢) بالنسبة لجهاز الكمبيوتر،معالجة البيانات المعطاة للحصول على نتائج مفيدة (على عكس استخدام البيانات لفحص حالة معينة او لتطوير برنامج معين)

الانتاجية .... **productivity**

مقياس لكفاءة وعمل كل من جهاز الكمبيوتر والتعليمات المعطاة له . الانتاجية هي نتيجة عاملين : الاول وهو المعدات المتوفرة وسهولة استخدامها والثاني هو عمل هذه الادوات (توفرها والوقت المطلوب لانجاز امر معين وهكذا)

البرنامج .... **program**

(١) سلسلة او مجموعة من التعليمات او الاوامر المتقاربة والتي عندما ينجزها جهاز الكمبيوتر يقوم ببعض العمليات الحسابية او التحليلية كالجمع او الضرب او بحث في مجموعة من البيانات او تصنيفها او مقارنة وحدات مختلفة منها . هناك انواع عديدة من هذه البرامج ، الاول وهو البرامج التطبيقية application programs تُكتب لحل مشكلة محددة او لاعطاء تقرير معين او لتحديث ملف ما . اكثر اللغات التطبيقية شيوعا والمستخدمة في كتابة البرامج التطبيقية كل من الفورترن (برامج لحل مشاكل علمية) والكوبول (لمعالجة البيانات data processing) . النوع الثاني برامج الاجهزة system programs ومهمتها رصد ما هو مخزن في الذاكرة ومواقع التخزين وضمان الاستخدام الامثل للذاكرة . اما النوع الثالث فهو برامج التحكم التسلسلي sequence control programs تقوم ببعض المهمات لتحديد اولوية تنفيذ البرامج . تستخدم مثل هذه البرامج في ادوات التحكم مثل غسالة الاطباق والات الطباعة . تكتب برامج الانظمة والبرامج التطبيقية بواسطة كاتبي البرامج ويتم تحويلها الى الشكل الذي يفهمه جهاز الكمبيوتر باستخدام برامج خاصة عديدة منها المترجم compiler . تسمى كل البرامج السابق ذكرها software . يتم تسجيل مثل هذه البرامج على اقراص او اشرطة مغناطيسية ويمكن تحريكها داخل جهاز الكمبيوتر حسب الحاجة . اما برامج التحكم التسلسلي فتخزن في ذاكرات القراءة فقط ROM . تسمى مثل هذه البرامج firmware . تستعمل كلمة برنامج في معظم

الاحيان ويقصد بها software . يسمى البرنامج التطبيقي وهو في الصورة التي كتبها المبرمج في اي من لغات البرمجة المختلفة برنامج المصدر source program . قد يطلق اصطلاح برنامج المصدر على برامج مكتوبة يدويا (مثل لوحة التشفير coding sheet) او على صورة وسطية (مثل البطاقات المثقبة) او قد يطلق على شكل ترتيب الرموز او التعليمات عند ادخالها لجهاز الكمبيوتر (مثلاً على شريط مغناطيسي). يمثل ترتيب وتوزيع خانات الاحرف والرموز والارقام هذه ، ما سيقوم برنامج الترجمة compiler بترجمته الى شفرة يمكن لجهاز الكمبيوتر فهمها . تسمى الصورة الجديدة للبرنامج والناتجة عن الترجمة البرنامج الهدف object program . برنامج الجهاز (النظام) system program هو برنامج الهدف الذي يتم تزويده مع جهاز الكمبيوتر عند شرائه او يتم طلبه منفصلا عن الجهاز للقيام بعمليات تكرار بصفة مستمرة او بصفة متقطعة . تعرف برامج الاجهزة (الانظمة) باسم system software . البرامج المُشرفة supervising programs هي برامج اجهزة تقوم بعمليات اساسية لها علاقة بتنظيم ادارة عمل جهاز الكمبيوتر او في انجاز البرامج التطبيقية . من هذه العمليات ، نقل البيانات من موقع الى آخر داخل جهاز الكمبيوتر، والفحص للتأكد من عدم وجود اخطاء . تختلف البرامج المُشرفة من جهاز الى آخر ويطلق عليها نظام التشغيل operating system لهذا الجهاز او ذلك . البرنامج الميكرو microprogram هو من برامج الاجهزة الا انه يتضمن تفاصيلا دقيقة تتحكم بالعمليات الاليكترونية لتنفيذ تعليمات البرنامج . توجد اسماء عديدة للبرامج المشرفة ، مثل برنامج المنافع utility program والذي يطلب على فترات متقطعة اثناء المعالجة ، وبرنامج المراقبة monitor program الذي يقوم بالفحص للتأكد من عدم وجود اخطاء او حالات غير طبيعية ، وبرامج التحكم control programs التي تتحكم بعمليات التخزين . برامج المكتبة library programs هي برامج من اي نوع تحفظ في المكتبة (عادة على شريط مغناطيسي) لدمجها مع اي برنامج آخر حسب الحاجة . لا يوجد فرق او تمييز بين البرنامج program ومجموعة التعليمات (الروتين)، الا ان الروتين لا يطلق على برنامج كامل مكتوب من قبل مستخدم الجهاز؛ (٢) بالنسبة للمبرمج : كتابة برنامج او مجموعة من البرامج ؛ (٣) توفير برنامج او مجموعة من البرامج للقيام بمهمة معينة

program chaining . . . . **سلسلة البرنامج**

طريقة يمكن بها تخزين برنامج اكبر من امكانيات الذاكرة الرئيسية باستخدام التحميل المتسلسل sequential loading والتنفيذ المتتابع لاجزاء هذا البرنامج

program coding . . . . **كتابة البرنامج**

كتابة تعليمات ورموز البرنامج الخاصة بجهاز الكمبيوتر □ coding form

program controller . . . . **البرنامج الضابط**

وسيلة ضبط (آلة او برنامج) تعمل تحت اشراف برنامج مُخزنْ

program counter . . . . **عداد البرنامج**

جزء من الذاكرة الداخلية لجهاز الكمبيوتر يقوم بعد واحصاء العمليات التي قام بها جهاز الكمبيوتر

program deck = card deck

program design language=PDL . . . . **لغة تصميم البرنامج**

في بعض الاساليب المتبعة في تصميم البرامج ، يتم كتابة مواصفات لبرنامج بلغة انكليزية عادية تشبه الى حد ما لغة الكوبول ، والقصد منها هو تحديد مواصفات البرمجة استعداداً لكتابة أوامر البرنامج

program development . . . . **إعداد البرنامج**

إعداد البرنامج يشمل كتابة الاوامر والترجمة والاختبار وتوثيق البرنامج

program evaluation and review technique = PERT . . . . **بيرت**

برنامج يتضمن نظام اداري يتم فيه تقسيم المشاريع الكبيرة الى مجموعات اصغر من الخطوات التي تشكل مجتمعة المشروع المتكامل ويتم وضع برنامج زمني للانتهاء من كل خطوة من تلك الخطوات . نفس critical path method

program flowchart = flowchart

program generator = generator

program language . . . . programming language □

program, library . . . . program □

program listing . . . . listing □

programmable logic array = PLA . . . . **ترتيب منطقي مبرمج**

ذاكرة تتضمن صمامات (بوابات) من نوع «و» AND و «أو» OR تستخدم كبديل لذاكرات القراءة فقط ROM ميزتها انها تستخدم صمامات منطقية (تحليلية) مبرمجة للقيام ببعض العمليات الخاصة . تستخدم مثل هذه الذاكرات في شبه الموصلات المصنعة من اوكسيد المعادن MOS والدوائر الثنائية القطب

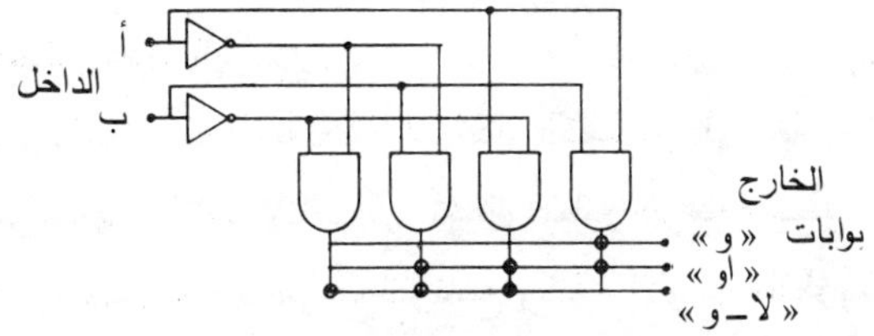

programmable read-only memory . . . . **ذاكرات القراءة فقط المبرمجة**
= PROM

ذاكرات يمكن برمجتها باستخدام موجات كهربائية واذا تمت برمجتها لا يمكن تغيير محتواها وانما يمكن قراءة محتواها فقط . من الممكن شراء هذا النوع من الذاكرات فارغة وباستخدام جهاز خاص للبرمجة PROM programmer يمكن الكتابة عليها . هناك انواع عديدة من الذاكرات يمكن مسح ما هو مكتوب عليها من جديد مثل erasable programmable read-only memory

بلاتو . . . . . . Programmed Logic for Automatic Teaching Operations = PLATO

برامج منطقية (تحليلية) تستخدم في التعليم الآلي . تستخدم هذه البرامج جهاز كمبيوتر كبير وسريع وعدد من اجهزة الطرفيات . تتضمن هذه البرامج الآف الدروس في ٦٥ موضوعا لمستويات علمية مختلفة تبدأ من سن الحضانة الى مراحل التعليم للدراسات العليا

المبرمج · مخطط البرامج . . . . programmer

الشخص الذي يقوم بكتابة البرامج واختبارها . هناك المبرمج الذي يتخصص في كتابة البرامج المتعلقة بنظام التشغيل الاساسي لجهاز الكمبيوتر ويسمى مبرمج النظام systems programmer وهناك المبرمج الذي يتخصص في كتابة البرامج الخاصة بتطبيقات جهاز الكمبيوتر ويسمى مبرمج البرامج التطبيقية application programmer

قالب المُبرمج . . . . programmer's template

مسطرة محفورة فيها الاشكال المختلفة المستعملة في تخطيط الرسوم التوضيحية للبرامج

البرمجة · تخطيط وإعداد البرامج . . . . programming

عملية نقل وترجمة المشكلة المطلوب حلها باستخدام الكمبيوتر الى لغة يمكن للكمبيوتر (بعد ترجمتها) فهمها وتنفيذها . تشمل عملية البرمجة خطوات تخطيط البرنامج ورسم خريطة خطوات البرنامج وكتابة الاوامر بالطريقة التي يفهمها الجهاز وبحسب اصول لغة البرمجة وعادة ما يتم تقسيم البرمجة الى انواع حسب المشكلة المطلوب برمجتها . مثلاً البرمجة الاساسية لجهاز الكمبيوتر والتي تتعلق بطرق تشغيله داخليًا ، تسمى برمجة النظام الاساسي والتحكم في الجهاز systems programming . عكس البرمجة التطبيقية application programming والتي تهتم باعداد برنامج لحل المشكلة المطلوب استخدام الجهاز فيها . والبرمجة التطبيقية تنقسم بدورها الى انواع حسب نوع التطبيق ، فهناك البرمجة العلمية scientific programming والتي تعتني بالمسائل العلمية وهناك البرمجة العملية business programming والتي تعتني بالمسائل غير العلمية ، الخ ...

programming aid . . . . **البرامج المساعدة للمبرمج**

برامج متخصصة تساعد مستخدمي اجهزة الكمبيوتر في كتابة برامجهم الاخرى

programming analyst . . . . **محلل البرامج**

شخص متدرب على تعريف وتطوير أساليب وبرامج الكمبيوتر المطلوبة
لحل المشاكل واحيانا يسمى programming analyst

programming language . . . . **لغة البرمجة**

اللغة التي تستخدم في كتابة البرامج

programming language for microprocessor = PL/M . . . . . . **بي أل/أم**

لغة برامج تستخدم في برمجة اجهزة الكمبيوتر الصغيرة ، وهي من اللغات
الراقية . ميزتها انها تختصر في وقت معالجة العمليات المطلوبة . تم تصميم
هذه اللغة بواسطة شركة انتيل للتسهيل على مستخدمي اجهزة الكمبيوتر
الصغيرة وتركيز تفكيرهم على المشاكل المراد حلها بدلا من التركيز على
البرنامج وكيفية كتابته

programming language for microprocessor plus . . . . . . **+ بي أل/أم**
= PL/M plus

لغة مطورة عن لغة PL/M قامت بتطويرها شركة ناشيونال سيمي كوندكتر
National Semiconductor لتبسيط برمجة اجهزة الكمبيوتر الصغيرة

programming language nineteen hundred = PLAN . . . . **بلان**

لغة البرمجة لجهاز الكمبيوتر موديل أي سي أل ١٩٠٠ ICL1900

programming language one = PL/1 . . . . **بي أل/واحد**

لغة برامج رقم ١ . لغة راقية مميزاتها انها تصلح لحل المشاكل العلمية
ومعالجة البيانات

program overlay=overlay

program self-modification . . . . **برنامج يطور ذاته**

قدرة برنامج الكمبيوتر على تغيير التعليمات المعطاة له عند تنفيذها

program step . . . . **خطوة البرنامج**

أمر او مجموعة ضمن البرنامج تمثل تنفيذ عملية منطقية كاملة ، وقد يشمل البرنامج على العديد من الخطوات

program stack . . . . **قائمة البرنامج**

مساحة على ذاكرة جهاز الكمبيوتر تترك فارغة لتكون مخزن اضطراري لاي بيانات او تعليمات وخاصة خلال عمل البرنامج □ pushdown list

program stop . . . . **وقف البرنامج**

تعليمات بالتوقف توجد في البرنامج وعند وصول جهاز الكمبيوتر لهذه التعليمات ، يتوقف اتوماتيكيا عن اتمام تنفيذ البرنامج

program storage . . . . **تخزين البرنامج**

جزء من الذاكرة الداخلية يحجز لتخزين البرامج والتعليمات المعطاة لجهاز الكمبيوتر. تزود كثير من اجهزة الكمبيوتر بمعدات لحماية هذا الجزء من الذاكرة من التلف او من محاولة التلاعب به

program testing . . . . **اختبار البرنامج**

اختبار يتم اجراؤه على البرنامج بوضع ارقام معينة كبيانات معروفة نتائجها لمقارنتها بالنتائج التي سيتم الحصول عليها من البرنامج وذلك للتأكد من ان خطوات البرنامج والمعادلات الموجودة في البرنامج صحيحة

project evaluation and review technique = program evaluation and review technique = PERT

PROM = programmable read-only memory

مبرمج ذاكرة القراءة فقط المبرمجة .... PROM programmer

الة تستخدم لبرمجة ذاكرات القراءة فقط ROM وذاكرات القراءة فقط المبرمجة PROM

ترقية .... promotion

ترقية البرنامج من مستوى الى مستوى أعلى . مثال : رفع البرنامج من مرحلة البرمجة الى مرحلة الاختبار او نقل البرنامج من مرحلة الاختبار الى مرحلة الاستعداد للتنفيذ

توجيه · عاجل .... prompt

خطأ ممتد .... propagated error

الخطأ الذي يقع في عملية ما ويمتد تأثيره الى العمليات التالية

إمتداد .... propagation

وقت الإمتداد .... propagation delay

الوقت الذي تستغرقه نبضة كهربائية في الترحال خلال الجهاز

الفراغات النسبية .... proportional spacing

قدرة آلة الطباعة على ترك مسافات مختلفة بين الاحرف كل حسب حجمه . تعطي هذه الطريقة شكلا افضل مما لو كانت جميع الاحرف لها نفس المسافة بغض النظر عن طبيعة وحجم الحرف

البرامج المملوكة .... proprietary software

برامج مكتوبة او يملكها اشخاص معينون لهم حق ملكيتها واستخدامها . لا يصح نسخ او كشف محتوى هذه البرامج بواسطة طرف آخر بدون اذن او تصريح من المالك

prosthetic .... **الجراحة الترقيعية**

تستخدم احيانا لوصف استعمال جهاز الكمبيوتر كأداة متعددة الاغراض كالمساعدة في تسهيل الوصول الى مساحات على الذاكرة ليس من السهل الوصول اليها

protected field .... **الحقل المحمي**

(١) مساحة على شاشة لمبة أشعة الكاثود CRT تتضمن بيانات لا يمكن للمشغل تغييرها او تعديلها الا بعد اطلاق سراحها بواسطة امر معين ؛

(٢) مساحة على الذاكرة لا يمكن لمستخدم البرامج ان يغير فيها

بعكس unprotected

protected storage .... **المخزن المحمي**

موقع على الذاكرة مخصص لتخزين بيانات محظور الحصول عليها او التسجيل في موقع تخزين محمي خصوصا من الكتابة فيه اكثر مما يحتمله هذا الموقع

protective sleeve .... flexible disk ☐

protocol .... **البروتوكول (اسلوب تبادل البيانات)**

مجموعة من الاعراف تحكم نقل او تبادل المعلومات بين نظامين او بين جهازين . مثلا ، لا تستطيع وحدة المعالجة المركزية CPU ان تتحدث لآلة الطباعة الا اذا كان هناك اتفاق يحدد اي الدوائر ستحمل الاوامر واي الدوائر ستحمل البيانات

ps = picosecond .... **بيكوثانية • ميكروميكروثانية**

٠٫٠٠٠٠٠٠٠٠٠٠٠١ = ١٠^-١٢ من الثانية

psec = ps

الشفرة المستعارة................................ pseudo-code

قبل ان يقوم كاتب البرنامج بكتابة برنامجه بلغة الكمبيوتر، في كثير من الحالات يستخدم رموزًا معينة او شفرة مستعارة ليمثل بها الخطوات والمتغيرات المختلفة التي يودها ان تكون في برنامجه وهذا يساعده في اختبار برنامجه واسلوب التحليل المنطقي المتبع فيه

لغة مستعارة • لغة سودو.................. pseudo-language

نفس pseudo-code □ quasi-language و pseudo-code

برامج ذات ملكية عامة.................. public domain software

البرامج ذات الحقوق الغير محفوظة ويمكن لاي شخص نسخها او الاطلاع على محتواها بدون اذن سابق

شفرة النبضة........................... pulse code

الشكل والتركيب الذي تسير النبضات وفقا له

البطاقة المثقبة........................... punched card

من الممكن تخزين البيانات او البرامج على بطاقات من الورق وتثقب بطريقة خاصة . حجم البطاقة ٧،٥ بوصة × ٠،٢٥ بوصة وبها ٨٠ عمودا رأسيًا و١٢ سطرا افقيا (٩٦٠ موقع تخزين او موقع تثقيب). يطابق توزيع الثقوب البرنامج او البيانات المخزنة □ Hollerith card

قائمة الدفع لاسفل........................... pushdown list

طريقة لترتيب قائمة من البيانات تصبح فيها آخر وحدة اضيفت للقائمة ، اول القائمة واول ما تم استرجاعه □ last in first out

قائمة (رزمة) الدفع لاسفل.................. pushdown stack

مجموعة من المسجلات او مواقع التخزين تستخدم فكرة قائمة الدفع لاسفل □ pushdown list

pushup list . . . . **قائمة الدفع لاعلى**

طريقة لترتيب قائمة من البيانات حيث ان آخر وحدة دخلت للتخزين توضع في قاع القائمة ، وبالتالي فان اول ما ادخل هو اول ما يتم استرداده من هذه القائمة ◻ first in first out

pushup storage . . . . **مخزن الدفع لاعلى**

طريقة لتخزين البيانات بحيث يتم استرجاعها بنفس الترتيب الذي ادخلت فيه ، بمعنى آخر ان اول ما تم تخزينه سيكون اول ما يتم الحصول عليه عند الاسترداد

Q

QA = quality assurance

QC = quality control

Q-test . . . . اختبار كيو

اختبار مدى انطباق مجموعة على مجموعة اخرى من البيانات

quad . . . . رباعي

(١) اصطلاح يطلق على الة اليكترونية او دائرة تتضمن أربع وحدات ؛

(٢) اربعة اسلاك معزولة ومغزولة على بعضها

quad density . . . . رباعي الكثافة

تعبير يطلق على مدى سعة القرص اللين للبيانات ، بمعنى ان كمية البيانات هي أربعة أضعاف الكمية الاساسية single density

quality assurance = QA . . . . ضمان الجودة

quality control = QC . . . . التحكم في الجودة

طريقة لتقييم كفاءة ما تم انتاجه وذلك باختباره مقابل معدل عمل معروف مسبقا واتخاذ الاجراء اللازم لتعديل كفائته ان كانت اقل مما يجب ان تكون عليه

quantising = quantizing

quantity . . . . الكمية

قيمة رقمية كونها موجبة او سالبة

quantizer . . . . **جهاز التقسيم (التقطيع)**

جهاز تقسيم الاشارات المتصلة الى اشارات منفصلة وتحديد قيم لها

quantizing . . . . **تقسيم (تقطيع)**

عملية تقسيم مدى من القيم الى اقسام مختلفة يعامل كل قسم منها كوحدة واحدة . او تقسيم اشارة متصلة الى اشارة متقطعة

quantum . . . . **مقدار (كوانتم)**

اصغر وحدة قياس تستخدم في نظام القياسات

quartz delay line . . . . **خط التأخير الكوارتزي**

جهاز تخزين مؤقت للمعلومات يعتمد على فكرة تأخير الموجات . يحتوي الجهاز على مادة الكوارتز

quasi-instruction . . . . **شبه أمر**

امر لا يتم تنفيذه كباقي الاوامر وانما يعتبر كجزء من البيانات

quasi-language . . . . **لغة مستعارة ٠ لغة سودو**

نفس pseudo-code و pseudo-language □ pseudo-code

query . . . . **طلب ٠ استفسار**

ان تطلب بيانات اثناء تنفيذ البرنامج

queue . . . . **صف الانتظار**

مجموعة من الاشياء (مثل الملفات او السجلات او البرامج) والتي تعامل كوحدة واحدة في وضع الانتظار لكي يقوم جهاز الكمبيوتر باجراء عمليات عليها . يحدد ترتيب الاشياء اولويتها

queued access method . . . . . **طريقة الاسترداد (التداول) بصفوف الانتظار**

اي طريقة للحصول على البيانات والتي بها تزامن اوتوماتيكي عند نقلها بين اداة المعالجة واداة الادخال والاخراج

نظرية صف الانتظار (نظرية الصفوف) . . . . queuing theory

فرع في علم بحوث العمليات OR عادة ما يستخدم في دراسة طابور الانتظار وهو نظام تحريك الوحدات في خط الانتاج او في نقل البيانات او في وحدات تجميع السيارات ، كذلك فان النظرية تستخدم في ترتيب وتنظيم طوابير الانتظار امام المحاسب في البنوك والبقالات التعاونية

الشفرة السباعية . . . . quibinary code

شفرة تمثل فيها كل خانة من خانات الرقم العشري بسبع خانات من النظام الثنائي ☐ binary; biquinary code; decimal

الخُماسيّة . . . . quintet

خمس خانات متصلة تُعامل كوحدة واحدة

نتيجة عملية القسمة . . . . quotient

كويرتي . . . . qwerty

اصطلاح يطلق على لوحة المفاتيح التي تكون فيها الارقام والرموز والاحرف مرتبة كما هي في الة الطباعة العادية ☐ azerty

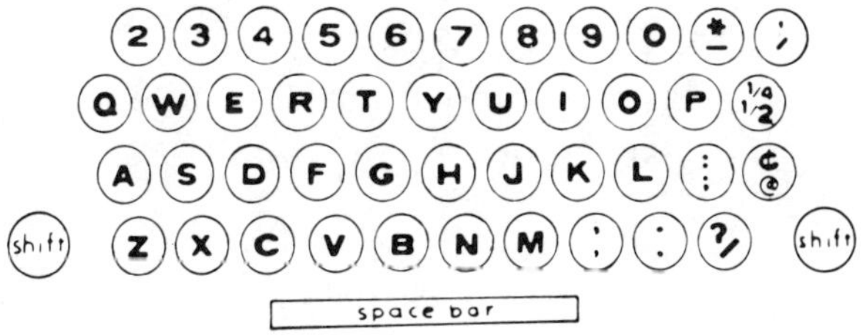

كويرتي

R

R = read

radio-frequency modulator = RF . . . . جهاز تعديل الترددات اللاسلكية
آلة تستخدم في تحويل الاشارات الخارجة من جهاز الكمبيوتر الى ذبذبات
راديو يمكن إظهارها على شاشة التلفزيون العادي

radix . . . . الاساس (في أنظمة الترقيم)
مثلا في نظام الترقيم العشري ، الاساس ١٠ وفي نظام الترقيم الثنائي ،
الاساس ٢ □ binary; decimal

radix complement . . . . complement □

radix point . . . . الفاصلة
العلامة التي تفصل بين الجزء الصحيح والكسور في رقم

radix sorting . . . . digital sorting □

RAM = random access memory

RAMPS = resource allocation in multiproject schedule

random access .... **الوصول (التداول) العشوائي**

عملية الحصول على البيانات او تخزينها على الذاكرة بطريقة لا يتبع فيها البحث المتسلسل . نفس direct access

random access memory = RAM ...... **ذاكرة الوصول (التداول) العشوائي**

يمكن الوصول (الحصول) على البيانات او الاوامر المخزنة على هذا النوع من الذاكرات ويمكن مخاطبة العناوين عليها مباشرة بواسطة وحدة المعالجة المركزية CPU . القسم الاول من الاسم random access ، يعني امكانية مخاطبة العنوان على الذاكرة مباشرة بدون البحث في كل محتوى الذاكرة بالتدريج للوصول للعنوان المطلوب . معظم برامج المستخدمين user programs تخزن على هذا النوع من الذاكرات . يمكن الكتابة على او القراءة من هذه الذاكرات مباشرة ، كذلك من الممكن تغيير محتواها باستخدام امر اكتب write . الفرق بين هذا النوع من الذاكرات وذاكرات القراءة فقط ROM ان الاول يمكن تغيير محتواه اما النوع الثاني فلا يمكن تغيير محتواه . كذلك فان انقطاع التيار الكهربائي عن الجهاز يسبب فقدان محتوى الذاكرة في النوع الاول ، اما في النوع الثاني فلا تأثير لذلك على محتوى الذاكرة . لهذا ، فان النوع الاول يسمى احيانا الذاكرات المتطايرة

randomizer .... **مولّد عشوائي**

برنامج فرعي مهمته تحديد عنوان على وسائل التخزين (الاسطوانات او الاقراص او ما في حكمها) حيث يتم التخزين العشوائي للسجل المراد تخزينه او قراءة السجل المراد قراءته

randomizing algorithm .... hashing algorithm □

random number .... **الارقام العشوائية**

(١) خانات من الارقام الغير مرتبة بأي شكل من الاشكال ؛ (٢) رقم تم الحصول عليه من مجموعة من الارقام التي يمكن ان يكون اي رقم فيها هو الرقم الذي تم اختياره

✓random number generator .... مولد الارقام العشوائية

برنامج كمبيوتر او جزء من جهاز الكمبيوتر نفسه تم تصميمه لانتاج ارقام عشوائية طبقا لمواصفات محددة

✓rank .... رتبة

(١) مقياس لموقع شئ ضمن مجموعة او سلسلة او تصنيف ؛ (٢) ترتيب اشياء (كونها ارقاما او ملفات او اي شئ مشابه) حسب الاهمية او الاولوية

raster .... شبكة

شبكة من النقاط المعنوية تحتوي على جميع المواقع المحتملة على شاشة لمبة اشعة الكاثود CRT والتي يمكن لاجزاء الصورة ان تظهر فيها

raster count .... عداد الشبكة

عدد النقاط المعنوية التي تتضمنها الشبكة

raw data .... البيانات الاولية

البيانات او المعلومات التي لم تتم معالجتها بعد . مثل هذه البيانات يجب تخزينها في صورة يمكن لجهاز الكمبيوتر فهمها مثل البطاقات المثقبة او الاشرطة المغناطيسية

RCC=remote communication concentrator

read .... إقرأ

اصطلاح يستخدم في البرامج لاعطاء امر لجهاز الكمبيوتر للحصول على معلومات من وحدات التسجيل او وحدة الداخل . قد تكون مثل هذه القراءة من بطاقات مثقبة عن طريق تحسس مواقع الثقوب او من القرص او الشريط المغناطيسي عن طريق تحسس شكل توزيع المجال المغناطيسي

reader .... وحدة القراءة

(١) الآلة التي تستخدم لتكبير الاحرف المكتوبة على الميكروفيلم ؛
(٢) آلة تقوم بتحويل البيانات من حالة ساكنة (مثلا الثقوب على بطاقات التثقيب او الاشرطة الورقية) الى نبضات كهربائية عند نقلها

reading station . . . . **محطة القراءة**

الجزء من ماكينة تثقيب البطاقات التي يمكنها قراءة البطاقات عن طريق التحسس

read-only memory = ROM . . . . **ذاكرات القراءة فقط**

ذاكرات يمكن القراءة منها ولكن لا يمكن الكتابة عليها ☐ memory

read-only storage = read-only memory

read slot . . . . flexible disk ☐

read/write head . . . . **رأس القراءة والكتابة**

رأس التسجيل المغناطيسي الذي يستخدم في القراءة او الكتابة على الاسطح المغناطيسية ☐ head

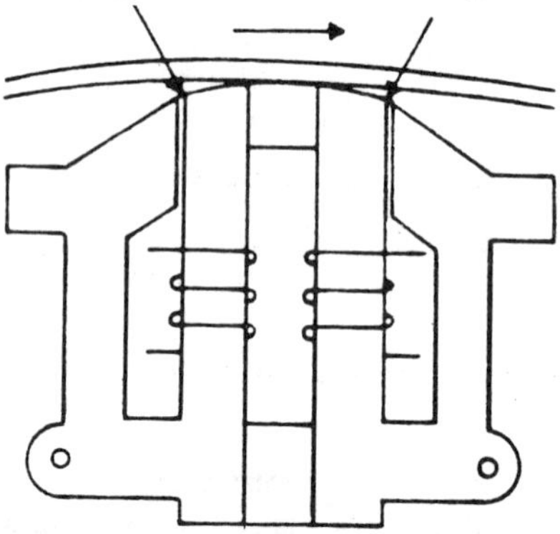

رأس قراءة وكتابة ذو فراغين

ready . . . . **مستعد**

في بعض نظم الكمبيوتر، يقوم الكمبيوتر بعرض هذا اللفظ على شاشة الطرفية لافادة المشغل بان الجهاز مستعد لتقبل أمر آخر أو انه جاهز للتشغيل

real quantity . . . . **قيمة كسرية**

قيمة رقمية بها كسر

الوقت الحقيقي (الاني) . . . . real time

(١) معالجة البيانات والحصول على النتائج في نفس الوقت الذي تتم فيه الاحداث المنتجة لهذه البيانات حتى يمكن التأثير في تلك الاحداث مباشرة . مثل نظام التحكم في العلاج بالاشعة ؛ (٢) معالجة البيانات لحل المشاكل التي تعتمد على سرعة المعالجة وإعطاء النتائج خلال الوقت الحقيقي للمشكلة

ساعة انية . . . . real time clock

في جهاز الكمبيوتر، ساعة (مجموعة من المسجلات) تحتفظ بالسنة والشهر واليوم والساعة والدقيقة والثانية وذلك لاظهارها مع النتائج او للاحتفاظ بسجل كامل عن جميع العمليات التي قام بها الجهاز وزمن قيامه بها

نظام الكمبيوتر الاني . . . . real time computer system

جهاز كمبيوتر يتميز بخاصية التشغيل الاني للبيانات (بمعنى أنه يمكنه التفكير والتصرف مباشرة في نفس الوقت الذي يستقبل فيه البيانات) . يستخدم مثل هذا الجهاز في المعدات الحربية مثل الدبابات لتحديد موقع الضرب ويصدر الاوامر بالضرب المضاد مباشرة . كذلك يستخدم في التطبيقات الطبية

الادخال الاني . . . . real-time input

ادخال البيانات في جهاز في نفس وقت انتاجها بواسطة جهاز آخر

الاخراج الاني . . . . real-time output

اخراج البيانات من الجهاز في نفس وقت انتاجها بواسطة جهاز آخر

فحص المعقولية . . . . reasonableness check

طريقة يتم بها اجراء اختبارات على البيانات التي تم معالجتها للدلالة على اي خطأ قد حصل

استدعاء. . . . . recall

بيانات مستقبلة .... received data

قلم او دبوس مع ادوات الوصل بالموديم يدل على ان البيانات المرسلة قد تم استلامها ام لا . مثلا : أر. أس . – ٢٣٢ RS-232 وسي . سي . آي . تي . تي . في . – ٢٤ CCITTV-24

فقط للاستقبال .... receive only

تصميم جهاز ، مثلا طرفية بطريقة يمكنها ان تستقبل المعلومات او البيانات المرسلة ولكن لا يمكنها ان ترسل أية معلومات او بيانات

المستقبل .... receiver

الجزء من ماكينة تثقيب البطاقات الورقية والذي تتجه اليه البطاقات بعد تثقيبها . نفس card stacker

حقل الاستقبال .... receiving field

حقل يتضمن عنوان الموقع الذي ستنقل له البيانات او الموقع الذي ستخزن فيه النتائج . نفس object field

سجل .... record

مجموعة من البيانات او المعلومات المتقاربة التي يتم التعامل معها كوحدة واحدة . قد يتكون السجل من بلوك واحد او من سطر واحد من المعلومات . السجل المنطقي logical record هو سجل مصنف طبقا لما يحتويه من معلومات . بمعنى ان جميع المعلومات المتواجدة داخل هذا السجل تربطها علاقة منطقية واحدة . قد تتواجد تلك المعلومات في اكثر من موقع او اكثر من اداة تخزين واحدة . السجل الملموس physical record هو وحدة تخزين قد تحتوي على سجل منطقي واحد او مجموعة من السجلات المنطقية او جزء من سجل منطقي واحد . لو كانت السجلات التي يتكون منها الملف ذات طول ثابت (كما هو الحال في سجلات تحتوي على معلومات عن موظفين في شركة ما) فان كل سجل منطقي (شرح عن حالة احد الموظفين)

يحفظ في سجل ملموس ذو طول ثابت . لو كان الملف يحتوي على سجلات ذات اطوال مختلفة فان السجلات تحفظ منفصلة كسجلات ملموسة ذات اطوال مختلفة . ينقل جهاز التشغيل السجلات بين المخازن المساعدة والمخزن الرئيسي على شكل بلوكات وهي عادة ما تكون ذات طول ثابت تمثل جزءا من طول ممر على قرص مغناطيسي . قد يتكون البلوك من سجل ملموس واحد او قد يتكون من اكثر من سجل ملموس . تشمل كلمة سجل كل من السجل المنطقي والسجل الملموس □ logical record; physical record

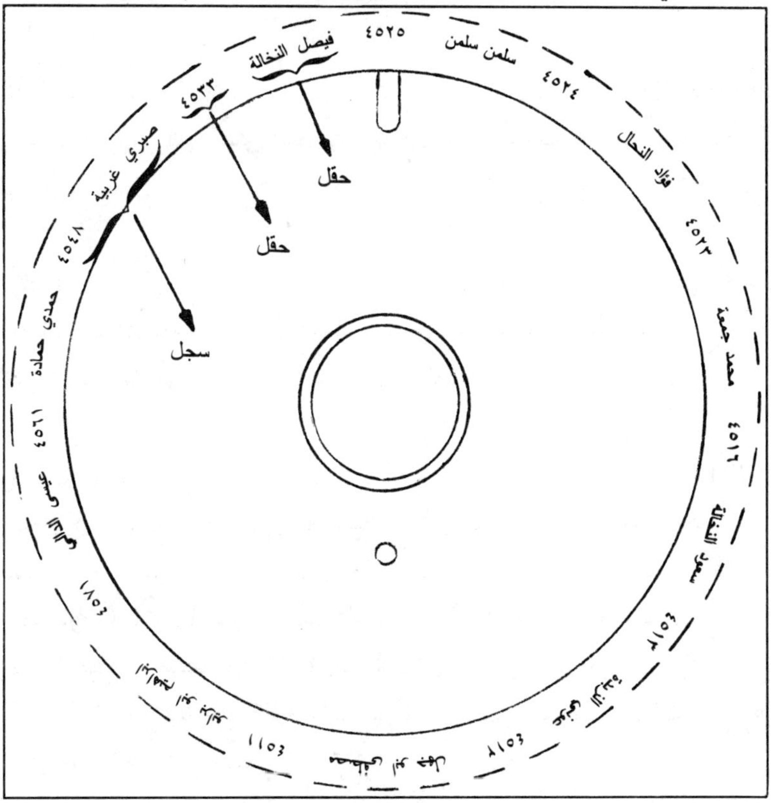

ملف باسماء وارقام الطلبة

ملف يتضمن اسماء وارقام طلبة مدرسة يافا الثانوية في مدينة غزة. يتكون سجل الطالب من حقلين وتكّون سجلات الطلبة مجتمعة هذا الملف

record gap . . . . interblock gap □

record layout .... ترتيب السجل
طريقة ترتيب وبناء البيانات او المعلومات في السجل الواحد متضمنة حجم وتسلسل مكونات هذا السجل

record length........................... طول السجل
مقياس لحجم السجل وهذا يمكن تمييزه بعدد الكلمات word او بعدد البايت bytes التي تتضمن ثمان خانات او بعدد الرموز

recording density .... كثافة التسجيل
عدد خلايا التخزين التي يمكن التخزين فيها في وحدة المساحة او في وحدة الطول لهذا السجل

recovery........................... استرجاع (استعادة).
عملية استرجاع (تكملة)معالجة البيانات وبدون فقد لاي منها بعد توقف مفاجئ نتيجة خطأ في البرنامج او عطل في الجهاز

rectifier .... مقوم التيار (موَحد التيار)
آلة تعمل كهربائيا او دائرة كهربائية تسمح بمرور التيار في اتجاه واحد فقط باستخدام صمام ثنائي diode . يحول هذا الجهاز التيار المتردد .A.C الى تيار مستمر .D.C. يحول مقوم نصف الموجة half-wave rectifier نصف الموجة الموجب او السالب من تيار متردد الى تيار مستمر. اما مقوم كل الموجة full-wave rectifier فيقوم بتحويل كلا النوعين الموجب والسالب من تيار متردد الى تيار مستمر

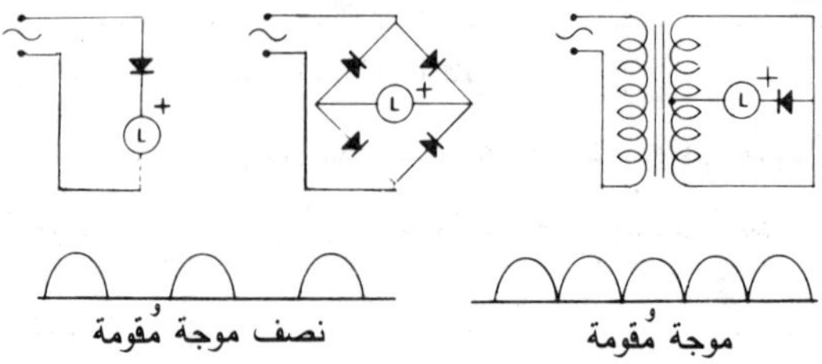

نصف موجة مُقومة   موجة مُقومة

recursive operation . . . . عملية تكرارية

(١) عملية تم تنفيذها على عدة مرات وكل مرة (ما عدا المرة الاولى) تعتمد على نتائج المرة السابقة لها ؛ (٢) عملية حسابية تتم عن طريق التجربة والخطأ بفرض الحل ثم اختبار هذا الحل وتقريبه للحل الصحيح ثم فرض حل آخر وهكذا الى ان يتم الوصول الى الحل الاقرب الى الصواب

recursive routine . . . . روتين تكراري

روتين يمكنه مناداة نفسه او مناداة روتين آخر والذي سيقوم بمناداة الروتين الاول . يولد اسلوب المعالجة هذا ، العديد من المستويات في المعالجة وله علاقة بالتركيب الشجري □ tree structure

redundancy . . . . التعدد • التكرار • الحشو

(١) استخدام مجموعة من الادوات تقوم بنفس العمل لزيادة الدقة ؛ (٢) عند نقل البيانات : الجزء منها الذي إن فُقد ، فلن يؤثر على معناها الكلي ؛ (٣) المساحات على الذاكرة او الادوات التي تعمل تداخلا overlap او تقوم بتكرار عملها؛ (٤) تعدد الاجهزة من نفس النوع لاستخدامها عند عطل الجهاز الرئيسي

redundancy check . . . . فحص الحشو • فحص التكرار

فحص مبني على نقل الرموز او الاحرف بعدد اكثر من الحد الادنى المطلوب لنقل الرسالة نفسها ، وهذه الاحرف او الرموز الاضافية يتم ادخالها اوتوماتيكيا بهدف الفحص والتدقيق فقط □ parity bit; parity check

redundant code . . . . شفرة الحشو • شفرة مكررة

شفرة تمثل فيها الارقام العشرية بارقام ثنائية (صفر وواحد) مضافا على كل رقم خانة للفحص □ parity bit

redundant information . . . . معلومات الحشو • معلومات مكررة

الرسالة التي تم التعبير عنها بطريقة تدل على ان معنى المعلومات يمكن التعبير عنه بأكثر من طريقة

التسجيل الحشوي · التسجيل المكرر . . . . redundant recording

طريقة للتسجيل على اشرطة الكاسيت بتسجيل المعلومات على الشريط مرتين لضمان عدم فقدها ان حدث تلف لجزء ما من الشريط

بكرة . . . . reel

(١) حجم الشريط المغناطيسي ؛ (٢) البكرة التي يلف عليها الشريط المغناطيسي وهما نوعان ، بكرة السحب وبكرة التغذية

reentrant = re-entrant

مشترك . . . . re-entrant

اصطلاح يطلق على البرنامج او البرنامج الفرعي الذي يتميز بخاصية امكان تنفيذه من أي نقطة فيه ويتميز بامكانية استخدامه من قبل اكثر من برنامج اخر في نفس الوقت . وعلى هذا فان تصميم هذا البرنامج يجب ان يكون بصورة لا تحتوي على اية قيم تتغير اثناء التنفيذ . ويتم اللجوء الى هذا الاسلوب للتوفير في عدد البرامج التي يجب تحميلها في الذاكرة الرئيسية خلال التنفيذ

دليل (وثيقة) · مرجع · إحالة . . . . reference

(١) الوثيقة التي تستخدم كدليل في عمليات التشغيل ؛ (٢) نقطة او إشارة او علامة تستخدم كمرجع لعملية ما ؛ (٣) رقم يستخدم للاحالة الى وثيقة اخرى او الى مكان آخر ☐ cross-reference

reflected binary code . . . . Gray code ☐

تجديد · تنشيط . . . . refresh

استعادة المعلومات على الجهاز بمجرد ان تبدأ في الزوال . مثلا تنشيط وتجديد الرموز والاحرف الظاهرة على شاشة انبوبة أشعة الكاثود حوالي ٣٠ مرة في الثانية لتبقى ظاهرة امام مستخدم الجهاز

إعادة إنشاء .... **regenerate**

عملية تجديد بعض الكلمات . تستخدم هذه الطريقة في بعض اجهزة التخزين بهدف اعادة كتابة المعلومات التي تم اتلافها عند قرائتها

المسجل .... **register**

جزء من الذاكرة يستخدم مع وحدة المعالجة المركزية CPU بهدف التخزين المؤقت لكمية صغيرة من المعلومات او لتسجيل التعليمات والنتائج اثناء معالجتها . موقع التخزين هذا ذو طول ثابت (حوالي كلمة كمبيوتر) ومتصل بدوائر كهربائية مختلفة تسمح بقراءة الخانات التي تتكون منها الكلمة او كتابتها او نقلها بين المواقع المختلفة . المسجل العام general purpose register هو مسجل وحدة التحكم والمتوفر لكثير من الاستخدامات مثل حفظ العدد او عنوان القاعدة base address او عنوان العودة return address او مؤشر الرزمة stack pointer او لعلم flag واحد او اكثر من واحد . مسجل الامر instruction register يحفظ الامر اثناء حل شفرته وتنفيذه . مسجل العنوان الحالي current address register (احيانا يسمى عداد البرنامج) هو المسجل الذي يحفظ عنوان الامر التالي والمطلوب تنفيذه . يسمى المسجل الذي يمكن زحزحة خاناته لليمين او اليسار مسجل الازاحة shift register . اما المُجمع accumulator فهو مسجل وحدة الحساب ومزود بدوائر كهربائية للجامع الكلي full adder . تتكون الرزمة stack من مسجلات ودوائر كهربائية يمكنها نقل الخانات من المسجل المجاور لها على ان تبقى مواضع الخانات مرتبة بنفس الترتيب . المسجل المرئي visible register هو المسجل الذي يمكن قراءة محتواه او الكتابة فيه عن طريق برامج المستخدمين . المسجل الغير مرئي invisible register هو المسجل الذي يمكن الوصول اليه عن طريق جهاز التشغيل فقط

س ٨	س ٧	س ٦	س ٥	س ٤	س ٣	س ٢	س ١

مسجل س ذو ثمانية خانات

register capacity . . . . **قدرة المسجل**

الحد الادنى والاقصى للارقام التي يمكن التعامل معها في وحدة التسجيل في جهاز الكمبيوتر

registration. . . . . **تسجيل**

تعيين مواقع التثقيب في البطاقة بدقة

regression analysis (مفرد لكلمة *analyses*) . . . . **تحليل الانحدار**

احد افرع علم الاحصاء يمكن بواسطته تقدير معدل التغير في قيم المتغيرات

reject. . . . . **رفض ٠ مرفوض**

(١) إشارة الى ما يقوم به جهاز الكمبيوتر من رفضه للعملية التي لم تستكمل عناصرها وفقًا لأصول البرمجة . او اشارة الى عدم قبول بيان معين لمخالفته لشروط فحص البيان ؛ (٢) البيان او العملية المرفوضة

relational expression . . . . **جملة الارتباط**

اصطلاح يتضمن تعبيراً او اكثر تربطهم علاقة ما

relational operator □

relational operator. . . . . **عامل الارتباط**

رمز يستخدم للمقارنة بين قيمتين . يحدد هذا الرمز او الشكل حالة معينة يمكن ان تكون صحيحة او غير صحيحة . مثال ذلك :

EQ — equal to	=	يساوي
NE — not equal to	≠	لا يساوي
GT — greater than	>	اكبر من
GE — greater than or equal to	≥	اكبر من او يساوي
LT — less than	<	اقل من
LE — less than or equal to	≤	اقل من او يساوي

relative address . . . . عنوان نسبي

عنوان مبدئي يضاف اليه عنوان موقع بدء التحميل في الذاكرة (عنوان القاعدة) ليعطي العنوان المطلق absolute address والذي يحدد موقع التخزين الفعلي وقد يسمى بذلك لانه منسوب الى عنوان القاعدة

relay . . . . متابع • ريليه

مفتاح تحويل كهربائي مغناطيسي . عند مرور تيار صغير في دائرة التحكم فان التيار يمر في الملف الكهربائي coil وهذا يولد مجالا مغناطيسيا يسبب جذب الذراع تجاه الملف والذي ينتج عنه تشغيل الوصلة contacts .

يستخدم هذا المفتاح في وصلات عديدة منها ان يتمكن تيار بسيط في ملف من ان يتحكم في تيار قوي

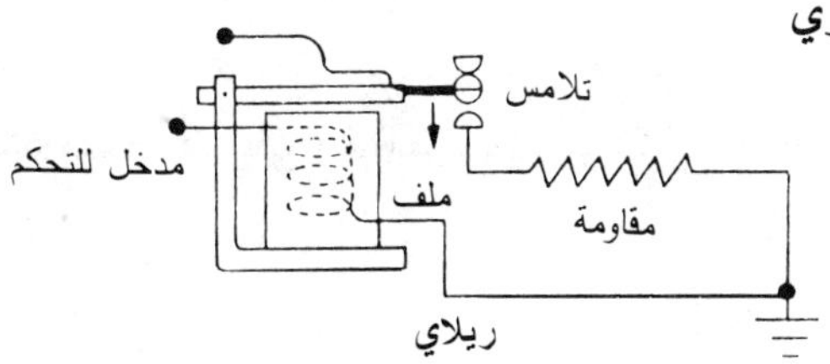

release . . . . أطلق سراح • طبعة (إصدار)

(١) أطلق سراح : إشارة الى عمل مشغل جهاز الكمبيوتر او ما يقوم به البرنامج التنفيذي عندما يقوم باطلاق سراح برنامج للتنفيذ وقد سبق وضعه في حالة عدم التنفيذ او وضعه في قائمة الانتظار ؛ (٢) طبعة (إصدار) : عندما يتم إعادة إصدار البرنامج او نظام التشغيل . نفس معنى version

reliability . . . . درجة الاعتماد

مقياس مدى قدرة الجهاز او اجزائه على القيام بالمهمات المطلوبة منه بدون احداث عطل بها

relocatable program . . . . برنامج ممكن نقله

(١) برنامج مكتوب بلغة الهدف بطريقة تسمح بتخزينه او تنفيذه في اي جزء جاهز من وحدة التخزين الداخلي لجهاز الكمبيوتر ؛ (٢) يطلق كذلك على برنامج جميع العناوين فيه هي عناوين نسبية relative address relocate .... ينقل (يوطن)

نقل البرنامج من موقع الى آخر على الذاكرة الداخلية وكذلك تعديل عنوان موقع تخزين البرنامج ليتسنى معالجته في موقعه الجديد

relocation .... نقل ، توطين (تسكين)

عملية توطين (نقل) كل البرنامج او أجزاء منه من مواقع تخزينها المتجاورة على الذاكرة الرئيسية الى موقع او مواقع جديدة . تسمح عملية النقل هذه بتنفيذ البرنامج في اي موقع متاح على الذاكرة الرئيسية وهذا ضروري مع الانظمة التي تتعامل مع أكثر من وتنفذ اكثر من برنامج في نفس الوقت

remainder .... باقي القسمة

ما يتبقى عند قسمة رقم على رقم آخر. مثلاً في ١٤ ÷ ٣ نتيجة القسمة هي ٤ والباقي ٢

remote access .... الوصول عن بعد

توضح القدرة على الاتصال بين جهاز الكمبيوتر وبين المحطات الفرعية والتي تبعد عن الجهاز

remote batch processing .... معالجة المجموعات عن بعد

طريقة ادخال البرامج والبيانات الى جهاز الكمبيوتر في صورة حزم ومجموعات وذلك لمعالجتها ، وتتم عملية الادخال هذه من مواقع بعيدة عن الجهاز ومتصلة به عن طريق شبكة الاتصالات

remote communication concentrator .... جهاز تجميع وتركيز وارسال البيانات
=RCC

جهاز ضمن الكمبيوتر مخصص لاستقبال البيانات من الوحدات الطرفية البعيدة وتركيزها وارسالها عبر قنوات إتصال سريعة الى الكمبيوتر الرئيسي

remote job entry=RJE=remote batch processing

المعالجة عن بعد .... remote processing

المعالجة المركزية من بعد عبر شبكات الاتصال

الطرفية المتصلة عن بعد .... remote terminal

تتم عملية وصل النهايات الطرفية بجهاز الكمبيوتر بطريقتين : الاولى ، ان يكون الاتصال مباشرًا عبر اسلاك ، وفي هذه الحالة يطلق عليها الطرفية المتصلة مباشرة hard-wired terminal والثانية في حالة بعد المسافة بين جهاز الكمبيوتر والطرفية ، فيتم التوصيل بخط التلفون او شبكة الاتصال وتسمى الطرفية البعيدة remote terminal

الرقم العشري المكرر .... repeating decimal number

الكسر العشري الغير مختصر مثل ٠،٢٢٢٢٢٢ او ٠،٢٣٤٣٤٣٤٣٤

جهاز اعادة التثقيب .... reperforator

اداة لتثقيب الشريط الورقي

مستودع • مجموعة الاوامر التنفيذية .... repertoire

مجموع الخدمات او التسهيلات المتوفرة . مثلا مجموعة من التعليمات المتكاملة والتي تخص نوعًا واحدًا من اجهزة الكمبيوتر او عائلة واحدة من الاجهزة ☐ instruction set

repertory = repertoire

أمر التكرار .... repetition instruction

امر يسبب معالجة مجموعة من التعليمات عدة مرات

يحل محل .... replace

replacement theory .... **نظرية الاحلال**

نظرية المحاولة والخطأ الحسابية حيث يفرض حل معين ويتم اختباره ومن نتائج الفرض الاول يفرض حل آخر وهكذا الى ان يتم الحصول على الحل الاقرب للصحيح

report .... **التقرير**

عادة ما يتعلق بالنتائج النهائية . يتضمن تجميع الحقائق المتقاربة لتسهيل الاستنتاج وفهم هذه النتائج

report file .... **ملف التقرير**

ملف يتضمن نتائج التحليل الذي طبق على البيانات بواسطة اجهزة الكمبيوتر

report generator = **report program generator**

report program generator = **RPG** .... **لغة البرمجة آر . بي . جي**

لغة لكتابة البرامج شائعة الاستخدام في مجال ادارة الاعمال . تسمح هذه اللغة لمستخدمها ان يبرمج اي عدد من العمليات وان ينتج تقارير جديدة . هذه اللغة سهلة في تعلمها

reproduce .... **اعادة الانتاج**

نسخ البيانات على سطح مماثل للسطح المنسوخ عنه . مثلا عند نسخ البيانات المسجلة على قرص مغناطيسي الى قرص مغناطيسي آخر

reproducer .... reproducing punch □

reproducing punch .... **تكرار التثقيب**

آلة تستخدم في تثقيب اكثر من بطاقة بنفس الثقوب وبالتالي يمكن توفر اكثر من مجموعة بطاقات تحمل نفس التعليمات او البرامج

reprogramming .... **إعادة البرمجة**

إعادة كتابة البرنامج المُعد طبقا لمواصفات جهاز معين ليعمل مع جهاز آخر

rerun . . . . **يعيد التنفيذ**

تكرار تنفيذ نفس البرنامج او اجزاء منه باستخدام جهاز الكمبيوتر

res = reset

reserve accumulator . . . . **أداة جمع محجوزة**

اداة تخزين خارج جهاز الكمبيوتر ولكنها مرتبطة مع المُجمع
accumulator الرئيسي بوحدة المعالجة المركزية CPU
□ accumulator

reserved word . . . . **كلمة محجوزة**

كل لغة من لغات البرمجة بها كلمات لها معنى محدد . مثال كلمة اكتب write وكل كلمات الأوامر . ولهذا تعتبر هذه الكلمات المعرَّفة سلفًا بالكلمات المحجوزة حتى لا يمكن استخدامها الا في الغرض المخصصة من اجله حيث يفهمها الجهاز بهذا المعنى فقط

هناك بعض الكلمات التي لا يمكن استخدامها في برنامج تطبيقي نظرا لانها محجوزة لاجهزة التشغيل او لمترجم اللغات في جهاز الكمبيوتر compiler لاستخدامهم الخاص

reset = res . . . . **اعادة التهيئة**

(١) إعادة حالة جهاز الكمبيوتر لوضع ثابت معين سبق تحديده ؛
(٢) تغيير خلية مكتوبة بنظام الترقيم الثنائي الى حالة الصفر (تغيير جميع الخانات الى اصفار) ؛ (٣) الغاء العملية القائمة واعادة تهيئة الجهاز

resident program . . . . **البرنامج المقيم**

اي برنامج يحجز موقعًا في الذاكرة الداخلية الرئيسية ويأخذ صفة الاستدامة لحد ما نظرًا للحاجة لتنفيذه عدة مرات . امثلة لهذه البرامج : (١) البرنامج المعد للتعامل مع محتوى الرسائل text والمسمى المحرر editor ؛ (٢) البرنامج المجمع assembler الذي يقوم بترجمة البرامج من اي لغة الى لغة اخرى ؛ (٣) البرنامج المنقي debugger وهو

البرنامج الذي يقلل اخطاء البرامج الاخرى والتعليمات المعطاة لجهاز الكمبيوتر

القيمة المتبقية .... **residual value**

قيمة أية قطعة من المعدات في نهاية مدة التأجير

درجة الوضوح .... **resolution**

درجة وضوح الاحرف والرموز على شاشة الطرفية ، او وضوح الرسوم على الشاشة ، ويتم حسابها بعدد النقط التي يتم تشكيل الحرف منها او بعدد النقط الكلية التي يتم عرضها على الشاشة

خطأ التحليل .... **resolution error**

الخطأ الناتج عن عدم قدرة محول الطاقة transducer على اظهار التغيرات الاصغر من القيم المعطاة

الامكانيات .... **resources**

(١) اي تسهيلات في جهاز الكمبيوتر او جهاز التشغيل مطلوبة لمعالجة عمل معين ؛ (٢) جهاز الكمبيوتر بما فيه من وحدة الادخال والاخراج I/O ووحدة المعالجة المركزية CPU والذاكرة الداخلية وبرامج التحكم وبرامج المعالجة والاشخاص القائمين على تشغيل الجهاز

تعيين المصادر .... **resources allocation**

يقصد بذلك نشاطات نظام التشغيل عند تحديد المصادر التي سيستخدمها البرنامج او المهمة . تسمى عملية تحديد المصادر هذه اثناء المعالجة بتحديد المصادر المتحرك dynamic resources allocation وتسمى عملية تحديد المصادر قبل ان تبدأ المعالجة بتحديد المصادر الثابت static resources allocation

مدة الاستجابة .... **response time**

الوقت الذي يحتاجه الكمبيوتر للرد على طلب معين ابتداء من وقت إستلامه للطلب

معاودة التشغيل . . . . **restart**

إعادة بدءمعالجة تعليمات معطاة لجهاز الكمبيوتر

إبقاء · احتفاظ . . . . **retention**

عملية الاحتفاظ بملف البيانات لفترة محددة او غير محدودة

شبكية . . . . **retina**

لها علاقة باجهزة القراءة البصرية

إسترجع . . . . **retrieve**

□ information retrieval . . . . **retrieval**

العودة . . . . **return**

(١) امر يوضع في نهاية الروتين الثانوي subroutine يسمح لوحدة التحكم بأن تعود للنقطة المناسبة في البرنامج الرئيسي ؛ (٢) مفتاح يوجد في لوحة المفاتيح المتصلة بالطرفية عند ضغطه يعود حامل احرف الطباعة (او المنزلقة) لاقصى يسار السطر التالي (عند الكتابة في اللغة الانكليزية)

التسجيل بالعودة للمرجع . . . . **return-to-reference recording**

طريقة للتسجيل او التخزين على الذاكرات المصنعة من مواد مغناطيسية مثل الشريط او القرص المغناطيسي . يمكن بهذه الطريقة مغنطة الموقع بمستوى اعلى من المستوى الموجود لكي يمثل خانة الواحد في نظام الترقيم الثنائي وبتزويد هذا الموقع بنبضة طاقة يمكن تغيير مستوى المغنطة من صفر الى واحد والنبضة التالية بعد ذلك تعيد هذا الموقع ثانية الى صفر

العودة الى الصفر . . . . **return to zero = RZ**

طريقة لكتابة المعلومات على سطح مغناطيسي يتم بها اعادة التيار في ملف رأس الكتابة الى الصفر بعد الانتهاء من نبضة الكتابة

reusable . . . . **قابلة للاستخدام**

اصطلاح يطلق على جزء من شفرة (مثل برنامج او تعليمات خاصة معطاة لجهاز الكمبيوتر) والتي يشار اليها بواسطة اكثر من برنامج (يخزن هذا الجزء من الشفرة في الذاكرة الرئيسية عندما تكون اي من هذه البرامج في وضع التنفيذ)

rewind . . . . **أعاد اللف**

اصطلاح يستخدم في برامج الكمبيوتر يهدف لاعادة الشريط المغناطيسي للموضع الذي بدأ منه (اعادة لف الشريط)

RF = radio frequency

RGB monitor . . . . **شاشة المراقبة الملونة**

شاشة المراقبة ذات الالوان الاحمر والاخضر والازرق : أحد انواع شاشات المراقبة الملونة التي يتم ادخال الالوان الاحمر والاخضر والازرق فيها وكذلك ارسالها كل لون على حدة

ribbon check . . . . **خطأ في شريط الطبع**

خطأ يظهر في اجهزة الطباعة او الطرفية الطابعة ناتج عن شريط الطبع الكربوني

right justify . . . . justify □

ring network . . . . network, ring □

RJE=remote job entry=remote batch processing

robot . . . . ربوت (**الربوط**)

جهاز كمبيوتر يمكنه الحركة واداء بعض العمليات الروتينية وفقا لبرنامج يخزن فيه . بمعنى آخر ، يقوم بالاعمال الميكانيكية التي يمكن ان يقوم بها الانسان

robotic .... **آلي الحركة (ربوتي)**
صفة للحركة الالية التي تنتج اوتوماتيكيا عن الالة

rod memory .... **الذاكرة القضبانية**
ذاكرة كمبيوتر تتكون من أسلاك مغطاة بسبيكة من الحديد والفضة ومقطعة بطريقة لتظهر على شكل رزمة من القضابين □ thin film

rollback .... **يعود • عودة**
الجهاز الذي سيعيد تنفيذ البرنامج بعد ان توقف جهاز الكمبيوتر نتيجة عطل معين فيه ، عودة الى بداية الملف او بداية العملية التي لم تستكمل

roll in .... **نقل الى (ادخال)**
(١)معالجة جزء من البرنامج في الذاكرة الرئيسية ؛ (٢) نقل البيانات من الذاكرة الثانوية للذاكرة الرئيسية

roll out .... **نقل من (اخراج)**
تسجيل محتويات الذاكرة الداخلية في وسيلة تخزين خارج جهاز الكمبيوتر

ROM = read-only memory

ROM simulator .... **مشابه لذاكرة القراءة فقط**
آلة للاستخدام العام يمكنها الحلول محل ذاكرات القراءة فقط ROM او الذاكرات المبرمجة للقراءة فقط PROM في جهاز معين اثناء اختبار البرنامج

rotate .... **حرّك • تدوير • أدار**
(١) تعليمات لجهاز الكمبيوتر تسبب تحريك الكلمات لعدد معين من الخانات لليمين واليسار. مثال ذلك :

APPLE
EAPPL
LEAPP

مراوحة كلمة APPLE لليسار اعطى كلمة LEAPP

(٢) تحريك بالدوران للقرص المغناطيسي او الاسطوانة

rounding error . . . . **خطأ التقريب**

الفرق بين الرقم الاصلي والرقم المقرب . مثلا رقم ٢،١٣٢ عند تقريبه الى رقمين عشريين يصبح ٢،١٣ وخطأ التقريب يساوي ٠،٠٠٢

round off . . . . **تقريب الارقام**

تقريب الكسور طبقا لاساس الرقم . ففي الرقم العشري يتم تقريب الكسر باضافة واحد ان كان اكبر او يساوي خمسة وفي النظام الثنائي يضاف واحدًا ان كان اكبر او يساوي واحدًا . مثال ذلك في الرقم العشري ٢،١٣٦ يصبح ٢،١٤

round-off error = rounding error

routine . . . . **الروتين**

مجموعة من التعليمات المُشفرة والمرتبة في تسلسل مناسب لتوجه جهاز الكمبيوتر للقيام بمهمات معينة . من الممكن ان يتضمن البرنامج عدد من الروتينات على الرغم من ان الروتين من الممكن اعتباره برنامجًا في حد ذاته

routing . . . . **تحديد الطرق**

تحديد المجرى الذي سيتم التسجيل عليه او يتم ارسال الرسالة او التقرير اليه

row . . . . **الصف**

(١) الصف الافقي في مصفوفة matrix ؛ (٢) احد الصفوف الافقية للثقوب الموجودة على بطاقات التثقيب

RPG = report program generator

RPROM = reprogrammable programmable read-only memory . . . . erasable programmable read-only memory ☐

أر أس – ٢٣٢ .... RS-232

موصلات كهربائية شائعة الاستعمال لتوصيل المعدات المختلفة بجهاز الكمبيوتر وهي طبقا لمواصفات الصناعات الاليكترونية Electronic Industries Standard (EIS)

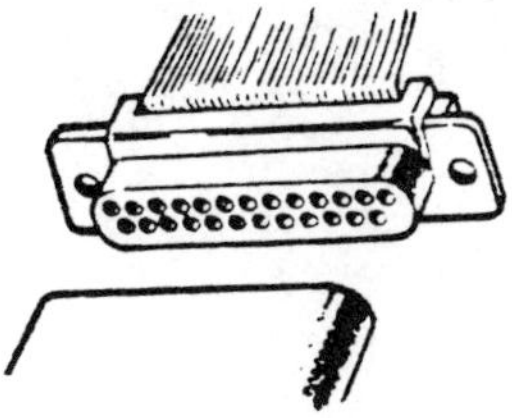

وصلة من نوع أر أس ٢٣٢

RS-232 C = RS-232

RTC = real time clock

تنفيذ البرنامج .... run

تنفيذ برنامج مرة واحدة او بصورة مستمرة باستخدام مجموعة من البيانات ، اوامر تنفيذ البرنامج الذي يصدره المُشغل الى جهاز الكمبيوتر

كتيب التنفيذ .... run manual

كتيب يتضمن جميع التفاصيل عن نظام المعالجة ووحدة التحكم واي شئ يتعلق باستخدام جهاز الكمبيوتر

run out character = delete character

مدة التنفيذ .... run time

المدة الزمنية المحصورة بين جلب البيانات بواسطة وحدة التحكم الى الانتهاء من انجازها في وحدة الحساب

R/W = read/write

RZ (NP) = return to zero (non-polarized)

RZ (P) = return to zero (polarized)

S

s = second

SA = systems analysis

SABRE . . . . سابر
نظام مركزي لتجميع المعلومات اليا (باستخدام جهاز الكمبيوتر)

SAGE = Semi-Automatic Ground Environment System . . . . ساج
نظام مركزي لتجميع المعلومات من شبكات الرادار المختلفة باستخدام جهاز الكمبيوتر تم تصميمه خصيصا لوزارة الدفاع الامريكية في اواخر الخمسينيات

SAM = sequential access method

sample data . . . . بيانات التجربة
بيانات تجريبية يضعها كاتب البرنامج ليختبر بها دقة وصحة البرنامج والخطوات التي يتضمنها ☐ test data

sampling . . . . أخذ العينات
الحصول على قيمة العامل المتغير على فترات منتظمة او غير منتظمة

satellite. . . . . فرع ٠ قمر صناعي

(١) القمر الصناعي الذي يُستخدم في الاتصالات ؛ (٢) فرع تابع لنظام الكمبيوتر ☐ communication satellite

أجهزة الكمبيوتر التابعة . . . . **satellite computer**

(١) اجهزة كمبيوتر اضافية ، وفي معظم الاحيان تكون صغيرة الحجم والقدرة ، تساعد جهاز كمبيوتر كبير. من الممكن ان تكون هذه الوسيلة اقتصادية ان تم استخدام الاجهزة الصغيرة هذه في العمليات البسيطة مثل فحص البيانات للتأكد من دقتها وترتيب عمل اجهزة التيرمنال المختلفة وترجمة الشفرات وما شابه ذلك من العمليات البسيطة ؛ (٢) جهاز كمبيوتر ليس على اتصال مباشر مع وحدة المعالجة المركزية لجهاز كمبيوتر اكبر ☐ off-line

احفظ (خزن) . . . . **save**

امر يعطى لجهاز الكمبيوتر لتخزين برنامج او بيانات بصفة مستمرة

SBC = single-board computer

الميزان · مقياس . . . . **scale**

طريقة تستخدم لتغيير او تعديل القياسات المختلفة لمتغيرات لوضعها جميعا في مدى واحد

عامل القياس . . . . **scale factor**

رقم او مجموعة ارقام يتم اختبارها لتُضرب بها او تُقسم عليها قيمة العوامل التي تتضمنها مشكلة ما ، لتحويلها للمدى الذي يمكن التعامل معه . مثلا لو كان الهدف ضرب رقمين وكان حاصل الضرب كبيرًا لدرجة لا يمكن لجهاز الكمبيوتر التعامل معه ، عندها يُقسم كلا الرقمين على رقم معين (عوامل الموازنة) لتحويلهما الى ارقام بحجم يمكن لجهاز الكمبيوتر التعامل معها وبعد الانتهاء من عملية الضرب ، تضرب النتيجة بعامل الموازنة لاعادة النتيجة للقيمة الحقيقية

قياس ٠ تدريج .... scaling

عملية قياس الارقام بعضها الى بعض لوضعها في تدريج معين او رسمها بيانيا

فحص دقيق .... scan

فحص البيانات او البرامج حسب تسلسل منطقي

قناة الفحص .... scanner channel

اداة تقوم بفحص قنوات الاتصال ، كل على حدة لمعرفة ان كانت تحتوي على بيانات جاهزة للنقل

توزيع المقروء وتجميع المكتوب .... scatter-read/gather-write

يقصد بتوزيع المقروء ، تخزين البيانات القادمة مع سجل الداخل input record على مواقع غير متقاربة على الذاكرة . اما تجميع المكتوب فيقصد به تجميع البيانات من مواقع تخزينها الغير متجاورة وتخزينها في سجل واحد

SCCS = Southern California Computer Society

برنامج الجدولة .... scheduler

برنامج خاص ضمن برامج الكمبيوتر الاساسية مهمته جدولة تنفيذ البرامج داخل الكمبيوتر

الجدولة .... scheduling

مهمة ترتيب البرامج في الاجهزة التي يمكنها التعامل مع اكثر من برنامج في نفس الوقت

المخطط العام لقاعدة البيانات .... scheme

المخطط الذي يحدد الشكل العام لقاعدة البيانات بمعنى تحديد عدد الملفات وانواعها وانواع السجلات التي تتكون منها ملفات البيانات ، وبيان عناصر البيانات التي تتكون منها السجلات . ولا يمكن لأي برنامج معالجة الجمع بين مخطط واخر . فالمخطط العام هو الحد الاقصى من مجموعة البيانات التي

يتمكن برنامج ما من الوصول اليها . وعادة يتم تقسيم المخطط العام الى مخططات فرعية subscheme كل مخطط منها يتعلق بمجموعة معينة من البيانات ذات علاقات مع بعضها ، وبهذا يسهل على برنامج المعالجة تداول كل مجموعة فرعية على حدة ، وفي هذا توفير في وقت التشغيل وحماية وأمن لباقي مجموعات البيانات

تخطيط . . . . **schematic**

رسم يوضح مكونات دائرة كهربائية

الرمز التخطيطي . . . . **schematic symbol**

رموز ورسومات معينة لتمثيل المكونات المختلفة المستخدمة في الدوائر الكهربائية

دائرة شوتكي . . . . **Schottky circuit**

دوائر كهربائية من صفاتها ان لها سرعة عالية وتستهلك مقدارا كبيرًا من الطاقة

جهاز الكمبيوتر العلمي . . . . **scientific computer**

جهاز كمبيوتر له القدرة على ممارسة عمليات حسابية بسرعة عالية وعادة مزود بمكتبة حسابية واحصائية كبيرة

اللغة العلمية . . . . **scientific language**

لغة برامج مصممة لكتابة برامج لحل مشاكل حسابية واحصائية . امثلة على ذلك لغة الفورترن والالغول

العلامات (الرموز) العلمية . . . . **scientific notation**

طريقة للتعبير عن الكميات ككسور عشرية وكقوة لعشرة . مثلا في الرقم ١٣٣٠٠٠ = ١،٣٣ × ١٠^٥ . نفس standard notation

SCL = system control language

SCR = silicon controlled rectifier

scratch-pad memory .... ذاكرة مسوَدة

ذاكرة سريعة وصغيرة الحجم تستخدم في بعض اجهزة الكمبيوتر بدلا من المسجل register لتخزين البيانات عليها مؤقتا . نظرا لسرعة هذه الذاكرات فهي تساعد في زيادة كفاءة اجهزة الكمبيوتر في معالجة البيانات

screen .... شاشة

شاشة انبوبة أشعة الكاثود CRT التي يمكن اظهار البيانات او النتائج عليها

screen dump .... افراغ الشاشة

نقل البيانات او الرسومات من شاشة الطرفية للمخزن او الى الة خارجية لطبعها

screen size .... حجم الشاشة

حجم وابعاد شاشة انبوبة أشعة الكاثود CRT وعادة ما يتم التعبير عن ذلك بالبوصة

screen type .... نوع الشاشة

هناك العديد من الادوات لاظهار البيانات او الرسومات . مثل انبوبة أشعة الكاثود CRT والصمام الثنائي الباعث للضوء □ cathode ray tube; light emitting diode; liquid crystal display

scrolling .... زحزحة

امكانية تحريك ما يظهر على شاشة انبوبة أشعة الكاثود CRT رأسيا وافقيا لاظهار ما لا يمكن اظهاره في الوضع الافقي او العكس

[1]SCS = silicon controlled switch

[2]SCS = Society for Computer Simulation

search . . . . **البحث**
فحص مجموعة من البيانات لتحديد البيانات التي تتضمن الصفات المرغوبة

search memory . . . . associative memory □

sec = second

second = sec = s . . . . **الثانية**
وحدة زمنية تساوي $\frac{1}{60}$ من الدقيقة

secondary key . . . . **مفتاح ثانوي**
في بعض طرق تنظيم ملفات البيانات ، يتم تنظيمها بحيث يسهل الرجوع المباشر الى سجل البيان المطلوب . وهذا الرجوع المباشر يستلزم وجود مفتاح رئيسي primary key للوصول اولاً الى السجل الرئيسي ، ثم الى مفتاح ثانوي secondary key للوصول الى السجل الفرعي التابع والمرتبط بالسجل الرئيسي . والمفتاح عبارة عن بيان او مجموعة بيانات تستخدم في الاستدلال على موقع السجل □ key; primary key

secondary storage . . . . auxiliary storage □

second generation . . . . **الجيل الثاني**
يقصد بذلك الجيل الثاني من اجهزة الكمبيوتر التي استخدمت فيها الترانزستورات بدلا من اللمبات المفرغة التي استخدمت في اجهزة الكمبيوتر من الجيل الاول . انتشرت اجهزة الكمبيوتر من الجيل الثاني في الفترة بين ١٩٥٩ ــ ١٩٦٤ . تستخدم اجهزة الكمبيوتر الشائعة هذه الايام الدوائر المدمجة IC بدلا من الترانزستورات

القطاع . . . . **sector**

تقسم الممرات التي يتم التسجيل عليها في الاقراص المغناطيسية الى اجزاء صغيرة تعرف بالقطاعات

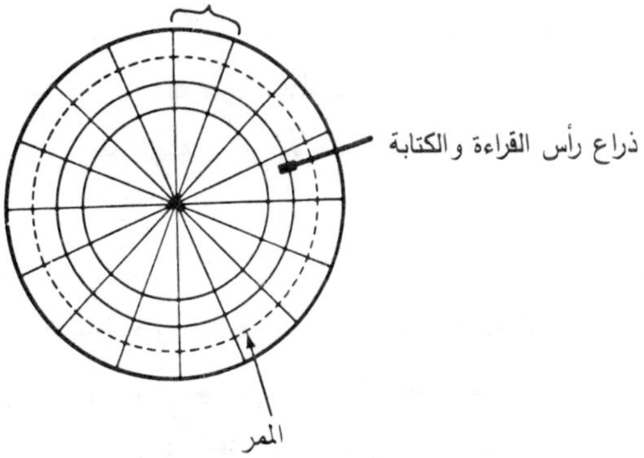

القطاع

الامن . . . . **security**

امن جهاز الكمبيوتر والبيانات المخزنة فيه ☐ computer security; data security

البذرة . . . . **seed**

رقم يُفرض كقيمة مبدئية لرقم عشوائي تعتمد عليه كل القيم الاخرى التي يتم حسابها

يبحث عن . . . . **seek**

في وحدة الرأس المغناطيسي المتحرك : تحريك رأس القراءة والكتابة لموقع معين على القرص المغناطيسي للقراءة من هذا الموقع او الكتابة عليه

المساحة المطلوبة . . . . **seek area**

جميع الممرات على القرص المغناطيسي والتي يمكن القراءة منها او الكتابة عليها بدون حاجة لنقل رأس القراءة والكتابة

seek arm . . . . **ذراع البحث**

ذراع ميكانيكية يثبت عليها رأس القراءة والكتابة (في بعض الحالات اكثر من رأس واحد). نفس access arm

seek time . . . . **مدة البحث**

في وحدة رأس القراءة او الكتابة على القرص المغناطيسي المتحرك : الوقت المطلوب لنقله من ممر الى ممر آخر بهدف القراءة منه او الكتابة عليه

segment . . . . **الجزء**

(١) تقسيم البرنامج الى اجزاء متعددة ويتم تخزين بعضها في الذاكرة الداخلية والبعض الاخر في ذاكرات خارجية . يحتوي كل جزء من هذه الاجزاء على التعليمات الضرورية لضمان قفز البرنامج للجزء الآخر او طلبه للحضور للذاكرة الداخلية ؛ (٢) بالنسبة للاتصالات : جزء من رسالة يكون بحجم محدد

selecting . . . . **إختيار**

(١) فصل بطاقة او اكثر من مجموعة من البطاقات بدون تغيير او خلط لباقي البطاقات ؛ (٢) عملية إختبار لتقدير ان كانت الالة جاهزة لاستقبال البيانات

□ polling

selection . . . . **الاختيار**

الاختيار من بين مجموعة من الاشياء (الاجهزة او البرامج)

selection sort . . . . **الفرز الاختياري**

طريقة فرز سهلة لترتيب البيانات . افرض الارقام التالية : ٢ ٣ ١ مطلوب ترتيبها تصاعديا . يتم البحث في القائمة اولاً عن اصغر رقم ويستبدل مع الرقم الموجود في قمة القائمة

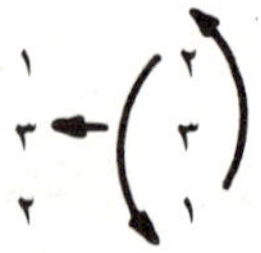

يتم تكرار العملية من جديد بالبحث عن ثاني اصغر رقم ويتم استبداله مع الرقم الثاني في القائمة

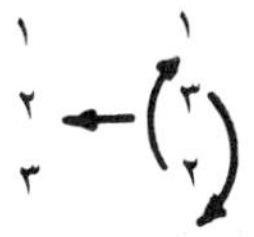

تكرر العملية هذه الى ان يتم ترتيب جميع الارقام تصاعديا

selector channel . . . . **قناة الاختيار**

اصطلاح يستخدم في بعض اجهزة الكمبيوتر لوصف قناة الداخل والخارج I/O والتي يمكنها نقل المعلومات من والى جهاز واحد فقط في نفس الوقت (على عكس بعض القنوات التي يمكنها استقبال او ارسال رسائل لاكثر من جهاز في نفس الوقت)

self-adapting . . . . **التأقلم الذاتي**

وصف لقدرة جهاز على تغيير طريقة عمله لتناسب التغيير الجاري في البيئة المحيطة به

self-checking code . . . . **شفرة الفحص الذاتي**

شفرة للفحص عن اخطاء في البيانات المنقولة □ error-detecting code

self-compiling compiler . . . . **المترجم الذاتي**

البرنامج المترجم المكتوب بلغة مصدره ، وله القدرة على ترجمة نفسه
□ compiler

self-complementing code . . . . **شفرة الاتمام الذاتي**

(١) شفرة لها صفة ان متممات خانات الواحد الثنائية لارقام الوزن الثنائية weighted binary number هي المتممات التاسعة في النظام العشري ؛
(٢) لغة الة فيها شفرة المتمم لخانة هي متمم لشفرة الخانة

شفرة التصحيح الذاتي .... self-correcting code

نظام ترقيم يتم فيه اكتشاف الاخطاء في البيانات المنقولة وتصحيحها اوتوماتيكيا . نفس error-correcting code

الملف ذو الفهرس الذاتي .... self-indexing file

ملف تتابع فيه السجلات على اطوال ثابتة . يتم ترقيم مواقع التخزين بطريقة تُظهر علاقة مباشرة بين الارقام المستخدمة كمفاتيح فهرسة وارقام المواقع . مثلا يمكن تقدير رقم الموقع بقسمة الرقم المستخدم كمفتاح على رقم ثابت . يتم اختبار اللوغاريتمات (طرق حل المشكلة) بطريقة تعطي علاقة واحد لواحد بين المفاتيح والمواقع ، ولذلك اذا فُقدت احدى وحدات البيانات فان الموقع المخصص لتخزينها يبقى فارغاً

الامر الذي يعدل نفسه .... self-modifying instruction

الاوامر التي تعدل نفسها اثناء التنفيذ

التنظيم الذاتي .... self-organizing

برنامج يعدل عملياته تبعا لنوع ما يدخله

الاختبار الذاتي .... self-test

قدرة الجهاز (مثل المطبعة المرفقة بجهاز الكمبيوتر) على المرور على جميع التعليمات واختبار الدوائر الداخلية ، للتأكد من انها عاملة بالطريقة الصحيحة ، قبل القيام بالمهمة المطلوبة منه

علم دلالات الالفاظ وتطورها • دلالة لفظية................ semantics

(١) علم او دراسة معاني الكلمات وتغيرها او تعريفها وليس علاقة الكلمات بكلمات اخرى ؛ (٢) العلاقة بين الرموز ومعناها ، خاصة ما يتعلق بعلم الكمبيوتر

شبه موصل .... **semiconductor**
آلة كهربائية تعتمد في عملها على تدفق الاليكترونات في اتجاه واحد محكومة بين نوعين من السليكون او الجيرمانيوم (تصنع في معظم الاحيان من معدن السليكون) . من خواص معدن السليكون انه ذو قدرة محدودة جدا على توصيل التيار الكهربائي لان كل ذرة فيه تتكون من أربع اليكترونات واربع مواقع فارغة للاليكترونات في نطاق التكافؤ ولذلك فان الذرات تتلاحم مع بعضها بقوة شديدة نظرا لان الاليكترونات في كل ذرة تملأ الفراغات في الذرة المجاورة وهكذا . لذلك لا توجد اليكترونات حرة تسمح وتسهل مرور التيار . اذا عولج سطح السليكون بمادة ذات خمس اليكترونات (عادة الفوسفور) ، فسيتوفر اليكترون حر يمرر التيار الكهربائي . يطلق على السليكون المعامل بهذه الطريقة نوع أن N-type . تعتبر البطارية مصدر للاليكترونات عند القطب السالب وتحتاج لهذه الاليكترونات عند القطب الموجب . شكل ١ يوضح وجود اليكترون حر عند القطب X وموقع فارغ عند القطب Y . لو تم وضع قطعة من السليكون من نوع أن N بين كل من X وY (شكل ٢) ، يتحرك الاليكترون عند X ويصدم الاليكترون الحر في السليكون المعامل وهكذا الى ان يصل الى الموقع الفارغ عند Y . تكرار ذلك ملايين المرات في الثانية ، يمرر تيارا كهربائيا في الدائرة .
لو تمت معاملة السليكون بمعدن البورون بدلا من معاملته بمعدن الفوسفور (يحتوي على ثلاثة اليكترونات في نطاق التكافؤ) ، سيبقى فراغا واحدا غير مملوء بالاليكترونات . مثل هذا السليكون يسمى نوع بي P-type .
من الممكن توصيل التيار في هذا النوع من السليكون بواسطة فتحات ، وهذه هي صفة شبه الموصلات . شكل ٣ يوضح وضع السليكون من نوع بي P بين القطبين . يقفز الاليكترون عند X من فتحة الى اخرى على السليكون وهكذا الى ان يصل الى الموقع Y . نتيجة لذلك يمر التيار بين القطبين (في كلا الحالتين يوجد اليكترون اضافي عند القطب X وهناك حاجة لاليكترون عند القطب Y) . لو تمت معاملة أحد سطحي معدن السليكون بالفوسفور ليعطي النوع أن N والسطح الآخر بمعدن البورون ليعطي النوع بي P ، ستتكون وصلة junction عند النقطة التي يلتقي عندها كلا النوعين (شكل ٤) . على طول طبقة رقيقة جدا داخل هذه الوصلة ، تجذب الفتحات الموجودة في النوع بي الاليكترونات من الفتحات الموجودة في النوع ان ،

مكونة طبقة استنزاف depletion layer لا يتم فيها اي حمل . لو تم توصيل البطارية بقطبين (كما في شكل ٥) فان طبقة الاستنزاف ستمنع مرور التيار، لان الاليكترونات عند X ستقفز لتملأ الفراغات الموجودة في النوع بي بينما الاليكترونات الحرة الناتجة من النوع ان ستقفز للقطب Y . شكل ٦ يوضح توسيع طبقة الاستنزاف . لو تم عكس وضع السليكون (كما هو موضح في شكل ٧) ستقفز الاليكترونات من X الى السليكون المجاور لها من نوع ان وستضرب الاليكترونات لتمر خلال طبقة الاستنزاف وفي نفس الوقت فان Y تجذب الاليكترونات من طبقة الافراغ . تسمى شبه الموصلات التي تسمح بمرور التيار في اتجاه واحد ، صمام ثنائي diode وهي شائعة الاستعمال في الدوائر الكهربائية . تسمى الدوائر الكهربائية او الادوات التي تستخدم شبه الموصلات باسم الحالة الصلبة solid state
silicon □

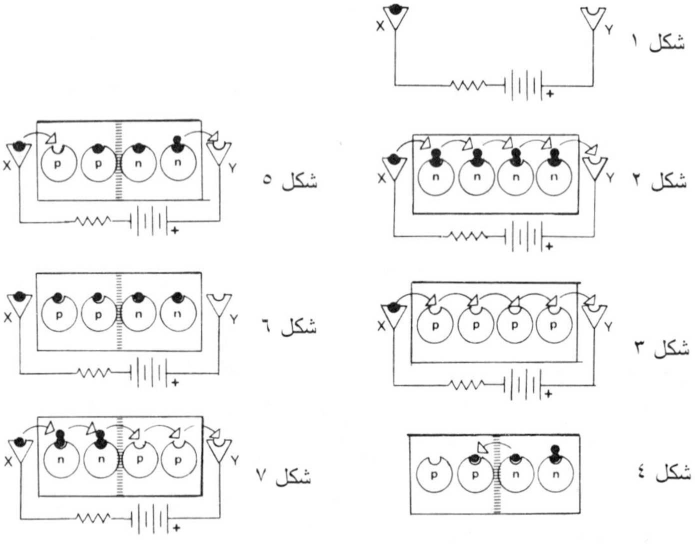

آلة شبه موصلة . . . . semiconductor device

جهاز كهربائي يتضمن شبه موصل واحد او اكثر وتوصيلات واسلاك ليكونوا دائرة كهربائية . امثلة لذلك الدوائر المدمجة IC والصمام الثنائي diode والترانزستورات □ semiconductor

semiconductor memory .... **ذاكرة شبه موصلة**

ذاكرة ، خلايا التخزين فيها تحتوي على شبه موصل واحد او اكثر . مثال ذلك ذاكرات القراءة فقط ROM والتي لا يمكن مسح ما هو مكتوب عليها ، وذاكرات الوصول العشوائي RAM التي يمكن مسحها او الكتابة عليها

semiconductor storage = semiconductor memory

send .... **أرسل**

بالنسبة للرسائل او الاشارات : امر بنقل الرسائل او الاشارات من موقع الى موقع آخر

send-only = SO .... **الارسال فقط**

اصطلاح يطلق على اجهزة الارسال التي يمكنها ارسال الرسائل او الاشارات ولكن لا تتمكن من استقبالها

sense .... **الاحساس**

(١) ان تفحص ، خصوصا بالمقارنة بمقياس او معدل مأخوذ كمرجع ؛ (٢) تقدير ترتيب بعض اجزاء جهاز الكمبيوتر ؛ (٣) قراءة الثقوب الموجودة على بطاقات او اشرطة التثقيب

sensitivity .... **درجة الحساسية**

مقياس لرد فعل وحدة التحكم للتغييرات في الاشارات والاوامر القادمة لها

sensor .... **أجهزة الاحساس**

الات لتقدير قيم ظواهر طبيعية ، مثل درجات الحرارة ونبضات القلب واتجاه الرياح وما شابه ذلك

sensor-based .... **مبنية على اجهزة الاحساس**

اصطلاح يطلق على اجهزة الكمبيوتر التي تصلها المعلومات عن طريق الاجهزة الحساسة والمستخدمة في قياس التغيرات الطبيعية ☐ sensor

sentence . . . . **جملة**

في بعض لغات البرمجة مثل لغة الكوبول ، يقصد بالجملة مجموعة التعليمات المضافة الى بعضها وتنتهي بنقطة «.» . وقد تتكون الجملة من عبارة أمر واحدة او من عدة عبارات □ COBOL program structure

sentinel . . . . **الحارس**

مجموعة من الخانات للدلالة على حالة معينة مثل نهاية السجل او نهاية لفة الشريط

sequence . . . . **تتابع وتسلسل**

ترتيب مجموعة من الاشياء طبقا لقواعد معينة . مثل الترتيب التصاعدي او الترتيب التنازلي

sequence check . . . . **فحص التسلسل**

اختبار يُجرى على البيانات للتأكد من انها مرتبة تصاعديا او تنازليا

sequence circle . . . . **دائرة التسلسل (التتابع)**

ترتيب مجموعة من الصمامات الكهربائية والصمامات النطاطة flip-flops . الخارج منها يعتمد على ترتيب ما هو داخل ، وهي تسمح بتخزين بعض الخانات لمدة محددة . تستخدم في المسجلات والعدادات وبعض الاجهزة المماثلة التي تتطلب القدرة على تخزين الخانات

sequence control . . . . **ضبط التسلسل (التتابع)**

عملية ترقيم الرسائل في وسائل نقل البيانات لضمان عدم تكرارها او فقد جزء منها

sequence control program . . . . **برنامج ضبط التسلسل**

برنامج أنظمة يقوم بترتيب البرامج الجاهزة للتنفيذ

sequence control register . . . . **مسجل ضبط التسلسل**

(١) مسجل مستخدم بواسطة برنامج ضبط التسلسل ؛ (٢) مسجل العنوان الحالي

sequential . . . . **متتابع ٠ متسلسل**

وقوع الاحداث في تسلسل زمني وبقليل من التداخل بينها

sequential access method = SAM . . . . **الوصول (التداول) المتتابع**

طريقة تُوظف للبحث عن معلومات مخزنة على شريط مغناطيسي . عند البحث عن معلومات مخزنة على الشريط ، لابد من البدء في البحث من بداية الشريط الى ان نصل الى الموضع المطلوب . تماما كما هو الحال في البحث عن اغنية مسجلة في منتصف شريط الكاسيت

sequential file organization . . . . **تنظيم الملفات المتتابعة**

ترتيب السجلات بتسلسل خاص بناء على مفاتيح معينة . قد تكون هذه المفاتيح ارقاما تعطى للموظفين حسب الاحرف الابجدية لاسمائهم او قد تكون ارقام بطاقاتهم الشخصية (في حالة ترتيب ملفات موظفين في شركة) . يجب ان تتم معالجة السجلات في مثل هذه الحالة ، بتسلسل الواحد تلو الآخر

sequential search . . . . **البحث المتسلسل (المتتابع)**

طريقة بحث تتم فيها مقارنة مفاتيح السجلات في الملف ، مع المفتاح المطلوب حتى يتم الحصول عليه . تتم عملية المقارنة طبقا لترتيب السجلات في الملف . طريقة البحث هذه ، ابسط طرق البحث الا انها تأخذ وقتا أطول

sequential storage device . . . . **أداة التخزين المتسلسل**

وسيلة تخزين مثل الشريط المغناطيسي تسمح بالوصول لما هو مخزن عليها بالطريقة التسلسلية

serial . . . . **مُتسلسل ٠ متتابع**

(١) تسلسل حدثين او اكثر بينهما صلة ما في نفس الالة ؛ (٢) التعامل مع البيانات بالتتابع ، وهذا عكس الطريقة المتوازية □ parallel

serial access . . . . **الوصول (التداول) المسلسل**

(١) وصف لالة التخزين او الادوات التي يتم التخزين عليها عند وجود علاقة تسلسلية بين الوقت المطلوب للحصول على المعلومات المسجلة وبين موقع هذه المعلومات على الذاكرة . بمعنى اخر ان الوقت المطلوب للحصول على المعلومات يعتمد على موقعها على الذاكرة وهذا عكس الوصول المباشر اليها ☐ direct access; serial access ؛ (٢) الوصول للمعلومات المخزنة عن طريق البحث المتتابع من بداية الملف الى ان يتم الوصول للموقع المخزنة عليه المعلومات المرغوب فيها . مثل هذه الطريقة بطيئة . تعطي نفس معنى sequential access

serial adder . . . . **أداة الجمع التسلسلي**

الالة التي يتم جمع الارقام فيها باحضارها خانة خانة بدلا من احضار الرقم كله مرة واحدة واجراء عملية الجمع مرة واحدة . مثلا تُحضر اولا الخانة الاولى من كلا الرقمين وتجمعهما وعند الانتهاء من هذه الخطوة تُحضر الخانة الثانية من كلا الرقمين ، وهكذا الى ان تنتهي من جمع كل الخانات في كلا الرقمين

serial computer . . . . **جهاز الكمبيوتر المتسلسل**

جهاز كمبيوتر يقوم بانجاز البيانات او كلمات الكمبيوتر بالتسلسل ، خانة تلو الاخرى

serial operation . . . . **عملية متسلسلة**

مهمة يقوم بها جهاز الكمبيوتر ويتعامل مع خانات الكلمات تسلسلياً بدلا من التعامل مع جميع الخانات مرة واحدة ☐ parallel operation

serial processing . . . . **المعالجة المتسلسلة**

(١) القراءة او الكتابة في السجلات بتسلسل ، تماما كما هي مرتبة في اداة التخزين . انها عكس المعالجة المتوازية ؛ (٢) المعالجة بطريقة تتصف بأن كل وحدة يتم معالجتها ، تمر بنفس معدات المعالجة التي مرت بها الوحدات السابقة

serial reading .... **القراءة المتسلسلة**

القراءة من البطاقات المثقبة عمودا تلو الآخر

serial transmission .... **النقل المتسلسل**

نقل المعلومات عن طريق نقل الخانات التي تتكون منها الكلمات على التوالي بدلا من نقل الخانات مرة واحدة (على التوازي)

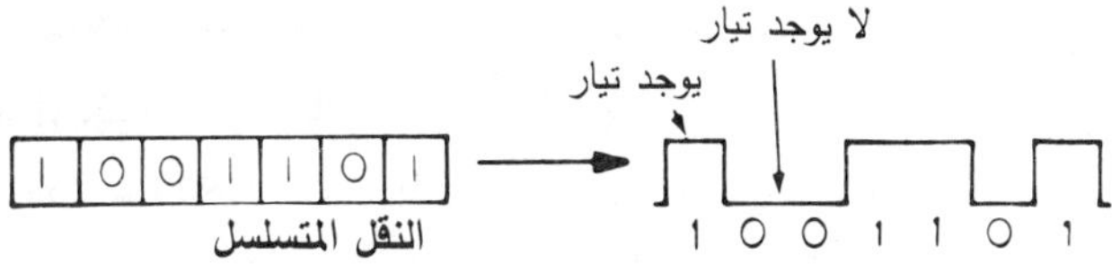

series .... **سلسلة**

(١) تتابع الاحداث ؛ (٢) في الدوائر الكهربائية : وصف ان كان التوصيل على التوالي . وهذا عكس التوصيل على التوازي . شكل ١ يوضح التوصيل على التوالي وشكل ٢ يوضح التوصيل على التوازي . اذا كان التيار الداخل ٢٢٠ فولت وكل من المقاومتين R_1, R_2 متساويتين ، يُقسم الفولت بين المقاومتين بالتساوي وتحصل كل منهما على ١١٠ فولت . اما اذا كان التوصيل على التوازي وكلا المقاومتين متساويتين ، فان كل منهما تحصل على ٢٢٠ فولت

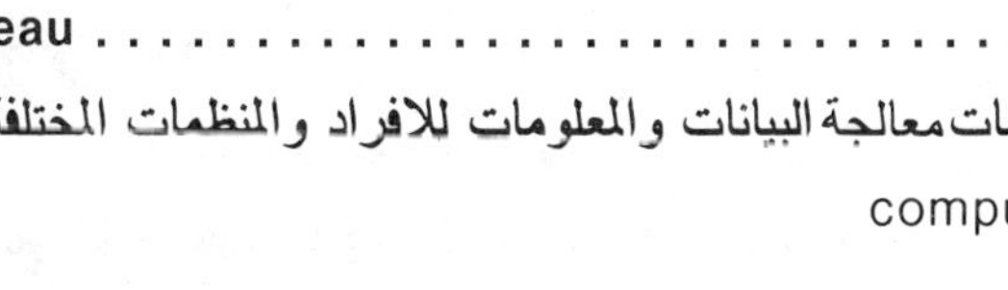

شكل ٢ شكل ١

service bureau .... **مكتب الخدمات**

منظمة توفر خدمات معالجة البيانات والمعلومات للافراد والمنظمات المختلفة

☐ computer utility

service program .... **برامج الخدمات**

برامج كمبيوتر توفر خدمات لمستخدميها . مثلا البرامج المستخدمة في الترجمة ☐ compiler

servo .... **الآلة المؤازرة**

آلة ميكانيكية تعمل بالكهرباء تتحكم في التغذية الاسترجاعية feedback بتوفير الحركة في مثل هذا النوع من التغذية ☐ feedback

servosystem .... **الجهاز المؤازر**

جهاز يوفر حركة ميكانيكية دقيقة . يتم التحكم به ولو جزئيا باستخدام التغذية الاسترجاعية feedback من اجهزة حساسة تراقب حركتها او تأثيرها . احد الاستخدامات الشائعة لمثل هذا الجهاز في الكمبيوتر هو تحديد موقع رؤوس القراءة والكتابة على القرص المغناطيسي . هناك طريقتان لحركة هذه الرؤوس ، الاولى وهي التحكم الميكانيكي الخطي linear actuator (شكل ١) والثانية وهي التحكم الميكانيكي الدوراني rotary actuator (شكل ٢). العنصر المهم الآخر في النظام هو محول الطاقة الموضعي position transducer والملحق بالقاعدة «أ» في شكل ١ و«ب» في شكل ٢

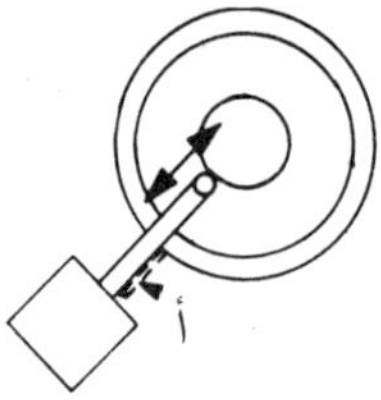

شكل ١

تحكم ميكانيكي خطي

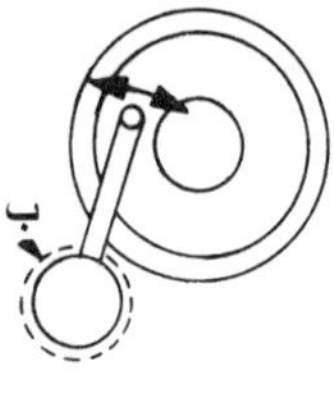

شكل ٢

تحكم ميكانيكي دوراني

set .... **مجموعة • يهيئ**

(١) مجموعة من المكونات المتقاربة ، الهدف منها ان تستخدم في تسلسل او مخلوطة ، للقيام بمهمة معينة ؛ (٢) اسم لمجموعة من السجلات المتقاربة ؛ (٣) ضبط جهاز في حالة محددة (مثلا ضبط الشاشة لتكون اكثر لمعانًا) ؛ (٤) وضع قيمة لمتغير او حالة معينة (مثلا ضبط العداد على ٢٠ او ضبط المسافات التي يتم الطبع عليها) ؛ (٥) كتابة رقم واحد في مواقع محددة على الذاكرة

setup .... **اعداد • تهيئة**

اعداد البيانات او الادوات المختلفة لحل مشكلة معينة

setup time .... **وقت الترتيب**

الوقت المحصور بين عمليتين قام بمعالجتهما جهاز الكمبيوتر

shared file .... **الملف المشترك**

اشتراك اكثر من جهاز كمبيوتر في استخدام نفس الملف في نفس الوقت .
من الممكن وصل اكثر من جهاز معا باستخدام ملفات مشتركة

shift .... **زحزحة**

(١) تحريك رقم او حرف من الخانة التي بها الى الخانة المجاورة كونها على اليمين او اليسار. تحريك الرقم خانة واحدة يعني ضربه او قسمته على رقم الاساس . مثلا الرقم العشري ٦ عند تحريكه لليمين يصبح ٠،٦ (مقسوم على عشرة) وتحريكه خانة لليسار يصبح ٦٠ (مضروب في عشرة)؛ (٢) التعليمات المعطاة لجهاز الكمبيوتر والتي تسبب زحزحة خانات الكلمات لليمين او اليسار. تسمى الاداة التي تقوم بعملية الزحزحة بمسجل الزحزحة . الزحزحة لليسار هي عملية تبديل ما يحتويه موقع الخانة (س) بالخانة (س + ١)والزحزحة لليمين هي عملية تبديل ما يحتويه موقع الخانة (س) بالخانة (س – ١). يوجد ثلاثة انواع للزحزحة : (أ) الزحزحة المنطقية logical shifting : تفقد الخانة التي تزحزح للخارج والخانة التي تزحزح للداخل هي الصفر (شكل ١). (ب) الزحزحة الدائرية circular shifting تضاف الخانة التي تزحزح من ناحية الى الناحية الاخرى (شكل ٢). (ت) الزحزحة الحسابية arithmetic shifting : تأخذ هذه الزحزحة بالاعتبار ان زحزحة رقم للاساس ٢ خانة لليمين تعني قسمته على ٢ وزحزحته خانة لليسار تعني ضربه في ٢

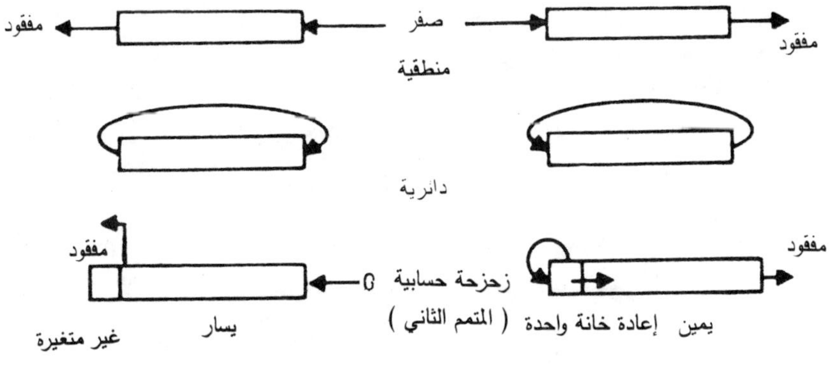

shift register . . . . register □

shutdown . . . . ايقاف الاجهزة

sifting . . . . الغربلة والتنقية

طريقة تصنيف داخلية يتم فيها نقل السجلات للسماح بادخال سجلات جديدة

SIG = special interest group

SIGGRAPH = Special Interest Group for Graphics

sign . . . . الاشارة

تعبير رياضي لوصف الارقام ان كانت موجبة او سالبة

signal . . . . اشارة

حدث او ظاهرة او كمية من الطاقة الكهربائية التي تنقل المعلومات بين موقعين

signal, analog . . . . اشارة متصلة

اشارة كهربائية تختلف بصفة مستمرة في اتساعها او ذبذبتها اثناء نقل المعلومات □ analog

signal, digital . . . . اشارة منفصلة

اشارة كهربائية منفصلة (غير متصلة الاجزاء) □ digital

signal-to-noise ratio . . . . . نسبة الاشارات الى الضوضاء (في علم الاتصالات)

النسبة بين الاشارات المرغوب فيها والمنقولة على خط الاتصال الى الاشارات الغير مرغوب فيها (ضوضاء)

خانة الاشارة .... **sign bit**

في المُسجل الذي يتضمن قيمة رقمية : الخانة ذات الموقع الاهم (خلية التخزين في النهاية اليسرى للمسجل) والتي تتضمن اشارة القيمة . عادة ما تتضمن هذه الخانة صفرا للدلالة على اشارة الجمع (+) وواحدًا للدلالة على اشارة الطرح (−)

رقم الاشارة .... **sign digit**

رقم من ارقام النظام الثنائي (صفر او واحد) موضوع ليمثل الاشارة ان كانت موجبة او سالبة ☐ sign bit

حقل الاشارة .... **signed field**

حقل ذو خانة إشارة (عادة الخانة ذات الموقع الاكبر اهمية) والتي يوضع فيها صفرًا او واحدًا لتمثيل الاشارة ان كانت موجبة او سالبة

الخانة ذات الاهمية الاكبر في الرقم .... **significant digit**

الخانات من الرقم التي قيمة الارقام فيها معروف انها صحيحة ودقيقة

موقع إشارة الرقم .... **sign position**

معدن السليكون .... **silicon**

تحتوي ذرة السليكون النقي على ١٤ اليكترون . تعطي عملية معالجة doping معدن السليكون نتائج مختلفة تعتمد على طريقة المعالجة .
من طرق المعالجة ما يعطي اليكترونات اضافية ومنها ما يأخذ بعض الاليكترونات الموجودة في الذرات . هناك اصطلاح جديد مطلوب تقديمه هنا وهو «الفجوة ». لا نعني بذلك ان شخصا قام بعمل حفرة في بلورة السليكون ، وانما بعض اجزاء الذرات مفقودة . الشكل التالي يوضح ان اربع ذرات سليكون قد فقدت اليكتروناتها الموجودة في الطبقة الخارجية تاركة

أربعة حفر (شكل ١)، وبالتالي فان اربع اليكترونات حرة من الممكن ان تملأ هذه الفراغات وتجعلها متعادلة الشحنة . من الممكن تحريك هذه الحفر في بلورة السليكون عند امرار تيارا كهربائيا خلال تلك البلورة . نظرا لان الاليكترونات ذات شحنة سالبة ، فان الفجوات ستكون ذات شحنة موجبة .
معاملة بلورات نقية من معدن السليكون بمعادن مثل معدن الزرنيخ arsenic او الفوسفور بكميات قليلة جدا من الممكن ان تنتج حفر من هذا النوع . نوع السليكون الناتج من هذه المعاملة يسمى سليكون من نوع بي P (شكل ١). كذلك فان معاملة معدن السليكون بمعدن البورون او الغاليوم gallium ستعطي اليكترونا اضافيا لبلورة السليكون (شحنة سالبة) منتجة ما يسمى بالسليكون من نوع أن N (شكل ٢)

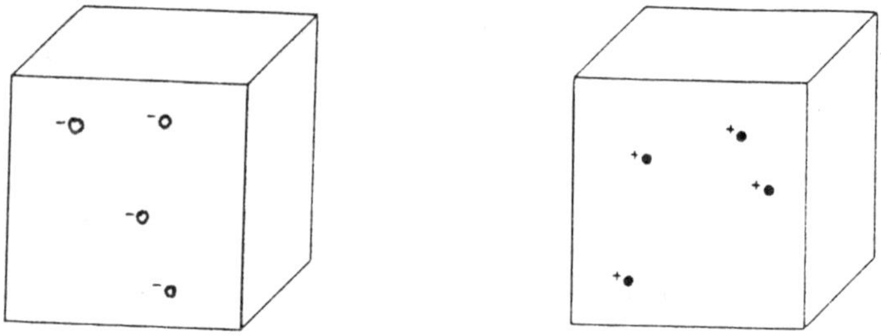

شكل ١ : سليكون من نوع بي

شكل ٢ : سليكون من نوع أن

silicon controlled rectifier = SCR . . . المقوّم السليكوني مضبوط الجُهد الناتج

اداة شبه موصلة semiconductor تساعد في التحكم في كمية كبيرة من التيار المستمر DC والفولت . تتكون اساسا من صمام ثنائي يتم توصيله بالتيار الكهربائي او يُقطع التيار عنه باستخدام اشارات تطبق على قطب تحكم يسمى البوابة (الصمام) gate . تشبه مواصفاتها اللمبات المفرغة من نوع الثايراترون (صمام ثلاثي)

silicon controlled switch = SCS . . . . المفتاح السليكوني مضبوط الجُهد الناتج

سليكون على الصفير .... **silicon-on-sapphire = SOS**

طريقة لتصنيع شبه الموصلات المصنعة من اوكسيد السليكون MOS . يتم بناء طبقات السليكون الفعالة على مادة الصفير الصناعية (ياقوت ازرق) . يتحقق بضمان ممر قصير ورقيق خلال معدن السليكون مرور التيار بسرعة كبيرة

SIMD = single instruction, multiple data stream

مفرد الارسال .... **simplex**

خط بين محطتي اتصال يسمح بنقل المعلومات او البيانات في اتجاه واحد فقط

☐ full duplex; half duplex

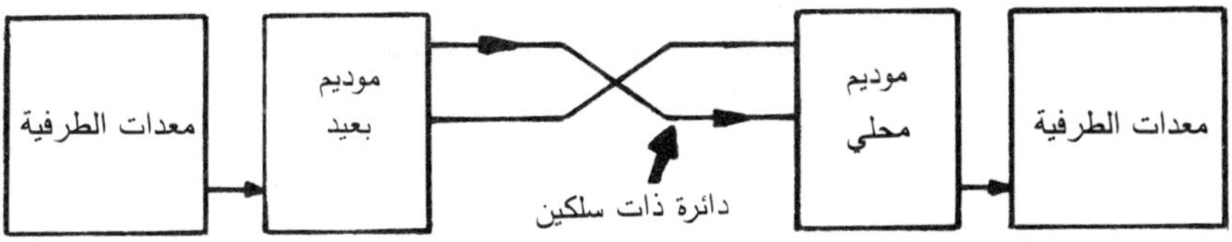

مفرد الارسال

التشبيه .... **simulation**

تمثيل او توضيح عمل جهاز ما باستخدام جهاز اخر كمثال لعمل هذا الجهاز. من الممكن تمثيل عمل عضو حي في جسم الانسان والعمليات التي يقوم بها باستخدام موديل رياضي والتعبير عن العمليات بمعادلات رياضية وبالتالي حل هذه المعادلات لاستنتاج الوضع الذي سيكون عليه هذا العضو تحت ظروف مختلفة

المُشابه .... **simulator**

آلة او برنامج كمبيوتر او ما شابه ، تستخدم لوصف في عملية التشبيه او التمثيل

العمليات المتوازية .... **simultaneous operation**

اتمام عملية على مراحل بحيث ان مرحلتين او اكثر تتم في نفس الوقت

ملف ٠ صف (سبول) . . . . Simultaneous Peripheral Operation On Line=SPOOL

(١) ملف : الجزء الذي يُلف الشريط عليه واحيانًا يطلق على الشريط الملفوف ؛

(٢) صف (سبول) : إختصار يطلق على طريقة من طرق نقل البيانات بين وحدة المعالجة المركزية ووحدات الادخال والاخراج . ففي عمليات إدخال البيانات : يتم ادخالها الى ملف الصف حتى تحين لحظة تشغيلها في وقت سابق . وفي اخراج البيانات : تحفظ وحدة المعالجة المركزية البيانات الخارجة في ملف الصف حتى لحظة استعداد وحدات الاخراج لطبعها في وقت لاحق

المعالجة المتوازية . . . . simultaneous processing

معالجة مجموعتين او اكثر من البيانات في نفس اللحظة (باستخدام اكثر من جهاز واحد) على عكس اصطلاح المعالجة المتزامنة concurrent processing والذي يعني معالجة البيانات في نفس اللحظة او في فترة زمنية واحدة باستخدام نفس الجهاز

النقل المتوازي . . . . simultaneous transmission

بالنسبة للدوائر المزدوجة ، نقل الرسائل في كلا الاتجاهين في نفس الوقت

جيب الزاوية (جا) . . . . sine

قيمة تساوي المقابل على المجاور للزاوية

الموجة الجيبية . . . . sine wave

مَوجة ذات ازاحة تتناسب مع جيب الزاوية المقابلة الناتجة من دوران الُمتجه vector . في نفس اللحظة ، لو تم رسم حركة دوران الُمتجه بحيث يكون محور الدوران على خط القيمة المتوسطة ، عندها يكون ارتفاع الموجَة مساويًا لطول الُمتجه مضروب في جيب الزاوية ، وهذا يساوي المسافة الرأسية من نهاية الُمتجه الى الخط الذي يمثل القيمة المتوسطة . ترتفع الموجة بدوران الُمتجه مدة زمنية T1 الى ان تصل لقيمتها الكبرى عند T2 وعندها يساوي ارتفاع الموجَة طول الُمتجه . باستمرار دوران الُمتجه وعند الزمن T3 يصبح ارتفاع الموجة مساويا نفس الارتفاع عند الزمن T1 ، ثم يصل

الارتفاع الى الصفر عند الزمن T4 . باستمرار الدوران بعد ذلك ، يصل المتجه الى قيمته العظمى السالبة عند الزمن T6 ثم باستمرار الدوران يصل للصفر مرة اخرى عند الزمن T8 . هذه الموجات هي حجر الاساس في الموجات التي تحمل الخطب والبيانات المنقولة بالراديو والتليفون

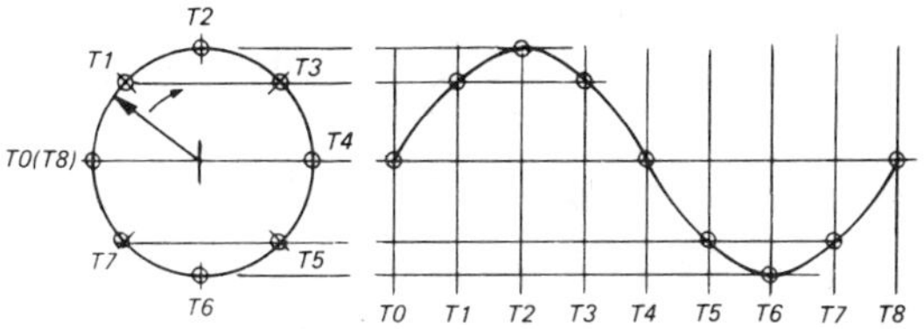

single address . . . . one-address instruction □

single-board computer . . . . **جهاز الكمبيوتر ذو اللوحة الواحدة**

جهاز كمبيوتر كامل يتضمن كل من ذاكرة القراءة فقط ROM وذاكرة الوصول العشوائي RAM ووحدة المعالجة المركزية CPU واداة التوصيل في وحدة الادخال والاخراج ، كل ذلك مثبت على لوح واحد

single instruction stream, multiple data stream = SIMD . . . . **أمر واحد وبيانات عديدة**

نوع من اجهزة الكمبيوتر التي تعمل بعديد من الذاكرات ولكل ذاكرة وحدة حساب وتحليل ALU خاصة بها . تحدد وحدة التحكم الأحادية موقع الامر الذي يجب تنفيذه طبقا للذاكرة التي تحتوي على البيانات المطلوبة

multiple instruction stream multiple data stream; □

multiple instruction stream single data stream;

single instruction stream single data stream

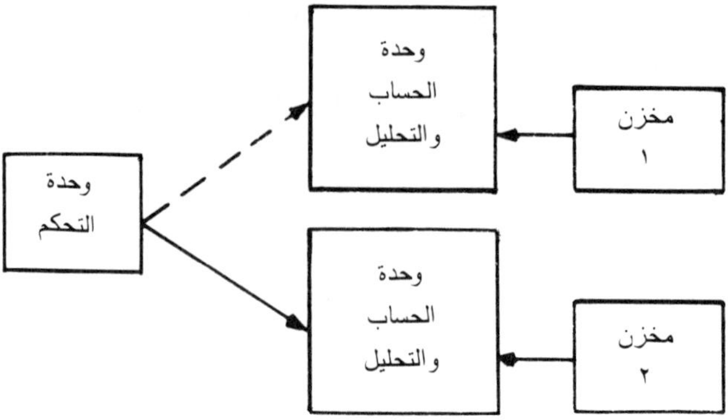

امر واحد وبيانات عديدة

single instruction stream, single data stream = SISD . . . . **أمر واحد وبيانات واحدة**

اصطلاح يطلق على اجهزة كمبيوتر شائعة تعمل فيها وحدة الحساب والتحليل ALU بسلسلة واحدة من التعليمات من وحدة التحكم وسلسلة واحدة من البيانات من الذاكرة □ multiple instruction stream multiple data stream; multiple instruction stream single data stream; single instruction stream multiple data stream

امر واحد وبيانات واحدة

SISD = single instruction stream, single data stream

SIU=storage interface unit

ميكروكمبيوتر (صغير) ذو ١٦ خانة . . . . 16-bit microcomputer

جهاز كمبيوتر يستخدم وحدة معالج مركزي ذات كلمة بحجم ١٦ خانة
☐ microcomputer architecture

ميكروكمبيوتر (صغير) ذو ١٦/٣٢ خانة . . . . 16/32-bit microcomputer

جهاز كمبيوتر يستخدم معالج ذو ٣٢ خانة ولكنه ينقل ويرسل البيانات على باص بيانات خارجي ذو ١٦ خط . يزيد كبر حجم الكلمات من دقة الحسابات وقدرة الجهاز في التعامل مع اوامر معقدة . كذلك يزيد كبر باص البيانات من سرعة نقل البيانات من والى مخزنها ☐ microcomputer architecture

ميكروبروسيسور (معالج صغير) ذو ١٦ خانة . . . . . . 16-bit microprocessor

معالج صغير به حجم الكلمة ١٦ خانة . لذلك له القدرة على التعامل مع كلمات ذات حجم مضاعف (بالمقارنة لحجم الكلمات القياسي ، ٨ خانات) . بمعنى اخر ان بامكانه معالجة ضعف عدد البيانات في نفس المدة الزمنية . كذلك بامكانه معالجة العمليات بدقة اكبر بكثير من المعالجات ذات الثمانية خانات

الشفرة الهيكلية . . . . skeletal code

ألامر المعد جزء منه (غير كامل) ويجب ان يكون كاملاً قبل ان يصبح بالامكان تنفيذه

لوحة المسودة . . . . sketchpad

أداة هندسية تم تطويرها بواسطة معهد ماستشوسيتس التكنولوجي MIT يمكن لمستخدمها ان يرسم على الشاشة بقلم خاص . فلو رسم الشخص دائرة غير منتظمة ، فانها ستظهر على الشاشة دائرة منتظمة . كذلك فان بامكانه ان يمسح ما هو مكتوب على الشاشة او ان يكبره او يصغره بنسبة ٢٠٠٠ : ٢ . بالاضافة الى ذلك فانه من الممكن تحريك الرسومات على الشاشة

إنحراف . . . . skew

نسبة الخانات الخطأ التي بها رقم الواحد وتم قرائتها على انها صفرًا

القفز . . . . skip

ان يُهمل جهاز الكمبيوتر امرًا او اكثر من سلسلة الاوامر المعطاة له

المخزن المهمل . . . . slack storage

اجزاء الذاكرة الغير مستخدمة

العبد . . . . slave

(١) آلة تعمل تحت حكم آلة اخرى مثل وحدة الاظهار المرئي VDU ؛

(٢) اصطلاح يطلق على آلة يمكنها القيام بعمليات كنتيجة لامر من آلة اخرى ولكنها لا تستطيع التحكم بالات اخرى

حالة العبودية (التابعة) . . . . slave mode

(١) وضع المعالجة الذي يتم فيه تنفيذ البرامج التطبيقية ؛ (٢) وضع جهاز الكمبيوتر الذي تكون فيه معظم التحكمات الاساسية محمية من البرنامج

المحطة الخادمة (التابعة) . . . . slave station

أي محطة بيانات غير المحطة الرئيسية

المخزن العبد . . . . slave store

جزء من مخزن سريع في وحدة التحكم يستخدم كمخزن مؤقت للاحتفاظ بالشفرة والبيانات المنقولة باحجام كبيرة من الذاكرة الرئيسية . فائدة هذا المخزن هي زيادة سرعة المعالجة بتقليل عدد المرات المطلوب فيها الوصول للذاكرة الرئيسية

المسطرة . . . . **slide rule**

تسمى في بعض الاحيان المسطرة المنزلقة . اداة حسابية كانت تستخدم الى عهد قريب في العمليات الحسابية . تعتمد فكرة هذه المسطرة على استخدام قواعد اللوغاريتمات

الشق . . . . **slot**

طريقة لزيادة قدرة اجهزة الكمبيوتر الصغيرة (ميكرو كمبيوتر) باضافة لوحات مركبة عليها دوائر كهربائية معينة للقيام بمهمات محددة . تعتبر الشقوق بمثابة الوعاء الذي يحتوي الشرائح

الشقوق المُحدَدة . . . . **slot bound**

الحالة التي تكون فيها زيادة مقدرة اجهزة الكمبيوتر الصغيرة تعتمد على عدد المواضع المتوفرة التي تركب فيها لوحات الدوائر

اداة تخزين الوصول اليها بطيء . . . . **slow access storage**

العطل البطيء . . . . **slow death**

اصطلاح يطلق على التلف التدريجي للدوائر المدمجة IC او المقاومات الكهربائية او أية اجزاء مماثلة

جهاز كمبيوتر للاعمال الصغيرة . . . . **small business computer**

جهاز كمبيوتر يساعد في ادارة الاعمال الصغيرة الحجم . يقوم هذا الجهاز بتنظيم واعداد شيكات الرواتب الشهرية وما شابه من التطبيقات

الدمج الصغير . . . . **small-scale integration = SSI**

احد الدوائر المدمجة IC التي صنعت في بداية عهد التطور الاليكتروني الحديث

small talk .... الكلام المحدود

لغة لكتابة برامج الكمبيوتر قامت شركة زيروكس بتطويرها

smart peripheral .... الادوات الخارجية الذكية

ادوات خارجية مثل الطرفية او المطبعة الموصلة بجهاز الكمبيوتر تتضمن معالج وذاكرة مما يمكنها من القيام ببعض العمليات البسيطة وبالتالي توفر من وقت جهاز الكمبيوتر المتصلة به . تسمى في بعض الاحيان الادوات الذكية الخارجية intelligent peripheral

smart terminal .... التيرمنال الذكي

اداة طرفية موصلة بجهاز الكمبيوتر تستخدم لادخال او لاخراج البرامج او البيانات . تتكون في معظم الاحيان من لوحة مفاتيح keyboard وشاشة لمبة اشعة الكاثود CRT ، وبها معالج صغير (ميكروبروسيسور) ووحدة تحكم كهربائية يمكن تشغيلها بمعزل عن تحكم وحدة المعالجة المركزية off line للقيام بمهمات معينة . وفي حالة ما تكون تحت تحكم وحدة المعالجة المركزية on line يمكنها القيام ببعض المهمات مما يساعد في توفير وقت الجهاز الرئيسي

smash .... التحطيم

افساد او اتلاف ما يتضمنه جزء من الذاكرة بالكتابة عليه من جديد

smoke test .... اختبار الدخان

اختبار يُجرى على المعدات لاول مرة بعد تركيبها للكشف عن اية مشكلة في عملها . سيتصاعد الدخان من موضع التماس ان كان هناك تماس كهربائي في احد الدوائر

smooth .... ناعم

ازالة الضوضاء من الاشارات لتصبح نقية وصافية

SMU=system maintenance unit

snapshot dump . . . . **التفريغ السريع**

نقل المعلومات المخزنة على الذاكرة او في السجل خلال تنفيذ البرنامج

□ dump

snapshot program . . . . **البرنامج السريع**

برنامج متابعة يقوم بتنفيذ التفريغ السريع snapshot dump

□ trace program

SNOBOL = string-oriented symbolic language . . . . **سنوبول**

لغة لكتابة برامج الترجمة . يمكن بهذه اللغة كتابة معادلات رمزية بدلا من معادلات رقمية

S/N = signal-to-noise ratio

SNR = signal-to-noise ratio

SO = send-only

soft centered . . . . **المركز اللين**

اصطلاح يطلق على جهاز كمبيوتر تخزن فيه مجموعة التعليمات والشفرة الصغيرة micro-code على ذاكرة الوصول العشوائي RAM التي تم تحميلها بنفس طريقة تحميل نظام التشغيل operating system

soft copy . . . . **النسخة اللينة (المرئية)**

اصطلاح لوصف البيانات عند اظهارها على وحدة الاظهار المرئي VDU (الشاشة) وهذا على العكس من طبعها على ورق والمسماة نسخة صلبة

soft error . . . . **الخطأ اللين**

خطأ تم اكتشافه في احد القراءات او عند نقل البيانات الذي اختفى او لم يتم اكتشافه فيما بعد ؛ (٢) خطأ نتيجة للبرنامج وليس للجهاز نفسه

المفتاح اللين .... **soft key**

مفاتيح ضمن لوحة المفاتيح تذكر في البرنامج لهدف ليس للطبع او للاظهار على الشاشة مثل المفتاح الذي يعطي أمرًا بمسح ما هو مخزن

القطاع اللين .... **soft sector**

طريقة للكتابة على الاقراص اللينة باستخدام البرامج . يتم تحديد موقع هذه القطاعات عن طريق ضبط مسافة معينة بين كل قطاع وعلامة بدء حساسة ضوئيا . يتم تقسيم الاقراص المغناطيسية الى مقاطع اثناء المرة الاولى لاستخدام القرص وتبقى كذلك طالما بقى القرص صالحا للاستخدام .

عكس القطاع الصلب (الدائم)

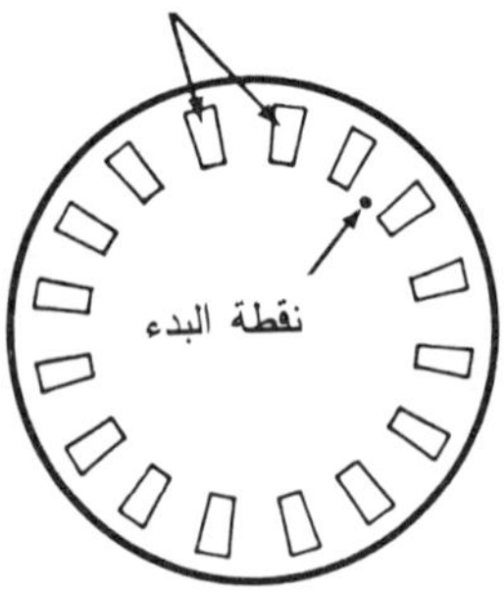

قرص به قطاعات ناعمة

البرامج .... **software**

مجموعة من البرامج او التعليمات المعطاة لجهاز الكمبيوتر والتي طبقا لها يعمل ويقوم بتنفيذ العملية المطلوبة منه . يمكن ان تتواجد مثل هذه البرامج او التعليمات على اشرطة كاسيت او اقراص مغناطيسية او على اشرطة في مغلفات مقفلة

خطأ في البرنامج .... **software bug**

البرامج المنسجمة .... **software compatible**

مجموعة من اجهزة الكمبيوتر التي لها نفس لغة الآلة . بمعنى آخر، ان تتم كتابة برنامج لجهاز كمبيوتر واحد والاجهزة الاخرى يمكنها ان تفهم وتتعامل مع نفس البرنامج

software development . . . . **تطوير البرامج**

(١) البرامج الهندسية ؛ (٢) تطوير برنامج لاستخدامه في تطبيقات معينة

software documentation . . . . **البرامج الوثائقية**

كتيب يتضمن التعليمات وشرح كيفية كتابتها وطرق استخدامها

software engineering . . . . **البرامج الهندسية**

عملية تصميم وتشفير واختبار البرامج الرئيسية

software error . . . . **أخطاء البرامج**

(١) اي خطأ لم ينتج عن توقف في الجهاز او عطل في احد دوائره ؛
(٢) خطأ في انظمة البرامج

software hierarchy . . . . **التوزيع الهرمي للبرامج**

يوجد بين جهاز الكمبيوتر ومستخدمه هرم من البرامج ذات الانواع والمواضع والمهمات المختلفة والتي يلعب كل منها دورا محددا لتسهيل الحوار بينها . يوضح الشكل التالي العلاقة بين الاجزاء المختلفة لجهاز الكمبيوتر (معدات وبرامج) وبين مستخدميها . يوجد جهاز الكمبيوتر في مركز الحلقة ويوجد حوله مباشرة نظام او جهاز التشغيل والبرامج التطبيقية . توجد بين هذين الجزئين لغات البرامج . ويكون مستخدم البرنامج خارج الحلقة (انظر للشكل في الصفحة التالية)

software package . . . . **مجموعة البرامج**

مجموعة من البرامج جاهزة ومعدة من قبل الشركة المنتجة لجهاز الكمبيوتر يمكنها القيام بعمليات محددة

software resources . . . . **مصادر البرامج**

البرنامج ومصدر المعلومات الذي يستخدمه جهاز الكمبيوتر لانجاز العمليات المطلوبة منه

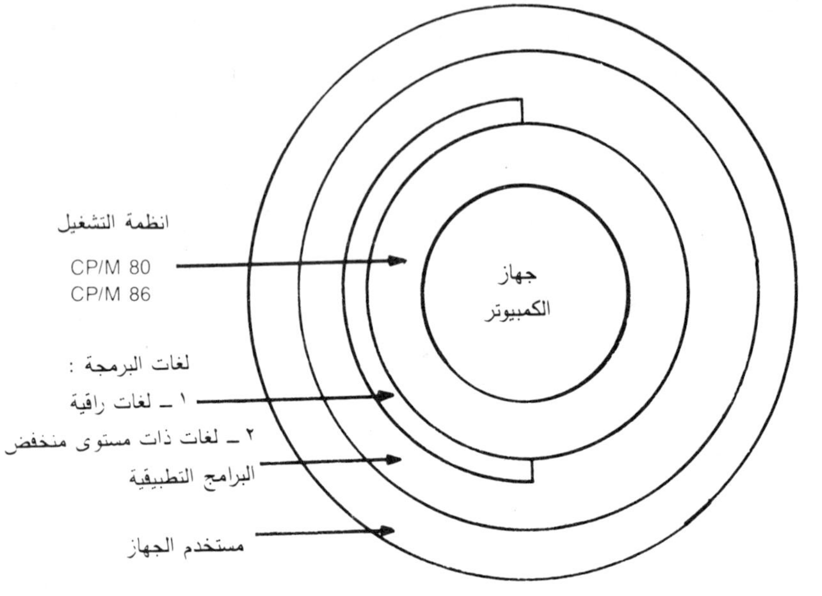

التوزيع الهرمي للبرامج

حالة الصلابة . . . . **solid state**

وصف للادوات الكهربائية والاليكترونية التي يعتمد عملها على التحكم الكهربائي او المغناطيسي في المادة الصلبة المصنعة منها مثل معدن السليكون او الجيرمانيوم . ما يلي بعض الامثلة لادوات مصنعة من مواد صلبة : الدوائر المدمجة والترانزستورات والصمامات الثنائية القطب والمقاومات الكهربائية

جهاز الكمبيوتر الصلب . . . . **solid state computer**

اجهزة كمبيوتر مصنعة اساسا من دوائر كهربائية وشبه موصلات

الادوات الصلبة . . . . **solid state device**

آلة تُصنَع الاجزاء الرئيسية فيها من دوائر كهربائية صلبة وثابتة

□ solid state

son file . . . . father file □

sonic delay line . . . . **خط التأخير الصوتي**

جهاز للتخزين المؤقت عن طريق تأخير موجات الارسال الصوتية

sort . . . . فــرز

(١) فرز وترتيب السجلات طبقا لنظام منطقي او تحليلي . معظم التصنيف الذي يتم في اجهزة الكمبيوتر هذه الايام تستخدم فيه الاقراص والاسطوانات والاشرطة المغناطيسية ؛ (٢) ترتيب البيانات طبقا لمواصفات معينة كترتيبها حسب الاحرف الابجدية

sorter . . . . آلة الفرز

الآلة التي تستخدم في فرز البطاقات طبقا لتسلسل محدد سابقا

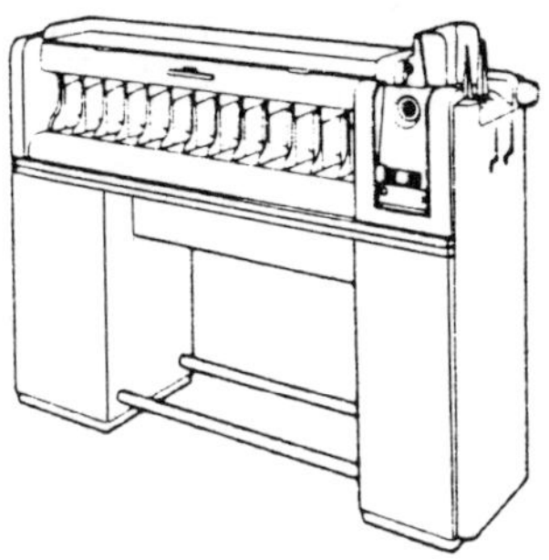

sort generator . . . . مولد الفرز

البرنامج الذي يمكن استخدامه في انتاج برامج فرز ليناسب كل منها حالة معينة

sort program . . . . برنامج الفرز

برنامج للمعالجة العامة يمكن استخدامه لفرز او دمج سجلات طبقا لتسلسل محدد سابقا

SP=stack pointer

SOS = silicon-on-sapphire

source .... **المصدر**

(١) المكان الذي تُقرأ منه البيانات ؛ (٢) مصدر البيانات : المكان الذي تنقل منه البيانات ؛ (٣) في الترانزستورات ذات الحقل المؤثر FET : أحد المكونات الثلاثة ؛ (٤) مصدر للطاقة

source code .... **الشفرة المصدرية**

شفرة رمزية في صورتها الاصلية قبل ان يعالجها جهاز الكمبيوتر، او قبل ان يقوم المترجم بترجمتها الى لغة الآلة ☐ object code

source computer .... **جهاز الكمبيوتر المصدر**

جهاز الكمبيوتر الذي يستخدم في ترجمة البرامج المصدرية الى برامج الهدف object program والتي يمكن لجهاز الكمبيوتر فهمها

source converter .... **محول المصدر**

البرنامج الذي يحول شفرة الهدف الى شفرة مصدرية source code

source data .... **البيانات المصدرية**

البيانات كما يتم استلامها في قسم الكمبيوتر من مستخدم الجهاز

source deck .... **مجموعة البطاقات المصدرية**

مجموعة من البطاقات التي تتضمن برنامج الكمبيوتر في الصورة الاصلية المكتوب بها

source document .... **الوثائق المصدرية**

(١) البيانات المصدرية كما تم استقبالها في قسم التحكم بالبيانات ؛

(٢) الوثائق الاصلية التي تم جمع المعلومات والبيانات منها

source language . . . . **اللغة المصدرية**

الوضع الاول الذي كتب فيه البرنامج قبل ان يتم تنفيذه بواسطة جهاز الكمبيوتر. امثلة لهذه اللغات كل من الفورترن والبيزيك والباسكال

source module . . . . **تركيبة مصدرية**

مجموعة اوامر مكتوبة بلغة المصدر وبالتالي لا يمكن لجهاز الكمبيوتر معالجتها مباشرة

source program . . . . **البرنامج المصدر**

برنامج الكمبيوتر المكتوب باحدى لغات المصدر. امثلة للغات المصدرية كل من الفورترن والبيزيك والكوبول واللغة التي تستخدم لترجمة البرامج من لغات راقية الى لغة الآلة . يقوم جهاز الكمبيوتر بترجمة برامج المصدر الى برامج مكتوبة بلغة الآلة قبل ان يستطيع التعامل معها . من هذا المنطق ، تعتبر برامج المصدر هي مصدر كل البرامج التي يتعامل معها جهاز الكمبيوتر

Southern California Computer Society = SCCS . . . . **جمعية الكمبيوتر لجنوب كاليفورنيا**

جمعية تضم العاملين والمهتمين باجهزة الكمبيوتر في جنوب ولاية كاليفورنيا . يشتهر وادي السليكون بتركيز معظم مصانع وابحاث الكمبيوتر في المنطقة

SPA = Systems and Procedures Association

space . . . . **الفراغ**

(١) موضع تخزين على الذاكرة بالحجم المناسب (موضع لتخزين سجل او رمز معين) ؛ (٢) في الاتصالات التلغرافية : حالة خط الاتصال عندما لا ترسل اي اشارة على الخط ؛ (٣) خانات على الذاكرة تحتوي على الصفر او من غير فولت

special character . . . . الرمز الخاص

رموز مرسومة ليست حروفا او ارقاما او فراغات . مثلا اشارة الجمع (+) واشارة الطرح (−) والفاصلة (،) واليساوي (=)

special interest group = SIG . . . . مجموعة ذات اهتمام خاص

مجموعة من الافراد تتلاقى لتناقش قضايا تخص تطوير اجهزة الكمبيوتر وتطبيقاتها واستخدام اجهزة الكمبيوتر في الرسومات وما شابه ذلك من قضايا

Special Interest Group . . . . مجموعة ذات اهتمام خاص في الرسومات
for Graphics = SIGGRAPH

جمعية خيرية هدفها تطوير الرسم باستخدام اجهزة الكمبيوتر

special purpose computer . . . . جهاز كمبيوتر ذو هدف خاص

جهاز كمبيوتر مصمم للقيام بمهمات محددة تختلف عما تقوم به اجهزة الكمبيوتر العادية

specific address = absolute address

specific code . . . . absolute coding □

spelling checker . . . . فاحص التهجئة

برنامج يفحص الكلمات للتأكد من ان تهجئتها صحيحة بمقارنتها بقاموس مخزن في الجهاز ثم وضع علامة عند الكلمة المكتوبة خطأ

split screen . . . . الشاشة المقسمة

شاشة انبوبة أشعة الكاثودCRT التي يمكن تقسيمها الى قسمين او اكثر باستخدام برنامج معين وعرض معلومات او رسومات مختلفة على كل قسم من هذه الاقسام

split-word operations . . . . **عمليات جزئية**

عمليات تُجرى على اجزاء من كلمات الكمبيوتر بدون التأثير على الاجزاء السالبة

SPOOL = simultaneous peripheral operation on line

spool file . . . . **ملف البكرة**

فراغ على القرص المغناطيسي يستخدم كذاكرة مؤقتة لتخزين البيانات المنقولة بين الذاكرة الداخلية والشريط المغناطيسي او بين الذاكرة الداخلية وبين ادوات ذات سرعة بطيئة (طابعة او أداه قراءة البطاقات او أداة تثقيبها)

spooling . . . . **الصف**

العملية التي تكون فيها كل من البرامج والنتائج الخارجة من الممكن تخزينها مؤقتا حتى يحين موعد تنفيذها او طبعها

sprocket . . . . **عجلة مسننة**

SQ = squeeze . . . . squeezed file □

squeezed file . . . . **الملف المكبوس**

ملفات برامج وبيانات تم ترتيبها بطريقة مكبوسة للتوفير في المساحة ولتقليل وقت النقل

squeezer . . . . **الكابس**

الشخص الذي يثبت الدوائر الكهربائية المدمجة على شكل كبير LSI في حجمها الاصلي الكبير

squelch . . . . **يسكت**

وقف الارسال او توليد المعلومات . مثل استخدام الموديم الذي يمكنه اسكات الموجات الحاملة لوقف ارسال البيانات

SSI = small-scale integration

stack . . . . **الرزمة**

بلوك او مربع او سلسلة متجاورة من مواقع التخزين على ذاكرة او المسجلات الخاصة في وحدة المعالجة المركزية CPU . تعمل هذه الرزمة تماما كما تعمل رزمة الورق او الرسائل التي امامك على المكتب فان آخر الرسائل التي استلمتها تكون على السطح ، وعند تفريغ العلبة التي بها هذه الرسائل فانك تبدأ من القمة (وهي آخر رسالة استلمتها) وهكذا . بمعنى آخر، ان آخر من دخل هو اول من تتم خدمته LIFO . فاذا كنت تريد آخر رسالة في الرزمة ، عليك ان تزيح اولا الرسائل التي فوقها ، وهكذا الى ان تصل الى الرسالة الموجودة في القاع . يستخدم مثل هذا النوع من الذاكرات في التخزين المؤقت كحاجز بين اداة سريعة واخرى بطيئة ☐ last in first out

stacked job processing . . . . **معالجة القائمة**

طريقة لترتيب معالجة مجموعة من المهمات بوضعها في قائمة ويقوم جهاز الكمبيوتر بمعالجتها واحدة تلو الاخرى

stacker . . . . card stacker ☐

stack pointer . . . . **مؤشر القائمة**

مُسجل يستخدم للاشارة الى المواقع في القائمة ☐ stack

stairstepping . . . . **تدريج ٠ تدرُّج**

وصف لخط متقطع رسمته وحدة الايضاح الشبكية بأي اتجاه ما عدا الرأسي او الافقي او بزاوية ٤٥

standalone . . . . **قائمة بذاتها**

(١) آلة يمكنها ان تقوم بالعمل المطلوب منها بدون اي مساعدة من آلة اخرى او شخص آخر؛ (٢) بالنسبة للبرامج : برنامج يقوم بالمهمة المطلوبة منه بدون مساعدة من برنامج آخر. عكس برمجة متعددة multiprogrammed

نمط (اجراء موحد) ・ قياسي .... **standard**

الانحراف القياسي (المعياري) .... **standard deviation**

طريقة لقياس انحراف القيم المختلفة لمتغير ما عن المتوسط . يتم حساب ذلك كما يلي : افترض ان المثال يتضمن الكميات ١ ٢ ٣ ٤ ٥

(١) احسب المتوسط وذلك بجمع القيم المتوفرة وقسمتها على عددها

١٥ ÷ ٥ = ٣

(٢) احسب الفرق بين كل قيمة من القيم لهذا المتغير والتوسط المحسوب في خطوة (١)

١ − ٣ = −٢ ، ٢ − ٣ = −١ ، ٣ − ٣ = ٠ ، ٤ − ٣ = ١ ،

٥ − ٣ = ٢

(٣) احسب مربع القيم التي حصلت عليها في خطوة (٢)

٤ ١ ٠ ١ ٤

(٤) اضف القيم التي حصلت عليها في خطوة (٣)

٤ + ١ + ٠ + ١ + ٤ = ١٠

(٥) اقسم نتيجة الجمع في خطوة (٤) على المتوسط المحسوب في خطوة (١)

١٠ ÷ ٣ = $\frac{١٠}{٣}$

تسمى القيمة المحسوبة في خطوة (٥) الاختلاف او التباين

variance = $\frac{١٠}{٣}$

(٦) احسب الجذر التربيعي لقيمة الاختلاف (خطوة (٥)) = $\sqrt{\frac{١٠}{٣}}$

الانحراف القياسي = $\sqrt{\frac{١٠}{٣}}$

موصل نمطي (تعشيق نمطي) .... **standard interface**

جهاز توصيل إليكتروني ذو مواصفات معروفة متعارف عليها والذي يربط جهاز الكمبيوتر بغيره من الاجهزة والتوصيلات

التنميط (التوحيد) ・ المعايرة .... **standardization**

توحيد الاجراءات او خطوات العمل او نظم تشغيلية بحيث تتبع نظاماً موحداً او تكون ذات معايير موحدة

standardize . . . . **يوحد الأنماط**

standard notation = scientific notation

standby equipment . . . . **معدات احتياطية**
قطع احتياطية لاجزاء جهاز الكمبيوتر يتم تركيبها في حالة عطل اي من القطع الاصلية وللتوفير في الوقت في حالة العطل

standing on line . . . . **الوقوف على الخط**
طريقة للاسراع في عمليات الحمل في الجمع الحسابي . فلو كان الحمل لخانة بها ٩ ، يوضع في هذه الخانة صفرا وينقل المحمول للخانة الاعلى التالية

مثال :	الجمع العشري	الجمع بطريقة الوقوف على الخط
	١٩٧	١٩٧
	٦ +	٦ +
	١٣	١٠٣
	١٩	١
	٢٠٣	٢٠٣

star network . . . . network, star ☐

start bit . . . . **خانة البداية**
خانة عملها الوحيد هو الدلالة عن بدء الكلمات المنقولة في النقل الغير متزامن

stat = status

state . . . . **حالة**
الحالة التي عليها الآلة . هناك وضعان يمكن ان تكون الآلة في احدهما ، الاول ان تكون موصلة كهربائيا onوالثاني غير موصلة كهربائيا off

آخر التطورات .... state of the art

احدث الابحاث والتقدم العلمي في مجال من مجالات المعرفة

الجملة • العبارة........................... statement

في البرمجة : تعبير او امر عام مكتوب بلغة المصدر

source language □

ثابت .... static

(١) ان لا يحدث او يعمل اثناء تنفيذ البرنامج مثل الافراغ الساكن

static dump ؛ (٢) ان لا يتحرك او يدور مثل الذاكرات الساكنة ؛

(٣) تداخل على قنوات الاتصال مسببا ضوضاء

الافراغ الساكن .... static dump

الافراغ الغير ناتج عن تنفيذ برنامج المُستخدم user program .

الافراغ الذي تم في نقطة معينة اثناء المعالجة

الكهرباء الاستاتيكية (الساكنة) .... static electricity

الكهرباء الساكنة التي لا تتدفق في الاسلاك او الدوائر الكهربائية . تتولد مثل هذه الكهرباء بالاحتكاك وتتجمع كشحنة ثابتة من الاليكترونات . من الممكن ان يحدث ذلك في اجهزة الكمبيوتر عند دوران الاشرطة المغناطيسية بسرعة كبيرة في جو قليل الرطوبة (اقل من ٤٠٪ رطوبة نسبية) وهذا قد يسبب جذب الغبار او قد يسبب تلف للمعلومات المخزنة على الشريط

الخطأ الثابت .... static error = dc error

خطأ مستقل عن العوامل المتغيرة مع الوقت

الذاكرات الساكنة .... static memory

(١) كل حرف تتكون منه الكلمات المخزنة على مثل هذه الذاكرات يتم تخزينه في ترانزستورين من النوع النطاط flip-flop . مثل هذه الذاكرات ،

لا تحتاج لتنشيط ، الا انها متطايرة (يتم مسح محتواها اذا انقطع التيار الكهربائي عنها) ؛ (٢) يطلق الاسم احيانا على ذاكرات غير متطايرة مثل ذاكرات القراءة فقط ROM ؛ (٣) يطلق احيانا على اي ذاكرات غير متحركة (اي نوع الا الدورانية)

static RAM = static random access memory

static random access memory . . . . **ذاكرات الوصول العشوائي الساكنة**
= static RAM

(١) ذاكرة مصنعة من اوكسيد المعادن MOS لا تحتاج للتنشيط ؛
(٢) ذاكرات تستخدم بطارية احتياطية للحماية من فقد المعلومات الموجودة عليها عند انقطاع التيار الرئيسي عن الجهاز

static storage = static memory

staticizing . . . . **يُسَكّن**

عملية نقل الاوامر من ذاكرة الكمبيوتر الى مسجل الاوامر لتكون جاهزة للمعالجة

station . . . . **المحطة**

محطة ارسال واستقبال المعلومات في اجهزة الاتصالات
او محطة ادخال او اخراج البيانات (نقطة عمل)

statistics . . . . **علم الاحصاء**

قسم من علوم الرياضيات يتناول جمع المعلومات وترتيبها وتحليلها

status . . . . **حالة الجهاز**

حالة الجهاز في وقت معين

بيان الحالة • كلمة الحالة .... status word

مجموعة الرموز (شفرات) التي تدل على حالة الجهاز في وقت معين وعن طريق هذه الرموز يمكن التعرف على وضع (حالة) الجهاز، واستخدام تعبير «كلمة» word إشارة الى ان بيان حالة الجهاز يتم تخزينها في كلمة تخزينية معينة

خطوة .... step

(١) خطوة تسبب ان يقوم جهاز الكمبيوتر بمعالجة امر واحد ؛

(٢) امر واحد في البرنامج المعطى لجهاز الكمبيوتر ؛

(٣) خطوة في سلسلة من الاجراءات

موتور يتحرك على خطوات .... stepper motor

آلة ميكانيكية تعمل بالكهرباء وتتحرك مسافة ثابتة كل مرة تزود بنبضات كهربائية . مثل هذه الالات توجد في المطبعة وعمود ادارة القرص وبعض المعدات الاخرى

تدريجياً .... stepwise

معادلة صلبة (جامدة) .... stiff equation

معادلات رياضية يصعب على جهاز الكمبيوتر حلها باستخدام طرق الحل العددية . مثال ذلك المعادلات التفاضلية التي يتكون حلها من مجموعة من القيم المسماة قيم ايجين (ايغين) eigen ذات الفروق الكبيرة

خانة التوقف .... stop bit

خانة تظهر في نهاية كل رمز او كلمة منقولة في النقل الغير متزامن

المخزن • الذاكرة .... storage

الاداة او السطح الذي يمكنه ان يستقبل ويحتفظ ويعطي البيانات ثانية في حالة طلبها . تعطي نفس معنى memory ☐ auxiliary storage;

internal storage; programmable read-only memory; random access memory; read-only memory

storage allocation .... **توزيع الذاكرة**
تخصيص مواقع على الذاكرة لبرامج معينة ، او لاجزاء من برنامج او مجموعة من البيانات . تسمى احيانا memory allocation

storage block .... **بلوك على الذاكرة**
اجزاء متجاورة على الذاكرة الداخلية لجهاز الكمبيوتر

storage capacity .... **قدرة الذاكرة**
عدد وحدات المعلومات التي يمكن تخزينها على الذاكرة . عادة ما يتم وصف ذلك بعدد كلمات الكمبيوتر words او عدد الرموز character او بالبايت bytes

storage cell .... storage location □

storage core = core

storage device .... **آلة التخزين**
جزء من جهاز الكمبيوتر يستخدم لتخزين المعلومات . مثلا ، الدوائر المدمجة المستخدمة في التخزين وكذلك وحدة القرص او الشريط المغناطيسي

storage dump .... **تفريغ المخزن**
طباعة كل جزء مما تحتويه الذاكرة الداخلية لجهاز الكمبيوتر على ورق لتصنيف مواقع الاخطاء في البرنامج

storage hierarchy .... **هرمي التخزين**

storage interface unit=SIU . . . . **وحدة التخزين الوسيطة**

وحدة تخزينية وسيطة بين وسائل التخزين السريعة ووحدة المعالجة المركزية لجهاز الكمبيوتر مهمتها التخزين الانتقالي للبيانات لتقليل التأخير في الحصول على البيانات ، وتتميز بالسرعة الكبيرة في حركة التخزين . نفس cache memory

storage key . . . . **مفتاح التخزين**

مفتاح لحماية الذاكرة

storage location . . . . **موقع التخزين**

موقع على الذاكرة يخزن فيه رمز او كلمة

storage map . . . . **خريطة التخزين**

رسم يوضح أين تم تخزين البرامج والبيانات على ذاكرة جهاز الكمبيوتر

storage media . . . . **مواد التخزين**

وصف للمادة المستعملة في صناعة ادوات التخزين كالورق الذي تصنع منه البطاقات والاشرطة الورقية

storage plane . . . . **مسطح التخزين**

مجموعة من خلايا التخزين ذات مسطح واحد

storage protection . . . . **حماية التخزين**

الحماية من التلف او من الكتابة على الذاكرة او القراءة منها . يمكن توفير مثل هذه الحماية باستخدام قطع اضافية تتصل بجهاز التشغيل .

نفس memory protection

storage tube .... **انبوبة التخزين**

وسيلة للاظهار تشبه انبوبة أشعة الكاثود CRT الا ان بها فوسفور يستمر مشعا لمدة طويلة . لذلك تبقى الصورة لعدة ساعات بدلا من لحظات قليلة كما في ادوات التخزين المتحركة . تتفوق انابيب التخزين في دقة الصور على الاجهزة الشبكية ، الا انها اقل دقة في الالوان

storage unit .... storage device ☐

store .... **المخزن**

(١) وضع البيانات في الذاكرة ؛ (٢) امر يستخدم في برامج الكمبيوتر المكتوبة ببعض اللغات ليقوم جهاز الكمبيوتر بتخزين مثل هذه البرامج . يستقبل مثل هذا المخزن البيانات ويحتفظ بها لأية مدة زمنية ويسمح لمستخدم الجهاز باستعادتها

store and forward .... **إخزن وابعث**

تشغيل شبكة نقل البيانات عند وجود محطة او اكثر بين كل من محطة الارسال ومحطة الاستقبال لتقوم باستقبال الرسائل من مرسليها لترسلها هي بدورها لعنوانها المرغوب فيه ☐ message switching

stored program computer .... **جهاز الكمبيوتر ذو البرامج المخزنة**

جهاز كمبيوتر له القدرة على تنفيذ سلسلة من التعليمات المخزنة في ذاكراته الداخلية وله القدرة (في معظم الحالات) على تطوير هذه التعليمات كما هو مذكور او محدد في تلك التعليمات . نفس digital computer

stored program concept .... **مفهوم البرامج المخزنة**

مبدأ تنفيذ الكمبيوتر للبرنامج وبمقتضاه يقوم الجهاز اولا بتخزين البرنامج كله في الذاكرة ثم يبدأ في تنفيذه وتكرار تنفيذه من هذه الذاكرة . طور جون فون نيومان هذا المفهوم سنة ١٩٤٥ ، وهي اهم صفات اجهزة الكمبيوتر الرقمية digital

straight-line code .... شفرة الخط المستقيم

تنفيذ الاوامر بطريقة متتابعة وبدون تكرار. انكانت هناك حاجة لتكرار تنفيذ امر ما فيجب إعادة كتابته في الموقع المراد تنفيذه فيه . تستهلك هذه الطريقة وقت اقل في التنفيذ اذا ما قورنت بطريقة التكرار loop الا انها تحتاج مساحة اكبر

streaming .... تدفق

طريقة للتسجيل السريع على شريط مغناطيسي . يمكن بهذه الطريقة تقليل الفراغات والتوقفات القليلة بين بلوكات البيانات التي تظهر عند التسجيل بالطرق الاخرى

string .... صف ٠ خط

(١) صف من البيانات : مجموعة متتالية من الاحرف او الرموز البيانات ؛ (٢) صف من اجهزة التخزين : يشار بذلك الى مجموعة أجهزة الاسطوانات او الاقراص المغاطيسية المرتبطة ببعضها ؛ (٣) مجموعة من العناصر المرتبة بجوار بعضها وفق شكل ما

string length .... طول الصف

عدد الرموز في الصف

strobe .... النبضة المحرّكة (ستروب)

إشارة للتحكم بأجهزة نقل البيانات والتي يتم بموجبها تحريك البيان

structural design language = STRUDL .... سْترودال

لغة تستخدم لتصحيح وتقليل التركيب البنيوي للبرامج

structure .... البناء

(١) الوحدات وطريقة تنظيمها (مثل طريقة بناء البرامج او بناء اللغات) ؛ (٢) في بناء البيانات : مجموعة من البيانات او المواقع على الذاكرة تم تخزينها لتسهيل الوصول اليها ؛ (٣) اختيار مجموعة من الوحدات وتجميعها بطريقة معينة

structured language . . . . **اللغة المبنية**

لغة كمبيوتر تشجع طرق كتابة البرامج من خلال استخدامها للمفردات والتركيبات والقواعد اللغوية □ structured programming

structured programming . . . . **البرمجة التركيبية**

طريقة لتصميم وكتابة برامج الكمبيوتر تهدف لتحسين كفاءة البرامج عن طريق تقسيم البرنامج الى أجزاء ، كل جزء منها يتولى معالجة معينة . وقد يتبادل استخدام هذه الاجزاء بين برنامج وآخر. تظهر حسنات هذه الطريقة عند كتابة برامج طويلة او معقدة . يستخدم عدد محدود من العبارات الاساسية والقليل من التفريعات لتسهيل انتاج برامج يمكن قرائتها من القمة الى القاعدة . كذلك تهدف هذه الطريقة الى توجيه الانتباه الى المطالب التحليلية للمشكلة والتقليل من اسلوب المحاولة والخطأ والاساليب الفردية والتي عادة ما تسبب تعقيد في البرنامج وتبطئ في معالجته

structured variables . . . . **المتغيرات المبنية**

اصطلاح يستعمل احيانا لوصف متغيرات ذات بعدين او اكثر. مثال ذلك احد مكونات المصفوفة matrix

STU=system transition unit

stub card . . . . **بطاقة فاصلة**

stylus . . . . **قارئ الرموز**

اداة تشبه القلم تستخدم مع لوحة الرسم لادخال البيانات

□ graphics tablet

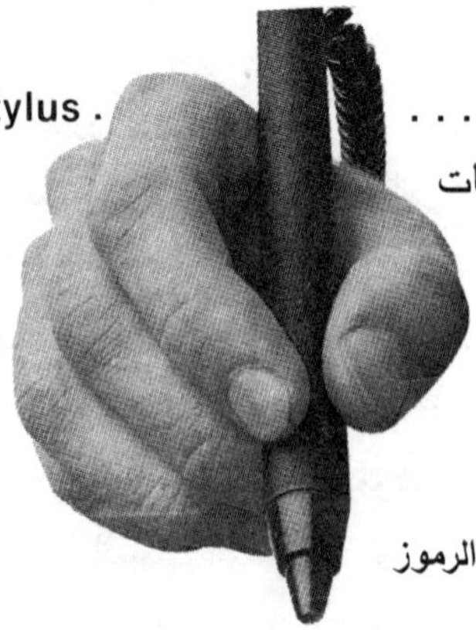

قارئ الرموز

[1]SUB = subprogram

[2]SUB = subroutine

برنامج ثانوي . . . . subprogram

اجزاء البرامج التي تقوم بمهمات محددة . تخزن البرامج الثانوية في مكتبة جهاز الكمبيوتر وتضاف للبرنامج حين الحاجة اليها . لو تم استخدام هذه الاجزاء في اكثر من برنامج ، يقلل ذلك من الجهد المطلوب لكتابة البرامج . على العكس من الروتين الثانوي ، والذي يكون متوفرا لبرنامج واحد فقط ، فان البرامج الثانوية يمكن ان تكون متوفرة لاكثر من برنامج (يمكن ان يستخدمها اكثر من برنامج)

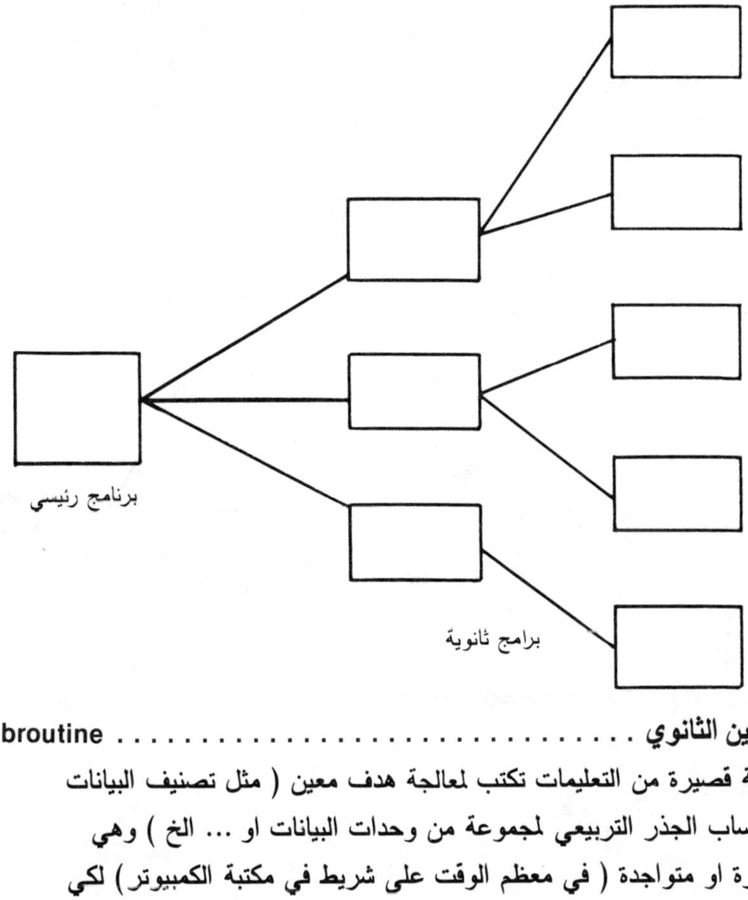

الروتين الثانوي . . . . subroutine

سلسلة قصيرة من التعليمات تكتب لمعالجة هدف معين (مثل تصنيف البيانات او حساب الجذر التربيعي لمجموعة من وحدات البيانات او ... الخ) وهي متوفرة او متواجدة (في معظم الوقت على شريط في مكتبة الكمبيوتر) لكي

تُطلب بواسطة اي برنامج توضع فيه عبارة المناداة call لمناداة هذه التعليمات لا يوجد فرق كبير بين الروتين الثانوي والروتين ، الا ان الروتين يطلق عادة على سلسلة من التعليمات اطول ويتم طلبها في عدد محدد من التطبيقات . كذلك هناك اصطلاح روتين الاجهزة الثانوية system subroutine وهو التعليمات المزودة مع جهاز الكمبيوتر نفسه وروتين المستخدمين الثانوي user subroutine وهو التعليمات المكتوبة عن طريق مستخدم جهاز الكمبيوتر. يطلق اصطلاح الروتين الثانوي المفتوح open subroutine (on-line subroutine) على الروتين الذي يتم نسخه في البرنامج في كل موضع يطلب فيه ، اما الروتين الثانوي المقفل closed subroutine فهو الروتين الذي يوضع مرة واحدة في البرنامج ويعود الجهاز لهذا الجزء في كل مرة يكون في حاجة اليه

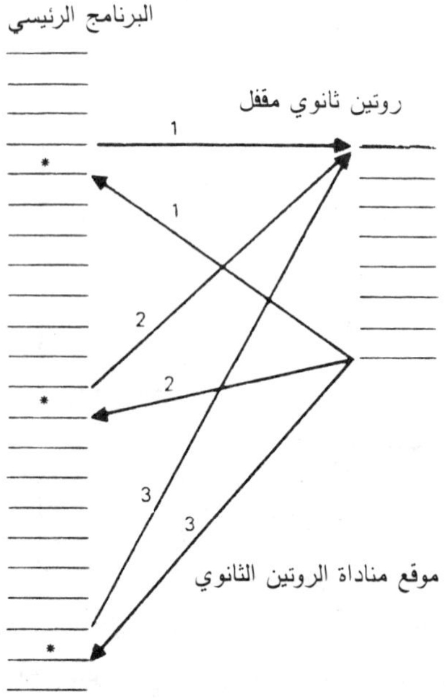

روتين ثانوي مقفل

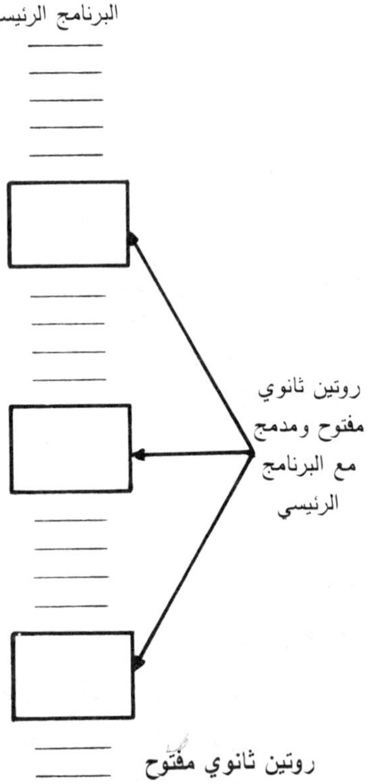

روتين ثانوي مفتوح

الرمز السفلي (الوصفي) .... subscript

(١) رموز تستخدم لوصف موقع معين لبيان ما. مثلا في المتجه vector ، كل وحدة لها اسم او رقم ليدل على موقعها . كذلك في المصفوفة لكل وحدة رقمين ، الاول يدل على رقم الصف والثاني على رقم العمود الموجودة فيه ؛ (٢) الرقم المكتوب بحجم صغير في الرموز الكيماوية (٢ في ك$أ_٢$)

المتغير ذو الارقام السفلية (الوصفية) .... subscripted variable

الرمز الذي يمكن تغيير قيمته العددية . مثلا عند وصف المصفوفة ، يوضع اسمها اولا ثم ابعادها . مثلا المصفوفة أ (٢ × ٤) يعني ان المصفوفة أ ذات صفين واربعة اعمدة

مجموعة فرعية .... subset

مجموعة داخل مجموعة اخرى . كما هو موضح في الشكل ، المجموعة أ داخل المجموعة ب

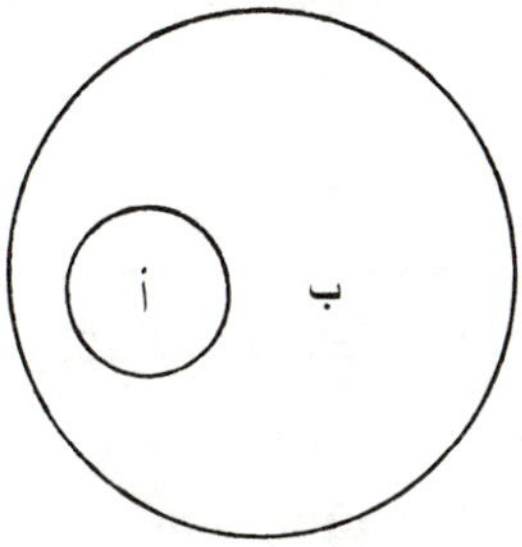

إحلال .... substitution

إحلال قيمة متغير ما في البرنامج بقيمة اخرى

نظام فرعي .... subsystem

(١) أجهزة تتبع او تخضع للجهاز الرئيسي ؛ (٢) تركيب تنظيمي يعتبر جزءاً من نظام أكبر

المطروح .... subtrahend

الكمية المطروحة من كمية اخرى . مثلا في ١٢ - ٧ رقم ١٢ هو المطروح منه minuend و٧ هي الكمية المطروحة

successive approximation .... **التقريب المتعاقب**

حل مجموعة من المعادلات بطريقة المحاولة والخطأ . يقوم جهاز الكمبيوتر بتخمين حل لمعادلة وبناء على نتائج هذا التخمين يقرر جهاز الكمبيوتر الفرض الثاني بأن يكون اكبر او اصغر من التخمين الاول . يتم تكرار ذلك الى ان يصل الى الحل الاقرب للحل الصحيح

sum .... **نتيجة الجمع الحسابية**

summarize .... **الملخص**

تلخيص مجموعة من البيانات في صورة مكثفة وذات معنى

summary punch .... **مثقب الملخص**

آلة تثقيب البيانات تعمل بالتعاون مع آلة اخرى ، عادة ما تكون منظم الجداول tabulator وذلك لتثقيب البطاقات التي تم تلخيصها او حسابها بواسطة الآلة الاخرى

superscript .... **الرمز الاعلى**

الرقم او الحرف الذي يكتب فوق الرمز وذلك لتحديد الاس او لتعريف الرمز. مثلاً في ١٥^٣ ، رقم ٣ هو الاس او الرمز الاعلى

supervisor=executive program

supervisory program=executive program

supervisory system .... operating system □

suppress .... **يحذف**

ازالة الاصفار او اي رموز غير مهمة من نتائج التحليل التي قام بها جهاز الكمبيوتر قبل طبعها او اظهارها

surge .... **تماوج**

تغيير مفاجئ في التيار او الفولت في دائرة كهربائية . قد يسبب ذلك ان يعطي جهاز الكمبيوتر الصغير (ميكروكمبيوتر) نتائجًا خاطئة او ان يتوقف عن العمل كلية

الحماية من التماوج .... surge protector

آلة يتم توصيلها بمصدر التيار من جهة وبجهاز الكمبيوتر من الجهة الاخرى للحماية من التماوج في كل من التيار او الفولت

المقايضة (المبادلة) .... swap

بعض البرامج طويلة ولا يمكن تخزينها كلها على الذاكرة الداخلية لاجهزة الكمبيوتر. لذلك يخزن جزء من البرنامج على الذاكرة الداخلية والاجزاء الباقية تخزن على وسيلة تخزين خارجية (مثل الشريط او القرص المغناطيسي). فلو حصل ان طلب مستخدم الجهاز جزءا من البرنامج الموجود على الذاكرة الخارجية ولكن الذاكرة الداخلية لا تتسع لمثل هذا الجزء ، فان هذا الشخص سيقوم بمقايضته بأن يستبدل الجزء المطلوب من على الشريط بالجزء الموجود على الذاكرة الداخلية

ادخال المقايض .... swap in

نقل صفحة او جزء منها من الذاكرة الثانوية (الخارجية) الى الذاكرة الرئيسية (الداخلية)

اخراج المقايض .... swap out

نقل او مسح صفحة او اجزاء منها من الذاكرة الرئيسية (الداخلية) الى الذاكرة الثانوية (الخارجية)

تحويل ، المفتاح .... switch

(١) بالنسبة لخلايا التخزين : تغيير محتواها من صفر الى واحد او العكس ؛ (٢) في الدوائر المنطقية الاساسية : الدوائر التي تقوم بعمليات باستخدام صمامات «و» AND او «أو» OR او «لا» NOT او «لا – و» NAND ؛ (٣) خلية تحويل : خلية التحويل التي يمكن الوصول اليها على حدة وبدون الحاجة للوصول للخلايا الاخرى ؛ (٤) تفرع مشروط في الاوامر المعطاة لجهاز الكمبيوتر ؛ (٥) المفتاح □ key

switch cell . . . . **خلية تحويل**

switch □

switched (message) network . . . . **شبكة تحويل الرسائل**

switch value . . . . **قيمة التحويل**

قيمة تحكم التفريع عند وضع معين ومحددة قبل ان يصل البرنامج الى نقطة التفريع هذه . مثلا في العبارة

IF AGE IN ·GT·50 print "OLD"

قيمة ٥٠ هي قيمة التحويل في هذا المثال . كذلك من الممكن لقيمة التحويل ان تكون القيمة المحددة لعلم flag والتي تسبب قفز البرنامج

symbol . . . . **الرمز**

(١) حرف او رقم او علامة تمثل رقم او عملية او علاقة ما ؛

(٢) عنصر من مجموعة رموز الكمبيوتر

symbolic address . . . . **العنوان الرمزي**

اسم في شفرة المصدر كما وضعه كاتب البرنامج لتسمية موقع تخزين على الذاكرة والذي سيستخدمه البرنامج اثناء المعالجة . يقوم البرنامج المترجم بترجمة هذا الاسم الى عنوان ظاهري او فرضي virtual address ثم الى عنوان مطلق عند تحليل البرنامج

symbolic addressing . . . . **العنونة الرمزية**

طريقة تحديد عناوين تخزين البيانات التي بمقتضاها يستخدم العنوان الرمزي فيها

symbolic coding . . . . **تشفير رمزي**

طريقةتكتب فيها التعليمات في لغة رمزية غير لغة الآلة

symbolic device . . . . **الآلة الرمزية**

اسم يطلق على ملف الداخل والخارج . مثلا SYSDSK يطلق على وحدة القرص المغناطيسي

symbolic language . . . . اللغة الرمزية

لغة البرمجة التي تتكون من احرف ورموز وارقام وهي ليست نفس اللغة التي يفهمها جهاز الكمبيوتر. ومن هذا المفهوم ، تعتبر كل لغات البرمجة لغات رمزية . عكس الالة machine language

symbolic name . . . . الإسم الرمزي

□ name

symbolic programming . . . . البرمجة الرمزية

استخدام لغة رمزية لاعداد برامج الكمبيوتر

symbol manipulation program . . . . برنامج معالجة

برنامج له القدرة على التمييز بين الرموز المختلفة

symbol table . . . . جدول الرموز

عند ترجمة البرنامج من لغة المصدر الى لغة الهدف ، يقوم البرنامج المترجم باعداد جداول عن رموز البيانات المستخدمة في البرنامج ، حيث تستخدم هذه الجداول عند الاحالة الى الرمز الصحيح

synchronization . . . . التزامن

ضبط العلاقات الزمنية بين الاحداث وذلك لجعلها تتطابق زمنيا او لضمان حدوثها في فترات زمنية متباعدة وثابتة

synchronization check . . . . الفحص المتزامن

فحص للاستدلال على ان حدثا معينا او حالة معينة قد تمت في الوقت المناسب

synchronizer . . . . المنظم الزمني

الالة التي تنظم وقت وقوع الحدث او البيان

synchronous computer .... **جهاز الكمبيوتر المتزامن**

جهاز كمبيوتر تبدأ كل عملية فيه كنتيجة لاشارة من نبضات ساعة مزودة
مع الجهاز. تعتبر اجهزة الكمبيوتر الرقمية digital مثالا لهذا النوع .
عكس asynchronous computer

synchronous transmission .... **النقل المتزامن (للبيانات)**

طريقة لنقل البيانات يتم فيها توقيت ادوات الارسال والاستقبال

synonym .... **المرادف**

مفتاحان او اكثر يمكنهما انتاج نفس جدول العناوين عند تكرار استخدامهما

syntax .... **تركيب الجُمل**

القواعد اللغوية والتركيبية للغة ما . تتطلب جميع اللغات الراقية المستخدمة
في كتابة برامج الكمبيوتر تطبيق مثل هذه القواعد

syntax analysis .... **التحليل اللغوي والنحوي**

التأكد من مطابقة البرنامج المكتوب لجهاز الكمبيوتر على القواعد والاصول
المنصوص عليها في لغة البرمجة

syntax-directed compiler .... **برنامج مترجم موجه بالقواعد اللغوية**

syntax error .... **خطأ لغوي • خطأ نحوي**

الخطأ الذي يتم اكتشافه في برنامج الكمبيوتر ناتجًا عن مخالفة أصول اللغة
والنحو الخاصة بلغة البرمجة

SYSGEN = system generation .... compiler □

system .... **النظام • الجهاز**

مجموعة من الاشخاص والاساليب والمعدات والمواد التي تعمل متعاونة وفق
نظام معين لتحقيق هدف ما

system analysis = systems analysis

system command . . . . **أمر الجهاز**

تعليمات خاصة تعطى لجهاز الكمبيوتر عندما تكون طريقة التعامل مع الجهاز بخلق حوار بين مستخدم الجهاز والجهاز نفسه . توجه مثل هذه التعليمات جهاز الكمبيوتر للقيام بعملية انجاز برنامجه واظهار البرنامج على الشاشة list وتخزين البرنامج save واي عمليات اخرى من هذا القبيل

☐ conversational mode

system design . . . . **تصميم النظام**

الاساليب والانشطة المتعلقة بتحديد تصميمات ومكونات نظام المعلومات او نظام الكمبيوتر. يشمل تصميم اساليب تجميع وادخال البيانات ، وتصميم البرامج ، وتصميم التقارير ، وتصميم قواعد البيانات وتنظيم الملفات ، الخ ...

system engineering . . . . **هندسة النظام**

عملية التصميم البنائي (الهندسي) للاجزاء التي يتكون منها نظام البيانات المطلوب تصميمه ، او نظام الكمبيوتر المطلوب بناوءه

system flowchart . . . . **خريطة مسارات النظام**

رسم توضيحي يظهر مسارات العمليات الرئيسية التي يتكون منها نظام معلومات او عمليات جهاز الكمبيوتر

system generation = SYSGEN . . . . **تولد الجهاز**

اختيار وتعديل وانسجام عمل جهاز معين ليتناسب مع احتياجات جهاز الكمبيوتر وامكانياته في التعامل مع البيانات

system interrupt . . . . **مقاطعة العمل**

وقف خطوات المعالجة الطبيعية لبرنامج او لمجموعة من التعليمات المعطاة لجهاز الكمبيوتر وبطريقة ما بحيث انه عند عودة الجهاز للعمل ، يبدأ من النقطة التي توقف عندها

system maintenance unit=SMU . . . . **وحدة صيانة النظام**

وحدة من وحدات التشكيل المركزي لمعدات الكمبيوتر مهمتها ان تسهل لمهندسي الصيانة التعامل مع واختبار كفاءة أداء تلك الوحدات

system network architecture . . . . **تركيب شبكة الانظمة**

حسب تعريف شركة آي . بي . أم . : الوصف الكامل للمعادلات والاساليب ولتسلسل خطوات التشغيل والمنطق لادوات نقل المعلومات عبر وسائل الاتصال المختلفة

system program . . . . program ☐

systems programmer=programmer

systems analysis = SA . . . . **تحليل نظم**

تتضمن عمليات فحص النشاطات او الخطوات لتقدير افضل الطرق التي يجب ان تُتَبع وكيفية اتباعها للوصول الى الهدف المطلوب

systems analyst . . . . **محلل نظم**

الشخص الذي يدرس ويحلل النشاطات او الخطوات او الطرق المتبعة في تنظيم وعمل جهاز معين لتقدير اي الطرق يجب ان تتبع وكيفية اتباعها للوصول الى الهدف المطلوب

Systems and Procedures Association = SPA . . . . **جمعية الانظمة والمنجزين**

جمعية تقوم بتشجيع استخدام اجهزة الادارة الحديثة عن طريق القاء المحاضرات وتشجيع البحث والتعليم في هذا المجال

مشابهة (محاكاة) الانظمة .... system simulation

اعادة صياغة العلاقات الرياضية في موديل رياضي يمثل ظاهرة عملية باستخدام جهاز الكمبيوتر

كتيّب الاجهزة .... systems manual

مجموعة من الوثائق التي تتضمن معلومات عن عمل الجهاز. عادة ما توفر هذه المعلومات شرح تفصيلي عن كيفية ادخال البيانات والصورة التي يجب ان توقع عليها

برمجة نظم .... systems programming

تطوير البرامج التي تشكل نظام عمل جهاز الكمبيوتر. مثال لهذه البرامج ، البرنامج المترجم compiler والبرنامج المُجمع assembler وبرنامج التحكم control

برامج الانظمة .... systems software

برامج تتحكم في تنفيذ برامج المستخدمين او البرامج التطبيقية والتي تتضمن البرنامج المُجمع assembler والبرنامج المترجم compiler وبرامج كشف الاخطاء debugger وبرامج الخدمات utility والبرامج التطبيقية . تزود معظم هذه البرامج بواسطة الشركات المصنعة لاجهزة الكمبيوتر

دراسة نظم .... systems study

عمل تحقيق لتقدير امكانية تركيب او تغيير في جهاز اداري

☐ feasibility study

system subroutine .... subroutine ☐

systems synthesis . . . . تخطيط لمراحل حل مشكلة ما

systems testing . . . . اختبار نظم
يتضمن ذلك اختبار سلسلة من البرامج للتأكد من ان كل البرامج وكل الداخل الى جهاز الكمبيوتر والخارج منه متفق مع طريقة التحليل المطلوبة من الجهاز

system transition unit=STU . . . . وحدة تحول الجهاز
وحدة من الوحدات الرئيسية لجهاز الكمبيوتر مهمتها توفير الامكانية لمُشغل الجهاز للتحكم في وحدة المعالجة المركزية ووحدات الادخال والاخراج

T

[1]T = temperature

[2]T = tera

t = time

tab = tabulate

tabbing .... جدولة القفز

تحريك رأس الكتابة او رأس التثقيب او مؤشر الشاشة لموقع العمود الذي يكتب فيه على الشاشة او الورق او يثقب عليه في البطاقة

tab character .... رمز الجدولة (القفز)

(١) مفتاح في لوحة مفاتيح آلة التثقيب وظيفته القفز الى المكان المطلوب تثقيبة حسب برنامج التثقيب ؛ (٢) مفتاح على لوحة مفاتيح الطرفية مهمته نقل مؤشر الشاشة الى المكان التالي لادخال البيانات ؛ (٣) رمز او حرف يستخدم في بعض لغات البرمجة يؤدي الى القفز الى مكان معين على سطر الطابعة او سطر شاشة العرض لبدء طبع او عرض البيان

table .... الجدول

مجموعة المعلومات او البيانات المرتبة بطريقة يمكن تحديد موقع اي وحدة

من هذه البيانات والحصول عليها بسهولة نظرا لان كل وحدة من المعلومات لها رقمين ، الاول للدلالة على رقم الصف والثاني للدلالة على رقم العمود الموجودة فيه

table lookup .... **البحث في جدول**

(١) عملية البحث عن قيمة معينة في جدول وعن طريق هذه القيمة يمكن الاستدلال عن قيمة اخرى ؛ (٢) الامر الذي يصدر لتنفيذ عملية البحث في الجدول

tabular system oriented language = TASOL .... **تاسول**

لغة صممتها شركة جنرال اليكتريك لاستعمالها مع جهاز الكمبيوتر الرقمي جي إي ٢٢٥ GE225

tabulate .... **جدول**

(١) وضع مجموعة من البيانات في جدول ؛ (٢) امر بطبع المجموع

tabulating equipment .... **معدات الجدولة**

معدات وحدة التسجيل التي تستخدم البطاقات المثقبة . مثال ذلك ادوات التصنيف والتجميع والترجمة

tabulation .... **تبويب (اعداد الجداول)**

اعداد جداول البيانات

tabulator .... **آلة التبويب ، برنامج التبويب**

(١) آلة من الات البطاقات المثقبة مهمتها قراءة البيانات وتبويبها في جداول بيانات ؛ (٢) برنامج كمبيوتر من مهماته تلخيص البيانات على شكل جداول

tactile keyboard .... **لوحة مفاتيح تعمل باللمس**

علامة .... tag

(١) مجموعة من الاحرف او الرموز تُلحق بسجل البيانات لتعريفه . الفرق بين المفتاح key والعلامة ، ان العلامة تُلحق بالسجل ، اما المفتاح فلا يتم الحاقه بالسجل . تماما كالبطاقات التي توضع على السلع لتحديد سعرها ؛ (٢) الطابع label

ملف العلامة .... tag file

مجموعة من العلامات تخزن كملف وتستخدم في البرنامج للوصول المباشر لسجل كامل مُخزن في ملف اخر. مثلا ، من المكن ان يبحث برنامج في ملف العلامات للوصول لمفتاح سجل ما (مثل رقم الموظف في سجل الموظفين) ثم يجد عنوان هذا المفتاح وعندها يذهب مباشرة لهذا العنوان في الملف الكامل بدلا من البحث المتسلسل في الملف عن هذا الموظف

يتعامل ، يتكلم .... talk

تعامل جهازين مع بعضهما دون مشاكل . بمعنى ان كل منهما يتحدث للاخر. مثل نقل البيانات بين جهاز الكمبيوتر والطرفية

جهاز كمبيوتر تانديم (ماركة مسجلة) .... tandem computer

جهاز كمبيوتر يتكون من وحدتين للمعالجة وذلك لزيادة الدقة في النتائج

تاندي راديو شاك .... Tandy Radio Shack = TRS

احد انواع اجهزة الكمبيوتر المصنعة بواسطة شركة راديو شاك Radio Shack

الشريط .... tape

شريط رقيق ذو عرض صغير يسجل علية اما بتثقيبه (في حالة الشريط الورقي) او بتغطيته بطبقة مغناطيسية (مثل الشريط المغناطيسي) ومغنطة هذه الطبقة . يستخدم لادخال البيانات وتخزينها واخراج النتائج . عادة ما يتم تسجيل البيانات على شكل قنوات او ممرات على الشريط المغناطيسي

tape cartridge . . . . **خرطوشة الشريط**

شريط مغناطيسي في خرطوشة ومعه اداة ادارة الشريط . من الممكن التخزين على مثل هذه الاشرطة بكثافة عالية (حوالي ٢٠ مليون كلمة (بايت)) ويمكن نقل المعلومات المخزنة عليه بسرعة عالية

tape cassette = magnetic tape cassette

[1]tape code = magnetic tape code

[2]tape code = paper tape code

tape deck = magnetic tape unit

tape drive = magnetic tape drive

tape file . . . . **ملف الشريط**

ملف للبيانات تم تسجيله على شريط مغناطيسي

tape format . . . . **ترتيب الشريط**

طريقة ترتيب البيانات المسجلة على شريط مغناطيسي والتي تسمح لجهاز الكمبيوتر بالتمييز والتحكم وتحديد المطلوب منها . هناك مستويان لتعريف هذه الصياغة: (١) يتم وضع الصياغة بواسطة جهاز الكمبيوتر العائل لمعدات الشريط المغناطيسي . يتكون هذا الترتيب من بيانات عادة تُسبق بطوابع labels وتقسم الى اجزاء (كل جزء يمثل ملفًا) بعلامات الشريط وفي بعض الاحيان بطوابع اضافية . تقسم اجزاء البيانات هذه الى مجموعات (مربعات) . هذا التقسيم ليس له ارتباط او تفسير منطقي (تحليلي) ، اي ان الاجزاء المختلفة الناتجة عن هذا التقسيم لا تربطها علاقة منطقية ؛ (٢) يتم تسجيل شكل البيانات باستخدام توزيعات مختلفة للمغنطة على

الشريط . بالنسبة لانظمة الاشرطة المغناطيسية : يقصد بالبيانات كل المعلومات (البيانات المنطقية والطوابع) المنقولة من والى الجهاز العائل . معظم الاجهزة المغناطيسية تتطلب ان تكون علامات الشريط مميزة عن باقي البيانات . هناك العديد من طرق ترتيب البيانات اصبحت قياسية . تستخدم هذه الطريقة مع الاشرطة ذات ممرات التسجيل التسعة وذات عرض ٠،٥ بوصة . هناك ثلاث ترتيبات مشهورة وهي :

١ـ عدم العودة للصفر NRZ : كثافة التسجيل ٨٠٠ خانة/البوصة ، وهذا يعني امكانية تسجيل ٢٠ مليون بايت (كلمة) على لفة شريط ذو ٢٤٠٠ قدم طولا. يمكن اكتشاف الاخطاء بدقة الا ان تصحيحها صعب .

٢ـالتشفير الطوريphase encoded: كثافة التسجيل ١٦٠٠خانة/البوصة ويمكن تخزين حوالي ٤٠ مليون بايت (كلمة) على شريط طوله ٢٤٠٠ قدم . اكتشاف الاخطاء المنطقية ليس بالدقة الموجودة في النوع الاول NRZ . هذه الطريقة سهلة الاستخدام لحد ما وهي اكثر استعمالا.

٣ـ تسجيل شفرة المجموع group code recording : كثافة التسجيل على شريط ذو تسعة ممرات وعرض ٠،٥ بوصة هي ٦٢٥٠ خانة/البوصة . هذا للدلالة على كثافة البيانات المنطقية ولذلك عند ترجمة هذه البيانات لشفرة الحشو redundant code ستصبح كثافة التسجيل اعلى من ذلك . يمكن بطريقة الترتيب هذه ، تخزين ١٤٠ مليون بايت (كلمة) على شريط طوله ٢٤٠٠ قدم وتعطي شفرة الحشو اسلوبًا ممتازًا لاكتشاف الاخطاء ، الا ان استخدام هذه الشفرة يتطلب استخدام معدات معقدة

tape handler . . . . magnetic tape unit □

tape input, tape output = tiptop . . . . **الداخل على شريط والخارج على شريط**

جهاز كمبيوتر يقرأ البيانات من على شريط مغناطيسي ويخزن النتائج على شريط مغناطيسي ايضا

tape label . . . . **طابع (علامة) الشريط**

عادة ما يحتوي السجل الاول من الشريط المغناطيسي على معلومات مثل

نوع البيانات المخزنة على الشريط وتاريخ كتابتها وعدد السجلات المخزنة على الشريط ؛ البطاقة التي تلصق على بكرة الشريط لتمييزه

مكتبة الاشرطة . . . . **tape library**

غرفة خاصة تخزن فيها الاشرطة المغناطيسية تحت ظروف بيئية يمكن التحكم فيها (حرارة ورطوبة و... الخ) وكذلك تحت حراسة للحماية من التلاعب فيها

علامة الشريط . . . . **tape mark = TM**

اشارة تُسجل على الشريط المغناطيسي ولكنها لا تمثل اي بيانات وانما تستخدم لتحديد نقطة بداية التسجيل على الشريط (في معظم الحالات ، تعتبر هذه العلامات كملفات مستقلة)

نظام تشغيل الاشرطة . . . . **tape operating system=TOS**

(١) عمليات تشغيل الاشرطة المغناطيسية ؛ (٢) نظام التشغيل الاساسي لجهاز الكمبيوتر الذي يعتمد على استخدام الاشرطة المغناطيسية في تخزين برامج ومتعلقات التشغيل الاساسية للجهاز

بكرة الشريط . . . . **tape reel**

شريط مغناطيسي ملفوف حول بكرة

النقل من الشريط للبطاقة . . . . **tape-to-card conversion**

آلة تستخدم لنقل وتخزين البيانات من على سطح الشريط المغناطيسي او الورقي الى البطاقة

آلية نقل الشريط . . . . **tape transport**

العملية الميكانيكية التي يتم بموجبها تحريك الشريط المغناطيسي أمام رأس القراءة او الكتابة ، او تحريك الشريط الورقي أمام محطة التثقيب او القراءة

target language . . . . **اللغة الهدف**

اللغة التي تتم ترجمة بعض اللغات الاخرى لها . عادة تسمى object language □ language

target program = object program

tariff . . . . **تعريف ، تعريفة**

عند نقل البيانات : المعدل (تكاليف) المعلن كثمن للخدمات المقدمة

task . . . . **المهمة**

العمل او المهمة المطلوبة من جهاز الكمبيوتر القيام بها
وعادة ما يتكون البرنامج من عدة مهام محددة

task control block = TCB . . . . **بلوك التحكم بالمهمة**

معلومات مطلوبة لتنفيذ البرنامج مثل معلومات عن ترتيب اولوية التنفيذ للاجزاء المختلفة للبرنامج

task management . . . . **ادارة المهمة**

عمل نظام التشغيل operation system الذي يتضمن تحديد اولويات التنفيذ ومواقع المصادر المطلوبة

TASOL = tabular system oriented language

Tb = terabit . . . . **تيرابِتْ**

١٠-١٢ بت

TB = terabyte . . . . **تيرابايت**

١٠-١٢ بايت

TCAM = telecommunications access method

TCB = task control block

[1]TCU = telecommunications control unit

[2]TCU = terminal control unit

[3]TCU = transmission control unit

telecommunication . . . . **الاتصال عن بعد**

نقل البيانات من مكان الى آخر باستخدام وسائل الاتصال عن بعد (تلغراف او تلفون او راديو)

telecommunications access method = TCAM . . **طريقة الوصول عن بعد**

طريقة وصول تتحكم في نقل البيانات بين الذاكرة الرئيسية والطرفية او مجموعة من الطرفيات وذلك بتوفير الاساليب للنقل السريع للرسائل ما بين البرنامج وبين تلك الطرفيات

telecommunications control unit = TCU . . . . **وحدة التحكم للاتصالات عن بعد**

telemetry . . . . **علم القياس عن بعد**

نقل البيانات من اجهزة قياس بعيدة لاسلكيا باستخدام الراديو او ما شابه ذلك من الاجهزة . مثلا نقل البيانات من محطة الاقمار الصناعية حيث تقوم لجهزة مثبتة في تلك الاقمار بقياسات معينة وارسال البيانات الى محطات ارضية

Telepak = Telpak

الطابعة عن بُعد . . . . **teleprinter**

اي اداة تستخدم لوحة مفاتيح ومطبعة للطباعة عن بعد

المعالجة عن بُعد . . . . **teleprocessing**

استخدام خطوط التلفون او ما شابه من الاجهزة لنقل البيانات والاوامر (البرامج) بين مواقع متباعدة ومركز معالجة البيانات ، او بين جهازي كمبيوتر. تتضمن مثل هذه العملية خطوتين ، الاولى نقل البيانات data communication والثانية معالجة هذه البيانات data processing

تليتكست . . . . **teletext**

نظام لنقل البيانات مثل الاخبار والجو واسعار البورصة التجارية من موقع بعيد ثم توضع على شكل موجات التليفزيون لكي يتسنى استقبالها بواسطة جهاز التليفزيون العادي حيث تكون هذه الاجهزة مزودة بدوائر خاصة لحل شفرة هذه الموجات واظهارها على شكل ارقام وحروف ورسومات بيانية وتوضيحية على شاشة التليفزيون

تليتَيب ٠ طابعة عن بُعد . . . . **teletype**

علامة تجارية لشركة تليتَيب الامريكية . اصبحت هذه العلامة تعبيرًا يشير الى انواع مختلفة من الطابعات عن بُعد واجهزتها التي تستخدم في نقل البيانات عن بُعد

آلة طباعه عن بعد (المبرقة الكاتبة) . . . . **teletypewriter = TTY**

ماكينة تتكون من لوحة مفاتيح ومطبعة عادة ما تستخدم في الاتصال الغير متزامن (لا يحدث حسب توقيتات محددة مسبقا) لارسال او استقبال الرسائل . نفس teletype

تلكس . . . . **telex**

آلة التليكس من نوع ويسترن يونيون Western Union يمكنها نقل البيانات بين نقطتين مستخدمة انواع عديدة من ادوات الادخال والاخراج ؛ خدمة التلكس لنقل البيانات

تيل باك . . . . **Telpak**

خدمة تقدمها شركات التليفونات لنقل البيانات بين موقعين او اكثر

المسطرة القالب . . . . **template**

مسطرة مصنعة من البلاستيك توجد عليها اشكال عديدة تستعمل في الرسم التخطيطي للبرامج ومواضع إتخاذ القرارات مثل الشكل المعين او المستطيل او الدائرة

مجموعة بيانات مؤقتة . . . . **temporary data set**

مجموعة بيانات يتم تشكيلها مؤقتا اثناء تنفيذ البرامج ثم تُلغى بعد ذلك

المخزن المؤقت . . . . **temporary storage**

مواقع تخزين محجوزة لتخزين النتائج مؤقتا وذلك خلال مرحلة تنفيذ البرنامج نفس working storage

المتمم العاشر . . . . **tens complement**

رقم يستخدم لتمثيل الجزء السالب من القيمة المعطاة . يتم الحصول على المتمم العاشر بطرح الرقم من رقم يتكون من عدد من التسعات يساوي عدد الخانات في الرقم ثم يضاف اليها واحدًا . مثلا رقم ٦٤٩ هو المتمم العاشر لرقم ٣٥١ ويتم الحصول عليه كما يلي :

```
 ٩٩٩
 ٣٥١ -
 ———
 ٦٤٨
   ١ +
 ———
 ٦٤٩
```

تيرا . . . . **tera**

اختصار لكلمه تريليون او ١٠-١٢

terabit = Tb

terabyte = TB

terminal .... **الطرفية**

(١) احد وسائل الادخال والاخراج الموصلة بجهاز الكمبيوتر ولكنها بعيدة عنه في غرفة ثانية او في مبنى آخر او في مدينة اخرى او بلد آخر ؛
(٢) النقطة التي يمكن ادخال البيانات او البرامج فيها والتي عندها تترك النتائج شبكة الاتصالات . هناك نوعان من اجهزة الطرفيات ، الاول الذي لا يتضمن اية دوائر كمبيوتر ويمكنه الاتصال مع جهاز الكمبيوتر ولكن لا يمكنه القيام بأية عملية معالجة. والثاني يمكنه القيام ببعض عمليات المعالجة المحددة الا ان المهمة الاساسية له هي الاتصال مع جهاز الكمبيوتر

terminal control unit = TCU .... **وحدة التحكم بالطرفية**

آلة ذكية تقوم بعمليات تعشيق لمجموعة من اجهزة الطرفيات في المحطات التي بها العديد من اجهزة الطرفيات

terminal entry .... **الادخال باستخدام الطرفية**

استخدام الطرفية لادخال البيانات

terminal equipment .... **معدات الطرفية**

في اجهزة الاتصال : وحدة تقوم باستقبال او انتاج الرسائل . قد تكون هذه الوحدة طرفية او جهاز كمبيوتر. نفس data terminal equipment

terminal I/O wait .... **انتظار الداخل/الخارج من الطرفية**

الحالة التي لا يمكن للبرنامج ان يتمم معالجتها الا اذا وصل الداخل من الطرفية

terminal symbol .... **رمز الطرفية**

رمز للدلالة على نقطة البداية ونقطة النهاية لعمل البرنامج (في الرسم التخطيطي للبرامج). هذا الشكل هو الشكل البيضاوي

وحدة الطرفية . . . . **terminal unit**

جزء من معدات قناة الاتصال الذي من الممكن ان يستخدم لادخال او لاخراج البيانات او المعلومات لتلك القناة

ينهي · يوقف . . . . **terminate**

ايقاف بعض العمليات عادة ما يكون قبل ان تصل للمرحلة النهائية

انهاء · ايقاف . . . . **termination**

(١) مهمة ايقاف عملية ؛ (٢) عملية اختيار وتركيب مجموعة من المقاومات الكهربائية بهدف ايقاف عمل الخط الكهربائي او الكابل ؛ (٣) □ terminator

خاتمة · برنامج الانهاء . . . . **terminator**

(١) الرمز او الحرف الذي يضاف الى نهاية مجموعة من البيانات ليحدد نهايتها ؛ (٢) برنامج من برامج الكمبيوتر الاساسية مهمته ان يقوم بتنفيذ المهام المتعلقة بانهاء تنفيذ البرنامج تحت التشغيل ؛ (٣) الرمز او الاشارة التي تضاف الى الرسالة المرسلة عبر خطوط الاتصال لتعني نهاية الرسالة

طابعة الانهاء . . . . **termiprinter**

طابعة تستخدم كطرفية وحيدة لاستقبال المرسل اليها كوحدة من وسائل الاستقبال مع مجموعة من وحدات العرض المرئي لاعطاء نسخة مطبوعة عما تستقبله

ثلاثي . . . . **ternary**

(١) تخص جهاز له ثلاثة اوضاع . مثلا : في جهاز نقل البيانات : كل من غياب الاشارة او الاشارة السالبة او الاشارة الموجبة له معناه الخاص ؛

(٢) نظام للارقام للاساس ٣

الشفرة الثلاثية . . . . **ternary code**

شفرة ذات ثلاثة اوضاع فقط

test . . . . اختبار

test bed . . . . مجموعة الاختبار

مجموعة من برامج الكمبيوتر تستخدم في اختبار البرامج الاخرى

test case . . . . حالة اختبار

test data . . . . بيانات الاختبار

بيانات يتم وضعها وتصميمها لاختبار قدرة البرنامج المكتوب لاكتشاف إن كان هناك خطأ في البرنامج او في منطقه التحليلي (التسلسل المنطقي). يتم وضع مثل هذه البيانات وهي معروفة النتائج لمقارنتها بالنتائج التي سيتم الحصول عليها من البرنامج للتأكد من صحة البرنامج

testing . . . . الاختبار

استخدام عينات من البيانات لاختبار مدى كفاءة عمل البرنامج ولتصحيحه إن كان هناك خطأ في كتابة احدى المعادلات او في منطق التحليل المتبع

tête-à-tête mode = conversational mode

TEX = telex

text . . . . النص

الجزء من الرسالة الذي يتضمن المعلومات المراد تبليغها

text editor . . . . مُحرر (مُراجع) النص

برنامج او مجموعة من الاوامر في جهاز الكمبيوتر يستخدمها مستعمل الجهاز لتحرير (مراجعة) برامج المصدر. تسمح هذه الاوامر لمستخدم الجهاز بأن يمسح او يضيف او ينقل او يعرض نتائج مجموعة من المعلومات

theory of numbers .... نظرية الارقام

فرع من علم الرياضيات يهتم في الخصائص والعلاقات بين الارقام

thermal printer .... الطابعة الحرارية

احد انواع مطابع المصفوفة المنقطة dot matrix التي تستخدم اوراق حساسة للحرارة وتُكوّن الاحرف والرموز والارقام بملامسة هذه الرموز وهي ساخنة لسطح الورقة . على الرغم من ان هذا النوع من المطابع سريعة ولا تصدر ضوضاء اثناء عملها ، الا انها غير منتشرة وذلك للتكاليف العالية للورق

thimble print element .... أحرف طباعة

كشتبان من البلاستيك يحمل الرموز في طرفه (كما هو موضح في الشكل). يدور هذا الكشتبان ليضع الحرف المناسب امام المطرقة التي تطرق الحرف على شريط الكربون لينطبع على الورق

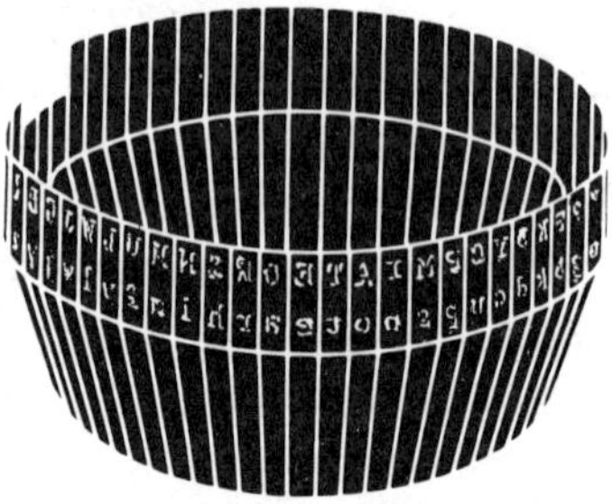

احرف طباعة على شكل الكشتبان

thin-film memory .... ذاكرة على شكل فيلم رقيق

تحفظ الخانات على الفيلم المغناطيسي الرقيق على شكل بقع مغناطيسية ، كل خانة فيها تختلف في التوزيع المغناطيسي عن الخانة الاخرى . كما هو موضح في الشكل ، تتكون خلايا التخزين A من اوكسيد الحديد مرسب في مادة زجاجية B . لكتابة رقم ١ مثلا في الخانة C ، يُرسل تيار كهربائي في القطبين X_2 و Y_2 في الاتجاهات الموضحة في الشكل . يتولد مجال مغناطيسي نتيجة مرور التيار في كلا القطبين اتجاهه موضح على الشكل بالسهم الكثيف

المتصل . لقراءة هذه الخانة ، يُرسل تيار في الاتجاه المضاد للاتجاه الاول في المحور Y_2 فقط . يسبب هذا دوران المجال المغناطيسي للاتجاه الموضح في الرسم بسهم منقط ، وهذا يسبب توليد مجال مغناطيسي صغير في المحور X_2 . تفرغ الخانة من محتواها بمجرد قرائتها تماما كما هو الحال في الذاكرات الحلقية ، واذا كان لابد من الاحتفاظ بمحتوى الخانة ، يجب اعادة تنشيطها من جديد بعد قرائتها . تصل كثافة التخزين في مثل هذه الذاكرات الى ٢٠٠٠ خانة في البوصة المربعة . والزمن المطلوب للوصول للمعلومات المخزنة عليها حوالي ٥ ميكروثانية

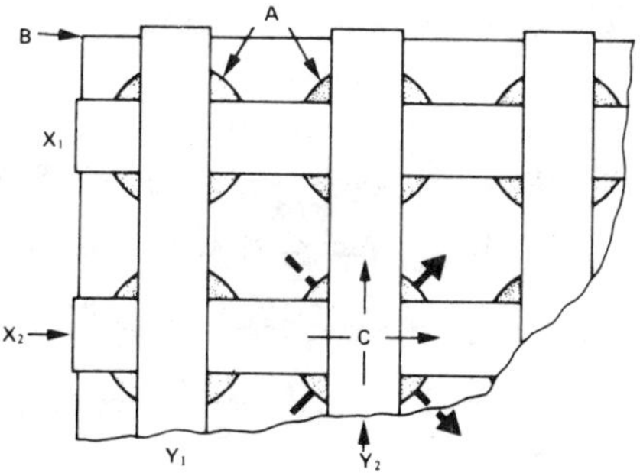

ذاكرة على شكل فيلم رقيق

الجيل الثالث . . . . third generation

اجهزة الكمبيوتر التي تستخدم الدوائر المدمجة IC لتحل محل الترانزستورات التي استخدمت في اجهزة الكمبيوتر من الجيل الثاني واللمبات المفرغة التي استخدمت مع اجهزة الكمبيوتر من الجيل الاول . من مميزات الدوائر المدمجة انها اقل تكلفة واسرع في عملها وافضل في قدرتها . بدأ انتاج الجيل الثالث من اجهزة الكمبيوتر سنة ١٩٦٤

عقد الشخص الثالث . . . . third-party lease

وصف للشخص الوسيط . عندما يشتري شخص جهازا ويؤجره لشخص آخر فان المشتري يسمى الوسيط او الشخص الثالث

thrashing . . . . **احتدام**

وضع يحدث عند البرمجة المتعددة التي تستعمل التخصيص الديناميكي (المتحرك) للذاكرة بحيث تصبح العمليات التمهيدية مجهدة ويتمثل هذا الوضع في كثرة تنقل البرامج بين الذاكرة الرئيسية والادوات المستخدمة كذاكرات ثانوية

thread . . . . **الخيط**

في بعض انظمة معالجة التعامل : الممر او الطريق الذي تسلكه التعاملات transaction المطلوبة مثل الانتظار والترجمة والمعالجة والمراجعة وما شابه ذلك

three-address computer . . . . **جهاز الكمبيوتر ذو الثلاثة عناوين**

جهاز كمبيوتر يمكنه استخدام امر به ثلاثة عناوين ، فلو كان الامر (اجمع أ ب ت)، سيجمع جهاز الكمبيوتر القيمة الموجودة في العنوان أ مع القيمة الموجودة في العنوان ب ويسجل النتيجة في العنوان ت

three-dimensional array . . . . **ترتيب ذو ثلاثة أبعاد**

مجموعة من البيانات ذات ثلاثة ابعاد ، الاول للدلالة على رقم الصف والثاني للدلالة على رقم العمود والثالث للدلالة على رقم الطبقة الموجودة فيها

three-pass assembler . . . . **برنامج مُجمع ذو ثلاثة مراحل**

برنامج مُجمع يمسح scan برنامج المصدر ثلاث مرات : المرة الاولى لتحديد جدول الرموز symbol table والثانية تعطي قائمة التجميع assembly listing والثالثة تعطي برنامج الهدف object program

three-position controller . . . . **جهاز تحكم ثلاثي الاوضاع**

جهاز تحكم آلي ذو ثلاثة اوضاع مختلفة

مقياس الكفاءة . . . . **throughput**

مقياس كفاءة عمل جهاز الكمبيوتر يساوي مجموع عمليات المعالجة التي قام بها جهاز الكمبيوتر في فترة زمنية محددة

thruput = throughput

TICCET = time-shared interactive computer-controlled educational television

TICCIT = TICCET

خط مربوط . . . . **tie line**

قناة اتصال محجوزة

تكسيت . . . . **time-shared interactive computer-controlled educational television = TICCET**

نظام تعليمي تستخدم فيه اجهزة كمبيوتر صغيرة (ميكرو كمبيوتر) ومعدات اجهزة التليفزيون الملونة بعد تعديلها كطرفية لاعطاء تعليمات منفردة لكل طالب في نفس اللحظة

time-shared system = time sharing system

المشاركة الزمنية . . . . **time sharing = T/S**

طريقة لعمل جهاز الكمبيوتر تسمح لاكثر من شخص (لكل منهم مهمته الخاصة) باستخدام الجهاز في نفس الوقت على ان يتم ذلك بالتتابع ، الا ان السرعة الكبيرة الفائقة لجهاز الكمبيوتر تظهره وكأنه يتعامل مع جميع مستخدميه في نفس الوقت

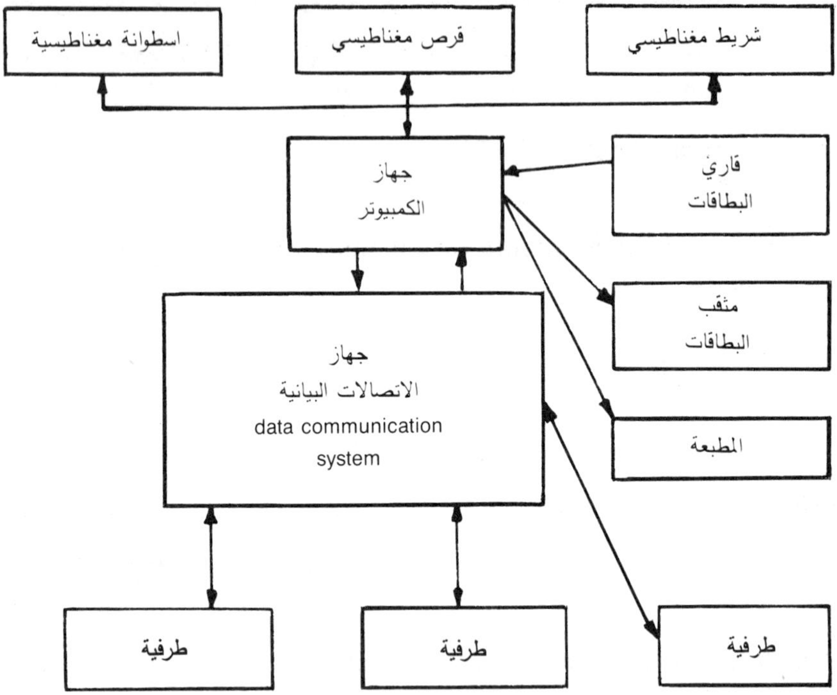

time sharing option = TSO .... **إختيار المشاركة الزمنية**

time sharing system .... **نظام المشاركة الزمنية**

□ time sharing

time slicing .... **تشريح (تقسيم) الوقت**

تقسيم وقت المعالجة وتخصيص زمن محدد لكل برنامج (في الاجهزة التي يمكنها التعامل مع العديد من البرامج) وذلك لمنع احتكار وحدة المعالجة المركزية من قبل برنامج واحد

tiny BASIC . . . . **لغة البيزيك المبسطة**

لغة مأخوذة عن لغة البيزيك تستخدم مع اجهزة الكمبيوتر الصغيرة (ميكروكمبيوتر). اصبحت هذه اللغة شائعة الاستعمال عند مستخدمي هذه الاجهزة ☐ BASIC

tiptop = tape input, tape output

T²L = TTL

TM = tape mark

toggle . . . . **وحدة مفصلية**

اصطلاح يطلق على اداة يمكنها ان تكون في وضع من وضعين . مرادف لكلمة نطاط flip-flop

token . . . . **علامة**

من الممكن ان تستخدم لوصف كلمة شفرة لامر موسع macroinstruction

top down approach . . . . **طريقة من أعلى الى أسفل**

طريقة لكتابة البرامج بوضع الخطوط العامة للبرنامج اولا ثم النقاط التفصيلية فيما بعد ☐ modular programming; structured programming

top of form . . . . **قمة الترتيب**

السطر الاول الذي يطبع على بطاقة او فاتورة او صفحة

top-of-stack pointer = TOS . . . . **مؤشر قمة الرزمة**

عنوان اعلى موقع في الرزمة

TOS=tape operating system

TOS = top-of-stack pointer

total system . . . . النظام (الجهاز) الكلي

نظام (جهاز)معالجة البيانات يتم فيه تنفيذ جميع العمليات المهمة عند حدوث البيانات مباشرة وفي موقع مركزي واحد وذلك لتسهيل تعديل البيانات وتكون جاهزة مباشرة للاستخدام من قبل البرامج المختلفة

touch-sensitive screen . . . . شاشة حساسة للـــلمس

نوع خاص من الشاشات المغطاة بشبكة رقيقة من الاسلاك والموصلة بجهاز الكمبيوتر. تعتمد فكرة عمل هذه الشاشات على اللمس في الموقع المراد تغييره بدلا من ضغط مفتاح في لوحة المفاتيح

Touch-Tone . . . . تلفون باللمس

نوع خاص من التلفونات انتجته شركة ايه تي اند تي AT&T الامريكية استبدلت فيه القرص بلوحة مفاتيح

TP = transaction processing

tpi = tracks per inch . . . . ممر / الثانية

trace . . . . يرصد ٠ رصد

قائمة بجميع الخطوات التي تمت اثناء اعداد البرنامج . تساعد مثل هذه القائمة في تحديد مصدر الاخطاء التحليلية (نتيجة العلاقات المختلفة المستخدمة في البرنامج)

trace program = trace routine

trace routine . . . . **برنامج الرصد**

(١) برنامج يوفر جدول زمني لمحتوى مسجل العمليات التي قام بها جهاز الكمبيوتر اثناء تنفيذه للبرنامج . يُظهر البرنامج الكامل من هذا النوع حالة المسجل والمواقع التي تأثرت بكل امر عند تنفيذه ؛ (٢) برنامج لمراقبة تنفيذ البرامج الاخرى

tracing routine = trace routine

track . . . . **ممر ٠ مسار**

(١) ممر ضيق (٠،٠٠٣ بوصة عرضا) على سطح ممغنط (قرص او شريط او بطاقة او اسطوانة مغناطيسية) تُكتب عليه البيانات . يعتمد موقع هذه الممرات على الموقع الذي تم وضع رؤوس القراءة والكتابة عليه او الموقع الذي يمكن أن يوضع عليه بالنسبة لسطح التسجيل ؛ (٢) على الشريط الورقي : أحد الخطوط الموازية لحافة الشريط والتي يتم او سيتم تثقيبها

track address . . . . **عنوان الممر**

القيمة التي تُعطى لممر (على قرص مغناطيسي) والتي يمكن الوصول بها الى هذا الممر. في كثير من الاحيان تتكون هذه القيمة من رقم القرص ورقم رأس القراءة والكتابة ورقم الممر او الاسطوانة

track ball . . . . **كرة الممر**

اداة تستخدم لادخال بيانات ناتجة عن حركة كرة توجد داخل صندوق لتتحرك بحرية . يمكن تحريك الكرة باليد وعندها يظهر موقع الكرة على الشاشة

track density . . . . **كثافة الممر**

على القرص المغناطيسي : عدد الممرات/البوصة مقاسة على طول القرص . مثال لهذه الكثافة في الاقراص اللينة ٤٨ ممر/ البوصة ، وفي الاقراص الصلبة ١٠٠ــ٤٠٠ ممر/ البوصة (متوسط ٢٠٠ ممر/البوصة)

track pitch .... **فتحة الممر**

المساحة الفاصلة بين ممرين على الشريط المغناطيسي

tracks per inch = tpi

tractor feed .... **تزويد (الورق) بالجر**

مطبعة يتحرك الورق فيها على اسنان تشبك مع الثقوب الموجودة على الورق . تعطي هذه الطريقة دقة اكثر في تزويد الورق للمطبعة من الطريقة الاخرى والتي تعتمد على الاحتكاك بين سطح المطبعة والورق

trailer label .... **التمييز الاخير**

سجل يسجل على الشريط المغناطيسي في نهاية ملف البيانات ليحتوي على بيانات تعريفية عن الملف مثل عدد السجلات به وعدد المجموعات (المربعات) ، الخ ...

trailer record .... **السجل المقطور**

السجل الذي يتبع مجموعة من السجلات ويتضمن معلومات عنها

transaction .... **معاملة ، تعديل ، تبادل**

(١) معاملة : مجموعة بيانات تتعلق بموضوع معين . مثال : معاملة صرف شيك ، ومعاملة برقية موظف والخ ... ؛ (٢) تعديل : عادة يتم تعديل قاعدة البيانات او ملف البيانات الرئيسي بموجب معاملات البيانات التي يتم ادخالها في الجهاز لاجراء التعديل ، وهي بذلك تسمى التعديلات (معاملات التعديل) ؛ (٣) تبادل : أي تبادل للمعلومات بين جهاز الكمبيوتر ومستخدميه

transaction code .... **شفرة التعامل**

رمز او اكثر يشكل جزءا من سجل ويحدد نوع التعامل الذي يمثله هذا السجل

transaction file = detail file

قائمة بالمنقول .... **transaction listing**

(١) سجل لكل ما يتم في جهاز الكمبيوتر. نفس معنى system log ؛
(٢) قائمة بكل ما يتم في برنامج المستعمل user program . نفس audit trial

نظام معالجة البيانات .... **transaction processing**

(١) تنظيم معين من طرق تصميم نظم المعلومات الالية بموجبه يتم تصميم النظام لمعالجة أنواع محددة من المعاملات وفق ترتيب محدد ووفق خطوات تشغيلية محددة ، مثال : نظام معالجة أوامر الشراء ونظام معالجة حجز الفنادق ؛ (٢) طريقة معالجة يتم فيها اختيار البرامج المطلوب تنفيذها من اجهزة طرفيات بعيدة والتي تزود جهاز الكمبيوتر ببعض او بكل البيانات المطلوبة والتي ترسل لها النتائج بعد الانتهاء من المعالجة . قد تكون مثل هذه المعالجة متصلة on-line او معالجة انية real time

مُرسل ومستقبل .... **transceiver**

آلة او دائرة لها القدرة على الارسال والاستقبال

ينسخ ، يطبع .... **transcribe**

النسخ من وسيلة تخزين خارجية الى وسيلة اخرى . قد يتضمن هذا العمل ترجمة ما يتم نقله

برنامج النسخ .... **transcriber**

نسخة بيانية .... **transcript**

خطأ في النسخ .... **transcription error**

محول الطاقة .... **transducer**

الة تحول الطاقة من صورة الى صورة اخرى

transfer . . . . **ينقل**

(١) نسخ او قراءة او نقل او تخزين وحدة من البيانات او بلوك (مربع) منها ؛
(٢) تغيير التحكم ☐ branch; conditional transfer; jump;
unconditional transfer

transfer rate . . . . **معدل النقل**

سرعة نقل البيانات بين آلتين ☐ access time

transfer time . . . . **مدة النقل**

(١) المدة المحصورة بين قراءة الخانة (خانة البيان) في موقع ارسالها وكتابتها في محطة الاستقبال . مقياس لسرعة الدوائر الكهربائية والمعدات الاليكترونية المستخدمة في الارسال ؛ (٢) الفرق في الوقت بين قراءة وحدة البيانات (مجموعة او صفحة او كلمة او بايت) في موقع وبين كتابتها في موقع اخر

transformation . . . . **تحويل**

تغيير البيانات من شكل الى آخر . فمثلا تحويل النبضات الكهربائية الى حرارة او الى ضوء او الى صوت او بالعكس

transformer = XFMR . . . . **المحول**

آلة تستخدم لتحويل التيار المتردد AC الى تيار مستمر DC

transient . . . . **مؤقت ، عارض**

تغير سريع ومؤقت في الفولت

transistor = xistor . . . . **ترانزستور**

أداة كهربائية (مفتاح او مُضخم مثلا) تستخدم خواص شبه الموصلات semiconductor للتحكم في تدفق التيار. في معظم الاحيان ، يقصد بكلمة ترانزستور ، ترانزستور ثنائي القطب يحكم تدفق التيار فيه باستخدام صمام .

الترانزستور الثنائي القطب عبارة عن شرائح من السليكون من نوع أن N ونوع بي P او من الجيرمانيوم ، الا ان الغالبية العظمى منها مصنعة من معدن السليكون . لو كانت الطبقة الخارجية من نوع بي والطبقة الداخلية من نوع أن فالترانزستور الناتج هو من نوع بي أن بي PNP . ولو كانت الطبقة الخارجية من نوع أن والطبقة الداخلية من نوع بي فالترانزستور الناتج هو من نوع أن بي أن NPN . نظرًا لان حركة الاليكترونات في النوع أن اسرع من النوع بي فان الترانزستور من نوع أن بي أن تُفضَل عند تصنيع اجزاء الكمبيوتر ومعدات التحكم المختلفة . شكل ١ يوضح تركيب ترانزستور من نوع أن بي أن وشكل ٢ (أ وب) يوضح دائرة كهربائية بها ترانزستور من هذا النوع .

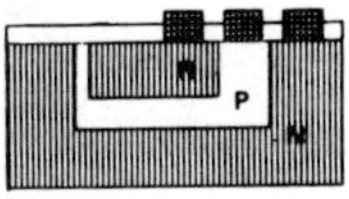

شكل ١

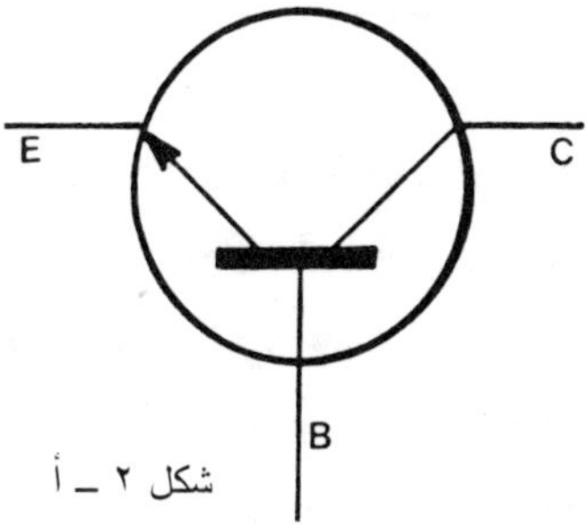

شكل ٢ ـ أ

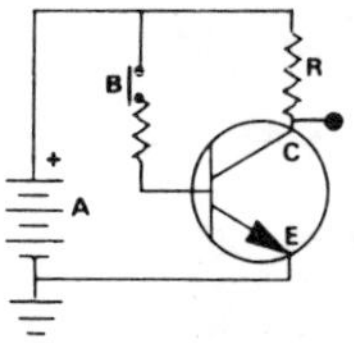

شكل ٢ ـ ب

يستقبل المُجَمع C شحنة موجبة من البطارية A ويتصل الباعث E بالقطب السالب للبطارية . يتم التحكم بالدائرة بتزويدها بفولت موجب عند القاعدة B . كما هو موضح في الشكل فان الترانزستور غير موصل off وبالتالي لا يمر اي تيار في المقاومة R . عند توصيل الدائرة عند القاعدة B ، يمر تيارا ضعيفا من الباعث E الى القطب السالب للبطارية . تسبب هذه الخطوة توصيل الترانزستور بالدائرة وهذا يسبب انخفاض الفولت في المُجمع C لقيمة مقاربة للقيمة الموجودة في الباعث E . نظرًا لان المُجمع C ذو فولت سالب فان تيارًا يتدفق خلال المقاومة R . كذلك فان تيارا منخفضا جداً في الباعث E كفيل بتوليد تيار قوي بين كل من المُجمع C والباعث E . النسبة بين التيار في المُجمع C والباعث E هو ما يسمى كسب الترانزستور gain .
شكل ٣ يوضح الطبقات التي يتكون منها ترانزستور من نوع أن بي أن NPN وكذلك حركة الاليكترونات عندما لا يكون موصلا كهربائيًا .
توجد فتحات في كل من طبقة بي وطبقة أن .

شكل ٣

تلتقط الفتحات في الطبقة بي الاليكترون القادم من طبقة أن المجاورة لها مكونة طبقة تفريغ depletion layer على طول المسافة بين نوعي معدن السليكون . شكل ٤ يوضح وضع الترانزستور الموضح كجزء من دائرة كهربائية غير موصلة off .

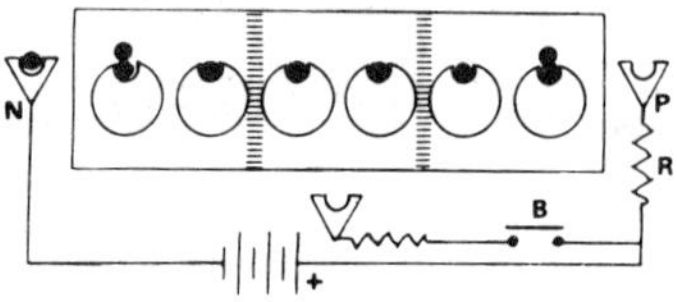

شكل ٤

نظرًا لان المفتاح B غير موصل ، فانه لا يوجد تيار في الدائرة وذلك لان طبقة التفريغ تمنع مرور الاليكترون الحر من الطبقة أن الى الطبقة بي .
شكل ٥ يوضح الدائرة بعد توصيلها مباشرة عند القاعدة B . تصبح القاعدة B موجبة وهذا يجذب الاليكترون المسوك ليخرج من الطبقة بي .
وهذا يسبب ان تصبح بعض الفتحات فارغة (كما هو موضح في شكل ٦) وعندها تدخل الاليكترونات من أن الى الطبقة أن في الباعث E وتتحرك خلاله بضرب الاليكترونات التي تقفز من فتحة الى اخرى الى ان تصل الى القاعدة . نظرًا لان طبقة التفريغ قد تلاشت فان بعض الاليكترونات تخترق الطبقة من نوع بي الى الطبقة من نوع أن في المُجمع C . تتجه بعض الاليكترونات التي تدخل الطبقة من نوع بي الى دائرة القاعدة كما هو موضح بالاسهم المنقطة بينما يقفز البعض الاخر من فتحة الى اخرى الى ان تصل الى طبقة المُجمع C . عند قفز الاليكترونات من طبقة المُجمع ووصولها للموقع الذي فيه عجز في الطبقة من نوع بي فان تيارا كهربائيا يتولد في الدائرة . تعتمد كمية التيار المتدفقة على كمية التيار في دائرة القاعدة .
لو كان التيار في دائرة القاعدة ضعيفا ، فان قليلا من الفتحات في الطبقة بي تكون غير مشغولة وتبقى طبقة التفريغ سليمة وهذا يدفع قليلا من التيار بين الباعث E والمُجمع C .

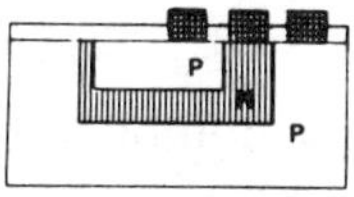

شكل ٧

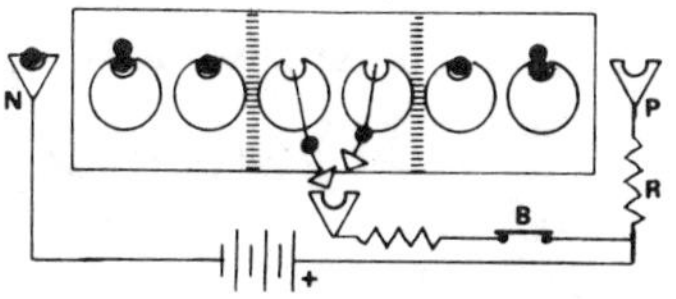

شكل ٥

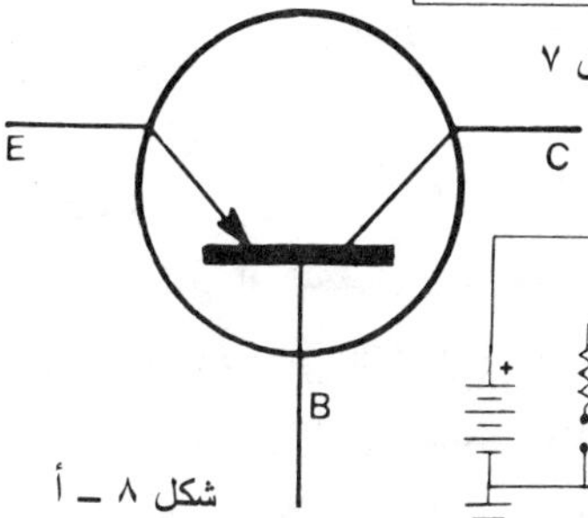

شكل ٨ ـ أ

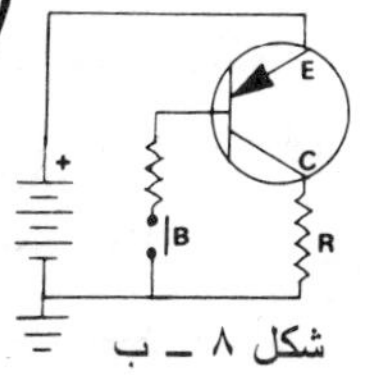

شكل ٨ ـ ب

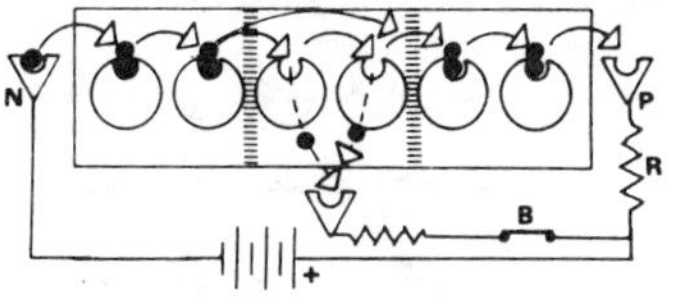

شكل ٦

شكل ٧ يوضح تركيب ترانزستور من نوع بي ان بي PNP وشكل ٨ (أ وب) يوضح دائرة كهربائية موصل بها ترانزستور من هذا النوع .

شكل ٩ يوضح عمل هذا الترانزستور. عند توصيل المفتاح B تنطلق الاليكترونات الحرة (الاسهم) في اتجاه الطبقة أن وعندها يمكن للتيار ان يمر.

يتم دمج الترانزستورات مع الدوائر المدمجة IC في ذاكرات الكمبيوتر الحديثة ودوائر التحكم . يعتبر الترانزستور المنفصل discrete transistor ترانزستور واحد موجود في غلاف مضغوط . شكل ١٠ يوضح بعض هذه الترانزستورات

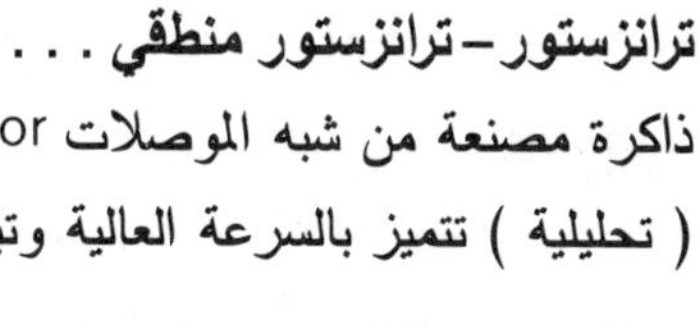

شكل ٩

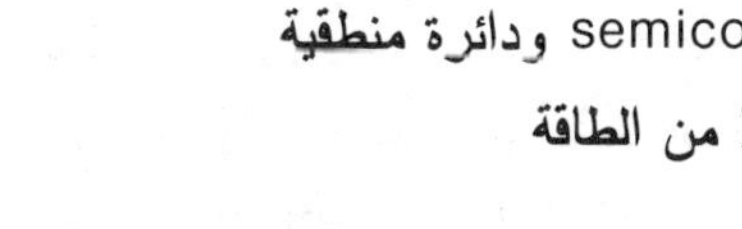

شكل ١٠

ترانزستور – ترانزستور منطقي . . . . **transistor-transistor logic = TTL**

ذاكرة مصنعة من شبه الموصلات semiconductor ودائرة منطقية (تحليلية) تتميز بالسرعة العالية وتبدد قليلاً من الطاقة

ترجمة . . . . **translation**

في الرسومات البيانية باستخدام جهاز الكمبيوتر : اظهار الاجسام المعدة بواسطة جهاز الكمبيوتر، عندما تتحرك على طول المحاور المركزية

المترجم .... **translator**

برنامج كمبيوتر يقوم بالترجمة من لغة او شفرة الى لغة او شفرة اخرى .
مثال ذلك برنامج الترجمة compiler الذي يترجم من لغة راقية (مثل الفورترن) الى لغة الالة

النقل .... **transmission = XMSN**

عملية ارسال او استقبال بيانات بين نقطتين (من الذاكرة الى المطبعة او من جهاز الكمبيوتر الى التلفون). هناك طريقتان لنقل البيانات باستخدام اجهزة انجاز البيانات : الاولى المسماة النقل المتزامن ، ويتم فيها نقل البيانات على فترات منتظمة والثانية ، النقل الغير متزامن ، ويتم فيها النقل بدون انتظام

وحدة التحكم للنقل .... **transmission control unit = TCU**

اداة توصيل غير ذكية تقوم بالمهمات المطلوبة منها تحت تصرف نظام (جهاز) التشغيل

سرعة النقل .... **transmission speed**

سرعة نقل البيانات باستخدام خطوط الاتصال المختلفة (تليفون وتلكس و...) وتقاس بعدد الخانات المنقولة في الثانية

واضح • غير مرئي .... **transparent**

تغيرات في برامج الكمبيوتر او في الجهاز نفسه ، يقال عنها انها شفافة (غير ملموسة) عندما لا يلاحظها مستخدم الجهاز. مثلا تغيير في جهاز الكمبيوتر يسبب الاسراع في معالجة العمليات المطلوبة منه

تصيد .... **trapping**

(١) اداة يمكنها اعتراض تدفق نقاط التحكم في البرنامج اثناء نقله الى جهة معروفة □ interrupt ؛ (٢) حالة غير طبيعية يكتشفها جهاز الكمبيوتر اثناء عمله . مثلا لو كان البرنامج يطلب عملية ، ان تمت فالنتيجة ستكون كبيرة بدرجة لا يستطيع جهاز الكمبيوتر التعامل معها . عندها يطبع الجهاز اشارات للدلالة على المشكلة

الشجرة ، التفريع .... **tree**

اي رسم توضيحي لبرنامج يتضمن تفرعات ولا يتضمن اي دولاب loop

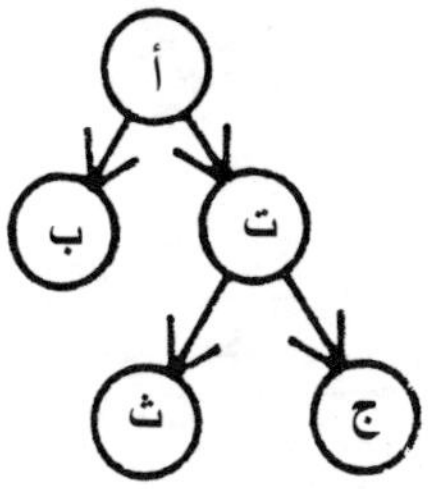

شجرة

(أ (ب)(ت (ث)(ج)))

تعشيش

تركيب شجري .... **tree structure**

طريقة هرمية للدلالة على علاقات البيانات مع بعضها البعض . يُسهل هذا الترتيب عملية البحث داخل البيانات وكذلك عملية استعادتها . في البحث من القمة الى قاعدة الشجرة ، يضع مستخدم الجهاز سلسلة من الاختيارات الثنائية والتي تستبعد الاحتمالات الغير مرغوبة حتى يتم الوصول الى الهدف المطلوب . يتم في معظم الاحيان الدخول للشجرة من القمة فقط ☐ tree

تحري الخطأ واصلاحه .... **troubleshoot**

اصطلاح يطلق على مهمة تحديد مواقع العطل في جهاز الكمبيوتر

TRS = Tandy Radio Shack

المتمم الحقيقي .... **true complement**

مطابق للمتمم العاشر والمتمم الثاني ☐ complement

يبتر ، يهمل .... **truncate**

ازالة بعض الخانات من كسور رقم وذلك لتسهيل كتابته وعندها يصبح الرقم اقل دقة . في التعبير ط (π) القيمة تم تقريبها الى ٣،١٤١٥٩ الا انه يمكن ان تُكتب الى عدد غير محدود من الخانات

خطأ البتر (الشطب) .... **truncation error**

الخطأ الناتج عن شطب الكسور. عكس الخطأ الناتج عن التقريب

truth table .... **جدول الصدق**

جدول رياضي يوضح القيم الداخلة والقيم المحتمل خروجها (حسب علاقات بولياني الرياضية) وحسب نوع الصمام (البوابة) المستخدم . المثال التالي يوضح الداخل والخارج من صمامي «و» و«أو» :

عند استخدام صمام «و»

الداخل		الخارج
أ	ب	أ « و » ب
صفر	صفر	صفر
صفر	واحد	صفر
واحد	صفر	صفر
واحد	واحد	واحد

عند استخدام صمام « او »

الداخل		الخارج
أ	ب	أ « او » ب
صفر	صفر	صفر
صفر	واحد	واحد
واحد	صفر	واحد
واحد	واحد	واحد

T/S = time sharing

TSO = time sharing option

TTL = transistor-transistor logic

TTY = teletypewriter

[1]tube = cathode ray tube

[2]tube = display screen

[3]tube = visual display unit

tunnel diode .... **صمام ثنائي نفقي**

الة كهربائية تستخدم في دوائر اجهزة الكمبيوتر ذات السرعة العالية وفي الذاكرات

ألان تورينغ .... **Turing, Alan**

(١٩١٢ ـ ١٩٥٤) عالم رياضيات بريطاني شهير يعتبر احد الاوائل الذين صمموا جهاز كمبيوتر رقمي digital سريع

ماكينة تورينغ .... **Turing machine**

موديل رياضي في جهاز كمبيوتر او أية اداة مشابهه يتم فيه تشبيه او تمثيل العمليات التي سيقوم بها جهاز الكمبيوتر بتغيير في الوضع الداخلي والذي يتحكم بالقراءة والكتابة على الشريط وحركته

وثيقة الدورة .... **turnaround document**

ترتيب للبيانات يمكن لجهاز الكمبيوتر قراءته . مثل بطاقات مثقبة او ترتيب على شاشة الطرفية ينتجه جهاز الكمبيوتر وعادة ما يحتوي على معلومات اولية تستخدم فيما بعد كبيانات عند الانتهاء من الحدث او مما هو مطلوب منها ان تقوم به . مثلا البطاقات المثقبة التي تستخدم في بعض المصالح وعلى كل بطاقة يوجد اسم ورقم الموظف (انتجها جهاز الكمبيوتر) ثم يقوم الموظف كل يوم بتسجيل ساعة دخوله العمل وساعة خروجه منه بتثقيب تلك البطاقة وفي نهاية الشهر يتم ادخال جميع المعلومات المخزنة على تلك البطاقات الى جهاز الكمبيوتر ليقوم برنامج الحساب بجمع عدد الساعات وتحديد الاجرة

وقت الدورة .... **turnaround time**

(١) الوقت الذي يأخذه جهاز الكمبيوتر لانهاء مهمة مطلوبة منه ، من وقت تزويده بالبيانات والبرامج الى وقت حصول مستخدم الجهاز على النتائج ، متضمنا وقت المعالجة

(٢) الوقت الذي يستغرقه تنفيذ برنامج إبتداء من نقطة تسليمه الى المشغل الى النقطة التي يتم فيها تنفيذه وتسليمه الى الشخص الذي ورد منه

نظام كامل .... **turnkey system**

تطلق هذه العملية على جهاز كمبيوتر تم اختياره وتصميمه وبرمجته واختباره بواسطة شركة اخرى مثل شركات الخدمة او محلات الكمبيوتر ثم أُعيد ثانية لمستخدمه الذي لن يقوم بأي شئ سوى تشغيله turn on

turtle . . . . **السلحفاء**

اسم لمؤشر مثلث الشكل على شاشة التيرمنال يستخدم مع لغة لوغو LOGO

□ turtle graphics

turtle geometry . . . . **حسابات انسلحفاء**

فرع من الرياضيات الحديثة مبني على حركة السلحفاء في لغة اللوغو LOGO

turtle graphics . . . . **رسومات السلحفاء**

رسم بواسطة وحدة الايضاح في جهاز الكمبيوتر (الشاشة) او بواسطة اداة الاخراج باستخدام برنامج التعليم في لغة لوغو LOGO

tutorial . . . . **درس خصوصي**

(١) دروس وحصص وشرح يغطي موضوعًا واحدًا ؛ (٢) تعليمات لوصف استخدام جهاز الكمبيوتر او البرامج

twelve punch . . . . **التثقيب الثاني عشر**

تثقيب في الصف العلوي لبطاقات هولوريث

two-address computer . . . . **جهاز كمبيوتر ذو عنوانين**

اجهزة الكمبيوتر التي تستخدم عنوانين في تشكيل الاوامر الصادرة لها . مثلا في حالة اعطاء امر بجمع س وص ، فأن الجهاز سيجمع ما هو موجود في العنوان س مع ما هو موجود في العنوان ص ثم يخزن النتيجة في نفس الموقع الذي يحمل العنوان ص

two-dimensional array . . . . **نظام البيانات ذو البعدين**

نظام لترتيب البيانات لتكون ذات بعدين الاول للدلالة على رقم الصف والثاني للدلالة على رقم العمود الموجودة فيه كل وحدة من هذه البيانات

□ array

two-pass assembler . . . . برنامج مجمع ذو مرحلتين

برنامج ترجمة يمسح برنامج المصدر مرتين : الاولى لتحديد جدول الرموز symbolic table والثانية تنتج البرنامج الهدف object program

two's complement . . . . متمم الاثنين

طريقة لتمثيل الارقام السالبة يتم فيها تغيير الرقم الموجب او السالب الى الرقم المضاد له بالاشارة بتغيير جميع الخانات التي تحتوي على واحد الى اصفار وكل الخانات التي تحتوي على اصفار الى واحد . ثم اضافة ۱ بطريقة الترقيم الثنائي . تسمى احيانا الاتمام الحقيقي true complement

complement □

TWX = Teletypewriter Exchange Service . . . . خدمة تبادل الطباعة عن بعد

خدمة تبادل البيانات باستخدام ادوات الطباعة عن بعد تعمل في كلا الاتجاهين او باستخدام شريط الورق للاتصالات بين مركز الخدمة ومواقع المشتركين فيها

type ball = type element

type element . . . . كرة الطبع

احرف طباعة مثبتة على كرة على شكل كرة الغولف . تثبت هذه الكرة على قاعدة متحركة وتعمل عمل المطرقة بطرق شريط من الكربون على الورق لطبع الحرف المراد طبعه

كرة الطبع

type head = type element

typewriter . . . . **آلة الطباعة**

اداة ادخال واخراج I/O يمكن توصيلها بجهاز الكمبيوتر ويمكن استخدامها في الاتصالات

typewriter element = type element

U

UART = Universal Asynchronous Receiver Transmitter

UCS = universal character set

UCSD Pascal = University of California, San Diego Pascal

UG = user group

UHF = ultrahigh frequency

ULSI = ultra-large scale integration

ultrafiche . . . . **آلترا – فيش**

ميكروفيش عليه صور مصغرة مائة مرة او اكثر

ultra-large scale integration = ULSI . . . . **ادماج على مستوى كبير جدًا**

خلايا سليكونية تتكون من اكثر من ١٠٠،٠٠٠ قطعة (دائرة)

ultrasonic . . . . **فوق صوتي**

فوق قدرة تحمل الانسان للاصوات (اقوى من ٢٠ كيلوهرتز)

ultrasonic memory . . . . **ذاكرة فوق صوتية**

ذاكرات تشمل خط التأخير الصوتي □ delay line storage

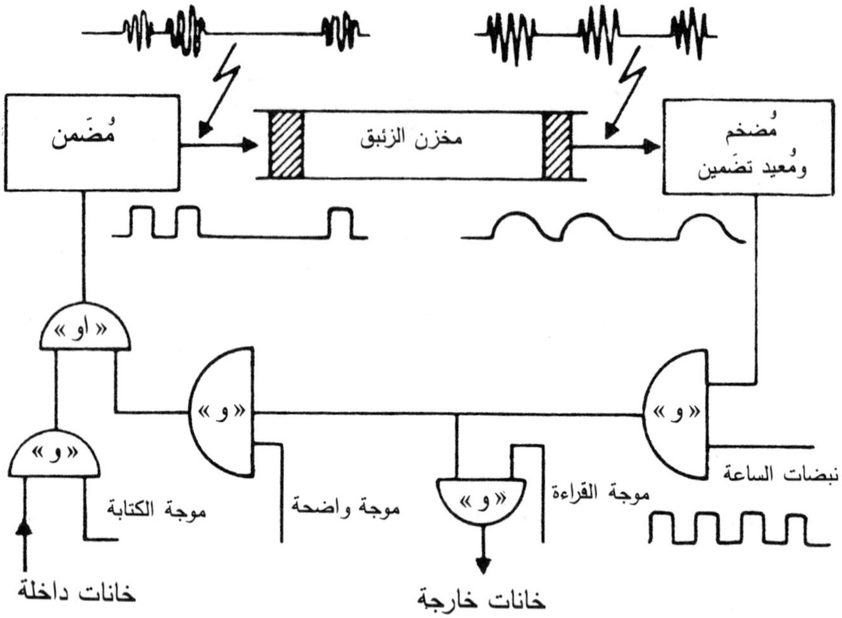

ذاكرة فوق صوتية

ultraviolet erasing . . . . **المسح بالاشعة فوق البنفسجية**

استخدام الاشعة الفوق بنفسجية ذات الموجات القصيرة (٢٥٠٠ـ٣٠٠٠ انجستروم) وذات الكثافة العالية لمسح محتوى ذاكرات القراءة فقط والتي يمكن مسحها □ erasable programmable read-only memory

ultraviolet light . . . . **أشعة فوق البنفسجية**

تستخدم الاشعة فوق البنفسجية في مسح البيانات او البرامج المسجلة على الذاكرات المبرمجة للقراءة فقط والتي يمكن مسحها EPROM

UMAC . . . . **يوماك**

لهجة في لغة الفورترن تستعمل مع جهاز الكمبيوتر من نوع RAC/301

عملية احادية .... **unary operation**

عملية تتضمن عامل واحد يجرى عليه الحساب . مثلا-أ فالعامل هنا أ والاشارة سالبة

تشغيل الكمبيوتر بدون مشغل .... **unattended operation**

تشغيل جهاز الكمبيوتر بطريقة لا تتطلب تدخل يدوي او وجود عامل التشغيل

غير مربوط .... **unbundled**

وصف للشركة المنتجة لجهاز الكمبيوتر والتي تبيع البرامج وعمليات الصيانة منفصلة عن ثمن الجهاز. عندما تبيع الشركة المنتجة كل من الجهاز والبرامج وضمان الصيانة الدائمة ، فان مثل هذه الشركات يطلق عليها مربوطة

تفريع غير مشروط .... **unconditional branch**

امر ينقل نقطة التحكم من سلسلة من الاوامر الى سلسلة اخرى في موقع آخر في البرنامج بغض النظر عن نتائج الامر السابق (اي اثناء تنفيذ الامر في السلسلة الاولى)

النقل الغير مشروط.................... **unconditional transfer**

امر يسبب دائما تفرعا في البرنامج بعيدا عن سلسلة تعليمات المعالجة العادية دون قيد او شرط . عكس النقل المشروط

تحت المدى الطبيعي .... **underflow**

حالة تحدث عندما تكون نتيجة العملية الحسابية صغيرة بدرجة لا يمكن تخزينها في المسجل ونتيجة ذلك سيحتوي المسجل على ارقام الصفر فقط وسيعطي مؤشر الفحص علامة او اشارة للدلالة على ما حدث . عكس الفائض او التدفق الزائد overflow

underpunch .... **تحت التثقيب**

التثقيب في اي من الصف الاول الى الصف التاسع من بطاقات التثقيب التي بها ٨٠ عمودا

unidirectional bus .... **باص ذو اتجاه واحد**

باص يمكنه نقل البيانات في اتجاه واحد فقط . مثلا من وحدة المعالجة المركزية CPU الى الذاكرة الرئيسية او العكس . عكس bidirectional bus

union .... **الاتحاد**

جمع شيئين او اكثر

unipolar .... **احادي القطب**

uniprogramming system .... **جهاز ذو برنامج واحد**

جهاز كمبيوتر يتم فيه احضار المهمات للذاكرة الرئيسية وتنفيذها هناك واحدة بعد الاخرى

unit .... **وحدة**

آلة لها عمل محدد مثل وحدة الحساب ووحدة المعالجة المركزية CPU ووحدة الشريط المغناطيسي

unit position .... **موقع الوحدة**

الموقع الموجود في اقصى اليمين من حقل

unit record = punch card

unit record system .... **وحدة جهاز التسجيل**

جهاز انجاز بيانات يستخدم معدات ميكانيكية تعمل بالكهرباء مثل المُصنف والمُجمع وما شابه ذلك من المعدات التي تُستخدم مع البطاقات المثقبة

يونفاك ١ . . . . **UNIVAC 1**

اول جهاز كمبيوتر رقمي digital تم انتاجه بكميات كبيرة سنة ١٩٥١ .
كذلك هو اول كمبيوتر يستخدم الاشرطة المغناطيسية لادخال المعلومات اليه

يو – آرت . . . . . **Universal Asynchronous Receiver Transmitter = UART**

تلفظ وكأنها يو – آرت U-ART . دائرة منطقية مدمجة IC ذات حجم كبير تقوم بتحويل البيانات الداخلة على شكل متوازي الى بيانات متسلسلة جاهزة للنقل ، او للوصل بين باص ينقل البيانات على شكل متوازي وباص ينقل البيانات على شكل متسلسل . ان كانت هذه الدائرة تعمل في محطة الاستقبال ، تقوم بتحويل ترتيب البيانات التي استقبلتها على شكل سلسلة متتابعة الى خانات متوازية لتكون جاهزة للاستخدام من قبل جهاز الكمبيوتر

USART □

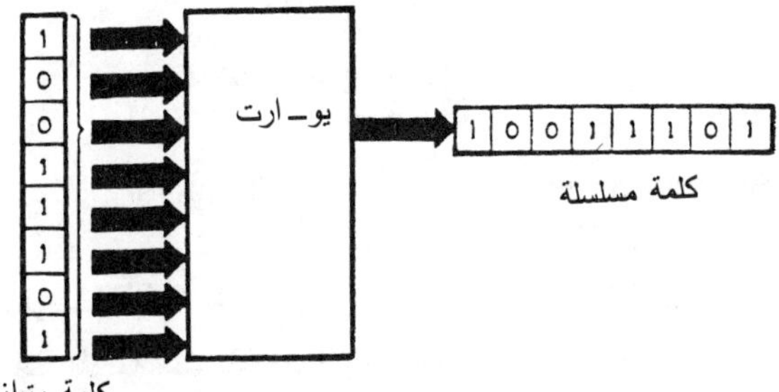

مجموعة الرموز العالمية . . . . **universal character set = UCS**

ميزة لبعض اجهزة الطباعة تسمح بالاختيار بين مجموعة من رموز الطباعة المختلفة

اللغة العالمية . . . . **universal language**

لغة البرمجة الشائعة الانتشار والتي تستخدم مع انواع عديدة من اجهزة الكمبيوتر. مثال لهذه اللغات كل من الفورترن والكوبول والبيزيك .
نفس معنى اللغة الشائعة common language

universal product code = UPC . . . . **شفرة الانتاج العالمية**

علامات توضع على المنتجات تتكون من قضابين طولية ذات سمك مختلف

شفرة الانتاج العالمية

Universal Synchronous/Asynchronous Receiver Transmitter = USART . . . . **يو – سارت**

تلفظ وكانها يو – سارت U-SART . دائرة مدمجة IC تعمل كأداة توصيل تقوم بتحويل البيانات المرتبة بطريقة متوازية والقادمة من وحدة المعالجة المركزية CPU الى سلسلة متتابعة من البيانات جاهزة للنقل . كذلك في امكانها استقبال وتحويل البيانات المسلسلة الى بيانات متوازية ليستخدمها جهاز الكمبيوتر . من مميزات هذه الاداة اذا ما قورنت بكل من يو – آرت U-ART ويو – سرت U-SRT ان بامكانها ان تعمل باسلوب متزامن (محدد الوقت) او غير متزامن

Universal Synchronous Receiver Transmitter = USRT . . . . . **يو – سرت**

تلفظ وكأنها يو – سرت U-SRT . اداة تحويل سريعة للبيانات المرتبة على شكل متوازي الى بيانات مرتبة تسلسليا . تختلف عن النوع يو – آرت U-ART انها مضبوطة لتعمل على حسب توقيت محدد ، وليس حسب خانات البدء والتوقف المستخدمة مع النوع يو – آرت U-ART

University of California, San Diego Pascal . . . . . . يو سي اس دي باسكال
= UCSD Pascal

لغة مأخوذة عن لغة الباسكال تم تطويرها في جامعة كاليفورنيا في سانت دياغو وهي شائعة الاستعمال مع اجهزة الكمبيوتر الشخصية

UNIX . . . . يونكس

نظام تشغيل أني real time تم تطويره في معامل شركة بل للتليفونات ومسموح باستخدامه مع اجهزة الكمبيوتر الصغيرة ذات ١٦ خانة

unpack . . . . فك التخزين المكثف

إعادة التخزين المكثف الى تخزين عادي وذلك باعادة تخزين كل حرف في مكان تخزين واحد (بايت). عكس pack

unprotected field . . . . الحقل الغير محمى (المفتوح)

حقل بياني على شاشة أنبوبة أشعة الكاثود CRT يمكن للمشغل من خلاله إدخال أو مسح أو تعديل في البيانات المخزنة بهذا الحقل

unrecoverable error = abend

update . . . . تجديد ، تحديث

تعديل البيانات او المعلومات المخزنة في الملف الرئيسي كنتيجة لما يطرأ من احداث

upgrade . . . . يرقي

يرفعه الى درجة اعلى

uptime . . . . الوقت الانتاجي ، الوقت الفعّال

الوقت الذي يعمل فيه جهاز الكمبيوتر بحالته وكفائته الطبيعية

upward compatible . . . . **توافق الى اعلى**

اصطلاح لوصف برامج مثل انظمة التشغيل او بعض اجزاء جهاز الكمبيوتر التي اضيفت اليها قطعًا جديدة . مثلا لو كان هناك نظام تشغيل جديد ، فانه سيكون اكثر تجاوبا وتنسيقا وكفاءة من نظام التشغيل القديم . بمعنى ان البرامج التي كتبت لنظام التشغيل القديم ستعمل مع النظام الجديد الا ان البرامج التي كتبت لنظام التشغيل الجديد قد لا تعمل مع النظام القديم

USART = Universal Synchronous Asynchronous Receiver Transmitter

USASCII = United States of America Standard Code for Information Interchange = ASCII

user . . . . **مستعمل جهاز الكمبيوتر (المستفيد)**

اي شخص يستخدم جهاز الكمبيوتر لحل المشاكل او لمعاملة البيانات

user area . . . . **مساحة المستخدم (المستفيد)**

(١) مساحة عنوان المستخدم ؛ (٢) جزء من الذاكرة الرئيسية محجوز لبرنامج خاص من برامج المستخدمين

user-definable key . . . . **مفتاح يُعرفه المُستخدم**

مفاتيح خاصة في لوحة المفاتيح يمكنها بدء عمليات محددة في البرنامج ومن الممكن تعريف مهمة هذه المفاتيح عن طريق مستخدم جهاز الكمبيوتر

user-friendly . . . . **سهل الاستعمال**

يقصد بذلك ان استخدام جهاز الكمبيوتر سهل . يقوم الجهاز في هذه الحالة بتحديد الاخطاء وتظهر الاخطاء والنتائج بصورة يمكن قرائتها بسهولة كذلك يعطي معلومات لمستخدمه عن الخطوة التالية التي يجب اتباعها

friendly □

user group = UG . . . . **مجموعة المستخدمين**

مجموعة من مستخدمي جهاز كمبيوتر واحد يتبادلون المعلومات او النتائج بينهم او انهم يستخدمون مجموعة من اجهزة الكمبيوتر من انتاج شركة واحدة

user hotline . . . . **خط تلفون لمشاكل المستفيدين**

خط التلفون الذي يُخصص لاستقبال المكالمات من المستفيدين بالنظام للافادة عن المشكلات التي تعترضهم عند استخدامهم للاجهزة او للتبليغ عن اعطال في الاجهزة

user interaction . . . . **التفاعل مع المستخدم . تعامل مباشر**

التعامل الفعال والمستمر بين جهاز الكمبيوتر ومستخدميه . يسبب كل ما يدخله مستخدم الجهاز ردا مباشرا من الجهاز نفسه . يسمى احيانا interactive system

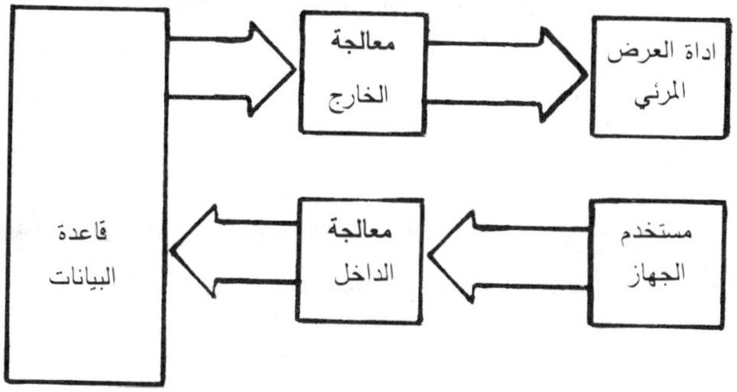

تفاعل جهاز الكمبيوتر مع مستخدمه

user memory . . . . **ذاكرة المستخدم**

الذاكرة الموجودة في وحدة المعالجة المركزية والتي يمكن لمستخدم الجهاز الوصول اليها وتغيير محتواها . عادة ما يطلق الاسم على ذاكرات الوصول العشوائي RAM والتي تستخدمها البرامج التطبيقية

[1]**user-oriented language = problem-oriented language**

[2]user-oriented language = procedure-oriented language

user program . . . . **برنامج المستخدم (المستفيد)**

برنامج يمتلكه مستخدم جهاز الكمبيوتر. يعطي نفس معنى البرامج التطبيقية application program الا ان برامج المستخدمين تصف البرنامج من حيث حقوق استخدامه والتحكم فيه بدلا من وصف طبيعة عمله

user terminal . . . . **طرفية المستفيد**

طرفية يمكن لمستخدمها ان يتصل مع جهاز الكمبيوتر الرئيسي

utility . . . . **خدمة**

وحدة من برامج الانظمة (الاجهزة) system programs . تقوم بعمليات يحتاجها الجهاز كثيرا (مرات عديدة) اثناء المعالجة . مثل طبع او نسخ ملف او القيام بمهمة مناداة روتين معين او طبع روتين

☐ housekeeping

utility function . . . . **عملية خدمة**

عملية يتم تنفيذها بواسطة برنامج خدمات . مثل عملية نسخ البيانات من على البطاقات او القرص الى شريط مغناطيسي او عملية تصنيف او دمج الملفات

utility program . . . . **برنامج خدمة**

بينما كلمة خدمة تشير الى تتابع متسلسل على فترات قصيرة ومتتالية ، الا انه يمكن تطبيق اصطلاح برنامج خدمات على تتابع متسلسل على فترات طويلة او قصيرة . مثل القيام بعملية تصنيف او دمج . تسمح برامج الخدمة لمستخدمها العمل مباشرة مع جهاز الكمبيوتر للقيام بمهمة محددة

UV = ultraviolet

V

[1]V = voltage

[2]V = volts

VAC = volts alternating current

صمام مفرغ (انبوب مفرغ) .... **vacuum tube**

الصمامات المفرغة (اللمبات) التي استخدمت في بناء الجيل الاول من اجهزة الكمبيوتر

التحقق من الصحة .... **validation**

في برنامج : عملية اختبار البيانات لتقدير ان كانت مرتبة بالطريقة المرغوب فيها (صحيحة)

فحص الصلاحية .... **validity check**

(١) فحص يتم على رمز لمعرفة ان كان يتبع شفرة معترف بها ؛ (٢) فحص صلاحية مجموعة من البيانات قبل ان تتم معالجتها من قبل البرنامج

قيمة .... **value**

في تشغيل البيانات ، يقصد بها ، القيمة الفعلية التي يحتويها البيان سواء كان البيان رقميًا او غير رقمي

variable .... **عامل متغير**

رمز يستخدم في برنامج لتمثيل كمية يمكن ان تتغير اثناء تنفيذ البرنامج .
مثلا في المعادلة سَ = ص + ٥ كل من س وص هما عاملان متغيران

variable format .... **صياغة متغيرة**

وصف لملف بياني تختلف اشكال (صياغة) سجلاته بعضها عن بعض وقد
تكون السجلات ثابتة او متغيرة الطول

variable-length character encoding ..... **تشفير برموز ذات اطوال مختلفة**

استخدام عدد مختلف من الخانات لتمثل الرموز بحيث ان الرموز التي
ستستخدم كثيرا تمثل بعدد قليل من الخانات وذلك للتوفير في مساحة التخزين
وهذا عكس التشفير بنفس عدد الخانات لكل الرموز كما هو الحال في نظامي
اسك ٢ ASCII وابسديك EBCDIC

variable-length record file .... **ملف سجلاته متغيرة الطول**

الملف البياني الذي تختلف اطوال سجلاته بعضها عن بعض ، حيث ان كل
سجل قد يحتوي في مقدمته على علامة تبين طوله . عكس الملف ذو
السجلات ذات الطول الثابت

variable-point representation .... **تمثيل النقطة المتغيرة**

تمثيل كمية برقم ، حيث ان رمزًا معينًا (النقطة العشرية مثلا) يوضع في
الرقم لتحديد الفاصلة بين الارقام الصحيحة والكسور

variable word computer .... **جهاز كمبيوتر ذو كلمات مختلفة الحجم**

جهاز كمبيوتر مزود بامكانيات لتخزين ومعاملة كلمات ذات اطوال مختلفة

V-channel metal-oxide semiconductor = V-MOS .... **في – موس**

نوع من شبه الموصلات من صنف أن N يستخدم نتوءات على شكل حرف
في V لتحسين كثافة التسجيل . تستخدم في بعض الاحيان في الخلايا
السليكونية المصنعة منها ذاكرات الوصول العشوائي RAM

VCS = video computer system

VDC = volts direct current

VDE = voice/data entry

VDT = visual display terminal

VDU = visual display unit

vector . . . . **المتُجه**

(١) ترتيب مجموعة من الارقام في صف او عمود واحد ؛ (٢) كمية لها مقدار واتجاه في الفراغ ، مثل السرعة ☐ array

vectored interrupt . . . . **مقاطعة متُجه**

(١) طريقة لعمل ادوات المقاطعة بتزويد عنوان محدد عند وقت طلب المقاطعة مما يتيح لجهاز التشغيل ان يتفرع للروتين المناسب ؛ (٢) مقاطعة تحدد السبب

Venn diagram . . . . **رسم فين**

طريقة لتمثيل وتوضيح العلاقات المنطقية . مثلا المستطيل يمثل البيئة المحيطة ودائرة واحدة او اكثر تمثل حالات خاصة . امثلة على ذلك :

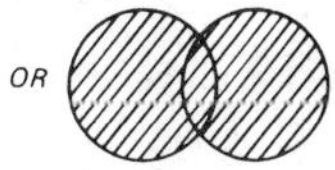

صمام « او »

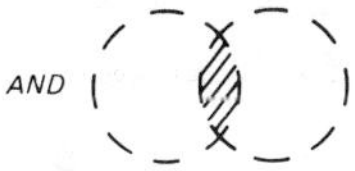

صمام « و »

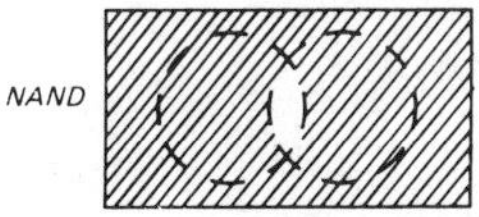

صمام« لا ــ و »

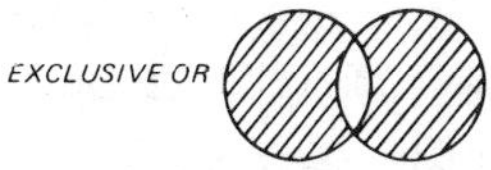

صمام « او المقصورة»

فعل . . . . **verb**

كلمة تستخدم في البرامج لتحديد العمل المطلوب مثل اضف add في لغة الكوبول

آلة التدقيق (المراجعة) . . . . **verifier**

جهاز به لوحة مفاتيح تستخدم للتأكد من ان الثقوب على البطاقات المثقبة تتطابق مع البيانات وذلك بان توضع بطاقة في جهاز تثقيب البطاقات ثم يتم التثقيب من جديد وان كان هناك اختلاف بين الثقوب الموجودة اصلا والتثقيب الجديد ، فان الجهاز سيُظهر ذلك

ألنسخة . . . . **version**

إشارة الى النُسخ المعدلة من البرنامج الذي يصدر للاستعمال

فحص الزيادة الرأسية . . . . **vertical redundancy check = VRC**

□ parity

دحرجة رأسية . . . . **vertical scrolling**

قدرة النظام على الحركة الرأسية لاسفل ولاعلى صفحة او اكثر ظاهرة على شاشة الطرفية

ادماج على مستوى كبير جداً . . . . **very large scale integration = VLSI**

عملية انتاج دوائر مدمجة IC على خلايا سليكونية تشمل حوالي ١٠٠,٠٠٠ اداة شبه موصلة (دائرة)

ترتيب في . . . . **V format**

ترتيب سجل بيانات مصمم بحيث تكون سجلاته المنطقية ذات اطوال مختلفة وكل سجل يبدأ بمعلومات عن طوله

عرض النطاق البصري . . . . **video bandwidth**

مقياس لعدد النقاط في الثانية التي يمكن اظهارها على شاشة التليفزيون او شاشة الطرفية . زيادة عرض النطاق الترددي يعني زيادة عدد الرموز التي يمكن اظهارها واضحة في نفس اللحظة

video computer . . . . **جهاز كمبيوتر بصري**

جهاز كمبيوتر تم تصميمه خصيصا لتستخدم معه برامج مخزنة على اشرطة مغناطيسية ومغلفة بخراطيش (كاشرطة الكاسيت) . معظم هذه البرامج هي برامج العاب video games

video computer system = VCS . . . . **نظام جهاز الكمبيوتر البصري**

جهاز كمبيوتر مهمته الرئيسية مساندة اداة العرض المرئي VDU

video display unit = visual display unit

video disk system . . . . **جهاز القرص البصري**

طريقة لانتاج عدد كبير من وحدات التخزين باستخدام اشعة الليزر بحرق بقع بتوزيع معين في مادة تيليريوم tellurium المصنعة منها هذه الاقراص . من الممكن تخزين ٥٥,٠٠٠ صفحة من المعلومات على القرص الواحد

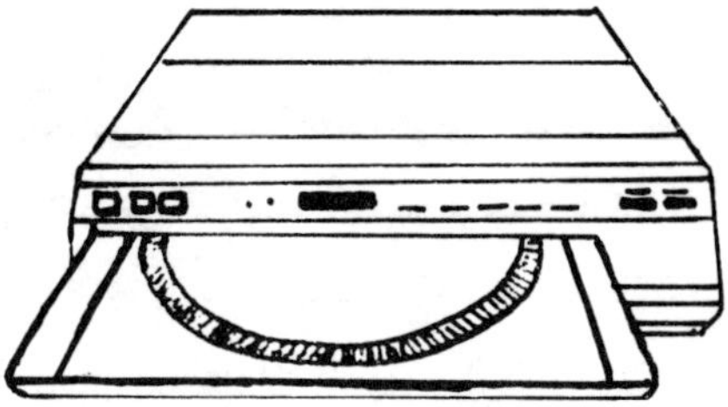

video monitor . . . . **مراقب بصري**

اداة اظهار تشبه التليفزيون الا انها غير مزودة بسماعات او جهاز لالتقاط الموجات . يمكن لجهاز المراقبة هذا ان يستقبل موجات ذات نطاق ترددي عريض اذا ما قورنت بموجات التليفزيون . يجب ان يرفق مع جهاز الكمبيوتر وسائل خاصة لتوصيله بجهاز المراقبة هذا

video signal . . . . **اشارة بصرية**

اشارات اليكترونية تنقل جميع المعلومات الضرورية مثل اللون والكثافة والموقع والتوقيت عن كل موقع على الشاشة لاظهار صورة دقيقة

videotex .... فديوتكس

جهاز استرجاع البيانات بان يتم نقل البيانات على خط التليفون بين جهاز كمبيوتر وشاشة التليفزيون والتي تفصلهم مسافة بعيدة . وهذا عكس التلي تكس الذي يتم فيه ادخال البيانات باستخدام لوحة المفاتيح مثل عمل حجز تذاكر الطيران او عملية نقل الحسابات في البنوك

videotext = videotex

virgin medium .... وسيط خام

وسيلة تخزين تستخدم مع جهاز الكمبيوتر لم تستخدم بعد . مثل شريط ورقي او بطاقات ورقية من غير ثقوب او شريط مغناطيسي من غير بقع ممغنطة

virtual address .... عنوان افتراضي

عنوان لموقع على الشاشة الظاهرية . مثلا عندما يكون موقع العنوان لا علاقة له مع الموقع الفعلي لتخزين البيانات ، سيتم ترجمة العنوان المنطقي لعنوان ملموس physical address باستخدام برنامج نظام التشغيل ليستخدم بواسطة البرنامج . عكس العنوان المطلق ☐ virtual memory

virtual image take-off and landing = VITAL .... فيتال

نظام طيران مبرمج يستخدم شاشات مراقبة لتشبيه الطيران وذلك لتعليم الطيران وما يجب القيام به في حالة حدوث مشاكل . كل ذلك يتم على شاشات التليفزيون

virtual machine=VM .... الحاسب ذات الخاصية الافتراضية

نظام تشغيل للكمبيوتر اخرجته شركة آي . بي . أم . يتميز بامكانية الذاكرة الافتراضية وما يتعلق بها من اساليب فنية

virtual memory .... ذاكرة افتراضية

ذاكرات لا حد لاستخدامها . بمعنى انه يمكن تخزين كمية غير محدودة من

المعلومات عليها . من الممكن الوصول لذلك في اجهزة الكمبيوتر الصغيرة باستخدام برامج تشغيل يمكنها تخزين جزء من برامج المستخدمين والبيانات في مخازن خارجية . عند طلب هذه البيانات للانجاز، سيقوم الجهاز بمقايضة ما تحتويه الذاكرة الرئيسية من معلومات غير مطلوبة مع ما هو مطلوب من الذاكرة الثانوية ويقوم كذلك بتعديل عناوينها

virtual storage = virtual memory

virtual storage access method = VSAM . . . . . . طريقة وصول للتخزين الافتراضي

طريقة للوصول يتم فيها تخزين سجلات ذات اطوال ثابتة او سجلات ذات اطوال مختلفة على ادوات تخزين الوصول اليها مباشر وبتسلسل المفاتيح او بالتسلسل الذي دخلت فيه او بتسلسل ارقام السجلات . يتم الوصول الى السجلات المسلسلة طبقا للمفاتيح باستخدام مفتاح خاص مثل رقم الموظف . في حالة تسلسل الادخال يتم الوصول الى السجلات بنفس ترتيب ادخالها وفي حالة التسلسل حسب ارقام السجلات يتم الوصول لتلك السجلات حسب ارقامها النسبية المعطاة لها

virtual storage interrupt = VSI . . . . مقاطعة الذاكرة الافتراضية

visible register . . . . register ☐

VisiCalc® . . . . فيزي كالك

مجموعة من البرامج سهلة الاستخدام مع اجهزة الكمبيوتر الشخصية . تعرض هذه البرامج المعلومات على الشاشة على شكل شبكة

visual display unit = VDU . . . . وحدة العرض المرئي

طرفية ذات لمبة اشعة كاثود CRT تتكون من شاشة عرض ولوحة مفاتيح

VLSI = very large scale integration

VM=virtual machine

V-mode records . . . . **سجلات ذات منوال في**
سجلات مختلفة الاطوال

V-MOS = V-channel metal-oxide semiconductor

voice/data entry . . . . **إدخال البيانات على شكل اصوات**
امكانية تحويل الاصوات الى صورة يمكن لجهاز الكمبيوتر التعامل معها

voice-grade channel . . . . **قناة**
في نقل البيانات : قناة ذات نطاق ترددات ضيق مثل حد التليفون الذي يمكنه نقل الصوت البشري والذي يمكنه نقل حوالي ٢٥٠٠ خانة في الثانية من والى ادوات بطيئة مثل قارئ البطاقات

voice recognition . . . . **تمييز الاصوات**
الاجهزة التي يمكنها استقبال المعلومات على شكل اصوات واضحة ومميزة

voice response unit=audio response unit

voice synthesizer . . . . **مشابه صوتي**
دائرة كهربائية يمكنها مشابهة الصوت البشري . يمكنها اعادة الاصوات المسجلة مسبقا وكذلك تكوين كلمات بدمج اكثر من ١٠٠ صوت مختلف وانتاج اصوات يمكن فهمها . مثل هذه الاصوات ما هو مستخدم في اجهزة الكمبيوتر التي يمكنها ان تتكلم وكذلك في الساعات والعاب الفيديو

ذاكرات متطايرة . . . . volatile memory

ذاكرات تفقد ما هو مخزن عليها عند انقطاع التيار الكهربائي عنها . ذاكرات الوصول العشوائي RAM مثال لهذا النوع . الاشرطة المغناطيسية والورقية مثال للذاكرات الغير متطايرة

سرعة التعديل والتبديل ٠ القابلية للتطاير . . . . volatility

(١) سرعة التعديل والتبديل : صفة تطلق على عمليات إضافة البيانات الى الملف او حذفها منه بحيث تتغير حالة الملف من وقت الى اخر ؛ (٢) القابلية للتطاير : صفة تطلق على الذاكرة التي تفقد محتوياتها عند انقطاع التيار عنها

فولت . . . . volt

وحدة التيار الكهربائي . الفرق في الفولت بين نقطتين يسبب تدفق التيار بين هاتين النقطتين (من النقطة ذات الفولت العالي الى النقطة ذات الفولت المنخفض)

الفولتيه . . . . voltage

عدد الفولتات المقاسة عند نقطة في دائرة كهربائية

في – توك . . . . volume table of contents = VTOC

كاتالوج يستخدمه جهاز التشغيل لتحديد موقع ملفات البيانات او البرامج

جون فون نيومان . . . . Von Neumann, John

(١٩٠٣ ـ ١٩٥٧) اول من خزن البرامج واستخدمها في تشغيل جهاز الكمبيوتر. بمعنى انه اول من استخدم تعليمات مخزنة على شكل ارقام ثنائية وخزنها في الذاكرة الداخلية للجهاز. بامكان الجهاز نتيجة استخدامه برامج مخزنة ان يصبح اكثر مرونة للقيام بالمهمات العديدة المطلوبة منه

VRC = vertical redundancy check

VS = virtual storage . . . . virtual memory □

VSAM = virtual storage access method

VSI = virtual storage interrupt

VTOC = volume table of contents

V24 = RS-232

W

W = watt

w = write

wafer . . . . رقاقة (وفر)

قطعة رقيقة دائرية الشكل مصنعة من معدن السليكون ابعادها ٠،٠١ بوصة سمكا و٢ بوصة قطرا . معدن السليكون هو المادة الخام التي تصنع منها شبه الموصلات الكهربائية semiconductor . تقطع الى اجزاء صغيرة على شكل مربعات تحتوي على دوائر كهربائية مدمجة IC ، مكونة ما يسمى الخلية السليكونية chip □ chip

wait state . . . . وضع الانتظار

وضع معالج صغير (ميكرو بروسيسور) عندما يصل لمرحلة لن يستخدم عندها في معالجة البيانات

wand . . . . القلم القاريء

(١) اداة يمسكها الشخص باليد مثل قلم الرصاص ، تستخدم في قراءة الرموز المغناطيسية او الشفرة القضبانية ؛ (٢) قلم اضاءة

Wangnet® . . . . وانغنت

نظام شبكة المنطقة المحلية LAN انتجته شركة معامل وانج □ network warm . . . . دافي

(١) في الدوائر الكهربائية : درجة الحرارة عندما يمر التيار الكهربائي في هذه الدوائر ؛ (٢) في اجهزة الكمبيوتر : ان يكون بعض او كل البرامج التي تستخدم مع جهاز الكمبيوتر موجودة في الذاكرة الرئيسية لهذا الجهاز

warm boot . . . . الحذاء الدافئ

اصطلاح يطلق على الخطوات الضرورية لوضع جهاز الكمبيوتر في حالة التشغيل

warm start = warm boot

WATFOR . . . . وات فور

لغة مأخوذة عن لغة الفورترن تم وضعها في جامعة واترلوو في اونتاريو، كندا . تم انتاج لغة اخرى وات فايف WATFIV وهي اكثر تطورا من وات فور

WATS = Wide Area Telephone Service . . . . . خدمة التلفونات لمنطقة واسعة

خدمة تسمح باجراء اي عدد من المكالمات من مكان معين الى اي موقع في منطقة واسعة مقابل رسم (مبلغ) معين يدفع شهرياً بدل الدفع عن كل مكالمة . مثلا الولايات المتحدة الامريكية مقسمة الى ست مناطق واسعة من هذا القبيل

watt . . . . واطْ

الوحدة الاساسية لقياس القدرة الكهربائية وهي تساوي قيمة الفولت مضروبة في قيمة الامبير (جول في الثانية)

web . . . . لفافة ، لفة

اوراق طباعة (احيانا اشرطة ورقية) عادة ما تكون على شكل لفة من الورق

weed .... **عشبة ضارة**

اتلاف اجزاء من ملف به معلومات غير ضرورية

weight .... **الوزن (الثقل)**

القيمة التي تضرب فيها خانة الرقم والتي تمثل قيمة موقع هذه الخانة ، مثلا في الرقم العشري ٢٣٥ رقم ٥ وزنه ١ ورقم ٣ وزنه ١٠ ورقم ٢ وزنه ١٠٠ ☐ numeral system

weighted code .... **شفرة الوزن**

شفرة كل موقع خانة فيها له قيمة وزن خاصة به ☐ ASCII; binary coded decimal

wheel printer .... **طابعة بعجلات**

آلة طباعة تتحرك فيها احرف الطباعة على عجلات معدنية . هي من احدى المطابع الخطية

whole number .... **الرقم الصحيح بدون كسور**

Wide Area Telephone Service = WATS

wideband channel .... **قناة واسعة**

(١) مدى متصل من الذبذبات كبير لدرجة انه يمكن تقسيمها الى العديد من الذبذبات الضيقة لهدف معين ؛ (٢) في علم الاتصالات : قناة اتصال ذات اتساع ٤٨ كيلو هرتز

Williams-tube storage .... **مخزن وليمز الانبوبي**

لمبة اشعة الكاثود CRT التي تستخدم لاظهار نتائج التحليل على الشاشة.
سميت بذلك نسبة لمكتشفها أف. سي. وليمز

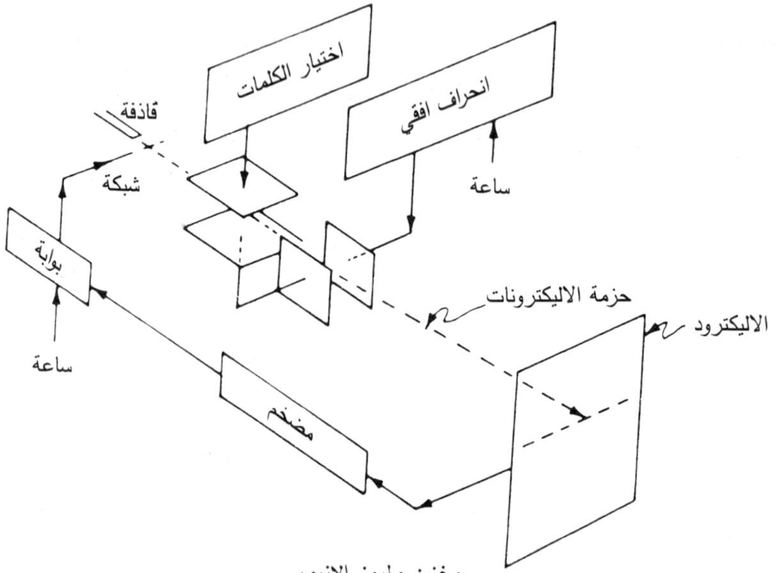

مخزن وليمز الانبوبي

Winchester disk .... **قرص ونشستر**

قرص صلب يتميز بان الوصول للمعلومات المخزنة عليه سريع وكثافة التسجيل عليه عالية

Winchester drive .... **أداة الادارة ونشستر**

في بعض اجهزة الكمبيوتر: يتم تخزين البيانات على اسطوانات مغناطيسية صلبة. تسمى الاداة التي تحتوي هذه الاقراص اداة الادارة ونشستر

window .... **شباك**

جزء منعزل من شاشة لمبة اشعة الكاثود CRT يستخدم لاظهار البيانات في هذا الموقع منفصلة عن باقي الشاشة

wire board . . . . control panel □

wire frame . . . . **الاطار السلكي**

اظهار الاجسام في ثلاثة ابعاد واظهار الخطوط الخلفية للرسم

wire matrix . . . . **مصفوفة الاسلاك**

نوع من معدات الطباعة يركب بالطابعات حيث توجد مصفوفة من الاسلاك يتم عن طريقها تكوين شكل الحرف المراد طباعته

wired OR . . . . **بوابة (صمام) « او » الموصلة باسلاك**

اصطلاح يطلق على الدائرة المنطقية «أو» عندما يكون ما هو داخل متصل مباشرة بما هو خارج وبدون الحماية من التيار المعكوس عند الداخل . شكل ١ يوضح توصيلات بها دائرة «أو» العادية ومعها صمام ثنائي لمنع مرور الفولت في الاتجاه المعاكس (كما هو موضح برؤوس الاسهم الصغيرة) ، وشكل ٢ يوضح توصيلات بها دائرة «أو» الموصلة باسلاك

شكل ٢   شكل ١

wire program computer . . . . **جهاز الكمبيوتر الموصل باسلاك**

جهاز كمبيوتر يتلقى الاوامر الصادرة الية بتوصيل دوائر واسلاك بعضها ببعض وهذا يجعل كفاءة الجهاز محدودة . يطلق الاصطلاح ايضا على معدات تكون الاسلاك الكهربائية فيها موصلة بصفة دائمة وعندها يعرف الجهاز بانه ذو برامج ثابتة

word . . . . **كلمة**

(١) مجموعة ثابتة من الخانات او الرموز التي تعتبر وحدة واحدة والتي يمكن

تخزينها في وحدة تسجيل واحدة (عادة ما تتكون من ١٦ او ٣٢ او ٦٤ خانة). مثلا جهاز الكمبيوتر ذو كلمة بحجم ٣٢ خانة ، كل من المواقع على الذاكرة الرئيسية والمسجلات ذات طول ٣٢ خانة وباصاتها تنقل ٣٢ خانة متوازية في نفس الوقت ؛ (٢) اسم يطلق على عامل ثابت او متغير في برنامج

word addressable .... **خاصية العنونة بالكلمة**

جهاز كمبيوتر مصمم بحيث ان كل كلمة لها عنوانها الخاص والذي يمكن ان يشار اليه في البرنامج للوصول للبيانات وهذا عكس العنونة بالرموز

word length .... **طول الكلمة (كلمة الكمبيوتر)**

عدد الخانات او الاحرف او الرموز التي تكون **كلمة الكمبيوتر** □ word

word-oriented computer .... word addressable □
=word-addressable computer

word processing .... **معالجة الكلمات**

نظام استخدام اجهزة الكمبيوتر في معالجة النصوص وكتابة الرسائل والذي يسمح بامكانية حفظ البيانات وتنقيحها وتعديلها واسترجاعها وطبعها . وعادة ما يتم هذا الاستخدام عن طريق الالة الطرفية وبرامج متخصصة

word processor .... **معالج الكلمات**

آلة طباعة كهربائية بها ذاكرة من نوع ذاكرات القراءة فقط ROM لمساعدة مستخدمها في تحديد موقع اي وحدة من وحدات المعلومات المخزنة على الذاكرة وكذلك في اضافة او مسح اي جزء مما هو مخزن على الذاكرة . يمكن بالة الطباعة هذه طبع نفس الرسالة مع تغيير اسم المرسل اليه وعنوانه حسب الضرورة وبدون الحاجة لاعادة طبع الرسالة بواسطة مستخدم الالة من جديد

word size .... **حجم الكلمة**

عدد ثابت من الخانات يعتمد على طبيعة تصميم جهاز الكمبيوتر والذي يعمل

كوحدة واحدة اساسية منطقية للمعلومات . تعالج وحدة المعالجة المركزية CPU وتنقل كل كلمة على حدة . حجم الكلمة في المعالجات الصغيرة (ميكرو بروسيسور) هو ٨ او ١٦ او ٣٢ خانة

مدة الكلمة . . . . **word time**

الوقت المطلوب لنقل كلمة كمبيوتر من موقع على الذاكرة الى موقع آخر

لف الكلمة . . . . **word wrap**

في معالج الكلمات : زحزحة الكلمة اوتوماتيكيًا للسطر التالي ان كانت ستتعدى الحجم المحدد للفراغ

كمية العمل (الحمل) . . . . **workload**

كمية العمل المطلوب تأديتها سواء بالالة او من الفرد

working storage = temporary storage

محطة العمل . . . . **work station**

تعبير يطلق على الجهاز الذي يستخدم بمعرفة المستفيد في تشغيل البيانات مثل جهاز الطرفية

WP = word processing

wpm = words per minutes

wps = words per second

اكتب . . . . **write**

(١) عملية نقل البيانات او النتائج لمستعمل الجهاز اما عن طريق اظهارها على الشاشة او على ورق او بأي صورة ايضاح ؛ (٢) لعمل نسخة اخرى

من البيانات عادة ما تكون من ذاكرة جهاز الكمبيوتر الى وسيلة تخزين اخرى خارج جهاز الكمبيوتر ؛ (٣) فعل اكتب : امر يصدر لجهاز الكمبيوتر لتخزين البيانات في ذاكرته

write-enable ring . . . . **حلقة تسهيل الكتابة**

حلقة بلاستيك تستخدم مع الشريط المغناطيسي كي تسمح للجهاز بالكتابة عليه . وفي حالة غياب هذه الحلقة ، فلا يسمح الجهاز بالكتابة على الشريط . عكس حلقة منع الكتابة

write-inhibit ring . . . . **حلقة منع الكتابة**

تستخدم لمنع كتابة المعلومات على اشرطة مغناطيسية مكتوب عليها

write protect notch . . . . flexible disk □

WS = working storage . . . . temporary storage □

X

xerographic printer . . . . الطابعة ذات التصوير الجاف

طريقة طبع يتم فيها صف الاحرف لكل الصفحة اولا ثم يتم طباعتها بعد ذلك مرة واحدة □ electrostatic printer

XFMR = transformer

xistor = transistor

XMSN = transmission

XOR = exclusive OR

X punch . . . . التثقيب في الصف الحادي عشر

التثقيب في الصف رقم ١١ في بطاقات التثقيب من نوع هوليريث

X-Y plotter . . . . مرسمة في محورين

آلة تستخدم مع جهاز الكمبيوتر لرسم النتائج في صورة رسوم توضيحية ذات بعدين

X-Y recorder . . . . مُسجل في محورين

مسجل يقوم اوتوماتيكيا بتوقيع عاملين متغيرين معا على ورق رسم بياني ، الاول في المحور السيني والثاني في المحور الصادي

Y

المحصلة .... **yield**

نسبة القطع السليمة الى القطع التالفة : عند تصنيع الدوائر الكهربائية من معدن السليكون ، تتلف بعض هذه الوحدات خلال عملية التصنيع . يصف هذا الاصطلاح النسبة بين القطع السليمة والقطع التالفة □ chip

مقرن .... **yoke**

مجموعة من الرؤوس مربوطة معا في ماكينة التسجيل

التثقيب في الصف الثاني عشر .... **Y punch**

التثقيب في الصف رقم ١٢ من بطاقات التثقيب من نوع هوليريث وعادة ما يسمى التثقيب العالي

Z

زي . . . . **Z**

(١) رمز يستخدم للاشارة الى مقاومة كهربائية ؛ (٢) خانة الصفر

احرق ٠ احترق ٠ صهر ٠ إنصهر ٠ دمج ٠ اندمج . . . . **zap**

(١) الكتابة الغير مقصودة في مواقع على الذاكرة مكتوب فيها من قبل ؛

(٢) استخدام متعمد لامر وجد في برامج عديدة لتفريغ الشاشة

زي ٨٠ . . . . **Z80**

الوحدة الاساسية التي تعمل عمل العقل المفكر في اجهزة الكمبيوتر الصغيرة (ميكرو بروسيسور) ذات ثمان خانات

زي ٨٠٠١ . . . . **Z8001**

الوحدة الاساسية التي تعمل عمل العقل المفكر في اجهزة الكمبيوتر الصغيرة (ميكرو كمبيوتر) وهي عبارة عن معالج صغير (ميكرو بروسيسور) ذو ستة عشر خانة

صمام «زنَرْ» . . . . **Zener diode**

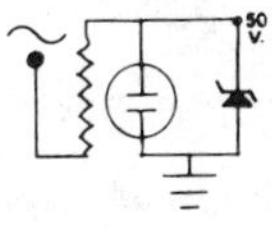

صمام ثنائي يمكنه تمرير التيار الكهربائي في الاتجاه العكسي عند مرور فولت ذو قوة اعلى من حد معين . كذلك يقوم الصمام بتنظيم الفولت في الدائرة ليبقى التيار المار للمبة النيون ذو ٥٠ فولتا

الصفر . . . . **zero**

(١) رقم في كل من نظام الترقيم الثنائي والعشري وقيمته الصفر ؛
(٢) في كثير من اجهزة الكمبيوتر يوجد فرق بين الصفر ذو الاشارة السالبة والصفر ذو الاشارة الموجبة

وصول لحظي . . . . **zero access**

قدرة الحصول على المعلومات في وقت قصير

اضافة ذات وصول مباشر . . . . **zero-access addition**

اضافة رقم الى رقم ثاني بواسطة جهاز الكمبيوتر حيث ان نتيجة الاضافة (الرقم الجديد) تأخذ مكان الرقم الثاني على الذاكرة

تخزين ذو وصول لحظي . . . . **zero-access storage**

اصطلاح غير صحيح يعني انه يمكن الحصول على المعلومات من الذاكرة بدون وقت ، وهذا غير صحيح لان ذلك يحتاج بعض الوقت وان كان وقتا محدودا

أمر بدون عنوان . . . . **zero-address instruction**

تعليمات تعطى لجهاز الكمبيوتر من غير تحديد عنوان الموقع المخاطب على الذاكرة

خانة الصفر . . . . **zero bit**

تخزين ونقل وحدة من المعلومات والتي تمثل برقم صفر ☐ binary

ثابت صفري . . . . **zero constant**

عملية منطقية (تحليلية) نتيجتها دائما صفر (غير صحيحة) مهما تم تغيير الداخل اليها

zero crossing . . . . **تقاطع صفري**

(١) نقطة في الدائرة الكهربائية عندها يكون الفولت يساوي صفرا ؛

(٢) النقطة في دائرة كهربائية والتي عندها يتغير الفولت من موجب الى سالب او العكس

zero deletion . . . . zero insertion ☐

zero fill . . . . **الحشو بالصفر**

استخدام الصفر كرمز حشو

zero flag . . . . **علم صفري**

مفتاح كهربائي نطاط flip-flop يذهب الى الوضع ١ ان كانت نتيجة الامر الذي تم تنفيذه تساوي صفرا ، ويذهب الى الوضع صفر ان كانت نتيجة التعليمة التي تم تنفيذها تساوي واحدًا

zero insertion . . . . **حشي الخانات**

عملية ادخال خانات الصفر بين سلسلة الخانات التي تحتوي على رقم واحد لحماية اي مجموعة من البيانات المستخدمة من ان تُعامل وكانها علم flag

zeroise = zeroize

zeroize . . . . **إفراغ الى اصفار**

عملية إفراغ الذاكرة او تغيير ما تحتويه الذاكرة الى اصفار

zero punch = zone punch

zero suppression . . . . **حذف الاصفار عديمة القيمة**

قبل ان تبدأ الطابعة الملحقة بجهاز الكمبيوتر بطباعة الارقام ، فانها تحذف الاصفار عديمة القيمة لتجعل القراءة أسهل . مثال ذلك رقم ١٢٣,٤٠٠ يصبح ١٢٣,٤

زيلوغ (زيلوج) .... ZILOG

شركة تصنع معالجات صغيرة (ميكروبروسيسور) من نوع زي ٨٠ وزي ٨٠أ

شبكة زي .... z-net

نظام في شبكة المنطقة المحلية LAN مشابه لنظام اثيرنيت

المنطقة .... zone

(١) الجزء من شفرة الرموز الذي يستخدم للتعبير عن المعلومات الغير رقمية ؛ (٢) جزء من الذاكرة الداخلية لجهاز الكمبيوتر المخصص لهدف معين ؛ (٣) في بعض اجهزة الاقراص المغناطيسية : مجموعة من الممرات المتجاورة التي لها نفس سعة التخزين

خانة المنطقة .... zone bit

(١) في شفرة ابسديك EBCDIC ذات الثمان خانات : الخانات الاربع على اقصى اليسار والتي تستخدم لتمثيل واحد او اكثر من مناطق التثقيب zone punches والخانات الاربع الموجودة في اقصى اليمين ، تستخدم لتمثيل واحد او اكثر من التثقيب الرقمي ؛ (٢) الخانات الاربع الموجودة في اقصى يسار الكلمة (بايت) المخزنة في المنطقة العشرية zone decimal

تثقيب صفري .... zone punch

تثقيب البطاقات من نوع هوليريث في اي من الصفوف ذات الارقام صفر او ١١ او ١٢

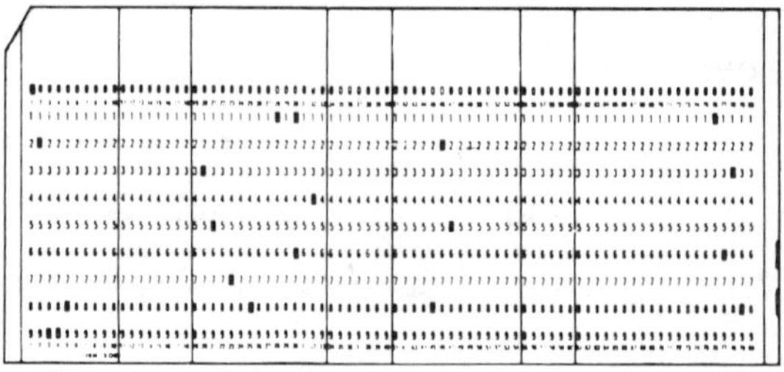

تضخيم . . . . **zoom**

عند الرسم باستخدام جهاز الكمبيوتر : تغيير حجم كل او جزء من الصورة الظاهرة على الشاشة . يقصد بذلك في كثير من الاحيان ، زيادة الحجم الا اذا تم الاشارة الى شئ آخر

كونراد تْزوز . . . . **Zuse, Konrad**

مهندس الماني الجنسية اول من صمم وبنى جهاز كمبيوتر يمكن التحكم بعمله عن طريق برامج مكتوبة . وهو اول جهاز صُمم لكي يستخدم ارقام نظام الترقيم الثنائي بدلا من استخدام الارقام العشرية

ACRONYMS & ABBREVIATIONS

ACRONYMS & ABBREVIATIONS

a=atto

A=accumulator • ammeter • ampere • Ångström • area

AAAS=American Association for the Advancement of Science

ABA=American Bankers Association

ABC=Atanasoff-Berry computer • automatic bandwidth control

ABM=automatic batch mixing

ABO=advanced byte-oriented

abs=absolute

AC=alternating current • automatic computer

ACA=adjacent-channel attenuation • American Communications Association

ACC=accumulator

ACD=automatic call distributor

ac/dc=alternating current/direct current

ACE=automated computing engine

ACI=asynchronous communications interface

ACIA=asynchronous communications interface adapter

ACK=acknowledge

ACL=Association for Computational Linguistics

ACM=Association for Computing Machinery

ACPA=Association of Computer Programming Analysts

ACS=American Chemical Society

ACTRAN=analog computer translator

ACTS=automatic computer telex service

ACU=address control unit • automatic calling unit

AD=average deviation

A/D=analog-to-digital

ADA=automatic data acquisition

ADAPSO=Association of Data Processing Service Organizations

ADC=analog-digital converter • analog-to-digital converter

ADCCP=advanced data-communications control procedure

ADDAR=automatic digital data acquisition and recording

ADI=American Documentation Institute

ADONIS=Automatic Digital On-Line Instrumentation System (Blackburn Electronic, England)

ADP=automatic data processing

ADPC=automatic data processing center

ADPE=automatic data processing equipment

ADPS=automatic data processing system • automatic display & plotting system

ADR=adder • analog-to-digital recorder

ADS=address data strobe

ADT=application dedicated terminal

ADX=automatic data exchange

AEC=Atomic Energy Commission

AED=Association of Electronic Distributors • automated engineering design

AEDS=Association for Educational Data Systems • Association for Electronic Data Systems

AEEP=State Highway Departments IBM computer users group

AEPEM=Association of Electronic Parts and Equipment Manufacturers

AESC=American Engineering Standards Committee

AF=Air Force • audio frequency

AFA=Air Force Association

AFAFC=Air Force Accounting and Finance Center

AFA-SEF=Air Force Association–Space Education Foundation

AFB=Air Force Base

AFC=automatic frequency control

AFCAL=Association Française de Calcul

AFCALTIC=French Association for Computation and Data Processing

AFCET=Association Française pour la Cybernétique Economique et Technique

AFCMO=Air Force Office of Scientific Research

AFG=analog function generator

AFIPS=American Federation of Information Processing Societies

AFNOR=French Standard Association

AFOSR=Air Force Office of Scientific Research

AFRA=French Association of Automatic Control

AFRD=Air Force Research Division

AFSCC=Air Force Special Communications Center

AFTAC=Air Force Technical Application Center

AGC=automatic gain control

AHPL=A Hardware Programming Language

AI=artificial intelligence

AIA=Aerospace Industrial Association

AIAA=American Institute of Aeronautics & Astronautics

AIB=American Institute of Banking

AICE=American Institute of Consulting Engineers

AIChE=American Institute of Chemical Engineers

AICPA=American Association of Certified Public Accountants

AIEE=American Institute of Electrical Engineers (now IEEE)

AIG=address-indicating groups

AIIE=American Institute of Industrial Engineers

AIME=American Institute of Mechanical Engineers

AIP=American Institute of Physics

AIPE=American Institute of Plant Engineers

AL=assembly language

ALA=American Library Association

ALC=automatic level control

ALE=address latch equipment

ALGOL=algorithmic language

ALT=alternate

ALU=arithmetic and logic unit

AM=amplitude modulation

A/M=automatic/manual

AMA=American Management Association • American Medical Association • automatic modulation control

AMC=automatic message counting • automatic modulation control

AM-DBS=amplitude modulation, double-sideband

AMFIS=American Microfilm Information Society

AMOS=automatic meteorological observation station

AMP=ampere

AMR=automatic message registering

AMS=Administrative Management Society • American Mathematical Society

AM-SSB=amplitude modulation, single-sideband

ANACOM=analog computer

ANATRON=analog translator

ANI=automatic number identification

ANSI=American National Standards Institute

ANSVIP=American National Standard Vocabulary for Information Processing

ANT=antenna

AO=amplifier output

A-O AMPL=AND-OR amplifier

AOC=automatic output control

AOS=add or subtract

APC=automatic phase control

APD=angular position digitizer

APEC=Automated Procedures for Engineering Consultants

APICS=American Production and Inventory Control Society

APL=A Program Language

APOTA=automatic positioning telemetering antenna

APP=auxiliary power plant

APRXLY=approximately

APSE=Ada Program Support Environment

APT=automatically programmed tools • automatic picture transmission • automatic programming tools

APTS=automatic picture transmission system

APUHS=automatic program unit, high-speed

APULS=automatic program unit, low-speed

AQ=any quantity

AQL=acceptable quality level

AR=address register

ARAM=analog random-access memory

ARC=attached resource computer • automatic radio control • automatic relay calculator • automatic remote control

ARIES=automated reliability estimation program

ARL=acceptable reliability level

ARM=automated route management

ARMA=American Records Management Association

ARPA=Advanced Research Projects Agency

ARQ=automatic request for repetition

ART=automatic reporting technique

ARU=audio response unit

AS=add-subtract

ASA=American Standards Association • American Statistical Association

ASC=advanced scientific computer • automatic selectivity control • automatic synchronized control

ASCC=automatic sequence-controlled calculator

ASCE=American Society of Civil Engineers

ASCII=American Standard Code for Information Interchange

ASD=automatic synchronized discriminator

ASEE=American Society for Engineering Education

ASIS=American Society for Information Science

ASK=amplitude shift keying

ASL=available space list

ASLIB=Association of Special Libraries & Information Bureaus

ASLT=advanced solid-logic technology

ASM=Association for Systems Management

ASME=American Society of Mechanical Engineers

ASN=average sample number

ASP=automatic servo plotter • automatic switching panel

ASQC=American Society for Quality Control

ASR=automatic send receive

AST=Army Satellite Tracking Center

ASTIA=Armed Services Technical Information Agency

ASV=automatic self-verification

AT=automatic ticketing

A/T=action time

ATDM=asynchronous time-division multiplexing

ATE=automatic test equipment

ATM=automated teller machine

ATOLL=Acceptance Test Or Launch Language

ATS=administrative terminal system

ATSU=Association of Time-Sharing Users

AT&T=American Telephone and Telegraph

AUTOPIC=automatic personal identification code

AVD=alternate voice data

AVE=automatic volume expansion

AVL=Adelson-Velskii and Landis (trees) • available

B

b=bit

B=bega, bel, bit, byte

BA=binary add

BAC=binary asymmetric channel

BACE=basic automatic checkout equipment • British Association of Consulting Engineers

BADC=binary asymmetric dependent channel

BAP=band amplitude product • basic assembly program

BAR=base address register • branch address register • buffer address register

BASIC=Beginner's All-Purpose Symbolic Instruction Code

BBC=British Broadcasting Corporation

BBD=bucket brigade device

BBM=break before make

BBN=Bolt Beranek and Newman

BC=binary code • broadcast control • Burroughs Corporation

BCAC=British Conference on Automation and Computation

BCD=binary-coded decimal

BCD/B=binary-coded decimal/binary

BCDIC=binary-coded decimal information code

BCD/Q=binary-coded decimal/quaternary

BCFSK=binary code frequency shift keying

BCI=binary-coded information • broadcast interference

BCO=binary-coded octal

BCPL=basic combined programming language

BCRT=bright cathode ray tube

BCS=British Computer Society

BCW=buffer control word

BDAM=basic direct access method

BDC=binary decimal counter

BDD=binary-to-decimal decoder

BDH=bearing, distance and heading

BDP=bulk data processing • business data processing

BDU=basic display unit

BE=band elimination

BEAMA=British Electrical and Allied Manufacturers

BEAMOS=beam-accessed metal-oxide semiconductor

BEC=British Engineers Club

BER=binary error rate

BEX=broadside exchange

BFG=binary frequency generator

BFO=beat-frequency oscillator

BI=blanking input

BIDEC=binary to decimal

BIEE=British Institute of Electrical Engineers

BIM=beginning-of-information marker

BIMCAM=British Industrial Measuring and Control Apparatus Manufacturer's Association

BINAC=Binary Northrop Automatic Computer

BIO=Biological Information-Processing Organization

BIPCO=built-in-place component

BIRE=British Institute of Radio Engineers

BISAM=basic indexed sequential access method

BISYNC=binary synchronous communications

bit=binary digit

BIT=binary digit • bit-oriented protocol • built-in test

BITN=bilateral iterative network

BIVAR=bivariant function generator

BIX=binary information exchange

BKSP=backspace

BL=blanking

BLF=bubble lattice file

BLK=block • block count

BLNK=blank

BLS=Bureau of Labor Statistics

BLU=basic logic unit

BM=buffer module

BMD=biomedical (computer programs)

BMDP=biomedical (computer programs—P series)

BMEWS=Ballistic Missile Early Warning System

BMI=Batelle Memorial Institute

BN=binary number system

BNF=Backus-Nour form • Backus normal form

BNG=branch no group

BO=beat oscillator

BOB=Bureau of Budget

BOI=branch output interrupt

BOM=bill of materials

BORAM=block-oriented random-access memory

BOS=basic operating system

BOT=beginning of tape • beginning of transfer

BP=bandpass

BPF=bandpass filter

bpi=bits per inch

bpmm=bits per millimeter

BPO=British Post Office

bps=bits per second

BPSK=binary phase-shift keying

BR=break request

BRC=branch conditional • Bunker Ramo Corporation

BRD=magnetic tape read binary

BRIL=brilliance

BRM=binary rate multiplier

BRS=break request signal

BRU=branch unconditional

BS=binary subtract • British Standard

BSAM=basic sequential-access method

BSC=basic message switching center • binary synchronous communications

BSDC=binary symmetric dependent channel

BSI=branch-and-store instruction • branch or skip on condition • British Standards Institution

BSIC=binary symmetric independent channel

BSP=Burroughs Scientific Processor

BST=beam switching tube

BSY=busy

BTAM=basic telecommunications access method • basic terminal access method

BTAP=Bond Trade Analysis Program

BTDL=basic-transient diode logic

BTSP=bootstrap

BTST=busy-tone start lead

BUF=buffer

BUIC=back-up interceptor control

BUR=bureau

BW=bandwidth

BWR=bandwidth ratio

C

c=centi-

C=capacitance • capacitor • compute • computer • computing • control • degrees Celsius • degrees centigrade • 100

CA=cancel

CAA=Civil Aeronautics Administration

CAB=Civil Aeronautics Board

CACM=Communications of the Association for Computing Machiner

CAD=computer-aided design

CAD/CAM=computer-aided design/computer-aided manufacturing

CAE=computer-aided education

CAF=content-addressable filestore

CAI=computer-aided instruction • computer analog input • Computer Applications, Inc. • computer-assisted instruction

CAI/OP=computer analog input/output

CAL=computer-aided learning • computer-augmented learning

CAM=central address memory • computer-aided manufacturing • content addressable memory

CAMA=centralized automatic message accounting

CAMP=computer-aided mask preparation

C&C=command and control

CAN=cancel • Computer Architecture News

CAP=Council on Advanced Programming

CAR=content of address register

CARAM=content-addressable random-access memory

CARE=computer-aided reliability estimation

CARR=carriage • carrier

CAT=capacity-activated transducer • computer-aided translation • computer-assisted tomography

CATT=controlled avalanche transit time

CATV=community antenna television system

CAUSE=College and University System Exchange

CAW=channel address word

CBCT=customer-bank communication terminal

CBE=computer-based education

CBEMA=Computer and Business Equipment Manufacturer's Association

CBI=Charles Babbage Institute • compound batch identification

CC=calculator • carriage control • central control • closed circuit • concurrent concession • connecting circuit • control computer • cross correlation

CC&S=central computer and sequencer

CCC=Computer Control Company

CCD=charge-coupled device • complementary-coded decimal

CCITT=Comité Consultatif International Télégraphique et Téléphonique

CCNT=chief controller

CCP=character controlled protocol • character count protocol

CCR=central control room

CCS=continuous commercial service

CCT=circuit

CCU=central control unit • communications control unit

CCW=counterclockwise

CD=card • check digit • clock driver

CDC=call direction code • code directing character • Control Data Corporation

CDCE=central data-conversion equipment

CDH=command & data-handling

CDI=collector-diffused isolation

CDK=channel data check

CDL=computer description language • computer design language

CDP=Certificate in Data Processing • checkout data processing • communication data processor

CDR=content of decrement register

CDT=control data terminal

CDU=central display unit

CE=channel end • customer engineer

CEAC=Consulting Engineers Association of California

CEIR=Corporation for Economic Industrial Research

CEP=circular error probability

CEPA=civil engineering programming applications

CEPT=Conference of European Posts and Telecommunications

CF=central file • conversation factor • count forward

CFR=catastrophic failure rate

CG=computer graphics

CGB=convert Gray to binary

CHAL=challenge

CHAR=character

CHG=change

CHKPT=checkpoint

CHNL=channel

CHPS=characters per second

CHRG=charge

CI=call indicator • characteristic independence • circuit interrupter • cut in

C/I=carrier-to-interface ratio

CICS=customer information control system

CIF=cost, insurance and freight • central index file • central integration facility

CIGRE=Conférence Internationale Grande

CII=Compagnie Internationale pour Informatique

CIM=computer input from microfilm • computer integrated manufacturing

CIO=central input/output multiplexor

CIPS=Canadian Information Processing Society

CISI=Compagnie Internationale de Services et Informatique

CIT=call-in time

CITE=Council of Institute of Telecommunication Engineers

CITEL=Inter-American Telecommunications Commission

CIU=computer interface unit

CK=check

CK DIG=check digit

CKO=checking operator

CKT=circuit

cl=centiliter

CL=central line • class • conversion loss

CLA=communication line adaptors

CLAT=communication line adaptors for teletypewriter

CLCS=current logic, current switching

CLD=called line

CLG=calling line

CLK=clock

CLR=computer language recorder • Council on Library Resources

CLSR=Computer Law Service Reporter

CLT=communication line terminal • computer language translator

CLU=central logic unit • circuit lineup

CM=centimeter • communication multiplexor • computer module • control mark

C/M=communications • communications multiplexor • computer input from microfilm

CMC=communicating magnetic card • communications mode control • concurrent media conversion

CMCT=communicate

CMD=command

CMF=cross modulation factor

CMI=computer-managed instruction

CML=current mode logic

CMLT=complete

CMMP=Cargenie multi-mini processor

CMOS=complementary metal-oxide semiconductor

CMP=computational

CMPLX=complex

CMPT=computer

CMR=communications moon relay • computer mode rejection

CMRR=command mode rejection ratio

CMS=conversational monitor system

CMV=common mode voltage

C/N=carrier-to-noise

CNC=computerized numerical control

CNCT=connect

CND=condition

CNE=compare numerical equal

CNET=Central National d'Etudes Télécommunications.

CNL=circuit new loss

CNR=carrier-to-noise power ratio

CNT=counter

CNTRL=central • control

CNU=compare numeric unequal

CNVT=convert

CO=changeover • close/open • station open to official correspondence exclusively

COAX=coaxial • coaxial cable

COB=complementary off-set binary

COBOL=common business-oriented language

CODASYL=Conference on Data Systems Languages

CODIC=computer-directed communications

COED=computer-operated electronics display

COGO=coordinate geometry program

COHO=coherent oscillator

COL=computer-oriented language

COLRAD=College on Research and Development

COLT=computerized on-line testing

COM=computer-output microfilm • computer-output microfilmer • computer-output microfilming

COML=commercial language

COMM=communication

COMMCCEN=communications center

COMMSWITCH=communications failure detecting and switching equipment

COMMZ=communications zone

COMPOOL=communications pool

COMSEC=communications security

CONC=concentrated

CO/NO=current operator/next operator

CONS=carrier-operated noise suppression • console

CONST=continue • continuous • control

CONTU=Commission on New Technological Uses of Copyrights

COP=computer-optimization package

COPE=communications-oriented processing equipment

COR=correct

CORR=correspondent • correct

COSATI=Committee on Scientific and Technical Information

COSHTI=Council for Science and Technological Information

COSMIC=Computer Software Management & Information Center

COSMON=component open/short monitor

COSOS=Conference on Self-Operating Systems

CP=card punch • clock phase • clock pulse • computer • continuous path • control panel • control point

CPA=critical path analysis

CPC=card-programmed calculator • ceramic-wafer printed circuit • computer process control

CPDD=command-post digital display

CPE=central processing element • central programmer and evaluator

CPEQ=Corporation of Professional Engineers of Quebec

CPFF=cost plus fixed fee

cpi=changes per inch • characters per inch

CPIF=cost plus incentive fee

CPLD=coupled

CPLMT=complement

CPM=cards per minute • control program monitor • critical path method • cycles per minute

CP/M=control program/microprocessors

CPO=code practice oscillator • control precision

CPR=cam plate readout

cps=characters per second

CPS=central processing system • cycles per second

CPTY=capacity

CPU=central processing unit

CPY=copy

CQT=correct

CR=call request • card reader • carriage return • command register • control relay • count reverse

CRAM=card random-access memory

CRC=carriage return contact • control and reporting center • cyclic redundancy check

CRCC=cyclic redundancy check character

CRF=carrier-frequency telephone repeater • control relay forward

CRMR=continuous-reading meter relay

CRO=cathode-ray oscillograph

CROM=control read-only memory

CRS=command retrieval system

CRSG=Classification Research Study Group

CRT=cathode-ray tube

CRTOG=cartography

CRTU=combined receiving and transmitting unit

CRYPTO=cryptograph • cryptographic

CRYPTONET=Crypto-Communication Network

CS=channel status • check sorter • control set • control signal • controlled switch • cycles shift

CSA=Canadian Standards Association

CSB=complementary straight binary

CSD=constant-speed drive

CSE=Computer Science and Engineering • control systems engineering

CSEA=California State Electronics Association

CSECT=control section

CSIRO=Commonwealth Scientific and Industrial Research Organization

CSL=computer-sensitive language

CSO=chained sequential operation

CSSB=compatible single sideband

CST=channel status table

CSW=channel status word

CT=computed tomography • count • counter • current transformer

CTC=complementary two's complement • contact • counter timer circuit

CTCA=Channel & Traffic Control Agency

CTL=complementary transistor logic

CTL PL=control panel

CTM=communications • communications-terminal module

CTMC=communications controller • communications terminal module

CT/N=counter, n stages

CTP=central transfer point

CTS=clear to send

CTSS=compatible time-sharing system

CTT=central trunk terminal

CTU=centigrade thermal unit • central terminal unit

CTUNA=Commercial Telegraphers Union

CU=control unit

CUBE=Cooperating Users of Burroughs Equipment

CUMREC=College University Machine Record Conference

CUR=complex utility routine • current

CV=common version • continuously variable • converter

CVSN=conversion

CVU=constant-voltage unit

CW=call waiting • clockwise • continuous wave

CWA=Communications Workers of America

CWP=communicating word processor

CWT=hundredweight

CWV=continuous-wave video

CX=central exchange

CY=case copy

CYBORG=cybernetic organism

D

d=deci-

D=density • digit • digital • diode • display • drum • 500

da=deca

DA=data acquisition • data available • decimal add • differential analyzer • digital to analog • discrete address

D/A=digital to analog

DAA=data access arrangement

DAC=data acquisition and control system • design augmented by computer • digital arithmetic center • digital-to-analog converter

DACS=data acquisition and control system

DAF=Department of the Air Force

DAGC=delayed automatic gain control

DAM=direct access method

DAME=data acquisition and monitoring equipment

DAP=distributed army processor

DARPA=Defense Advanced Research Projects Agency

DART=data analysis recording tape

DAS=data acquisition system • data automation system • digital/analog system • digital attenuator system

DASD=direct access storage device

DASP=Director of Advanced Systems Planning

DATACOM=data communications

DATDC=Data Analysis and Technique Development Center

DAV=data valid

DAX=data acquisition and control

dB=decibel

DBA=database administrator

DBM=database management

DBMS=database management system

DBTG=Database Task Group

DC=data channel • data collection • data communication • data conversion • decimal classification • define constant • deposited carbon • Dewey Decimal Classification • digital comparator • digital computer • direct current • directional coupler • direction center

DCA=Digital Computers Association

DCAS=data collection and analysis system

DCB=define control block

DCBD=define control block dummy

DCCU=data communications control unit

DCE=data circuit terminating equipment • data communication equipment

DCI=data communications interrogate

DCMA=Defense Contract Management Association

DCMT=decrement • document

DCPS=digitally controlled power source

DCR=data conversion receiver • decrease • design-change recommendation • digital conversion receiver • direct conversion reactor

DCTL=direct-coupled transistor logic

DCU=decade counting unit • decimal counting unit • digital counting unit

DCUTL=direct-coupled unipolar transistor logic

DCW=data communication write • define constant with wordmark

DCWV=direct current working volts

DD=decimal divide • digital display • double Dacron braid lacquered • double diffused • drum demand

DDA=demand deposit accounting • digital differential analyzer

DDAS=digital data acquisition system

DDC=data distribution center • digital data converter • direct digital control • Defense Documentation Center for Scientific and Technical Information

DDCE=digital data conversion equipment

DDD=direct distance dialing

DDG=digital display generator

DDL=data definition language

DD name=data definition name

DDP=digital data processor • distributed data processing

DDS=dataphone digital service • digital display scope

DDT=digital data transmitter • dynamic debugging technique

DE=decision element • device end • digital element • display element

DEC=decimal • Digital Equipment Corporation • direct energy conversion

decit=decimal digit

DECR=decrement

DECUS=Digital Equipment Computers Users Society

DED=double error detection

DEFT=dynamic error-free transmission

DEL=delay • delete

DEM=demodulator

DENS=density

DEPSK=differential-encoded phase shift keying

DES=data encryption standard • differential equation solver • digital expansion system

DETAB=decision table

DETAB-X=decision tables, experimental

DEU=data exchange unit

DF=degrees of freedom • describing function • direction finder • dissipation factor

D-F=direct flow

DFA=digital fault analysis

DFC=disk file check

DFCU=disk file control unit

DFG=diode function generator • discrete frequency generator

DFR=disk file read

DFSU=disk file storage unit

DFT=Discrete Fourier Theorem

DFW=disk file write

DG=differential generator • diode gate • double groove

DGNL=diagonal

DGT=digit

DHE=data-handling equipment

DI=digital input

DIC=data input check

DIGICOM=digital communication system

DIGRM=digit/record mark

DIGRMGM=digit/record mark group/mark

DIIC=dielectrically isolated integrated circuit

DIL=dual in-line pin

DILIC=dual in-line integrated circuit

DIOB=digital input/output buffer

DIP=dual in-line package • dual in-line pin

DIV=divide • divider

DL=Dacron braid lacquered • data link • delay • delay line • dielectric loading factor • diode logic • disjunctively linear • distributed lab • dynamic load characteristic

DLC=data link control

DLCC=data link control chip

DLYD=delayed

DM=decimal multiply • magnetic drum module

DMA=direct memory access

DMC=digital microcircuit

DME=distance-measuring equipment

DMED=digital message entry device

DML=data manipulation language

DMM=digital multimeter

DMOS=discrete metal-oxide semiconductor

DMSS=data multiplex subsystem

DMUX=demultiplex

DN=decimal number system

DNC=direct numerical control

DO=defense order • digital output

DOC=data-optimizing computer • Department of Commerce • direct operating cost

DOD=Department of Defense

DOF=degree of freedom

DO/IT=digital output/input translator

DOS=disk operating system

DP=data processing • dial pulsing • digital present • driving power • dynamic programming

DPC=data processing center

DPD=data processing division

DPDT=double-pole, double-throw

DPE=data processing equipment

DPG=data processing group • digital pattern generator

DPM=data processing machine • digital panel meter • documents per minute

DPMA=Data Processing Management Association

DPS=data processing system • disk programming system

DPSK=differential phase-shift keying

DPSS=data processing subsystem

DPST=double-pole, single-throw

DQM=data quality monitor

DR=data recorder • digital resolver

D/R=direct or reverse

DRI=data reduction interpreter

DRM=digital radiometer

DRO=destructive readout • digital readout

DRT=diode recovery vehicle

DS=data set • data synchronization • decimal subtract • define symbol • device selector • dial system

DSA=define symbol address

DSB=double sideband

DSE=data storage equipment

DSGN=designation

DSIR=Department of Scientific Industrial Research

DSK=Dvorak simplified keyboard

DSM=Direction of Systems Management

DSMG=Designated Systems Management Group

DSR=digital stepping recorder • digit storage delay

DSS=decision support system • digital subset • disk storage subsystem

DSU=data synchronization unit • device-switching unit • disk storage unit

DSW=data status word • device status word

DT=data transmission • digital technique • display terminal

DTE=data terminal equipment

DTG=data time group

DTL=diode transistor logic

DTM=delay timer multiplier

DTO=dollar trade-off

DTP=directory tape processor

DTR=daily transaction reporting • digital telemetering register

DTS=data transfer sequence • data-transmission system

DTSC=Data Transmission Study Group

DTTU=data transmission terminal unit

DTU=display terminal unit

dual=fixed-decimal and floating-decimal computing system

DUO=Datatron Users Organization

DUP=duplication

DVST=direct-viewing storage tube

DW=data word buffer

DX=distance • distant station reception • duplex • duplex repeater

DXC=data exchange control

E

E=exa- • output

EA=effective address

EAA=Engineer and Architecture Association

EAG=Equipment Advisory Group

EAI=Electronic Associates Inc.

EAL=electromagnetic amplifying lens

EAM=electronic accounting machine

E and M leads=output and input leads (respectively)

EAROM=electrically alterable read-only memory

EAS=extended area service

EAX=electronic automatic exchange

EBCDIC=expanded binary-coded decimal interchange code

EBI=equivalent background input

EBPA=electron beam parametric amplifier

EBU=European Broadcasting Union

EC=electronic conductivity • engineering change • error correcting

ECB=event control block

ECC=electrocardiocordor • error checking and correcting • error correcting code

ECD=electrochromic display

ECDC=electrochemical diffused-collector transistor

ECL=emitter-coupled logic • equipment component list

ECLO=emitter-coupled logic operator

ECM=electronic countermeasures

ECMA=European Computer Manufacturers Association

ECME=electronic countermeasures equipment

ECN=engineering change notice

ECO=electronic central office • electronic contact operate

ECOM=electronic computer-oriented mail

ECP=engineering change proposed

ECR=electronic cash register

ECS=extended core storage

ECTL=emitter-coupled transistor logic

ECX=electronically controlled telephone exchange

ED=electrical differential • electronic differential analyzer • electronic digital analyzer • existence doubtful • external device

EDCW=external-device control word

EDD=envelope delay distortion

EDGE=electronic data-gathering equipment

EDHE=experimental data-handling equipment

EDI=electron diffraction instrument

EDM=electrical discharge machining • electro-discharge machine

EDP=electronic data processing

EDPC=electronic data-processing center

EDPE=electronic data-processing equipment

EDPM=electronic data-processing machine

EDPS=electronic data processing system • electronic distributor parts show

EDRI=Electronic Distributors' Research Institute

EDSAC=electronic delayed-storage automatic calculator

EDU=electronic display unit

EDUCOM=Educational Communications Council

EDVAC=electronic discrete-variable automatic computer

EE=external environment

EEA=Electronic Engineering Association

EEG=electroencephalogram

EEI=essential elements of information

EEPROM=electrically erasable programmable read-only memory

EEROM=electrically erasable read-only memory

EFF=effective

EFL=emitter-follower logic

EFPH=equivalent full-power hours

EFT=electronic funds transfer

EFTS=electronic funds transfer system

EHF=extremely high frequency

EHV=extra-high voltage

EIA=Electronics Industries Association

EIS=end interruption sequence

EIT=engineer-in-training

EJC=Engineer's Joint Council

EJCC=Eastern Joint Computer Conference

EKG=electrocardiogram

EKS=electrocardiogram simulator

EKW=electrical kilowatt

ELD=edge-lighted display • extra-long distance

ELEM=element

ELF=extremely low frequency

ELI=Extensible Language I

ELSEC=electronic security

ELT=electrometer

EM=electromagnetic • electromechanical • electromicroscopic

EMI=electromagnetic interference

EML=equipment modification list

EMP=electromechanical power

EMR=Electromechanical Research Inc. • executive management responsibility

EMS=electronic management system • electronic medical system

EMSA=Electron Microscope Society of America

EMT=electrical metallic tubing

ENIAC=electronic numerical integrator and computer

ENT=entry

EO=executive order

EOA=end of address

EOB=end of block

EOC=end of conversation

EOE=errors and omissions excepted

EOF=end of file • end of form

EOJ=end of job

EOL=end of life

EOM=end of message

EOP=end of output

EOQ=economic order quantity

EOR=end of reel

EOS=electro-optical system • extended operating system

EOT=end of tape • end of transmission

EP=end of program • etched plate • extreme pressure

EP & EM=Association of Electrical Parts and Equipment

EPBX=electronic private branch exchange

EPC=easy processing channel • electronic program control

EPMA=Electronic Parts Manufacturers Association

EPROM=electrically programmable read-only memory

EPSS=experimental packet-switching system

EPU=electrical power unit

EQ=equality • equalizer

EQP=equipment

EQPMT=equipment

EQU=equate

ERA=electronic reading automation • Engineering Research Associates

EROM=erasable read-only memory

ERR=error

ERX=electronic remote switching

ES=Electrochemical Society • electromagnetic storage

ESA=Engineers and Scientists of America

ESC=escape

ESG=electronic sweep generator

ESI=externally specified indexing

ESMA=Electronic Sales and Marketing Association

ESP=electrosensitive programming

ESR=effective signal radiated • electronic scanning radar

ESS=electronic switching system

ESSU=electronic selective switching unit

EST=estimate

e.s.u.=electrostatic unit

ETA=estimated time of arrival

ETD=estimated time of departure

ETIM=elapsed time

ETL=etching by transmitted light

ETX=end of text

ETX/ACK=end of text/acknowledge

ev=electron volt

EX=exclusive OR • execute • experimental

exam=examine

EXCH=exchange

EXCLU=exclusive

EXCP=except

EXD=external device

EXEC=execute • executive

exp=exponential

EXTND=extended data transfer

EXTSN=extension

E/Z=equal zero

F

F=Fahrenheit • Farad • feedback • femto- • filter • fixed • frequency

FA=final address register

FAA=Federal Aviation Agency

FACD=foreign area customer dialing

FACE=field alterable control element

FADAC=field artillery digital automatic computer

FAM=fast-access memory

FAMOS=floating gate avalanche-injection metal-oxide silicon

FAP=Fortran assembly program

FAR=failure analysis report

FAX=facsimile

FBC=fully buffered channel

FBR=fast burst reactor

FC&A=frequency control and analysis

FCC=Federal Communications Commission

FCCA=Forestry, Conservation and Communications Association

FCDR=failure-cause data report

FCI=flux changes per inch

FCS=frame check sequence

FD=full duplex

FDC=floppy disk controller

FDM=frequency division multiplex

FDX=full-duplex transmission

FE=field engineer • format effector

FET=field-effect transistor

F-F=flip-flop

FFP=firm-fixed price

FFT=fast Fourier transform

F_g=forward gate

FG=function generator

FI=field intensity • fixed interval • flow indicator

FID=Fédération Internationale de Documentation

FIDIC=Fédération Internationale des Ingénieurs-Conseils

FIFO=first in, first out • floating input, floating output

fig=figure

FIPS=Federal Information Processing Standards

FLBIN=floating-point binary

FLD=field

FLDEC=floating-point decimal

FLF=flip-flop

FLG=flag

FM=feedback mechanism • ferritemental • frequency modulation

FME=frequency-measuring equipment

FMEVA=floating-point means and variance

FMFB=frequency modulation with feedback

FM/PM=phase-modulated telemetering system

FMS=Fortran monitor system

FMT=format

FOPT=fiber optic photo transfer

FORTRAN=Formula Translator

FOSDIC=film optical scanning device for input to computer

FOT=optimum traffic frequency

FPLA=field programmable logic array

fpm=feet per minute

fps=feet per second • frames per second

FPS=floating point system

FS=floating sign

FSD=full-scale deflection

FSK=frequency-shift keying

FSM=finite state machine

FSR=feedback shift register

FTC=frequency time control

FTM=frequency time modulation

FTMP=fault tolerant multiprocessor system

FTS=Federal Telecommunications Systems

FTSC=fault-tolerant spaceborne computer

FUN=function

FUR=failure (unsatisfactory)

FX=fixed area

FXBIN=decimal to fixed binary translation

FY=fiscal year

G

G=giga-

GA=general arrangement go-ahead signal • general arrangement go-ahead cue

G/A=ground to air

GAMM=German Association for Applied Mathematics and Mechanics

GASP=general activity simulation program

GBP=gain bandwidth product

GCA=ground-controlled approach

GCMA=Government Contract Management Association of America, Inc.

GCR=group code recording

GCT=Greenwich Civil Time

GD=gate drive • grown diffused

GDO=grid-dip oscillator

GDS=graphic data system

GE=greater than or equal to

GENESYS=general engineering system

G/G=ground to ground

GHz=gigahertz

GIGO=garbage in, garbage out

GIPSY=general information processing system

GIS=generalized information system

G-line=coated dielectric wire to transmit microwave energy

GLOBECOM=global communications

GMT=Greenwich Mean Time

gnd=ground

GNTR=generator

GOR=general operational requirement

GP=general purpose

GPAC=general-purpose analog computer

GPC=general-purpose computer

GPDC=general-purpose digital computer

GPIB=general-purpose interface bus

GPI/O=general-purpose input/output

GPM=general-purpose macrogenerator

GPO=general post office • Government Printing Office

GPSS=general-purpose systems simulator

GRIPHOS=general retrieval and information processing for Humanities-oriented studies

GRP=group

GSA=General Services Administration

GSAM=generalized sequential-access method

GSI=grand scale integration

GSM=generalized sequential machine

GT=game theory • greater than

GUIDE=Guidance of Users of Integrated Data-Processing Equipment

H

h=hecto-

H=halt • hardware • Honeywell

HA=half add • half adder

HASP=Houston automatic spooling processor • Houston autonomous spooling program

HB=Honeywell-Bull

HC=handling capacity

HD=high density

HDAM=hierarchical direct-access method

HDDS=high-density data system

HDG=heading

HDL=hardware description language

HDLC=high-level data link control

HDR=header

HDS=hundreds

HEM=hybrid electromagnet wave

HEP=heterogenous element processor

HEX=hexadecimal

HF (hf, h.f., h-f)=high frequency

HI=high

HINIL=high noise immunity logic

HIPAC=Hitachi Parametron automatic computer

HIPO=hierarchy plus input-process-output

HIS=Honeywell Information Systems • hospital information system

HITS=Hobbyist's Interchange Tape Standard

HLD=hold

HLL=high-level language

HLSE=high level, single ended

HLT=halt

HMOS=high-density metal-oxide semiconductor • high-speed metal-oxide semiconductor

HO=high order

HOL=high order language

HOPL=History of Programming Languages

HP=Hewlett-Packard • high-pass filter

H/P=high position

HPF=highest possible frequency

HPIB=Hewlett-Packard interface bus

HS=half subtractor • handset • high speed

HSAC=high-speed analog computer

HSDA=high-speed data acquisition

HSM=high-speed memory

HSP=high-speed printer

HSR=high-speed reader

HTL=high-threshold logic

HTTL=high-power transistor-transistor logic

HV=high voltage

HVPS=high-voltage power supply

hy=henry

HYCOTRAN=hybrid computer translator

Hz=Hertz

I

i=instantaneous value of current • luminous intensity • $\sqrt{-1}$

I=current • indicating • indicator • industrial • I-shaped • 1

IA=indirect addressing • initial appearance • instrumentation amplifier • interchange address • international alphabet

IAC=international apple core

IAEA=International Atomic Energy Agency

IAG=International Applications Group (of IFIP)

IAL=international algebraic language

IAM=intermediate-access memory

I&C=installation and checkout

IAOR=International Abstracts in Operations Research

IAPR=International Association for Pattern Recognition

IAS=Institute for Advanced Study

IASA=insurance accounting and statistical computing

IAW=in accordance with

IBG=interblock gap

IBI=Intergovernmental Bureau for Informatics

IBM=International Business Machines

IC=input circuit • instruction counter • integrated circuit • interchange center • internal connection

ICA=Industrial Communication Association • International Computer Association

ICC=International Computer Center

ICCA=International Computer Chess Association

ICE=input-checking equipment

ICES=Integrated Civil Engineering System

ICF=intercommunication flip-flop

ICI=intelligent communications interface

ICIP=International Conference on Information Processing

ICL=incoming line • International Computers, Ltd.

ICP=international computer programs • independent control point

IC/T=integrated computer/telemetry

ICT=Institute of Computer Technology • International Computers and Tabulators

ICW=interrupted continuous wave

ID=identification • identification point • indicating device • information distributor • item description

IDA=interconnect device arrangement

IDC=International Data Corporations

IDCMA=Independent Data Communications Manufacturing Association

IDENT=identify

IDF=integrated data file

IDFT=inverse discrete Fourier transform

IDI=improved data interchange

IDP=industrial data processing • integrated data processing

IDS=input data strobe • integrated data store

IECES=Institute of Electronic Communications Engineers of Japan

IEE=Institution of Electrical Engineers (Britain)

IEEE=Institute of Electrical and Electronics Engineers

IEL=International Electrotechnical Commission

if (i-f, IF)=intermediate frequency • intermediate frequency amplifier • information collector

IFAC=International Federation of Automatic Control

IFIP=International Federation for Information Processing

IFIPS=International Federation of Information Processing Societies

IFN=information

IFORS=International Federation of Operation Research Societies

IFR=internal function register

IFRU=interference rejection unit

IHF=inhibit halt flip-flop

II=2

III=3

IIL=integrated injection logic

I^2L=integrated injection logic

ILE=interface latch element

ILLIAC=Illinois Automatic Computer

ILS=instrument landing systems

ILSW=interrupt-level status word

IM=instrumentation

IMACS=International Association for Mathematics and Computing in Simulation

IMC=image motion compensation

IMD=immediate

IMI=International Marketing Institute

IMIA=International Medical Informatics Association

IMIS=integrated management information system

IMP=interface message processor

IMS=Industrial Management Society • information management systems

IMSL=International Mathematical and Statistical Libraries

IN=input

INCH=integrated chopper

INCLD=include

INCR=increase • increment

IND=indicator

INFO=information

INFORS=International Federation of Engineers

INIT=initialize • initiate

INQ=inquire

INS=international navigation system

INSTLN=installation

INSTR=instrument

INR=interphone • interrogate • interrupt • interruption • intersection

INT=interrupt

INTCOM=international connection

INTCP=intercept

INTEC=interference

INTEL=intelligence

INTG=integrated

INTRAFAX=Facsimile Systems for Private Use

INV=inverter

IO=interpretive operation

I/O=input/output

IOB=input/output buffer

IOC=input/output controller • input/output converter

IOCC=input/output control center • input/output control command

IOCS=input/output control system

I/OM=input/output multiplexor

IOO=input/output operation

IOP=input/output processor

IOPS=input/output programming systems

IOQ=input/output queue

IOR=input/output register • inclusive OR

IOREQ=input/output request

IOT=input/outpout transfer

IOTA=information-overload testing apparatus

IOU=immediate operation use

IP=cathode-ray tube indication • identification of position • identification point • instruction processor • item processing

IPA=intermediate-power amplifier

IPB=illustrated parts breakdown

IPC=industrial process control • information processing center

IPD=insertion phase delay

IPE=interpret parity error

IPL=information processing language • initial program loader

IPM=impulses per minute • inches per minute • incidental phase modulation

IPN=inspection progress notifications

IPRO=International Patent Research Office

ips=inches per second • instructions per second

IPSS=International Packet Switched Service

IR=indicator register • information retrieval • instruction register

I-R=interrogator-responder

IRE=Institute of Radio Engineers

IRG=interrecord gap

IRIA=Institute de Recherche d'Informatique et d'Automatique

IRL=information retrieval language

IRP=initial receiving point

IS=information separator • interval signal

ISA=Instrument Society of America • interrupt storage area

ISAM=indexed sequential access method • integrated switching and multiplexing

IS&D=integrate sampel and bump

ISI=internally specified index

ISL=integrated Schottky logic

ISM=industrial, scientific and medical equipment

ISO=individual system operation • International Standards Organization

ISODATA=iterative self-organizing data analysis technique

ISR=information storage and retrieval

ISP=instruction set processor • Italian Society of Physics

ISPS=instruction-set processor specifications

ISSMB=Information Systems Standards Management Board

IT=input translator • item transfer

ITE=Institute of Telecommunication Engineers

I-time=instruction time

ITL=intermediate text language

ITNL=internal

ITR=isolation test routine

ITS=invitation to send

ITT=International Telephone and Telegraph

ITU=International Telecommunications Union

IV=inverter • 4

IW=index word

J

j=$\sqrt{-1}$, operator for rotating a vector 90° counterclockwise

J=Joule

JA=jump address

JCL=job control language

JCTN=junction

JDC=job description card

JEIDA=Japan Electronics

JEPIA=Japan Electronic Parts Industry Association

JGN=junction gate number

JIAC=Joint Automatic Control Conference (includes ISA, IEEE, AICLE and AIAA)

JIS=Japanese Industrial Standard

JOC=Journal of Development

JOVIAL=Jules Own Version of the International Algorithmic Language

JPW=job processing word

J/S=ratio in dB of total interference power to signal carrier power at the receiver. . . justified

JUG=joint users group

K

k=kilo-

K=Kelvin • kilo- • 1000

KB=keyboard • kilobyte

KCC=keyboard common contact

KCS=1000 characters per second

KDS=key display system

kHz=kilohertz

KISS=keep it simple, sir

KMS=keysort multiple selector

KP=key pulsing

KPC=keyboard priority controller

KPR=Kodak photo resist

KSR=keyboard send/receive

KTR=keyboard typing reperforator

KWIC=keyword in context

KWOC=keyword out of context

KY=keying device

L

L=inductor label • large • left • level • lift • listening • load • looper • low • low-power • L-shaped • 50

LA=link allotter

LAC=load accumulator

LACES=Los Angeles Council for Engineering Societies

LAES=Los Angeles Electronic Club

LALR=look ahead left to right

LAM=load accumulator with magnitude

LAMA=local automatic message accounting

LAN=local area network

LARC=Livermore automatic research computer

LARCT=last radio contact

LASER=light amplification by stimulated emission of radiation

LASL=Los Alamos Scientific Laboratory

LB=line buffer

LBA=linear-bounded automation

LBL=label

LC=last card • late commitment • level control • line connector • link circuit • load cell • Logic Corporation

LCB=line control block

LCD=liquid crystal display

LCDTL=load-compensated diode-transistor logic

LCL=local

LCM=least common multiple

LCZR=localizer

LD=linear decision • logic driver • long distance

LDDS=low-density data system

LDE=linear differential equation

LDN=logical device name

LDRI=low data rate input

LDRT=low data rate input

LDX=long-distance xerography

LE=leading edge • less than or equal to

LEAS=lower-echelon automatic switchboard

LED=light-emitting diode

LET=logical equipment table

LF=line feed • line finder • low frequency

L/F noise=excess noise

LFQ=light foot quantizer

LG=line generator

LGN=line gate number

LGTH=length

LH=left handed • lefthand

L/H=low to high

LIBR=library

LIC=linear integrated circuit

LICOF=land-lines communications facilities

LIFO=last in, first out

LIM=limit

LINAC=linear accelerator

LINC=laboratory instrument computer • Larc Users Corporation

LISP=list processor • list processing

LL=loudness level • low level

LLL=low level logic • low level language

L/Mf=low and medium frequency

LMLR=load memory lockout register

LMT=limit

LO=local oscillator • low • low order

LOC=location

LOCAL=load on call

LOG=logarithm • logical

LOGANDS=logical commands

LOGRAM=logical program

LOMA=Life Office Management Association

LOS=loss of signal

LOT=linear quantizer

LP=linear programming • line printer • load point • longitudinal parity • low pass • low pressure

LPC=linear power controller

lpi=lines per inch

lpm=liner per minute

lps=lines per second

LR=level recorder • line relay

LRC=longitudinal redundancy check

LRCC=longitudinal redundancy check character

LRD=long-range data

LRG=long range

LRIM=long-range input monitor

LRL=Lawrence Radiation Facility

LRS=long-range search

LRU=least recently used

LS=laser system• least significant • least square • level switch

LSB=least significant bit

LSC=least significant character

LSD=least significant digit

LSI=large scale integration

LSTTL=low-power Schottky transistor-transistor logic

LT=indicating light • logic theory • less than

LTE=line terminal equipment

LTTL=low-power transistor-transistor logic

LTR=letter

LUN=logical unit number

LV=low voltage

LVCD=least voltage coincidence detection

LWD=larger word

LWR=lower

LYR=layer

M

m=merge order • meter • milli-

μ=micro- • micron

M=magnetic • magnetron • medium • medium power • mega • meter • mobile • monitor • mutual inductance • 1000

mA=milliampere

MA=megampere • memory address

MAC=machine-aided cognition • man and computer • multiaccess computer

MACRO=macroinstruction

MAD=mean absolute deviation • multiaperture device

MADT=macroalloy diffused base transistor

MAECON=Mid-America Electronics Convention

MAG=magnetic • magnetron

magcard=magnetic card

MAI=Management Assistance Inc.

MANOP=manual of operation

MAP=macro arithmetic processor • macro-assembly program • message acceptance pulse

MAR=memory address register

MARC=machine readable cataloging

MARS=memory address register storage

MARTEC=Martin thin-film electronic circuit

MASER=microwave amplification by stimulated emission of radiation

MAT=microalloy transistor

max=maximum

Mb=megabit

MB=megabyte • memory buffer

M-B=make-break

mbar=millibar

MBB=make before break

MBM=magnetic bubble memory

MBQ=modified biquinary code

MBR=memory buffer register

MBR-E=memory buffer register, even

MBR-O=memory buffer register, odd

MBZ=must be zero

mc=microcomputer

Mc=megacycle

MC=master control

MCC=main communications center • multicomponent circuit

MCM=Monte Carlo method

MCP=master control program

MCR=master control routine

MCS=master control system • message control system • multipurpose communications and signalling

MCU=microprogram control unit

MCUG=Military Computer Users Group

MCW=modulated continuous wave

MCX=minimum cost estimating

MD=message data • motor drive

M-D=modulation and demodulation

MDR=magnetic document reader • master clock generator • memory date register • multichannel data recorder

MDS=malfunction detection system • microprocessor development system • minimum discernible signal • Mohawk Data Sciences

MDT=mean down time

ME=mechanical and electrical • mechanical efficiency • mechanical engineering • microelectronic • molecular electronics

MEDLARS=medical literature analysis and retrieval system

MEDLINE=Medlars on-line systems

MEM=memory

MEMISTOR=memory resistor storage device

MER=minimum energy requirements

MESUCORA=Association for Measurement, Control, Regulation and Automation

MEW=microwave early warning

MEX=military exchange

μF=microfarad

MF=multifrequency signalling

MFC=magnetic tape field scan • microfunctional circuit

MFKP=multifrequency key pulsing

MFM=modified frequency modulation

MFR=manufacturer • multifrequency receiver

MFRS=million flux reversals per second

MFS=magnetic tape field search

MFSK=multiple frequency shift keying

MFT=multiprogramming with a fixed number of tasks

mftl=milli-foot lamberts

MG=laminated Mylar tape and glass braid lacquered

MH=message handler

MHD=movable-head disk • multiple-head disk

MHz=megahertz

MIC=microwave integrated circuit

MICR=magnetic ink character recognition

micro=one millionth

MIDAC=Michigan digital automatic computer

mil=one thousandth of an inch

MIL=military

MIMD=multiple instruction stream, multiple data stream

MIMR=magnetic ink mark recognition

MIN MC=minimum material condition

MIPS=million instructions processed per second

MIR=memory information register

MIS=management information systems

MISD=multiple instruction stream, single data stream

MIT=Massachusetts Institute of Technology • master instruction tape

MK=manual clock • microphone

ML=machine language

MLA=microprocessor language assembler

MLB=multilayer board

MLE=maximum-likelihood estimate • microprocessor language editor

MLI=marker-light indicator

MLPWB=multilayer printed wiring board

MLR=memory lockout register • multiple line reading • multiply and round

MLTY=military

MLY=multiply

mm=millimeter

MM=main memory • master monitor • memory multiplexor

MMA=multiple module access

MMD=moving map display

MMM=Minnesota Mining and Manufacturing Company

MN=manual

MNTR=monitor

MO=master oscillator

MOC=master operational controller

MOD=model • modification • modulator

MOD/DEMOD=modulator and demodulator

modem=modulator and demodulator

MOE=measure of effectiveness

MOL=machine-oriented language

MON=monitor

MONOS=monitor out of service

MOPA=master oscillator power amplifier

MOPB=manually operated plotting board

MOREPS=monitor station reports

MOS=management operating system • metal-oxide semiconductor

MOSFET=metal-oxide semiconductor field-effect transistor

μp=microprocessor

MP=maintenance point • mathematical programming • mechanical part • multipurpose

MPG=microwave pulse generator

MPL=multiple

MPS=microprocessor system

MPU=microprocessing unit

MPX=multiplex

MPY=multiply

MQ=multiplier quotient register

MQR=multiplier quotient register

MR=map reference • memory register

MRG=medium range

MRKD=marked

MRO=maintenance, repair and operation

μs=microsecond

μsec=microsecond

Ms=mesa

MS=mark sensing • mean square • memory systems

MSB=most significant bit

MSD=most significant digit

msec=millisecond

MSG=message

MSG/WTG=message waiting

MSI=medium-scale integration

MSK=mask

MSS=mass storage system

MSUDA=Michigan State University Discrete Computer

MT=machine translation • magnetic tape • mechanical translation • mode transducer • multiple transfer

MTAC=mathematical tales and other aids to computation

MTBF=mean time between failures

MTCU=magnetic tape control unit

MTL=merged transistor logic

MTS=Michigan Terminal Systems

MTT=magnetic tape terminal

MTTF=mean time to failure

MTTR=mean time to repair

MTU=magnetic tape unit • multiplexed and terminal unit

MU=machine unit

MUF=maximum usable frequency

MUL=multiply

MULTICS=Multiplexed Information and Computer Service

MUX=multiplex

MUX-ARO=multiplex-automatic error correction

mV=millivolt

MV=mean value • measured value

MVS=multiprogramming with virtual storage

MVT=multiprogramming with variable number of tasks

μW=microwatt

mW=milliwatt

MW=manual word • megawatt

MWI=message waiting indicator

Mx=multiplex

MXR=mask index register

N

n=nano-

N=number • number of bits • number of turns

NA=not applicable • not assigned • not available • numerical aperture

NAA=National Association of Accountants

NAB=National Association of Broadcasters

NABAC=National Association for Bank Audit, Control, and Operation

NABET=National Association of Broadcast Employees and Technicians

NABUG=National Association of Broadcast Unions and Guilds

NACC=National Automatic Controls Conference

NADC=Naval Air Development Center

NAECON=National Aerospace Electrical Convention

NAED=National Association of Electrical Distributors

NAG=Numericol (formerly Nottingham) Algorithms Group

NAL=National Agricultural Library

NAM=National Association of Manufacturers

NAND=not AND

NAPA=National Association of Purchasing Agents

NARDA=National Appliance and Radio TV Dealers Association

NARM=National Association of Relay Manufacturers

NARTB=National Association of Radio and TV Broadcasters

NAS=National Academy of Science

NASA=National Aeronautics and Space Administration

NAS-NRC=National Association of Sciences—National Research Council

NASPA=National Society of Public Accountants

NATESA=National Alliance of TV and Electronic Servic Associations

NATO=North Atlantic Treaty Organization

NATS=National Activity to Test Software

NAVA=National Audio-Visual Association

NAW=National Association of Wholesalers

NB=narrow band

NBA=narrow band allocation

NBFM=narrow band frequency modulation

NBS=National Bureau of Standards

NC=no connection • noise criterion • normally closed • numerical control • numerical counter

N/C=numerical control

NCC=National Computer Center • National Computer Conference

NCEFT=National Commission on Electronic Funds Transfers

NCLIS=National Commission on Libraries and Information Science

NCP=network control program

NCR=National Cash Register Company • no carbon required

ND=no detect

NDE=nonlinear differential equation

NDR=nondestructive read

NDRO=nondestructive readout

NDT=nondestructive testing

NE=not equal to

NEC=National Electrical Code

NEDA=National Electronics Distributors Association

NEFO=National Electronics Facilities Organization

NEG=negative

NEIDG=National Electronics Industries Procurement

NEL=United States Naval Electronics Laboratory

NELIAC=Naval Electronics Laboratory International Algorithmic Compiler

NEMA=National Electrical Manufacturers Organization

NEP/CON=National Electronic Packing and Production Conference

NES=not elsewhere specified

NESC=National Electrical Safety Code

NEXT=near-end crosstalk loss

NFB=negative feedback

NFQ=night frequency

NFSAIS=National Federation of Science Abstracting and Indexing Services

NFTW=National Federation of Telephone Workers

NG=National Guard

NIB=noninterference basis

NIC=National Invention Council • not in contact

NICB=National Industrial Conference Board

nil=nothing

NIPO=negative input, positive output

NIR=next instruction register

NJCC=National Library of Medicine

NLP=nonlinear programming

NLR=noise-load ratio

NLRB=National Labor Relations Board

NLS=no-load speed

nm=nanometer

NM=nanometer • not measured

NMA=National Management Association • National Microfilm Association • National Micrographics Associations

NMAA=National Machine Accountants Association

NME=noise-measuring equipment

NMI=nautical mile

NMOS=N-channel metal-oxide semiconductor

NMPS=nautical miles per second

NMR=normal mode rejection

NMTBA=National Machine Tool Builders Association

NO=normally open

NOHP=not otherwise herein provided

NOIBN=not otherwise indexed by name

no-op=no operation

NOP=no operation

NOPA=National Office Products Association

NOR=not OR

NORAC=no radio contact

NORC=Naval Ordnance Research Computer

NORDO=no radio

NOS=not otherwise specified

NP=net proceeds • nondeterministic polynomial • non print

NPEF=new-product evaluation form

NPM=count per minute

NP/L=new program language

NPS=count per second

NR=noise ratio number

NRC=National Research Council

NRM=normalize

NRMA=National Retail Merchants Association

NRZ=nonreturn-to-zero

NRZ-C=nonreturn-to-zero change

NRZI=nonreturn-to-zero inverted

NRZ-M=nonreturn-to-zero mark

ns=nanosecond

NS=nanosecond • not specified

NSC=noise-suppression circuit

nsec=nanosecond

NSF=National Science Foundation

NSP=Network Service Protocol • nonstandard-part approval

NSPE=National Society of Professional Engineers

NSV=nonautomatic self-verification

NT=no transmission • numbering transmitter

NTI=noise-transmission impairment

NTDMA=National Tool and Die Manufacturers

NV=nonvolatile

NVM=nonvolatile memory

NWH=normal working hours

O

O=noncrossed-field device • O-shaped • our

∅=diameter

Ω=ohm

OABETA=Office Appliance and Business Equipment Trades Association

OAO=Orbiting Astronomical Observatory

OARAC=Office of Air Research Automatic Computer

OBR=optical bar code

O&C=operations and checkout

OC=occurs • operating characteristics • outlet contact

O/C=open circuit

OCC=operations control center

OCL=operation control language • operator control language

OCO=open close open contact

OCP=order code processor • output control pulse

OCR=optical character recognition

OCRD=Office of Chief of Research and Development

OCT=octal

OD=outside diameter

ODD=operator distance dialing

ODE=ordinary differential equation

ODS=output data strobe

Oe=oersted

OEA=Office Executive Association

OECD=Organization for Economic Cooperation and Development

OEM=original equipment manufacturer

OEMI=Office Equipment Manufacturer's Institute

OEPS=Office of Educational Programs and Services

OF=operational fixed

OG=OR gate

OIC=officer in charge

OINC=officer in charge

OL=overlap

O/L=operations and logistics

OLC=outgoing-line circuit

OLRT=on-line real time

OM=operations maintenance

OMAT=Office of Manpower and Automation Training

OMR=optical-mark reading

ONR=Office of Naval Research

OOPS=off-line operating simulator

OP=operation

OPERG=operating

OPM=operations per minute • operator programming method

OPN=open

OPND=operand

OPP=opposite

OPPE=Office of Programming, Planning and Evaluation

OPT=optimum

OPTS=operations

OPTUL=optical pulse transmitter using laser

OR=operational research

O/R=on request

ORD=optical rotary dispersion

ORDVAC=ordnance variable automatic computer

ORG=origin

ORI=operational-readiness inspection

ORSA=Operations Research Society of America

OS=odd symmetric • operating system

OSIS=Office of Scientific Information Service

OS/MFT=operating system/multiprogramming a fixed number of tasks

OS/MVS=operating system/multiprogramming with virtual storage

OS/MVT=operating system/multiprogramming a variable number of tasks

OSRD=Office of Scientific Research and Development

OSRMD=Office of Scientific Research, Mechanics Division

OSS=Office of Space Sciences

OST=Office of Science and Technology

OS/VS=operating system/virtual storage

OT=overtime

OTAN=Organisation du Traité de l'Atlantique Nord • Organización del Tratado del Atlántico Norte

OTS=Office of Technical Services (U.S. Department of Commerce)

OTU=operational training unit

OVFLO=overflow

OVLP=overlap • overlay

P

π=pi

p=page • pico

P=pencil tube • permeance • permutation • peta • plate • please • plug • portable • positive • power • program • punch

PA=power amplifier • public address • pulse amplifier

PABX=private automatic branch exchange

PAM=pulse amplitude modulation

Par=parameter

PARA=paragraph

PARTEI=Purchasing Agents of the Radio, TV and Electronics Industries

PAS=program address storage

PATN=pattern

PAX=private automatic exchange

PB=peripheral buffer • phonetically balanced

PBI=process branch indicator

PBP=push-button panel

PBX=private branch exchange

Pc=printed circuit

PC=personal computer • petty cash • photoconductor • picture • printed circuit • program counter • provisional cost • pulse controller • punched card

P-C=processor controller • pulse counter

PCB=printed circuit board

PCC=program-controlled computer

PCI=pattern correspondence index • peripheral command indicator

PCI/O=program-controlled input/output

PCL=printed-circuit lamp

PCM=plug-compatible mainframe • pulse code modulation

P-CMOS=P-channel metal-oxide semiconductor

PCO=procuring contract officer

PCQ=production control quantometer

PCR=peripheral control routine • program control register

PCS=planning control sheet • polynomial check system • program counter store • punched card system

PCT=portable camera transmitter

PD=paid • per diem • potential difference • procurement division • projected display • pulse driver • pulse duration

PDA=probability-distribution analyzer

PDC=parallel data controller

PDE=partial differential equation

PDF=probability density function • probability distribution function

PDM=programmed data processor

PDQ=programmed data quantizer

PDR=preliminary data report

PE=parity error • phase encoded • phase encoding

PEC=photoelectric cell

PEM=photoelectromagnetic

PERC=Peace on Earth Research Center

PERCOS=performance coding system

PERT=program evaluation and review technique

PES=photoelectric scanning

PET=Personal Electronic Transaction Computer • physical equipment table • position event time

PETS=Pacific Electronic Trade Show

pf=picofarad • power factor

pF=picofarad

PF=page formatter • power factor • pulse frequency

PFM=pulse frequency modulation

pfr=tape perforator

PFR=programmed film-reader system • pulse frequency

PFT=paper, flat tape

PG=pulse generator

PGAC=Professional Group—Automatic Control

PGBTS=Professional Group—Broadcast Transmission Systems

PGCS=Professional Group—Communications Systems

PGCT=Professional Group—Circuit Theory

PGE=Professional Group—Education

PGEC=Professional Group—Electronic Computers

PGED=Professional Group—Electronic Devices

PGEM=Professional Group—Engineering Management

PGHFE=Professional Group—Human Factors in Electronics

PGI=Professional Group—Instrumentation

PGIE=Professional Group—Industrial Electronics

PGIT=Professional Group—Information Theory

PGME=Professional Group—Medical Electronics

PGMITT=Professional Group—Microwave Theory and Techniques

PGR=precision graphic recorder

PH=phase

PHT=phototube

PI=performance index • programmed instruction

PIA=peripheral interface adapter

PIC=priority intercept controller

PIE=parallel interface element • plug-in electronics

PIN=personal identification number • Police Information Network

PINO=positive input/negative output

PIO=precision iterative operation

PIP=programmable integrated processor

PISW=process interrupt status word

PIT=programmable interval timer

Pk=pack • peak

PL=programming language

PLA=programmable logic array

PL/A=programmable logic array

PLAN=programming language nineteen hundred

PLATO=programmed logic for automatic teaching operations

PLL=phase-locked loop

PLM=pulse length modulation

PL/M=programming language for microprocessor

PL/1=programming language No. 1

PM=permanent magnet • phase modulation • preventive maintenance

PMD=post-mortem dump

PMOS=P-channel metal-oxide semiconductor

PMS=processor memory switch • project management system

PN=part number

POC=process operator console

POF=point of failure

POL=problem-oriented language • procedure-oriented language

POLY=polyethylene

POM=print out microfilm

POOL=General Precision Computers user organization

PORT=photo-optical recorder tracker

POS=point of sale • positive

POST=posting

PP=peripheral processor • pilot punch

P-P=peak to peak

PPI=plan position indicator mode • programmable peripheral interface

PPL=polymorphic programming language

PPM=pulse position modulation

pps=pulses per second

PPS=parallel processing system

PPSN=present position

P-pulse=position pulse

PR=print

PRA=print alphamerically

PRBS=pseudorandom binary sequence

PRD=paper tape read • printer dump

pref=prefix

PRES=pressure

PRF=pulser repetition frequency

PRI=primary

PRL=periodic requirements

PRM=parameter

PRN=print numerically

PRO=print octal

PROG=programmer

PROM=programmable read-only memory

PR-1=print register 1

PRP=pseudorandom pulse

PRR=pulse repetition rate

PRS=pattern recognition system

PRT=printer • production run tape • program reference table

PRTY=priority

PRV=peak reverse voltage

PRW=percent rated wattage

ps=picosecond

Ps=spontaneous polarization

PS=parity switch • planning and scheduling • power supply • pulse shaper

P-S=pressure-sensitive

P/S=point of shipment

PSA=pushdown stack automator

PSAR=programmable synchronous/ asynchronous receiver

PSAT=programmable synchronous/ asynchronous transmitter

PSE=packet switching exchange • please

psec=picosecond

PSK=phase-shift keyed

PSL/PSA=problem statement language and problem specification analyzer

PSR=processor state register

PSS=packet switching service • personal signalling systems

PSW=program status word

PT=page table • paper tape • pencil tube • point location • positional tolerance • punched tape

P-tape=paper tape

PTE=peculiar test equipment

PTM=pulse time modulation

PTP=point to point

PTT=Postal Telephone Telegraph • program test tape • push to talk

PU=pickup • pluggable unit

PUFFT=Purdue University Fast Fortran Compiler

PUP=peripheral unit processor

PUT=programmable unijunction transistor

PVR=precision voltage reference

PW=pulse width

PWC=pulse-width coded

PWD=pulse-width discriminator

PWE=pulse-width encoder

PWM=pulse width modulation

PWS=private wire service

Q

Q=accumulator extension • merit of a coil or capacitor • quantity of electricity in coulombs

QA=quality assurance

QC=quality control • quantum count

QDC=quick dependable communications

QF=quality factor

QISAM=queued-index sequential-access method

QMC=Quartermaster Corps

QMI=qualification-maintainability inspection

QMQB=quick make, quick break

QNT=quantizer

QQPRI=qualitative operational requirement

QR=quick reaction

QRA=quality-reliability assurance

QT=queuing theory

QTAM=queued telecommunications access method

QUAD=quadrant

R

R=are • conversion ratio • read • reluctance • reset • resistance • resistor • reverse • right

RA=rational number

RAD=rapid-access disk

R&D=research and development

radar=radio detection and ranging

RADAS=random-access discrete address

RADAT=radio data-transmission system

RALU=register arithmetic logic unit

RAM=random-access memory

RAMAC=random-access method of accounting and control • trade name for a magnetic disk

RAMPS=resource allocation in multiproject schedule

RAN=read around numbers

RAPPI=random-access plan position indicator

RATT=radio teletypewriter

RB=read backward • read buffer • return to bias

RBDE=radar bright-display equipment

RBI=ripple blanking input

RBT=resistance-bulb thermometer

RC=ray-control electrode • read and compute • reader code • regional center • remote control • resistance capacitance

RCA=Radio Corporation of America

RCC=read channel continue • reader common contact • remote communications complex

RCD=record

RCE=rapid circuit etch

RCEEA=Radio Communications and Electrical Engineering Association

RCF=recal finder

RCI=read channel initialize

RCO=remote-control oscillator • representative calculating operation

RCR=reader control relay

RCS=Readward Communications System • remote control system

RCV=receive

RCVR=receiver

RD=read • research and development

RDBL=readable

RD CHK=read check

RDF=radio direction finder • radio direction finding

RDO=radio readout

RDR=radar

RDT=remote data transmitter

RDT&E=research, development test and evaluation

RDY=ready

RE=real number • reset

RE+=positive real number

REC MARK=record mark

RECMF=Radio and Electronic Component Manufacturer's Federation

RECOMP=recomplement

RED=reducing

REF=reference

reg=regulator • register

REG=register

REL=rate of energy loss

REN=remote enable

REP=repeat • representative

REPERF=reperforator

REP-OP=repetitive operation

REQ=request • require

RES=reserve • reset • resistor

RESA=Scientific Research Society of America

RET=return

RETN=retain

REW=rewind

RF=radio frequency • read forward • reserve free

RFC=radio frequency choke

RFD=ready for data

RFP=request for proposal

RFQ=request for quotation

RFR=reject failure rate

RG=range • register • reset gate • reverse gate

RGE=range

RG(N)=register (N) stages

RH=report heading • right hand

RHEO=rheostat

RI=radio influence • radio interference • read in • reliability index

RIF=reliability improvement factor

RIFI=radio interference field intensity

RIM=read-in mode

RIND=Research Institute of National Defense

RJE=remote job entry

RL=relay logic • return loss

RLD=relocation dictionary

RLIN=Research Libraries Information Network

RM=record mark

RMC=rod memory computer

RMDR=remainder

RMI=radio magnetic indicator

RMM=read-mostly memory

RMS=root mean square

RMSE=root mean square error

RMV=remove

RNG=radio range

RNV=radio noise to voltage

RO=read only • read out • receive only

ROI=return on investment

ROM=read-only memory

ROMON=receiving-only monitor

ROPP=receive-only page printer

ROS=read-only storage • resident operating system

ROT=rate of turn

ROTR=receiving-only typing reperforator

ROTR S/P=receiving-only typing reperforator, series to parallel

RP=reception poor • recommended practice • record processor • repeater

RPC=remote position control

RPG=report program generator

RPL=running program language

RPM=revolutions per minute

RPMI=revolutions-per-minute indicator

RPN=reverse Polish notation

RPROM=reprogrammable programmable read-only memory

RPQ=request for price quotation

RPRT=report

RPS=revolutions per second • rotational position sensing

RPT=repeat

RR=recurrence rate • repetition rate • running reverse

RS=recommended standard • record-separator character • remote station • reset-set (flip-flop)

RSA=remote station alarm

RS&I=rules, standards and instructions

RSL=requirement specification language

RSR=restore

RT=real time

RTC=reader tape contact • real time clock

RTE=real time execute route

RTF=radiotelephone

RTL=resistor transistor logic

RTM=real time monitor • registered trade mark • register transfer module

RTP=remote transfer point

RTTY=radio teletypewriter communications

RTU=remote terminal unit

RUG=Recomplement Users Group

RUSDIC=Russian dictionary

R/W=read and write

RX=receiver

RY=relay

RZ=return to zero

RZ(NP)=return to zero (nonpolarized)

RZ(P)=return to zero (polarized)

S

s=second • series

S=see • secret • small • solid • spool • switch

SA=successive approximation • systems analysis

SAB=System Advisory Board

SABE=Society for Automation in Business Education

SAC=store-and-clear accumulator • Strategic Air Command

SACO=select address and contract operate

SAD=serial analog delay

SAGE=Semi-Automatic Ground Environment System

SAID=speech autoinstruction device

SAM=sequential-access method • Society for Advancement of Management

SAMA=Scientific Apparatus Makers Association

SAP=symbolic assembly program

SAS=statistical analysis system

SBC=single-board computer

SBT=surface barrier transistor

SC=shift control counter• sine-cosine • stop-continue register • supervisory control

S/C=short circuit

SCA=selectivity-clear accumulator

SCC=storage connecting circuit

SCCPT=Subcommittee on Program Terminology (of ACM)

SCCS=Southern California Computer Society

SCD=screwed

SCDSB=suppressed-carrier double sideband

SCE=single cycle execute

SCHDL=schedule

SCI=scale • science • Simulation Councils Incorporated

SCL=static complementary logic • system control language

SCM=Smith-Corona Marchant Company

SCN=scan

SCR=scanning control register • silicon-controlled rectifier

SCS=silicon-controlled switch • single channel simplex • Society for Computer Simulation

SCT=subroutine call table

SCTL=short-circuited transmission line

SD=sample delay • superintendent of documents

SDA=Share Distribution Agency • source data automation

SDC=signal-data converter • Systems Development Corporation

SDI=selective dissemination of information • source data information

SDLC=synchronous data link control

SDS=scientific data system • share data set

SDV=slowed-down video

SE=set • systems engineer • systems engineering

SEAC=Standards Eastern Automatic Computer

SEADAC=Seakeeping Data Analysis Center

SEC=second • Securities and Exchange Commission • single error correction

SECO=sequential control

SECT=section

SEG=segment

SEL=select

SEN=sense

SENN=Società Elettronucleare Nazionale

SEQ=sequence

SF=safety factor • shift forward

S/F=store and forward

SFE=Société Française des Electriciens

SG=scanning gate • screen grid • set gate • symbol generator • symbol generator display

SGL=signal

SGN=scan gate number

SHARE=computer users group

SHF (shf, s.h.f.)=superhigh frequency

SI=sample interval • screen grid input

S/I=signal-to-intermodulation ratio

SIAM=Society for Industrial and Applied Mathematics

SIC=semiconductor integrated circuit • Standard Industrial Classification

SICA=Society of Industrial and Cost Accountants of Canada

SID=Society for Information Display

SIE=single instruction execute

SIG=signal • significant • special interest group

SIGARCH=Special Interest Group on Computer Architecture (of ACM)

SIGBDP=Special Interest Group on Business Data Processing (of ACM)

SIGBIO=Special Interest Group on Biomedical Computing (of ACM)

SIGCOSIM=Special Interest Group on Computer Systems Installation Management (of ACM)

SIGCSE=Special Interest Group on Computer Science Education (of ACM)

SIGGRAPH=Special Interest Group for Graphics (of ACM)

SIGMICRO=Special Interest Group on Microprogramming (of ACM)

SIGOPS=Special Interest Group on Operating Systems (of ACM)

SIGPLAN=Special Interest Group on Programming Languages (of ACM)

SIGUCC=Special Interest Group on University Computer Center (of ACM)

sil=speech interference level

SIM=simulated approach

SIMA=Scientific Instrument Manufacturers Association of Great Britain

SIMD=single instruction stream, multiple data stream

SIMCON=simplified control

SIO=start input/output

SIP=short irregular pulse

SISD=single instruction stream, single data stream

SIT-REP=situation report

SJF=shortest job first

SKED=schedule

SKL=skip lister

SKP=skip line printer

slam=simulation language for alternative modeling

SLC=shift left and count instructions • single line controller • straight-line capacity

SLD=solid

slf=symmetric filter

SLF=straight-line frequency

SLG=selecting

SLI=suppress length indication

SLN=selection

SLR=simple left to right • storage limit register

SLRAP=standard low-frequency range approach

SLRN=select read numerically

SLT=select • solid logical technology

SM=storage mark

SMC=Scientific Manpower Commission

SMIS=Society for Management Information Systems

SML=symbolic machine language

SMP=sampler

SMPTA=Society of Motion Picture and TV Engineers

SMX=submultiplexor unit

SN=sign

S/N=signal-to-noise

SNA=systems network architecture

SNI=sequence-number indicator

SNO=serial number

SNOBOL=string-oriented symbolic language

SNR=signal-to-noise ratio

SO=send only

S/O=send only

SOA=state of the art

SOAP=symbolic optimizer and assembly program

SOC=set overrides clear

S/OFF=sign off

SOLN=solution

SOM=start of message

S/ON=sign on

SOP=standard operating procedure

SOR=single operator responsibility • successive overrelaxation

SORC=System Objectives and Requirements Committee

SOS=share operating system • silicon-on-sapphire

SP=shift pulse • square punch • structured program

S-P=systems and procedures

SPA=Systems and Procedures Association

SPAA=Systems and Procedures Association of America

SPARC=Standard Planning and Requirements Committee

SPCL=special

SPE=stored program elements

SPEC=specification

SP/GR=specific gravity

SPKR=speaker

SPL=simple programming language • sound-pressure level

SPOOL=simultaneous peripheral operations on line

SPS=symbolic programming system

SQ=square • squeeze

SQC=statistical quality control

SQT=square rooter

SQUID=superconducting quantum interference device

S-R=set-reset (flip-flop) • shift register • shift reverse • sorter-reader • speed regulator • study requirement

S/R=subroutine

SRC=source

SRCH=search

SRQ=service request

SRTF=shortest remaining time first

SS=signal selector • solid state • statistical standards

SSB=single sideband

SSDA=synchronous serial data adapter

SSEC=selective-sequence electronic calculator

SSI=small-scale integration

SSL=shift and select

SSOUI=system output unit 1

SSP=scientific subroutine package

ST=segment table • standard time • start • stop

STAR=self testing and repair

STC=standard transmission code

STD=standard • subscriber trunk dialing

STDM=synchronous time-division multiplexing

STE=system timing element

STGE=storage

STM=statement

STMGR=station manager

STN=station

STOR=store

STR=store

STRESS=structural engineering systems solver

STRUDL=structural design language

STS=static test stand

STX=start of text

SUB=subprogram • subroutine • substitute • subtract

SUP=suppressor

SURGE=sorting, updating, report generating

SVC=service

SW (sw)=short wave

SWAC=Standards Western Automatic Computer

SWAP=CDC users group

SWD=smaller word

SWE=Society for Women Engineers

SWIF=Society for Worldwide Interbank Financial Telecommunications

SWR=standing wave ratio

SWS=shiftword substituting

SXN=section

SY=synchronized

SYM=symmetrical system

SYNC=synchronize

SYS=system

SYSGEN=system generation

SYSOUT=system output

SZ=size

T

T=temperature • tera- • time • T-shaped

tab=tabulate

TAB=tabulate switch

TAC=transistorized automatic control

T&D=transmission and distribution

TAS=telephone answering service • terminal address selector

TASC=terminal area sequence and control

TASOL=tabular system-oriented language

TAXIR=taxonomic information retrieval

Tb=terabit

TB=terabyte

TBM=terabit memory

TC=teracycle • time to computation • toll center • toll completing • transistorized carrier • transmission controller

TCAM=telecommunications access method

TCB=task control block

TCC=television control center • traffic control center

TCE=total composite error

TCM=terminal-to-computer multiplexor

TCMA=Tabulating Card Manufacturers Association

TCO=trunk cutoff

TCl=true/complement 1

TCU=telecommunication control unit • terminal control unit • transmission control unit

TCW=time code word

TCWG=telecommunications working group

TD=time delay • transmitter distributor • tunnel diode

TDDL=time-division data link

TDF=two degrees of freedom

TDM=time-division multiplexing

TDP=teledata processing • traffic data processor

TDS=time-division switching • transistor display and data handling system

TDTL=tunnel diode transistor logic

TE=transverse electric

Telco=telephone company

telex=automatic teletypewriter exchange service

TELRY=telegraph reply

TESA=Television and Electronic Service Association

TEX=telex

tfr=transfer

TFT=thin-film technology • thin-film transistor

TFZ=transfer zone

TI=Texas Instruments Corporation

TICCET=time-shared interactive computer-controlled educational television

TICCIT=time-shared interactive computer-controlled instructional television

TIES=total integration engineering system

TIMS=The Institute of Management Sciences

TIP=terminal interface message processor

tiptop=tape input, tape output

TL=time limit • transmission level • transmission line

TLFO=telephone

TLR=toll line release

TLU=table look-up

TLZ=transfer on less than zero

TM=magnetic-tape module • technical manual • telemetering • trade mark • traffic manager • transverse magnetic

T-M=time and materials

TMP=temperature

TMPRLY=temporarily

TMR=triple modular redundancy

TMT=transmit

TNF=transfer on no overflow

TNX=thanks

TNZ=transfer on nonzero

TOC=television operating center

TOD=technical objective documents

TODS=test-oriented disk system • transactions on database systems

TOE=total operating expense

TOMS=transactions on mathematical software

TOPLAS=transactions on programming language and system

TOPTS=test-oriented paper tape system

TOS=tape operating system • top-of-stack

Tot=total

TP=transaction processing

tpi=tracks per inch

TPM=tape preventive maintenance

TPR=telescopic photograph recorder

TPS=terminals per station

TR=transmit and receiving • transmitter

Trab=transcribe • transcriber

TRF=tuned radio frequency

TRL=transistor-resistor logic

TRML=terminal

TRN=transfer

Trnt=transient

TRP=television remote pickup

TRR=teaching and research reactor

TRS=Tandy Radio Shack Corporation

Trsl=translate

Trsn=transaction

Trsp=transport

Trst=transit

TRU=transmit-receive unit

TS=time sharing

T/S=time sharing

TSAC=title, subtitle and caption

TSCC=Telemetry Standards Coordination Committee

TSF=10-statement FORTRAN

TSL=three-state logic

TSMT=transmit

TSO=time sharing option

TSS=time-sharing system

Tst=test

TT=teletypewriter

T^2L=transistor-transistor logic

TTL=transistor-transistor logic

TTMS=telephoto transmission measuring set

TTS=teletypesetter

TTY=teletypewriter equipment • teletypewriter terminal

TU=tape unit • timing unit • transmission unit

TUG=Philco 200 Users Group

TVI=television interference

Tw=typewriter

TWAIT=terminal wait

TWX=telegraph • teletypewriter exchange service

TX=time to equipment reset • transmit • transmitter

Typ=typewriter

TYPOUT=typewriter output routine

U

u=potential difference • (sometimes erroneously used in place of the Greek μ)

U=potential difference • temporary accumulator • unclassified • unit • up • U-shaped • you

UART=universal asynchronous receiver transmitter

UBC=universal buffer-controller

UC=upper case

UCC=Universal Classification System

UCK=unit check

UCL=upper confidence level

UCS=universal character set

UCSD=University of California, San Diego

UDC=Universal Decimal Classification

UERMWA=United Electrical-Radio Machine Workers of America

UEW=United Electrical Workers

UEX=unit exception

UFN=until further notice

UG=user group

uhf=ultrahigh frequency

UL=Underwriters Laboratories, Inc.

ulf=ultralow frequency

ULSI=ultra-large scale integration

UNIVAC=universal automatic computer

UOV=units of variance

UPADI=Unión Panamericana de Asociaciones de Ingenieros

UPC=Universal Product Code

Upd=update

UPS=uninterrupted power supply • United Parcel Service

URCLK=universal receiver clock

URS=uniform reporting system

USAEC=United States Atomic Energy Commission

USART=universal synchronous/asynchronous receiver transmitter

USASCII=United States of America Standard Code for Information Interchange

USASI=United States of America Standards Institute

USCMI=United States Commission on Mathematical Instruction

USE=Univac Scientific Exchange

USRT=universal synchronous receiver transmitter

Util=utility

UUA=Univac Users Association

UV=ultraviolet

V

v=velocity • voltage

V=volt • voltage • potential difference • voltmeter • vacuum tube • vertical • via • V-shaped • 5

VA=value • value analysis • video amplifier • volt-ampere

VAB=voice answer back

VAC=Victor analog computer • video amplifier chain • volts alternating current

VAL=Vicarm Arm Language

VAM=virtual access method

VAN=value-added network

VAR=variable • visual-aural range • visual-aural radio range

VAX=virtual address extension

VC=video correlator • virtual circuit • voltage comparator

VCC=Visual Communications Congress

VCD=variable-capacitance diode

VDC=volts direct current

VDE=voice data entry

VDG=video display generator

VDL=Vienna Definition Language

Vdt=validate

VDT=video display terminal • visual display terminal

VDU=video display unit • visual display unit

Ver=version • verify

VERA=versatile reactor assembly • vision electronic recording apparatus

VF=video frequency • visual field • visual frequency • voice frequency

VFB=voltage feedback

VFO=variable frequency oscillator

VFT=voice-frequency carrier telegraph terminal

VGA=variable-gain amplifier

VGH=velocity

vhf=very high frequency

VHO=very high output

VHP=very high performance

VHSIC=very high-speed integrated circuit

VI=6

VII=7

VIII=8

VIAS=voice interference analysis set

Vid=video

VIDAT=visual data acquisition

VIG=video integrating group

VILP=Victor Impedance Locus Plotter

VIM=(6000) Control Data Corporation 6000 and Cyber series users organization

VINITI=Vsesoyúznyy institút naúchnoy i tekhnícheskoy informátsii (All-Union Institute of Scientific and Technical Information)

VIPS=voice interruption priority system

VIS=visual instrumentation subsystem

VITAL=virtual image take-off and landing

VLCS=voltage-logic, current-switching

vlf=very low frequency

VLSI=very large scale integration

VLVS=voltage-logic, voltage switching

VM=virtual memory

VMOS=virtual memory operating system

V-MOS=V-channel metal-oxide semiconductor

VO=verbal orders

VOC=variable output circuit

VODACOM=voice data communications

VODER=voice operation demonstrator

VOH=verification off hook

VOL=volume

VOS=voice-operated switch

VOX=voice-operated control • voice-operated regulator

VP=variable pitch

VR=voltage regulator

VRAM=video random access memory

VRC=vertical redundancy check • visible record computer

VRC/LRC=vertical and longitudinal redundancy check

VRR=visual radio range

VS=versus • virtual storage

VSAM=virtual sequential access method • virtual-storage access method

VSCF=variable-speed constant frequency

VSI=virtual storage interrupt

VSWR=voltage standing-wave ratio

VTAM=virtual telecommunications access method • vortex telecommunications access method

VTOC=volume table of contents

VTR=video tape recorder

VU=volume unit

V-V=velocity volume

VXO=variable crystal oscillator

VY=very

W

w=week • width • wide • with • write

W=watt • Wednesday

WACM=Western Association of Circuit Manufacturers

WATFOR=University of Waterloo Fortran

WATS=wide-area telephone service

WC=write and compute

WCATT=Worcester County Association of Television Technicians

WCF=White cathode follower

WCR=word control register

Wd=word

WD=wiring diagram

WDPC=Western Data Processing Center

WE=write enable

WESCON=Western Electronics Show and Convention

WF=write forward

WFF=well-formed formula

WIP=work in progress

WL=wavelength

WM=word mark

WO=write out

WP=word processing

WP/AS=word processing/administrative support

WP/OS=word processing/office system

wpm=words per minute

wps=words per second

WR CHK=write check

WS=working storage

WTS=word terminal synchronous

WU=Western Union

WUTCO=Western Union Telegraph Company

WUX=Western Union telegram • Western Union Telegraph Company

WV=working voltage

WVDC=working voltage direct current

X

X=crystal • cut • horizontal coordinate • horizontal deflection on CRT • trans- • transistor • 10

XA=transmission adapter

Xcd=exceed

Xch=exchange

Xcl=exclusive

XFMR=transformer

XIC=transmission interface converter

XIO=execute input/output

xistor=transistor

XMSN=transmission

XMT=transmit

XMTR=transmitter

XNOR=exclusive NOR

X off=transmitter off

X on=transmitter on

XOR=exclusive OR

XPN=external priority number

XREP=auxiliary report

XS=excess • extra strong

XS3=excess three code

XTAL=crystal

Y

Y=vertical coordinate • vertical deflection on CRT • your • Y-shaped

YR=year • your

yrneh=reciprocal inductance (opposite of henry)

YTD=year to date

Z

z=zero • zone

Z=Z-shaped • Zebra time (GMT) • Zulu time (Greenwich Mean Time)

ZA=zero and add

ZD=zero defect

ZFB=signal fading badly

ZIF=zero insertion force

Zn=zinc

ZnTe=zinc telluride

ZOE=zero energy

MATHEMATICAL NOTATIONS

Symbol	*Meaning*
GENERAL	
Σ	Summation $\left(\sum_{i=1}^{n} a_i = a_1 + a_2 + \ldots + a_n \right)$.
$\int$	Integral
$\lvert\ \rvert$	Absolute value ($\lvert a \rvert = a$ if $a \geq 0$, $= -a$ if $a < 0$)
$\lfloor\ \rfloor$	Floor function (greatest integer less than or equal to; $\lfloor 2.4 \rfloor = 2$, $\lfloor -2.4 \rfloor = -3$)
$\lceil\ \rceil$	Ceiling function (least integer greater than or equal to $\lceil 2.4 \rceil = 3$, $\lceil -2.4 \rceil = -2$)
[ ]	Closed interval ($[a,b]$ includes all x such that $a \leq x \leq b$)
( )	Open interval [(a,b) includes all x such that $a < x < b$]
[ ), ( ]	Half-open (half-closed) interval {$[a,b)$ includes all x such that $a \leq x < b$}
$\approx, \simeq, \cong, \doteq$	Approximately equal
$\sim$	Asymptotic to
$\times$	Set product [$A \times B$ consists of all pairs (a,b) where $a \in A$, $b \in B$]
modulo (or mod)	Remainder (x mod y is remainder when x is divided by y; thus, 8 mod 3 is 2)
$\circ$	Binary operation (i.e., denotes any operation like + which requires two operands)
fl	Floating point (fl($x + y$) denotes the floating-point sum of x and y)
iff	If and only if
LOGIC	
$\vee$	Or
$\wedge$	And
$\sim, \neg$	Not
$\supset$	Implication
$\equiv$	Equivalence
$\not\equiv$	Inequivalence

UNITS OF MEASURE

General

K	1,000 or 1024 ($=2^{10}$); the latter refers mainly to measures of computer storage
M	1,000,000 or 1,048,576 ($= 2^{20}$); the latter refers mainly to measures of computer storage capacity

Time

ms, msec	millisecond (10^{-3} sec)
μs, μsec	microsecond (10^{-6} sec)
ns, nsec	nanosecond (10^{-9} sec)
ps, psec	picosecond (10^{-12} sec)

Speed

Megaflop	Million floating-point operations per second
MIPS	Million instructions processed per second

Electricity

Hz	Hertz (cycles/sec)
KHz	Kilohertz (10^3 cycles/sec)
MHz	Megahertz (10^6 cycles/sec)
Kc	Kilocycle (10^3 cycles)
Mc	Megacycle (10^6 cycles; sometimes, 10^6 cycles/sec = 1 MHz)
μW	Microwatt (10^{-6} watts)
mW	Milliwatt (10^{-3} watts)
KW	Kilowatt (10^3 watts)
mV	Millivolt (10^{-3} volt)
mA	Milliamp (10^{-3} amp)

Storage

Kb	Kilobit (10^3 bits)
Mb	Megabit (10^6 bits)
Gb	Gigabit (10^9 bits)
Tb	Terabit (10^{12} bits)
KB	Kilobyte (10^3 bytes)
MB	Megabyte (10^6 bytes)
GB	Gigabyte (10^9 bytes)
TB	Terabyte (10^{12} bytes)
L(x)	Location of x (in main memory)
C(A)	Contents of location A (in main memory)

I/O

bps	Bits per second
chps	Characters per second
chpi	Characters per inch
cps	Cards per second
cpm	Cards per minute
lpm	Lines per minute
rpm	Revolutions per minute

Miscellaneous

μ	Micron (10^{-6} meter)
mbar	Millibar (10^{-3} bar [cgs unit of pressure])

MISCELLANY

GEOMETRY

Triangle: area = $bc\,(\sin\alpha) \div 2$

Parallelogram: area = $ah = ab \sin\alpha$

Trapezoid: area = $h\,(a + b) \div 2$

Ellipse: area = πab

Parabola: area = $2\ell d \div 3$

Circle: α = central angle in radians

circumference = $2\pi r = \pi D$, $S = r\alpha$

area of circle = πr^2

area of sector = $rs \div 2 = r^2\alpha \div 2$

area of segment = $r^2\,(\alpha - \sin\alpha) \div 2$

Sphere: area = $4\pi r^2$

volume = $(4 \div 3)\,\pi r^3$

Prism or Cylinder: volume = (area of base)(altitude)

Pyramid or Cone: volume = (⅓)(area of base)(altitude)

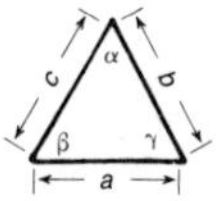

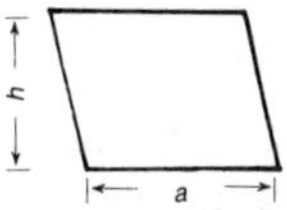

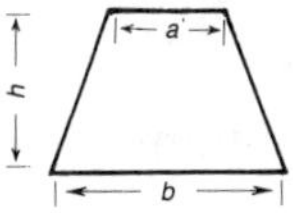

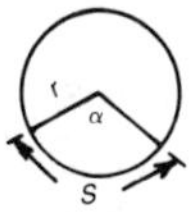

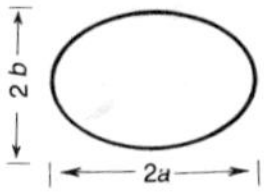

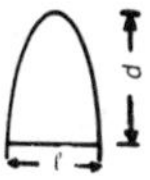

Ohm's Law & Power Formula

E = voltage

I = amperes

R = resistance

P = power

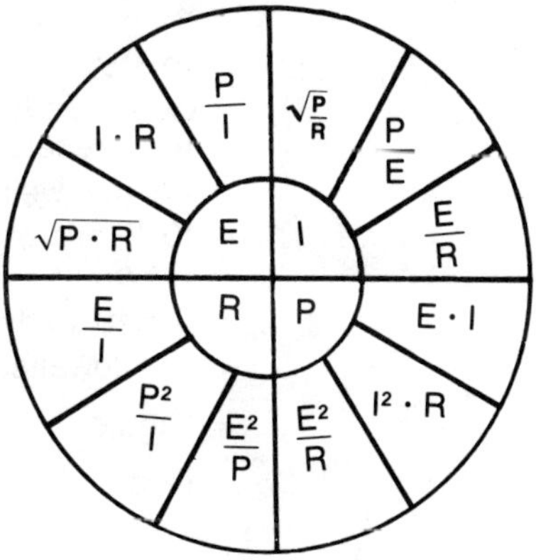

Series Resistance

$R_T = R_1 + R_2 + R_3 \ldots$

Parallel Resistance

$$R_T = \frac{1}{\frac{1}{R_1}+\frac{1}{R_2}+\frac{1}{R_3}} \ldots$$

EQUIVALENCES

ampere/cm^2	= 6.452 amperes/inch^2
	= 10^4 amperes/m^2
ampere/in^2	= 0.1550 amperes/cm^2
	= 1550 amperes/m^2
ampere-hr	= 3600 coulombs
	= 0.03731 faradays
ampere-turn	= 1.257 gilberts
ampere-turn/cm	= 2.540 ampere-turns/inch
	= 100 ampere-turns/m
	= 1.257 gilberts/cm
ampere-turn/in	= 02937 ampere-turns/cm
	= 3927 ampere-turns/m
	= 0.4950 gilberts/cm
ampere-turns/m	= 0.01 ampere-turns/cm
	= 0.0254 ampere-turns/inch
	= 0.01257 ampere-turns/cm
erg	= 1 dyne · 1 cm
erg/sec	= 10^{-7} watts
horsepower	= 0.9863 metric horsepower
	= 745.7 watts
international ampere	= 0.9998 ampere (absolute)
international volt	= 1.0003 volts absolute
	= 1.593×10^{-19} joules absolute
	= 9.654×10^4 joules
joule	= 10^7 erg
	= 1 Nm (newtonmeter)
kilogram calorie	= 4186.8 joules
kilopondmeter	= 9.80665 joules
maxwell	= 10^{-8} Vs
	= 0.001 kilodynes
	= 10^{-8} webers
megadyne	= 10^6 maxwells
megohm	= 10^{-12} microhms
	= 10^6 ohms
metric horsepower	= 735.49 watts
myriawatt	= 10 kilowatts
newtonmeter	= 1 joule
weber	= 1 Vs

Special Graphic Characters

- ¢ cent sign
- $ dollar sign
- £ pound sign
- § section
- ? question mark
- ! exclamation mark; the product of all integers from 1
- . period; (English) decimal point
- , comma; European decimal
- : colon; ratio
- ; semicolon
- / slash; virgule; divided by; per
- - hyphen
- & ampersand
- @ at; each
- * asterisk
- † dagger
- ‡ double dagger
- — dash
- _ underscore
- % percent
- ( ) parentheses
- [ ] brackets
- { } braces
- ‾ vinculum
- ″ quotation marks; inches; seconds of arc
- ′ prime; apostrophe; feet; minutes of arc
- # number; pounds
- ° degrees
- | vertical bar; logical OR
- ¬ logical NOT
- || is parallel to
- + plus; positive
- − minus; negative
- ± plus or minus
- ∓ minus or plus
- × multiplied by
- · multiplied by
- ÷ divided by
- = is equal to
- ~ is similar to
- → approaches
- ∡ angle
- ≠ is not equal to
- > is greater than
- < is less than
- ≥ is greater than or equal to
- ≤ is less than or equal to
- √ radical; square root
- ∞ infinity
- ∝ is proportional to
- △ triangle; finite difference
- . . . and so on
- i $\sqrt{-1}$
- $|x|$ absolute value
- $\dot{x}$ fluxion; differential
- d differential
- D differential coefficient; derivative
- δ variation
- Δ increment
- e 2.7182818284. . ., base of the Napierian (natural) system of logarithms
- f function
- Λ empty set; equivalent conductivity
- μ micro-
- M 0.4342944819. . ., modulus of the common system of logarithms
- Ω ohm
- π pi (3.1415926535. . .)
- σ standard deviation
- Σ sum; summation
- φ empty set; function

NUMERICAL TABLES

POWERS OF TWO TABLE

2^n	n	2^{-n}
2	1	0.5
4	2	0.25
8	3	0.125
16	4	0.625 × 10^{-1}
32	5	0.312 5 × 10^{-1}
64	6	0.156 25 × 10^{-1}
128	7	0.781 25 × 10^{-2}
256	8	0.390 625 × 10^{-2}
512	9	0.195 312 5 × 10^{-2}
1 024	10	0.976 562 5 × 10^{-3}
2 048	11	0.488 281 25 × 10^{-3}
4 096	12	0.244 140 625 × 10^{-3}
8 192	13	0.122 070 312 5 × 10^{-3}
16 384	14	0.610 351 562 5 × 10^{-4}
32 768	15	0.305 175 781 25 × 10^{-4}
65 536	16	0.152 587 890 625 × 10^{-4}
131 072	17	0.762 939 453 125 × 10^{-5}
262 144	18	0.381 469 726 562 5 × 10^{-5}
524 288	19	0.190 734 863 281 25 × 10^{-5}
1 048 576	20	0.953 674 316 406 25 × 10^{-6}
2 097 152	21	0.476 837 158 203 125 × 10^{-6}
4 194 304	22	0.238 418 579 101 562 5 × 10^{-6}
8 388 608	23	0.119 209 289 550 781 25 × 10^{-6}
16 777 216	24	0.596 046 447 753 906 25 × 10^{-7}
33 554 432	25	0.298 023 223 876 953 125 × 10^{-7}
67 108 864	26	0.149 011 611 938 476 562 5 × 10^{-7}
134 217 728	27	0.745 058 059 692 382 812 5 × 10^{-8}
268 435 456	28	0.372 529 029 846 191 406 25 × 10^{-8}
536 870 912	29	0.186 264 514 923 095 703 125 × 10^{-8}
1 073 741 824	30	0.931 322 574 615 478 515 625 × 10^{-9}
2 147 483 648	31	0.465 661 287 307 739 257 812 5 × 10^{-9}
4 294 967 296	32	0.232 830 643 653 869 628 906 25 × 10^{-9}
8 589 934 592	33	0.116 415 321 826 934 814 453 125 × 10^{-9}
17 179 869 184	34	0.582 076 609 134 674 072 265 625 × 10^{-10}
34 359 738 368	35	0.291 038 304 567 337 036 132 812 5 × 10^{-10}
68 719 476 736	36	0.145 519 152 283 668 518 066 406 25 × 10^{-10}
137 438 953 472	37	0.727 595 761 418 342 590 332 031 25 × 10^{-11}
274 877 906 944	38	0.363 797 880 709 171 295 166 015 625 × 10^{-11}
549 755 813 888	39	0.181 898 940 354 585 647 583 007 812 5 × 10^{-11}
1 099 511 627 776	40	0.909 494 701 772 928 237 915 039 062 5 × 10^{-12}
2 199 023 255 552	41	0.454 747 350 886 464 118 957 519 531 25 × 10^{-12}
4 398 046 511 104	42	0.227 373 675 443 232 059 478 759 765 625 × 10^{-12}
8 796 093 022 208	43	0.113 686 837 721 616 029 739 379 882 812 5 × 10^{-12}
17 592 186 044 416	44	0.568 434 188 608 080 148 696 899 414 062 5 × 10^{-13}
35 184 372 088 832	45	0.284 217 094 304 040 074 348 449 707 031 25 × 10^{-13}
70 368 744 177 664	46	0.142 108 547 152 020 037 174 224 853 515 625 × 10^{-13}
140 737 488 355 328	47	0.710 542 735 760 100 185 871 124 267 578 125 × 10^{-14}

POWERS OF TWO TABLE (Continued)

2^n	n	2^{-n}
281 474 976 710 656	48	0.355 271 367 880 050 092 935 562 133 789 062 5 × 10^{-14}
562 949 953 421 312	49	0.177 635 683 940 025 046 467 781 066 894 531 25 × 10^{-14}
1 125 899 906 842 624	50	0.888 178 419 700 125 232 338 905 334 472 656 25 × 10^{-15}
2 251 799 813 685 248	51	0.444 089 209 850 062 616 169 452 667 236 328 125 × 10^{-15}
4 503 599 627 370 496	52	0.222 044 604 925 031 308 084 726 333 618 164 062 5 × 10^{-15}
9 007 199 254 740 992	53	0.111 022 302 462 515 654 042 363 166 809 082 031 25 × 10^{-15}
18 014 398 509 481 984	54	0.555 111 512 312 578 270 211 815 834 045 410 156 25 × 10^{-16}
36 028 797 018 963 968	55	0.277 555 756 156 289 135 105 907 917 022 705 076 125 × 10^{-16}
72 057 594 037 927 936	56	0.138 777 878 078 144 567 552 953 958 511 352 539 062 5 × 10^{-16}
144 115 188 075 855 872	57	0.693 889 390 390 722 837 764 769 792 556 762 695 312 5 × 10^{-17}
288 230 376 151 711 744	58	0.346 944 695 195 361 418 882 384 896 273 381 347 656 25 × 10^{-17}
576 460 752 303 423 488	59	0.173 472 347 597 680 709 441 192 448 139 190 673 828 125 × 10^{-17}

Table of Powers of Sixteen

16^n	n	16^{-n}
1	0	0.10000 00000 00000 00000 × 10
16	1	0.62500 00000 00000 00000 × 10^{-1}
256	2	0.39062 50000 00000 00000 × 10^{-2}
4 096	3	0.24414 06250 00000 00000 × 10^{-3}
65 536	4	0.15258 78906 25000 00000 × 10^{-4}
1 048 576	5	0.95367 43164 06250 00000 × 10^{-6}
16 777 216	6	0.59604 64477 53906 25000 × 10^{-7}
268 435 456	7	0.37252 90298 46191 40625 × 10^{-8}
4 294 967 296	8	0.23283 06436 53869 62891 × 10^{-9}
68 719 476 736	9	0.14551 91522 83668 51807 × 10^{-10}
1 099 511 627 776	10	0.90949 47017 72928 23792 × 10^{-12}
17 592 186 044 416	11	0.56843 41886 08080 14870 × 10^{-13}
281 474 976 710 656	12	0.35527 13678 80050 09294 × 10^{-14}
4 503 599 627 370 496	13	0.22204 46049 25031 30808 × 10^{-15}
72 057 594 037 927 936	14	0.13877 78780 78144 56755 × 10^{-16}
1 152 921 504 606 846 976	15	0.86736 17379 88403 54721 × 10^{-18}

TABLE OF IMPORTANT NUMERICAL CONSTANTS

	Decimal (Rounded)					Hexadecimal (Truncated)				
$1/10$	0.10000	00000	00000	00000	00000	0.1999	9999	9999	9999	9999
$\sqrt{2}$	1.41421	35623	73095	04880	16887	1.6A09	E667	F3BC	C908	B2FB
$\sqrt{3}$	1.73205	08075	68877	29352	74463	1.BB67	AE85	84CA	A73B	2574
$\sqrt{5}$	2.23606	79774	99789	69640	91737	2.3C6E	F372	FE94	F82B	E739
$\sqrt{10}$	3.16227	76601	68379	33199	88935	3.298B	075B	4B6A	5240	9457
$\sqrt[3]{2}$	1.25992	10498	94873	16476	72106	1.428A	2F98	D728	AE22	3DDA
$\ln 2$	0.69314	71805	59945	30941	72321	0.B172	17F7	D1CF	79AB	C9E3
$\ln 10$	2.30258	50929	94045	68401	79915	2.4D76	3776	AAA2	B05B	A95B
$\log_{10} 2$	0.30102	99956	63981	19521	37389	0.4D10	4D42	7DE7	FBCC	47C4
$\log_2 10 = 1/\log_{10} 2$	3.32192	80948	87362	34787	03194	3.5269	E12F	346E	2BF9	24AF
$\log_2 e = 1/\ln 2$	1.44269	50408	88963	40735	99247	1.7154	7652	B82F	E177	7D10
$\log_{10} e = 1/\ln 10$	0.43429	44819	03251	82765	11289	0.6F2D	EC54	9B94	38CA	9AAD
$1° = \pi/180$	0.01745	32925	19943	29576	92369	0.0477	D1A8	94A7	4E45	7076
π	3.14159	26535	89793	23846	26434	3.243F	6A88	85A3	08D3	1319
$1/\pi$	0.31830	98861	83790	67153	77675	0.517C	C1B7	2722	0A94	FE13
π^2	9.86960	44010	89358	61883	44910	9.DE9E	64DF	22EF	2D25	6E26
$\sqrt{\pi}$	1.77245	38509	05516	02729	81675	1.C5BF	891B	4EF6	AA79	C3B0
e	2.71828	18284	59045	23536	02875	2.B7E1	5162	8AED	2A6A	BF71
$1/e$	0.36787	94411	71442	32159	55238	0.5E2D	58D8	B3BC	DF1A	BADE
e^2	7.38905	60989	30650	22723	04275	7.6399	2E35	376B	730C	E8EE
$\sqrt{e}$	1.64872	12707	00128	14684	86508	1.A612	98E1	E069	BC97	2DFE
γ (Euler's constant)	0.57721	56649	01532	86060	65121	0.93C4	67E3	7DB0	C7A4	D1BE
$\phi = \frac{1 + \sqrt{5}}{2}$ (Golden Ratio)	1.61803	39887	49894	84820	45868	1.9E37	79B9	7F4A	7C15	F39C

How to Use These Tables

1. Hexadecimal → Decimal

Let the hexadecimal number be *a b c d*

Find *a*000 at the left of Table B, and *b*00 at the top of Table B, and read the decimal equivalent at the intersection. Do the same for *c*0 and *d* in Table A, and add the two decimal equivalents.

Example: Hex=4E6A. In Table B, use 4000 and E00 to get 19968. Then, in Table A, use 60 and A to get 106. Add 19968 and 106 to get 20074 decimal (=4E6A).

2. Octal → Decimal

Let the octal number be *a b c d e f*

(a) $d \geq 4$, *e* even

Find *ab*0000 at the left of Table B, and *c*400 at the top of Table B, and read the decimal equivalent at the intersection. Do the same for $(d-4)e0$ and *f* in Table A, and add the two decimal equivalents.

(b) $d \geq 4$, *e* odd

The same as for (a), except use $(d-4)(e-1)0$ and 1*f* in Table A.

(c) $d < 4$, *e* even

The same as for (a) above, except use *c*000 at the top of Table B, and *de*0 at the left of Table A.

(d) $d < 4$, *e* odd

The same as for (a) above, except use *c*000 at the top of Table B and $d(e-1)0$ and 1*f* in Table A.

Example: Octal=63732. Since $d \geq 4$ and *e* is odd (note that $a=0$), use (b) above. In Table B, use 60000 and 3400 to get 26368. Then, in Table A, use 320 (since $d-4=3$ and $e-1=2$) and 12 to get 218. Add 26368 and 218 to get 26586 decimal (=63732 octal).

3. Decimal → Octal or Hexadecimal

(a) Denote the decimal number by *D*. Find the largest decimal number that is smaller than *D* in Table B, and read the octal or hexadecimal equivalent from the side to the top.

(b) Subtract the decimal number found in Table B from *D* and find this number in Table A, again reading the octal or hex equivalent.

(c) Add the result of (a) to the result of (b).

Example: $D=53738$. Find 53504 in Table B with the hexadecimal equivalent of D100 (=D000+100), and the octal equivalent of 150400 (=150000+0400). Then find 234 (=53738−53504) in Table A with the hexadecimal equivalent of EA, and the octal equivalent of 352. Thus:

53738 decimal=D1EA hexadecimal=150752 octal

OCTAL-DECIMAL-HEXADECIMAL CONVERSION TABLES

Table A. Decimal Equivalents of Octal Integers from 000 to 377 and Hexadecimal Integers from 00 to FF

Octal:		0	1	2	3	4	5	6	7	10	11	12	13	14	15	16	17
Hex:		0	1	2	3	4	5	6	7	8	9	A	B	C	D	E	F
Octal	*Hex*																
000	00	0	1	2	3	4	5	6	7	8	9	10	11	12	13	14	15
020	10	16	17	18	19	20	21	22	23	24	25	26	27	28	29	30	31
040	20	32	33	34	35	36	37	38	39	40	41	42	43	44	45	46	47
060	30	48	49	50	51	52	53	54	55	56	57	58	59	60	61	62	63
100	40	64	65	66	67	68	69	70	71	72	73	74	75	76	77	78	79
120	50	80	81	82	83	84	85	86	87	88	89	90	91	92	93	94	95
140	60	96	97	98	99	100	101	102	103	104	105	106	107	108	109	110	111
160	70	112	113	114	115	116	117	118	119	120	121	122	123	124	125	126	127
200	80	128	129	130	131	132	133	134	135	136	137	138	139	140	141	142	143
220	90	144	145	146	147	148	149	150	151	152	153	154	155	156	157	158	159
240	A0	160	161	162	163	164	165	166	167	168	169	170	171	172	173	174	175
260	B0	176	177	178	179	180	181	182	183	184	185	186	187	188	189	190	191
300	C0	192	193	194	195	196	197	198	199	200	201	202	203	204	205	206	207
320	D0	208	209	210	211	212	213	214	215	216	217	218	219	220	221	222	223
340	E0	224	225	226	227	228	229	230	231	232	233	234	235	236	237	238	239
360	F0	240	241	242	243	244	245	246	247	248	249	250	251	252	253	254	255

Table B. Decimal Equivalents of Octal Integers 0000, 0400, 1000, . . . , 177400 and Hexadecimal Integers 0000, 0100, 0200, . . . , FF00

	Octal:	000	400	1000	1400	2000	2400	3000	3400
	Hex:	000	100	200	300	400	500	600	700
Octal	*Hex*								
0000	0000	0	256	512	768	1024	1280	1536	1792
10000	1000	4096	4352	4608	4864	5120	5376	5632	5888
20000	2000	8192	8448	8704	8960	9216	9472	9728	9984
30000	3000	12288	12544	12800	13056	13312	13568	13824	14080
40000	4000	16384	16640	16896	17152	17408	17664	17920	18176
50000	5000	20480	20736	20992	21248	21504	21760	22016	22272
60000	6000	24576	24832	25088	25344	25600	25856	26112	26368
70000	7000	28672	28928	29184	29440	29696	29952	30208	30464
100000	8000	32768	33024	33280	33536	33792	34048	34304	34560
110000	9000	36864	37120	37376	37632	37888	38144	38400	38656
120000	A000	40960	41216	41472	41728	41984	42240	42496	42752
130000	B000	45056	45312	45568	45824	46080	46336	46592	46848
140000	C000	49152	49408	49664	49920	50176	50432	50688	50944
150000	D000	53248	53504	53760	54016	54272	54528	54784	55040
160000	E000	57344	57600	57856	58112	58368	58624	58880	59136
170000	F000	61440	61696	61952	62208	62464	62720	62976	63232

	Octal:	4000	4400	5000	5400	6000	6400	7000	7400
	Hex:	800	900	A00	B00	C00	D00	E00	F00
Octal	*Hex*								
0000	0000	2048	2304	2560	2816	3072	3328	3584	3840
10000	1000	6144	6400	6656	6912	7168	7424	7680	7936
20000	2000	10240	10496	10752	11008	11264	11520	11776	12032
30000	3000	14336	14592	14848	15104	15360	15616	15872	16128
40000	4000	18432	18688	18944	19200	19456	19712	19968	20224
50000	5000	22528	22784	23040	23296	23552	23808	24064	24320
60000	6000	26624	26880	27136	27392	27648	27904	28160	28416
70000	7000	30720	30976	31232	31488	31744	32000	32256	32512
100000	8000	34816	35072	35328	35584	35840	36096	36352	36608
110000	9000	38912	39168	39424	39680	39936	40192	40448	40704
120000	A000	43008	43264	43520	43776	44032	44288	44544	44800
130000	B000	47104	47360	47616	47872	48128	48384	48640	48896
140000	C000	51200	51456	51712	51968	52224	52480	52736	52992
150000	D000	55296	55552	55808	56064	56320	56576	56832	57088
160000	E000	59392	59648	59904	60160	60416	60672	60928	61184
170000	F000	63488	63744	64000	64256	64512	64768	65024	65280

The following conversion table shows the 8-bit binary code with its corresponding punch combination, decimal value, hexadecimal value, and printed character (if any).

8-Bit BCD Code	Character Set Punch Combination	Decimal	Hexa-decimal	Printer Graphics
00000000	12,0,9,8,1	0	00	
00000001	12,9,1	1	01	
00000010	12,9,2	2	02	
00000011	12,9,3	3	03	
00000100	12,9,4	4	04	
00000101	12,9,5	5	05	
00000110	12,9,6	6	06	
00000111	12,9,7	7	07	
00001000	12,9,8	8	08	
00001001	12,9,8,1	9	09	
00001010	12,9,8,2	10	0A	
00001011	12,9,8,3	11	0B	
00001100	12,9,8,4	12	0C	
00001101	12,9,8,5	13	0D	
00001110	12,9,8,6	14	0E	
00001111	12,9,8,7	15	0F	
00010000	12,11,9,8,1	16	10	
00010001	11,9,1	17	11	
00010010	11,9,2	18	12	
00010011	11,9,3	19	13	
00010100	11,9,4	20	14	
00010101	11,9,5	21	15	
00010110	11,9,6	22	16	
00010111	11,9,7	23	17	
00011000	11,9,8	24	18	
00011001	11,9,8,1	25	19	
00011010	11,9,8,2	26	1A	
00011011	11,9,8,3	27	1B	
00011100	11,9,8,4	28	1C	
00011101	11,9,8,5	29	1D	
00011110	11,9,8,6	30	1E	
00011111	11,9,8,7	31	1F	
00100000	11,0,9,8,1	32	20	
00100001	0,9,1	33	21	
00100010	0,9,2	34	22	
00100011	0,9,3	35	23	
00100100	0,9,4	36	24	
00100101	0,9,5	37	25	
00100110	0,9,6	38	26	
00100111	0,9,7	39	27	
00101000	0,9,8	40	28	
00101001	0,9,8,1	41	29	
00101010	0,9,8,2	42	2A	
00101011	0,9,8,3	43	2B	
00101100	0,9,8,4	44	2C	
00101101	0,9,8,5	45	2D	
00101110	0,9,8,6	46	2E	
00101111	0,9,8,7	47	2F	
00110000	12,11,0,9,8,1	48	30	
00110001	9,1	49	31	
00110010	9,2	50	32	

8-Bit BCD Code	Character Set Punch Combination	Decimal	Hexa-decimal	Printer Graphics
00110011	9,3	51	33	
00110100	9,4	52	34	
00110101	9,5	53	35	
00110110	9,6	54	36	
00110111	9,7	55	37	
00111000	9,8	56	38	
00111001	9,8,1	57	39	
00111010	9,8,2	58	3A	
00111011	9,8,3	59	3B	
00111100	9,8,4	60	3C	
00111101	9,8,5	61	3D	
00111110	9,8,6	62	3E	
00111111	9,8,7	63	3F	
01000000		64	40	blank
01000001	12,0,9,1	65	41	
01000010	12,0,9,2	66	42	
01000011	12,0,9,3	67	43	
01000100	12,0,9,4	68	44	
01000101	12,0,9,5	69	45	
01000110	12,0,9,6	70	46	
01000111	12,0,9,7	71	47	
01001000	12,0,9,8	72	48	
01001001	12,8,1	73	49	
01001010	12,8,2	74	4A	
01001011	12,8,3	75	4B	. (period)
01001100	12,8,4	76	4C	<
01001101	12,8,5	77	4D	(
01001110	12,8,6	78	4E	+
01001111	12,8,7	79	4F	
01010000	12	80	50	&
01010001	12,11,9,1	81	51	
01010010	12,11,9,2	82	52	
01010011	12,11,9,3	83	53	
01010100	12,11,9,4	84	54	
01010101	12,11,9,5	85	55	
01010110	12,11,9,6	86	56	
01010111	12,11,9,7	87	57	
01011000	12,11,9,8	88	58	
01011001	11,8,1	89	59	
01011010	11,8,2	90	5A	
01011011	11,8,3	91	5B	$
01011100	11,8,4	92	5C	•
01011101	11,8,5	93	5D	)
01011110	11,8,6	94	5E	
01011111	11,8,7	95	5F	
01100000	11	96	60	—
01100001	0,1	97	61	/
01100010	11,0,9,2	98	62	
01100011	11,0,9,3	99	63	
01100100	11,0,9,4	100	64	
01100101	11,0,9,5	101	65	
01100110	11,0,9,6	102	66	
01100111	11,0,9,7	103	67	
01101000	11,0,9,8	104	68	
01101001	0,8,1	105	69	
01101010	12,11	106	6A	
01101011	0,8,3	107	6B	, (comma)

8-Bit BCD Code	Character Set Punch Combination	Decimal	Hexa-decimal	Printer Graphics
01101100	0,8,4	108	6C	%
01101101	0,8,5	109	6D	
01101110	0,8,6	110	6E	
01101111	0,8,7	111	6F	
01110000	12,11,0	112	70	
01110001	12,11,0,9,1	113	71	
01110010	12,11,0,9,2	114	72	
01110011	12,11,0,9,3	115	73	
01110100	12,11,0,9,4	116	74	
01110101	12,11,0,9,5	117	75	
01110110	12,11,0,9,6	118	76	
01110111	12,11,0,9,7	119	77	
01111000	12,11,0,9,8	120	78	
01111001	8,1	121	79	
01111010	8,2	122	7A	
01111011	8,3	123	7B	#
01111100	8,4	124	7C	@
01111101	8,5	125	7D	' (apostrophe)
01111110	8,6	126	7E	=
01111111	8,7	127	7F	
10000000	12,0,8,1	128	80	
10000001	12,0,1	129	81	
10000010	12,0,2	130	82	
10000011	12,0,3	131	83	
10000100	12,0,4	132	84	
10000101	12,0,5	133	85	
10000110	12,0,6	134	86	
10000111	12,0,7	135	87	
10001000	12,0,8	136	88	
10001001	12,0,9	137	89	
10001010	12,0,8,2	138	8A	
10001011	12,0,8,3	139	8B	
10001100	12,0,8,4	140	8C	
10001101	12,0,8,5	141	8D	
10001110	12,0,8,6	142	8E	
10001111	12,0,8,7	143	8F	
10010000	12,11,8,1	144	90	
10010001	12,11,1	145	91	
10010010	12,11,2	146	92	
10010011	12,11,3	147	93	
10010100	12,11,4	148	94	
10010101	12,11,5	149	95	
10010110	12,11,6	150	96	
10010111	12,11,7	151	97	
10011000	12,11,8	152	98	
10011001	12,11,9	153	99	
10011010	12,11,8,2	154	9A	
10011011	12,11,8,3	155	9B	
10011100	12,11,8,4	156	9C	
10011101	12,11,8,5	157	9D	
10011110	12,11,8,6	158	9E	
10011111	12,11,8,7	159	9F	
10100000	11,0,8,1	160	A0	
10100001	11,0,1	161	A1	
10100010	11,0,2	162	A2	
10100011	11,0,3	163	A3	
10100100	11,0,4	164	A4	

8-Bit BCD Code	Character Set Punch Combination	Decimal	Hexa-decimal	Printer Graphics
10100101	11,0,5	165	A5	
10100110	11,0,6	166	A6	
10100111	11,0,7	167	A7	
10101000	11,0,8	168	A8	
10101001	11,0,9	169	A9	
10101010	11,0,8,2	170	AA	
10101011	11,0,8,3	171	AB	
10101100	11,0,8,4	172	AC	
10101101	11,0,8,5	173	AD	
10101110	11,0,8,6	174	AE	
10101111	11,0,8,7	175	AF	
10110000	12,11,0,8,1	176	BO	
10110001	12,11,0,1	177	B1	
10110010	12,11,0,2	178	B2	
10110011	12,11,0,3	179	B3	
10110100	12,11,0,4	180	B4	
10110101	12,11,0,5	181	B5	
10110110	12,11,0,6	182	B6	
10110111	12,11,0,7	183	B7	
10111000	12,11,0,8	184	B8	
10111001	12,11,0,9	185	B9	
10111010	12,11,0,8,2	186	BA	
10111011	12,11,0,8,3	187	BB	
10111100	12,11,0,8,4	188	BC	
10111101	12,11,0,8,5	189	BD	
10111110	12,11,0,8,6	190	BE	
10111111	12,11,0,8,7	191	BF	
11000000	12,0	192	CO	
11000001	12,1	193	C1	A
11000010	12,2	194	C2	B
11000011	12,3	195	C3	C
11000100	12,4	196	C4	D
11000101	12,5	197	C5	E
11000110	12,6	198	C6	F
11000111	12,7	199	C7	G
11001000	12,8	200	C8	H
11001001	12,9	201	C9	I
11001010	12,0,9,8,2	202	CA	
11001011	12,0,9,8,3	203	CB	
11001100	12,0,9,8,4	204	CC	
11001101	12,0,9,8,5	205	CD	
11001110	12,0,9,8,6	206	CE	
11001111	12,0,9,8,7	207	CF	
11010000	11,0	208	DO	
11010001	11,1	209	D1	J
11010010	11,2	210	D2	K
11010011	11,3	211	D3	L
11010100	11,4	212	D4	M
11010101	11,5	213	D5	N
11010110	11,6	214	D6	O
11010111	11,7	215	D7	P
11011000	11,8	216	D8	Q
11011001	11,9	217	D9	R
11011010	12,11,9,8,2	218	DA	
11011011	12,11,9,8,3	219	DB	
11011100	12,11,9,8,4	220	DC	
11011101	12,11,9,8,5	221	DD	

8-Bit BCD Code	Character Set Punch Combination	Decimal	Hexa-decimal	Printer Graphics
11011110	12,11,9,8,6	222	DE	
11011111	12,11,9,8,7	223	DF	
11100000	0,8,2	224	E0	
11100001	11,0,9,1	225	E1	
11100010	0,2	226	E2	S
11100011	0,3	227	E3	T
11100100	0,4	228	E4	U
11100101	0,5	229	E5	V
11100110	0,6	230	E6	W
11100111	0,7	231	E7	X
11101000	0,8	232	E8	Y
11101001	0,9	233	E9	Z
11101010	11,0,9,8,2	234	EA	
11101011	11,0,9,8,3	235	EB	
11101100	11,0,9,8,4	236	EC	
11101101	11,0,9,8,5	237	ED	
11101110	11,0,9,8,6	238	EE	
11101111	11,0,9,8,7	239	EF	
11110000	0	240	F0	00
11110001	1	241	F1	1
11110010	2	242	F2	2
11110011	3	243	F3	3
11110100	4	244	F4	4
11110101	5	245	F5	5
11110110	6	246	F6	6
11110111	7	247	F7	7
11111000	8	248	F8	8
11111001	9	249	F9	9
11111010	12,11,0,9,8,2	250	FA	
11111011	12,11,0,9,8,3	251	FB	
11111100	12,11,0,9,8,4	252	FC	
11111101	12,11,0,9,8,5	253	FD	
11111110	12,11,0,9,8,6	254	FE	
11111111	12,11,0,9,8,7	255	FF	

Examples	Type	Bit Pattern *Bit Positions* 01 23 4567	Hole Pattern	
			Zone Punches	*Digit Punches*
PF	Control Character	00 00 0100	12-9-4	
%	Special Graphic	01 10 1100	0-8-4	
R	Upper Case	11 01 1001	11-9	
a	Lower Case	10 00 0001	12-0-1	
	Control Character, function not yet assigned	00 11 0000	12-11-0-9-8-1	

CONVERSION TABLES

LENGTH

FROM \ TO	cm	m	km	in	ft	nautical mile	statute mile	yd	mil
cm	1	0.01	1×10^{-5}	0.3937	0.03281	5.396×10^{-6}	6.214×10^{-6}	1.094×10^{-2}	393.7
m	100	1	0.001	39.37	3.281	5.396×10^{-4}	6.214×10^{-4}	1.094	0.3937×10^{-5}
km	1×10^{5}	1000	1	3.937×10^{4}	3281	0.5396	0.6214	1094	0.3937×10^{8}
in	2.54	0.0254	2.54×10^{-5}	1	0.08333...	13.71×10^{-6}	15.783×10^{-6}	0.02777...	1000
ft	30.48	0.3048	3.05×10^{-4}	12	1	1.645×10^{-4}	1.894×10^{-4}	0.33333...	1.2×10^{4}
nautical mile	1.853×10^{5}	1853	1.853	72,963.24	6080.27	1	1.1516	2027	0.7296×10^{10}
statute mile	1.609×10^{5}	1609	1.609	6.336×10^{4}	5280	0.8684	1	1760	0.6336×10^{10}
yd	91.44	0.9144	9.144×10^{-4}	36	3	4.935×10^{-4}	5.682×10^{-4}	1	0.36×10^{5}
mil	2.54×10^{-3}	2.54×10^{-5}	2.54×10^{-8}	0.001	8.333×10^{-5}	13.71×10^{-9}	15.783×10^{-9}	2.778×10^{-5}	1

1 Ångström = 1 Å = 1×10^{-8} cm

1 micron = 1 μm = 1×10^{-6} m

1 millimicron = 1 mμ = 1×10^{-9} m

To convert, for example, a certain quantity of **centimeters** into **meters**, first find **cm** in the vertical column on the left, then find **m** in the horizontal row at the top, then multiply the known quantity of **centimeters** by the factor of the intersection:

15 cm × 0.01 = 0.15 m

AREA

FROM \ TO	cm^2	m^2	km^2	in^2	ft^2	$mile^2$	circular mil	acre	yd^2
cm^2	1	0.0001	1×10^{-10}	0.155	0.00108	3.86×10^{-11}	1.974×10^{5}	0.247×10^{-7}	1.196×10^{-4}
m^2	1×10^{4}	1	1×10^{-6}	1550	10.76	386×10^{-7}	0.1974×10^{-10}	2.471×10^{-6}	1.196
km^2	1×10^{10}	1×10^{6}	1	1.55×10^{9}	1.08×10^{7}	0.3861	0.1974×10^{16}	247.1	1.196×10^{6}
in^2	6.452	6.45×10^{-4}	6.45×10^{-10}	1	0.00694...	2.49×10^{-10}	1.273×10^{6}	0.16×10^{-6}	7.716×10^{-4}
ft^2	929.03	0.0929	9.29×10^{-8}	144	1	3.59×10^{-8}	1.833×10^{-8}	2.296×10^{-5}	0.1111...
$mile^2$	2.59×10^{10}	2.59×10^{6}	2.59	4.01×10^{9}	2.79×10^{7}	1	0.051×10^{17}	640	3.098×10^{6}
circular mil	5.067×10^{-6}	5.067×10^{-10}	5.067×10^{-16}	7.85×10^{-7}	0.055×10^{-7}	19.55×10^{-17}	1	1.25×10^{-13}	6.06×10^{-10}
acre	4047×10^{4}	4047	4047×10^{-6}	6.27×10^{6}	43,561	0.001562	0.8×10^{13}	1	4840
yd^2	8361	0.8361	8361×10^{-10}	1296	9	3.228×10^{-7}	0.165×10^{10}	2.066×10^{-4}	1

cir mil = 0.7854 mil^2

To convert, for example, a certain quantity of **centimeters**^{2} into **meters**^{2}, first find **cm^2** in the vertical column on the left, then find **m^2** in the horizontal row at the top, then multiply the known quantity of **centimeters**^{2} by the factor of the intersection:

$$15\ cm^2 \times 0.0001 = 0.0015\ m^2$$

VOLUME

FROM \ TO	cm³	litre	in³	ft³	US gal.	Imperial gal.	m³	yd³	fl. oz.
cm³	1	0.001	0.06102	3.53×10^{-5}	2.64×10^{-4}	0.00022	1×10^{-6}	1.398×10^{-6}	0.0338
litre	1000	1	61.02	0.03532	0.2642	0.2201	1×10^{-3}	1.308×10^{-3}	33.82
in³	16.39	0.01639	1	5.79×10^{-4}	0.00433	3.6×10^{-3}	1.639×10^{-5}	2.143×10^{-5}	0.554
ft³	2.83×10^{4}	28.32	1728	1	7.481	6.232103	2.832×10^{-2}	0.03704	956.54
US gal.	3785	3.785	231	0.1337	1	0.83311	3.785×10^{-3}	4.951×10^{-3}	128
Imperial gal.	4545.6	4.5456	277.27	0.1606	1.20095	1	4.55×10^{-3}	5.945×10^{-3}	153.88
m³	1×10^{6}	1000	6.102×10^{4}	35.32	264.2	0.22×10^{3}	1	1.308	33,820
yd³	7.646×10^{5}	764.6	46,656	27	202	0.168×10^{3}	0.7646	1	25,858.7
fl. oz.	29.57	0.02957	1.8047	1.04×10^{-3}	7.81×10^{-3}	6.49×10^{-3}	29.57×10^{-6}	38.68×10^{-6}	1
US fl. qt.	946.4	0.9464	57.75	0.03342	0.25	0.208	946.4×10^{-6}	0.124×10^{-2}	32

1 cord = 128 ft³
= 3625 litres
= 8 cord ft
1 barrel = 4.21 ft³
= 31.5 US gal.
1 acre-foot = 43,560 ft³
1 second-foot/day = 86,400 ft³
= 1.98 acre-feet

To convert, for example, a certain quantity of **centimeters³** into **litres**, first find **cm³** in the vertical column on the left, then find **litre** in the horizontal row at the top, then multiply the known quantity of **centimeters³** by the factor of the intersection:

15 cm³ × 0.001 = 0.015 litre

VELOCITY

FROM \ TO	cm/sec	km/hr	in/sec	ft/sec	ft/min	mph			
cm/sec	1	0.0360	0.3937	0.0328	1.968	0.0224			
km/hr	27.78	1	10.94	0.9113	54.68	0.6214			
in/sec	2.540	0.0914	1	0.08333...	5.0	0.0568			
ft/sec	30.48	1.097	12	1	60	0.6818			
ft/min	0.5080	0.0183	0.2000	0.01666...	1	0.0114			
mph	44.70	1.609	17.60	1.467	88	1			

1 knot = 1 nautical mile/hr
= 1.852 km/hr
= 1.151 mph

To convert, for example, a certain quantity of **centimeters/second** into **kilometers/hour**, first find **cm/sec** in the vertical column on the left, then find **km/hr** in the horizontal row at the top, then multiply the known quantity of **centimeters per second** by the factor of the intersection:

15 cm/sec × 0.0360 = 0.54 km/hr

MASS

FROM \ TO	gm	kg	oz	lb	slug	grain	long ton	short ton	metric ton
gm	1	0.001	0.03527	0.0022	6854×10^{-8}	15.432	98×10^{-8}	11×10^{-7}	10^{-6}
kg	1000	1	35.27	2.205	68.54×10^{-3}	15.432×10^{3}	98×10^{-5}	11×10^{-4}	10^{-3}
oz	28.35	0.02835	1	0.0625	0.00194	4.375×10^{2}	2778.3×10^{-8}	311.85×10^{-7}	28.35×10^{-6}
lb	453.6	0.4536	16	1	0.031	7×10^{3}	44×10^{-5}	5×10^{-4}	45×10^{-5}
slug	14.59×10^{3}	14.59	514.589	32.17	1	225.15×10^{3}	1429.8×10^{-5}	160.49×10^{-4}	14.59×10^{-3}
grain	6.48×10^{-2}	6.48×10^{-5}	3.527×10^{-2}	2.20×10^{-3}	444.139×10^{-8}	1	635×10^{-10}	71.28×10^{-9}	6.48×10^{-8}
long ton	1.016×10^{6}	1016	35.834×10^{3}	2240	69.64	15.679×10^{6}	1	1.12	1.016
short ton	907,185	907.1848	32,000	2000	62.178	14.0×10^{6}	0.89287	1	0.9072
metric ton	10^{6}	1000	0.0353×10^{6}	2204.6	68.54	15.432×10^{6}	0.984	1.102	1

To convert, for example, a certain quantity of **grams** into **kilograms**, first find **gm** in the vertical column on the left, then find **kg** in the horizontal row at the top, then multiply the known quantity of **grams** by the factor of the intersection:

15 gm × 0.001 = 0.015 kg

POWER

FROM \ TO	watt	English hp	Btu/min	ft lbf/sec	ft lbf/min	metric hp			
watt	1	0.00134	0.05688	0.7375	44.25	0.00136			
English hp	745.7	1	42.42	550	3.30×10^4	1.0139			
Btu/min	17.58	0.02357	1	12.9666...	778.0	0.0239			
ft lbf/sec	1.356	0.00182	0.07712	1	60	0.001845			
ft lbf/min	0.02260	3.03×10^{-5}	0.00129	0.01666...	1	3.07×10^{-5}			
metric hp	735.49	0.98629	41.84	542.46	32,547.57	1			

1 watt = 1 joule/sec
1 kW= 1000 watts
P = PF = cos φ
= power factor
dB = $\log_{10}(P_2/P_1)$
= $20\log_{10}(V_2/V_1)$
= $20\log_{10}(I_2/I_1)$

To convert, for example, a certain quantity of **watts** into **English horsepower**, first find **watt** in the vertical column on the left, then find **English hp** in the horizontal row at the top, then multiply the known quantity of **watts** by the factor of the intersection:

15 watts × 0.00134 = 0.0201 hp

ENERGY

FROM \ TO	Btu	cal	kgf m	ft lbf	joule	hp hr	kW hr		
Btu	1	252	107.6	778.16	1055	3.93×10^{-4}	2.93×10^{-4}		
cal	0.00397	1	0.4268	3.087	4.187	1.56×10^{-6}	1.16×10^{-6}		
kgf m	0.00930	2.343	1	7.233	9.807	3.65×10^{-6}	2.72×10^{-6}		
ft lbf	0.00129	0.3239	0.1383	1	1.356	5.05×10^{-7}	3.77×10^{-7}		
joule	9.48×10^{-4}	0.2388	0.1020	0.7376	1	3.73×10^{-7}	2.78×10^{-7}		
hp hr	2545	6.41×10^{5}	2.74×10^{5}	1.98×10^{6}	2.68×10^{6}	1	0.7457		
kW hr	3413	8.60×10^{5}	3.67×10^{5}	2.66×10^{6}	3.60×10^{6}	1.341	1		

1 erg = 1 dyne · cm
= 10^{-7} joules

1 electron-volt = 1 eV
= 1.60204×10^{-19} joules

1 joule = 1 newton m
= 1 kg mass m^2/sec^2

To convert, for example, a certain quantity of **BTU's** into **calories**, first find **Btu** in the vertical column on the left, then find **cal** in the horizontal row at the top, then multiply the known quantity of **BTU's** by the factor of the intersection:

15 Btu × 252 = 3780 cal

PRESSURE

FROM \ TO	mm Hg	in Hg	in H_2O	ft H_2O	atm	lbf/in^2	kgf/cm^2	bar	
mm Hg	1	0.0394	0.5353	0.0446	0.0013	0.0193	0.0014	0.0013	
in Hg	25.40	1	13.60	1.133	0.0334	0.4912	0.0345	0.0339	
in H_2O	1.868	0.0736	1	0.08333...	0.0025	0.03614	0.00254	0.0025	
ft H_2O	22.42	0.8826	12	1	0.0295	0.04335	0.03048	0.0299	
atm	760	29.92	406.8	33.90	1	14.70	1.033	1.0133	
lbf/in^2	51.71	2.036	27.6666...	2.307	0.06805	1	0.0703	0.0689	
kgf/cm^2	735.6	28.96	393.7	32.81	0.9678	14.22	1	0.9809	
bar	750.06	29.53	401.42	33.45	0.9869	14.51	1.01947	1	

1 bar = 10^6 dynes/cm^2 = 0.98692 atm

1 dyne/cm^2 = 9.869×10^{-7} atm

= 2.953×10^{-5} in Hg @ 0°C

= 4.015×10^{-4} in H_2O @ 4°C

1 dyne = 1.02×10^{-3} grains

1 atm = 1.0132×10^5 N/m^2

To convert, for example, a certain quantity of **millimeters of mercury** into **inches of mercury**, first find **mm Hg** in the vertical column on the left, then find **in Hg** in the horizontal row at the top, then multiply the known quantity of **millimeters of mercury** by the factor of the intersection:

15 mm Hg × 0.0394 = 0.591 in Hg

HIGH LEVEL LANGUAGES

1. Ada (named for Augusta Ada Lovelace)
2. 1979
3. Many computers
4. Scientific and industrial areas. Supports numerical applications, systems programming, and applications with real time and concurrent requirements. (Wide range of applications)

1. ALGOL 60 = Algorithmic Language 1960
2. 1960
3. Many computers
4. Mathematics and scientific areas. (Wide range of applications)

1. ALGOL 68 = Algorithmic Language 1968
2. 1968
3. Many computers
4. General applications areas such as executing algorithms efficiently on a variety of computers and to help in teaching computers to students. (Wide range of applications)

1. APL = A Programming Language
2. 1962
3. Many computers
4. Mathematical applications, especially multi-dimension arrays. (Wide range of applications)

1. APT = Automatically Programmed Tools
2. 1958
3. Most computers
4. Numerical control systems for machine tools such as flame cutters and drafting machines. (Specialized applications)

1. ATLAS = Abbreviated Test Language for All Systems
2. 1968
3. Most computers
4. Equipment checkout. (Specialized applications)

1. BASIC = Beginner's All-purpose Symbolic Instruction Code
2. 1964
3. Almost all computers
4. Mathematical and other applications. (Wide range of applications)

1. BLISS = Basic Language for Implementation of System Software
2. 1970
3. Several computers, such as DEC machines
4. Writing compilers and operating systems software. (Wide range of applications)

1. C
2. 1975
3. Many computers
4. Implementation of the UNIX operating system and to write systems programs for the PDP-11. (Wide range of applications)

1. COBOL = Common Business-Oriented Language
2. 1960
3. Most computers
4. Business data processing. COBOL programs usually perform very simple computations on large amounts of data. (Wide range of applications)

1. COGO = Coordinate Geometry
2. 1963
3. Several computers
4. Engineering applications (civil, mechanical and structural engineering). (Specialized applications)

1. COMIT (II)
2. 1957
3. IBM 360
4. String processing and pattern matching. (Not in significant current use)

1. Concurrent Pascal
2. 1975
3. Most computers
4. Writing well structured, readable, concurrent programs. This is an extension of Pascal.

1. Coursewriter III
2. 1966
3. IBM 360
4. Preparing computer-oriented instruction courses. (Specialized applications)

1. CSMP = Continuous System Modeling Program
2. 1966
3. Several computers
4. Simulation of conditions presented in ordinary differential equations. (Specialized applications)

1. CSSL = Continuous Systems Simulation Language
2. 1967
3. CDC 6400 and XDS Sigma 7
4. Simulation of conditions presented in ordinary differential equations. (Specialized applications)

1. DYNAMO III
2. 1959
3. Most mini and micro computers
4. Simulation of economic and social models. (Specialized applications)

1. DYSTAL = Dynamic Storage Allocation
2.
3. Many computers
4. List processing. This is a FORTRAN-based system.

1. ECAP II = Electronic Circuit Analysis Program II
2. 1966
3. Many computers
4. Analyzing electrical network and circuit design. (Specialized applications)

1. EUCLID
2. 1977
3. Many computers
4. Writing verifiable system programs

1. Flow Matic
2. 1958
3. UNIVAC I, II
4. Data processing. (Not in significant current use)

1. FORMAC = FORmula MAnipulation Compiler
2. 1964
3. IBM Systems 360 and 370
4. Algebraic manipulation (formula manipulation). (Wide range of applications)

1. FORTRAN = Formula Translation
2. 1956
3. All computers
4. Numerical scientific applications. (Wide range of applications)

1. GPSS = General Purpose System Simulator
2. 1961
3. Several computers
4. Simulation models through the use and in terms of block diagrams. (Specialized applications)

1. GYPSY
2. 1976
3. Many computers
4. Supporting specifications, coding, and verification of systems software.

1. ICES = Integrated Civil Engineering System
2. 1967
3. Several computers
4. Civil engineering applications. (Specialized applications)

1. IPL-V = Information Processing Language V
2. 1957
3. Second generation computers
4. List processing. (Not in significant current use)

1. ISPL = Instruction Set Processor Language
2. 1971
3. DEC PDP-10
4. Design of computer systems. (Specialized applications)

1. IT = Internal Translator
2. 1957
3. IBM 650
4. Numerical applications (Not in significant current use)

1. JOSS = Johnniac Open Shop System
2. 1964
3. Many computers
4. Time sharing to provide fast calculations for solving complex mathematical problems. (Not in significant current use)

1. JOVIAL = Jules Own Version of International Algebraic Language
2. 1960
3. Many computers
4. Algorithmic and procedural languages in command and control. (Wide range of applications)

1. LISP = List Processing
2. 1960
3. Many computers
4. List processing for manipulation of nonnumeric data, such as developing and modifying high-level languages (Wide range of applications)

1. MACSYMA = Project MACs Symbol Manipulation
2. 1972
3. DEC PDP-10 and HIS 6180
4. Algebraic manipulation (formula manipulation). (Wide range of applications)

1. MAD = Michigan Algorithm Decoder
2. 1960
3. Several computers
4. Numeric applications. (Not in significant current use)

1. MPSX = Mathematical Programming System Extended
2. 1966
3. IBM 360 and 370
4. Mathematical and linear programming. (Specialized applications)

1. MUMPS = Massachusetts General Hospital Utility Multi-Programming System
2. 1969
3. Several computers
4. Time sharing, general-purpose language used in medical areas and commercial applications. (Wide range of applications)

1. NELIAC = Navy Electronics Laboratory International Algol Compiler
2. 1960
3. Many second-generation computers
4. Numerical scientific. (Not in significant current use)

1. OMNITAB II
2. 1966
3. Most large computers
4. Statistics and social sciences. (Wide range of applications)

1. PASCAL
2. 1971
3. Most computers
4. Common use was designed as a tool to assist in the teaching of programming. (Wide range of applications)

1. PDS/MaGen = Problem Descriptor System
2. 1973
3. Many computers
4. Mathematical and linear programming. (Specialized applications)

1. PILOT
2. 1969
3. Many computers
4. Computer-assisted instruction. (Specialized applications)

1. PL/1 = Programming Language I
2. 1964
3. Several computers
4. Multipurpose, in both scientific and business applications. (Wide range of applications)

1. PL/M = Programming Language for Microprocessor
2. 1974
3. Intel 8080 and Motorola M6800
4. Programming of microprocessors. (Wide range of applications)

1. SCEPTRE
2. 1960
3. Several computers
4. Designing and analyzing electric circuits. (Specialized applications)

1. SIMSCRIPT
2. 1965
3. Many computers
4. Simulation programs (Specialized applications)

1. SIMULA 67 = Simulation Language 1967
2. 1967
3. Many computers
4. Simulation programs. (Wide range of applications)

1. SNOBOL = String-Oriented Symbolic Language
2. 1963
3. Most large computers
4. Manipulation of character strings, such as compiliation and generation of symbolic equations and for processing natural-language texts. (Wide range of applications)

1. SPSS = Statistical Programs for the Social Sciences
2. 1975
3. Most computers
4. Statistics and social sciences. (Wide range of applications)

1. TRAC
2. 1965
3. DEC PDP-10 and TI 990
4. String and list processing. (Wide range of applications)

1. STRESS = Structural Engineering System Solver
2. ?
3. Most computers
4. Structural engineering problems. (Process control)

1. TUTOR
2. 1971
3. CDC 6500 and Cyber series
4. Computer-assisted instruction. (Specialized applications)

MINIGLOSSARY

—ENGLISH—
—FRENCH—
—GERMAN—
—SPANISH—

ENGLISH – ARABIC

access time	زمن الوصول
accumulator	المُجمع
adder	اداة الجمع
address	عنوان
algorithm	الخوارزمية (منهاج الحل)
alphanumeric	حرفي رقمي
analog computer	الكمبيوتر النظير
architecture	تصميم
argument	حجة ؛ متغير
artificial intelligence	ذكاء الالة
assembler	(برنامج) مُجمع
associative memory	الذاكرة المترابطة
automation	اوتوماتيكيا

bandwidth	عرض النطاق الترددي
base register	مسجل قاعدي
benchmark	اساس الموازنة
binary	ثنائي
bit	بت (خانة)
block	بلوك (مربع)
branch instruction	امر تفريع
buffer	عازل
bug	خطأ
bus	باص
byte	بايت (كلمة من ثمانية خانات)

cache memory	الذاكرة السرية
calling sequence	المناداة المتسلسلة
card	بطاقة
central processing unit	وحدة الانجاز المركزي
channel	قناة
character	رمز
compiler	مترجم
complement	متمم
computability	القدرة على الحساب
computation	حساب
computer	حاسب الي (كمبيوتر)
Computer Science	علم الكمبيوتر
concatenation	تسلسل
constant	ثابت
control unit	وحدة التحكم
core memory	ذاكرة حلقية
Cybernetics	علم التحكم الاوتوماتي
cycle time	زمن الدورة

data	بيانات
data bank	بنك البيانات
database	قاعدة البيانات
data communications	نقل البيانات
data processing	انجاز البيانات
data structure	تركيب البيانات
deadlock	توقف عن العمل
debugging	اكتشاف الاخطاء
delimiter	محدد
diagnostic	تشخيص
disk memory	ذاكرة على شكل قرص
drum memory	ذاكرة على شكل اسطوانة
dump	يفرغ ؛ إفراغ

exponent	الاس
expression	اصطلاح
extensible language	لغة محددة

field	حقل ؛ مجال
file	ملف
fixed point	نقطة ثابتة
flag	علم
flip-flop	نطاط
floating point	النقطة العائمة
flowchart	رسم تخطيطي
function	عملية

gate	بوابة (صمام)
global variable	متغير عالمي

grammar علم القواعد
graphics الرسومات

hardware اجزاء الكمبيوتر
hashing تحشية
hash total مجموع حشوي
heuristic تنقيبية
hexadecimal نظام الترقيم للاساس ١٦ (هيكساديسيمل)
hybrid computer الكمبيوتر الهجين

identifier رمز التعريف
index register مسجل الفهرس
indirect address عنوان غير مباشر
information processing انجاز المعلومات
Information Science علم المعلومات
input الداخل (ما هو داخل)
instruction امر
integrated circuit دائرة مدمجة
interpreter (برنامج) مُترجم
interrupt يقاطع
iteration تكرار

job مهمة

key مفتاح
keyboard لوحة المفاتيح

label طابع
language processor منجز اللغة
latency وقت الانتظار
list processing انجاز القوائم
loader المُحمل
loop اللولب

machine language لغة الالة
macroinstruction امر ماكرو (موسع)
magnetic core حلقة ممغنطة
magnetic tape شريط مغناطيسي
mantissa الجزء العشري من اللوغاريتم
memory الذاكرة
memory protection حماية الذاكرة
microcomputer كمبيوتر صغير (ميكروكمبيوتر)
microprocessor منجز صغير (ميكروبروسيسور)
microprogramming برمجة صغيرة (ميكرو)
microsecond ميكرو الثانية
millisecond ميللي الثانية
minicomputer كمبيوتر مصغر (ميني كمبيوتر)
modem موديم
monitor الرقيب (جهاز مراقبة)
multiplexor وحدة الاتصال المتعدد
multiprocessor متعدد الانجاز
multiprogramming برمجة متعددة

nanosecond نانو الثانية
network شبكة

object program البرنامج الهدف
octal ثماني
operand الكمية المشغلة حسابيا
operating system جهاز (نظام) التشغيل
output الخارج
overflow التدفق

paper tape الشريط الورقي
parallel processing انجاز متوازي
parameter (العامل) المتغير
parity التكافؤ
parsing تحليل لغوي
peripheral اداة خارجية (موصلة بالجهاز)
plotter اداة الرسم
pointer المؤشر
portability قابلية النقل
printer الطابعة
precision بالغ الدقة
procedure النهج
processor المنجز
program البرنامج
programmer المبرمج

queue	صف الانتظار
random access	الوصول العشوائي
random number	رقم عشوائي
record	سجل
recursion	متعدد
register	مسجل
response time	مدة الاستجابة
roundoff error	خطأ التقريب
run time	مدة التنفيذ
scanner	الفاحص
scheduler	الجدول
semantics	علم دلالات الالفاظ
shifting	زحزحة
side effect	تأثير جانبي
simulation	التشبيه
software	البرامج
software engineering	هندسة البرامج
sorting	تصنيف
source program	البرنامج المصدر
stack	رزمة
statement	عبارة (جملة)
storage	مخزن
string	خيط (صف)
structured programming	برمجة مبنية (تركيبية)
subroutine	روتين ثانوي
subscript	الرمز السفلي (الوصفي)
symbol	رمز
symbol manipulation	معاملة الرموز
syntax	تركيب الجمل
systems analysis	تحليل النظم
systems programming	برمجة نظم
task	مهمة
teleprocessing	الانجاز عن بعد
terminal	التيرمنال
time sharing	المشاركة الزمنية
trace	يرصد ؛ رصد
tree	شجرة (تفريع)
variable	متغير (عامل متغير)
virtual memory	ذاكرة ظاهرية
word	كلمة (كمبيوتر)

FRANÇAIS–ARABE

accès direct	الوصول العشوائي
accumulateur	المُجمع
addeur	اداة الجمع
additionneur	اداة الجمع
adresse	عنوان
adresse indirecte	عنوان غير مباشر
algorithme	الخوارزمية (منهاج الحل)
alphanumérique	حرفي رقمي
analyse fonctionnelle	تحليل النظم
analyse grammaticale	تحليل لغوي
arborescence	شجرة (تفريع)
architecture	تصميم
argument	حجة ؛ متغير
assembleur	(برنامج) مُجمع
automatisation	اوتوماتيكيا
balayage	الفاحص
banc d'essai	اساس الموازنة
bande magnétique	شريط مغناطيسي
bande perforée	الشريط الورقي
banque de données	بنك البيانات
base de données	قاعدة البيانات
binaire	ثنائي
bit	بت (خانة)
bloc	بلوك (مربع)
bloquage	توقف عن العمل
borne	محدد
boucle	اللولب
branchement	امر تفريع
bus	باص
calculabilité	القدرة على الحساب
calculateur analogique	الكمبيوتر النظير
calculateur hybride	الكمبيوتر الهجين
calcul-traitement	حساب
canal	قناة

caractère	رمز
carte	بطاقة
chaîne	خيط (صف)
champ	حقل
chargeur	المُحمل
circuit intégré	دائرة مدمجة
clavier	لوحة المفاتيح
clé	مفتاح
compilateur	مترجم ؛ منجز اللغة
complément	متمم
concaténation	تسلسل
constante	ثابت
Cybernétique	علم التحكم الاوتوماتي
décalage	زحزحة
déclaration	عبارة (جملة)
défaut	خطأ
dépannage	اكتشاف الاخطاء
dépassement de capacité	التدفق
dessin	تصميم
diagnostique	تشخيص
diagramme	الرسومات
domaine	مجال
donnée	بيانات
drapeau	علم
dump	إفراغ
effet de bord	تأثير جانبي
effet secondaire	تأثير جانبي
enregistrement	سجل
entrée	الداخل (ما هو داخل)
erreur	خطأ
erreur d'arrondi	خطأ التقريب
étiquette	طابع
exposant	الاس
expression	اصطلاح

fichier	ملف
file d'attente	صف الانتظار
flipflop	نطاط
fonction	عملية
grammaire	علم القواعد
graphique	الرسومات
hash code	شفرة حشوية
hashing	تحشية
heuristique	تجريبي
hexadécimal	نظام الترقيم للاساس ١٦ (هيكساديسيمل)
historique	رصد
identification	رمز التعريف
imprimante	الطابعة
indice	الرمز السفلي (الوصفي)
Informatique	انجاز البيانات ؛ انجاز المعلومات ؛ علم الكمبيوتر ؛ علم المعلومات
ingéniérie du logiciel	هندسة البرامج
instruction	امر
intelligence artificielle	ذكاء الالة
interpréteur	مترجم
interruption	مقاطعة
itération	تكرار
langage extensible	لغة محددة
langage machine	لغة الالة
largeur de bande	عرض النطاق الترددي
latence	وقت الانتظار
logiciel	البرامج
macroinstruction	امر ماكرو (موسع)
manipulation de symboles	معاملة الرموز
mantisse	الجزء العشري من اللوغاريتم
matériel	اجزاء الكمبيوتر
mémoire	الذاكرة ؛ مخزن

mémoire à cache	الذاكرة السرية
mémoire à disque	ذاكرة على شكل قرص
mémoire associative	الذاكرة المترابطة
mémoire à tambour	ذاكرة على شكل اسطوانة
mémoire à tores	ذاكرة حلقية
mémoire tampon	عازل
mémoire virtuelle	ذاكرة ظاهرية
micro-ordinateur	كمبيوتر صغير (ميكروكمبيوتر)
microprocesseur	منجز صغير (ميكروبروسيسور)
microprogrammation	برمجة صغيرة (ميكرو)
microseconde	ميكرو الثانية
milliseconde	ميللي الثانية
mini-ordinateur	كمبيوتر مصغر (ميني كمبيوتر)
mise au point (d'un programme)	اكتشاف الاخطاء
modem	موديم
moniteur	الرقيب (جهاز مراقبة)
mot	كلمة (كمبيوتر)
multiplexeur	وحدة الاتصال المتعدد
multiprocesseur	وحدة الانجاز المتعدد
multiprogrammation	برمجة متعددة
nanoseconde	نانو الثانية
nombre aléatoire	رقم عشوائي
octal	ثماني
octet	بايت (كلمة من ثمانية خانات)
opérande	الكمية المشغلة حسابيا
ordinateur	حاسب الي (كمبيوتر)
ordinogramme	رسم تخطيطي
organigramme	رسم تخطيطي
panne	خطأ
paramètre	(العامل) المتغير
parité	التكافؤ
périphérique	اداة خارجية
pile	رزمة
planificateur	الجدول
pointeur	المؤشر
portabilité	قابلية النقل

porte	بوابة (صمام)
précision	بالغ الدقة
procédure	النهج
processeur	المنجز
programmation structurée	برمجة مبنية (تركيبية)
programmation système	برمجة نظم
programme	البرنامج
programme objet	البرنامج الهدف
programme source	البرنامج المصدر
programmeur	المبرمج
protection de mémoire	حماية الذاكرة
récurrence	متعدد
registre	مسجل
registre de base	مسجل قاعدي
registre d'index	مسجل الفهرس
régulateur	الجدول
réseau	شبكة
sémantique	علم دلالات الالفاظ
séquence d'appel	المناداة المتسلسلة
sextet	سداسي (كلمة من ستة خانات)
simulation	التشبيه
sortie	الخارج
sous-programme	روتين ثانوي
structure de données	تركيب البيانات
symbole	رمز
syntaxe	تركيب الجمل
système d'exploitation	جهاز (نظام) التشغيل
tâche	مهمة
tampon	عازل
télétraitement	الانجاز عن بعد
temps d'accès	زمن الوصول
temps de base	زمن الدورة
temps de réponse	مدة الاستجابة
temps d'exploitation	مدة التنفيذ
temps partagé	المشاركة الزمنية
terminal	تيرمنال
tore magnétique	حلقة ممغنطة
trace	رصد
traceur	اداة الرسم
traducteur	مترجم
traitement de l'information	انجاز البيانات ؛ انجاز المعلومات
traitement de liste	انجاز القوائم
traitement parallèle	انجاز متوازي
transmissions de données	نقل البيانات
travail	مهمة
tri	تصنيف
unité centrale	وحدة الانجاز المركزي
unité de controle	وحدة التحكم
variable	متغير (عامل متغير)
variable globale	متغير عالمي
virgule fixe	نقطة ثابتة
virgule flottante	النقطة العائمة

DEUTSCH – ARABISCH

Ablaufprotokoll	رصد
Ablaufverfolgung	رصد
Abtaster	الفاحص
Abtastvorrichtung	الفاحص
Addierer	اداة الجمع
Addierwerk	اداة الجمع
Adresse	عنوان
Akkumulator	المُجمع
Aktualparameter	حجة ؛ متغير
Algorithmus	الخوارزمية (منهاج الحل)
alphanumerisch	حرفي رقمي
Analogrechner	الكمبيوتر النظير
Anlaufzeit	مدة الاستجابة
Ansprechzeit	مدة الاستجابة
Antwortzeit	مدة الاستجابة
Anweisung	عبارة (جملة)
Apparatur	جهاز الكمبيوتر
Architektur	تصميم
Argument	حجة ؛ متغير
Assembler	(برنامج) مُجمع
Assemblierer	(برنامج) مُجمع
Assoziativspeicher	الذاكرة المترابطة
Aufgabe	مهمة
Aufruffolge	المناداة المتسلسلة
Auftrag	مهمة
Aufzeichnung	سجل
Ausdruck	اصطلاح
Ausführungsprotokoll	رصد
Ausgabe	الخارج
ausgeben	يخرج
Automation	اوتوماتيكيا
Automatisierung	اوتوماتيكيا
Bandbreite	عرض النطاق الترددي
Basisadressregister	مسجل قاعدي
Basisregister	مسجل قاعدي
Baum	شجرة (تفريع)
Befehl	امر
Begrenzer	محدد
Begrenzungssymbol	محدد
Benchmark	اساس الموازنة
Benutzerstation	التيرمنال
Berechenbarkeit	القدرة على الحساب
Berechnung	حساب
Betriebssystem	جهاز (نظام) التشغيل
Bezeichner	رمز التعريف
Binär	ثنائي
bistabiles Kippglied	نطاط
Bit	بت (خانة)
Block	بلوك (مربع)
Bus	باص
Byte	بايت (كلمة من ثمانية خانات)
Compiler	(برنامج) مترجم
Computer	حاسب الي (كمبيوتر)
Datei	ملف
Daten	بيانات
Datenbank	بنك البيانات ؛ قاعدة البيانات
Datenbasis	قاعدة البيانات
Datenfernverarbeitung	الانجاز عن بعد
Datenflußplan	رسم تخطيطي
Datensatz	سجل
Datenstation	التيرمنال
Datenstruktur	تركيب البيانات
Datenübermittlung	نقل البيانات
Datenübertragungs-Steuereinheit	وحدة الاتصال المتعدد
Datenverarbeitung	انجاز البيانات ؛ انجاز المعلومات
Datenverarbeitungs-anlage	حاسب الي (كمبيوتر)
Deadlock	توقف عن العمل
Diagnoseprogramm	تشخيص

direkter Zugriff	الوصول العشوائي
Direktzugriff	الوصول العشوائي
Drucker	الطابعة
Durchlaufzeit	مدة التنفيذ
Eingabe	الداخل (ما هو داخل)
Eingang	وسيلة الادخال
eingeben	يدخل
einlesen	يدخل
Endegerät	التيرمنال
erweiterbare Sprache	لغة محددة
Etikett	طابع
Exponent	الاس
Fehler	خطأ
Fehlerbeseitigung	اكتشاف الاخطاء
Fehlerkorrektur	اكتشاف الاخطاء
Feld	حقل ؛ مجال
Festpunkt	نقطة ثابتة
Festpunktzahl	نقطة ثابتة
Flipflop	نطاط
Flußdiagramm	رسم تخطيطي
Folge	خيط (صف)
Funktion	عملية
Gatter	بوابة (صمام)
Gedächtnis	الذاكرة
Genauigkeit	بالغ الدقة
Gleitpunkt	النقطة العائمة
Gleitpunktzahl	النقطة العائمة
globale Variable	متغير عالمي
Grammatik	علم القواعد
graphische Datenverarbeitung	الرسومات
Hardware	اجزاء جهاز الكمبيوتر
Hashing	تحشية
Hauptverbindungsweg	باص
Hauptweg	باص
Heuristik	طريقة تنقيبية

heuristisch	تنقيبية
heuristisches Verfahren	طريقة تنقيبية
Hexadezimal	نظام الترقيم للاساس ١٦ (هيكساديسيمل)
Hinweisadresse	المؤشر
Hybridrechner	الكمبيوتر الهجين
Identifikator	رمز التعريف
Identifizierer	رمز التعريف
Index	وصف سفلي
Indexregister	مسجل الفهرس
indirekte Adresse	عنوان غير مباشر
indizieren	الرمز السفلي (الوصفي)
Informatik	علم الكمبيوتر
Informationsverarbeitung	انجاز المعلومات
Informationswissenschaft	علم المعلومات
Instruktion	امر
integrierter Schaltkreis	دائرة مدمجة
integrierte Schaltung	دائرة مدمجة
Iteration	تكرار
Interpreter	(برنامج) مترجم
Interpretierer	(برنامج) مترجم
Interpretierprogramm	(برنامج) مترجم
Job	مهمة
Kanal	قناة
Karte	بطاقة
Keller	رزمة
Kellerspeicher	رزمة
Kennbegriff	مفتاح
Kennsatz	طابع
Kennzeichen	علم
Kernspeicher	ذاكرة حلقية
Kette	خيط (صف)
Kleinrechner	كمبيوتر مصغر (ميني كمبيوتر)

Kommandowerk	وحدة التحكم
Kompilierer	(برنامج) مترجم
Komplement	متمم
Konstante	(عامل) ثابت
Kontrollsumme	مجموع فحصي
künstliche Intelligenz	ذكاء الالة
Kurvenschreiber	اداة الرسم
Kurvenzeichner	اداة الرسم
Kybernetik	علم التحكم الاوتوماتي
Label	طابع
Ladeprogramm	المُحمل
Lader	المُحمل
Latenzzeit	وقت الانتظار
Laufzeit	مدة التنفيذ
Leitwerk	وحدة التحكم
Listenverarbeitung	انجاز القوائم
Lochkarte	بطاقة
Lochstreifen	الشريط الورقي
Magnetband	شريط مغناطيسي
Magnetkern	حلقة ممغنطة
Magnettrommel	ذاكرة على شكل اسطوانة
Makro	امر ماكرو (موسع)
Makrobefehl	امر ماكرو (موسع)
Makroinstruktion	امر ماكرو (موسع)
Mantisse	الجزء العشري من اللوغاريتم
Marke	علم ؛ طابع
Maschinenausrüstung	اجزاء جهاز الكمبيوتر
Maschinencode-Programm	برنامج الهدف
Maschinensprache	لغة الالة
Mehrprogrammbetrieb	برمجة متعددة
Mehrprozessorsystem	وحدة الانجاز المتعدد
Mikro	كمبيوتر صغير (ميكروكمبيوتر)
Mikrocomputer	كمبيوتر صغير (ميكروكمبيوتر)
Mikroprogrammierung	برمجة صغيرة (ميكرو)
Mikroprozessor	منجز صغير (ميكروبروسيسور)
Mikrosekunde	ميكرو الثانية
Millisekunde	ميللي الثانية
Mini	كمبيوتر مصغر (ميني كمبيوتر)
Minicomputer	كمبيوتر مصغر (ميني كمبيوتر)
Modem	موديم
Monitor	الرقيب (جهاز مراقبة)
Multiplexer	وحدة الاتصال المتعدد
Multiprogrammierung	برمجة متعددة
Nachbildung	تشبيه
Name	الاسم
Nanosekunde	نانو الثانية
Nebenwirkung	تأثير جانبي
Netzwerk	شبكة
Objektprogramm	برنامج الهدف
Oktal	ثماني
Operand	الكمية المشغلة حسابيا
Papierstreifen	الشريط الورقي
Parallelverarbeitung	انجاز متوازي
Parameter	حجة ؛ متغير ؛ (العامل) المتغير
Parigkeit	التكافؤ
Parität	التكافؤ
Parsing	تحليل لغوي
peripher	اداة خارجية
physischer Satz	بلوك (مربع)
Plattenspeicher	ذاكرة على شكل قرص
Plotter	اداة الرسم
Portabilität	قابلية النقل
Primärprogramm	البرنامج المصدر
Programm	البرنامج
Programmablaufplan	رسم تخطيطي
Programmausrüstung	البرامج
Programmdebugging	اكتشاف الاخطاء
Programmfehler	خطأ
programmieren	يبرمج
Programmierer	المبرمج
Programmlader	المُحمل
Protokoll	رصد
Prozedur	النهج
Prozessor	وحدة الانجاز المركزي ؛ المنجز

Puffer	عازل
Pufferspeicher	الذاكرة السرية
Quelle	برنامج المصدر
Quellenprogramm	برنامج المصدر
Quellprogramm	برنامج المصدر
Rechenanlage	حاسب الي (كمبيوتر)
Rechenmaschine	حاسب الي (كمبيوتر)
Rechner	حاسب الي (كمبيوتر)
Rechnerarchitektur	تصميم
Rechnernetz	شبكة
Register	مسجل
Rekursion	متعدد
Rundungsfehler	خطأ التقريب
Sammelschiene	باص
Satz	سجل
Scanner	الفاحص
Scheduler	الجدول
Schieben	زحزحة
Schiften	زحزحة
Schleife	اللولب
Schlüssel	مفتاح
schneller Pufferspeicher	الذاكرة السرية
Schriftzeichen	رمز
Semantik	علم دلالات الالفاظ
Sedezimal	نظام الترقيم للاساس ١٦ (هيكساديسيمل)
Seiteneffekt	تأثير جانبي
Sichtgerät	التيرمنال
Signalumsetzer	موديم
Simulation	التشبيه
Simultanverarbeitung	انجاز متوازي
Software	البرامج
Software-Engineering	هندسة البرامج
Software-Technologie	هندسة البرامج
Sortieren	تصنيف
Sortierung	تصنيف
Sourceprogramm	البرنامج المصدر
Speicher	الذاكرة ؛ مخزن
Speicherabzug	مفراغ
Speicherauszug	مفراغ
Speicher-Schreibsperre	حماية الذاكرة
Speicherschutz	حماية الذاكرة
Speicherung	مخزن
Sprachprozessor	منجز اللغة
Sprachübersetzer	منجز اللغة
Sprungbefehl	امر تفريع
Stapelspeicher	رزمة
Stellenversetzen	زحزحة
Stellenzahl	بالغ الدقة
Steuereinheit	وحدة التحكم
Steuerwerk	وحدة التحكم
String	خيط (صف)
strukturierte Programmierung	برمجة مبنية (تركيبية)
Subroutine	روتين ثانوي
Symbol	رمز
Symbolmanipulation	معاملة الرموز
Symbolverarbeitung	معاملة الرموز
syntaktische Analyse	تحليل لغوي
Syntax	تركيب الجمل
Systemanalyse	تحليل النظم (الاجهزة)
Systemprogrammierung	برمجة نظم
Systemverklemmung	توقف عن العمل
Task	مهمة
Tastatur	لوحة المفاتيح
Taste	مفتاح
Teilnehmerbetrieb	المشاركة الزمنية
Terminal	تيرمنال
Trace	رصد
Trennzeichen	محدد
Trommelspeicher	ذاكرة على شكل اسطوانة
Überlauf	التدفق
Übersetzer	(برنامج) مترجم ؛ منجز اللغة

Übertragbarkeit	قابلية النقل
Übertragungsleitung	باص
überwachen	يراقب
Überwachungs-programm	الرقيب (جهاز مراقبة)
Unterbrechung	مقاطعة
Unterprogramm	روتين ثانوي
Variable	متغير (عامل متغير)
verarbeitende Funktionseinheit	المنجز
Verkettung	تسلسل
Verklemmung	توقف عن العمل
Verknupfungsglied	بوابة (صمام)
Verschieben	زحزحة
Verzweigungsbefehl	امر تفريع
virtueller Speicher	ذاكرة ظاهرية
wahlfreier Zugriff	الوصول العشوائي
Warteschlange	صف الانتظار
Wartezeit	وقت الانتظار
Wort	كلمة (كمبيوتر)
Zeichen	رمز
Zeichenfolge	خيط (صف)
Zeichengerät	اداة الرسم
Zeichenreihe	خيط (صف)
Zeiger	المؤشر
zeitlich verzahne Verarbeitung	المشاركة الزمنية
Zeitmultiplexverarbei-tung	المشاركة الزمنية
zentrale Recheneinheit	وحدة الانجاز المركزي ؛ المنجز
Zerteilung	تحليل لغوي
Zielprogramm	البرنامج الهدف
Zufallszahl	رقم عشوائي
Zugriffszeit	زمن الوصول
Zwischenspeicher	عازل
Zykluszeit	زمن الدورة

ESPAÑOL – ÁRABE

acceso directo	الوصول العشوائي
acumulador	المُجمع
alfanumérico	حرفي رقمي
algoritmo	الخوارزمية (منهاج الحل)
almacén	مخزن
análisis de sistemas	تحليل النظم
análisis gramatical	تحليل لغوي
ancho de banda	عرض النطاق الترددي
árbol	شجرة (تفريع)
archivo	ملف
argumento	حجة ؛ متغير
arquitectura	تصميم
automatización	اوتوماتيكيا
banco de datos	بنك البيانات
banco de pruebas	اساس الموازنة
barra	باص
base de datos	قاعدة البيانات
binario	ثنائي
bit	بت (خانة)
bloque	بلوك (مربع)
bloqueo	توقف عن العمل
bucle	اللولب
cadena	خيط (صف)
cálculo	حساب
campo	حقل ؛ مجال
canal	قناة
carácter	رمز
cargador	المُحمل
carta de flujo	رسم تخطيطي
Cibernética	علم التحكم الاوتوماتي
ciclo iterativo	اللولب
Ciencia de la computación	علم الكمبيوتر
Ciencia de la información	علم المعلومات
cinta de papel	الشريط الورقي
cinta magnética	شريط مغناطيسي
circuito basculante	نطاط
circuito biestable	نطاط
circuito integrado	دائرة مدمجة
clasificación	تصنيف
cola	صف الانتظار
compilador	مترجم ؛ منجز اللغة
complemento	متمم
componentes físicos	اجزاء الكمبيوتر
componentes lógicos	البرامج
computabilidad	القدرة على الحساب
computación	حساب
computador	حاسب الي (كمبيوتر)
computadora híbrida	الكمبيوتر الهجين
computador analógico	الكمبيوتر النظير
comunicación de datos	نقل البيانات
concatenación	تسلسل
constante	(عامل) ثابت
corrección	اكتشاف الاخطاء
datos	بيانات
declaración	عبارة (جملة)
defecto	خطأ
delimitador	محدد
depuración	اكتشاف الاخطاء
desbordamiento de carga	التدفق
desplazamiento	زحزحة
diagnóstico	تشخيص
dígito binario	بت (خانة)
dirección	عنوان
dirección indirecta	عنوان غير مباشر
dotación lógica	البرامج
efecto secundario	تأثير جانبي
enlace común	باص

ensamblador	(برنامج) مُجمع
entrada	الداخل (ما هو داخل)
equipo físico	اجزاء الكمبيوتر
equipo periférico	اداة خارجية (موصلة بالجهاز)
error	خطأ
error de redondeo	خطأ التقريب
estructura de datos	تركيب البيانات
etiqueta	طابع
explorador	الفاحص
exponente	الاس
expresión	اصطلاح
falla	خطأ
ficha	بطاقة
función	عملية
graficador	اداة الرسم
gráfico	الرسومات
gramática	علم القواعد
heurístico	تنقيبية
hexadecimal	نظام الترقيم للاساس ١٦ (هيكساديسيمل)
identificador	رمز التعريف
impresora	الطابعة
indicador	علم
información arbitraria	تحشية
información de prueba	معلومات لا قيمة لها
información parásita	معلومات خاطئة
Informática	علم الكمبيوتر
ingeniería de software	هندسة البرامج
instrucción	امر ؛ عبارة (جملة)
instrucción de bifurcación	امر تفريع
inteligencia artificial	ذكاء الالة
interpretadora	(برنامج) مترجم
interrupción	مقاطعة
iteración	تكرار

largo de cinta	عرض النطاق الترددي
latencia	وقت الانتظار
lenguage de máquina	لغة الالة
lenguage extensible	لغة محددة
llave	مفتاح
macroinstrucción	امر ماكرو (موسع)
manipulación de símbolos	معاملة الرموز
mantisa	الجزء العشري من اللوغاريتم
memoria	الذاكرة
memoria asociativa	الذاكرة المترابطة
memoria de cache	الذاكرة السرية
memoria de disco	ذاكرة على شكل قرص
memoria de núcleos	ذاكرة حلقية
memoria de tambor	ذاكرة على شكل اسطوانة
memoria intermedia	عازل
memoria virtual	ذاكرة ظاهرية
método heurístico	تجريبي
microcomputador	كمبيوتر صغير (ميكروكمبيوتر)
microprocesador	منجز صغير (ميكروبروسيسور)
microprogramación	برمجة صغيرة (ميكرو)
microsegundo	ميكرو الثانية
milisegundo	ميللي الثانية
minicomputador	كمبيوتر مصغر (ميني كمبيوتر)
modem	موديم
modulador-demodulador	موديم
monitor	الرقيب (جهاز مراقبة)
multiplexor	وحدة الاتصال المتعدد
multiprogramación	برمجة متعددة
nanosegundo	نانو الثانية
núcleo magnético	حلقة ممغنطة
número aleatorio	رقم عشوائي
octal	ثماني
octeto	بايت (كلمة من ثمانية خانات)
operando	الكمية المشغلة حسابيا

ordenación	تصنيف
ordenador	حاسب الي (كمبيوتر)
palabra	كلمة (كمبيوتر)
parámetro	(العامل) المتغير
paridad	التكافؤ
pila	رزمة
planificador	الجدول
portabilidad	قابلية النقل
precisión	بالغ الدقة
procedimiento	النهج
procesador	المنجز
procesador de lenguage	منجز اللغة
procesador múltiple	انجاز متعدد
procesamiento de la información	انجاز المعلومات
procesamiento de listas	انجاز القوائم
procesamiento en paralelo	انجاز متوازي
proceso de datos	انجاز البيانات
programa	البرنامج
programador	المبرمج
programa fuente	البرنامج المصدر
programa objeto	البرنامج الهدف
programación de sistemas	برمجة نظم
programación estructurada	برمجة مبنية (تركيبية)
protección de memoria	حماية الذاكرة
puerta	بوابة (صمام)
puntero	المؤشر
punto fijo	نقطة ثابتة
punto flotante	النقطة العائمة
punto muerto	توقف عن العمل
rastreo	رصد
recursión	متعدد
red	شبكة
registro	سجل ؛ مسجل
registro base	مسجل (سجل) قاعدي
registro de índice	مسجل (سجل) الفهرس
regulador	الجدول
salida	الخارج
secuencia de llamada	المناداة المتسلسلة
semántica	علم دلالات الالفاظ
sentencia	عبارة (جملة)
señalador	علم
serie	خيط (صف)
símbolo	رمز
simulación	التشبيه
sintaxis	تركيب الجمل
sistema operativo	جهاز (نظام) التشغيل
sobrecarga	التدفق
soporte lógico	البرامج
subíndice	الرمز السفلي (الوصفي)
subrutina	روتين ثانوي
sumador	اداة الجمع
tarea	مهمة
tarjeta	بطاقة
teclado	لوحة المفاتيح
teleprocesamiento	الانجاز عن بعد
terminal	التيرمنال
tiempo compartido	المشاركة الزمنية
tiempo de acceso	زمن الوصول
tiempo de ciclo	زمن الدورة
tiempo de ejecución	مدة التنفيذ
tiempo de respuesta	مدة الاستجابة
tira	خيط (صف)
toroide magnético	حلقة ممغنطة
total arbitrario	مجموع حشوي
total de comprobación	مجموع حشوي
trabajo	مهمة
unidad central de proceso	وحدة الانجاز المركزي
unidad de control	وحدة التحكم

vaciado de memoria	إفراغ
variable	متغير (عامل متغير)
variable global	متغير عالمي

Other Books by International House Publications

SLEEPY SAMI
Children's Story:
Arabic, English & French

سامي النعسان
قصة اطفال :
عربي – انكليزي – فرنسي

SAMI AND THE MONSTER
Children's Story:
Arabic, English & French

سامي والوحش
قصة اطفال :
عربي – انكليزي – فرنسي

ARABIC USA GUIDE:
Illustrated Guide for USA

دليل امريكا العربي
كل المعلومات التي يحتاجها
الزائر العربي لامريكا

THE USA-CANADA EDUCATIONAL DIRECTORY:
Colleges, Universities, Language
Schools, Private Secondary Schools,
Vocational and Technical Institutes

دليل امريكا وكندا الثقافي
متطلبات القبول العلمية / متطلبات
الاقامة المؤقتة / مساعدات ومنح مالية /
ثروة من المعلومات الثقافية والاجتماعية

ARABIC NUMERICAL
How to read and write Arabic numbers
(Arabic-English)

تعليم الارقام العربية
كيف تكتب وتقرأ الارقام العربية
(عربي – انكليزي)

OUR CHILD'S BOOK
To record your child's history
from birth through college

أطفالنا أكبادنا
لتسجيل تاريخ طفلك من يوم ميلاده
حتى تخرجه من الجامعة

SOCIOLOGY OF THE INTERNATIONAL SOCIETY
A study of international society
in theory and practice

سوسيولوجيا المجتمع الدولي
دراسة متعمقة للمجتمع
الدولي نظريًا وعمليًا

قاموس
الـكـمـبـيـوتـر
العربي